ÖSTERREICHISCHE AKADEMIE DER WISSENSCHAFTEN
PHILOSOPHISCH-HISTORISCHE KLASSE
SITZUNGSBERICHTE, 619. BAND

VERÖFFENTLICHUNGEN DES INSTITUTS FÜR
REALIENKUNDE DES MITTELALTERS UND DER FRÜHEN NEUZEIT
NR. 16

KOMMUNIKATION ZWISCHEN ORIENT UND OKZIDENT ALLTAG UND SACHKULTUR

INTERNATIONALER KONGRESS
KREMS AN DER DONAU
6. BIS 9. OKTOBER 1992

MIT 79 ABBILDUNGEN
SOWIE ZAHLREICHEN SCHAUBILDERN
UND TABELLEN

VERLAG DER
ÖSTERREICHISCHEN AKADEMIE DER WISSENSCHAFTEN
WIEN 1994

Vorgelegt von w. M. Herwig Wolfram
in der Sitzung vom 13. Oktober 1993

Gedruckt mit Unterstützung durch den
Fonds zur Förderung der wissenschaftlichen Forschung

Redaktion: Helmut Hundsbichler

Umschlagbild:
Botschaft des Matteo d'Aiello an Tankred, Buchmalerei.
Aus: Petrus de Ebulo, Liber ad honorem Augusti, 1195/96.
Bern, Burgerbibliothek, Cod. 120 II, fol. 101r.

ISBN 3-7001-2170-9

Gesamtherstellung: Univ.-Buchdruckerei Styria, Graz

INHALTSVERZEICHNIS

Harry Kühnel

KOMMUNIKATION ZWISCHEN ORIENT UND OKZIDENT ALLTAG UND SACHKULTUR

Versuch eines Resumées

Die vielfältigen kommunikativen Prozesse im Bereich von Alltag und Sachkultur zwischen Orient und Okzident im Mittelalter interdisziplinär und mit unterschiedlichen methodischen Ansätzen darzulegen und zu diskutieren, war das Anliegen des neunten internationalen Kongresses in Krems an der Donau vom 6. bis 9. Oktober 1992, der gemeinsam mit dem Institut für Byzantinistik und Neogräzistik der Universität Wien veranstaltet wurde. Es liegen zwar wertvolle und neue Erkenntnisse vermittelnde Forschungsergebnisse in den Fachbereichen der Byzantinistik, Arabistik und Judaistik wie auch bemerkenswerte einzelne Untersuchungen zur Medizin- und Pharmaziegeschichte, zur Geschichte der Technik und der Naturwissenschaften vor, doch wurde bislang kaum der Versuch einer fächerübergreifenden Kontaktnahme zum Tagungsthema unternommen, bei dem es überdies galt, auf sozio-ökonomischer Basis Kommunikation und deren Rezeption und unterschiedliche Auswirkung auf Alltag und Sachkultur festzumachen und zu interpretieren.

Der Austausch von Waren und Sachgütern im Mittelmeerraum wurde von den italienischen Seehandelsstädten betrieben; in Syrien und Palästina nahmen amalfitanische und genuesische Kaufleute vor den Kreuzzügen diese Mittlertätigkeit wahr[1]. Venedig betrieb schon 827 Seehandel mit Ägypten, und seit dem ausgehenden 11. Jahrhundert erhielten die Venezianer in Byzanz eine Sonderstellung, nämlich Zollfreiheit in den wichtigsten Häfen von Syrien, Kleinasien und den griechischen Inseln. Überdies gewährte Alexios I. Komnenos den venezianischen Kaufleuten am Goldenen Horn ein Quartier in Konstantinopel mit drei Schiffsanlegestellen, eine Bäckerei und die Andreas-Kirche in

[1] Hans Eberhard Mayer, *Geschichte der Kreuzzüge.* 7. Aufl. Stuttgart–Berlin–Köln 1989, 164.

Dyrrhachion[2]. RALPH-JOHANNES LILIE geht den Ursachen nach, unter welchen politischen und wirtschaftlichen Zwängen der Handel abgewikkelt wurde. Byzanz war der Hauptlieferant von Getreide, Öl und Wein für die stark anwachsende Bevölkerung der oberitalienischen Städte im 12. Jahrhundert. Da man dieser Abhängigkeit gegensteuern wollte, kam es zu einer konzentrierten anthropogen verursachten Transformierung der Landschaft der Poebene und zur Urbarmachung neuen Landes, um den gestiegenen Nahrungsmittelbedarf abdecken zu können. Die großen Wälder wurden weitgehend reduziert und die Sümpfe bis auf den östlichsten Teil der Ebene trockengelegt[3]. Das wichtigste Warenangebot Konstantinopels waren indes Sachgüter, die dem Luxus dienten: Seidenstoffe, Goldschmiedearbeiten, Kunstwerke, vor allem Ikonen. Konstantinopel stand im Ruf, die reichste Stadt der Welt zu sein, und die Begehrlichkeit der Lateiner ließ starke Vorbehalte der Byzantiner gegen den Westen aufkommen, standen die Lateiner doch im Ruf, arrogant, gefährlich und unbesiegbar zu sein. Der Fall Konstantinopels im Vierten Kreuzzug 1204, von den Kanonisten als verdienstvolles Unternehmen und als heiliger Krieg deklariert, läßt eine unvorstellbare Fülle materieller Güter in die Hände des christlichen Abendlandes gelangen. „Niemand, so schrieb Villehardouin, konnte auch nur annähernd das Gold und das Silber zählen, das Geschirr und die Juwelen, die seidenen und golddurchwirkten Stoffe und die Kleidungsstücke aus Pelz, Grauwerk, Silberfuchs und Hermelin.“[4] Ein anderes wichtiges Segment der Kommunikation im Mittelmeer war der Gewürzhandel, der gleichermaßen mit Ägypten, vor allem mit Alexandria, und als Durchgangsland mit Outremer von den italienischen Seestädten, später auch von französischen und spanischen Kaufleuten durchgeführt wurde. Es war ein überaus risikoreiches und gefährliches Geschäft, das bei Gelingen jedoch Gewinne zwischen 100 und 200 Prozent abwarf. Die Assisen von Jerusalem erwähnen

---

[2] ALAIN DUCELLIER, *Byzanz. Das Reich und die Stadt.* Frankfurt–New York 1990, 255, 259.

[3] HARRY KÜHNEL, Natur/Umwelt (Mittelalter), in: PETER DINZELBACHER (Hrsg.), Europäische Mentalitätsgeschichte (*Kröners Taschenausgabe* 469) Stuttgart 1993, 564; RALPH-JOHANNES LILIE, *Handel und Politik zwischen dem byzantinischen Reich und den italienischen Kommunen Venedig, Pisa und Genua in der Epoche der Komnenen und der Angeloi (1081–1204).* Amsterdam 1984, 319.

[4] STEVEN RUNCIMAN, *Geschichte der Kreuzzüge.* München 1968, 900; vgl. grundsätzlich DERS., Byzantium and the Crusades, in: VLADIMIR P. GOSS (Hrsg.), *The Meeting of Two Worlds: Cultural Exchange Between East and West during the Period of the Crusades.* Kalamazoo 1986.

eine Reihe von Waren aus dem Fernen Osten, die im späten 12. Jahrhundert die Zollhäuser von Outremer passierten: Außer Seide und anderen Stoffen waren es die verschiedenen Gewürze wie Zimt, Kardamom, Nelken, Muskat, Moschus, Galanga-Wurzel, Muskatnuß, überdies Indigo, Krapprot, Aloe-Holz und Elfenbein[5]. Die indisch-arabische Medizin hatte Kenntnis von der gesundheitsfördernden Wirkung der Gewürze, ein Wissen, das von den Arabern an das christliche Abendland vermittelt wurde. Das Würzen von Speisen und Getränken im Mittelalter beim Adel sowie in den städtischen Mittel- und Oberschichten drückt die vermehrte Hinwendung der Verbraucher zu höherwertigen Nahrungsmitteln und zu einer Phase des wachsenden kulinarischen Raffinements aus. Gewürze fanden wegen des hohen Preises und des damit verbundenen Prestiges aber auch als Ehrengeschenke und als Zahlungsmittel Verwendung.

In Akkon, Beirut und Latakia wurden Stoffe verschiedener Art produziert, darunter ein mit Gold durchwirkter Seidenstoff, der unter dem Namen Samit – die Araber leiteten den Begriff vom griechischen Wort *hexamitos* ab – bekannt und im Abendland begehrt war, während Tyros für ein Gewebe gerühmt wurde, das als Zendal oder Zendado bezeichnet wurde. Beide Seidenstoffe dienten im Okzident als Statussymbole und signalisierten Prestige der gehobenen sozialen Schicht. Wolfram von Eschenbach erwähnt im „Parzival“ (19,1; 59,6; 64,30; 301,29; 579,13) mehrmals den Zendal als wertvollen Stoff, der sowohl als Seidenfutter, aber auch für Baldachine, Paniere und Standarten Verwendung fand[6]. Hohes Ansehen im christlichen Abendland hatte auch der Musselin aus Wolle oder Baumwolle – benannt nach der Stadt Mossul –, wobei die Muslime die Baumwolle im 7. Jahrhundert in den Mittelmeerraum gebracht hatten[7]. Das wichtigste Erzeugnis und

---

[5] Runciman, *Geschichte der Kreuzzüge* 1138; Harry Kühnel, Die Gewürze des Nahen und Fernen Ostens im Mittelalter. Ökonomische, soziale und medizinische Aspekte, in: Genuß und Kunst (*Katalog des N. Ö. Landesmuseums, N. F.* 341) Wien 1994, 10–16.

[6] Harry Kühnel, Kleidung und Gesellschaft im Mittelalter, in: ders. (Hrsg.), Bildwörterbuch der Kleidung und Rüstung (*Kröners Taschenausgabe* 453) Stuttgart 1992, XXI–LVII; Barbara Markowsky, Europäische Seidengewebe des 13.–18. Jahrhunderts (*Kataloge des Kunstgewerbemuseums Köln* VIII) Köln 1976, 107 und Kat. Nr. 1–5.

[7] Maurice Lombard, *Blütezeit des Islam. Eine Wirtschafts- und Kulturgeschichte des 8.–11. Jahrhunderts.* Frankfurt/M. 1991; Walter Endrei, Unidentifizierte Gewebenamen – namenlose Gewebe, in: Handwerk und Sachkultur im Spätmittelalter (*Veröffentlichungen des Instituts für mittelalterliche Realienkunde Österreichs 11 = Sb. Ak. Wien, phil.-hist. Kl.* 513) Wien 1988, 233.

Exportgut Outremers war jedoch der Zucker. Das Zuckerrohr, ursprünglich in Neuguinea beheimatet, wurde im sassanidischen Mesopotamien aus Indien eingeführt und wird in einem Bericht des byzantinischen Kaisers Heraklios aus dem Jahre 627 als „indisches" Luxusgut beschrieben. Die Araber vermittelten das Zuckerrohr in den Mittelmeerraum und lehrten seinen Anbau und die Technik der Zuckerherstellung. Die erschöpften und von quälendem Durst gepeinigten Kreuzfahrer haben während des Ersten Kreuzzuges das Zuckerrohr kennengelernt, und Albert von Aachen schildert anschaulich dieses Ereignis: „In den Feldern der Ebene bei Tripolis fand man auch reichlich ein Honigschilf, das sie dort Zucra nennen; die Leute saugten die Rohre mit Wonne aus, freuten sich über den wohltuenden Saft ..."[8]. Hauptsitz der Zuckerproduktion von Outremer waren Akkon und Tyros. Die Zuckerfabriken der Montforts in Tyros erlaubten ein Leben in Luxus. Die Venetianer besaßen im 12. Jahrhundert in der Umgebung von Tyros bereits achtzig Casalien (Meierhöfe) mit gut bewässerten Zuckerrohrfeldern und Mühlen. Zucker wurde bei den Arabern und seit etwa 1100 im Abendland als Arznei und Gewürz geschätzt und zudem zum Kandieren von Früchten und zum Süßen von Speisen verwendet[9].

LILIE hebt mit Recht hervor, daß im Frühmittelalter Okzident, Byzanz und Orient getrennte Wirtschafts- und Kulturräume waren und daß der europäische Ethnozentrismus zunächst eine Isolierung verursachte. Papst Urban II. zeichnete bei Ausrufung des Ersten Kreuzzuges in Clermont 1095 von den Seldschuken ein „klassisches" Barbarenbild: „Sie seien ein fremdes und gottfernes Volk, das christliche Kirchen schände und christliche Gläubige martere, ein fast unmenschliches Volk, das zu töten Christenpflicht sei" (ARNO BORST). Im 11. und 12. Jahrhundert beginnt durch die stark einsetzende Mobilität und die Niederlassung der Kreuzfahrer im Vorderen Orient eine allmähliche Annäherung der Kulturräume, ein Prozeß, der die eigene von den fremden Kulturen zu determinieren versuchte[10] und der auch zu Ansätzen von Akkulturation als „direkter und dauernder Kontakt zwischen

---

[8] EDMUND O. VON LIPPMANN, *Geschichte des Zuckers.* Berlin–Heidelberg–New York 1929 (Ndr. Niederwalluf 1970), 297 f.; SYNDNEY W. MINTZ, *Die süße Macht. Kulturgeschichte des Zuckers.* Frankfurt/M.–New York 1987, 109, 129.

[9] LOMBARD, *Blütezeit des Islam* 172, 295f.; JAKOB BAXA – GUNTWIN BRUHNS, *Zucker im Leben der Völker. Eine Kultur- und Wirtschaftsgeschichte.* Berlin 1967, 9f.

[10] HARRY KÜHNEL, Das Fremde und das Eigene (Mittelalter), in: DINZELBACHER, *Mentalitätsgeschichte* 421 f.

Gruppen von Individuen verschiedener Kultur" führte, wobei vorerst das islamische Wissen über die Abendländer umfassender und tiefschürfender war als jenes der Christen über den Islam. Die europäische Gesellschaft hatte erhebliche Schwierigkeiten, die neue sozio-ökonomische und politische Realität des Nahen Ostens bei Beginn der Kreuzzüge zu erfassen und zu verstehen. Die Reiseberichte eines Thietmar 1217, des Willebrand von Oldenburg 1211 und vor allem des Benjamin von Tudela 1170 versuchten die mangelnde Information nachzuholen, wenngleich zunächst Kuriositäten, Bizarres und Unbekanntes überwogen. SOPHIA MENACHE hat diesen langwierigen und mühsamen Prozeß der Kommunikation präzise dargelegt und deutlich gemacht, daß die geistige Aneignung des „Fremden" und der Austausch der Sachgüter zwei ineinander vernetzte Prozesse sind.

Die Akkulturation wurde umso mehr angestrebt, als die Fernhändler der italienischen Seestädte bei den Muslimen des Orients Handelspartner von hoher materieller Kultur entdeckten. Bereits 1153 bemühte sich Pisa, in den Besitz eines Fondaco in Alexandria zu gelangen, einem großen, nahezu burgenartigen Komplex, der aus Herbergen, Verkaufs- und Lagerplätzen sowie Lagerhäusern bestand[11]. Erzbischof Wilhelm von Tyrus († 1186) vertritt in seiner „Historia rerum in partibus transmarinis gestarum" in verstreuten Einzelbemerkungen bereits eine „informelle Toleranz" gegenüber den Muslimen[12]. Verschiedene Grade der Assimilation der im Heiligen Land verbliebenen Kreuzfahrer formuliert beispielsweise der Chronist Fulcher von Chartres († 1127): „Die wir Abendländer waren, sind jetzt zu Orientalen geworden ..." Der muslimische Schriftsteller Usama berichtet von einer Einladung eines fränkischen Ritters an einen Muslimen, der sich bei einer prächtigen Tafel des Essens enthielt. Der Gastgeber erklärte daraufhin: „... auch ich esse nicht von den Speisen der Franken, sondern habe ägyptische Köchinnen und ernähre mich nur von ihrer Küche."[13] Demgegenüber war der um 1140 entstandene „Liber Sancti Jacobi" noch weitgehend an ein

[11] ARNO BORST, *Barbaren, Ketzer und Artisten.* München–Zürich 1988, 25; KARL-HEINZ ALLMENDINGER, Die Beziehungen zwischen der Kommune Pisa und Ägypten im hohen Mittelalter (*Vierteljahrschrift für Sozial- und Wirtschaftsgeschichte, Beiheft* 54) Wiesbaden 1967, 65, 81 ff.

[12] RAINER CHRISTOPH SCHWINGES, Wilhelm von Tyrus. Vom Umgang mit Feindbildern im 12. Jahrhundert, in: *Spannungen und Widersprüche. Gedenkschrift für Frantisek Graus.* Sigmaringen 1992, 158; NORMAN DANIEL, *The Arabs and Medieval Europe.* Beirut 1975, 211.

[13] KÜHNEL, *Das Fremde und das Eigene* 421.

„antagonistisches Wahrnehmungsmuster geknüpft", sofern dieser „die Erfahrung des Fremden und das Interesse am Fremden" darzulegen versucht, obwohl es sich bei dem „barbarischen" Volk der Navarreser und Basken um christliche Bewohner handelt, also auch die Angehörigen des genuin Fremden, der „eigenen Fremde", als Menschen abgewertet wurden[14].

Die Orient-Okzident-Kommunikation verlief aber keineswegs einzig von Osten nach Westen, vielmehr lieferte das christliche Abendland an den an gewissen Rohstoffen armen Orient vor allem Eisen, Kupfer, Blei, Quecksilber, Pech und Holz für den Schiffsbau und Tuche. Über den französischen Zwischenhandel gelangten flandrische Tuche aus Provins, Ypern und Lüttich sowie aus den französischen Städten Amiens und Cambrai über Genua und Venedig nach Konstantinopel. Fichten, Kiefern und Lärchen aus dem Apennin, den Alpen und aus Italien wurden über Venedig und Amalfi in die islamische Welt verschifft. In der zweiten Hälfte des 15. Jahrhunderts erfreuten sich in den türkischen Städten feine Wolltücher und Seide aus Florentiner Manufakturen großen Ansehens[15]. Die berühmten Schwerter der *Firanga*, der Franken, wurden in großer Zahl in die islamische Welt exportiert, und zwar über die Gebiete der Slawen und das islamische Spanien, zudem über das Rhônetal und Venedig[16]. Das Schmiedehandwerk hatte im 11. und 12. Jahrhundert im Abendland seinen Höhepunkt erreicht, und innerhalb dieses Gewerbes wies der Waffenschmied das höchste technische Niveau auf[17]. Signifikant ist diese waffentechnische Entwicklung und deren Koinzidenz mit den Kreuzzügen, eine Thematik, die einer eingehenden Untersuchung wert wäre. Im Felsendom zu Jerusalem hinterließen die Kreuzfahrer acht schmiedeeiserne Gitter, die als höchst

---

[14] FRIEDRICH WOLFZETTEL, Die Entdeckung des „Anderen" aus dem Geist der Kreuzzüge, in: ODILO ENGELS – PETER SCHREINER (Hrsg.), *Die Begegnung des Westens mit dem Osten*. Sigmaringen 1993, 278.

[15] LILIE, *Handel und Politik* 266f., 280; LOMBARD, *Blütezeit des Islam* 180; WILHELM HEYD, *Geschichte des Levantehandels im Mittelalter* 2. Hildesheim–Zürich–New York 1984, 351.

[16] LOMBARD, *Blütezeit des Islam* 184.

[17] SABINE FELGENHAUER-SCHMIEDT, Die Sachkultur des Mittelalters im Lichte der archäologischen Funde (*Europäische Hochschulschriften, Reihe XXXVIII*, 42) Frankfurt/M.–Berlin–Bern 1993, 208. Im Prolog zum Ersten Buch von Theophilus' „De diversis artibus" rühmt dieser die Araber ob ihrer Kunst der Metallbearbeitung, gemeint ist vermutlich die Herstellungstechnik der Damaszierung (freundlicher Hinweis von STEFAN SCHULER, Sonderforschungsbereich 231 der Westfälischen Wilhelms-Universität Münster).

qualitative Produkte mittelalterlicher Schmiedekunst gelten und von denen Reste im Islamischen Museum auf dem Tempelplatz aufbewahrt werden[18].

Die Byzantiner haben bis in das 11. Jahrhundert die abendländische Kultur gering geschätzt, und der Okzident war durch Luxus und Pracht der byzantinischen Kultur geblendet. TELEMACHOS C. LOUNGHIS behandelt die nicht unerhebliche Rolle byzantinischer Gesandter als Vermittler ihrer materiellen Kultur und von Reliquien. Die Intentionen solcher Geschenke von hohem materiellem, politischem und religiösem Wert waren unterschiedlich. Als Kaiser Leon V. 817/19 Reliquien an den Dogen von Venedig schickte, darunter eine Kreuzpartikel, Kleider von Christus und Maria und der Leichnam des hl. Zacharius, wollte Byzanz damit demonstrieren, daß es durch den Besitz des Kreuzes, des Leichnams eines Heiligen und von Berührungsreliquien hohes religiöses Ansehen genießt. Die Andreasreliquie, die der Mitkaiser Basileos II. durch einen Geschäftsträger an Heinrich II. nach dessen Krönung in Frankfurt/M. 1002 überbrachte, sollte offenbar die Anerkennung der Gleichrangigkeit zwischen den beiden Herrschern – der hl. Andreas war Gründer und Beschützer von Konstantinopel – dokumentieren und die ebenbürtige Stellung des Papsttums in Frage stellen[19]. Die Übersendung von hundert Prunkgewändern durch Alexios I. 1082 an Kaiser Heinrich IV. war Ausdruck der kaiserlichen Hierarchie bei Hof.

Der Reliquienkult des Mittelalters, der auf die Heilige Schrift begründet war, wonach Reliquien im engeren und weiteren Sinn Wunder wirken, aber auch apotropäischen Charakter haben und durch Addition von Reliquien verschiedener Heiliger größerer Segen garantiert wurde, war in der Orient-Okzident-Kommunikation von größter Relevanz. „Vor allem durch die Kreuzzüge wurden das Heilige Land und der christliche Orient dem Abendland als Reliquienschatzkammer erschlossen“[20]. Schon beim ersten Kreuzzug war den Venezianern der Erwerb der sterblichen Hülle des hl. Nikolaus beinahe das Wichtigste gewesen[21]. Der „Heilige Gral“, eine große, aus einem Stück geschnittene „Smaragd“-Schale, wurde 1101 von Kreuzfahrern aus Caesarea an den Dom-

---

[18] RUNCIMAN, *Geschichte der Kreuzzüge* 1164; MAYER, *Geschichte der Kreuzzüge* 171; DUCELLIER, *Byzanz* 267.

[19] WERNER OHNSORGE, *Abendland und Byzanz*. Bad Homburg 1963, 308.

[20] BERNHARD KÖTTING, Art. „Reliquien“, in: *Lexikon für Theologie und Kirche* 8. Freiburg/Br. 1963, Sp. 1217, 1220.

[21] FREDERIC C. LANE, *Seerepublik Venedig*. München 1980, 79.

schatz von Genua übergeben und später von Napoleon entführt, aber wieder zurückerstattet, nachdem Pariser Chemiker das Material als antiken Glasfluß analysiert hatten[22]. Die Plünderung Konstantinopels im Vierten Kreuzzug 1204 galt gezielt den Kunstwerken und Reliquien. Letztere waren beispielsweise in einem lateinischen Katalog des frühen 12. Jahrhunderts beschrieben – freilich nur jene Reliquien und Ikonen, die in der Palastkapelle der Sophienkirche und einiger Marienkirchen verwahrt waren. Diese „Kultübertragung" aus Konstantinopel in zahllose abendländische Bistümer und Klöster, vor allem aber nach Venedig, war für die Lagunenstadt „die generelle Formel für den Anspruch, eine Tradition apostolischen Ursprungs fortzusetzen" und zugleich mit der prächtigen Erscheinung der Fassade von S. Marco mit den damals als Beute verschleppten Säulen, Reliefs, Ikonen und Rossen die neuen imperialen Ansprüche Venedigs auf den Osten zu demonstrieren[23]. Der goldene Reliquienschrein aus der Apostelkirche in Konstantinopel und die Pala d'Oro sowie eine Ampulle mit dem Blut Christi seien in Parenthese erwähnt[24]. Der Zisterzienserabt Martin von Pairis aus dem Elsaß, der Führer eines nordfranzösischen und kleinen deutschen Kontingents, bedrohte 1204 in der Pantokrator-Kirche in Konstantinopel einen alten orthodoxen Priester mit dem Tode, sollte er nicht den Reliquienschatz sehen dürfen. 52 Reliquien raubte der Abt unter dem Vorwand einer „gottgefälligen Tat" aus dem Kirchenschatz und brachte sie in das heimische Elsaß. Der Bischof von Soissons schaffte Dutzende Reliquien zu seinem Amtssitz, der Kathedrale St. Gervais und Protais, und der Bischof von Halberstadt konnte sich eines ähnlichen Kirchenraubes rühmen, wird doch einer der Hedwigsbecher aus Byzanz im Halberstädter Domschatz verwahrt[25]. Der Hedwigsbecher, vermutlich aus Byzanz oder dem Nahen Osten aus dem 12. Jahrhundert, der in

---

[22] BRIGITTE KLESSE – GISELA REINEKING-VON BOCK, *Glas. Kunstgewerbemuseum der Stadt Köln.* 2. Aufl. Köln 1973, 9.

[23] HANS BELTING, *Bild und Kult. Eine Geschichte des Bildes vor dem Zeitalter der Kunst.* München 1990, 585 f., Nr. 27, 220f.

[24] DUCELLIER, *Byzanz* 365 373.

[25] MAYER, *Geschichte der Kreuzzüge* 175; HERMANN BECKEDORF, Der Vierte Kreuzzug und seine Folgen, in: Byzanz (*Fischer Weltgeschichte* 13) Frankfurt/M. 1973, 315; HERBERT KOLB, Kreuzzugsliteratur – Das Wunderbare und die Reichtümer des Orients, in: *Propyläen Geschichte der Literatur. Literatur und Gesellschaft der westlichen Welt.* Berlin 1982, 493; JOHANNA FLEMMING, Byzantinische Schatzkunst. Berlin 1979, 87–89; ERWIN BAUMGARTNER – INGEBORG KRUEGER (Hrsg.), *Phönix aus Sand und Asche. Glas des Mittelalters.* München 1988, 99, Nr. 42.

den 1820er Jahren in der Sakristei des Domes zu Halberstadt gefunden wurde und sich heute im Corning Museum of Glass befindet[26], dürfte aus dieser Plünderung stammen. Das Kloster zu Oignies bei Namur besaß seit dem ersten Drittel des 13. Jahrhunderts einen Hedwigsbecher, den der Freund und Förderer des Klosters Jacques de Vitry aus Syrien entweder sandte oder mitbrachte. Dieser war von 1216–26 Bischof in Akkon und ließ nach seiner Rückkehr die Reliquie als Ostensorium fassen[27].

Der kostbare Figurensatz, den Heinrich II. 1014 für den Ambo des Aachener Domes gestiftet hatte, bestand ursprünglich aus 27 Schachfiguren in arabisch-abstrakter Form, vielleicht in Ägypten aus Achat und Chalzedon gefertigt und über Byzanz oder Spanien in das Abendland gelangt. Die Ursache der Stiftung waren die magischen und sakralen Kräfte, die Bedeutung als *gemme spiritales*, die den kostbaren Materialien zugeschrieben wurden. Die wunderbaren Kräfte von Edelsteinen wurden in Spezialwerken dargelegt, den sogenannten „Lapidarien", ursprünglich für ein höfisches Publikum verfaßt. Im späten 11. Jahrhundert hat Bischof Marbod von Rennes einen solchen Traktat „De lapidibus" einem kleinen Kreis von Freunden zugänglich gemacht und darin betont, daß Gott selbst Edelsteinen besondere Kräfte verliehen hat[28].

In die Schatzkammern der hohen Geistlichkeit und des Adels gelangten – ohne die religiöse Bedeutung der Reliquien – auch vergoldete, emaillierte, mit Auflagen von Silber- und Goldfäden dekorierte Glasgefäße aus Syrien, Ägypten und dem Irak. Die abendländischen Ritter rafften während der Kreuzzüge diese farbigen syrischen Gläser an sich, weil sie glaubten, sie wären aus Edelsteinen geschnitten. Es war jedoch nicht allein die äußerliche Ähnlichkeit und Wertschätzung, die diese Gläser begehrenswert erscheinen ließen, sondern man übertrug auf die gefärbten Gläser jene „magischen Kräfte und wunderbaren Eigenschaften, die man dem Edelstein zuzuschreiben gewohnt war"[29]. Ein solcher Goldemailbecher der „Aleppogruppe" aus der zweiten Hälfte des

---

[26] Ebd. 95, Nr. 40.

[27] Ebd. 97, Nr. 41; F. COURTOY, Deux Verres Arabes du Trésor d'Oignies à Namur. *Annales de la Société Archéologique de Namur* 36 (1923) 145–157.

[28] HANS HOLLÄNDER, Ein Spiel aus dem Osten, in: *Die Begegnung des Westens mit dem Osten* 389f.; GERDA FRIES, *Edelsteine im Mittelalter*. Hildesheim 1980, 81ff., 105f.; RICHARD KIECKHEFER, *Magie im Mittelalter*. München 1992, 121; vgl. die 14 Schachfiguren im Osnabrücker Domschatz: WALTER BORCHERS, Der Osnabrücker Domschatz (*Osnabrücker Geschichtsquellen und Forschungen* 19) Osnabrück 1974, 32f.

[29] LOMBARD, *Blütezeit des Islam* 191; KLESSE – REINEKING-VON BOCK, *Glas* 8.

13. Jahrhunderts wurde von einem Kreuzzug oder einer Pilgerfahrt mitgebracht und läßt sich seit dem Mittelalter im Schatz der Landgrafen von Hessen nachweisen[30].

Die Glasproduktion kann als Paradigma für die wechselseitige Beeinflussung von Orient und Okzident angesehen werden. Haben die Venezianer im 12. Jahrhundert Glasabfälle und minderwertige Glasware aus Tyros importiert, um das Material einzuschmelzen und solcherart die Glashütten in Murano zu errichten, war am Ende des 14. Jahrhunderts das Murano-Glas qualitativ höher stehend als das orientalische Glas, so daß italienische Produkte in die moslemische Levante und Spiegelglas nach Alexandria exportiert werden konnten[31].

Es gehört zu den Phänomenen der arabisch-abendländischen Kulturkontake, daß nicht in allen Bereichen des Alltags die erwartete Akzeptanz gegeben war. Die Araber haben vom 7./8. bis in das 11. Jahrhundert eine landwirtschaftliche Revolution durchgeführt und Pflanzen aus dem östlichsten Teil der islamischen Welt und aus Indien im Mittelmeerraum angebaut: Reis, Mohrenhirse, Limone, Zuckerrohr, Orange, Zitrone, Aubergine, Banane, Spinat, Artischocke, Wassermelone und Baumwolle. Zuckerrohr und Baumwolle[32] wurden im Okzident zu teuren und begehrten Produkten. ANDREW M. WATSON wirft die Frage auf, warum im christlichen Abendland die übrigen Kulturpflanzen erst zwei bis drei Jahrhunderte später Eingang gefunden haben. Für die langsame Transmission macht er drei Faktoren verantwortlich: 1. die unterschiedliche Dichte der Bevölkerung, 2. die Entwicklung des Marktes und die Eßgewohnheiten und 3. das unterschiedliche Klima. Zudem hatten die Christen um 1000 eine indifferente bis feindliche Haltung gegen alles Neue, und der erste botanische Garten mit orientalischen Kulturpflanzen entstand erst um 1310 an der medizinischen Fakultät von Salerno. Die Möglichkeiten, die Landwirtschaft besser zu spezialisieren, wurden mit der Zunahme der Bevölkerung im 13. Jahrhundert auszuschöpfen begonnen, und man war dann auch gegenüber Innovationen aufgeschlossener.

---

[30] BAUMGARTNER – KRUEGER, *Phönix aus Sand und Asche* 121, Nr. 65.

[31] ELIYAHU ASHTOR, *Levant Trade in the Later Middle Ages*. Princeton/N. J. 1983, 212.

[32] ELIYAHU ASHTOR, Europäischer Handel im spätmittelalterlichen Palästina, in: Das Heilige Land im Mittelalter (*Schriftenreihe des Zentralinstituts für fränkische Landeskunde und allgemeine Regionalforschung an der Universität Erlangen-Nürnberg* 22) Neustadt an der Aisch 1982, 108–117.

Nach den letzten Untersuchungen von Wolfgang von Stromer scheint zwischen der von Peter Stromeir erfundenen Nadelwaldsaat in Nürnberg und den Bemühungen im islamischen Mittelmeerraum kein direkter Konnex zu bestehen. Petrus de Crescentiis spricht in seinem Werk „Ruralium commodorum libri XII“ zwar von der Saat der Pinie aus ihren eßbaren Nüßchen, er hält aber Tannen, Fichten und Lärchen für nicht kultivierbar.

Die „Überprüfung der Wanderungen von Nahrungsmitteln und Rezepten“ war das Anliegen von Peter Heine, der die Rezeption der arabischen Kochkunst und Getränke im Okzident mit dem Einwand relativiert, daß manches für die islamische Welt selbst ungesichert ist. Die obere Schicht der abbasidischen Gesellschaft von 750 bis 1258, die Elite der offiziellen Kaufleute, Intellektuellen und Künstler, war Nutznießer eines überregionalen Angebots an Nahrungsmitteln und Zubereitungstechniken, die zudem die Mittel und das „Interesse an kulinarischen Besonderheiten aufzubringen in der Lage“ war. Direkter Einfluß der arabischen Kochkunst auf das christliche Abendland läßt sich nur in einigen Fällen durch Übernahme bestimmter Rezepte belegen, vor allem im Bereich der Zuckerbäckerei und Zuckerwaren. An der Wende vom 11. zum 12. Jahrhundert wurde beispielsweise in Palermo, alsbald aber in Sizilien und schließlich in Italien eine süße Creme hergestellt, die in Anlehnung an den arabischen Begriff *qas'ah* als *cassatta* rasche Verbreitung fand[33]. Verschiedene Zutaten und einige Gerichte weisen desgleichen auf eine arabische oder orientalische Herkunft (Aprikose, Artischocke, Aubergine, Banane, Berberitze, Ingwer, Joghurt, Kandiszucker, Marzipan, Safran, Sorbet, Spinat und Zucker). Die Wege, auf denen die arabische Küche bzw. Nahrungsmittel aus der islamischen Welt das Abendland erreichten, führten über die Iberische Halbinsel, Sizilien und den Balkan.

Die Mittlerstellung Siziliens und des südlichen Spaniens verdeutlichen auch einige andere Produkte. Das Korduanleder, ursprünglich von arabischen Handwerkern in Cordoba erzeugt und im 12. und 13. Jahrhundert auf den Messen der Champagne zu hohen Preisen in Ballen verkauft, wurde alsbald von der hochentwickelten pisanischen Lederindustrie gleichfalls produziert und exportiert. Der *kurdiwaener* war nach einer chronikalischen Nachricht von 1244 jener Handwerker,

---

[33] Charles-Emmanuel Dufourcq, *La vie quotidienne dans l'Europe médiévale sous domination arabe.* Paris 1978, 260.

der aus Korduanleder Schuhe anfertigte[34]. Ende des 15. Jahrhunderts spezialisierten sich die spanischen Korduanhersteller auf Ledertapeten, die sie nach der maurischen Stadt Ghadames *guadamaciles* nannten[35]. Die Ragusaner brachten die in der Zwischenzeit auch von den Türken in Adrianopel besonders fein gefertigten Korduanarbeiten in den europäischen Handel[36].

Die Intention, die Wände der Innenräume mit Fayence-Fliesen zu kacheln, geht auf eine mesopotamische und iranische Technik zurück, die durch die Araber im gesamten Mittelmeerraum verbreitet wurde. Das spanische Wort *azulejo* ist vom arabischen *zulaig* (Kachelwerk) abgeleitet[37].

Mit der Eroberung Siziliens durch die Araber seit 827 wurde von diesen neben der Baumwollstaude auch das Zuckerrohr dorthin verpflanzt, und die Zuckerproduktion erlangte rasch eine hohe Prosperität. Diese Entwicklung wurde auch nach der Inbesitznahme der Insel durch die Normannen nicht beeinträchtigt. Gegen Ende des 12. Jahrhunderts scheint die Zuckererzeugung Siziliens in eine Krise geraten zu sein, so daß Kaiser Friedrich II. den Auftrag gab, aus dem Königreich Jerusalem zwei Meister anzuwerben, wie auch der Anbau des Zuckerrohrs seine besondere Förderung erfuhr: Es galt beispielsweise, die Rohrfelder durch Hecken vor Hunden zu schützen und die Raupenplage durch Sammeln der Raupen einzudämmen[38].

Die Verkehrsintensität zur Abwicklung des Handels zwischen Italien und Ägypten war im Frühmittelalter gering. Die *navis alexandrina* (das Schiff nach Alexandrien) verkehrte nur einmal jährlich. Intensiver scheinen die Seeverbindungen zwischen Italien und Konstantinopel sowie der Kaiserstadt und Alexandria gewesen zu sein[39].

---

[34] Adolf Schaube, Handelsgeschichte der romanischen Völker des Mittelmeergebiets bis zum Ende der Kreuzzüge (*Handbuch der mittelalterlichen und neueren Geschichte,* Abt. III) München - Berlin 1906, 383; J. Andreas Schmeller, *Bayerisches Wörterbuch* 1. Leipzig 1939, Sp. 1227.

[35] Günter Gall, Leder im europäischen Kunsthandwerk (*Bibliothek für Kunst- und Antiquitätenfreunde* XLIV) Braunschweig 1965, 295.

[36] Heyd, *Geschichte des Levantehandels* 348.

[37] Lombard, *Blütezeit des Islam* 190.

[38] Lippmann, *Geschichte des Zuckers* 239, 283, 285.

[39] Dietrich Claude, Der Handel im westlichen Mittelmeer während des Frühmittelalters. Untersuchungen zu Handel und Verkehr der vor- und frühgeschichtlichen Zeit in Mittel- und Nordeuropa 2 (*Abh. Ak. Göttingen, philolog.-hist. Kl., 3. Flg.* 144) Göttingen 1985, 153f.

Die eigenständige Seefahrt der Araber im Roten Meer, im Persischen Golf und im Indischen Ozean benützte den „gerippelosen, kokosfasergenähten Teakholz-Daus", hingegen übernahm das arabische Schiffswesen im Kalifat des Westens die griechisch-römische Bautechnik, waren doch die „muselmanischen Galeeren im Mittelmeer um Kiel und Rippen gebaut, mit genagelter Kraweel-Beplankung... Entsprechend größer und dauerhafter als die Persergolf-Schiffe und Monsunfahrer, riefen sie bei den Kaufleuten und Reisenden in Alexandria und Seleukia große Bewunderung hervor."[40] Trotzdem mangelte dem islamischen Schiffbauer eine angemessene Kenntnis der Holzsorten – eine Vielfalt qualifizierter Hölzer stand nicht zur Verfügung – und ihrer Behandlung. Die Inferiorität des Schiffbaues und der nautischen Fertigkeit führte dazu, daß Alexandria europäische Schiffe charterte, um den Handel zwischen den Maghrebinischen Ländern und Ägypten aufrechtzuerhalten. Die Kommunikation zur See lag in den Händen katalanischer, französischer und italienischer Schiffseigentümer[41].

Sofern optische Orientierungsmöglichkeiten fehlten, wurde der Schiffskompaß zu Hilfe genommen, doch war die Konstruktion der Geräte zunächst primitiv und die magnetische Mißweisung unbekannt. In Alexander Neckams „De utensilibus" 1187 findet sich die früheste Erwähnung eines Schiffskompasses im Abendland. Petrus Peregrinus von Maricourt unterscheidet 1269 in der „Epistola de magnete" bereits zwischen einem Schwimmkompaß mit Magnetstein und einem Trockenkompaß mit Magnetnadel[42]. In einem persischen Buch von 1232 scheint der Kompaß erstmals im Gebiet des Islam auf; die älteste arabische Nennung bezieht sich auf das Jahr 1242, wobei die Neuerung mit *al-konbas* bezeichnet wird, ein Hinweis auf den europäischen Ursprung des Gerätes. Erst um 1300 wurde in Amalfi – durch Aufsetzen der Nadel auf einen Stift in Verbindung mit einer Rose in 360°-Teilung – ein für die Hochseeschiffahrt gebrauchsfähiges Instrument entwickelt[43].

---

[40] Ekkehard Eickhoff, *Seekrieg und Seepolitik zwischen Islam und Abendland. Das Mittelmeer unter byzantinischer und arabischer Hegemonie (650–1040).* Berlin 1966, 151 f.

[41] Ashtor, *Levant Trade* 214.

[42] Uwe Schnall, Art. „Kompaß", in: *Lexikon des Mittelalters* 5. München–Zürich 1991, Sp. 1192 f.

[43] Lynn White jun., *Die mittelalterliche Technik und der Wandel der Gesellschaft.* München 1968, 106 f.; Ducellier, *Byzanz* 257; Eickhoff, *Seekrieg und Seepolitik* 109; Tarif al Samman – Otto Mazal, *Die arabische Welt und Europa.* Graz 1988, 47.

Für die Lehre der Grundlagen von Astronomie und Mathematik war das Astrolab ein wertvolles Instrument, das wahrscheinlich eine griechische Erfindung darstellt und über das muslimische Spanien nach Europa gelangte. DAVID A. KING hat eine stupende Fülle solcher zum Teil noch unbekannter und nicht publizierter Astrolabien ausfindig gemacht und eingehend untersucht. KING definiert ein Astrolab als eine „zweidimensionale Wiedergabe des Himmelsgewölbes, bezogen auf den Horizont eines spezifischen Ortes“ oder, anders formuliert: „... das Astrolab ist ein analoger Computer, der die Bewegung der Himmelssphäre in bezug auf den jeweiligen Beobachter simuliert.“[44] Bei der Produktion dieser Instrumente haben es die Muslime innerhalb weniger Jahrzehnte zu wahrer Meisterschaft gebracht; die Europäer erlangten erst Jahrhunderte danach dieselbe Vollkommenheit.

Die Diffusion westlicher Bergbautechniken in den Balkan und vor allem in die Ägäis ist ein weiterer Nachweis von Technologietransfer in west-östlicher Richtung. KLAUS-PETER MATSCHKE hat den Nachweis erbracht, daß nicht nur sächsische Bergleute als Spezialisten im 13. Jahrhundert nach Serbien, Bosnien und Bulgarien einwanderten, sondern Fürst Nicolò I. Sanudo, der von 1323 bis 1341 ein ausgedehntes Inselreich in der Ägäis beherrschte, auf der Insel Milos durch Bergleute von Kuttenberg Erz gewinnen ließ und Anspruch auf den fünften Teil erhob.

Überaus instruktiv sind die Forschungen von ULRICH REBSTOCK über den mathematischen Alltag in der islamischen Welt, waren die Muslime doch daran interessiert, ein reibungsloses Marktgeschehen zu garantieren, indem dieses überprüfbar gemacht wurde. Es waren Rechenkenntnisse erforderlich, die den Wechselvorgang von Münzsorten und das Wägeverfahren bei Waren und Gewichten kontrollierbar machten. Die Erfindung der Klappwaage, die islamischen Kaufleuten zugeschrieben wird, ist in diesem Kontext zu sehen[45]. Die Muslime entwickelten hiefür eine „nichtwissenschaftliche“ Mathematik, die im letzten Jahrzehnt als eine Art „Ethnomathematik“ thematisiert wurde. Zur Bewältigung dieser Aufgabe hat die islamische Welt drei Rechnungsarten entwickelt:

---

[44] DAVID A. KING, Die Astrolabiensammlung des Germanischen Nationalmuseums, in: *Focus Behaim Globus* 1: *Aufsätze.* Nürnberg 1992, 102, 105f.; BARTEL L. VAN DER WAERDEN, Art. „Astrolabium“, in: *Lexikon des Mittelalters* 1. München–Zürich 1979, Sp. 1135.

[45] HEIKO STEUER, Zusammenklappbare Waagen des hohen Mittelalters, in: *Archäologisches Korrespondenzblatt* 7 (1977) 295–300.

das „Währungsrechnen“, die „Ausmessung“ (d. h. die praktische Geometrie) und – charakteristisch für den Islam – das „Erbschaftsrechnen“. Das christliche Abendland hat diese praktische Mathematik und deren Literatur nicht rezipiert und die Mathematik an den Universitäten angesiedelt. Die arabischen Mathematiker waren hingegen zugleich Wissenschaftler und Praktiker. Die Rezipierung des praktischen Rechnens im Islam konnte einzig anonym durch Reisende des Okzidents vor sich gehen. Das Zentrum für die Vermittlung mathematischer Kenntnisse der islamischen Länder an das Abendland war Spanien (Übersetzerschule von Toledo, Mitte 12. Jahrhundert), nicht minder hat aber auch Pisa wegen seiner Handelsbeziehungen mit dem islamischen Nordafrika eine nicht unwesentliche Rolle gespielt. Leonardo Fibonacci entwickelte seine mathematische Tätigkeit nach dem Studium der Werke des Abū Kāmil[46].

Das byzantinische Rechenwesen, das zwischen öffentlichen und privaten Finanzen unterschied, konnte bislang nur ungenügend erforscht werden, weil der Verlust der staatlichen Archive kaum Einblick in das staatliche Rechenwesen ermöglicht. Die größte Zahl der nichtliterarischen Papyri stammt aus dem Bereich der privaten Rechenaufzeichnungen, insbesonders Kontobücher, die alle für die Wirtschafts- und Gesellschaftsführung nötigen Operationen wie Einnahmen, Ausgaben und Schulden in mehr oder minder geordneter Weise enthalten. Seit dem 14. Jahrhundert wurde ein gemischtes System in der Rechnungsführung praktiziert, in dem kaum eine Trennung der Positionen durchgeführt wurde: Aktiva, Passiva, Wareneingänge, Geldleihen und Schulden stehen ohne erkennbare Ordnung nebeneinander. Peter Schreiner verweist auf die schmale byzantinische Quellenbasis, die eine exakte Beurteilung der Rechenarten für Wirtschaft und Handel ausschließt, ebenso ein Urteil über die wechselseitige Einflußnahme auf das Rechenwesen der Muslime und der italienischen Seestädte.

Auf dem Gebiet des Kriegswesens nahm Byzanz eine Vermittlerrolle zwischen Orient und Okzident ein. Die Einführung der „Dänenaxt“, die man auf den Schultern trug, vollzogen die Krieger aus Skandinavien, die der kaiserlichen Garde in Byzanz angehörten. Einige Waffen waren – wie Taxiarchis G. Kolias nachweist – byzantinischen Ursprungs und verhältnismäßig früh bekannt. Dazu zählte die Armbrust, die eine lange Tradition seit der Antike hatte und unter nomadischem Einfluß wieder

---

46 Adolf P. Juschkewitsch, *Geschichte der Mathematik im Mittelalter*. Basel 1964, 325.

in Gebrauch kam. Der dreieckförmige Schild, der ab dem 11. Jahrhundert im Abendland mit dem Normannenschild identifiziert wurde, war zur gleichen Zeit in Byzanz bekannt, und der Steigbügel, der vornehmlich mit dem ritterlichen Turnier im Okzident in Verbindung gebracht wurde, stand zuvor schon in Byzanz in Verwendung. Das „griechische Feuer" wurde von den Byzantinern bereits seit der 2. Hälfte des 7. Jahrhunderts als Kampfmittel verwendet. Baumeister Kallinikos aus Heliopolis wird diese Erfindung zugeschrieben, deren Neuerung darin bestand, daß sich der Brandsatz bei Berührung mit dem Wasser von selbst entzündete. Es scheint sich um ein dünnflüssiges Gemisch aus Erdöl, Schwefel, Harz und ähnlichen Stoffen sowie ungelöschtem Kalk gehandelt zu haben[47]. Die arabischen Flotten haben seit der ersten Hälfte des 9. Jahrhunderts diese furchterregende Fernwaffe eingesetzt[48]. Mit dem wirtschaftlichen und technologischen Aufstieg des Abendlandes und der einsetzenden Stagnation in Byzanz überwog sodann der abendländische Einfluß auf dem Gebiet der Waffenproduktion.

Weit höher entwickelt als im Abendland war die islamische militärische Baukunst, waren doch Burgen und Wälle grundsätzlich aus Stein gebaut und erweckten bei den Kreuzfahrern staunende Bewunderung (Antiochia). Die vorspringenden Türme in den Mauern dienten dazu, den Bogenschützen und Pechwerfern der Besatzungen größere Reichweite in die feindlichen Linien zu verleihen: Der Wehrgang hinter einer Mauer oder steinernen Brustwehr ruhte auf Konsolen mit dazwischen geöffneten Bodenlöchern (Maschikulis), eine Neuerung, die die Kreuzfahrer in Palästina und Syrien kennengelernt hatten. Die Burgen der französischen Kreuzritter in Griechenland und Kleinasien verbanden „heimisch-byzantinische Entwicklungen im Fortifikationsbau mit arabischen und armenischen Einflüssen sowie europäischen Anlagen und Bauformen des 12. Jahrhunderts und im 13. Jahrhundert, der dann teilweise auf Europa zurückgewirkt hat"[49].

Der technologische Fortschritt des Okzidents in der Waffenproduktion wurde aber im Orient nicht immer rezipiert. Die in Ägypten und Syrien von der Mitte des 13. bis zur Mitte des 16. Jahrhunderts regieren-

---

[47] MAURICE KEEN, *Das Rittertum.* München–Zürich 1987, 41; ERICH GABRIEL, Art. „Griechisches Feuer", in: *Lexikon des Mittelalters* 4. München–Zürich 1989, Sp. 1711f.

[48] EICKHOFF, *Seekrieg und Seepolitik* 154.

[49] RUNCIMAN, *Geschichte der Kreuzzüge* 1148–1150; GÜNTHER BINDING, Art. „Burg", in: *Lexikon des Mittelalters* 2. München–Zürich 1982, Sp. 959f.

den Mamluken haben sich gegen die in Südeuropa erfundenen Feuerwaffen ablehnend verhalten, weil sie diese Art von kriegerischer Auseinandersetzung mit dem Ethos ihres ritterlichen Selbstverständnisses nicht für vereinbar hielten: Die mit Pulver geladenen Flinten, die Arkebusen, galten ihnen als ehrlos, bequem und feig. Ihre Waffenkultur sah den Zweikampf mit Lanze und Schwert vor, das Pferd galt ihnen als „herausragendes Adelsattribut". Es konnte deshalb nicht ausbleiben, daß die Mamluken bei der Konfrontation mit den mit Arkebusen bewaffneten Osmanen eine schwere Niederlage in Kauf nehmen mußten. Ungeachtet dessen entstand nach Ulrich Haarmann am Hof der Mamluken in Ägypten eine Art „militärische Kultur", die in der Literatur ihren Niederschlag gefunden hat und sich vor allem mit dem Polospiel, dem Bogenschießen und dem Lanzenstechen befaßt. Die Skizzen und Miniaturen in den Manualen sind realienkundlich relevante Zeugnisse.

Innerhalb der medizinischen Disziplinen hatte die Chirurgie im Orient und Okzident nur geringes Ansehen. Diese Geringschätzung im Abendland war nicht zuletzt darauf zurückzuführen, daß 1130 auf dem Konzil von Clermont den Mönchen eine ärztliche Betätigung untersagt wurde und das Konzil von Tours (um 1163) den Ärzten jegliche chirurgischen Eingriffe verbot. In Rezeptionswellen hat das Abendland arabisch-medizinisches Wissen übernommen und hierbei auch chirurgische Grundkenntnisse vermittelt erhalten (Rhases, † 925; Albukasim, † 1013, mit seiner medizinischen Enzyklopädie, in der erstmals chirurgische Instrumente dargestellt sind). Die Entdeckung des kleinen Blutkreislaufes vom rechten Herzen durch die Lunge zum linken durch Ibn An Nafis († 1288) bildet den Abschluß der arabisch dominierten Chirurgie. Ein arabischer Codex vom Anfang des 13. Jahrhunderts aus der Schule von Bagdad gibt auch Auskunft über ein Narkotikum, das aus Opium, Mandragora-Extrakt und Schierlingsblättern bestand und den Patienten einzuschläfern vermochte. Mit Guy de Chaulliac († ca. 1368), der die Stein- und Staroperationen wesentlich verbesserte, setzt eine eigenständige abendländische Chirurgie ein, die im besonderen durch die anatomischen Demonstrationen in Italien und etwas später nördlich der Alpen (Wien) nach und nach zu neuen Erkenntnissen gelangte. Friedrun R. Hau hat in ihrem Referat diese zunächst starke Abhängigkeit des Okzidents vom Orient im Bereich der Chirurgie und ihrer Instrumente mit einer Überfülle an Fakten belegt und die Bedeutung der von Friedrich II. erlassenen und 1231 sowie 1247 ergänzten Medizinalordnung hervorgehoben, die ein einjähriges Praktikum unter Berücksichtigung der Chirurgie bei einem niedergelassenen Arzt vorschrieb.

Kritisch setzt sich PETER DILG mit der Frage auseinander, ob und in welchem Ausmaß die arabische Heilkunde und ihre Arzneidrogen vom Abendland rezipiert wurden, weil zunächst zu unterscheiden bzw. festzustellen ist, ob eine Arzneipflanze tatsächlich aus dem islamischen Raum stammt oder von den Arabern etwa aus Indien eingeführt wurde. Zum anderen konnte ein Arzneimittel schon in der Antike bekannt gewesen und durch die Araber wieder in die Therapie eingeführt worden sein. In diesem Kontext sei darauf hingewiesen, daß mit Hilfe der syrischen Christen griechische Wissenschaft in großem Umfang ins Arabische übersetzt wurde. Einflußreiche Christen, die am Hofe der toleranten abbasidischen Kalifen als Ärzte und Sekretäre fungierten, übernahmen die Rolle als Kulturmittler zwischen dem alten Griechenland und dem Islam und damit auch zum europäischen Mittelalter[50].

Jene rein theoretische Literatur, die an den europäischen Universitäten zum Lehrkanon gehörte, war nicht praxisbezogen und vermittelt kein richtiges Bild von dem, was in Apotheken an Arzneimitteln vorrätig war. Die größte Praxisrelevanz kommt den Arzneitaxen und Inventarlisten der Apotheken, aber auch den Kräuter- und Destillierbüchern zu, weil sie zur Laienmedikation verfaßt worden waren. Im 15. Jahrhundert hatten jedenfalls die Apotheken mit Rezeptverschreibungen große Schwierigkeiten, weil manche Begriffe unbekannt waren. Spezielle Verzeichnisse, die sogenannten Quidproquo-Listen, halfen, heimische Drogen im Austausch gegen verschriebene heranzuziehen.

Die Humanisten bekämpften den Arabismus und die Vorherrschaft der arabischen Medizin. Argumentiert wurde mit dem Vorwurf, daß die Araber Verfälscher der wahren und ursprünglichen Lehren seien und daß sie die antiken Quellen verdorben hätten, eine Auffassung, die nicht zuletzt auf der mangelnden Kenntnis der arabischen Sprache basierte.

Die mittelalterliche islamische Kleidung, die aus der präislamisch-arabischen, aus der hellenistisch-mediterranen und der iranisch-türkischen hervorgegangen ist, zeigt in ihrer Entwicklug eine Abkehr von der religiösen Gebundenheit zu einer von islamischen Intentionen unabhängigen Kleidung. Die frühislamische Ideologie vertrat beispielsweise die Ansicht, daß Männer und Frauen den Kopf bedeckt halten sollen,

---

[50] HEINRICH SIMON, Die Juden als Mittler II: Arabische, jüdische und europäische Wissenschaft, in: HELMUT BIRKHAN (Hrsg.), Die Juden in ihrer mittelalterlichen Umwelt (*Wiener Arbeiten zur germanischen Altertumskunde und Philologie* 33) Bern–Berlin–Frankfurt/M. 1992, 98; WALTER SELB, Christen in frühislamischer Zeit (bis zum 9. Jahrhundert), in: *Syrien. Von den Aposteln zu den Kalifen.* Linz 1993, 313.

„as a sign of modesty and respect". Gegen luxuriöse Kleiderteile hegte man lange Zeit eine Aversion. YEDIDA K. STILLMAN hat unter Heranziehung eines reichen Quellenmaterials die zeremoniellen und ökonomischen Funktionen, desgleichen die soziale Stratifikation und die Kleidervorschriften des islamischen Kleidungssystems des Spätmittelalters expliziert, wobei sich gewisse Vergleiche mit der Entwicklung der okzidentalen Kleidung aufdrängen.

Die Byzantiner erkannten im 13. und 14. Jahrhundert, daß die Kenntnis von Latein und lateinischer Literatur für den Umgang mit Vertretern der italienischen Republiken Venedig, Genua und Pisa erforderlich ist, so daß eine Übersetzertätigkeit einsetzte, die Byzanz auch die Scholastik nahebrachte. Petrarca, der griechischen Sprache mächtig, erhielt 1354 von Sigeros einen Homer-Codex zugesandt in der Absicht, auf die Bedeutung der griechischen Buchproduktion aufmerksam zu machen und einen Beitrag zur Überwindung der Entfremdung und Trennung zwischen Ost und West zu leisten. Als Manuel Chrysoloras, der erste Professor des Griechischen, 1403 von Florenz nach dem Orient reiste, wurde er von Guarino von Verona begleitet, der von dieser Reise 60 griechische Handschriften mitbrachte. Das Interesse an griechischer Literatur wurde besonders von Kardinal Bessarion geweckt, war er doch ein Gönner der griechischen Emigranten und der in Kreta lebenden Kopisten. Es kam zu einer Kommerzialisierung der Texte antiker Autoren, und vor 1500 sind in Italien mehr als 30 griechische Inkunabeln gedruckt worden, darunter 1488 in Florenz die erste vollständige Homer-Ausgabe! HERBERT HUNGER hat die Bedeutung und den Einfluß der griechischen Buchproduktion in Italien anschaulich vor Augen geführt und die hohen Kosten der Drucke betont, war doch der Aufwand für Papier, Druckstöcke, Ankauf von Handschriftenvorlagen, Herstellung von Holzschnitten und für Honorare exzeptionell groß. Es bedurfte angesehener Mäzene, um preiswerte und leicht zu beschaffende Drucke herstellen zu können. Das Papier spielt hierbei eine eminente Rolle, ein Beschreibstoff, der als Paradigma ost-westlicher Kommunikation bezeichnet werden darf[51].

---

[51] LEO SANTIFALLER, Beiträge zur Geschichte der Beschreibstoffe im Mittelalter (*Mitteilungen des Instituts für Österreichische Geschichtsforschung,* Erg.-Bd. 16/1) Graz–Köln 1953, 118f., 133ff.; SAMMAN – MAZAL, *Die arabische Welt* 44; LOMBARD, *Blütezeit des Islam* 194 f.; HANS B. KÄLIN, Art. „Papier", in: *Lexikon des Mittelalters* 6. München–Zürich 1993, Sp. 1664 f.

Der neunte Internationale Kongreß in Krems war überschattet durch das plötzliche Ableben von einem der besten Kenner kultureller Kommunikation zwischen den Arabern und dem christlichen Abendland, NORMAN DANIEL († 11. August 1992). Seine tiefgründigen Forschungen und sein umfassendes Wissen werden auch in Zukunft unentbehrlich sein.

Ralph-Johannes Lilie

DIE HANDELSBEZIEHUNGEN ZWISCHEN BYZANZ, DEN ITALIENISCHEN SEESTÄDTEN UND DER LEVANTE VOM 10. JAHRHUNDERT BIS ZUM AUSGANG DER KREUZZÜGE

I. Die Vorbedingungen

Es ist allgemein bekannt, daß das lateinische Westeuropa in der Epoche der Kreuzzüge zu einer Expansion ansetzt, die den Einfluß des Abendlandes in der Levante, im byzantinischen Bereich und in Osteuropa beträchtlich erweitert. Die Kreuzfahrerstaaten und die von ihnen mehr oder weniger abhängigen lokalen Staatsgründungen wie etwa das Königreich Kleinarmenien sind zwar nur Außenposten der Lateiner, haben aber nichtsdestoweniger tiefgreifende Auswirkungen auf die politische Entwicklung im Vorderen Orient. Das Mittelmeer wird für mehrere Jahrhunderte zu einem fast ausschließlich von Italienern beherrschten Raum. Für Byzanz beginnt eine Zeit des Niedergangs, die in der Eroberung Konstantinopels 1204 durch den Vierten Kreuzzug einen ersten negativen Höhepunkt erlebt, von dem es sich nicht mehr wirklich erholen sollte. Im Osten schließlich dringen italienische Händler, Gesandte und Missionare bis hin nach China vor.

Diese Entwicklung, die erst im Laufe des 14. Jahrhunderts wieder schwächer wird und schließlich ganz abbricht, um dann bezeichnenderweise im äußersten Westen – Spanien und Portugal – wieder aufgenommen und mit dem bekannten Erfolg weitergeführt zu werden, steht in einem merkwürdigen Gegensatz zu der fast völligen Isolation Westeuropas in den vorhergehenden Jahrhunderten, einer Isolation, die so vollständig ist, daß selbst die nächsten Nachbarn der Abendländer – Byzanz und die islamischen Reiche, die sich an den Küsten des Mittelmeers etablieren – zu weitgehend unbekannten Fremden werden, zu denen man kaum Verbindungen unterhält.

Die Frage, die sich logisch anschließt, ist so banal zu stellen, wie sie schwierig zu beantworten ist: Wie und wieso ist es im Laufe des 11. und

12. Jahrhunderts zu einem derartigen Umschwung gekommen und weshalb intensiviert sich der mediterrane Fernhandel – im Frühmittelalter eher ein kaum wahrgenommenes Mauerblümchen – in dieser Zeit so ungeheuer, daß eine ganze Region – Italien, vor allem die Seehandelsstädte und ihr Hinterland – von ihm nicht nur leben, sondern in einem bis dahin ungeahnten Maße aufblühen und diese Blüte auch an andere Länder und Regionen weitergeben kann?

II. Die „dunklen Jahrhunderte"

Vergleicht man die Bedingungen, die zwischen dem 6. und dem 10. Jahrhundert in West- und Nordeuropa geherrscht haben, mit denen der Spätantike und des Hoch- und Spätmittelalters, so kann man, zumindest im Bereich der Kommunikation mit den anderen kulturell-zivilisatorischen Zentren der Zeit, wie z. B. Byzanz oder dem Kalifat von Bagdad, wahrlich von „Dunklen Jahrhunderten" sprechen. Über die Antike brauchen wir nicht weiter zu diskutieren. Es mag genügen, an Kosmas den Indienfahrer zu erinnern, dessen Weltmodell heutzutage zwar einigermaßen bizarr erscheinen mag, der aber immerhin doch bis nach Indien gekommen war. Und die beiden Mönche, die der Legende nach in ihren Wanderstöcken Seidenraupenlarven aus China nach Byzanz geschmuggelt haben, mögen zwar fiktiv gewesen sein, aber sie belegen zumindest doch die Existenz von solchen Verbindungen, wie locker sie auch immer gewesen sein mögen[1].

Immerhin, gewisse Beziehungen zwischen Westeuropa und der Levante bestanden auch im frühen Mittelalter fort. Erinnert sei, um bei der eben schon genannten Seide zu bleiben, an Liudprand von Cremona, der auf seiner zweiten Konstantinopelgesandtschaft, über die er in seiner „Legatio" berichtet, versuchte, Seidenstoffe nach Italien zu schmuggeln, und, als er erwischt wurde, in wüste Beschimpfungen ausbrach, die darin gipfelten, daß solche Stoffe im Abendland nur von den Prostituierten getragen würden – was allerdings nicht nur die Frage impliziert, was der Bischof selbst mit seinem Schmuggelgut vorgehabt

[1] Zu Kosmas Indikopleustes cf. W. Wolska, *La topographie chrétienne de Cosmas Indicopleustes. Théologie et science au VIe siècle.* Paris 1962; zu den Verbindungen zwischen Byzanz und Indien allgemein: N. Pigulewskaja, Byzanz auf den Wegen nach Indien. Aus der Geschichte des byzantinischen Handels mit dem Orient vom 4. bis 6. Jahrhundert (*Berliner Byzantinistische Arbeiten* 36) Berlin 1969; zum Seidenhandel mit China cf. H. Wada, *Prokops Rätselwort Serinda und die Verpflanzung des Seidenbaus von China nach dem oströmischen Reich.* Diss. Köln 1970.

haben mag, sondern zugleich auch belegt, daß solche Stoffe gehandelt worden sind, wenngleich in geringem Umfang, da der Export aus Byzanz offiziell verboten war[2].

Zweifellos ist auch in dieser Zeit Handel getrieben worden. Aber der Umfang scheint nicht sehr groß gewesen zu sein. Die Gründe für diesen Zustand jetzt im einzelnen aufzuzählen, würde unser Thema sprengen. Es mag genügen, einige Schlagworte zu nennen: Der Bevölkerungsrückgang nach dem Ende des Weströmischen Reiches und die Verkleinerung der Stadt Rom machten die in der Antike noch lebensnotwendigen umfangreichen Getreideimporte, vor allem aus Ägypten, überflüssig. Der zivilisatorische Rückgang in Westeuropa, an dem nicht zu zweifeln ist, führte zwar zu einer gewissen Autarkie, brachte es aber zugleich mit sich, daß das Abendland kaum Exportgüter besaß, die es mit Erfolg hätte exportieren können, zumal die Waren, die es anzubieten in der Lage war – etwa Felle, einige Bodenschätze, Wachs und Honig etc. –, auch im Vorderen Orient nicht gerade selten waren. Gerade dies ist übrigens eine Grundproblematik dieser Epoche: Die Regionen, die am meisten vom Fernhandel über das Mittelmeer profitierten, erzeugten überwiegend die gleichen oder doch ähnliche Produkte – sieht man einmal von einigen wenigen Ausnahmen wie etwa Papyrus ab, und selbst der wuchs auch auf Sizilien, wenngleich nur in geringen Quantitäten. Bei der geringen Bevölkerungsdichte in dieser Zeit ließ das den Handel mit Massengut praktisch bedeutungslos werden, im Gegensatz etwa zur Antike und auch zum hohen Mittelalter. Nimmt man die wachsende Unsicherheit hinzu, die nach der Entstehung des islamischen Kalifats auf dem Mittelmeer herrschte und den Fernhandel zu einem gefahrvollen Abenteuer machte, so erklärt das wohl zur Genüge den Rückgang des überregionalen Warenaustauschs[3].

---

[2] Zu Liudprand von Cremona cf. die (freilich angreifbare) Arbeit von M. Rentschler, Liudprand von Cremona. Eine Studie zum ost-westlichen Kulturgefälle im Mittelalter (*Frankfurter Wissenschaftliche Beiträge. Kulturwissenschaftliche Reihe* 14) Frankfurt/M. 1981; zu der byzantinischen Seidenproduktion cf. allgemein R. S. Lopez, Silk Industry in the Byzantine Empire. *Speculum* 20 (1945) 1–42; zuletzt N. Oikonomides, Silk Trade and production in Byzantium from the Sixth to the Ninth Century: The Seals of Kommerkiarioi. *Dumbarton Oaks Papers* 40 (1986) 33 bis 53; sowie A. Muthesius, Silken diplomacy, in: J. Shepard – S. Franklin (eds.), *Byzantine Diplomacy. Papers from the Twenty-fourth Spring Symposion of Byzantine Studies, Cambridge, march 1990*. Aldershot 1992, 237–248.

[3] Allgemein hierzu cf. D. Claude, Der Handel im westlichen Mittelmeer während des Frühmittelalters. Untersuchungen zu Handel und Verkehr der vor- und frühgeschichtlichen Zeit in Mittel- und Nordeuropa, Teil 2 (*Abh. Ak. Göttingen, philol.-*

Handel hat es natürlich auch im Frühmittelalter noch gegeben. Das zeigt beispielsweise der Translationsbericht des heiligen Marcus von Alexandria nach Venedig, der ja venezianische Händler in Ägypten voraussetzt. Ebenso wissen wir von der Existenz einer amalfitanischen Kolonie in Alexandria um das Jahr 1000 herum, die angeblich 1000 Personen gezählt haben soll, eine allerdings wohl weit übertriebene Zahl, wenn man sie mit den Verhältnissen des 12. Jahrhunderts vergleicht, als der Fernhandel eine weitaus größere Rolle gespielt hat[4].

Soweit es Venedig und Amalfi betroffen hat, ist dieser Handel zweifellos Transithandel gewesen, bei dem beide Städte nur Zwischenstationen gewesen sind. Für Venedig wissen wir dies sogar ganz genau, denn in dem Chrysobull des byzantinischen Kaisers Basileios II. für Venedig von 992 bitten die Venezianer ganz offiziell darum, daß der Kaiser die ihnen zugestandenen Zollerleichterungen auch auf Waren und Kaufleute anderer Nationen ausdehne, die auf ihren Schiffen befördert würden. Der Kaiser gesteht dies zu, mit Ausnahme der Kaufleute aus dem byzantinischen Unteritalien, besonders aus Bari und Amalfi[5].

Diese Abgabe scheint die Venezianer also günstiger gestellt zu haben als die byzantinischen Untertanen selbst. Die Gründe für diese Vergünstigung sind nicht mehr eindeutig zu ermitteln. Es mag aber sein, daß

---

hist. Kl., Flg. 3 144) Göttingen 1985; speziell zum byzantinischen Bereich cf. auch M. F. HENDY, *Studies in the Byzantine Monetary Economy c. 300–1450*. Cambridge 1985.

[4] Zu der Translation des heiligen Marcus cf. immer noch N. MC CLEARY, Note storiche ed archeologiche sul testo della „Translatio Sancti Marci". *Memorie storiche Forogiuliesi* 27–29 (1931–1933) 223–264; zuletzt ausführlich P. J. GEARY, *Thefts of Relics in the Central Middle Ages*. Princeton 1978, 107–115; zu dem amalfitanischen Handel mit den islamischen Staaten vor den Kreuzzügen cf. A. O. CITTARELLA, The Relations of Amalfi with the Arab world before the crusades. *Speculum* 42 (1967) 299–312; C. CAHEN, Le Commerce d'Amalfi dans le Proche-Orient Musulman avant et après la croisade (*Académie des Inscriptions et Belles-Lettres. Comptes rendus des séances de l'année 1977*) Paris 1977; allgemein zu Amalfi cf. U. SCHWARZ, Amalfi im frühen Mittelalter (9.–11. Jh.). Untersuchungen zur Amalfitaner Überlieferung. (*Bibliothek des Deutschen historischen Instituts in Rom* 49) Tübingen 1977.

[5] Zu dem Chrysobull von 992 für Venedig s. F. DÖLGER, Regesten der Kaiserurkunden des oströmischen Reiches von 565–1453 (*Corpus der griechischen Urkunden des Mittelalters etc. Reihe A, Abt. I.* 1–2) München 1924–1925 (Ndr. Hildesheim 1976) 781 ; cf. R.-J. LILIE, *Handel und Politik zwischen dem byzantinischen Reich und den italienischen Kommunen Venedig, Pisa und Genua in der Epoche der Komnenen und der Angeloi (1081–1204)*. Amsterdam 1984, 1–8; O. TUMA, Some Notes on the Significance of the Imperial Chrysobull to the Venetians of 992. *Byzantion* 54 (1984) 358–366; zuletzt J. KODER, Das Sigillion von 992 - eine „außenpolitische" Urkunde? *Byzantinoslavica* 52 (1992) 40–44.

die maritime Bedeutung der *serenissima* von den Kaisern schon zu dieser Zeit für so wichtig eingeschätzt worden ist, daß man sie mit Handelsprivilegien auf der Seite des Reiches halten wollte.

Neben Venedig und den byzantinischen Einwohnern Unteritaliens hat auch Amalfi lebhaften Handel mit dem Orient getrieben, ohne daß wir über den Umfang irgend etwas Genaueres sagen können[6]. Genua und Pisa, später die Hauptrivalen Venedigs, treten dagegen vor dem Beginn der Kreuzzüge im östlichen Mittelmeerraum quellenmäßig kaum in Erscheinung.

Anzunehmen, wenngleich in seiner Intensität kaum zu beurteilen, dürfte auch ein gewisser Handel der Italiener mit Ägypten sein, der wahrscheinlich Gewürze, vielleicht auch Baumwolle und Alaun umfaßt haben mag, aber für uns aufgrund des Quellenmangels ebenfalls kaum mehr faßbar ist[7].

III. Die Kreuzzüge

Eine spürbare Änderung in diesen Verhältnissen tritt erst im letzten Viertel des 11. Jahrhunderts ein, und dies weniger aus kommerziellen als aus politischen Gründen heraus: Die politische Landschaft des Vorderen Orients ändert sich, zum Teil aufgrund der byzantinischen Schwäche, die das Reich zu Zugeständnissen zwingt, die es in solchem Ausmaß niemals zuvor gemacht hatte, zum Teil durch das militärische Ausgreifen des Abendlands in die Levante, nach Syrien und Palästina, was unweigerlich auch die muslimischen Nachbarstaaten in dieser Region in Mitleidenschaft ziehen mußte.

Die Ausgangspunkte für die großen italienischen Seehandelsstädte sind dabei durchaus unterschiedlich: Amalfi, das bis ins 11. Jahrhundert hinein zusammen mit Venedig den Orienthandel dominierte, litt unter der Etablierung des Normannenstaates in Unteritalien und sank sehr schnell bis fast zur Bedeutungslosigkeit herab. Venedig seinerseits

---

[6] Neben den oben Anm. 4 genannten Arbeiten cf. auch M. Balard, Amalfi et Byzance (X^{e}–XIIe siècles). *Travaux et Mémoires* 6 (1976) 85–95; A. O. Cittarella, Il declino del commercio marittimo di Amalfi. *Archivio storico per le provincie napoletane* 92 (1975) 9–54.

[7] Allgemein zum Handel im Mittelmeerraum cf. immer noch W. Heyd, *Histoire du Commerce du Levant au Moyen Age,* 2 Bde. Leipzig 1885/86, Ndr. Amsterdam 1967; A. Schaube, *Handelsgeschichte der romanischen Völker des Mittelmeergebiets bis zum Ende der Kreuzzüge.* München–Berlin 1906; speziell zu Ägypten S. Labib, *Handelsgeschichte Ägyptens im Spätmittelalter.* Wiesbaden 1965.

hatte in Byzanz, dessen Untertan es formal immer noch war, einen vertrauten Markt, den es nun aber plötzlich gegen die Konkurrenz aus Genua und Pisa verteidigen mußte, die beide im Gefolge des Ersten Kreuzzugs im Orient erschienen und sehr schnell die Chancen sahen, die sich ihnen dort boten.

Venedig hatte vor beiden einen Vorsprung: Seine Einwohner waren de jure immer noch byzantinische Untertanen, und vor allem war seine maritime Unterstützung von unschätzbarer Bedeutung für die Kaiser in Konstantinopel, die von den seemächtigen Normannen bedrängt wurden. 1082 erhielt der venezianische Doge von Kaiser Alexios I. Komnenos ein Privileg, das den Kaufleuten der Lagunenstadt weitreichende Privilegien in der Romania, dem byzantinischen Reich, einräumte: Neben einigen anderen Vorteilen erhielten die Venezianer in einer Reihe von namentlich genannten Städten eine völlige Abgabenfreiheit zugesichert, d. h., daß sie im Vergleich zu ihrer byzantinischen Konkurrenz mindestens zehn Prozent Gewinnvorteil erhielten, zu der außerbyzantinischen sogar bis zu 20 Prozent[8]. Kein Wunder, daß Genua und Pisa während des gesamten 12. Jahrhunderts immer wieder versuchten, ebenfalls solche Vergünstigungen zu erhalten, aber ohne Erfolg: Pisa kam im Vertrag von 1111 auf insgesamt 14 Prozent, Genua erreichte vor 1170 nicht einmal diese Marge[9].

Aber auch Venedig erhielt nicht im gesamten Reich eine völlige Abgabenbefreiung, sondern nur in einer Reihe von namentlich angeführten Städten, vorwiegend an der Küste, weniger im Binnenland. Eine Schwerpunktbildung in einzelnen Regionen ist nicht festzustellen, sieht man einmal davon ab, daß den Venezianern wie auch den anderen

---

[8] DÖLGER, *Regesten* 1081; zu dem Chrysobull cf. S. BORSARI, Il Crisobullo di Alessio I per Venezia. *Annali dell'Istituto Italiano per gli studi storici* 2 (1970) 111 bis 131; DERS., Venezia e Bisanzio nel XII secolo. I rapporti economici (*Deputazione di Storia Patria per le Venezie. Miscellanea di Studi e Memorie* XXVI) Venezia 1988 135ff.; LILIE, *Handel und Politik* 8–22.

[9] Zu dem Vertrag von 1111 s. DÖLGER, *Regesten* 1255; LILIE, *Handel und Politik* 69–76: Pisa erhält für das gesamte Reich eine Ermäßigung des Einfuhrzolls auf vier und des Ausfuhrzolls auf zehn Prozent. Zu den Verträgen mit Genua von 1169/70 s. DÖLGER, *Regesten* 1488/1497; LILIE, *Handel und Politik* 87–100: Genua zahlt für Import wie Export vier Prozent, aber nur in Konstantinopel, während es im restlichen Reich keinerlei Abgabenreduktion genoß. Folgerichtigerweise konzentrierte der genuesische Handel sich vor 1192 denn auch fast ausschließlich auf Konstantinopel; allgemein zu dem Verhältnis zwischen Genua und Byzanz cf. auch die (freilich angreifbare) Arbeit von G. W. DAY, *Genoa's Response to Byzantium 1155–1204. Commercial Expansion and Factionalism in a Medieval City.* Urbana–Chicago 1988.

Italienern jeglicher Zugang zum Schwarzen Meer verboten wurde. Ein Grund für diese Maßnahme ist nicht erkennbar[10]. An den Italienern lag es sicher nicht, denn nach dem Vierten Kreuzzug sind sie sehr schnell auch hier zu finden[11].

Die Auswahl der abgabenfreien Städte mag zunächst venezianischen Wünschen gefolgt sein, der Realität des 12. Jahrhunderts entsprach sie nicht, im Gegenteil! Zum einen lag dies zweifellos an der politischen Entwicklung. So gingen die von den Venezianern gewünschten Städte in Nordsyrien und Kilikien kurz nach 1082 an die Seldschuken verloren. Gleiches gilt für eine Reihe der kleinasiatischen Orte, die sich auch nach der byzantinischen Rückeroberung nur langsam erholten[12]. Aber es müssen auch andere Gründe eine Rolle gespielt haben, wenn z. B. Demetrias in Thessalien trotz seiner Erwähnung in dem Chrysobull später keine Rolle mehr gespielt hat, während das benachbarte Halmyros, das nicht erwähnt wurde, zu einem der wichtigsten italienischen Handelsstützpunkte im 12. Jahrhundert aufsteigen sollte[13]. Dies läßt darauf schließen, daß man in Venedig 1082 nicht so sehr gezielt bestimmte Plätze gesucht hat, sondern eher bestrebt war, sich für die Zukunft in der Romania möglichst alle Optionen offenzuhalten, indem man sich in möglichst allen Regionen zollfreie Häfen sicherte. Hierauf deuten auch die anderen Quellen, die den Eindruck erwecken, daß die Venezianer bis zum Ende des 11. Jahrhunderts vorwiegend in Konstantinopel selbst oder aber in den Regionen, die an der Fahrtroute zu der byzantinischen Hauptstadt lagen, ihren Handel abgewickelt haben[14].

---

[10] Cf. hierzu Lilie, *Handel und Politik,* bes. Kap. VII, 136 ff. Denkbare Motive wären beispielsweise die Absicht, den ausländischen Handel auf Konstantinopel zu konzentrieren, aber auch politische Beweggründe sind nicht auszuschließen.

[11] Lilie, *Handel und Politik* 136 f.; zu dem Schwarzmeerhandel in späterer Zeit cf. M. Balard, *La Romanie Génoise (XIIe - début du XVe siècle)*, 2 Bde. Genua-Rom 1968; C. Verlinden, Le Commerce en Mer Noire des débuts de l'epoque byzantine au lendemain de la conquête de L'Egypte par les Ottomans (1517), in: *XIII Congrés International des Sciences Historiques, Moscou, 16–23 Août, 1970.* Moskau 1970, 1–11; E. Todorova, The Black Sea Interests of the Italians and the Bulgarian ports. *Byzantino-Bulgarica* 7 (1981) 229–237; wenig ergiebig ist P. M. Strässle, Der internationale Schwarzmeerhandel und Konstantinopel 1261–1484 im Spiegel der sowjetischen Forschung (*Geist und Werk der Zeiten* 76) Bern–Frankfurt/M.–New York–Paris 1990.

[12] Cf. die Analyse bei Lilie, *Handel und Politik* 169 ff.

[13] Ebd. 187 ff.

[14] Ebd. 285 ff.; man muß hierbei allerdings die geringe Quellenzahl berücksichtigen, die praktisch nur Hypothesen zuläßt.

Genua und Pisa zog es erst im Gefolge des Ersten Kreuzzugs in den Orient. Die Motive dabei sind völlig klar: Der Kreuzzug selbst bot eine gute Möglichkeit zum Geldverdienen. Allein der Transport von Kreuzfahrern in einer bis dahin nicht geahnten Größenordnung mußte ein gutes Geschäft sein. Dazu kamen die Versorgung der Kreuzfahrer, später der Pilgertransport und schließlich die Handelsmöglichkeiten in Syrien und Palästina, ja vielleicht sogar in Ägypten. Ob es auch religiöse Motive gegeben hat, steht dahin. Aber es gibt keinen Zweifel, daß die Genuesen und Pisaner, als sie erst einmal im Heiligen Land waren, mit allem Nachdruck ihre eigenen Interessen vertreten haben und nicht diejenigen der Kreuzfahrer. Venedig stand zunächst abseits, da es in Byzanz engagiert war und wohl keine Gefährdung seiner dortigen Stellung riskieren mochte. Erst als sich der dauerhafte Erfolg der Kreuzritter abzeichnete, entsandte auch Venedig eine Flotte in das Heilige Land.

Damit sind nun, am Ende des 11. Jahrhunderts, alle Protagonisten auf dem Schauplatz versammelt, mit durchaus unterschiedlichen Interessen, die aber doch unlösbar miteinander verwoben waren.

IV. Die Handelsobjekte

Doch fragen wir zunächst danach, was eigentlich gehandelt worden ist. Die Quellen sind hier eher spärlich. Trotzdem sind einige grundsätzliche Aussagen möglich. Zunächst die Exporte in den Orient, die wir in grundsätzlich drei Kategorien einteilen können: Naturprodukte und Bodenschätze, dann verarbeitete Güter und schließlich: Menschen.

Unter den Naturprodukten ist im wesentlichen Schiffbauholz zu nennen, das in Syrien und Palästina, aber auch in Ägypten eine hochbegehrte Mangelware darstellte. Bezeichnenderweise ist sein Export in islamisches Gebiet häufiger durch päpstliche Intervention verboten worden[15], was den Handel wenig gehindert haben dürfte. Außerdem finden wir manche Erze, Eisen, Zinn und Kupfer, aber vor allem auch Gold und Silber, für das naturgemäß überall Bedarf bestanden hat. Byzanz gewährte auf die Einfuhr sogar eine völlige Zollfreiheit[16].

Lebensmittel sind im allgemeinen nicht exportiert worden. Eine Ausnahme bildet hier allein Sizilien, von dem im 13. Jahrhundert Nah-

[15] S. z. B. das Ausfuhrverbot von 971, in: G. L. F. Tafel – G. M. Thomas (Hrsg.), *Urkunden zur älteren Handels- und Staatsgeschichte der Republik Venedig* 1: *(814 bis 1205)*. Wien 1856, Nr. XIV.

[16] Im Vertrag mit Pisa von 1111, cf. Anm. 9.

rungsmittel in die Kreuzfahrerstaaten ausgeführt worden zu sein scheinen. Das ist allerdings in gewisser Weise ein Sonderfall, der durch die politische Entwicklung verursacht worden ist, denn die Kreuzfahrerstaaten hatten im Lauf des 13. Jahrhunderts so viele agrarisch nutzbare Gebiete verloren, daß sie nicht mehr in der Lage waren, ihre Bevölkerung selbst ausreichend zu versorgen[17].

Weiterverarbeitete Güter können wir erst im weiteren Verlauf des 12. Jahrhunderts und später feststellen: Hier wären vor allem Tuche aus den nordfranzösischen bzw. flandrischen Tuchzentren zu nennen, die hauptsächlich über Genua ausgeführt worden zu sein scheinen, weniger über Venedig. Auch Waffen sind exportiert worden. Über die Quantitäten lassen sich keine Angaben machen[18].

Ein wichtiger „Exportartikel", um ihn einmal so zu nennen, sind hingegen zweifellos Menschen gewesen: weniger Auswanderer, obwohl es auch solche gegeben haben wird, sondern vor allem Pilger, Kreuzfahrer, manchmal auch Söldner. Vor allem der Pilgertransport dürfte eminent wichtig gewesen sein, bot doch der stete Strom von Pilgern ins Heilige Land eine nicht geringe Verdienstquelle, und das keineswegs nur für die beteiligten Kapitäne, die für die Überfahrt kassieren konnten. Nehmen wir als ein Beispiel von vielen den Grafen Rudolf von Pfullendorf, der 1180 über Venedig ins Heilige Land gepilgert ist. Der Graf sammelte von den Klöstern, die in seinem Machtbereich lagen, Gelder ein und reiste über Venedig ins Heilige Land. In Venedig deponierte er bei dem Procurator von San Marco eine Summe in Höhe von etwas über siebzig Kölnischen Mark in Gold. Mit dem Rest an Gold und Silber fuhr er nach Palästina. Auch diese Summe muß noch ziemlich hoch gewesen sein, denn in Hebron kaufte er für das Kloster St. Gallen Reliquien der drei Erzväter Abraham, Isaak und Jakob im Gesamtwert von zehn Mark Gold. Auch für andere Klöster wurden von ihm Reliquien erstanden und in die Heimat geschickt. Als der Graf im Heiligen Land starb, fiel das in Venedig deponierte Geld an den Johanniterorden, kam also mit einiger Wahrscheinlichkeit ebenfalls noch in den

---

[17] Allgemein zu der Bedeutung Siziliens cf. D. Abulafia, The Two Italies. Economic relations between the Norman Kingdom of Sicily and the Northern Communes (*Cambridge Studies in Medieval Life & Thought. Third Series* 9) London 1977; S. Fodale, Regno di Sicilia e Regno di Gerusalemme, in: G. Airaldi – B. Z. Kedar, I communi Italiani nel Regno Crociato di Gerusalemme (*Collana storica di Fonti e Studi* 48) Genova 1986, 665–677.

[18] Cf. die Analyse bei Lilie, *Handel und Politik,* Kap. XII, 264.

Orient. Insgesamt wird man mit einer Summe von weit über 100 Mark Gold rechnen dürfen, die er in den Orient mitgenommen hat, dazu noch Silber und anderes[19]. Und dieses Geld ist im Osten geblieben – für den Aufenthalt, den Kauf von Reliquien, die Überfahrt und nicht zuletzt für fromme Stiftungen und Schenkungen: Auch dies ganz zweifellos ein Exportartikel, der nicht unterschätzt werden sollte. Und es hat viele, sehr viele Pilger gegeben, mögen sie auch nicht alle so reich gewesen sein wie der Pfullendorfer. Geld und Güter brachten sie doch mit sich, die – um es modern auszudrücken – in der Zahlungsbilanz zu Buche schlugen.

Trotz diesem Beispiel sind wir, zumindest im 12. Jahrhundert, über den Pilgertransport nur sehr unzureichend informiert. Von einzelnen Ausnahmen abgesehen, wissen wir über seine Bedingungen so gut wie nichts. Im Spätmittelalter wird das anders. Besonders im 14. und 15. Jahrhundert häufen sich die Berichte. Dennoch läßt sich auch für unsere Zeit die große wirtschaftliche Bedeutung der Beförderung von Pilgern nicht bestreiten. Sie konnte allerdings auch Komplikationen bieten, wenn andere Interessen involviert waren[20]. So finden wir im

---

[19] Cf. hierzu ausführlich M.-L. FAVREAU, Zur Pilgerfahrt des Grafen Rudolf von Pfullendorf. Ein unbeachteter Originalbrief aus dem Jahre 1180. *Zeitschrift für die Geschichte des Oberrheins* 123, *N. F.* 84 (1975) 31–45.

[20] Zu den Pilgerreisen ins Heilige Land, soweit sie auch die italienischen Seestädte betroffen haben, cf. E. ASHTOR, Venezia e il pellegrinaggio in Terrasanta nel basso medioevo. *Archivio Storico Italiano* 143 (1985) 197–233; F. CARDINI, Pellegrini medievali in Terrasanta. *Rivista Storica Italiana* 93 (1981) 5–10; A. GRABOÏS, Les pélerins occidentaux en Terre Sainte et Acre: d'Accon des croisès à Saint-Jean d'Acre. *Studi medievali* 24 (1983) 247–264; D. JACOBY, Pèlerinage medieval et sanctuaires de Terre Sainte: la perspective vénitienne. *Ateneo Veneto* 173, *N. S.* 24 (1986) 27–58; F. MICHEAU, Les itinéraires maritimes et continentaux des pèlerinages vers Jérusalem, in: Occident et Orient au Xe siècle. Actes du IXe congrès de la Société des Historiens médiévistes de l'Enseignement Supérieur Public 9, Dijon 2–4 juin 1978 (*Publications de l'Université de Dijon* 57) Paris 1979, 79–111; U. TUCCI, I servizi marittimi veneziani per il pellegrinaggio in Terrasanta nel Medioevo. *Studi Veneziani, N. S.* 9 (1985) 43–66; M.-L. FAVREAU-LILIE, Die Bedeutung von Wallfahrten, Kreuzzügen und anderen Wanderungsbewegungen (z. B. Gesellenwanderungen) für die Kommunikation in Mittelalter und früher Neuzeit, in: H. POHL (Hrsg.), Die Bedeutung der Kommunikation für Wirtschaft und Gesellschaft. Referate der 12. Arbeitstagung der Gesellschaft für Sozial- und Wirtschaftsgeschichte vom 22. 4.–25. 4. 1987 in Siegen (*Vierteljahrschrift für Sozial- und Wirtschaftsgeschichte, Beiheft* 87) Wiesbaden 1989, 64–89; M. BALARD, Les transports maritimes génois vers la Terre Sainte, in: AIRALDI – KEDAR, *I communi Italiani* 665–677; J. RICHARD, Le transport outremer des croisés et des pèlerins (XIIe–XVe s.), in: K. FRIEDLAND (Hrsg.), *Maritime aspects of migration.* Köln-Wien 1989, 27–44. Dies alles ist nur eine kleine Auswahl.

Vertrag von 1111 zwischen Pisa und Byzanz einen Passus, in dem die Pisaner sich verpflichten, nur solche Pilger und Kreuzfahrer ins Heilige Land zu transportieren, denen sie vorher den Eid abgenommen hatten, dort nichts gegen die byzantinischen Interessen und Ansprüche zu unternehmen. Die Pisaner waren hierfür verantwortlich und konnten gegebenenfalls zur Rechenschaft gezogen werden.

Gegenüber dem Pilgertransport bot das Übersetzen eines ganzen Kreuzzugs zwar ein ungleich größeres Geschäft, das aber doch sehr punktuell gewesen ist: im 12. Jahrhundert im wesentlichen nur bei Gelegenheit des Zweiten und Dritten Kreuzzugs. Im 13. Jahrhundert bieten vor allem der Vierte Kreuzzug und der erste Kreuzzug Ludwigs des Heiligen Gelegenheit, hinter die Kulissen einer solchen Kreuzzugsfinanzierung zu blicken. Immerhin ist bekanntermaßen die ganze Ablenkung des Vierten Kreuzzugs mehr oder weniger nur eine Folge des Umstands, daß die Kreuzfahrer sich bei der Miete der venezianischen Transportschiffe so sehr übernahmen, daß sie praktisch Konkurs anmelden mußten und den venezianischen Regreßforderungen mehr oder weniger hilflos ausgeliefert waren[21].

Doch zunächst zu den Importen nach Italien. Die wesentlichen Einfuhrgüter lassen sich auch hier in drei Kategorien einteilen: einmal Massengutwaren, dann die sogenannten Luxusgüter und schließlich wieder: Menschen.

Die Einfuhr von Massengut mag zunächst überraschen. Aber an ihrer Bedeutung und ihrem Ausmaß ist nicht zu zweifeln. Importiert wurde vor allem Getreide, dann Öl, aber auch Oliven, Wein, Käse, Felle, Wachs usw. Hauptexporteur ist vor allem Byzanz. Wie bedeutend Produktion und Export von Lebensmitteln für die Byzantiner sind, zeigt sich daran, daß ganze Regionen während des 12. Jahrhunderts aufblühen, und zwar gerade die, deren Handel mit Italien am intensivsten ist. Zu denken ist etwa an Thrakien und Thessalien, an Boiotien, Nordwestkleinasien und an die Peloponnes. Die Ausfuhr blüht nicht nur im 12. Jahrhundert, sondern hält auch das 13. und 14. Jahrhundert hindurch an: Indiz hierfür sind noch in der zweiten Hälfte des

[21] Allgemein hierzu cf. D. E. Queller, *The Fourth Crusade: The Conquest of Constantinople 1201–1204.* Leicester 1978; wesentlich problematischer als Queller ist W. Maleczek, Petrus Capuanus. Theologe, Kardinal, Legat am vierten Kreuzzug († 1214) (*Österreichische Akademie der Wissenschaften, Publikationen des Historischen Instituts beim österreichischen Kulturinstitut in Rom, 1. Abt.* 8) Wien 1988; cf. hierzu die Rezension von R.-J. Lilie, in: *Jahrbuch der Österreichischen Byzantinistik* 40 (1990) 466–468.

13. Jahrhunderts die Staatsverträge zwischen Konstantinopel und Venedig bzw. Genua, in denen auf den Getreideexport ausdrücklich Bezug genommen wird[22]. Dieser Export überlebt sogar das Vordringen der Seldschuken. Die türkischen Emirate von Menteshe und Aydin übernehmen diese Tradition und exportieren gleichfalls, bis in das 14. Jahrhundert hinein, Getreide nach Italien[23].

Der Grund für den kontinuierlichen Bedarf Norditaliens an Getreide und Öl liegt an der Bevölkerungszunahme in dieser Region, die ihre Einwohner nicht mehr ausreichend ernähren konnte und daher auf unterstützende Importe angewiesen war[24].

Wie sehr dieses Problem den Italienern bewußt gewesen ist, können wir an einer kleinen Episode kurz nach 1204 sehen: Im Gefolge des Bonifaz von Montferrat waren auch einige piemontesische Ritter gegen Konstantinopel gezogen. Auf einem Feldzug nach Kleinasien fiel ihnen eine Getreideart auf, die ihnen bis dahin unbekannt war, die aber offensichtlich reiche Erträge brachte. Sie kauften einen Sack Saatgetreide und schickten ihn als Geschenk in ihre Heimatgemeinde nach Piemont, um es dort aussäen zu lassen[25]. Der Beschreibung nach muß es

---

[22] F. DÖLGER, *Regesten*, 3. Teil: *Regesten von 1204–1282*, zweite erweiterte und verbesserte Auflage bearbeitet von P. WIRTH. München 1977: für Genua 1990 (1272 a. d.), 2019 (a. d. 1275); für Venedig 1960 (a. d. 1268), 2026 (a. d. 1277); zum 12. Jahrhundert cf. LILIE, *Handel und Politik* 216ff.; zum 13. Jahrhundert P. SCHREINER, Die Produkte der byzantinischen Landwirtschaft nach den Quellen des 13. bis 15. Jahrhunderts. *Bulgarian Historical Review* 10 (1982) 88–95; allgemein cf. auch A. E. LAIOU-THOMADAKIS, The Byzantine Economy in the Mediterranean Trade-System, Thirteenth–Fivteenth Centuries. *Dumbarton Oaks Papers* 34/35 (1980/81) 177–222; E. ASHTOR, *Levant Trade in the later Middle Ages*. Princeton 1982.

[23] Cf. E. A. ZACHARIADOU, Trade and Crusade. Venetian Crete and the Emirates of Menteshe and Aydin (1300–1415) (*Library of the Hellenic Instiute of Byzantine and Post Byzantine Studies* 11) Venedig 1983.

[24] Zu der Bevölkerungsentwicklung in Italien im Hochmittelalter cf. J. RUSSELL, *Late Ancient and Medieval Populations*. Philadelphia 1958; K. J. BELOCH, *Bevölkerungsgeschichte Italiens*. Berlin 1961; zu dem von Venedig betriebenen Transithandel cf. auch G. RÖSCH, *Venedig und das Reich. Handels- und verkehrspolitische Beziehungen in der deutschen Kaiserzeit*. Tübingen 1982.

[25] *Storia d'Incisa e del gia celebre suo Marchesato compilata da Gioseffantonio Molinari e pubblicata l'anno 1810*, 2 vol. Asti 1810, 198: *ipsi egregii Domini Capitanei equitum Iacobus ex Marchionibus Incisae et Antoniellus Molinari tradiderunt et donaverunt eorum Patriae … bursam unam capacitatis octavae partis stadii unius de hac mensura plenam de semine, seu granis de colore aureo et partim albo, non amplius antea visis in regionibus nostris, quae dixerunt detulisse ab una provincia Asiae Natolia dicta, per quam cum equitibus suis incursiones executi erant tempore circumvalationis magnae*

sich um Hirse gehandelt haben, die anscheinend auch auf Böden wächst, die für Weizen nicht mehr geeignet sind[26]. Für Soldaten ein immerhin etwas ungewöhnliches Beutegut, das aber zeigt, in welch angespannter Situation die Bevölkerung gerade in den ärmeren Gebieten Norditaliens gelebt haben muß[27].

Neben diesen Exporten an Grundnahrungsmitteln tritt die Ausfuhr verarbeiteter Waren weit zurück. Wir haben zwar Anzeichen dafür, daß Tuche und Seidenstoffe im 12. Jahrhundert ausgeführt worden sind, doch dürfte es sich dabei nur um geringe Qualitäten gehandelt haben[28].

Luxuswaren sind aus Byzanz nicht, oder wenn doch, dann in unerheblichen Mengen, exportiert worden. Hier war vor allem Ägypten der Markt, wo es etwas zu verdienen gab: Am einträglichsten war der Handel mit Gewürzen, Pfeffer vor allem[29]. Daneben exportierte Ägypten Baumwolle und Alaun, der erst später, nach der Entdeckung der Alaunvorkommen bei Phokaia, von dem kleinasiatischen verdrängt werden sollte[30].

---

illius civitatis Constantinopoli et vocari Meliga, quae tractu temporis magnum redditum, et subsidium patriae compararet. Quam bursam et seminis grana uti supra Meliga dicta praelibati Excellentissimus dominus Henricus Marchio et magnifici Consules in hoc pubblicum Archivium Consulare tradiderunt pro seminatione et collectione promisse fructus ad huius populi utilitatem, si terrae qualitas, aer, et cultura favebunt, uti sperant. Pro quibus muneribus omnes uti supra collecti gratias egerunt nomine patriae dictis egregiis dominis Capitaneis equitum … et pro ipsorum munerum memoria chartam hanc fieri rogarunt, cui testes interfuerunt omnes supradicti, ut scripsi. Für den Hinweis auf diese Quelle bin ich meiner Frau, M.-L. Favreau-Lilie, zu Dank verpflichtet.

26 In dem Begleitbrief der Schenkung wird das Getreide *meliga* genannt, zweifellos eine Adaption der griechischen Bezeichnung *μελίνη*. Auch die Beschreibung (goldgelbe Farbe der Körner etc.) trifft auf Hirse zu, die außerdem vor dem – viel späteren – Anbau von Mais in Nordanatolien weit verbreitet gewesen ist, cf. W. D. Hütteroth, Türkei (*Wissenschaftliche Länderkunde* 21) Darmstadt 1982, 184.

27 Daß übrigens auch in Byzanz in diesem Bereich Rücksicht auf die Bedürfnisse der eigenen Bevölkerung genommen worden ist, zeigt das Verbot für die Venezianer, Getreide auszuführen, wenn in Byzanz Teuerung, also Mangel herrschte: cf. Dölger, *Regesten* 1934 (Juni 1265);1960 (April 1268) und 2026 (März 1277).

28 Material bei Lilie, *Handel und Politik*, Kap. XII.

29 Allgemein cf. Labib, *Handelsgeschichte Ägyptens*; C. Cahen, Douanes et Commerce dans les ports méditerranéens de l'Egypte médiévale d'après le Minhadj d'al-Makhzumi. *Journal of economic and social Hisotry of the Orient* 7 (1964) 217–314; für das 12. Jahrhundert in Teilen Lilie, *Handel und Politik*, Kap. XII.

30 Cf. C. Cahen, L'Alun avant Phocée. Un chapitre d'histoire économique islamo-chrétienne au temps des croisades. *Revue d'histoire économique et sociale* 41/4 (Paris 1936) 433–447; zu Produktion und Alaunhandel von Phokaia, den die Genuesen bald monopolisierten, cf. Balard, *Romanie Génoise* 130 ff., 769 ff.

Exporte der Kreuzfahrerstaaten hat es hingegen kaum gegeben. Dazu war die ökonomische Basis der fränkischen Kleinstaaten in Syrien und Palästina zu gering. Das ergibt sich auch aus dem Bemühen der italienischen Händler, die schon seit dem 12. Jahrhundert vorwiegend danach strebten, in die Verträge zwischen ihren Heimatkommunen und den Kreuzfahrern Genehmigungen und Zollbefreiungen für den Transithandel aufnehmen zu lassen, um auf diese Weise Anschluß an den relativ einträglichen Handel mit den muslimischen Nachbarstaaten im Binnenland zu erreichen und damit, beispielsweise für den Gewürzhandel, das ägyptische Monopol zu umgehen[31]. Bezeichnenderweise kämpften die Kreuzfahrerfürsten geradezu verzweifelt um diese Rechte, die – neben den Pilgern – die einzigen wirklich einträglichen Einnahmequellen für sie waren[32]. Dieser Transithandel dürfte im 13. Jahrhundert vor allem in Nordsyrien und Kleinarmenien bedeutsam gewesen sein, als man über das Reich der Il-Khane sogar Anschluß nach Ostasien gewinnen konnte. So sind ja bekanntermaßen auch die Polos über Nordsyrien nach China zum Großkhan gereist.

Das einzige, was die Kreuzfahrerstaaten wirklich reichlich exportierten, waren Hilferufe nach Europa und vor allem zurückkehrende Pilger, in Grenzen vielleicht auch Reliquien, wie das oben genannte Beispiel des Grafen von Pfullendorf zeigt. Ansonsten waren sie, handelsmäßig gesehen, eher unbedeutend.

Menschen sind im übrigen nicht nur als Pilger sozusagen „reexportiert", sondern auch als Sklaven aus dem Orient nach Italien eingeführt worden, doch können wir mangels Quellen über das Ausmaß keine Aussagen mehr treffen[33].

---

[31] Allgemein cf. hierzu M.-L. FAVREAU-LILIE, *Die Italiener im Heiligen Land vom ersten Kreuzzug bis zum Tode Heinrichs von Champagne.* Amsterdam 1989, sub ind. „Transithandel".

[32] Für den Handel mit und in den Kreuzfahrerstaaten während des 13. Jahrhunderts cf. M.-L. FAVREAU-LILIE, Der Fernhandel und die Auswanderung der Italiener ins Heilige Land, in: W. VON STROMER (Hrsg.), *Venedig und die Wirtschaftswelt* (im Druck, erscheint voraussichtlich Venedig 1995), sowie D. JACOBY, A Venetian manual of Commercial Practice from Crusader Acre, in: AIRALDI – KEDAR, *I communi Italiani* 401–428. JACOBY verzeichnet Handelskontakte vorwiegend nach Aleppo, weniger nach Damaskus, was aber im 12. Jahrhundert anders gewesen sein mag.

[33] Cf. dazu allgemein CH. VERLINDEN, *L'esclavage dans l'Europe Médiévale,* 2 Bde. Gent 1977; DERS., Venezia e il commercio degli schiavi provenienti dalle coste orientali del mediterraneo, in: *Venezia e il Levante fino al secolo XV* 1, 2. Firenze 1973, 911–929.

V. Die Hauptzielgebiete des italienischen Handels

Soweit es Venedig betrifft, ist die Sache eindeutig: Das byzantinische Reich war seits alters das Zentrum des venezianischen Handels. Die Konzentration auf den Balkanraum und Nordwestkleinasien während des 12. Jahrhunderts hängt mit den wirtschaftlichen Bedingungen zusammen, die durch das Vordringen der Seldschuken im letzten Viertel des 11. Jahrhunderts gekennzeichnet sind. Im 13. Jahrhundert, in der Folge des Vierten Kreuzzugs, etabliert Venedig seine Herrschaft vor allem auf den Inseln und auf einigen festen Punkten auf dem europäischen Festland, kommt aber schließlich, vor allem nach der Rückgewinnung Konstantinopels durch die Griechen, auch mit dem Kaiser wieder zu einer Aussöhnung.

An den Kreuzfahrerstaaten zeigen die Venezianer zunächst weniger Interesse. Das mag zum einen daran liegen, daß sie die Erfolgsaussichten der Kreuzfahrer geringer einschätzten, vor allem aber daran, daß Byzanz über lange Zeit in schroffem Gegensatz zu den Franken stand und daß Venedig nicht seinen Handel in der Romania gefährden wollte. Zwar etablierte sich auch die Lagunenstadt später in Syrien und Palästina, aber eigentlich nie in dem Ausmaß und mit der Intensität, die für die Genuesen und Pisaner typisch gewesen ist[34].

Das gilt auch für Ägypten, womit die überragende Bedeutung Ägyptens, das praktisch das Monopol für den Gewürzhandel besaß, keineswegs in Frage gestellt werden soll. Immerhin ist die ökonomische Bedeutung Ägyptens so stark, daß die Venezianer, als der byzantinische Markt am Ende des 12. Jahrhunderts zusammengebrochen war, den Vierten Kreuzzug lieber gegen Konstantinopel lenkten, als die Durchführung des eigentlich geplanten Angriffs auf Ägypten zu unterstützen. Die Gefahr, daß ihnen bei einem Mißerfolg des Unternehmens auch dieser Markt verlorenzugehen drohte, scheint also als sehr groß empfunden worden zu sein[35].

---

[34] Bezeichnend ist, daß die erste wirklich überragende venezianische Expedition zur Unterstützung der Kreuzfahrer, die dann auch zur Eroberung des wichtigen Tyrus führte, erst zu Beginn der zwanziger Jahre des 12. Jahrhunderts ins Werk gesetzt worden ist, zu einem Zeitpunkt, als die Lagunenstadt im Krieg mit Byzanz lag; cf. Lilie, *Handel und Politik* 367 ff.; Favreau-Lilie, *Italiener* 137 ff.; J. Riley-Smith, The Venetian Crusade of 1122–1124, in: Airaldi – Kedar, *I communi Italiani* 337–350.

[35] Bestritten wird dies seit einiger Zeit von D. E. Queller, dessen Argumente ich aber nach wie vor nicht für überzeugend halte; cf. D. E. Queller – G. W. Day, Some Arguments in Defense of the Venezians on the Fourth Crusade. *American Historical Review* 81 (1976) 717–737; Lilie, *Handel und Politik* 589 ff.

Während Venedig von vornherein auf das östliche Mittelmeer fixiert war, gilt dies nicht für Pisa und Genua, seine beiden großen Konkurrenten. Die Interessen dieser beiden Kommunen liegen zunächst eher im westlichen Mittelmeerraum, auf den Balearen, Sardinien und Korsika sowie in Nordafrika[36]. In die Levante verirren sie sich eigentlich erst im Gefolge des Ersten Kreuzzugs, dann allerdings mit erheblicher Energie. Pisa rüstet sofort eine Flotte von weit über 100 Schiffen aus, die unter dem Kommando des pisanischen Erzbischofs in den Osten segelt und mit deren Hilfe besagter Erzbischof sich zum Patriarchen von Jerusalem aufschwingen kann. Hier vermischen sich von Anfang an wirtschaftliche Interessen und politische Machtkämpfe, die dazu führen, daß die Pisaner innerhalb weniger Jahre aus dem Königreich Jerusalem wieder hinausgeworfen werden[37].

In Byzanz sind sie ab 1111 vertreten, scheinen sich aber vorwiegend auf Konstantinopel und das thessalische Halmyros konzentriert zu haben, wo sie – wie die Venezianer – ein Quartier besessen haben. Immerhin war ihre Position im großen und ganzen ungefährdet, bis sie sich auch in Byzanz zu Beginn der achtziger Jahre des 12. Jahrhunderts in die byzantinische Innenpolitik hineinziehen ließen, was zu einem völligen Zusammenbruch des pisanischen Handels geführt hat, der sich auch im 13. Jahrhundert von diesem Schlag nicht mehr erholt zu haben scheint[38].

Auch Genua erscheint mit dem Ersten Kreuzzug in der Levante und baut sich von vornherein in den Kreuzfahrerstaaten eine starke Position auf, besonders in Nordsyrien, wo es dem genuesischen Geschlecht der Embriaci sogar gelingt, sich in Gibelet eine eigene Seigneurie zu schaffen, die möglicherweise sogar den Fall Akkons 1291 um einige Jahre überlebt hat[39].

In Byzanz kann Genua sich erst nach der Mitte des 12. Jahrhunderts etablieren, mehr als fünfzig Jahre nach seinen Konkurrenten, und es soll vor 1204 nie ganz deren Privilegien und Stellung erreichen. Wie Pisa

---

[36] Cf. die entsprechenden Abschnitte bei HEYD, *Commerce du Levant* sowie SCHAUBE, *Handelsgeschichte*.

[37] Cf. FAVREAU-LILIE, *Italiener* 51 ff.

[38] Was dann allerdings zumindest teilweise auch an den inneritalienischen Entwicklungen liegt, vor allem an dem stetig wachsenden Gegensatz zu Genua, der hier nicht zu behandeln ist.

[39] Cf. S. RUNCIMAN, The Crusader States, 1243–1291, in: K. M. SETTON (Hrsg.), *A History of the Crusades* II: *The Later Crusades, 1189–1311*. 2. Aufl. Milwaukee–London 1969, 557–598, hier 593.

muß es 1182 einen schweren Rückschlag einstecken. Aber im Gegensatz zu den Pisanern gelingt es den Genuesen, relativ bald nach dem Vierten Kreuzzug in der Romania wieder Fuß zu fassen und sich schließlich mit den Byzantinern von Nikaia gegen Venedig und das lateinische Kaiserreich zu verbinden[40]. Wirtschaftlich bedeutsam wird vor allem das Eindringen der Genuesen ins Schwarze Meer, wo sie mit Kaffa und Tana zwei der wichtigsten Außenposten für den Fernhandel nach Innerasien begründen, die sogar den Fall Konstantinopels überlebt haben[41].

Vergleicht man diese drei Haupthandelsregionen – Byzanz, Kreuzfahrerstaaten und Ägypten –, dann kann man eigentlich von einer ziemlich eindeutigen Abgrenzung sprechen:

Byzanz liefert vorwiegend agrarische Produkte, Güter, deren Wert für sich genommen nicht sehr hoch ist und eher in der Masse liegt. Seidenstoffe und ähnliches werden zwar auch ausgeführt worden sein, haben aber vergleichsweise keine Bedeutung. Importiert wird von den Byzantinern selbst eigentlich kaum etwas, mit Ausnahme von Gold und Silber, möglicherweise einigen anderen Metallen, vielleicht Gewürze, Tuchwaren und Waffen, aber, wie es den Anschein hat, kaum in größeren Mengen[42].

Byzanz ist im wesentlichen autark, im Gegensatz zu den Kreuzfahrerstaaten, die ganz das Gegenteil sind und praktisch alles einführen müssen, selbst aber kaum mit nennenswerten Exporterzeugnissen aufwarten können. Von einer gewissen Bedeutung mag der Transithandel gewesen sein, besonders in Nordsyrien. Bedeutsam war vor allem der Pilgertransport nach Palästina und zurück.

Dagegen ist Ägypten höchst wichtig: Der Gewürzhandel ist praktisch ein ägyptisches Monopol. Gleichfalls sind Baumwolle und Alaun zu nennen. Importiert wird neben Gold, Silber, Waffen und vielleicht Tuchwaren vor allem Schiffbauholz, auch wenn gerade dieser Handel häufig mit Verboten belegt worden ist.

Man kann nach dem, was gesagt worden ist, also wohl nicht von einer Konkurrenzsituation zwischen Ägypten, Byzanz und Syrien/Palästina sprechen, weil alle drei Regionen unterschiedliche Produkte erzeugten und unterschiedliche Bedürfnisse befriedigten. Das heißt allerdings keineswegs, daß sie miteinander nichts zu tun gehabt hätten, im Gegenteil.

---

[40] Vertrag von Nymphaion 1261: Dölger, *Regesten* 1890.

[41] Cf. hierzu ausführlich Balard, *Romania*.

[42] Cf. die Diskussion bei Lilie, *Handel und Politik*, Kap. XII.; ders., Il commercio a lunga distanza italiano con l'impero bizantino durante il XII secolo. *Rivista di Bizantinistica* 1, fasc. 4 (im Druck).

Schon ein kurzer Blick auf die Handelsrouten macht die wechselseitigen Abhängigkeiten klar. Von Venedig aus fuhr man in der Regel die Adriaküste bis zur Südspitze der Peloponnes entlang und wandte sich dann entweder nach Nordosten in Richtung Konstantinopel oder über Kreta, die Kykladen und Rhodos nach Kleinasien und dann die anatolische Küste entlang bis zu den Kreuzfahrerstaaten und von dort nach Ägypten. Denkbar war auch, daß man das Mittelmeer bei Kreta kreuzte und dann nach Ägypten fuhr. Dies gilt natürlich entsprechend auch für die Routen aus Byzanz und der Levante nach Italien.

Für Genuesen und Pisaner gilt praktisch dasselbe. Über die hohe See fuhr man im allgemeinen überhaupt nicht. Lieber tastete man sich die Küsten entlang, in ständiger Furcht vor Unwettern, Schiffbruch und Piraten. Galeeren konnten das offene Meer aufgrund ihres niedrigen Freibords überhaupt nicht befahren[43]. Die nordafrikanische Küste war gleichermaßen verrufen, einmal wegen ihrer Untiefen, vor allem im Bereich der großen Syrte, dann aber auch wegen der dort besonders aktiven Piraten.

Die Furcht vor Feinden und Seeräubern zwang dazu, nicht allein, sondern im Konvoi zu segeln. Von Venedig und Genua gingen im Schnitt pro Jahr zwei große Flotten (*muduae*) in See, zumeist im Frühjahr und im Herbst. Es gab zwar auch Einzelfahrer, jedoch war das Risiko sehr hoch, und so finden wir häufiger Verträge, in denen die Fahrt im Konvoi vertraglich vorgeschrieben wird[44]. Diese Konvois orientierten sich naturgemäß noch mehr an der Küstenlinie und machten häufig Station, sei es, um Proviant und Wasser aufzunehmen oder auf Nachzügler zu warten und dergleichen.

Die mit Abstand wichtigste Seeroute führte also durch byzantinische Gewässer und war damit der Kontrolle durch die byzantinische Flotte ausgesetzt, zumindest solange diese Flotte stark genug war, um eine effektive Kontrolle auszuüben. Das ist zumindest bis zum letzten Viertel des 12. Jahrhunderts der Fall gewesen[45].

Es liegt auf der Hand, daß die politischen Beziehungen der Italiener mit Byzanz so auch auf den Handel mit Ägypten und den Kreuzfahrerstaaten Rückwirkungen haben konnten.

---

[43] Cf. LILIE, *Handel und Politik* 243 ff.

[44] Ebd. 302 ff.; allgemein zu den Piraten cf. M.-L. FAVREAU, Die italienische Levante-Piraterie und die Sicherheit der Seewege nach Syrien im 12. und 13. Jahrhundert. *Vierteljahrschrift für Sozial- und Wirtschaftsgeschichte* 65 (1978) 461–510.

[45] Allgemein cf. H. AHRWEILER, *Byzance et la Mer*. Paris 1966; speziell zum 12. Jahrhundert LILIE, *Handel und Politik*, Appendix I.

Dies galt auch für Ägypten und Syrien/Palästina. So führte die Vertreibung der Pisaner aus dem Königreich Jerusalem nach dem Ersten Kreuzzug zum Bündnis mit Byzanz von 1111, und die pisanische Beteiligung an den Kriegsvorbereitungen König Amalrichs von Jerusalem gegen Ägypten 1168/69 dürfte den Handel Pisas mit Ägypten zumindest zeitweilig zum Erliegen gebracht haben[46].

VI. Handelsgewohnheiten

In wechselseitiger Verbindung standen diese drei Handelsräume aber auch noch aus einem anderen Grund, und dieser Grund betrifft vor allem die Handelsgewohnheiten, auch wenn wir hier mit konkreten Aussagen aus Mangel an Quellen sehr vorsichtig sein müssen.

Kurz gesagt: Es gibt bei der Masse der italienischen Kaufleute, die in der Levante Handel trieben, eigentlich keine erkennbare Spezialisierung, sondern man handelte überall, und zwar mit allem, was gehandelt werden konnte. Bisweilen machen die venezianischen und genuesischen Kaufleute geradezu den Eindruck von Kleinkrämern, die sich mit ihrem Ramsch durch den ganzen Vorderen Orient tauschten. Der Vorgang dürfte sich etwa folgendermaßen abgespielt haben. Der reisende Händler nahm in seiner Heimatstadt einen Kredit auf, den er nach einem festgelegten Zeitraum zurückzuzahlen versprach, sei es in Venedig oder Genua selbst, oder an einem anderen Ort. Über Pisa können wir hier nichts sagen, weil schlicht und einfach keine Dokumente überlebt haben, aber, insgesamt gesehen, dürfte es wohl keine großen Unterschiede gegeben haben. Die Summe konnte in bar oder auch in Waren ausbezahlt werden. Der Zinssatz, bisweilen durchaus über 100 Prozent, hing dabei von der Laufzeit und sicher auch von der Einschätzung des Risikos ab[47].

Anschließend schiffte der reisende Kaufmann sich ein oder mietete für sich und seine Waren Platz auf einem Schiff und fuhr in den Osten, wo er kaufte und verkaufte. Häufig wurde ihm ein bestimmter Anlauf-

[46] Cf. hierzu R.-J. Lilie, *Byzantium and the Crusader States 1096–1204*, translated by J. C. Morris and J. E. Ridings. Oxford 1993, 309 ff.; Favreau-Lilie, *Italiener* 192 ff.

[47] Zu den Gegebenheiten des Finanzplatzes Venedig cf. L. Buenger-Robbert, The Venetian Money Market. 1150 to 1229. *Studi Veneziani* 13 (1971) 3–94; T. Bertelé, Moneta veneziana e Moneta bizantina, in: *Venezia e il Levante* 1–146.

platz vorgeschrieben, von dem aus er dann freie Wahl seiner weiteren Ziele hatte. Bisweilen wurde ihm auch das Betreten bestimmter Gebiete untersagt. Er kam auch durchaus nicht sofort zurück, sondern blieb häufig länger im Orient. Es konnte vorkommen, daß er beispielsweise von Venedig aus nach Konstantinopel, von dort nach Alexandria, weiter nach Akkon, dann wieder nach Konstantinopel und erst dann schließlich zurück nach Venedig fuhr. Ebenso waren die Handelswaren nicht festgelegt. Es konnte, wie schon gesagt, mit allem möglichen gehandelt werden. Ebenso kam es vor, daß der Händler nur mit Geld in die Levante fuhr und erst dort zu handeln begann[48].

Dieser Handel muß durchaus lohnend gewesen sein, sonst hätte es ihn nicht gegeben. Dennoch kann kein Zweifel daran bestehen, daß die großen Gewinner die Geldgeber waren, die selbst nicht oder selten auf Handelsreise gingen, sondern in der Heimat blieben und schließlich die Schuld- und Zinszahlungen in Empfang nahmen. In Venedig sind dies beispielsweise die Ziani, die damit einen gewaltigen Reichtum anhäuften, den sie zum Teil in weitere Handelsunternehmungen steckten, zum Teil aber auch in Grundbesitz in Venedig selbst oder auf der *terra ferma* anlegten. Die großen Kapitalisten wie beispielsweise die Ziani, die ja auch zwei Dogen gestellt haben, sind ganz zweifellos die eigentlichen Nutznießer dieses Handels[49].

Doch zurück zu den Reisenden: Eine Festlegung einzelner Kaufleute auf bestimmte Regionen ist nicht festzustellen, auch wenn es natürlich Schwerpunkte in den Aktivitäten gegeben hat. Aber sie schlossen Handel in anderen Regionen nicht aus[50].

Hier ist jetzt allerdings sofort eine Einschränkung fällig, die vor allem den Zustand unserer Quellen betrifft. Nachdem vorhin von Kreditgeschäften die Rede war, die notariell beglaubigt wurden und uns so erhalten sind, mag es durchaus sein, daß wir hier einen bestimmten Typus von Händler stark überrepräsentiert finden, nämlich gerade den Kleinhändler, der auf Kreditbasis handelt. Der Großkaufmann, der nur mit eigenem Geld handelt, wird damit nicht unbedingt erfaßt. Bedenken wir, daß in Venedig für die frühere Zeit praktisch nur drei oder vier arg verstümmelte

---

[48] Cf. LILIE, *Handel und Politik* 279ff.

[49] Zu den Ziani cf. jetzt I. FEES, Reichtum und Macht im mittelalterlichen Venedig. Die Familie Ziani (*Bibliothek des Deutschen Historischen Instituts in Rom* 68) Tübingen 1987; für Genua bietet DAY, *Genoa's Response* 108–134 einiges Material.

[50] S. beispielsweise die venezianischen Handelsfamilien Mairano und Staniario, jetzt ausführlich dokumentiert bei BORSARI, *Venezia e Bisanzio* 107–132.

Familienarchive überlebt haben, die alle nicht den großen „Kapitalisten" zuzurechnen sind! In Genua haben wir eine Reihe von Notariatsakten, die aber gleichfalls den Typus des kleineren Händlers repräsentieren. Einen Großkaufmann, der unter Umständen seinen eigenen Notar gehabt hatte, der für ihn urkundete, können wir so kaum erfassen.

Gerade für Byzanz dürfte dies ein Problem sein, denn es ist schwer vorstellbar, daß ein Kleinhändler z. B. Getreide im Wert von einigen Goldstücken kauft und gegen teures Geld nach Italien befördert. Hier wäre vielleicht doch eher an ganze Schiffsladungen zu denken, die auf eigens dafür bereitgestellten Schiffen befördert worden sind, die in Alleinauftrag fuhren und vielleicht doch in einem relativ festen Rhythmus zwischen der Romania und Italien pendelten. Jedoch erlauben die Quellen es uns nicht, hier irgendwelche genaueren Aussagen zu machen[51].

VII. Zusammenfassung

Insgesamt gesehen dürfte die Handelsbilanz des Abendlands gegenüber der Levante in der Zeit der Kreuzzüge, aber auch noch später, stark passiv gewesen sein. Das heißt, daß man das Defizit in Gold und Silber hat ausgleichen müssen. Wenn solches Edelmetall trotzdem auch wieder in den Westen zurückgelangt ist, hauptsächlich wohl aus Byzanz, dann hat dies weniger mit dem Handel zu tun, sondern eher mit anderen Faktoren, etwa Söldnern, die mit ihren Ersparnissen zurückkehrten[52], oder aber in der Folge von kriegerischen Ereignissen. Zu nennen wären beispielsweise die Eroberung Thessalonikes 1185 durch die Normannen und natürlich auch und vor allem der Vierte Kreuzzug, der eine ungeheure Masse von Gold, Pretiosen und Reliquien in das Abendland geschwemmt hat[53]. Dazu kommt natürlich auch die Piraterie, die aber paradoxerweise die Italiener selbst nicht weniger als die Byzantiner traf. Ebenso spielt die Zahlung von Jahrgeldern, wie beispielsweise an Venedig seit 1082, eine gewisse Rolle. Es ist allerdings unmöglich, diesen Rückfluß in irgendeiner Weise zu quantifizieren[54].

---

[51] Ein Indiz könnte sein, daß wir Hinweise auf solche größeren Ladungen, wenn wir sie denn einmal haben, eher in literarischen Quellen finden, als in den Notariatsinstrumenten, cf. die Überlegungen bei Lilie, *Handel und Politik* 264 ff.

[52] Zu Söldnern in byzantinischen Diensten während des 12. Jahrhunderts cf. beispielsweise ebd. 634 ff.

[53] Cf. J. Godfrey, *1204. The Unholy Crusade.* Oxford 1980, 156 ff.

[54] Zu dem Goldfluß zwischen Westeuropa und Byzanz cf. die Überlegungen bei Lilie, *Handel und Politik* 280 ff.

Fassen wir zusammen: Insgesamt sieht es in dieser Zeit noch nicht so aus, daß wir von einer Art „kolonialer“ Ausbeutung der Levante durch die Italiener sprechen könnten, auch wenn praktisch der gesamte Handelsverkehr, zumindest soweit er den Fernhandel auf dem Mittelmeer betraf, ohne jeden Zweifel von ihnen weitestgehend monopolisiert worden ist. Aber die politischen Abhängigkeiten waren doch nicht so, daß Venezianer, Pisaner oder Genuesen den anderen einseitig ihre Bedingungen hätten diktieren können. Das galt noch nicht einmal für die wirtschaftlich schwachen Kreuzfahrerstaaten, ganz zu schweigen von Ägypten und Byzanz. Man könnte sogar fast von einer umgekehrten Abhängigkeit sprechen, denn die Seestädte, die ja nicht Endverbraucher gewesen sind, sondern Vermittler, waren in ihrer Existenz doch in großem Maße auf einen prosperierenden Fernhandel angewiesen. Stockte dieser Handel oder brach er gar zeitweise zusammen, dann konnte es durchaus zu ernsten Turbulenzen innerhalb der Kommunen kommen. Die Ermordung des venezianischen Dogen Vitalis Michael II. 1172, als Venedig im Krieg mit Byzanz lag und in Ägypten und den Kreuzfahrerstaaten schwer mit der Konkurrenz Genuas und Pisas zu kämpfen hatte, ist hier nur ein Beispiel[55].

Umgekehrt hat natürlich auch der Handel neue Abhängigkeiten geschaffen. Man denke etwa an die Lebensmittellieferungen aus der Romania nach Italien, deren zeitweiliges Ausbleiben, zumindest bis zur großen Pest in der Mitte des 14. Jahrhunderts, nur mit Mühe ausgeglichen werden konnte.

Insgesamt gesehen: Was für ein Unterschied zum 10. Jahrhundert, als man im Abendland noch weitgehend unter sich geblieben war! Die Expansion der Lateiner im 11. und 12. Jahrhundert erweitert das Spektrum Westeuropas ungeheuer: Lateinische Stützpunkte entstehen in Syrien und Palästina. Der lateinische Einfluß wird auch auf Zypern und in Kleinarmenien deutlich, zum Teil dominant. Weite Teile des byzantinischen Reiches werden nach dem Vierten Kreuzzug fränkisch, zum Teil auf Dauer. Handelsstützpunkte entstehen in Ägypten, ja sogar am Ostrand des Schwarzen Meeres und sind ihrerseits wieder Ausgangspunkte für noch weiter reichende Unternehmungen. Reisen in die Levante werden zur Regel, Fahrten italienischer Handelsherren in den Fernen Orient, bis hin nach Persien, Indien, China sind keine Seltenheit mehr. Und viele dieser Reisenden kehren zurück, berichten

---

[55] H. KRETSCHMAYR, *Geschichte von Venedig,* 3 Bde. Gotha 1905, Ndr. Aalen 1964, 254 ff.; LILIE, *Handel und Politik* 489 ff.

über ihre Abenteuer und fordern zur Nachahmung heraus. Ihr Wissen befruchtet aber nicht nur die Belletristik, sondern geht sogar ein in regelrechte Handlungsanweisungen für diejenigen, die nach ihnen kommen, seien es nun Reisende, Missionare oder neuerlich Kaufleute[56].

Freilich wird diese Öffnung in den bis dahin unbekannten und daher legendenhaft verbrämten Fernen Orient im 14. und 15. Jahrhundert wieder jäh unterbrochen, zum Teil wegen des Zerfalls des mongolischen Weltreichs, das die Wege durch Innerasien wieder unbegehbar machte, zum Teil auch durch das Vordringen der Osmanen, die die Anfangspunkte dieser Routen besetzten und damit effektiv kontrollieren konnten. Das Abendland schien wieder auf sich selbst zurückgeworfen, ohne sich damit abfinden zu wollen. Und da der Weg über die Levante nicht mehr gangbar war, versuchte man den osmanischen Sperriegel eben zu umgehen. So ist in gewisser Weise das Zeitalter der Entdeckungen zumindest auch eine späte, aber logische Folge der ersten abendländischen Expansion, die in den Kreuzzügen und in den Handelsunternehmungen der Italiener ihre wichtigste Ausprägung gefunden hatte.

---

[56] Als Beispiel für die Belletristik sei der bekannte Reisebericht des Ritters John Mandeville genannt, als solches für ein Handbuch die „Pratica della Mercatura" des Francesco Balducci Pegolotti.

Telemachos C. Lounghis

DIE BYZANTINISCHEN GESANDTEN ALS VERMITTLER MATERIELLER KULTUR VOM 5. BIS INS 11. JAHRHUNDERT

Im Jahr der göttlichen Menschwerdung 871 erhob, so berichtet uns Regino von Prüm, der beneventanische Herzog Adalgis *Grecorum persuasionibus corruptus* seine Hand wider Kaiser Ludwig II. In der Ausgabe von Rau wird die Stelle etwas zu wörtlich übersetzt „durch die Überredung der Griechen verführt"[1]. Die „griechischen" Verführungskünste, Fremde durch Geld und Geschenke – und wohl nicht nur durch Überredung – zu kaufen, waren schon lange vorher bekannt. Anno 518 z. B. hatte Kaiser Anastasios I. versucht, die Gesandten des Papstes Hormisdas durch Bestechung zu gewinnen, aber die Legaten des Heiligen Stuhles blieben standhaft und wurden deswegen schimpflich von dannen geschickt[2]. Justinian I., im Alter all der Kriege müde, zog es vor, seine Feinde durch Geschenke gegeneinander aufzubringen (*μᾶλλόν τι αὐτὸν ἤρεσκε ξυγκρούειν ἐν σφίσι τοὺς πολεμίους δώροις*)[3]. Auch nach dem

---

[1] *His diebus Adalgisus dux Beneventanus Grecorum persuasionibus corruptus adversus Ludowicum imperatorem manum levavit. Etenim eius hortatu plurimae civitates provinciarum Samnii, Campaniae et Lucaniae a Ludowico recedentes Grecorum dominationi se subdiderunt:* Reginonis Chronica 871, in: Reinhold Rau (Hrsg.), Quellen zur karolingischen Reichsgeschichte III (*Ausgewählte Quellen zur deutschen Geschichte des Mittelalters* 7) Darmstadt 1969, Ndr. Darmstadt 1982, 232–233; vgl. Marianus Scotus, Chronicon 895, ed. Georg Waitz (*MGH SSRG* V) Hannover 1844, 551.

[2] Gesta episcoporum Neapolitanorum 15, ed. Georg Waitz (*MGH SSRL*) Hannover 1878, 409–410: *in quo libello noluit consentire Anastasius Aug. quia et ipse in haeresin Eutychianam communis erat. Volens itaque legatos per remunerationem corrumpere, legati vero sedis apostolicae, contemto Anastasio Augusto, nullatenus consenserunt accipere pecunias, nisi satisfactione sedis apostolicae operaretur. Tunc imperator repletus furia eiecit eos per pusterula et inposuit eos in nave periculosa cum milites et magistrianos et praefectianos nomine Heliodorum et Demetrium. Qui hoc dedit eis in mandatis imperator Anastasius, ut nullam civitatem ingredientur.*

[3] Agathias V, 14,1, bearb. von Rudolf Keydell (*Corpus Fontium Historiae Byzantinae* 2) Berlin 1967, 180.

„Sündenfall" des Herzogs Adalgis im Jahre 871 lassen sich signifikante Beispiele für diese Praxis nennen. Hofbeamte des kriegslüsternen Kaisers Nikephoros II. Phokas kritisierten im Jahr 968 das „milde" Verhalten des verstorbenen Kaisers Konstantinos VII. Porphyrogennetos, der durch allerlei Mittel (es handelt sich wohl auch um materielle) den Respekt der Ausländer zu erwerben suchte, anstatt sie durch Furcht und Schwert zu unterwerfen[4]. „Was vereinbarungsgemäß von unserer Herrschaft an deine großmächtige Gewalt zu senden war, nämlich die 144.000 Geldstücke und die 100 Blattia, das wurde nun durch den Protoproedros Konstantinos übersandt", schreibt kein Geringerer als Kaiser Alexios I. Komnenos an den deutschen Kaiser Heinrich IV.[5] Das Ziel dieser im Hinblick auf die triste byzantinische Wirtschaftslage im Jahre 1082 überaus freigiebigen Sendung bestand darin, einen deutschen Feldzug in Unteritalien gegen Robert Guiskard zu veranlassen[6].

Aus dem Gesagten ist die prinzipielle Frage abzuleiten: Entspricht das Niveau der vermittelten materiellen Kultur einem vorgegebenen politischen Konzept, das überall propagiert und an das alle Kontrahenten gewöhnt werden sollen? Denn wie schon J. G. HERDER bemerkte, „die Gesundheit und Dauer eines Staates beruht nicht auf dem Punkt seiner höchsten Kultur, sondern auf einem weisen oder glücklichen

---

[4] Liudprand, Legatio 61, in: JOSEPH BECKER, Die Werke Liudprands von Cremona (*MGH SSRG in usum scholarum* 41) Hannover–Leipzig 1915; vgl. JÜRGEN DUMMER, Die Schriften Liudprands von Cremona als Quelle für die byzantinische Kulturgeschichte, in: DERS. – JOHANNES IRMSCHER (Hrsg.), Byzanz in der europäischen Staatenwelt (*Berliner Byzantinistische Arbeiten* 49) Berlin 1983, 40–46.

[5] Anna Komnena, Alexias III, 10, 4, ed. BERNARD LEIB. Paris 1967, I, 134: *Τά μέντοι παρά τοῦ κράτους ἡμῶν συμφωνηθέντα ἀποσταλῆναι τῇ μεγαλοδυνάμῳ σου ἐξουσίᾳ, αἱ ἑκατόν τεσσαράκοντα τέσσαρες χιλιάδες τῶν νομισμάτων καί τά ἑκατόν βλαττία, ἀπεστάλησαν νῦν διά τοῦ πρωτοπροέδρου Κωνσταντίνου.* Vgl. FRANZ DÖLGER, *Regesten der Kaiserurkunden des oströmischen Reiches,* 2 Teile. München 1924–1927, Nr. 1077.

[6] Bei der Thronbesteigung des Alexios I. war der Bosporus die östliche Grenze des Reiches, während als westliche Grenze die Stadt Adrianopel galt: So Anna Komnena VI, 11,3 (ed. LEIB II, 73): *᾿Αλλ᾿ ἐπ᾿ ἐκείνῳ γε τοῦ καιροῦ ἐκ μέν ἀνατολῆς ὁ γείτων Βόσπορος ὅριον τῶν ῾Ρωμαϊκῶν σκήπτρων, ἐκ δέ τῆς ἑσπέρας ἡ ᾿Αδριανοὺ καθίστατο πόλις.* Vgl. GEORG T. KOLIAS, Le motif et les raisons de l'invasion de Robert Guiscard en territoire byzantin. *Byzantion* 36 (1966) 434–430 und JONATHAN SHEPARD, Aspects of Byzantine Attitudes and Policy towards the West in the Tenth and Eleventh Century, in: J. D. HOWARD-JOHNSTON (ed.), Proceedings of the XVIIIth Spring Symposium of Byzantine Studies (*Byzantinische Forschungen* 13) Amsterdam 1988, 67–118, hier 100–101; s. auch Anna Komnena V, 3,1 (ed. LEIB II, 13–14) und Bernoldus, Chronicon 1084 (*MGH SSRG* V) (wie Anm. 1) 440.

Gleichgewicht seiner lebendigwirkenden Kräfte. Je tiefer bei diesem lebendigen Streben sein Schwerpunkt liegt, desto fester und dauernder ist er."[7] Es geht hier also darum, den Schwerpunkt der byzantinischen materiellen Kultur im abendländischen Bewußtsein festzustellen.

Unter „materieller Kultur" verstehe ich jenen Teilaspekt der Kultur, welcher das Gegenständliche, das noch Greifbare zum Mittelpunkt hat[8], der primär die Waren und Geräte des Alltags umfaßt. Gleich der byzantinischen Geschichte wird auch die byzantinische Kultur generell in drei Perioden eingeteilt, nämlich die früh- (bis ca. 700), mittel- und spätbyzantinische (ab dem 13. Jahrhundert)[9]. Ob man dieselbe Gliederung ohne weiteres auf die materielle Kultur anwenden kann, muß derzeit noch offen bleiben. Die letzte Phase der byzantinischen Geschichte und Kultur (14./15. Jahrhundert) ist etwa von einer ausgeprägten materiellen Armut trotz geistiger Blüte gekennzeichnet[10].

Wenn man behauptet, daß die Vermittlung der byzantinischen Reichskunst an das Abendland durch die von beiden Seiten ausgetauschten Gesandten erfolgte[11], trifft dies vor allem für die früh- und mittelbyzantinische Epoche zu. Was nun diesen Zeitraum vom frühen Byzanz bis zum Ende des 11. Jahrhunderts angeht, mit dem ich mich

---

[7] Johann G. Herder, Ideen zur Philosophie der Geschichte der Menschheit (Epochen der Geschichte 2: Allgemeine Betrachtungen über die Geschichte Griechenlands), in: Willi A. Koch (Hrsg.), *Johann Gottfried Herder, Mensch und Geschichte. Sein Werk im Grundriß.* Stuttgart 1957, 271.

[8] Vgl. Ewald Kislinger, Notizen zur Realienkunde aus byzantinistischer Sicht (*Medium Aevum Quotidianum-Newsletter* 9) Krems 1987, 26–33, hier, 27.

[9] So im jüngst von einem Autorenkollektiv vollendeten Werk *Kultura Vizantii* (Bd. I: IV–VII vv. Moskva 1984; Bd. II: VII–XII vv. Moskva 1989; Bd. III: XIII–XV vv. Moskva 1991).

[10] Vgl. Donald M. Nicol, *Church and Society in the Last Centuries of Byzantium.* Cambridge 1979; Ljubomir Maksimović, Charakter der sozial-wirtschaftlichen Struktur der spätbyzantinischen Stadt (13.–15. Jh.). *Jahrbuch der österreichischen Byzantinistik* 31/1 (1981) 149–188 (XVI. Internationaler Byzantinistenkongress, Akten I/1); Angeliki E. Laïou-Thomadakis, The Byzantine Economy in the Mediterranean Trade-System, Thirteenth–Fifteenth Centuries. *Dumbarton Oaks Papers* 34–35 (1980–1981) 177–222; Klaus-Peter Matschke, Orthodoxie, Häresie und Fall von Byzanz. Bemerkungen zur Niedergangsgeschichte einer mittelalterlichen Großmacht, in: Häresie und Gesellschaft im Mittelalter. Dem Wirken Ernst Werners gewidmet (*Sb. Ak. DDR, Gesellschaftswissenschaften* 126) Berlin 1986, 34–51; Ewald Kislinger, Gewerbe im späten Byzanz, in: Handwerk und Sachkultur im Spätmittelalter (*Veröffentlichungen des Instituts für mittelalterliche Realienkunde Österreichs* 11 = *Sb. Ak. Wien, phil.-hist. Kl.* 513) Wien 1988, 103–128.

[11] Hans-Wilhelm Haussig, *Kulturgeschichte von Byzanz.* Stuttgart 1959, 334.

hier beschäftige, haben simple Gegenstände des Alltags bei den byzantinischen Gesandtschaften eine geringe Rolle gespielt. Hingegen steht das Besondere, Merkwürdige im Vordergrund.

Niederschlag in den Quellen haben zunächst mehrfach technische Spielereien gefunden. Um 507 nahm eine Wasseruhr (*horologium ... quod aquis sub modulo fluentibus temperatur et quod solis immensi comprehensa illuminatione distinguitur*)[12] ihren Weg nach Gallien, vom Burgunderkönig Gundebaud (480–516) bei den Ostgoten angefordert (*Burgundionum itaque dominus a nobis magnopere postulavit, quod ei transmittere deberemus*)[13]. Etwa aus der gleichen Zeit stammt auch eine außergewöhnliche Beschreibung einer Gitarre durch Cassiodor[14]. Die erwähnte Gitarre nebst ihrem Spieler (*citharoedus*) wurde vom Frankenkönig Chlodweg (481–511) bei Theoderich dem Großen *magnis precibus* bestellt, und dieser beauftragte den berühmten Gelehrten und Patrizier Anicius Manlius Severinus Boethius, Uhr und Gitarre zu beschaffen; ich vermute, eben aus Byzanz. Schließlich langte 757 von Kaiser Konstantinos V. eine Orgel bei Pippin dem Jüngeren ein, worüber etliche Quellen berichten[15]. Trotz der Bewunderung, welche die Orgel bei den Anna-

---

[12] Cassiodori Varia I, 45, ed. THEODOR MOMMSEN (*MGH AA* XII) Berlin 1894, 40. Zur Beschreibung der besagten Uhr vgl. die Abbildungen in: *Slovar' Antičnosti, Sostavitel' Johannes Irmscher v sotrudničestve s Renate Johne.* Moskva 1989, 636 (s. v. Časy).

[13] Cassiodori Varia I, 45 (wie Anm. 12) 39–40.

[14] Cassiodori Varia II, 4 (ebd. 70); vgl. auch LUDWIG RICHTER, Geschichte der antiken Musik, in: *Einleitung in die klassischen Altertumswissenschaften. Ein Informationsbuch* hrsg. von einem Autorenkollektiv unter Leitung von J. IRMSCHER. Berlin 1986, 272–274, mit knappem Überblick zur einschlägigen Bibliographie.

[15] Annales Fuldenses, pars prima, 757, ed. FRIEDRICH KURZE (*MGH SSRG* I) Hannover 1891, 347; Annales Laurissenses, 757, ebd. 140; Annales Mettenses priores, 757, ed. BERNHARD VON SIMSON (*MGH SSRG in usum scholarum* 49) Hannover 1905, 49; Annales Quedlinburgenses, 757, ed. GEORG H. PERTZ (MGH SSRG III) Hannover 1839, 36; Annales Mosellani, 757, ed. JOHANNES M. LAPPENBERG (*MGH SSRG* XVI) Hannover 1859, 495; Annales Sithienses, 757, ed. GEORG WAITZ (*MGH SSRG* XIII) Hannover 1881, 35; Annales regni Francorum, 757, in: REINHOLD RAU (Hrsg.), Quellen zur karolingischen Reichsgeschichte I (*Ausgewählte Quellen zur deutschen Geschichte des Mittelalters* 5) Darmstadt 1968, Ndr. Darmstadt 1987, 16; Marianus Scotus, Chronicon, 779 (wie Anm. 1) 547; Lamperti monachi Hersfeldensis Annales 756 (*Ausgewählte Quellen* 13), übersetzt von ADOLF SCHMIDT, erläutert von WOLFGANG D. FRITZ. Darmstadt 1973, 16; NICOS MALIARAS, *Die Orgel im byzantinischen Hofzeremoniell des 9. und des 10. Jahrhunderts. Eine Quellenuntersuchung.* München 1991, 171–179; vgl. auch die mein Thema berührenden Beiträge in: JONATHAN SHEPARD – SIMON FRANKLIN (eds.), *Byzantine Diplomacy. Papers from the Twenty-Fourth Spring Symposium of Byzantine Studies, Cambridge, March 1990.* London 1992 (dieser Band ist mir noch nicht zugänglich).

listen hervorrief (*organa venerunt primum in Franciam*), wertete sie weder die Überbringer und ihre Mission auf – sie blieben im Dunkeln –, noch hinterließ das Instrument selbst Spuren[16].

Die Mitte des 8. Jahrhunderts scheint mir eine wichtige Marke beim gegenseitigen Auseinanderleben zu sein. Mit dem Beginn des karolingischen Zeitalters hört jedenfalls jede byzantinische Imagepflege mit derartigen Gegenständen auf. Alles, was das Abendland bis dahin an hochwertigen, aber doch für den alltäglichen Gebrauch bestimmten Gütern von Byzanz erworben hatte, bezog sich auf das Erbe der Spätantike[17]. „Wenn also im Lauf des 8. Jahrhunderts Byzanz dem Abendland wenig brachte, geschah es nicht, weil das Abendland unfähig war, mehr zu assimilieren; es bedeutet auch und vor allem, daß Byzanz nicht viel zu geben hatte", urteilt C. Mango[18].

Ist dem wirklich ganz so? In diesen dunklen Jahrhunderten gab es doch einen Bereich, in dem das byzantinische Reich in den Augen aller Zeitgenossen als unübertrefflich galt: Wer im Mittelalter an Prunk, Pracht oder unerschöpflichen Reichtum dachte, dachte an Konstantinopel. Dieses Faktum wird nicht nur durch die berühmte Beschreibung der oströmischen Kaiserstadt bestätigt, welche der Kreuzfahrer

---

[16] Dölger, *Regesten* 320 irrt m. E. insoweit, als er behauptet, der byzantinische Botschafter sei der *protoasecretis* Georg gewesen; vgl. Telemachos C. Lounghis, *Les ambassades byzantines en Occident, depuis la fondation des états barbares jusqu'aux Croisades (407–1096)*. Athen 1980, 150, mit Anm. 3 und 4. Gegen 826 verspricht ein Presbyter Namens Georgius, „ein Mann von gutem Lebenswandel", eine Orgel nach Art der Griechen zu bauen: s. Anonymi vita Hludowici imperatoris 40 bei Rau, *Quellen* I (wie Anm. 15) 324. Das könnte heißen, daß am karolingischen Hof keine Spur mehr von der Orgel des Jahres 757 vorhanden war. Es ist sicherlich keine Uhr gemeint, sondern das bekannte Buch, das die Nachtgottesdienste enthält, wenn Papst Paul I. zwischen 758 und 763 Pippin dem Jüngeren mitteilt, er habe übersandt *et libros, quantos reperire potuimus: id est antiphonale et responsale, insimul autem gramaticam, Aristotelis, Dionisii Ariopagitis, geometricam, orthographiam, grammaticam, omnes Greco eloquio scriptas, nec non et horologium nocturnum:* vgl. Codex Carolinus 24, ed. Wilhelm Gundlach (*MGH Epp.* III) Berlin 1892, 529.

[17] Vgl. Bernhard Schweizer, Die spätantiken Grundlagen der mittelalterlichen Kunst (*Leipziger Universitätsreden* 16) Leipzig 1949 und Kurt Weitzmann, *Art in the Medieval West and its Contacts with Byzantium*. London 1982.

[18] Cyril Mango, La culture grecque et l'Occident au VIIIe siècle, in: I problemi dell'Occidente nel secolo VIII, Bd. 2 (*Settimane di Studio del Centro Italiano di Studi sull'alto Medioevo* 20) Spoleto 1973, 683–721, hier 721: „Si donc, au courant du VIIIe siècle, Byzance a peu apporté à l'Occident, ce n'est pas parce que l'Occident était incapable d'assimiler davantage; c'est aussi et surtout parce que Byzance n'avait pas grand'chose à donner".

Geoffroy de Villehardouin 1203 gab[19], sondern auch aus der steten Bewunderung seitens der westlichen Empfänger byzantinischer Gesandtschaften. Gleich wie bei der Sendung der Orgel im Jahre 757 unterstreichen sie den materiellen Wert der ihnen geschickten Luxuswaren: *Sub eius* [d. h. des Papstes Hormisdas, 514–523] *episcopatum multa vasa argentea venerunt de Graecia et evangelia cum tabulas aureas cum gemmis praetiosis,* berichtet der „Liber Pontificalis“[20]. Das Geschenk eines kostbaren Evangeliums und von Silbergeräten fällt folglich unter die bemerkenswerten Ereignisse eines an sich schon bedeutsamen Pontifikats. Eine ähnliche Gabe, ein goldenes Evangelium geschmückt mit *gemmis albis mirae magnitudinis in circuitu*[21], erfolgte unter Kaiser Konstans II. und Papst Vitalian (657–672). Obwohl der Bruch mit dem Papsttum im 8. Jahrhundert solche Sendungen nachmals reduzierte, blieb dennoch der byzantinische Prunk im abendländischen Bewußtsein verankert.

Ausgehend von den im Abendland empfangenen byzantinischen Luxuswaren, kann man zunächst behaupten, daß sich diese Situation im Frankenreich von der Merowingerzeit bis zum Ende der Karolingerzeit kaum geändert hat. Außer Geldzuwendungen, von denen noch die Rede sein wird[22], hören wir von einigen kostbaren Geschenken unter dem allgemeinen Begriff *ornamenta* (Schmuck oder Juwelen), die etwa den Merowingerkönig Chilperich II. (561–584) im Jahre 579/580 überaus erfreuten[23]. Fortunatus, Patriarch von Grado, präsentierte im Jahre

---

[19] Vgl. Villehardouin, La conquête de Constantinople, ed. EDMOND FARAL (*Les classiques de l'histoire de France au Moyen Âge* 128) Paris 1961, 130: *Or poez savoir que mult esgarderent Constantinople cil qui onques mais ne l'avoient veüe; que il ne pooient mie cuidier que si riche ville peüst estre en tot le monde, cum il virent ces halz murs et ces riches tours, dont ele ere close tot entor a la ronde, et ces riches palais, et ces haltes yglises, dont il avoit tant que nuls nel poïst croire se il ne le veïst a l'oïl, et le lonc et le lé de la ville qui de totes les autres ere souveraine* ... Man bemerkt, daß das Wort „reich“ (*riche*) hier dreimal verwendet wird: um die Türme ebenso wie die ganze Stadt mit ihren Schlössern zu bezeichnen.

[20] Liber Pontificalis I, 271, ed. LOUIS DUCHESNE. Paris 1886.

[21] Ebd. I, 343; Marianus Scotus, 676 (wie Anm. 1) 543; DÖLGER, *Regesten* 229.

[22] Vgl. die Tabellen 1 und 2.

[23] Paulus Diaconus, Historia Langobardorum III, 13 (*MGH SSRL*) (wie Anm. 2) 100. In der Frankengeschichte des Gregorius Turonensis (VI, 2) wird die Sache so dargestellt, als ob die von Konstantinopel mitgebrachten Geschenke den Einwohnern der südgallischen Küste zur Beute fielen: *Res autem quas unda litori invexerat, incolae rapuerunt;* s. Grégoire de Tours, Histoire des Francs, publié par HENRI OMONT – GASTON COLLON – RENÉ POUPARDIN. Paris 1913, 208.

803 in Saltz an der Saale Karl dem Großen ein bislang ungewöhnliches Mitbringsel. Es handelte sich um zwei auf wunderbare Art geschnitzte Türen aus Elfenbein (*duas portas eburneas merifico opere sculptas*)[24], die zweifellos in einer Kirche ihren Platz gefunden haben werden. Ludwig der Deutsche empfing 872 eine mit Gold und kostbaren Steinen geschmückte Kristallvase (*cristallum mirae magnitudinis, auro gemmisque praeciosis ornatum*), die ihm nebst heiligen Reliquien von den Gesandten Kaiser Basileios' I. zu Regensburg dargeboten wurde[25].

In den Jahren 945 und 949, also nach dem Niedergang der karolingischen Macht, als die Stellung Ottos I. vor der Kaiserkrönung von 962 irgendwie an die Ludwigs des Deutschen erinnerte, kamen abermals zwei „griechische" Gesandtschaften mit reichen und wertvollen Geschenken zu König Otto I.[26] Die hundert Prunkgewänder (*βλαττία*) letztendlich, die im Jahre 1082 von Alexios I. an Heinrich IV. geschickt wurden[27], müssen nicht nur als Zeugnisse einer rein kaiserlichen Freigiebigkeit eingeschätzt werden, sondern dienten auch als demonstratives Hilfsmittel zur Bestärkung des Eindrucks, daß zwischen den beiden Kaiserreichen friedliche Gleichheit herrschte[28].

Der reale Unterschied zwischen 1082 und den Missionen früherer Zeiten besteht im Streben der Byzantiner, ihre traditionelle Westallianz in einer

---

[24] Annales Mettenses priores, 803 (wie Anm. 15) 89f.; vgl. auch Ludo Moritz Hartmann, *Geschichte Italiens im Mittelalter* 3/1: *Italien und die fränkische Herrschaft.* Gotha 1908, 59; Dölger, *Regesten* 361.

[25] Annales Fuldenses, 872, in: Rau, *Quellen* III (wie Anm. 1) 84: *Mense Ianuario circa epiphaniam Basilii Grecorum imperatoris legati cum muneribus et epistolis ad Hludowicum regem Radasbonam venerunt atque ei inter cetera xenia cristallum mirae magnitudinis auro gemmisque praeciosis ornatum, cum parte non modica salutiferae crucis obtulerunt; qui honorifice suscepti et congrua responsione accepta redierunt ad propria.* Vgl. auch Basilius Mystakidis, *Byzantinisch-Deutsche Beziehungen zur Zeit der Ottonen.* Stuttgart 1891 (phil. Diss. Tübingen 1889) 11 f.; Dölger, *Regesten* 489.

[26] Lamperti Annales, 945 (wie Anm. 15) 28: *Nuncii Graecorum ad regem Ottonem venerunt cum magnis muneribus in vigilia omnium sanctorum;* ebd. 949: *Iterum nuncii Grecorum ad regem Ottonem cum praeciosissimis muneribus venerunt in memoria omnium sanctorum*... Vgl. auch Thietmari Merseburgensis episcopi Chronicon II, 34, in: Werner Trillmich (Hrsg.), Thietmar von Merseburg, Chronik (*Ausgewählte Quellen* 9, *Freiherr vom Stein-Gedächtnisausgabe*) 6. Aufl. Darmstadt 1985, 72: *Post haec legati Graecorum regi nostro bis ab imperatore suo munera detulerunt utrisque convenientia.*

[27] Vgl. Anm. 5.

[28] Vgl. Telemachos C. Lounghis, Un empire romain devant la féodalisation. Remarques sur le terme ΕΙΡΗΝΗ au XIe siècle. *Δίπτυχα* 5 (1991) 87–95, hier 90.

Zeit von Ohnmacht und Demütigung aufrechtzuerhalten[29] und zugleich den seit langen überall anerkannten Ruhm ihres Reichtums zu verteidigen. Durch die Gesandtschaft von 1082 wurde de facto ein verlockender, jedoch unrichtiger Eindruck erweckt, der sicherlich nicht den Zuständen des ausgehenden 11. Jahrhunderts entsprach. Die Sendung von Kronen und Prunkgewändern an das Abendland am Ende des 11. Jahrhunderts belebte übrigens die Sitte neu, Kleider oder Insignien als Ausdruck der kaiserlichen byzantinischen Hofhierarchie einzusetzen, was vorher nur im 5. und 6. Jahrhundert gegenüber germanischen oder barbarischen Führern geschah[30]. Gehören vielleicht diese 100 Prunkgewänder, die an Heinrich IV. gesandt wurden, jener Kategorie von Luxuswaren an, die noch im Jahr 968 byzantinische Zollbeamte gegenüber dem indignierten Liudprand von Cremona als *κωλυόμενα* erklärten?[31]

---

[29] Vgl. TELEMACHOS C. LOUNGHIS, The Failure of the German-Byzantine Alliance on the Eve of the First Crusade, in: *Actes du XVe Congrès international d'études byzantines* IV: *Histoire. Communications.* Athènes 1980, 198–207.

[30] Ca. 414 wurde der Westgotenkönig Athaulf am Tage seiner Hochzeit mit Placidia auf römische Weise eingekleidet: ... *καί Ἀδαοῦλφος ἐνδεδυμένος χλανίδα καί τήν ἄλλην Ῥωμαίων ἐσθῆτα* (Olympiodorus: Photius, Bibliothèque, cod. 80, ed. RENÉ HENRY. Paris 1959, I, 175). Prokopios von Kaisareia beschreibt die Kleidung nach Römerart der mauretanischen Führer folgendermaßen (Bellum Vandalicum I, 25, 7, ed. JAKOB HAURY – GERHARD WIRTH. Leipzig 1963, I, 413): *ἔστι δέ τά ξύμβολα ταῦτα ῥάβδος τε ἀργυρᾶ κατακεχρυσωμένη καί πῖλος ἀργυροῦς οὐχ ὅλην τήν κεφαλήν σκέπων, ἀλλ' ὥσπερ στεφάνη τελαμῶσιν ἀργυροῖς πανταχόθεν ἀνεχόμενος, καί τριβώνιόν τι λευκόν, ἐς χρυσῆν περόνην κατά τόν δεξιόν ὦμον ἐν χλαμύδος σχήματι θετταλῆς ξυνιόν, χιτών τε λευκός, ποικίλματα ἔχων, καί ἀρβύλη ἐπίχρυσος.* Was die Dogen von Venedig betrifft, vgl. AGOSTINO PERTUSI, Quedam regalia insignia. Ricerche sulle insegne del potere ducale a Venezia durante il Medioevo. *Studi Veneziani* 7 (1965) 3–123. Solche Kleider wurden von den Byzantinern im 10. Jahrhundert nur an östliche Führer gesandt; vgl. Konstantinos Porphyrogennetos, De administrando imperio 46, 51–56, ed. GYULA MORAVCSIK – ROMILLY J. H. JENKINS (*Corpus Fontium Historiae Byzantinae* 1) Washington/D. C. 1967, 214 (im folgenden: *DAI*): *δεδωκώς αὐτῷ (Ῥωμανός Α') καί ἱμάτιον μαγιστράτου πρός τό ποιῆσαι τόν Κουρκένιον τόν Ἴβηρα μάγιστρον ...*

[31] Zum Terminus *κωλυόμενα: nationibus omnibus prae nobis Romanis prohibita* (Liudprand, Legatio 53–54); vgl. JOHANNES KODER, Glossar 45, in: DERS. – THOMAS WEBER, Liudprand von Cremona in Konstantinopel. Untersuchungen zum griechischen Sprachschatz und zu realienkundlichen Aussagen in seinen Werken (*Byzantina Vindobonensia* 13) Wien 1980. Im „Eparchenbuch" (Anfang des 10. Jahrhunderts) wird der Terminus *κεκωλυμένα* genannt; vgl. JOHANNES KODER, Das Eparchenbuch Leons des Weisen. Einführung, Edition, Übersetzung und Indices (*Corpus Fontium Historiae Byzantinae* 33) Wien 1991, Abt. 4 (Über die Kleiderhändler) 1 (S. 90), 8 (S. 92); Abt. 6 (Über die Seidenhändler) 13 (S. 100); Abt. 8 (Über die Seidenfabrikanten) 1 (S. 102).

Wenn man die Vermittlung byzantinischer Kultur an das Abendland unter besonderer Berücksichtigung der Gesandtschaften betrachtet, ist allgemein die Behauptung von Ohnsorge zu korrigieren, daß die Grenze zwischen den beiden Perioden, vor bzw. nach der Loslösung des zum byzantinischen Staate gewordenen römischen Reiches aus den Geschicken des Okzidents, das Jahr 800 sei[32]. Die Periode, während der die byzantinische Diplomatie auch im Bereich einer dominanten materiellen Kultur glänzte, endet früher, mit der politischen Unabhängigkeit des Papsttums nach der Mitte des 8. Jahrhunderts, vielleicht unter Papst Paul I. (757–768), als die sogenannte Konstantinische Schenkung erstmals ans Licht kam[33]. Dies konnte, wie erinnerlich, schon aus dem Zufluß hochwertiger Gebrauchsgüter abgelesen werden.

Zu den obigen Betrachtungen kommt jetzt noch ein Element – das meines Erachtens eng mit der byzantinischen Oberhoheit der ersten Periode verbunden ist, wie sie sich in der materiellen Kultur manifestiert –, nämlich Konzessionen aus dem imperialen Grundvermögen. Justinian I. verlieh im Jahre 548/549 den Langobarden die Civitas Noricum samt Festungen, ganzen Dörfern und allen Einkünften[34]. Eine ähnliche Schenkung an Theodahad wurde 534/536 überlegt[35]. Unter Kaiser Phokas (602–610), der immer gute Beziehungen mit dem Heili-

---

[32] Werner Ohnsorge, Byzanz und das abendländische Kaisertum, in: ders., *Konstantinopel und der Okzident.* Darmstadt 1966, 294–300, hier 294.

[33] Hier sollte man an erster Stelle folgende Arbeiten zitieren: Raymond J. Loenertz, Constitutum Constantini. Destination, destinataires, auteur, date. *Aevum* 48 (1974) 199–245; Horst Fuhrmann, Das frühmittelalterliche Papsttum und die Konstantinische Schenkung, in: *I problemi dell'Occidente* (wie Anm. 18) 257 bis 272; ders., Art. „Constitutum Constantini", in: *Theologische Realenzyklopädie* 8. Berlin–New York 1981, 196–202, mit der einschlägigen Literatur; vgl. auch Peter Classen, *Karl der Große, das Papsttum und Byzanz. Die Begründung des abendländischen Kaisertums.* Sigmaringen 1985, 8, Anm. 19.

[34] Prokopios, Bellum Gothicum III, 33,10 (wie Anm. 30) II,443: *Λαγγοβάρδας δέ βασιλεύς Ἰουστινιανός ἐδωρήσατο Νωρικῶν τε πόλει καί τοῖς ἐπί Παννονίας ὀχυρώμασί τε καί ἄλλοις χωρίοις πολλοῖς καί χρήμασι μεγάλοις ἄγαν.* Es handelt sich wohl um das Gebiet von Poetovio und Celeia; s. Rudolf Egger, Civitas Noricum. *Wiener Studien* 47 (1929) 146–154. Zur Analyse des Vertrags s. neuerdings Konstantin P. Christou, Byzanz und die Langobarden. Von der Ansiedlung in Pannonien bis zur endgültigen Anerkennung (500–680) (*Historical Monographs* 11) Athen 1991, 78–79.

[35] Prokopios, Bellum Gothicum I, 6, 20–26 (II, 32: *ταῦτα βασιλεύς γράψας Ἀθανάσιόν τε τόν Ἀλεξάνδρου ἀδελφόν, ὅς πρῴην ἐς Ἀταλάριχον ... ἐπρέσβευσε, καί Πέτρον αὖθις τόν ῥήτορα ἔπεμψεν ... ἐντειλάμενος τά μέν χωρία τῆς βασιλέως οἰκίας, ἥν πατριμώνιον καλοῦσι θευδάτῳ νεῖμαι ...* Dieser Fall ist der Studie von Evangelos Chrysos, Die Amaler-Herrschaft in Italien und das Imperium Romanum. Der Vertragsentwurf

gen Stuhl unterhielt[36], bekräftigte das Oströmische Reich seine Oberhoheit über Rom auch durch Baurechte. Zuerst wandte sich Papst Bonifaz I. (607) an Phokas, um die Erlaubnis zu bekommen, das alte Pantheon von Rom in eine Marienkirche zu verwandeln[37], was ihm oder dem nächsten Papst Bonifaz IV. (608–615) gestattet wurde. Aller Wahrscheinlichkeit nach folgte auch Kaiser Herakleios dem Beispiel seines gehaßten Vorgängers, diesmal in bezug auf Papst Honorius (625–638), der eine ganze Kirche mit goldenen Dachziegeln deckte, die er mit kaiserlicher Erlaubnis aus dem alten *Templum Romae* abgetragen hatte[38]. Jedoch ist die Frage angebracht, ob sich darin nicht eher die materielle Not der damaligen Gegenwart und die Erinnerung an eine glänzende Vergangenheit als eine wirkliche Oberhoheit widerspiegeln.

Wie profund gestört die Verhältnisse zwischen Orient und Okzident während der sogenannten dunklen Jahrhunderte waren, die im Abendland die Entfaltung der karolingischen Macht sahen, wird auch in der byzantinischen materiellen Kultur offenbar. Das Abendland lenkte in diesen Zeiten seine Schritte mehr und mehr auf selbständige Wege. Von nun an gewinnen die beiderseitigen diplomatischen Sendungen ein ganz anderes Ansehen: Es handelt sich um Kontakte zweier Welten desselben Glaubens. Bewundernswert geschickt verband die byzantinische Diplomatie die prunkvolle römische Tradition mit den Vorteilen, die von demselben Glauben ausgehen, um essentielle Kulturinhalte der Antike im eigenen Sinn abgewandelt zu vermitteln.

Die westlichen Quellen erwähnen das Einlangen heiliger Reliquien aus Byzanz erst seit dem 9. Jahrhundert. Gegen 817/819 sandte Kaiser Leon V. mehrere Reliquien an den Dogen von Venedig[39], darunter

---

des Jahres 535. *Byzantion* 51 (1981) 430–474 entgangen. Vgl. LUDO MORITZ HARTMANN, *Geschichte Italiens im Mittelalter* 1: *Das italienische Königreich*. Leipzig 1897, 255–256 (Grundbesitz mit einer jährlichen Rente von 1200 Pfund Gold).

[36] Vgl. EUGEN H. FISCHER, Gregor der Große und Byzanz. *Zeitschrift der Savigny-Stiftung für Rechtsgeschichte, Kanonistische Abteilung* 36 (1950) 15–144; OTTO VEH, Zur Geschichte des Kaisers Phokas (602–610). *Wissenschaftliche Beilage zum Jahresbericht 1953/1954 des humanistischen Gymnasiums Fürth i. B.* (1954) 1–23.

[37] Liber Pontificalis I, 317; Paulus Diaconus, Historia Langobardorum IV, 36 (wie Anm. 23) 128; Beda Venerabilis, ed. THEODOR MOMMSEN (*MGH AA* XIII) Berlin 1898, 310); DÖLGER, Regesten 156.

[38] Liber Pontificalis I, 323: *Hic cooperuit ecclesiam omnem ex tegulis aureis quas levavit de templo qui appelatur Romae, ex concessu piissimi imperatoris.*

[39] Ob es sich hier um den Dogen Agnellus Parteciacus (811–827) oder um seinen Nachfolger Justinianus (827–829) handelt, ist umstritten; vgl. DONALD M. NICOL,

Kreuzpartikel, den Leichnam des heiligen Zacharias (Vater von Johannes dem Täufer) und Kleider von Christus und seiner Mutter Maria[40]. Stolz oder Umsicht mag die Byzantiner des 9. Jahrhunderts veranlaßt haben, sich als Besitzer des Kreuzes zu zeigen. Im Jahr 872 „um Epiphanie (6. Januar) kamen Gesandte des griechischen Kaisers Basileios mit Geschenken und Briefen zu Kaiser Ludwig (dem Deutschen) nach Regensburg; die brachten unter den übrigen Gastgeschenken einen Kristall von wunderbarer Größe, mit Gold und kostbaren Edelsteinen verziert, nebst einem nicht kleinen Teil des heilbringenden Kreuzes. Sie wurden ehrenvoll aufgenommen und kehrten, nachdem sie eine passende Antwort erhalten hatten, in ihre Heimat zurück."[41]

Über Reliquiensendungen sind wir im allgemeinen schlecht informiert. Ein Zeugnis des so spärlichen Wissens bildet folgendes Beispiel. Im „Chronicon S. Andreae Castri Cameracesii"[42] ist zum Jahr 1023 indirekt eine byzantinische Gesandtschaft belegt, die, wie Ohnsorge vermutete[43], im Jahr 1002 den Leichnam des heiligen Andreas an Heinrich II. in Frankfurt/Main überbrachte. Wozu wurden die Reliquien des angeblichen Begründers und Schützers von Konstantinopel[44] an Hein-

---

Byzantium and Venice. A Study in Diplomatic and Cultural Relations. Cambridge 1988, 23–24, Anm. 1.

[40] Andreas Dandulus, Chronicon Venetum VIII, 1, in: Ludovico A. Muratori, *Rerum Italicarum Scriptores* XII. Mediolani 1728, 142, 164. Vgl. Gottlieb L. Tafel – Georg M. Thomas, *Urkunden zur älteren Handels- und Staatsgeschichte der Republik Venedig, mit besonderer Beziehung auf Byzanz und die Levante, vom 9. bis zum Ausgang des 15. Jahrhunderts.* Wien 1856, I, 1 und I, 2, S. 1–3: *Per hos dies Agnellus dux, vir catholicus, a Leone imperatore suscepit corpus sancti Zachariae Prophetae et partem ligni Crucis et indumentum Christi et matris eius, cum plurimis thesauris et sub sancti vocabulo, non procul a palacio suo, monasterium fabricavit.* Das Wort *indumentum* mag auch Schleier heißen, wie z. B. bei Nicol, *Byzantium and Venice*; Dölger, *Regesten* 399 (mit der älteren Literatur); Lounghis, *Ambassades* 164, Anm. 1 und 2.

[41] Annales Fuldenses, 872, in Rau, *Quellen* III (wie Anm. 1) 84 f.; Originaltext oben in Anm. 25. Über das Kreuz vgl. Anatole Frolow, *La relique de la Vraie Croix.* Paris 1961, 245, 350–356.

[42] Chronicon S. Andreae Castri Cameracesii (1023) I, 17, ed. Ludwig C. Bethmann (*MGH SSRG* VII) Hannover 1846, 529–530: *Domnus Gerardus ... reliquias sancti Andreae, apertis capellae suae scriniis os proferens de corpore sancti ipsius apostoli, quod sibi Constantinopolitanum imperatorem potestatus est olim contulisse...*

[43] Werner Ohnsorge, Die Legation des Kaisers Basileios II. an Heinrich II., in: ders., *Abendland und Byzanz. Gesammelte Aufsätze zur Geschichte der byzantinisch-abendländischen Beziehungen und des Kaisertums.* Darmstadt 1963, 300–316.

[44] S. Francis Dvornik, *The Idea of Apostolicity in Byzantium and the Legend of the Apostle Andrew.* Cambridge/Mass. 1958.

rich II. gesandt? Ich vermute einen Grund im gemeinsamen Versuch beider Kaiserreiche im ausgehenden 10. Jahrhundert, das Papsttum seiner durch das Constitutum Constantini geschaffenen kaisergleichen Stellung zu entkleiden[45]. Zum letzten Jahr der Regierung Heinrichs II., d. h. *circa annum Domini millesimum vicesimum quartum,* unternahmen es der Patriarch von Konstantinopel, Eustathios (1019–1025), und Kaiser Basileios II., die Zustimmung des Papsttums (Benedikt VIII., 1012–1024) zu erwerben, daß die konstantinopolitanische Kirche in ihrem Bereich als ökumenisch anerkannt werde. Zu diesem Zweck sandten sie verschiedene Geschenke an den Papst wie an andere, die sie für Anhänger ihrer Pläne hielten[46]. Es ist mithin nicht ausgeschlossen, daß auch die byzantinische Gesandtschaft, welche die Reliquien des heiligen Andreas ins Abendland mitbrachte, vergleichbaren ideologischen Absichten gedient hat.

Und zuletzt sollte man auch eine berühmte Handschrift demselben ideologischen Bereich zuordnen. Der heutige Codex Parisinus Graecus 337, enthaltend die Schriften des Pseudo-Dionysios Areopagites, im Jahre 827 als symbolisches Geschenk an das westliche Kaiserreich gesandt[47], war von Kaiser Ludwig dem Frommen schon 824 in Konstantinopel bestellt worden[48], um gegen 835 als Original für die vollständige lateinische Übersetzung des Pseudo-Dionysios zu dienen. Bekanntlich war die Wirkung dieser Schriften, die aus der Zeit nach dem Ende des

---

[45] S. HORST FUHRMANN, Konstantinische Schenkung und abendländisches Kaisertum. *Deutsches Archiv für Erforschung des Mittelalters* 22 (1966) 63–178.

[46] Rudolfo il Glabro, Cronache dell'anno Mille (Storie), a cura di GUGLIELMO CAVALLO – GIUSEPPE ORLANDI (o. O. 1991) 196–198: ...*Constantinopolitanus praesul, cum suo principe Basilio aliique nonulli Graecorum consilium iniere, quatinus cum consensu Romani pontificis liceret ecclesiam Constantinopolitanam in suo orbe, sicuti Roma in universo, universalem dici et haberi. Qui statim miserunt qui deferrent multa ac diversa donorum exenia Romam, tam pontifici quam ceteris qua suae partis favere conspicerent.*

[47] WERNER OHNSORGE, Das Kaiserbündnis von 842–844 gegen die Sarazenen, Datum, Inhalt und politische Bedeutung des „Kaiserbriefs aus St. Denis“, in: DERS., *Abendland und Byzanz* 131–183, hier 166–168; DÖLGER, *Regesten* 413; LOUNGHIS, *Ambassades* 165 (mit den Quellenbelegen).

[48] HENRI OMONT, Manuscrit des oevres de S. Denys l'Aréopagite, envoyé de Constantinople à Louis le Débonnaire en 827. *Revue des études grecques* 17 (1904) 230 bis 236; vgl. DERS., *Inventaire sommaire des manuscrits du supplément grec de la Bibliothèque Nationale.* Paris 1883, n. 337, S. 41; RAYMOND J. LOENERTZ, La légende parisienne de S. Denys l'Aréopagite, sa génèse et son premier témoin. *Analecta Bollandiana* 49 (1951) 217–237.

Weströmischen Reiches stammen, insofern besonders bedeutungsvoll, als der mittelalterliche Mensch die irdische Ordnung und Hierarchie als eine unvollständige Nachahmung der himmlischen Ordnung und Hierarchie betrachtete[49].

Wenn die byzantinische materielle Kultur im Abendland vom 5. bis zur Mitte des 8. Jahrhunderts das Erbe der Spätantike repräsentiert, muß sie von der Mitte des 8. bis zum Ende des 11. Jahrhunderts als Vertreterin einer griechisch-römischen Kaiseridee gesehen werden, die ihre Wurzeln tief im ursprünglichen Christentum – in offenbarem Gegensatz zum abendländischen Christentum – hat.

Staunen und Bewunderung über die Prunkentfaltung byzantinischer Gesandtschaften hielt die westlichen Empfänger bei aller ehrenvollen Aufnahme[50] nicht davon ab, den dahinterstehenden Intentionen, ja überhaupt der byzantinischen Lebensweise mitunter befremdet bis kritisch gegenüber zu stehen. Der Merowingerkönig Dagobert I. beispielsweise mußte 634 auf Befehl Kaiser Herakleios' alle Juden innerhalb der fränkischen Besitzungen zur Taufe zwingen[51]. Im Jahr 798 reagierte der Westen überrascht auf die Blendung des jungen Kaisers Konstantin VI. durch seine eigene Mutter Eirene, deren Herrschaft etwas später (801) von den westlichen Annalisten mit Indignation als *femineum imperium* bezeichnet wurde[52]. So war der Eindruck, den die durch die byzantinischen Botschafter verkörperte Lebensweise hervor-

---

[49] OTTO TREITINGER, *Die oströmische Kaiser- und Reichsidee nach ihrer Gestaltung im höfischen Zeremoniell. Vom oströmischen Staats- und Reichsgedanken.* Darmstadt 1956. Daneben hat das Buch von HÉLÈNE AHRWEILER, *L'idéologie politique de l'empire byzantin.* Paris 1974 (besonders 136–137) nur beschränkte Aussagekraft.

[50] Vgl. den Ausdruck: *Quos* [die Botschafter] *ille* [Pippin von Herstal] *clementer suscipiens majoribus remuneratos donis ad propria dirigebat* (Annales Mettenses priores, 692 (wie Anm. 15) 15; auch Annales Bertiniani, 839, in: REINHOLD RAU (Hrsg.), Quellen zur karolingischen Reichsgeschichte II (*Ausgewählte Quellen zur deutschen Geschichte des Mittelalters* 6) Darmstadt 1972, 44: *quos* [die byzantinischen Botschafter] *imperator quinto decimo kalendas Junii in Ingulenheim honorifice suscepit...;* Thegani Vita Hludowici imperatoris 9, in: RAU, *Quellen* I (wie Anm. 15) 222: *ille eos* [die byzantinischen Botschafter] *benigne suscipiens ... non post multos dies magnis honoribus decoravit eos, et dimisit ire ad propria.*

[51] Gesta Dagoberti regis 24, ed. BRUNO KRUSCH (*MGH SSRM* II) Hannover 1888, 409; Fredegarii Chronica IV, 65, in: Quellen zur Geschichte des 7. und 8. Jahrhunderts (*Ausgewählte Quellen zur deutschen Geschichte des Mittelalters* 4) neu übertragen von ANDREAS KUSTERNIG. Darmstadt 1982, 230–231; DÖLGER, *Regesten* 207; LOUNGHIS, *Ambassades* 108.

[52] Annales Mettenses priores, 798 (wie Anm. 15) 82f.; Annales q. d. Einhardi, 798, ed. FRIEDRICH KURZE (*MGH SSRG in usum scholarum* 105) Hannover 1895, 105;

rief, teils auch negativ. Thietmar von Merseburg schreibt über die byzantinische Prinzessin und deutsche Kaiserin Theophanu: *Haec, quamvis sexu fragilis, modestae tamen fiduciae et, quod in Grecia rarum est, egregiae conversationis*[53]. Ein trefflicher Lebenswandel war etwas Seltenes in griechischen Landen, was natürlich die herrschenden byzantinischen Kreise betrifft. Thietmars Aussage steht für die Erfahrung des gelehrten Abendländers, erwachsen aus den beiderseitigen offiziellen Gesandtschaften. Es ist vielleicht kein Zufall, wenn Thietmar von Merseburg an zwei Stellen zumindest[54] den Terminus *Danai* anstatt *Graeci* verwendet: *Timeo Danaos et dona ferentes.*

Die Griechen des Mittelalters sandten tatsächlich Geschenke, und zwar üblicherweise durch ihre offiziellen Gesandtschaften. Tabelle 1, die ausschließlich griechische Quellenbelege enthält, soll den Umfang dieser griechischen Aktivitäten veranschaulichen. Die abendländische Bewertung jener Erzeugnisse der materiellen Kultur, welche die byzantinischen Gesandten vermittelten, fällt den griechischen Quellen entsprechend aus (Tabelle 2).

Aus dem Gesagten ergeben sich folgende Schlußfolgerungen: Die allgemeine abendländische Erfahrung von byzantinischer Lebensweise und materieller Kultur, wie sie durch die offiziellen Gesandtschaften vermittelt wurde, entwickelte sich bis zum Ende des 11. Jahrhunderts nicht – wie man vielleicht erwartet hätte – in Konnex mit der Abfolge des „materiellen Inhalts“ der Gesandtschaften, der byzantinischerseits zuerst als Erzeugnis der höchstentwickelten Kultur der Zeit und, danach, als Ausfluß der originär römisch-christlichen Kaiseridee vorgestellt wurde, sondern recht vordergründig in Beziehung auf die „bewegende Kraft“ der byzantinischen Diplomatie, d. h. das Geld und die Geschenke. Die meist griechisch sprechenden Botschafter[55] des Ostens

---

Annales regni Francorum, 798, in: RAU, *Quellen* (wie Anm. 15) 68; Annales Fuldenses, pars prima, 798 (wie Anm. 15) 351 f. Vgl. auch SIGURD ABEL – BERNHARD VON SIMSON, *Jahrbücher des fränkischen Reiches unter Karl dem Großen (768–814)*, Bd. II. Leipzig 1888, 150; DÖLGER, *Regesten* 353. Zum Terminus *femineum imperium* s. Annales Laureshamenses, 801 (*MGH SSRG* I) (wie Anm. 15) 38: *quia tunc cessabat de parte Graecorum nomen imperatoris et femineum imperium apud se habebant;* vgl. auch PAUL SPECK, *Kaiser Konsantin VI. Die Legitimation einer fremden und der Versuch einer eigenen Herrschaft.* München 1978, 283.

[53] Thietmar IV, 10 (wie Anm. 26) 124–126.

[54] Ebd. II, 15, S. 50, und VII, 72, S. 434.

[55] Dies ergibt sich unter anderem aus der Gesandtschaft in Aachen im Jahr 812; vgl. Annales regni Francorum, 812, in: RAU, *Quellen* I (wie Anm. 15) 100: *Nam*

agierten an der lateinischen höheren Kultur des Okzidents vorbei. Das Ergebnis war, daß alle Verführungs- und Betrugsweisen durch Bestechung den zeitgenössischen „Griechen" als eigen galten. Vielleicht ist es betrüblich, daß die „lebenswirkenden Kräfte" des byzantinischen Reiches im Spiegel der dem Abendland vermittelten Kultur in so üblem Licht erscheinen. Manche Byzantinisten mögen über solche Ergebnisse - die Positionen des 18. und 19. Jahrhunderts ins Gedächtnis rufen[56] - empört sein. Meine Aufgabe sah ich gleichwohl auch darin, den wissenschaftlichen Standpunkt vergangener Forschergenerationen - ich meine pars pro toto Diehl und Schlumberger[57] - von der Realienkunde her einer Evaluierung zu unterziehen.

Trotz aller strengen Auswahlkriterien[58] haben sich die byzantinischen Botschafter letztlich als keine nachhaltigen Vermittler ihrer eigenen materiellen Kultur erwiesen. Das Mittelalter bis zum Ende des 11. Jahrhunderts war eine Zeit, in der die byzantinische Mentalität die abendländische Kultur noch geringschätzte und die abendländische Mentalität andererseits nur durch Luxus und Pracht der byzantinischen materiellen Kultur geblendet wurde[59]. Die Erzeugnisse desselben Glaubens wurden diesseits und jenseits auf differente Art und Weise interpretiert; die Abendländer, die sich stets in den materiellen Lebensgrundlagen stark fühlten, hingegen der Tradition und mithin Rechtmäßigkeit ermangelten, fühlten eine gewisse Zurücksetzung. Die Byzantiner ihrerseits haben die Prüfung von *πρέπον, προσῆκον*[60] und *ἁρμονία* hervorragend bestanden; genützt hat es ihnen letztlich jedoch nicht.

Für die Durchsicht des Manuskripts danke ich meinen Freund Ewald Kislinger herzlich.

Aquisgrani, ubi ad imperatorem venerunt, scriptum pacti ab eo in ecclesia suscipientes more suo, id est Greca lingua, laudes ei dixerunt, imperatorem eum et basileum appelantes.

[56] Vgl. Wilhelm F. Hegel, *Vorlesungen über die Philosophie der Geschichte* (mit einer Einführung von Theodor Litt). Stuttgart 1966, 461–467 (3. Teil, 3. Abschnitt, 3. Kapitel: Das byzantinische Reich).

[57] Vgl. z. B. Charles Diehl, *Byzance. Grandeur et décadence.* Paris 1919 und Gustave Schlumberger, *Byzance et Croisades. Pages médiévales.* Paris 1927.

[58] Zu den byzantinischen Gesandten vgl. nebst meinen Ausführungen (*Ambassades* 295–398) auch Donald E. Queller, *The Office of the Ambassador in the Middle Ages.* Princeton/N. J. 1967 (vor allem für das Spätmittelalter gültig) und neuerdings Douglas Lee - Jonathan Shepard, A double Life: Placing the Peri Presbeon. *Byzantinoslavica* 52 (1991) 15–39.

[59] Vor allem Shepard, *Aspects* 115–116.

[60] Vgl. Herbert Hunger, Prooimion. Elemente der byzantinischen Kaiseridee in den Arengen der Urkunden (*Wiener byzantinistische Studien* 1) Wien 1964, 109–112.

Tabelle 1:
Die Wertigkeit byzantinischer Geschenke
Belege in griechischer Sprache

Wortlaut	Quelle	Edition
1. *ὀλίγα δῶρα*	Iohannes Antiochenus, fr. 217.	CAROLUS MÜLLER (Hrsg.), *Fragmenta Historicorum Grecorum* I–V. Paris 1868, hier IV, 621–622.
2. *δέκα χρυσίου λιτρῶν ἑκατοντάδες*	Iohannes Antiochenus, fr. 214.	Ebd. V, 33.
3. *δῶρα πλεῖστα*	Evagrios, Historia, Ecclesiastica II,7.	JOSEPH BIDEZ – LOUIS PARMENTIER (Hrsg.), Ecclesiastical History of Euagrius. London 1898 (Ndr. Amsterdam 1964) 54.
4. *χρήματα μεγάλα*	Prokop, Bellum Persicum I,20,9.	HAURY – WIRTH (wie Anm. 30) I, 108–109.
5. *χρήματα μεγάλα*	Prokop, Bellum Vandalicum I,9,5.	Ebd. 351–352.
6. *χρήματα πολλά*	Prokop, ebd. I,25,3–8.	Ebd. 412–413.
7. *χρήματα πλείονα*	Prokop, Bellum Gothicum I,5,8–10.	Ebd. II, 26.
8. *χρήματα, δῶρα*	Prokop, ebd. IV,18,18.	Ebd. II, 582.
9. *ἐγκύκλιος πλοῦτος*	Theophylactos Simocattes, Historiae I,8,7.	CAROLUS DE BOOR (Hrsg.), *Theophylacti Simocattae Historiae*. Leipzig 1887, 54 (2. Aufl. DERS. – PETER WIRTH. Stuttgart 1972).
10. *δῶρα*	Theophylactos Simocattes, ebd. VI,3,7.	Ebd. 225.
11. *πλήθη δώρων*	Theophylactos Simocattes, ebd. VII,15,9.	Ebd. 272.
12. *δῶρα*	Nicephori archiepiscopi Constantinopolitani opuscula historica, Kap. 10.	CYRIL MANGO (Hrsg.), Nikephoros, Patriarch of Constantinople, Short History (*Corpus Fontium Historiae Byzantinae* XIII) Washington/D. C. 1990, 50.
13. *δῶρα, νομίσματα*	Nicephori opuscula historica, Kap. 13.	Ebd. 58.
14. *χρήματα, δῶρα*	Nicephori opuscula historica, Kap. 21.	Ebd. 70.
15. *δῶρα* und *ἀξία πατρικίου*	Nicephori opuscula historica, Kap. 22.	Ebd.

	III,10.	(Hrsg.), Iosephi Genesii Regum Libri quattuor (*Corpus Fontium Historiae Byzantinae* XIV) Berlin–New York 1978, 44.
17. *δώροις τιμίοις*	Ioseph Genesios, ebd. III,11.	Ebd. 45.
18. *χρυσίου λίτρας ἑκατόν*	Georgius Monachus continuatus	Immanuel Bekker (Hrsg.), *Corpus Scriptorum Historiae Byzantinae.* Bonn 1838, 863.
19. *μετά ξενίων ἁρμοζόντων*	Konstantinos Porphyrogennetos, De administrando Imperio 1,9.	Moravcsik – Jenkins (wie Anm. 30) 48.
20. *ζητοῦσι ἄργευθῆναι διά τόν κόπον*	Konstantinos Porhyrogennetos, ebd. 7,15–17.	Ebd. 54.
21. *δῶρα, ἅπερ τοῖς ἐκεῖσε βαρβάροις δοκεῖ, τίμια … ἀντελάμβανε πλείονα καί κρείττονα*	Konstantinos Porhyrogennetos, ebd. 43,17–19.	Ebd. 188.
22. *ξενάλια τά ἁρμόζοντα*	Konstantinos Porhyrogennetos, ebd. 43,35–40.	Ebd.
23. *ἀποσταλέντα ξενάλια*	Konstantinos Porphyrogennetos, ebd. 43,46.	Ebd. 190.
24. *δῶρα μέτρια, δωρεαί, ἀξιώματα*	Anna Komnene III,10,1.	Leib I (wie Anm. 5) 132.
25. *ἑκατόν τεσσαράκοντα τέσσαρες χιλιάδες τῶν νομισμάτων καί τά ἑκατόν βλαττία*	Anna Komnene III,10,4.	Ebd. 134.
26. *δι' ὑποσχέσεων καί δώρων*	Anna Komnene IV,2,2.	Ebd.
27. *καί τάς δαπάνας πολλαπλασίους λήψεσθαι ὑποσχόμενος*	Anna Komnene VI,5,4.	Leib II (wie Anm. 6) 51 f.
28. *διά πολλῶν τούτους ἀμειψάμενος δωρεῶν καί τιμῆς*	Anna Komnene VI,5,10.	Ebd. 54.
29. *δεξιοῦται διά δώρων*	Konstantinos Porphyrogennetos, De administrando Imperio 32,88.	Moravcsik – Jenkins (wie Anm. 30) 156.
30. *διά πλουσίων δωρεῶν*	Konstantinos Porphyrogennetos, ebd. 32,144.	Ebd. 160.

Tabelle 2:
Die Wertigkeit byzantinischer Geschenke
Belege in lateinischer Sprache

Wortlaut	Quelle	Edition
1. *dona maxima*	Victor Tonnenensis, Chronicon, a. 563.	MOMMSEN (wie Anm. 12) 205.
2. *divitiae donatae*	Cassiodorus, Chronicon, a. 519.	Ebd. 161.
3. *multa ornamenta + aureos*	Paulus Diaconus, Historia Langobardorum III, 13.	WAITZ (wie Anm. 2) 100.
4. *duodecim milia solidorum*	Paulus Diaconus, ebd. IV, 32.	Ebd. 127.
5. *imperialia munera*	Chronicon Salernitanum 6, 30, a. 756.	PERTZ (wie Anm. 15) 473f.
6. *inter cetera dona*	Annales Fuldenses, pars prima, a. 757. Annales Regni Francorum, a. 757. Annales Mettenses priores, a. 757.	KURZE (wie Anm. 15) 355. RAU, *Quellen* I (wie Anm. 15) 16. SIMSON (wie Anm. 15) 49.
7. *inter cetera donaria*	Annales Mettenses priores, a. 803.	Ebd. 89f.
8. *munera sibi deputata/munera patri missa*	Vita Hludowici 49.	RAU, *Quellen* I (wie Anm. 15) 346.
9. *epistolas et munera*	Annales Bertiniani, a. 833.	RAU, *Quellen* II (wie Anm. 50) 20.
10. *cum donis imperatore dignis*	Annales Bertiniani, a. 839.	Ebd. 42.
11. *cum donis imperialibus*	Erchempert, Historia Langobardorum Beneventanorum 48, a. 885.	WAITZ (wie Anm. 2) 255.
12. *litteras et munera*	Annales Regni Francorum, a. 824.	RAU, *Quellen* I (wie Anm. 15) 138.

13. *muneraque infinita*	Chronicon Salernitanum 103.	Pertz (wie Anm. 15) 519.
14. *cum epistolis et muneribus*	Annales Fuldenses, a. 873.	Rau, *Quellen* III (wie Anm. 1) 92.
15. *donis augeret*	Chronicon Salernitanum 144.	Pertz (wie Anm. 15) 543.
16. *cum muneribus venit*	Annales Fuldenses, a. 894.	Rau, *Quellen* III (wie Anm. 1) 160.
17. *cum muneribus transmisit*	Annales Fuldenses, a. 896.	Ebd. 168.
18. *xenia misit*	Annales Quedlinburgenses, a. 944.	Pertz (wie Anm. 15) 56.
19. *cum muneribus*	Annales Quedlinburgenses, a. 945.	Ebd.
20. *cum muneribus*	Annales Hildesheimenses, a. 945.	Ebd.
21. *cum muneribus*	Annales Hildesheimenses, a. 949.	Ebd.
22. *cum regiis muneribus*	Annales Hildesheimenses, a. 973.	Ebd. 62.
23. *cum optimis multimodisque muneribus*	Annales Hildesheimenses, a. 1034.	Ebd. 99.
24. *cum muneribus*	Annales Hildesheimenses, a. 1035.	Ebd. 100.
25. *cum magnis muneribus*	Annales Lamperti, a. 945.	Schmidt – Fritz (wie Anm. 15) 28.
26. *cum preciosissimis muneribus*	Annales Lamperti, a. 949.	Ebd.
27. *honorifica secum munera ferentes*	Continuatio Reginonis Trevirensis, a. 967.	Kurze (wie Anm. 15) 629.
28. *cum magnis muneribus*	Annales Lamperti, a. 973.	Schmidt – Fritz (wie Anm. 15) 32.
29. *maximam pecuniam*	Bernoldus, Chronicon, a. 1084.	Waitz (wie Anm. 1) 440.

Sophia Menache

THE CRUSADES AND THEIR IMPACT ON THE DEVELOPMENT OF MEDIEVAL COMMUNICATION

In the preface to his book, *The Latin Kingdom of Jerusalem: European Colonialism in the Middle Ages*, Professor Prawer referred to the Crusader kingdoms as early expressions of European colonialism.[1] Except for Prawer's pioneering research, published more than twenty years ago, analysis in depth of the colonial aspects of the Latin kingdoms is still missing. Among the areas where this lacuna is to be regretted is the field of communication research. In the late eleventh century, European society had not yet developed communication systems beyond elementary, archaic contacts at the political and commercial levels.[2] Conversely, the colonial character of Crusader society made it imperative to find the most efficient transmission of news between Europe and the Levant. The Crusader kingdoms thus fostered a new communication reality, whose requirements advanced European society far beyond the limitations of the feudal regime or the intermittent nature of the commercial links developed up to then. Furthermore, the survival of the Christian states in the Latin East was significantly affected by their success in maintaining fluent, reliable communication with the Continent, which remained their major supplier of logistical assistance in terms of foodstuffs, war materials and manpower.[3]

---

[1] J. Prawer, *The Latin Kingdom of Jerusalem: European Colonialism in the Middle Ages* (London, 1972), preface.

[2] S. Menache, *The Vox Dei: Communications in the Middle Ages* (New York, 1990), pp. 4–5, 10–11; in terms of comparison, see the relative sophistication achieved by the Moslem Empire at the same time, L. Rabinowitz, *Jewish Merchant Adventurers: A Study of the Radanites* (London, 1948), pp. 7–13.

[3] J. H. Pryor, "In subsidium Terrae Sanctae: Exports of Foodstuffs and War Materials from the Kingdom of Sicily to the Kingdom of Jerusalem, 1265–1284," *Asian and African Studies* 22 (1988), pp. 128, 141; M. Barber, "Supplying the Crusader States: The Role of the Templars," in: B. Kedar (ed.), *The Horns of Hattin* (Jerusalem, 1992), pp. 314–26.

It is the thesis of this study that the Crusades fostered a new socio-political reality in which efficient communication systems played a crucial role in both the internal and the external spheres with regard to Europe, but to North Africa and the Levant, as well. As such, the Crusader period presents all the characteristics of a transitional stage, in which old communication channels acquired a new meaning but had not yet been replaced by more sophisticated techniques of transmission. An attempt will be made here to reconstruct the main components of the communication process between Europe and the Latin East according to three main subjects:

1. the social strata that needed and fostered the emergence of communication systems;
2. the time required for the transmission of information; and
3. the channels of communication.

Obviously, these categories were completely intermingled in reality; as separate subjects, they respond mainly to methodological considerations. The "terminus a quo" is provided by the Council of Clermont, on 28 November 1095. The "terminus ad quem" is more ambiguous, as the fall of Acre on 18 May 1291 does not reflect a turning point in communication structures; some examples will therefore advance us to the mid-fourteenth century.

From its initial stages, the First Crusade created a new communication reality, first and foremost in Christendom. The unprecedented promptness of transmission of Pope Urban II's message, and its scope, appeared incomprehensible to contemporaries, who sometimes opted to explain the incredible process in terms of divine intervention. Robert of Reims, monk of Marmoutier-lez-Tours who later became abbot of Saint-Remi, faithfully reflects the prevailing euphoria and bewilderment: "In order that it should be clear to all the faithful that this journey was decreed by God and not by man, it happened ... that on the very day on which these things were said and done, the reverberating report of that great decree shook the whole world, even in the maritime islands in the Ocean. It was spread abroad that the Jerusalem journey had been thus established at the Council. It is clear, therefore, that this was the work of no human voice, but of the spirit of the Lord who fills the whole earth."[4]

Still, there were chroniclers who took a more realistic approach when referring to the means of transmission. Guibert of Nogent, monk of Flay

---

[4] Robert of Reims, Historia Iherosolimitana, in: *Recueil des Historiens des Croisades. Historiens Occidentaux*, vol. 3 (Paris, 1866), p. 730 [hereafter: *RHC Occ.*].

who became abbot of Nogent, reports in some detail the various ways by which the Crusade message was propagated: "It was not necessary for any ecclesiastical person to make orations in churches to stir up the people, since one man told another, both by word and by example, at home and elsewhere about the plan to set out... A great rumor spread into every part of France, and everyone to whom the advancing report first brought the pope's command, then approached all his neighbours and family about undertaking the Way of God, for so, metaphorically, it was called."[5]

These two reports – written a few years after Clermont (that is, before 1108) – emphasize the efficacy of informal means of news transmission and the high motivation facilitating the reception of the papal call. The essence of the Crusade message – namely, the desecration of the holy places by the Moslems, the pilgrimage to Golden Jerusalem, the Just War against the heathens – confronted medieval audiences, whose basic world of ideas was nourished by a Christian scale of values, with a challenge they could hardly neglect. From the perspective of the history of communications, therefore, the speed with which the papal message was transmitted over considerable distances and its widespread reception turned the First Crusade into an exceptional event.[6] Pope Urban II preached the Crusade at Clermont on 28 November 1095 and planned the departure of the Christian armies for 15 August 1096, thus leaving nine months for the implementation of the journey.[7] This schedule took into consideration the time needed for circulating the papal plans and mobilizing a selective military expedition, composed mainly of French knights, eastwards.[8] Yet, as early as April 1096, only five months after the Council of Clermont, thousands of people had left Germany under

[5] Guibert of Nogent, Historia quae dicitur Gesta Dei per Francos, in: *RHC Occ.*, vol. 4, pp. 124, 140; see also, P. ALPHANDERY – A. DUPRONT, *La Chrétienté et l'idée de croisade*, 2 vols. (Paris, 1954–59), vol. 1, pp. 60–70; P. J. COLE, *The Preaching of the Crusades to the Holy Land, 1095–1120* (Cambridge/Mass., 1991), passim.

[6] According to COULTON, an ordinary man in tenth-century Normandy probably encountered between 100 and 200 people in his whole life, and his vocabulary consisted of only some 600 words, see, G. COULTON, *Medieval Village, Manor and Monastery* (New York, 1960), p. 15.

[7] J. RILEY-SMITH, *The First Crusade and the Idea of Crusading* (London, 1986), pp. 63–79.

[8] See the pope's own testimony in his letter "To all the faithful in Flanders" (end of December, 1095), in: H. HAGENMEYER, (ed.), *Die Kreuzzugsbriefe aus den Jahren 1088–1100. Eine Quellensammlung zur Geschichte des ersten Kreuzzuges* (Innsbruck, 1901), pp. 136–37.

the leadership of Peter the hermit.[9] True, one may argue that the unprecedented propagation of the Crusade and the resulting widespread readiness to sail immediately overseas were related to the low social strata who populated the Christian army and to the dramatic natural phenomena – such as meteors, eclipses, comets – that appeared in the western sky and bestowed an apocalyptic aura on the *Iter Dei.*[10] Still, if one bears in mind the economic and political weakness of contemporary monarchies and the almost complete lack of logistical assistance,[11] the scope and schedule of the First Crusade remain unique in the annals of the Middle Ages, a uniqueness that indeed found faithful expression in contemporary sources.

The emergence of the Latin kingdoms made the transmission of information more difficult, since communications were no longer restricted to the Continent but included wide areas overseas, as well. The Christian strongholds in the Levant constantly demanded fluent communication along both shores of the Mediterranean. European society was thus confronted, for the first time in medieval history, with the imperative to assure contact with its many sons who had undertaken the Crusader vow and departed to liberate the Holy Sepulchre. The new communicational reality, moreover, included not only Crusaders but Eastern Christians, the Byzantine Empire, and the Moslems and Islam, as well. The human factor thus imposed additional difficulties on the geographical distances, since the knowledge possessed by the average "Westerner" about foreign cultures in general at that time was almost nil;[12] nor, reciprocally, was the

---

[9] Baldric of Bourgueil, Historia Jerosolimitana, in: *RHC Occ.*, vol. 4, pp. 12–16; on the different reports of Urban II's sermon, D. C. MUNRO, "The Speech of Pope Urban II at Clermont, 1095," *American Historical Review* 11 (1906), pp. 231–42.

[10] Alberti Aquensis Histoira Hierosolymitana, lib. I, c. 7, in: *RHC Occ.*, vol. 4, p. 276.

[11] On the deplorable state of medieval roads, see, E. M. FERREIRA-PRIEGUE, "Circulación y red viaria en la Galicia medieval," in: *Les communications dans la péninsule Ibérique au Moyen Age. Actes du colloque tenu à Pau les 28–29 Mars 1980* sous la direction de P. TUCOO-CHALA (Paris, 1981), pp. 65–67; A. UBIETO ARTETA, "Los caminos que unían a Aragon con Francia durante la Edad Media," ibid., pp. 21–27; CH. E. DUFOURCQ, "Les communications entre les royaumes chrétiens ibériques et les pays de l'occident musulman dans les derniers siècles du Moyen Age," ibid., pp. 29, 43; H. FICHTENAU, "Reisen und Reisende im Mittelalter," in: *Beiträge zur Mediävistik* 3 (Stuttgart, 1986), pp. 1–79.

[12] Sir ST. RUNCIMAN, "Byzantium and the Crusades," in: V. P. GOSS, (ed.), The Meeting of Two Worlds: Cultural Exchange Between East and West During the Period of the Crusades (*Medieval Institute Publications*) (Kalamazoo, 1986), p. 15.

Moslems' information about Christians and the West much better.[13] The cultural gap between West and East permeated all aspects of daily life and produced differing perceptions of the historical process. To mention one example, the conquest of Jerusalem on 15 August 1099, according to the Christian calendar, was registered in the years 6607 and 493, respectively, in the Byzantine and Moslem calendars, the chronological gap reflecting mental structures that were not only different but also antagonistic in many aspects.[14] The obvious question that arises relates to the communication channels that were available at the end of the eleventh century. No less important is the question of the capability of European society to bridge, in addition to geographical distances, the cultural, political and socio-economic gaps that existed. In other words, Christendom was now faced with the added challenge of finding "the meeting point" with Islam and Byzantium; that is, opening up channels of communication not only with its own sons overseas but with Moslem and Byzantine societies, as well. In time, these channels would become of crucial importance for the survival of the Crusader kingdoms.

From a historical perspective, the convergence of Christians and Moslems alongside the Mediterranean was marked by chronological and qualitative variables. Thus contacts were extensive on the Tunisian and Algerian coasts during the twelfth century but not during the thirteenth, although Seville, Jerusalem, Damietta and Constantinople all retained their commercial and political importance during most of these centuries. Spain, Sicily and Anatolia were preferred places for merchants, who developed there much more intense contacts than those attained in southern Italy or Egypt.[15] In their most developed form, these contacts fostered the emergence of permanent consulates, an establishment still unknown in medieval Europe. In the twelfth century, for example, there was a Pisan ambassador, Abu Tamim Maymun b. William, in Bagiyah (modern Bougie in Algeria), an exclusively Moslem city.[16]

---

[13] CL. CAHEN, *Orient et Occident au temps des Croisades* (Paris, 1983), pp. 47–48.

[14] A. C. QUINTAVALLE, "Oriente e occidente, le strade e il mare: Un problema di modelli (secc. XI e XII)," in: *The Meeting of Two Worlds*, p. 59.

[15] Emphasizing the continental nature of European society during the Early Middle Ages, M. MOLLAT sees in the growing importance of the Mediterranean one of the paradoxes inherent in the Crusades, see, M. MOLLAT, "Problèmes navals de l'histoire des croisades," *Cahiers de civilisation médiévale* 10 (1967), p. 345.

[16] O. GRABAR, "Patterns and Ways of Cultural Exchange," in: *The Meeting of Two Worlds*, p. 443.

Since embassies were still a rare phenomenon, the Europeans' increasing interest in the East, its geography, its inhabitants and their customs led to the diffusion of an old literary genre that reached its height of popularity in the Central Middle Ages: the *itineraria*, reports written by pilgrims for the sake of those who would follow the steps of Jesus and the Apostles in the Holy Land.[17] In this particular case, what could be qualified as "news" or, more accurately, information is often hidden by varying doses of mythical and tendentious attitudes. Still, if one bears in mind the average European's almost complete lack of knowledge about Moslems and the Levant, the itineraries represented an additional source of information that, in modern terms, sometimes acquired the pattern of tourist information. They further reflect additional aspects of the transitional nature of this stage in the development of regular communication systems. Against the *contemptus mundi*, the contempt for this world of sin, that characterized former pilgrims – who approached their pilgrimage as an individual act of religious piety – thirteenth-century pilgrims appeared more involved in the *saeculum*, the socio-political reality they encountered in the East. Consequently, they were also more aware of the information value of their reports as the following examples illustrate: In 1217, the monk Thietmar gave a rich description of the pilgrimage centers, the main roads, and the many difficulties that pilgrims may encounter on their way to the Holy Sepulchre. He also described Damascus, the city and its surroundings, as well as some behavior patterns of the Moslems, such as polygamy, then unknown to the average European.[18] Another pilgrim, Willebrandus de Oldenburg, Bishop of Utrecht, who had been sent to the Holy Land in 1211 by the German Emperor Otto IV, wrote a full report on the Armenians, whose piety and behavior he praised in contrast to the corruption prevailing among the Franks living overseas.[19] Burchard de Mount Sion, who travelled to the Holy Land in 1283, confirmed Willebrandus' information and also complemented the Europeans' knowledge of the Eastern Christians.[20]

[17] A. GRABOIS, "From Holy Geography to Palestinography," [Hebrew] *Cathedra* 21 (1984), p. 46–47; IDEM, "Les pélerins occidentaux en Terre Sainte au Moyen Age", *Studi Medievali, 3 serie*, 30/1 (1989), p. 26–38.

[18] Peregrinatio magistri Thietmari, ed. J. C. M. LAURENT (Hamburg, 1857), pp. 9–13.

[19] Willebrand d'Oldenburg, in: *Peregrinatores medii aevi quatuor,* ed. J. C. M. LAURENT (Leipzig, 1864), pp. 174–75.

[20] Burchard de Mont Sion, ibid., pp. 91–93. One should note that the Crusades indeed fostered Catholic influence on the Armenian Church.

The most famous traveller and the best known of all medieval voyages was that of the Spanish Jew, Benjamin of Tudela, who visited the Holy Land in the summer of 1170.[21] Benjamin's description is filled with details of the different ethnic and religious groups he encountered, among them the Druzes, who he was the first European to describe: "They are called heathens and unbelievers because they confess no religion. Their abodes are on the summits of the mountains and on the ridges of the rocks, and they are subject to no king or prince. Mount Hermon... confines their territory. This nation is very incestuous... They say that the soul of a virtuous man is transferred to the body of a newborn child, whereas that of the vicious transmigrates into a dog or some other animal... They are so nimble in the climbing of hills and mountains that nobody ventures to carry on war with them."[22]

The most detailed description is that of Jerusalem, where Benjamin was struck by the mixture of nationalities and religions: "Jacobites, Armenians, Greeks, Georgians, Franks and in fact people of all tongues."[23] He further depicted, quite faithfully, the headquarters of the Hospital and the Temple, which "is called hospital of Sal'mon, being the palace originally built by king Sh'lomo. This hospital also harbors and furnishes four hundred knights, who are ever ready to wage war, over and above those knights who arrive from the country of the Franks and other parts of Christendom. These generally have taken a vow upon themselves to stay a year or two and they remain until the period of their vow is expired."[24]

Information of this kind reflects the new socio-economic reality of the late twelfth and the thirteenth centuries, when pilgrimages eastwards became a matter of common practice and thus brought about a growing demand for accurate and more specific information about the Holy Land. By supplying information to a growing number of people, the itineraries constitute a very early prelude to a characteristic trend of modern communication, which is basically committed to the ever-growing masses of information consumers.

---

[21] On the chronological aspects of this report, see the critical analysis of J. PRAWER, *The History of the Jews in the Latin Kingdom of Jerusalem* (Oxford, 1988), pp. 191–94.

[22] *The Itinerary of Rabbi Benjamin of Tudela*, 2 vols., ed. A. ASHER (London, New York, 1841), vol. 1, pp. 61–62; see also H. P. RUGER, *Syrien und Palästina nach dem Reisebericht des Benjamin von Tudela* (Wiesbaden, 1990), passim.

[23] Itinerary of Benjamin, pp. 68–69.

[24] Ibid., pp. 69–70.

The foregoing references to the itineraries raise a methodological question of crucial importance for the topic discussed here; namely: What formed the character and essence of "news" in the Middle Ages? What were the boundaries, if any, between "news" and information prior to the era of print? In order to understand the peculiar input of medieval communication, the process of communication today may serve as a term of reference. The growing demand for news and its broadcasting throughout the whole "global village" should be related to the development of a worldwide economy and, in parallel, the more sophisticated exigencies of modern bureaucracies. The need for reliability and speed of news in the twentieth century is thus basically dictated by the socio-political nature of the market, which can hardly allow for any margin of misinformation. On the social level as well, what may be regarded as the "news syndrome" is meant to fulfill a lack of concrete human relations in urban conglomerates.[25] In the Middle Ages, by contrast, feudalism resulted in the intense localization of economic life; though toward the thirteenth century it gradually lost its autarchic nature, the medieval economy continued to be affected by the fragmentation of the body politic. On the other hand, most people were active partners both economically and socially in the traditional society, whether in the framework of the extended family, the manor, the village, the guild, or the fraternity.[26] Although news still fed the natural curiosity of people for the bizarre and the unknown, its role in this society was rather marginal. The broad range of inaccuracy, misinterpretation and subjectivity that the itineraries produced may thus be understood against the general background of the times, as they covered the two main spheres in which medieval populations lived and thought: the real and the imaginary.

The itineraries thus provide a good example of the transitional stage of communication in the Crusader period: there was a new awareness of the need for information, but it did not yet bring about significant improvement in either communication channels or in the accuracy of the messages transmitted. If, however, the average person at the time could make do with the relative stagnation of the communication system – as the available channels satisfied the limited needs of contemporaries – the situation was quite different for the political and commercial elites because of their complex links abroad (in this particular field the importance of the Italian City-States was crucial). The tasks and

---

[25] S. MAC BRIDE et al., *Many Voices, One World* (London, 1990), pp. 14–18.

[26] MENACHE, *The Vox Dei*, pp. 9–11.

interests of both rulers and merchants, indeed, spread far beyond the boundaries of the traditional society during the whole medieval period. It took the Crusades, however, to intensify their motivation to improve the actual state of affairs. Because of their participation in the Crusades, rulers were sometimes absent from their kingdoms for long periods of time. The well-known will of Philip II August, written before the king departed overseas, took into consideration the written reports to the Holy Land received from the royal court at least three times a year.[27] The more frequent travels of merchants in the Mediterranean area, as well, strengthened the need for accurate information about fluctuations in prices, supply and demand, monetary values, etc.[28] Of the many factors influencing this growing need for improved communication, those related to transportation, its speed and course, played perhaps the most vital role.

At first glance, the influence of the Crusades and the increasing contacts between Europe and the Levant brought about an intensive use of the *mare nostrum*,[29] which was more preferred than the land routes used hitherto. The advantages inherent in the maritime route became well evident after the First and Second Crusades, whose participants had been forced to travel over long periods of time through forsaken routes in Europe and Asia Minor.[30] Although travel by land offered some variety of alternative routes, it required no fewer than three months of difficult wayfaring;[31] on the other hand, the "passage d'Outremer", though no less dangerous, could be much shorter. At the end of the twelfth century, ships sailing from southern Italy (Salerno, Tarento, Amalfi, Bari or Brindisi) or southern France (Marseilles,[32]

---

[27] *Recueil des actes de Philippe Auguste, roi de France*, ed. H. F. Delaborde, vol. I: *(1179–1194)* (Paris, 1916), no. 345, pp. 416–20.

[28] S. D. Goitein, *Letters of Medieval Jewish Traders* (Princeton, 1974), pp. 233–36, 246–48, 261–63.

[29] Grabar, *"Patterns and Ways of Cultural Exchange"*, p. 443.

[30] Jean Richard, "Le transport Outre-mer des croisés et des pélerins (XIIe–XVe siècles)," in: K. Friedland, (ed.), *Maritime Aspects of Migration* (Köln, Wien, 1989), pp. 27–28.

[31] Guilleaume de Rubrouck, Voyage en Tartarie, ed. L. de Backer (Paris, 1877), p. 296.

[32] According to the testimony of the thirteenth century chronicler, Roger of Hoveden, "Those who wish to go from Marseilles to Acre may leave the island of Sardinia, and the island of Sicily, and the island of Crete off the left side of the ship. And if they hold a straight course, they will not see the land until they see the land of Syria." Roger of Hoveden, Chronica majora, ed. W. Stubbs (London, 1870), vol. 3,

Arles or St-Gilles) reached Acre in about fifteen to twenty-five days, as the prevailing winds were normally favourable.[33] The organization of large fleets, though considerably augmenting logistical difficulties, did not substantially change the time schedule: Departing from Otranto in 1126, Bohemond II reached Antioch in one month. In 1217, Leopold of Austria, who sailed from Spalato, arrived at Acre after only sixteen days. In 1248, St Louis arrived at Limasol from Aiguesmortes in twenty-three days.[34] The Crusader army of Philip II August left Messina on 30 March 1191, and reached Acre on 20 April; that is, the French fleet crossed the Mediterranean in only twenty-one days.[35] Philip II's ally in the Third Crusade, Richard Coeur de Lion, departed from Messina ten days later and arrived at Acre only on the 8th of June, but this was after spending one month in Limasol, two days in Crete and ten in Rhodes (though the landing in Crete was designed to allow the reorganization of the English fleet after a storm at sea, the long stay in Cyprus responded rather to strategic and political considerations).[36] The vast majority of voyages in the Mediterranean were made between March and November, with the prevailing winds of summer. Most ships sailed only once a year, as adverse winds could extend the navigation time from the Levant to double that of west-east voyages.[37]

---

p. 160; cf. also A. E. SAYOUS, "Le commerce de Marseille avec la Syrie au milieu du XIIIe siècle," *Revue des études historiques* 95 (1929), pp. 400–02.

[33] M. BALARD, "Les transports maritimes génois vers la Terre Sainte," in: G. AIRALDI – B. Z. KEDAR, (eds.), *The Italian Communes in the Crusading Kingdom of Jerusalem* (Genoa, 1986), pp. 162–63.

[34] Jean de Joinville, Histoire de Saint Louis, ed. M. NATALIS DE WAILLY (Paris, 1868), pp. 45–46.

[35] Ex chronologia Roberti Altissiodorensis, Praemonstratensis ad S. Marianum canonici, in: *Recueil des historiens des Gaules et de la France,* vol. 18 (Paris, 1879), p. 259. [hereafter: *RHGF*].

[36] Itinerarium peregrinorum et gesta regis Ricardi, auctore Ricardo canonico Sanctae Trinitatis Londoniensis, in: *Chronicles and Memorials of the Reign of Richard I,* 2 vols., ed. W. STUBBS (London, 1864), vol. 1, pp. 177–82. The Moslem traveller, Ibn Djovair, who sailed from Ceuta to Alexandria eight years earlier, corroborates the timing of the "Itinerarium", cf. Ibn Djobair, Voyages, trad. M. GAUDEFROY-DEMOMBYNES (Paris, 1949), vol. 1, p. 35.

[37] See the testimony of Ludolphe de Suchem at the mid-fourteenth century, Libellus de Terra sancta et itinere Iherosolimitano, ed. A. STEWART (*Palaestine Pilgrim's Text Library* XII/3) (London, 1897), p. 12; J. H. PRYOR, "Winds, Waves and Rocks: The Routes and the Perils Among Them," in: *Maritime Aspects,* p. 73; IDEM, "Transportation of Horses by Sea During the Era of the Crusades: Eighth Century to 1285 A. D.," *Mariner's Mirror* 68 (1982), pp. 9–27; 103–25.

Though the foregoing examples of speed were quite impressive, one should refrain from too simplistic generalizations, as they seem to have been rather exceptional and were referred as such in contemporary sources. The direction and intensity of the winds were only one factor among the many that influenced navigation schedules. Beyond the dangers of nature, the presence of pirates along the route, the continous state of war – not only against the Infidel, but also among Christian states, especially between the Italian City-States[38] – and the conflicting interests of the passengers "outremer" all played a crucial role. It was rather difficult to satisfy all at once and the same time the curiosity and piety of pilgrims, the needs of knights and the business interests of merchants along the way.[39] Against the knights' urgency to join the battle against the Infidel, there stood the desire of pilgrims to visit the holy shrines of Jesus, the Apostles, the martyrs and the saints who populated the mythical pages of the popular religion; this combined with their pursuit of adventure and their search for the legendary mysteries of the East, a state of affairs that obviously relegated the navigation schedule to a very secondary plan. On the other hand, merchants exploited the navigation course to buy and sell their merchandise along the way, the implementation of their transactions lasting from a few hours to several days. All these opposing interests obviously impinged on the navigation speed; in most cases, moreover, ships actually sailed only 50%, and at times just 30%, of the whole journey.[40]

The duration of the journey between Europe and the Latin East turned the length of time required for the transmission of information into a critical problem throughout the whole Crusader period. The need to achieve a maximal reception of messages in a minimal period of time – dictated by the accelerated tempo of events in the East – was countered by the many limitations both on the technical and the socio-political levels. On the eve of the Second Crusade, for example, news of the fall of Edessa in December 1144 was formally delivered to the pope almost one year later by messengers sent for this purpose from Antioch

---

[38] I. B. KATELE, "Captains and Corsairs: Distinguishing Protection and Aggression," in: *Maritime Aspects*, pp. 87–103.

[39] On the fears of medieval people of the sea and the background of these fears, see the fascinating analysis of J. DELUMEAU, *La peur en Occident* (*XIV*^{e}*–XVII*^{e} *siècles*) (Paris, 1976), pp. 31–40.

[40] M. BALARD, "Les transports des occidentaux vers les colonies du Levant au Moyen Age," in: *Maritime Aspects*, pp. 21–22.

to the Apostolic See. The arrival of this Crusader delegation propelled Eugene III to an immediate reaction, and the first bulls calling for a new Crusade were dated on 1 December 1145.[41] The pope reissued "Quantum predecessores" on 1 March 1146.[42] He also wrote about the Crusade campaign to the Emperor Manuel, who replied in August 1146[43] and again in March 1147, when he evinced some alarm at the renewed prospect of having Western mobs crossing his territory.[44] Nevertheless, the Second Crusade left Europe only in April 1147. In other words, almost eighteen months were required to complete preparations (as against five for the First Crusade), thus delaying the European response to the Moslem conquest of Edessa by two and a half years.[45] The transmission of information from the Levant to Europe alone covered more than half of this considerably long period. The disastrous defeats of the Second Crusade became generally known in the West probably before the end of 1147, conveyed orally or through letters carried by deserters and released prisoners.[46]

The time schedule of the Second Crusade seems to corroborate the feelings of contemporary chroniclers about the "milagrous" speed of the first Christian enterprise "outremer". It justifies putting the emphasis not only on the techniques of communication but, and perhaps first and foremost, on the human factor; i. e. the socio-economic and political backgrounds and the varying degrees of motivation. In this regard, Byzantium, the Jews and the Italian merchants may offer some insight into factors influencing the development of communication in the Middle Ages.

---

[41] "Quantum predecessores", in: *Regesta Pontificum Romanorum,* ed. PH. JAFFÉ (Leipzig, 1888), no. 8796; *RHGF,* vol. 15 (Paris, 1878), p. 429.

[42] *Regesta*, no. 8876.

[43] *RHGF,* vol. 15, pp. 440–41; F. DÖLGER, (ed.), *Regesten der Kaiserurkunden des Oströmischen Reiches von 565–1453,* Teil 2: *Regesten von 1025–1204* (München, Berlin, 1925), p. 65.

[44] W. OHNSORGE, "Ein Beitrag zur Geschichte Manuels I. von Byzanz," *Festschrift Albert Brackmann, dargebracht von Freunden, Kollegen und Schülern* (Weimar, 1931), pp. 391–93, repr. with supplements in: W. OHNSORGE, *Abendland und Byzanz: Gesammelte Aufsätze zur Geschichte der byzantinisch-abendländischen Beziehungen und des Kaisertums* (Bad Homburg, 1963), pp. 387–410 (407–10).

[45] On the Second Crusade, see G. CONSTABLE, "The Second Crusade as seen by Contemporaries," *Traditio* 9 (1953), pp. 213–79.

[46] The Würzburg annalist, for example, based his account upon the reports of released prisoners, see, Annales Herbipolenses, ed. G. H. PERTZ (*Monumenta Germaniae Historica, Scriptores* vol. 16) (Hannover, 1859), pp. 4–5 [hereafter *MGH, SS*].

By the tenth century, Byzantium had reached an advanced stage in the transmission of information. Its naval power gave the Empire a valuable means of rapid communication, enabling it to organize its diplomacy over a wide area and more readily exploit opportune developments in districts near the sea. When Otto II was defeated by the Saracens in 982, two Byzantine *chelandia* were anchored in the Calabrian coast, the main arena of events. They monitored the movements of the German army and gathered the information that, after the capture of the emperor, facilitated his identification in but a few days.[47] This development was not fortuitous. When Anna Comnena emphasized the care the Byzantine court took to seek the cooperation of the Western Emperor, she mentioned the fact that her father "knew that the king of Germany was more powerful than all other rulers, and better able to achieve whatever he should wish..."[48] The many gifts sent by Alexios to Henry IV reveal the finesse of the eastern court and its great efficiency in gathering small, seemingly inconsequential pieces of information about the most personal predilections of foreign rulers, information which in proper time acquired political significance.[49]

The Byzantine success in obtaining accurate information in a reasonable period of time by using the same communication channels available in the West lays stress on the socio-political factor. The degree of development of Byzantine society, its administrative efficiency and its control of land and sea had created new communication needs that, in turn, fostered the empire's communication achievements. In addition to political factors, commercial developments also played a significant role in the advancement of communication; this state of affairs was reflected in the effective systems fostered by Jewish and Italian merchants on the Continent and in the Mediterranean area.

In early December 1095, Jews living in France warned their coreligionists in the Rhine area about the approaching Crusade, with its frightening expressions of hatred of the Jews.[50] The Jews of Mayence acknowledged receipt of this information in January and announced

---

[47] John the Deacon, Chronicum Venetum, in: Chronache Veneziane Antichissime, ed. G. Monticolo (*Fonti per la Storia d'Italia*) (Roma, 1890), p. 145.

[48] Anna Comnena, Alexiad, III, 10, ed. B. Leib (Paris, 1937–1945), vol. I, p. 133.

[49] J. Shepard, "Information, Disinformation and Delay in Byzantine Diplomacy," *Byzantinische Forschungen* 10 (1985), p. 288.

[50] "Inventaire critique des lettres historiques de croisades," *Archives de l'Orient Latin* 1 (1881), no. 46 [hereafter: *Inventaire*]; M. Mannheimer, (ed.), *Die Judenverfolgungen in Speyer, Worms und Mainz im Jahre 1096* (Darmstadt, 1877), p. 11.

they had already begun to pray and fast to prevent calamities.[51] The success of the Jews in carrying on this letter exchange between France and the Holy Roman Empire in only one month reflects the more advanced communication stage – which dates back to the ninth century – characteristic of Jewish communities.[52] Although Jews lacked a political "locus standi" for a communication system, their involvement in trade and the close relations among Jewish communities[53] fostered the development of effective channels of communication. Though this development responded primarily to economic considerations, the letter exchange of 1095 suggests its important implications for security, as well: it is a factor that cannot be neglected, especially when one bears in mind the precarious situation of Jewish communities in medieval Christendom.[54]

The emergence of the Crusader kingdoms in the Levant and the increase in maritime trade led to a similar communication process among the merchants of Italy, who became the leading commercial force from the thirteenth century onwards. The rich correspondence sent from Alexandria to Pignol Zucchello of Venice between 1336 and 1350 takes on maximum significance in this regard, as it shows the high stage that was reached in the exchange of commercial information with distant areas in the Mediterranean. Still, the very primitive means of transmission affected merchants, who commonly complained about the loss of letters containing information of primary importance. It was imperative, therefore, to send various copies of the same letter and to use more than one messenger, who travelled by different routes.[55] In his letter of 14 September 1347, Vanino of Alexandria reported in detail the care he had taken to ensure that his letter reached its addressee: *Sapi ch'io t'o scrito .II. lettere l'una per la via di Cipro, .I. per uno todescho che venne a Zara chon una chochina di Ciciliani.*[56] Shipping in the Mediter-

---

[51] *Inventaire*, no. 47; cf. Y. F. BAER, "The Massacres of 1096," in: *Studies in the History of the Jewish People* [Hebrew], 2 vols. (Jerusalem, 1985), vol. 2, pp. 147–61.

[52] RABINOWITZ, *Jewish Merchants*, pp. 10–24.

[53] S. D. GOITEIN, *A Mediterranean Society: The Jewish Communities of the Arab World as Portrayed in the Documents of the Cairo Geniza* (Berkeley, 1967), passim.

[54] M. KRIEGEL, "Mobilisation politique et modernisation organique: Les expulsions de Juifs au Bas Moyen Age," *Archives de Sciences Sociales des Religions* 46/1 (1978), pp. 5–11.

[55] *Lettere di Mercanti a Pignol Zucchello (1336–1350)*, ed. R. M. DELLA ROCCA (Venezia, 1957), nos. 52, 56, 57 and 58, pp. 95–112.

[56] Ibid., no. 45, pp. 88–89.

ranean thus played a crucial role in what could be called the first stages of mail service between Europe and the Levant.

Conversely, the limited horizons of the feudal regime brought about a relative stagnation of communication systems in the Continent. Notification of Frederick Barbarossa's death in Asia Minor, which occurred on 10 June 1190, reached Germany only four months later.[57] The news about the imprisonment of Richard Coeur de Lion near Vienna (11 December 1192) arrived in England only after several weeks.[58] The slowness of transmission eventually affected the reliability of the news transferred, while often causing significant distortions in the original news. Tacitus had long before hinted at the psychological factors behind misinformation: *Quae ex longinquo in maius audiebantur* (people often tend to maximize events that happened in distant places).[59] The lack of tested channels of communication, the mist covering most information, the fears of the unknown and the time necessary to transmit news led to and even encouraged the distortion of news; they also contributed to the spread and credibility of rumors. More often than not in medieval Europe, rumors actually acquired the importance of facts.[60] The "news" about the Mongol conquest of the Holy Land in 1300, for instance, reached Europe a few months after the supposed event. It was accompanied by further rumors of the conquerors' readiness to entrust the land into Christian hands following the Mongols' expected conversion. Unlike the massive publicity enjoyed by this "non-event", however, few European chroniclers later referred to the Mameluks' offensive and the resulting Mongol defeat in 1301, which put an end to Christian hopes for a relatively fast and easy recovery of the Holy Land.[61] The significant convergence of real news and imaginary rumors thus reflects not only actual impediments – such as geographical distances and primitive means of transmission – but also the prevailing reluctance to face a discouraging reality, a tendency hardly unique to medieval people.

Alongside psychological factors, political weakness and the lack of security endemic to medieval roads led at times not only to the distor-

[57] Ex Guidonis de Bazochiis Chronographia (*MGH, SS*, vol. 26) (Hannover, 1882), p. 217.

[58] *Itinerarium*, pp. 442 ff.

[59] Tacitus, Annales, 4, ed. H. FURNEAUX (Oxford, 1956), p. 23.

[60] G. W. ALLPORT – L. J. POSTMAN, "The Basic Psychology of Rumor," in: N. KIES, (ed.), *Public Opinion, Propaganda and Politics* (Jerusalem, 1971), pp. 170–75.

[61] S. SCHEIN, "Gesta Dei per Mongolos 1300: The Genesis of a Non Event," *English Historical Review* 94 (1979), pp. 805–19.

tion but even to the complete loss of news. In 1269, Hulagu, grandson of Genghis Khan, sent letters to Pope Urban IV and the Christian princes, among them King Louis IX of France, to persuade them to assist the Mongol offensive against the Moslems. To strengthen his plea, Hulagu gave a full account of the early conquests of the Mongols (lines 25–39) and of his own victories over the Assassin leader, Rukn-ad-Din (II. 40 to 47), the Calif of Bagdad (II. 47–60) and the Sultan of Aleppo and Damascus (II. 64–71).[62] Yet, it is doubtful whether his accurate reports ever reached their destination, as there is no trace of this letter in contemporary sources. In 1274, however, the Mongol envoys of Abagha, Il-Khan of Persia and Hulagu's successor, presented a memorandum to the Second Council of Lyons in which they recorded a delegation that the first Il-Khan had sent to the West in the 1260s.[63] From this Mongol memorandum, one learns that in southern Italy Hulagu's letter to King Louis fell into the hands of King Manfred, who captured the Mongol delegation and confiscated all its documents. Yet, the letter eventually reached Salzburg, there to be copied in 1344 by a scribe named Nycolaus, to whom history is indebted for our being able to reconstruct this "puzzle".[64]

Notwithstanding the frequent loss of letters,[65] the parallel use of personal messengers carrying oral reports and messages also hints at the lack of confidence in the written word and the need of medieval people to develop a more direct, personal approach. It should be noted that the distinction between oral and written expression did not reflect, in most cases, socio-economic or cultural factors; nor did the oral transmission of information substantially affect the essence of the news, the reliability of which was more dependent on the information source and the communicator's reliability than on the means of transmission. John of Salisbury, in referring to the Second Crusade, affirmed that he had written "nothing except what I knew to be true by sight or hearing or

---

[62] P. MEYVAERT, "An Unknown Letter of Hulagu, Il-Khan of Persia to King Louis IX of France," *Viator* 11 (1980), pp. 253–59.

[63] B. ROBERG, "Die Tartaren auf dem 2. Konzil von Lyon, 1274," *Annuarium historiae conciliorum* 5 (1973), pp. 241–43.

[64] MEYVAERT, *"An Unknown Letter"*, pp. 246–47.

[65] See, for instance, the many vicissitudes of Amalrich's messengers, according to the king's testimony in his letter to Henri, the Archbishop of Reims (May, 1169), Regesta regni Hierosolymitani 1097–1291, ed. R. RÖHRICHT (New York, 1900), no. 464, pp. 121–22 [hereafter: *Regesta*].

what was confirmed by the writings and authority of trustworthy men."[66] This sort of confession hints at the low credibility ascribed to written news; thence the authors' need to enforce the weight of their information sources. As to John of Salisbury, his sources were of the highest authority: he was on familiar terms with the papal legate, Cardinal Guido, the Count of Flanders and the Count of Champagne.[67] Matthew Paris also had a wealth of information on eastern affairs from "primary sources". Among his many friends and informants one should mention: King Henry III; Richard of Cornwall, the king's brother, the Temple's Master in Scotland; Robert of London, a king's clerk; Peter des Roches, Bishop of Winchester; Ranulph Besace, former physician of King Richard; the Dominican Walter of St. Martin; and Waleran, Bishop of Beirut.[68]

On the other hand, the oral communication of news was sometimes spontaneous and responded to particular situations. Fulcher of Chartres reported that the arrival of ships from the West turned into a communication event, as the participants in the First Crusade were anxious to hear fresh news from home.[69] On the open sea as well, ships could prove a precious source of information that medieval rulers could hardly neglect. On his way to the Holy Land, Richard Coeur de Lion learned from the crew of a vessel – which was returning from the Latin East at the beginning of May 1191 – that Philip August had reached Acre on 20 April and was pressing the siege.[70]

The anarchy inherent in this state of affairs, coupled with the prevalence of oral communication,[71] seemingly reflects the continuation of transmission routines developed in the Early Middle Ages. Still, the different socio-political circumstances and the growing exigencies of the political elite gradually brought about some improvements in the nature of correspondence, its scope and accuracy in the Crusader

---

[66] John of Salisbury, Historia Pontificalis, ed. R. L. POOLE (Oxford, 1927), p. 4.

[67] Ibid., Introduction, p. XXV.

[68] R. VAUGHAN, *Matthew Paris* (Cambridge, 1958), pp. 13–16.

[69] *Quos quum de partibus nostris occidentalibus advenisse videremus, extemplo ad eos, quasi de sanctos, jocundi procedebamus. A quibus unusquisque nostrum de natione sua et parentela diligenter inquirebamus. Quibus de hoc intimabant prout ipsi sapiebant. Tum de prosperitate audita laetabamur, de incommodiate autem tristabamur*, see, H. HAGENMEYER, (ed.), *Fulcheri Carnotensis Historia Hierosolymitana (1095–1127)* (Heidelberg, 1913), p. 388.

[70] *Itinerarium*, p. 181.

[71] R. CROSBY, "Oral Delivery in the Middle Ages," *Speculum* 11 (1936), p. 88.

period.[72] The examples that follow demonstrate the completion that existed between oral and written messages in the transmission of news between Europe and the Latin East.[73] In his letter to Louis VII (August 1164), King Amalric of Jerusalem acknowledged the many dangers of the route and asked the King of France to bestow full confidence in the oral report that Amalric's reliable messenger would give him.[74] Amaury de Nesle, patriarch of Jerusalem, too, wrote a letter in 1169 that was addressed to the prelates and princes of Christendom about the miserable state of the Holy Land. He mentioned in detail the death of the prince of Antioch, Raymond de Poitiers, in his fight against Noradin (29 June 1149); the imprisonment of Renaud de Chatillon (23 November 1160); and, following the Christian defeat in Harenc (10 August 1164), the capture of his successor, Baudouin III of Antioch, together with Raymond III of Tripoli. Amaury's report thus covered historical facts that spread over the last twenty years, a large period of time even in the medieval context. Amaury further used the occasion to recommend Gilbert d'Assailly, Magister of the Hospital, who departed for Europe to collect money for the Holy Land and would be able to supply more information orally.[75] This letter reflects additional facets of the transitional stage in the development of a communication system. The old patterns of correspondence still gave prevalence to the "story" over the "news", a preference that explains the long time period covered by the letter. On the other hand, Amaury assumend that the political elite of Christendom had to know the actual situation in the Levant, not just

---

[72] Research in this field, however, encounters several difficulties: many original manuscripts went lost, dates are missing and, more often than not, satisfactory evidence is lacking about the transmission time or the interval between the original letter and its answer. Most letters described by Comte RIANT at the end of the last century, encountered problems of this kind, see, "*Inventaire*", pp. 1–225.

[73] On the characteristics of medieval correspondence, see MENACHE, *The Vox Dei*, pp. 15–18.

[74] *De caetero vestrae commendamus paternitati praesentium latorem, magnae honestatis virum, et venerabilem, Mamistriae archipraesulem, ad omnia bene agenda strenuum, quatenus eum benigne recipiatis, et ei sicut ori nostro credatis. Illi enim, ne epistolarem excederemus brevitatem, secreta nostra ut vobis viva voce edisserat, commisimus. Valete,* see, Regum Jerusalem., principum, praelatorum epistolae viginti sex ad Ludovicum Francorum regem, hujus nominis septimum, in: J. P. MIGNE, (ed.), *Patrologia Latina*, vol. 155 (Paris, 1880), col. 1266 [hereafter: *PL*].

[75] *Cartulaire général de l'Ordre des Hospitaliers de St-Jean de Jérusalem 1100 to 1310,* ed. A. DELAVILLE LE ROUX (Paris, 1894–1906), no. 404, pp. 279–80.

for the sake of curiosity, but for a defined purpose: the contribution of funds for the Holy Land.

In the juxtaposition of written and oral reports, messengers thus played a communication role besides their original duty as couriers. In his account of the fall of Jerusalem into Saladin's hands, Amalric, Patriarch of Antioch, introduced to Henry II his personal messengers, who would orally deliver to the king of England more reliable information.[76] At the beginning of June 1098, Emperor Alexios Commenos wrote to Cardinal Oderisio de Marsi, abbot of Mount Cassino, and recounted the Crusaders' journey through his territory and the many troubles and expenses they had generated.[77] The contemporary chronicler, Petrus Diaconus, reported that the letter was brought to the monastery by a *kouropalates* (court official) named Johannes. On his way home, probably in August, the Byzantine officer carried the answer to the Emperor, as well as additional letters that the abbot had written to Godeffroi de Bouillon and Bohemond of Antioch.[78] The tendency to use another party's messengers – in this particular case, Oderisio's use of the Emperor's messenger – appeared to be quite widespread; though less reliable, it was much cheaper and, ultimately, no less effective. When Matthew Paris was sent to Norway to reform the Benedictine monastery of St. Benet Holm (1246),[79] he delivered letters from King Louis IX of France to King Haakon, seeking his company on the projected crusade, and giving him permission to land in French territory on the way.[80]

Still, the mission of personal messengers to the West was regarded as a very difficult task, *cum magno labore* in the words of Amaury de Nesle (see note 75). The need to send only the most reliable, loyal men indeed restricted the use of personal messengers to real emergencies, which appear to have been rather common in the annals of the Crusader

---

[76] *Regesta*, no. 664, pp. 176–77.

[77] HAGENMEYER, *Kreuzzugsbriefe*, pp. 152–53.

[78] *Alexius, imperator Constantinopolitanus, per Johannem, choropalasium suum, transmisit beato Benedicto vestem de dorso suo oxide auratam... Pari etiam modo litteras Goffrido, regi Ierosolimitano, ac Boamundo, principi Antiocheno, ne imperatorem debellarent, transmittere studuit,* see, Petrus Diaconus, Chronica, l. IV, cap. 17, cf. H. HOFFMANN, (ed.), Chronica Monasterii Casinensis (*MGH, SS* XXXIV) (Hannover, 1980), pp. 485–86.

[79] Matthew Paris, Chronica Majora, ed. H. R. LUARD (London, 1872–84), vol. 5, p. 44; D. KNOWLES, *The Religious Orders in England* (Cambridge, 1948), vol. 1, p. 294.

[80] Matthew Paris, Historia Anglorum, ed. Sir F. MADDEN (London, 1866–69), vol. 3, pp. 40–41.

kingdoms. Geoffroi Foucher's letter to the King of France reflects the difficult alternatives. After writing twice about the disastrous state of the Christian armies between 11 August and 17 October 1164, the Grand Commander of the Temple (during his magister's leave) warned King Louis VII not to expect further messages. Because of the absence of both the King of Jerusalem and the Temple's Magister, the Christian strongholds in the Holy Land remained too weak to allow dispatching further reliable emissaries to the West.[81] There may have been an awareness of the need to spread accurate information, which very often bore political, economic and military implications, but no effective channels were found to assure the transmission of information in a reasonable period of time.

The following examples further illustrate the varying uses of correspondence and the rather low stage of efficiency in the transmission of information. From the rich Crusader documentation, one learns that besides commercial information, letters also covered matters of political importance for the subsistence of the Latin kingdoms in the East. In 1150, the Temple's senechal, André de Montbar, announced to his magister, Everard des Barres, who at the time was at the Spanish frontier, the death of Raymond of Antioch (27 June 1149) and begged the magister to come as soon as possible to the assistance of the Holy Land. The magister was also requested to inform the pope and the Christian monarchs of the miserable situation in the Levant.[82] In 1184, King Baudoin IV wrote to Heraclius, the Patriarch of Jerusalem, and to the magisters of the Temple and the Hospital, all of them in Europe at the time, to inform them of the worrying progress of Saladin's army in the Holy Land.[83] These letters offer the most faithful testimony of the Crusaders' sufferings "outremer"; behind their rhetorical cover, they represent the living voice of the Christian epos in the Latin East.[84] One can, however, also point to letters with more optimistic messages.

---

[81] *Ne exspectetis hinc alios nuntios, quia rege et magistro absentibus, non audemus dimittere probos homines in hoc arcto,* see, *PL*, vol. 155, cols. 1279–80; on the man, his career and character, see, M. MELVILLE, *La vie des Templiers* (Paris, 1951), pp. 69–72.

[82] *Regesta*, no. 261, p. 66.

[83] *Cartulaire général de l'Ordre des Hospitaliers*, no. 662, pp. 444–45.

[84] In this regard, the call of Amaury de Nesle (above, n. 75) to the West appears characteristic: *Venite, ergo, dilectissimi filii, ad liberandam matrem vestram, antequam mali servi veniant qui minantur eam destruere. Venite ad sacrosancta loca, corporali presentia salvatoris nostri consecrate; si vultis esse participes ejusdem redemptionis, que ibi per preciosissimum sanguinem Jhesu Christi facta est, [ea] liberare festinate! ...*

Having received an offer by the papal messenger, Oliveri Vitalis, to exchange prisoners, Saladin answered Pope Lucius III, in 1183, and detailed his conditions for such an exchange.[85] In 1250, Louis IX wrote a letter to his subjects informing them of the end of his captivity and his release from Moslem captivity.[86] On a few occasions, letters containing crucial political information also offered some clues of the intimacy of family life. Such was the letter written by Etienne de Blois to his wife, Adele of England, on 29 March 1098. After Referring to the Crusaders' journey in Asia Minor, the site of Antioch and the Battle of St. Simon, he concluded with a loving tone.[87]

The most developed stage in the transmission of information in the Crusader period is presented by the establishment of permanent embassies that could assure the continuous transmission of reliable information within an acceptable period of time.[88] This development came very slowly in Europe, probably because the lack of a clear distinction among diplomatic relations, information exchange and simple espionage instilled a suspicious approach toward the representatives of foreign powers. Still, the advanced stage of diplomacy and administration reached by the Italian City-States brought about some improvements in the transmission of information, as well. Following the battle of Hattin and until the fall of Acre (1187–1291), most Italian communes succeeded in establishing permanent representations in the Kingdom of Jerusalem and Syria, the main bases of which were located in Acre and Tyre. Through a complicated bureaucratic system, the Italian metropolis thus maintained sway over its citizens "outremer", while reports in full detail were exchanged between distant shores of the Mediterranean.[89]

The last examples hint at the role of the Crusades in the development of the communication system as a result of the radical changes they engendered in almost every aspect of daily life. Against the localism

---

[85] *Regesta*, no. 635, p. 168; see also the exchange of letters between Saladin and Frederick Barbarossa, ibid., no. 671, p. 179.

[86] B. Ludovici Francorum Regis Epistola, in: *PL*, vol. 155, cols. 1281–90.

[87] *Pauca certe sunt, carissima, quae tibi de multis scribo, et quia tibi exprimere non valeo quae sunt in animo meo, carissima, mando ut bene agas, et terrae tuae egregie disponas, et natos tuos, et homines tuos honeste, ut decet te, tractes, quia quam citius potero me certe videbis*, see, *Inventaire*, no. 100; Hagenmeyer, *Kreuzzugsbriefe*, pp. 149–52.

[88] On the beginnings of permanent embassies, Menache, *The Vox Dei*, pp. 155–57.

[89] Prawer, *European Colonialism*, pp. 568–69.

that was inherent in feudal practice, a growing number of Europeans between the eleventh and the thirteenth centuries moved between Continent and Levant; their offices – as in the case of princes, prelates, members of Military Orders and merchants – further required a constant exchange of information between distant areas. The Crusades thus confronted Western society, for the first time in medieval history, with the challenge of developing efficient channels of communication with distant areas, both in Europe and "outremer", and not only among Christians but with foreign cultures, as well. In this regard, it should be noted that the growing need for an effective communication system responded not only to geographical distance but also to the accelerated pace of social changes in the West and to the almost complete dependence of the Crusader kingdoms on Europe. For its part, too, Western Christendom displayed an identification with and a solidarity of feelings toward the Christian strongholds in the Holy Land (at least throughout the twelfth century). Although the technical level of transmission remained very archaic, the historical context fostered the development of a new awareness of the importance of the accuracy and efficiency of information transmission. This mixture of new and old patterns justifies an approach to the Crusader period as a transitionary stage in the history of communication, the Crusades themselves being an important catalyst for further development. In many aspects, they form a prelude to the first seeds of the "communication revolution" fostered three centuries later by print.[90]

[90] The influence of print on the development of Western communication is undoubtedly matter for another study. Still, there is room to question the "revolutionary" approach that marginalizes the effects of the gradual evolution of communication at the Late Middle Ages.

Ulrich Rebstock

ANGEWANDTES RECHNEN IN DER ISLAMISCHEN WELT UND DESSEN EINFLÜSSE AUF DIE ABENDLÄNDISCHE RECHENKUNST

In der ältesten mathematischen Aufgabensammlung in lateinischer Sprache, den anonymen „Propositiones ad acuendos juvenes", wird von einem Mann berichtet, der 100 Tiere, Kamele, Esel und Schafe, aus dem Orient zu verschiedenen Stückpreisen kaufte. Herausgefunden werden soll die Zusammensetzung der Herde bei einem Gesamtpreis von 100 Solidi[1].

Diese Aufgabe riecht geradezu nach Orient. Sie tut es um so mehr, als man ihr in einer anderen Einkleidung, aber mit denselben Zahlenwerten, in den „Ṭarā'if al-ḥisāb", den „Seltenheiten des Rechnens", von Abū Kāmil Šuǧā' b. Aslam Ende des 9. Jahrhunderts in Ägypten begegnet[2].

Läßt man aber einmal die Nase aus dem Spiel, dann entpuppt sich dieser scheinbar offenkundige und früheste Anhaltspunkt für die Ausstrahlung des arabischen Rechnens auf das Abendland rasch als ein kaum entwirrbares Problemknäuel.

---

[1] M. Folkerts, Die älteste mathematische Aufgabensammlung in lateinischer Sprache: Die Alkuin zugeschriebenen „Propositiones ad acuendos juvenes". Überlieferung, Inhalt, Kritische Edition (*Denkschr. Ak. Wien, math.-nat. Kl.* 116/6) Wien 1978 (Nr. 39) 68.

[2] Zur Person des Abū Kāmil (ca. 850–930) s. G. P. Matvievskaja – B. A. Rozenfeld, *Matematiki i Astronomi Musulmanskogo Srednevekovja i ix Trudi (VIII–XVII vek.)*, 3 Bde. Moskau 1982 (im folgenden abgekürzt: *MM*), hier II (Nr. 81) 112 und 'A. Anbūba, Un Algébraiste arabe: Abū Kāmil Šuǧā' b. Aslam. *Horizons Techniques du Moyen-Orient* 2 (1962) passim; die Ṭarā'if wurden übersetzt und kommentiert von H. Suter, in: H. Suter, *Beiträge zur Geschichte der Mathematik und Astronomie im Islam*, 2 Bde. Frankfurt/M. 1986, hier II, 100–112; eine Faksimile-Edition ist zu finden bei A. S. Sa'īdān, *„Ṭarā'if" al-ḥisāb li-Abī Kāmil Šuǧā' b. Aslam al-Miṣrī* [Einleitung, Faksimile-Edition und Kommentar]. *Maǧallat Ma'had al-Maḫṭūṭāt al-'Arabīya* 9.1 (1963) 294–310; die Aufgabe ist ebd. auf S. 295/3 ff. gestellt.

Die zuletzt von MENSO FOLKERTS[3] gezeigte Bereitschaft, die „Propositiones“ Alkuin, zumindest aber dem karolingischen Hofmilieu um 800 zuzuschreiben, eröffnet ein historisches Problem. Denn akzeptiert man die unausgesprochene Arbeitshypothese von FOLKERTS – Alkuins Zusammenstellung der „Propositiones“ in einem Brief an Karl den Großen und das Zusammentreffen des Kaisers mit Boten Arons, des ʿabbāsidischen Kalifen Hārūn ar-Rašīd, in Ravenna[4] oder auch die KURT VOGELS[5] eines regen diplomatischen Austausches zwischen Byzanz und Aachen –, dann ist die Überlieferungsbrücke von Osten nach Westen geschlagen. Aus chronologischen Gründen müßte sie aber in umgekehrter Richtung überquert worden sein.

FOLKERTS ließ diesen Widerspruch auf sich beruhen. VOGEL versuchte ihn zu lösen, indem er diese Aufgabe Nr. 39 zum Anlaß nahm, seine frühere Ansicht, Alkuin sei Autor der „Propositiones“, revidierte und ihre Entstehung auf die Insel Reichenau um die Jahrtausendwende verlegte[6]. Damit würde die Richtung wieder stimmen, zumal sich der früheste Beleg für Nr. 39 in einer um diese Zeit geschriebenen Handschrift des Vatikan findet[7]. Doch auch diese Lösung läßt sich mit ihren eigenen Mitteln in Zweifel ziehen. Denn der einzige weitere Hinweis auf ihre orientalische Herkunft, eine zweite „Kamel“-Aufgabe unter der Nr. 52, gehört – nun wieder nach FOLKERTS – bereits zur ersten Redaktionsstufe der „Propositiones“ und ist schon in einer Handschrift des ausgehenden 9. Jahrhunderts enthalten[8].

Wer schwindelfrei ist, könnte nun aus dem Blickwinkel der historisch-philologischen Methode erneut zu einer Richtungsänderung kom-

---

[3] FOLKERTS, *Propositiones* 3.

[4] Ebd. 30–31; skeptisch N. A. DANIEL, *The Arabs and Medieval Europe*. London 1975, 50.

[5] K. VOGEL, Byzanz, ein Mittler – auch in der Mathematik – zwischen Ost und West, in: K. VOGEL, *Kleinere Schriften zur Geschichte der Mathematik*, 2 Bde. Wiesbaden (1988), hier I 574–592, 36–37.

[6] H. HUNGER – K. VOGEL, *Ein byzantinisches Rechenbuch des 15. Jahrhunderts. 100 Aufgaben aus dem Codex Vindobonensis Phil. Gr. 65. Text, Übersetzung und Kommentar*. Wien 1963, 98; Revision von K. VOGEL (Hrsg.), Die Practica des Algorismus Ratisbonensis. Ein Rechenbuch des Benediktinerklosters St. Emmeram aus der Mitte des 15. Jahrhunderts nach den Handschriften der Münchner Staatsbibliothek und der Stiftsbibliothek St. Florian (*Schriftenreihe zur bayerischen Landesgeschichte* 50) München 1954, 222.

[7] Vat. Ottobonn. Lat. 1473, fol. 28^{r}–35^{v}, s. FOLKERTS, *Propositiones* 17.

[8] Vat. Regen. Lat. 309, fol. 16^{rv}; 3^{v}–4^{r}, s. FOLKERTS, *Propositiones* 17, 74.

men, ohne jedoch einen schlüssigen Ausweg aus den chronologischen Unsicherheiten gefunden zu haben.

Mit der Aufgabe Nr. 39 der „Propositiones" ist der Geschichte des Einflusses der arabischen Mathematik auf das Abendland der Prototyp eines Problems in die Wiege gelegt, das sie nicht mehr los wurde. Bis ins 17. Jahrhundert hinein bleibt – abgesehen von der eigentümlichen Charakteristik der Ḫuwārizmī-Tradition – die Herkunft des arabischen mathematischen Wissens in Dunkel gehüllt.

Auch die Quellen des „Liber abaci" von Leonardo von Pisa, dessen Publikation 1202 und 1228 die Entwicklung der europäischen Mathematik so entscheidend beeinflußt hat, sind größtenteils unbekannt geblieben. Er war, wie er selber sagt, bei Meistern aus dem tunesischen Bougie in die Lehre gegangen[9]. Und das wenige, das von dem Lehrstoff bekannt ist, stiftet nur Verwirrung. Denn Leonardo schöpfte nicht – was angesichts seines Zusammentreffens mit den gelehrten Kreisen um Friedrich II. 1226 in Pisa durchaus nicht unmöglich gewesen sein muß – aus den fortgeschrittenen Leistungen der islamischen Mathematiker des 12. Jahrhunderts, wie etwa ʿUmar Ḫayyām und aṭ-Ṭūsī oder noch vor ihnen al-Karağī und Abū Manṣūr al-Baġdādī, sondern aus den überholten Werken der Gründerväter al-Ḫuwārizmī und Abū Kāmil, und das wahrscheinlich mit Hilfe der Übersetzung des Gerhard von Cremona[10].

Die Herkunft von Fibonaccis „Practica geometriae" kann man dagegen ein gutes Stück zurückverfolgen. Als Bearbeitung des „Chibbur ha-mešika ve ha-tišboreth" von Abrahām bar Chiyya ha-Nasī aus Barcelona, auch Savasorda (d. h. ar. *ṣāḥib aš-šurṭa*, Polizeioberst) genannt, reicht sie ins Jahr 1116 zurück. Plato von Tivoli hatte sie, gut 30 Jahre vor den Übertragungen des Adelard von Barth und Gerhard von Cremona, aus dem Hebräischen als „Liber embadorum" ins Lateinische übersetzt, dabei aber die Einleitung und den Epilog weggelassen[11]. Wie

---

[9] Liber abaci, ed. B. Boncompagni. Rom 1857, 1.

[10] R. Rashed, *Fibonacci et les mathématiques Arabes* (unveröffentlichtes Vortragsmanuskript 1990) 3ff. Die algebraischen Anleihen bei al-Ḫuwārizmī und Abū Kāmil finden sich im „Liber abaci" (Kap. 3) 406/-1-439. Von den über 90 Problemen, die Fibonacci behandelt, führt Rashed 22 auf al-Ḫuwārizmī und 53 auf die „Algebra" von Abū Kāmil zurück.

[11] M. Curtze (Hrsg.), Urkunden zur Geschichte der Mathematik im Mittelalter und der Renaissance, 2 Teile (*Abhandlung zur Geschichte der mathematischen Wissenschaften* XIII) Leipzig 1902, hier I, 4–6. J. Høyrup, Sub-scientific mathematics: Undercurrents and missing links in the mathematical technology of the Hellenistic

hier eine Mahnung an französische Juden, ihre Rechnungen richtig auszuführen, dem religiösen Feingefühl des Übersetzers zum Opfer fiel, mögen auch an anderen Stellen kulturelle Unverträglichkeiten in Stil und Inhalt zu Kürzungen geführt haben. So sind die Erbteilungsaufgaben in der „Algebra" des Ḫuwārizmī, mehr als die Hälfte des ganzen Werks, erstmals 1831 von FREDERIC ROSEN vollständig aus dem Arabischen wiedergegeben worden.

So war bis ins 15. und 16. Jahrhundert die Unkenntnis – auch als Folge der deprimierenden Kreuzzugserfahrungen und der drohenden Türkenkriege – noch größer geworden. In den süddeutschen Rechenbüchern wird längst verfremdetes Wissen reaktiviert. Man weiß noch, daß es von den Arabern stammt, *dicit Arabs* heißt es dann[12], ein anonymer Autor Initius Algebras referiert die Algebra aus dem Koran von Muẖammad[13], und *al-ǧabr* kann gar zu seinem „Geburtsort" Gabrin entstellt werden[14].

Kurz gesagt – die mathematischen Quellen des Mittelalters sind hinsichtlich ihrer orientalischen Herkunft das Ergebnis einer überwiegend anonymen Rezeption. In die Kommunikationssprache übersetzt bedeutet dieser Sachverhalt eine Störung der Nachrichtenübermittlung. Ihre Entschlüsselung durch den Empfänger wie auch die historische Rekonstruktion derselben müssen bruchstückhaft bleiben, solange Sender und Code unbekannt sind. Die immense Editionstätigkeit der arabischen Mathematikhistoriker AḤMAD SAᶜĪDĀN, AḤMAD ǦABBĀR und RUŠDĪ RĀŠID während der letzten drei Jahrzehnte hat gerade diese Störung in ihrem ganzen Ausmaß aufgedeckt. Aber sie hat auch dazu beigetragen, einerseits die Eigenständigkeit der Entwicklung der arabischen Mathematik und andererseits ihre verzögerte, kurzfristige und selektive Rezeption durch die abendländische Mathematik herauszuarbeiten.

In ganz besonderem Maße trifft diese Kommunikationsstörung aber auf den Bereich zu, mit dem diese Historiker und ihre europäischen Vorgänger sich gar nicht oder nur am Rande beschäftigt haben: auf eine Gattung arabischer und persischer mathematischer Literatur, die Ende des 9. Jahrhunderts im islamischen Orient erstmals greifbar wird

---

and Roman World (*Filosofi og Videnskabsteori på Roskilde Universitetscenter* 1990/3) Roskilde 1990, 37 vermutet, daß das arabische Original des „Liber embadorum" von Abū Bakr, 1145 von Gerhard übersetzt, schon um 800 abgefaßt wurde.

[12] S. dazu W. KAUNZNER, *Über einige algebraische Abschnitte aus der Wiener Handschrift Nr. 5277*. Wien 1972, 171 (= Cod. Vind. Pal. 5277, fol. 381ʳ).

[13] CURTZE, *Urkunden* II, 449.

[14] K. VOGEL (Hrsg.), *Die erste deutsche Algebra aus dem Jahre 1481. Nach einer Handschrift C 80 Dresdensis*. München 1981, 13 (= MS Dresden C 80, fol. 368ʳ).

und sich ab dem 11. Jahrhundert raumgreifend zu einem festen Bestandteil des islamischen Bildungscurriculums entwickelt. Der bibliographische Befund dieser Literatur, die ich in Anlehnung an ihr häufigstes Titelelement pars pro toto *ḥisāb*-Literatur nennen möchte, weist sie als vollwertiges Mitglied im islamischen Schrifttum aus. Als *ʿilm al-ḥisāb* wird sie – anders als die propädeutischen Disziplinen – im Zug der fundamentalistischen Tendenzen im 11. Jahrhundert als „arabische" Wissenschaft internalisiert und an der Niẓāmīya in Bagdad und anderen Medressen der islamischen Welt studiert und gelehrt[15]. Die Integration der Arithmetik, die sich dahinter verbirgt, und ihre Umformung in die islamische „Wissenschaft des Rechnens" waren Teil eines kulturellen Prozesses, der weit über die Arithmetik hinaus – von der Astronomie bis zur „weißen Magie" – die mathematischen Disziplinen zum Nutzen der islamischen Gemeinschaft domestizierte.

Die Originalität dieses Integrationsprozesses läßt sich an der Vielfältigkeit der Schriften zum *ḥisāb* ablesen. Auch nach der frühen Standardisierung durch das „Handbuch der Sekretäre" von Abū l-Wafāʾ al-Būzǧānī im letzten Viertel des 10. Jahrhunderts blieb die Entwicklung lebendig. Die juristische Disziplin *ʿilm al-farāʾiḍ*, die Wissenschaft der islamischen Erbteilung, wurde arithmetisiert und dem *ḥisāb* im Wissenschaftsbetrieb zur Seite gestellt. Desgleichen wurde der Geometrie mit *ʿilm al-misāḥa*, der Wissenschaft der Ausmessung, ein praktischer Zweig zugeteilt. In den Handbüchern zur Marktaufsicht, zur Zoll- und Steuerverwaltung und selbst in juristischen Codices tauchen ab dem 11. Jahrhundert einleitende Kapitel zu den Grundregeln der Arithmetik, Geometrie und Algebra auf.

Dabei lassen sich den Schriften zum *ḥisāb* – bei aller Verschiedenheit und disziplinärer Verzweigung – typische Merkmale abgewinnen. Ab dem 12. Jahrhundert festigt sich die Tendenz, die Gebiete der Mathematik, die für den Alltag von Nutzen sein können, umfassend in vier oder fünf Kapiteln darzustellen. Die Zahlenlehre gehört als Grundstein dazu, dann die Erklärung der arithmetischen Grundoperationen für

[15] M. Fakhry, The Liberal Arts in the Medieval Arabic Tradition from the Seventh to the Twelfth Centuries, in: *Arts libéraux et philosophie au Moyen Age. Actes du Quatrième Congrès International de Philosophie Médiévale, 27 Août–2 Septembre, Montréal-Paris*. Montréal-Paris 1969, 91–97, hier 91 f.; J. Høyrup, The Formation of „Islamic Mathematics". Sources and Conditions. *Science in Context* 1/2 (1987) 281 bis 329, hier 304. Zum Integrationsprozeß Näheres bei U. Rebstock, *Rechnen im islamischen Orient. Die literarischen Spuren der praktischen Rechenkunst.* Darmstadt 1992, Kap. 1 passim und 54–58.

Ganze, Brüche, mitunter auch sexagesimale Brüche, weiter planimetrische und stereometrische Berechnungsmethoden, eine Einführung in elementare Algebra mit Gleichungsbeispielen zweiten Grades und zuletzt ergötzliche Seltenheiten, Unterhaltungsmathematik also unterschiedlichster Art.

Ein zweites Merkmal ist in der spezifischen Bearbeitung des Stoffes enthalten. Sie entbehrt jeglicher Beweisführung, demonstriert nur das Procedere, um nachahmende Beherrschung zu erzeugen. Variierte Repetitionen an Alltagsproblemen machen ihren Nutzeffekt sinnfällig. Kurzum – Rechenoperationen werden in plausibler Einkleidung eingeübt. Fast alle Traktate enthalten auch einen Hinweis auf die Addressaten: wißbegierige Studenten (*ṭullāb*), Sekretäre (*kuttāb*) und Verwaltungsbeamte (*ʿummāl*). Ibn al-Haiṯam hat in seinem kleinen Traktat „Ḥisāb al-muʿāmalat" – mit derselben Bezeichnung klassifizieren die arabischen Literaturgeschichten die *ḥisāb*-Literatur genauer – Zweck und Zielrichtung des vermittelten Wissens treffend beschrieben:[16]

„Die Arithmetik (ʿilm al-ḥisāb) ist in viele Arten unterteilt, von denen jede einen speziellen Bereich umfaßt. Der Art, die muʿāmalāt genannt wird, kann man sich leicht nähern. Sie zu beherrschen, ist einfach. Der Bedarf nach ihr ist allgemein und man benötigt sie überall (...). Denn das Volk ist bei seinen Berechnungen zwingend auf sie angewiesen (muḍṭarr). Die muʿāmalāt gründen auf den do-ut-des-Beziehungen (muʿāwaḍāt), die durch diese Fertigkeit (ṣināʿā) quantifiziert werden (...). Das Bedürfnis nach ihr ist natürlich, und derjenige, der sie nicht kennt, ist wie einer, der einen seiner Sinne verloren hat, durch die er sein Leben aufrechterhält."

„Die Grundlage der Fertigkeit, die ḥisāb al-muʿmalāt genannt wird, ist dreigeteilt: die Proportion, die Multiplikation und die Division. Jeder einzelne Teil soll separat erläutert werden. Anhand einer reichlichen Anzahl von muʿāmalāt-Aufgaben soll dabei erklärt werden, wie er angewendet wird."

Von diesen Worten Ibn al-Haiṯams fehlt nur ein kleiner Schritt zu der Schlüsselfrage nach der Funktion dieser *ḥisāb*- oder *muʿāmalāt*-Literatur. War sie wissenschaftlich innovativ? Griff sie – aufbauend auf die Überzeugungskraft der Vernunft – in soziale Prozesse ein, um zwischenmenschliche Beziehungen überprüfbar, mithin objektiver zu machen? War sie geeignet – über welche Wege und Kanäle auch immer – in

---

[16] Ibn al-Haiṯam, al-Qaul al-maʿrūf fī ḥisāb al-muʿāmalāt, Berlin, MS Staatsbibliothek-Ost, MO 2970 fol. 178b–186b, fol. 178b/2–15.

Wort oder Geist befruchtend auf die Entwicklung der Rechenkunst im Abendland zu wirken?

Die Beantwortung dieser Fragen führt zuerst wieder zurück zu Aufgabe Nr. 39 der „Propositiones". Die Aufgabe eröffnet ein strukturelles Problem. Sie ist dort – wie die meisten anderen linearen Probleme mit mehreren Unbekannten – ohne Erläuterung gelöst. Abū Kāmil dagegen nahm sich ihrer und ihrer Varianten auf systematische Weise an. Er begnügte sich nicht mit der Art der Gelehrten und Ungelehrten, die „mit einer ungenauen, nur vermutungsweisen Antwort antworten und darin weder ein Prinzip noch eine Regel erkennen"[17], sondern liefert genau diese auf wissenschaftliche Art. Auch der Inder Bhaskara ging sie um 1150 auf diese Weise an, und Fibonacci übernahm seine Lösungsmethode wahrscheinlich direkt von Abū Kāmil[18]. Die *ḥisāb*-Autoren aṣ-Ṣardafī, al-Baġdādī und al-Hāmilī dagegen begnügten sich wieder mit einer mehr oder weniger erschöpfenden Angabe von Lösungsreihen[19]. Ganz ähnlich, wenn auch weniger gründlich, verfahren die deutschen Rechenmeister im 15. und 16. Jahrhundert.

Aufgaben dieses Typs werden gemeinhin als Unterhaltungsmathematik bezeichnet. Sie haben Laien und Experten gereizt, Grips und Scharfsinn zu zeigen. Für sie gab es überall Platz, in der „Anthologia graeca"[20], in den frühen chinesischen Rechenbüchern und natürlich auch in den *ḥisāb*-Schriften. Im frühen 19. Jahrhundert beschäftigte das lineare Problem mit den hundert Mädchen – allerdings in Gestalt von Kamelen – westsaharische Beduinen[21] nicht anders als die Cossisten von Regensburg und St. Emmeran oder den Byzantiner Metrodorus tausend Jahre zuvor.

Über die Geschichte ihrer Herkunft und Verbreitung ist viel geschrieben worden. Es soll uns hier aber nur der Aspekt ihrer Funktion

---

[17] Suter, *Beiträge* II, 348; Abū Kāmil, Ṭarā'if al-ḥisāb. [Einleitung, Faksimile-Edition und Kommentar von] Aḥmad S. Sa'īdān. *Maǧallat Ma'had al-Maḫṭūṭāt al-'Arabīya* 9.2 (1963) 291–320, 294/4f.; vgl. auch Abū Kāmil, Das Buch der Seltenheiten der Rechenkunst (Ṭarā'if al-ḥisāb) von Abū Kāmil al-Miṣrī. [Übersetzt und mit Kommentar versehen von H. Suter], in: Suter, *Beiträge* II, 358–368.

[18] Zu den Belegen s. Suter, *Beiträge* II, 362 und J. Tropfke – K. Vogel et al., *Geschichte der Elementarmathematik* 1: *Arithmetik und Algebra*. 4. Aufl., vollständig neu bearbeitet von K. Vogel – K. Reich – H. Gericke. Berlin–New York 1980, 614–616.

[19] Nachweise dazu bei Rebstock, *Rechnen* 259, Anm. 25.

[20] *The Greek Anthology*, with an English Introduction by W. R. Paton, vol. V. Cambridge/Mass. 1953, Book XIV, 25–107.

[21] Muḥammad b. Aḥmad B-n-y-s, Nuzhat ḏū l-albāb (MS Nr. 695 in: U. Rebstock, *Sammlung arabischer Handschriften aus Mauretanien*. Wiesbaden 1989) 68/5f.

interessieren. Dazu hat KURT VOGEL 1954 in der Edition des „Algorismus Ratisbonensis“ eine sinnvolle Differenzierung vorgenommen. So unterscheidet er praktische Aufgaben des häuslichen und beruflichen Alltagslebens von Phantasieaufgaben, die sich als unverwüstliche Inventarstücke der mathematischen Rätselliteratur durch alle Zeiten hindurch erhalten haben, und beide von solchen Aufgaben, die der reinen Arithmetik, Zahlentheorie und der Kombinatorik zuzuordnen sind[22].

Der dänische Mathematikhistoriker JENS HØYRUP hat nun seit 1986 in einer Reihe von Aufsätzen begonnen, diese typologische Unterscheidung zu vertiefen. Seine methodische Durchforstung der griechischen, orientalischen und fernöstlichen Mathematik geschieht in der Absicht, „reine“ von „angewandter“ Mathematik zu scheiden und die beiden Entwicklungsstränge herauszuschälen. „Rein“ und „angewandt“ sind dabei nicht einfach Synonyme für das Begriffspaar „theoretisch“ und „praktisch“. Denn neben der Spezifik der Trägergruppe wird die Orientation des Wissens zum wesentlichen Unterscheidungskriterium, nämlich der Zweck der Aneignung des Wissens, seine Bewahrung und der Modus seiner Weitergabe. Um für die weiteren Überlegungen eine Verständnisgrundlage herzustellen, möchte ich aus dem Verlauf von HØYRUPS Analyse zwei wesentliche Ergebnisse herausgreifen[23].

Als „griechisches“ Wunder bezeichnet HØYRUP die Herausbildung einer „wissenschaftlichen“ Mathematik, die – getragen von einer isolierten Trägergruppe – problemorientiert und zum Selbstzweck, jenseits von Alltagswissen und -bedarf eine autonome Wissenschaftstradition in Gang setzte[24]. Als „islamisches“ Wunder dagegen erscheint ihm die Infusion dieser von den Arabern rezipierten „wissenschaftlichen Mathematik“ in die überall existenten „sub-scientific mathematics“ – und dazu gehören auch die drei VOGEL'schen Kategorien der Unterhaltungsmathematik –, also die Synthese beider Typen zu einer Mathematik, der Wesenszüge eigen waren, die sie von allen vorausgegangenen unterscheiden und zugleich der vormodernen Wissenschaft ähnlich machen.

---

[22] VOGEL, *Practica* 155–156.

[23] Die Argumentation HØYRUP'S ist über zwei Aufsätze verteilt: HØYRUP, *Formation*, passim und DERS., *Sub-Scientific*, passim.

[24] Die herkömmliche Identifikation „unserer“ Mathematik mit der Weiterentwicklung der von Griechen und Arabern tradierten griechischen Mathematik untersucht HØYRUP kritisch in: J. HØYRUP, The Formation of a Myth: Greek Mathematics – our Mathematics (*Filosofi og Videnskabsteori på Roskilde Universitetscenter, 3. Raekke* 1992/1) Roskilde 1992, 1–20.

Der prototypische islamische Mathematiker gab sich nicht damit zufrieden, praktische Bedarfsmathematik zu treiben. Er ging über diese hinaus und suchte nach Höherem, nach Prinzipien, Beweisen und Theorien. Ebensowenig konnte er sich aber damit zufriedengeben, daß Theorien, wie abstrakt sie auch sein mögen, ungenutzt blieben oder daß die Reinheit der Mathematik durch den möglichen Kontakt mit Alltagsproblemen befleckt würde. Die Art und Weise, wie Abū Kāmil die 100-Vögel-Aufgabe löste und Ibn al-Haiṯam seinen *muʿāmalāt*-Traktat konzipierte, macht diesen Prototyp des islamischen Mathematikers lebendig und zeigt zugleich beispielhaft, wie die strikte griechische Trennung zwischen theoretischer und praktischer Mathematik im islamischen Milieu überwunden wird.

Es war vor allem der *ḥisāb*, der von der offenen Beziehung zwischen problem- und praxisorientierten Konzepten profitierte. Er bekam dadurch sozusagen seinen professionellen Schliff und die Mathematik zugleich einen „Sitz im Leben".

Als der Damaszener al-Uqlīdisī um 900 seine „Arithmetik mit der Technik der Inder" schrieb, tat er das zwar, „um den versierten Gelehrten etwas zu produzieren, welches sie – sollten sie es lesen (diese Befürchtung ist also keineswegs neu!) – besser als ihre Arbeitsweise finden würden, klarer, detaillierter und nützlicher." Doch präzisiert er gleich im Anschluß, wer davon Nutzen haben soll und wie: „Die meisten Sekretäre werden es benützen müssen, denn es ist einfach, schnell und benötigt wenig Umsicht und Zeit, um zum Ergebnis zu gelangen. (Der Sekretär) muß sich nicht auf das konzentrieren, was er mit seinen Händen tut, so daß er, wenn er redet, seiner Arbeit nicht schadet, und wenn er sie verläßt und sich mit etwas anderem beschäftigt und dann zurückkehrt, wird er sie wieder so vorfinden und mit ihr fortfahren können."[25]

Noch deutlicher faßt Abū l-Wafāʾ al-Būzǧānī die Ausrichtung seines „Rechenbuches für Sekretäre" in einer programmatischen Erklärung zusammen: „Wir beschreiten in diesem Buch denselben Weg wie in den beiden vorausgegangenen: kurz und bündig zu bleiben, das Einfache dem Schwierigen voranzuschicken und das Entferntliegende dem Näherliegenden hintanzustellen."

---

[25] Abū al-Ḥasan Aḥmad ibn Ibrāhīm al-Uqlīdisī, *The Arithmetic of Al-Uqlīdisī. The Story of Hindu-Arabic Arithmetic as told in Kitāb al-Fuṣūl fī al-Ḥisāb al-Hindī.* Translated and annotated by A. S. Saidan. Dordrecht–Boston 1978, 35 (meine Übersetzung).

„Den Anfang bildet die Erklärung der Begriffe, der Namen und der [verschiedenen] Ellen, die die Sekretäre, Beamten und Geodäten und die Wechsler zu unserer Zeit bei ihren Geschäftsbeziehungen (muʿāmalātihim) mit dem Staat verwenden... Danach werde ich die Grundlagen erwähnen, auf die man sich bei der Vermessung von Dreiecken stützt, welcher Art und Form sie auch sein mögen, und das, was die Ellenmesser (ḏurrāʿ) und „Teiler" (qussām) bei der Ausmessung von Ländereien und der Verteilung von Grundstücken anwenden müssen. [Dies geschieht], um dadurch das Übel, das sich die Geometer unserer Zeit in den Regierungsbüchern zuschulden kommen lassen, und ihre Methode der Teilung von Liegenschaften zu verdeutlichen bei den Verkäufen und Käufen, die über die Rechnungsbücher der Richter getätigt werden."

„Denn ich meine, daß sie dabei allesamt vom richtigen und wahren Weg weit entfernt sind. Häufig wenden sie bei ihren Berechnungen und Messungen Dinge zum Nachteil des Staates oder unter Schädigung seiner Partner an. Sie sind nachlässig bei ihrer Arbeit und durchdringen sie nicht wegen ihrer Unkenntnis der Grundlagen des Verfahrens."[26]

Auf diese Weise wird in die *ḥisāb*-Literatur das Rechnen mit Ziffern und Stellen und die elaborierte Bruchrechnungstechnik von al-Būzǧānī eingespeist. Ich habe in meinem Buch *Rechnen im islamischen Orient* eine ganze Reihe von Bereichen zusammengestellt, in denen die vom *ḥisāb* entwickelte Elementarmathematik zum Einsatz kommt. Es handelt sich dabei um den rechnerischen Umgang mit Maßeinheiten, um Preis- und Lohnberechnungen, um Münz- und Währungsrechnen, um die Berechnung von Kapitalien und Steuern, um die Ausmessung von Flächen und Körpern, ums Erbrechnen und – natürlich – um Unterhaltungsmathematik der Kategorien zwei und drei von Kurt Vogel[27].

Høyrup, dessen These ich mir als Ausgangspunkt zunutze gemacht habe, arbeitete nur mit übersetzten Quellen. Die *muʿāmalāt*-Texte waren ihm nicht zugänglich. Sie führten eine „subwissenschaftliche" Existenz und waren damit abgeschnitten von den eingefahrenen Wegen der Transmission arabischer Werke nach Europa. Ihre beiden wesentlichen Eigenschaften waren ihre persönliche und inhaltliche Verbindung zur sogenannten theoretischen Mathematik und die Standardisie-

---

[26] *Abū l-Wafāʾ al-Būzǧānī, Kitāb fīmā yaḥtāǧ ilaihi al-kuttāb wa l-ʿummāl wa-ġairuhum min ʿilm al-ḥisāb,* ed. A. S. Saʿīdān. ʿAmmān 1971, 202 (meine Übersetzung).

[27] Rebstock, *Rechnen* 250 ff.

rung eines methodischen und inhaltlichen Instrumentariums, welches den Bedürfnissen der islamisch-mittelalterlichen Gesellschaft angepaßt war, welches gelehrt, gelesen und wahrscheinlich – aber da verlassen uns die Quellen weitgehend – auch benützt wurde.

Zur Anonymität der Sender gesellt sich also mit der unverwechselbaren islamischen Charakteristik des *ḥisāb* ein weiterer Gesichtspunkt, der die Identifikation arabischer Spuren in der abendländischen Rechenpraxis erschwert. Denn es gibt – mit vielleicht einer Ausnahme, auf die ich noch zu sprechen komme – keinen einzigen *ḥisāb*- oder *muʿāmalāt*-Text, der im Mittelalter in eine europäische Sprache übersetzt worden wäre[28]. Wenden wir uns deshalb ganz dem Empfänger zu, um nach Anhaltspunkten dafür zu suchen, wie er mit den Kenntnissen und Techniken seines Nachbarn in Kontakt gekommen sein könnte und unter welchen Bedingungen sie rezipiert und weiterbehandelt wurden.

Der mathematische Kenntnisstand des Abendlandes im 10. Jahrhundert ist durch den Gegensatz der beiden autonomen wissenschaftlichen und subwissenschaftlichen Traditionen geprägt. Antikes Wissen war nur dürftig, etwa über den Euklid-Kommentar von Boethius, tradiert worden und in Mönchsstuben zu trockenem Bücherwissen erstarrt. Andererseits war mit den Epigrammen des Metrodorus, den „Propositiones", der „Arithmetik" von Beda und dem „Corpus Agrimensorum" ein Stand erreicht, der die Bindungen und Ähnlichkeiten zu den im Orient zirkulierenden wissenschaftlichen Problemen und Methoden verdeutlicht[29]. Die bis ins 11. Jahrhundert vollzogene islamische Synthese beider Typen (und all ihrer verfügbaren Quellen) mußte das lateinische Mittelalter völlig unerwartet treffen. Bezeichnenderweise war es gerade der Nutzeffekt der neuen Rechenmethoden, der die Rezeptionsbereitschaft der mönchischen Gelehrten einleitete.

Das Astrolab, die Ziffernnotation und die dezimalrechnenden *abacistae* revolutionierten die ecclesiastische Zeitrechnung – wenn auch nur

[28] Auch heute ist noch keines dieser Rechenbücher, die ab dem 12. Jahrhundert zu einem literarischen Genre arrivieren, in einer europäischen Sprache vollständig zugänglich gemacht. Nicht zuletzt auch um diesem Notstand abzuhelfen, habe ich eine paraphrasierte und kommentierte Übersetzung des Rechenbuches „Ġunyat al-ḥussāb fī ʿilm al-ḥisāb" von Aḥmād b. Ṯabāt (12. Jahrhundert) hergestellt: U. Rebstock (Hrsg.), *Die Reichtümer der Rechner* (*Ġunyat al-Ḥussāb*) *von Aḥmad b. Ṯabāt* (*gest. 631/1234*). Walldorf/H. 1993.

[29] Vogel, *Kleinere Schriften* I, 309–314 (Das älteste deutsche gedruckte Rechenbuch, Bamberg 1482, 234–239); Høyrup, *Formation* 287–289; ders., *Sub-Scientific* 11, 22, 31.

schubweise und behindert durch kirchliche Einwände und traditionsbedingte Vorbehalte. Der *computus* war das Einfallstor der arabischen Mathematik ins Abendland. Schon im Jahre 984 hielt der Erzdiakon Senofredus Lupidus von Barcelona, der arabische Astrolabtraktate ins Katalanische übertrug, seinen Brüdern jenseits der Pyrenäen beschwörend vor, was arabische Wissenschaft im Leben tatkräftiger und nachdenklicher Christen ausrichten könne:

„Wer heutzutage Osterfest und Stundengebet zur rechten Zeit begehen und die Himmelszeichen für das kommende Weltende deuten wolle", schrieb er, „müsse das Astrolab gebrauchen. Abraham wußte darum und brachte Arithmetik und Astronomie zu den Ägyptern. Ptolemaios wußte es und erfand das Astrolab zum Nutzen aller astronomischen und geometrischen Studien. Wir Christen haben die Weisheit der Alten vergessen; Gott bringt sie uns durch die Araber wieder."[30]

So drang die islamische Schreib- und Rechenweise in die Bücher der Computisten ein, wohl um zwei Jahrhunderte früher als in die bürgerliche Geldwirtschaft und das Finanzwesen. Dem 1143 in Salzburg verfaßten „Computus" war erstmals eine unbeholfene Einführung in den Algorismus vorangestellt, um eine Verständnisgrundlage zu schaffen für die Umstellung der Zeitrechnung auf indische Ziffern[31]. Man rechnete damit schneller und genauer. Roger Bacon war sich der Konsequenz dieser Neuerung bewußt. Das Dezimalsystem befreite von der Fessel der Ganzen Zahlen und brachte zugleich die natürliche Zeitrechnung in Distanz zum Kirchenkalender. Wer Mathematik als Grundlage für die Gestaltung der Welt erkennt, forderte er, wird die Wissenschaft auch auf den Alltag anwenden, zur Rationalisierung bürgerlichen Handelns so gut wie zur Reflektierung christlichen Wandelns, und die Zahlen nicht beliebig auf- und abrunden[32]. Bacons Vorschläge zu einer Kalenderreform mit Hilfe der Araber fruchteten freilich nicht viel. Bis zur „Gregorianischen Reform" 1582 vergingen ja noch über drei Jahr-

---

[30] A. BORST, *Computus. Zeit und Zahl in der Geschichte Europas.* Wagenbach 1990, 49; DERS., *Wie kam die arabische Sternkunde ins Kloster Reichenau?* Konstanz 1988, 22.

[31] A. NAGL, Über eine Algorismus-Schrift des XII. Jahrhunderts und über die Verbreitung der indisch-arabischen Rechenkunst im christlichen Abendland. *Zeitschrift für Mathematik und Physik, Hist.-lit. Abt.* 34 (1889) 129–146, 161–170. Vgl. dazu BORST, *Computus* 63, Anm. 131.

[32] Zitiert aus BORST, *Computus* 67.

hunderte. Aber sie zeigen die Vielfältigkeit der Kanäle, über die die arabische Mathematik praxisorientierte Veränderungen in der europäischen Welt bewirkte.

Man könnte ähnliche Entwicklungen auch bei der Astrologie aufdekken, die mit dem 1034 verfaßten Lehrbuch von Ademar von Chabannes von arabischen Vorlagen aus einen neuen Aufschwung nahm[33]. Nicht zuletzt bezog auch Bacon, wie manch anderer seiner Kollegen, aus astrologischen Vorhersagen ein ordentliches Zubrot.

Ob auch für die Architektur Vergleichbares geltend gemacht werden kann, ist dagegen fraglich. Schon Franz Woepcke hat 1855 auf Ähnlichkeiten des „Buches über notwendige Kenntnisse der Architektur und geometrischen Konkstruktionen" von dem schon erwähnten Abū l-Wafā' al-Būzǧānī oder einem seiner Schüler mit der „Geometrie" von Leonardo von Pisa hingewiesen[34]. Die Verwendung der dort aufgenommenen Proportionsordnungen für die florentinischen Stadtplanungen, wie von David Friedmann herausgearbeitet[35], könnte zu einem leichtfertigen Schluß verführen. Doch weder hat sich Woepckes Vermutung bestätigen lassen, noch ist genügend über die Denkweise und Praxis der mittelalterlichen Ingenieure bekannt. Abū l-Wafā's Traktat bleibt ein Einzelfall für die islamische praktische Geometrie[36] und ist zudem von einem Mathematiker verfaßt. Und die erhaltenen europäischen Skizzenbücher, etwa das von Villard de Honnecourt und das zwei Jahrhunderte später, 1487/88, vom Regensburger Dombaumeister Matthäus Roriczer herausgegebene „Fialenbüchlein", besitzen keinerlei mathematischen, geschweige denn einen als arabisch zu identifizierenden Hintergrund, sondern stellen aus der Handwerkserfahrung entwickelte konstruktive geometrische Verfahren dar[37].

Für die Herausbildung der neuzeitlichen Wissenschaften, insbesondere auch der praktischen Mathematik, war diese Ausgangslage kenn-

---

[33] B. Bischoff (Hrsg.), *Anecdota Novissima. Texte des vierten bis sechzehnten Jahrhunderts*. Stuttgart 1984, 183–185.

[34] F. Woepcke, Recherches sur l'Histoire des sciences mathématiques chez les orientaux, d'après des traités inédits arabes et persans. *Journal Asiatique* 5 (1855) 221.

[35] D. Friedmann, *Florentine New Towns. Urban Design in the late Middle Ages*. Cambridge/Mass.–London 1988, 117 ff.

[36] Dazu M. S. Bulatov, *Geometrische Harmonisierung in der Architektur Zentralasiens im 9./15. Jahrhundert* (russisch). 2. Aufl. Moskau 1988, 98–104.

[37] Vgl. L. R. Shelby, The Geometrical Knowledge of Medieval Master Masons. *Speculum* XLVII (1972) 407, 420.

zeichnend. EDGAR ZILSEL hat dies detailliert nachgewiesen. Die Schicht der Handwerker war im ausgehenden Mittelalter noch weitgehend von der der Gelehrten getrennt. Hatten diese akademische Grade und Berufe, waren jene in den Werkstätten auf die Weitergabe der Bildung ihrer Meister angewiesen. Erst während des 15. Jahrhunderts begannen sich in Italien die Maler, Bildhauer und Architekten von den Weißwäschern, Steinmetzen und Maurern zu trennen und eine Art höherer Handwerksschicht herauszubilden, die, wie etwa Leonardo da Vinci, Dürer oder Simon Stevin, Zugang zur mathematischen Wissenschaftstradition erhielten[38]. Dieser soziologische Gesichtspunkt, der hier nur angerissen werden kann, ist insofern von Bedeutung, als er die Beeinflußbarkeit, also die spezifische Disposition des Empfängers in unserem Kommunikationssystem betrifft.

Bis zum Ende der ersten Hälfte des 12. Jahrhunderts waren die Mathematiker des Abendlandes über die vorliegenden Übersetzungen mit den arabischen Rechenmethoden vertraut geworden: Adelard von Barth (1075?–1160?), Johannes Hispalensis (1130–1150 in Toledo), Abraham Savasorda (1070?–1136), Gerhard von Cremona (1114–1187), Plato von Tivoli, Robertus Castrensis (ca. 1141–1150) und auch Abraham ben Ezra (ca. 1089/92–1167), der allerdings mit hebräischen Ziffern rechnete[39]. Nach ihnen jedoch verknöcherte das mathematische Wissen. Der „Algorismus vulgaris“ des Sacrobosco, der „Tractatus de arte numerandi“ wurde ab der Mitte des 13. Jahrhunderts zum Standardlehrbuch der neuen Mathematik an den Artistenfakultäten und blieb das für drei Jahrhunderte[40]. Mathematik war und blieb dort eine dem quadrivialen Lehrsystem untergeordnete Disziplin, die aus dem Vortrag vorgeschriebener Texte bestand. Spezielle Dozenturen waren dafür nicht vorgesehen. Der schwierige Stoff und die unterdurchschnittliche Bezahlung trugen wenig zur Beliebtheit bei[41]. Erst durch Persönlich-

---

[38] Vgl. E. ZILSEL, Die sozialen Ursprünge der neuzeitlichen Wissenschaft, hrsg. von W. KROHN (*suhrkamp taschenbuch wissenschaft* 152) Frankfurt/M. 1985, 120 f.

[39] VOGEL, *Practica* 43 mit Nachweisen.

[40] An der Wiener Universität erscheint 1395 das Vorlesungsthema „Algorismus“ auf der Lektionsliste. Das Rechnen mit den arabischen Zahlzeichen und Methoden begann damit, den Abacus – zumindest vom Katheder – zu verdrängen; s. dazu VOGEL, *Practica* 1.

[41] VOGEL, *Kleinere Schriften* I, 313 (Das älteste deutsche gedruckte Rechenbuch 238) und ebd. II, 600 (Der Donauraum, die Wiege mathematischer Studien in Deutschland 10).

keiten des 15. Jahrhunderts wie Nikolaus von Dinkelsbühl, Johannes von Gmunden und Georg Peurbach bahnte sich im süddeutschen Raum an, was 1502 in Wien durch kaiserliche Gnaden Wirklichkeit wurde: die Einrichtung einer fast unabhängigen mathematischen Fakultät, des *collegium poetarum et mathematicorum*[42].

Diese spezifische scholastische Tradition der mathematischen Wissensvermittlung isolierte die von den Arabern übernommenen Traditionen im klerikalen und universitären Bereich. Die Befruchtung der Alltagsmathematik mußte anderswoher kommen.

Ausgangspunkt dafür ist wieder Fibonacci. Sein „Liber abaci" hat ja nie Eingang in das scholastische Curriculum gefunden. Es ist nicht nachzuweisen, daß er je gelehrt wurde. Auch war er – wie verschiedentlich vermutet – wohl auch nicht speziell für die Zunft der Händler verfaßt worden. Nur drei Exemplare haben in den Bibliotheken überlebt[43]. Doch sowohl die Arithmetik als auch die Geometrie von Fibonacci haben beträchtlichen Einfluß auf die Weiterentwicklung der abendländischen Mathematik ausgeübt.

Bemerkenswert ist die Verschiedenheit dieses Einflusses in Italien und Byzanz. Um 1200, zwei Jahre vor der ersten Abfassung des „Liber abaci", war Fibonacci als Dolmetscher der Pisanischen Faktorei dorthin gelangt und auch mit byzantinischen Mathematikern zusammengekommen. Man hat die weitere Verbreitung der westarabischen Ziffern bei byzantinischen Rechnern mit diesem Aufenthalt zusammengebracht. Wohl aus einem Erklärungsnotstand heraus: Denn die Übernahme der Ziffern und Rechenmethoden der Araber hatte, wie Kurt Vogel gezeigt hat, früher und auf undurchsichtigere Weise begonnen[44]. Sicher aber waren während des lateinischen Kaiserreiches bis 1261 westliche Schriften nach Byzanz gelangt. Vielleicht hatte auch Fibonacci seine Hand dabei im Spiel. So benutzte Rabbi Mordechai Comtino zwei Jahrhunderte später das „Sefer ha-ḥešbon ve ha-middoth" von Savasorda, die Vorlage der „Practica Geometriae", und kannte wohl auch den „Liber abaci"[45]. Byzanz war aber auch direkten östlichen,

---

[42] K. Vogel, *Kleinere Schriften* II, 612 (Donauraum 22).

[43] A. Murray, *Reason and Society in the Middle Ages.* Oxford 1978, 193.

[44] *Kleinere Schriften* II, 454f. (Buchstabenrechnung und indische Ziffern in Byzanz 662f.).

[45] P. Schub, A Mathematical text by Mordecai Comtino. *Isis* 17 (1932) 54–70, 65–66; A. Allard, Maxime Planude. Le Grand Calcul Selon les Indiens. Histoire du texte, edition critique traduite et annotée (*Travaux de la faculté de philosophie et lettres de l'Université Catholique de Louvain* 27) Louvain-La-Neuve 1981, 233.

arabischen und persischen Einflüssen ausgesetzt. Maximos Planudes (zw. 1255–1300) schrieb um 1300 eine 1252 verfaßte anonyme Schrift über das indische Rechnen in seine „Ziffernarithmetik der Inder" um und ersetzte dort die westarabischen Ziffern des Originals durch die ostarabischen[46]. Eine Generation später unterscheidet Nikolaus Rhabdas aus Konstantinopel in einem mathematischen Lehrbrief zwischen dem „Mathematikós Logariasmós" (den mathematischen Fächern des Quadriviums und der höheren Logistik) und dem „Politikós Logariasmós", der politischen oder Alltagsarithmetik[47]. Darunter faßt er die Lehre von den Zahlzeichen, von den vier Grundrechenarten und vom Wurzelziehen. Weder die Herkunft des Begriffs noch die Unterscheidung sind bislang geklärt worden. Ein Blick über die Grenzen könnte da weiterhelfen. Einige Jahrzehnte vor Rhabdas hatte Ibn Ḫaldūn in der „Muqaddima" von der Arithmetik und Algebra die sogenannte „Geschäftsrechnung" (ar. *al-muʿāmalāt*) mit den Worten geschieden, daß „bei den muʿāmalāt die Rechentechnik mit Unbekannten und Bekannten, Brüchen, Ganzen, Wurzeln und anderem verwendet wird."[48] Dabei wird dieses Rechnen genauer als *muʿāmalāt al-mudun*, als „politische Geschäftsrechnung" bezeichnet, unter welche die Inhalte gefaßt sind, die schon Abū l-Wafāʾ und Ibn al-Haiṯam als praktische Arithmetik herausgestellt hatten. Hier haben wir es nur mit der Ähnlichkeit von Einteilungskonzepten zu tun. Sicherheit herrscht aber darüber, daß die älteste erhaltene griechisch-byzantinische Aufgabensammlung zwar noch nicht in den Methoden, dafür aber in der Herkunft der Aufgaben den Arabern verpflichtet ist[49]. Wie diese Aufgaben in die Sammlung gelangten, ist wegen der ubiquitären Verbreitung kaum mehr nachzuweisen. Nachbarschaftlicher Einfluß mag dazu verholfen haben, aber auch die Orientreisen von Abraham ben Ezra und Fibonacci.

Einen deutlichen Hinweis auf direkte Kontakte der byzantinischen Rechner zu ihren arabischen Nachbarn liefert zuletzt das von Hunger

---

[46] Vogel, *Kleinere Schriften* II, 454ff. und ders., *Kleinere Schriften* I, 493–508 (Der Anteil von Byzanz an Erhaltung und Weiterbildung der griechischen Mathematik 124f.); Allard, *Planude* 4–8.

[47] P. Schub, *Comtino* 65–66; K. Vogel, Mathematik und Astronomie (Astrologie), in: H. Hunger (Hrsg.), *Byzantinisches Handbuch* II: *Die hochsprachliche profane Literatur der Byzantiner*. München, 219–260, hier 247.

[48] *Ibn Ḫaldūn, al-Muqaddima* I–III, ed. A. M. Quatremère. Beirut 1970 [Paris 1858], hier III, 99/1f.; einige Spuren über al-Fārābī zu den alexandrinischen Neoplatonisten sind zurückverfolgt bei Rebstock, *Rechnen* 8ff.

[49] Hunger – Vogel, *Rechenbuch* 149, 156ff.

und Vogel herausgegebene anonyme griechische Rechenbuch aus dem 15. Jahrhundert. Dort ist neben einer Reihe von arabisch-türkischen Fachtermini und dem Hinweis des anonymen Autors auf die besonderen Bruchrechnunsverfahren der Türken[50] auch eine Unterhaltungsaufgabe mit einem türkischen Bademeister zu finden, der mit einer unbestimmten Gleichung die Eintrittspreise von türkischen, jüdischen und christlichen Badefreudigen ermitteln soll. In dieser Einkleidung begegnet diese Aufgabe sonst nirgendwo als in dem „K. al-Ḥāwī", einem syrischen Rechenbuch aus dem späten 12. Jahrhundert, und enthält dort zudem dieselbe konfessionelle Preisstaffelung wie im byzantinischen Fall[51]. Für die Schröpfung der Christen beim Eintrittsgeld dürfte deshalb weniger der unchristliche Bademeister, wie Vogel vermutete[52], sondern die islamische Herkunft der Aufgabe verantwortlich sein.

Zuletzt sei darauf hingewiesen, daß auch nach der osmanischen Einnahme Konstantinopels die Vermittlung mathematischer Kenntnisse in den Westen nicht riß. Mit dem Rechenbuch „Sefer ha-mispar" des Oberrabbiners Elia Mizrachi (st. 1525) gelangte vor 1544 ein Werk über die vollentwickelte Dezimal- und Sexagesimalrechnung zu Erasmus Schreckenfuchs nach Tübingen[53], in welchem wörtliche Passagen aus dem schon erwähnten „Sefer ha-mispar" des Abraham ben Ezra aus Toledo und eine beträchtliche Anzahl typisch arabischer Alltagsrechenaufgaben tradiert sind[54].

Verlassen wir Byzanz, wo eher direkte als über Fibonacci vermittelte arabische Einflüsse auf beharrliche griechische Traditionen stießen und

---

[50] Ebd. 32/33. Vogel – vgl. K. Vogel – H. Gericke, De Thiende von Simon Stevin. Das erste Lehrbuch der Dezimalrechnung nach der holländischen und französischen Ausgabe von 1585. Übersetzt und erläutert von H. Gericke und K. Vogel (*Oswalds Klassiker der exakten Wissenschaften, N. F.* 1) Frankfurt/M. 1965, 44–45 – geht soweit, darin den Einfluß des zentralasiatischen Mathematikers al-Kāšī – st. ca. 1430, zu ihm *MM* II (Nr. 429) 480f.; P. Luckey, Die Rechenkunst bei Ǧamšīd b. Masʿūd al-Kāšī (Miftāḥ al-ḥisāb) (*Abhandlungen für die Kunde des Morgenlandes* 31/1) Wiesbaden 1951, mit Rückblicken auf die ältere Geschichte des Rechnens (ebd. 31/2) – über die diplomatischen Kontakte zwischen Samarkand und Konstantinopel auf abendländische Rechner am Werk zu sehen.

[51] Abū ʿAbdallāh Aḥmad b. al-Ḥusain, Kitāb al-Ḥāwī li-aʿmāl as-sulṭānīya wa-rusūm al-ḥisāb ad-dīwānīya, Bibliothèque Nationale Paris, MS ar. 2462, fol. 20; vgl. Rebstock, *Rechnen* 260.

[52] Ebd. 53 (Nr. 66).

[53] Vogel – Gericke, *De Thiende* 46.

[54] G. Wertheim, *Die Arithmetik des Elias Misrachi.* Braunschweig 1896, 6–8.

an der Entwicklung der praxisorientierten spätbyzantinischen Rechenliteratur mitwirkten.

Ein Jahrzehnt bevor Leonardo von Pisa den „Liber abaci" veröffentlichte, hatte sich bereits ein Mönch in Toledo mit arabischen Rechentexten herumgeplagt. Die Früchte seiner Bemühungen sind in ein Konvolut aus einleitenden theoretischen Kapiteln und über 300 ganz verschiedenen praktischen Rechenaufgaben eingeflossen. Unter dem Titel „Liber Mahameleth" haben drei unvollständige Manuskripte einen Großteil davon bewahrt[55]. Die Edition dieses umfangreichen Werkes ist schon seit längerem von JACQUES SESIANO angekündigt. Nach vielen Stunden des Brütens über dem Text weiß ich warum und kann auch der kurzen Beschreibung von SESIANO nicht viel hinzufügen. Der Titel erlaubt natürlich Rückschlüsse. Da es sich nicht um eine Übersetzung aus einem Guß handelt, muß unser Mönch nicht nur den Begriff *muʿāmalāt* gekannt haben. Es scheint auch seine Übersetzung nicht für notwendig oder sinnvoll gehalten zu haben. Vielleicht bedurfte er wirklich keiner. Maslama b. Maǧrīṭī aus Cordoba (st. 398/1067–68)[56], dessen kommentierte Exzerpte aus den Tafeln von al-Battānī und al-Ḫuwārizmī schon früh im lateinischen Spanien bekannt geworden waren[57], hatte schon gegen 980 ein „K. al-Muʿāmalāt" verfaßt, desgleichen auch sein Schüler ʿAlī az-Zahrāwī und kurz darauf auch Ibn as-Samḥ aus Granada (st. 426/1035)[58]. Der weitere bibliographische und enzyklopädische Befund unterstreicht die Geläufigkeit des Begriffs im islamischen Spanien und macht plausibel, weshalb er im Titel so stehen bleiben konnte.

Auch der Inhalt spricht dafür, daß wir es bei dem „Liber Mahameleth" mit einer lateinisch-andalusischen Version der „kutub al-muʿāmalāt" zu tun haben. Als Quellen sind zwar neben Euklid, Archimedes und Nikomachos nur al-Ḫuwārizmī und Abū Kāmil genannt. Der Aufbau entspricht aber dem der *muʿāmalāt*-Texte: vorab Erklärung der Rechenmethode, dann Einübung an Rechenbeispielen. Unter diesen befindet sich eine große Anzahl von Aufgaben, die dem spanischen

---

[55] Bibliothèque Nationale Paris, Manuscripts Latins 7377A, fol. 99^{r}–203^{r}, 15461 fol. 26ra–50rb und Biblioteca Capitulare Padua, D. 42, fol. 1ra–86vb; vgl. dazu J. SESIANO, Survivance médiévale en Hispanie d'un problème né en Mésopotamie. *Centaurus* 30 (1987) 18–81, hier 19f.

[56] *MM* II (Nr. 176) 193f.; vgl. H. SUTER, *Die Mathematiker und Astronomen der Araber und ihre Werke.* Amsterdam 1981 [Leipzig 1900–02] (Nr. 176) 17–18.

[57] S. dazu E. S. KENNEDY, *Studies in the Islamic Exact Sciences.* Beirut 1983, 124ff.

[58] *MM* II (Nr. 194) 22; vgl. dazu REBSTOCK, *Rechnen* 190–192.

Milieu entstammen. Weder die indischen Ziffern noch das Dezimalrechnen werden eingeführt. Auch ein Zweig der arabischen Rechenbücher pflegte bis weit ins 15. Jahrhundert die traditionelle Kopf- oder Handrechentechnik (*ḥisāb al-yad*). Aber anders als in den *ḥisāb-* und *muʿāmalāt*-Schriften werden bei algebraischen Lösungen auch geometrische Beweise zuhilfe genommen. Das macht es schwierig, den Text einer bestimmten Tradition zuzuordnen oder die Herkunft einzelner Teile zu erschließen. Einige Passagen erinnern an das „Rechenbuch für Sekretäre" von Abū l-Wafā' und an die „Vervollständigung des Rechnens" von ʿAbdalqāhir al-Baġdādī. Gewißheit darüber wird erst die Edition des Textes bringen können.

Gehen wir weiter nach Oberitalien, wo die Schriften Fibonaccis in ganz andere Kreise hineingewirkt hatten. Alexander Murray hat den Aufschwung, den die Mathematik, speziell die Arithmetik, im 13. Jahrhundert in Italien genommen hat, an die beiden gesellschaftlichen Entwicklungen von Handel und zentralisierten Regierungen geknüpft[59]. Fibonacci hat ja die Mehrzahl seiner Aufgaben dem Händlermilieu entnommen und dort, bei den *maestri d'abaco* und den Rechnungsbuchführern, müssen die neuen Methoden rasch Anklang gefunden haben. Denn schon 1299 ist in Artikel 101 des „Statuo dell'Arte di Cambio" in Florenz die Verwendung von indischen Ziffern unter Strafe gestellt[60]. Die praktische Begründung für dieses Verbot lag in der Mißverständlichkeit und Verfälschbarkeit der arabischen Ziffern. Die neue und bequeme Methode ließ sich dadurch nicht beeindrucken. Man kombinierte nun etwa beide Notationen oder zerlegte gar die „kaiserlichen", römisch geschriebenen Beträge in dekadische Zahlenkolonnen und rechnete so arabisch mit ihnen[61]. Überhaupt wird dieses Verbot nur durch die intellektuellen Vorbehalte ganz verständlich. Pater Giordano von Pisa klagte 1303 über die Händler von Florenz, daß sie „Tag und Nacht nichts anderes täten, als denken und rechnen"[62]. Und ein Satiriker des 13. Jahrhunderts nannte die Arithmetik „Aerismetica", die Kunst des Geldes[63]. Die kirchlichen Autoritäten hielten sich nicht nur gegenüber der theoretischen Mathematik bedeckt, die sie in der lateinischen Ausbildung marginalisiert hatten, sondern auch gegenüber den

---

[59] *Reason* 203.

[60] Nagl, *Algorismus-Schrift* 162.

[61] Ebd. 165.

[62] Murray, *Reason* 194.

[63] Ebd. 191.

praktischen Rechenkünsten, die für sie die Verselbständigung der Kalkulierbarkeit von der göttlichen Vorsehung symbolisierte. Es ist dies natürlich nur ein oberflächlicher Plausibilitätsversuch, um zu erklären, warum das, was mit dem „Liber abaci" und der „Practica Geometriae" so beeindruckend begonnen hatte, nun fast spurlos versickerte. Zwischen der zweiten Hälfte des 13. und dem 15. Jahrhundert verschwinden die Spuren arabisch geprägter Mathematik und Rechenkunst aus der abendländischen Literatur. Wenn praktisches Rechnen irgendwo noch geübt wird, dann im Milieu oberitalienischer Händler und dort dann in den Spuren des „Liber abaci". Es wird nur noch kopiert, nicht mehr verarbeitet. Vielerorts fallen die Kenntnisse hinter den Stand des 12. Jahrhunderts zurück. Der Neuanfang findet in einem Raum statt, zu dem zwar viele ökonomische und politische Verbindungen bestehen, dessen Rolle bei der Beerbung der zwei Jahrhunderte zuvor erworbenen Rechenkenntnisse im Detail aber noch völlig unbekannt ist: in Süddeutschland.

Dort war der Bedarf an praktischen Rechenkenntnissen enorm gestiegen. Die Betroffenen, die Händler, Kaufleute und Gutsverwalter, behalfen sich selbst. Sie schickten entweder ihre Söhne nach Italien, um dort die neuen Rechenmethoden zu erlernen, oder nahmen schlecht bezahlte private Rechenmeister in Dienste. Aus den herumziehenden Scholaren, die an Lateinschulen einen kärglichen Rechenunterricht versahen, waren Mitte des 15. Jahrhunderts zum Teil organisierte, von den städtischen Behörden geförderte Privatschulen entstanden, in denen unter dem Gesichtspunkt der *utilitas* Rechenkenntnisse vermittelt wurden. 1457 sind in Nürnberg schon drei solcher Rechenschulen belegt[64]. Woher die Kenntnisse stammten, ist nicht deutlich auszumachen. Vieles spricht dafür, daß Informationen aus erster Hand aus Italien dazu beigetragen hatten, wo etwa Francesco Balducci Pegolotti schon zu Beginn des 14. Jahrhunderts eine „Pratica della Mercatura" vorgelegt hatte[65]. Kurze Zeit nach ihm verfaßte ein unbekannter Autor – er stammte vielleicht aus Cortona nördlich des Trasimenischen Sees[66]

[64] VOGEL, *Kleinere Schriften* I, 314f. (Ältestes deutsches gedrucktes Rechenbuch 239f.); ebd. II, 597–599 (Donaugebiet 7–9).

[65] Ediert von A. EVANS. Cambridge/Mass. 1936. Dort findet sich 342ff. eine Reihe von Aufgaben zur Umrechnung jeweils mehrerer verschiedener Silber- und Goldwährungen in eine neue Währung veränderten Feingehalts; eine ähnliche Aufgabe stellt al-Karaǧī (Kāfī III 19), löst sie aber anders.

[66] *Ein italienisches Rechenbuch aus dem 14. Jahrhundert (Columbia X 511 A 13)*, hrsg. und erläutert von K. VOGEL. München 1977, 7.

– ein Rechenbuch zur Unterrichtung interessierter Laien und Kaufleute in der seit Leonardo bekannt gewordenen arabischen Rechenmethode. Die Regeldetri ist dabei – wie das *nisba*-Rechnen bei Ibn al-Haiṯam – das wichtigste Hilfsmittel zur Bewältigung der gestellten Alltagsaufgaben. Keine der konkreten Maß- und Wertangaben ist direkten orientalischen Ursprungs. Der Autor pflegte in aller Breite weiter, was er bei Leonardo und anderswo gelesen und gehört hatte.

Ob diese Texte jemals mehr als regionale Bekanntheit erreichten, mag zweifelhaft sein. Aber es gab ja auch direkte persönliche Beziehungen. So dürften über Kontakte mit Fachgelehrten wie Georg Peurbach (1423–1461)[67], Fridericus Gerhart (um 1463) und Regiomontan (alias Johannes Molitoris alias Johannes Müller, geb. Königsberg 1436, st. in Nürnberg 1491)[68], die für einen neuen Aufschwung der mathematischen und astronomischen Studien sorgten, neues Wissen in die Hände der Rechenmeister gelangt sein[69].

Regiomontan hatte ja während seines vierjährigen Aufenthaltes in Italien zwischen 1461 bis 1465 in einer rastlosen Sammlertätigkeit fast alle zu seiner Zeit bekannten mathematischen Werke, darunter auch die Übersetzungen aus dem Arabischen und den „Liber abaci" von Leonardo zusammengetragen und war nach seiner Rückkehr bis zu seinem Tode 1491 in Nürnberg zu einem der bekanntesten abendländischen Mathematiker avanciert[70].

---

[67] VOGEL, *Kleinere Schriften* II, 605 (Donaugebiet 15).

[68] Eine ausführliche Lebens- und Werkbeschreibung findet sich bei B. HUGHES, *Regiomontanus on triangles*. Madison 1967, 11–18.

[69] Dazu VOGEL, *Kleinere Schriften* II, 604 (Donaugebiet 14f.) und DERS. (Hrsg.), *Die erste deutsche Algebra aus dem Jahre 1481. Nach einer Handschrift aus C 80 Dresdensis*. München 1981, 10. Als Beispiel für die Wanderwege arabischer Texte nach Süddeutschland kann auf die Handschrift Nr. 853 der Münchener Staatsbibliothek verwiesen werden, in der sich ein astronomischer Traktat des Spaniers az-Zarqālī (1030–1099, s. dazu *MM* II Nr. 255, dort Werk A4) befindet. Zufolge A. WITTSTEIN, Aus Manuscripten und einer früheren Publication. *Zeitschrift für Mathematik und Physik, Histor.-Liter. Abt.* 40 (1895) 121–125, hier 123, wurde sie aus der bedeutenden Büchersammlung des Johannes Albert Widmannstad aufgekauft. Dieser Johannes, geboren 1506 bei Ulm, gelangte mit Karl V. nach Bologna und lebte lange Zeit in Neapel und Rom, bevor er um 1551 Kanzler in Niederösterreich wurde.

[70] HUGHES, *Regiomontanus* 18; HØYRUP, *Myth* 10–11; Biographisches dazu bei R. METT, Regiomontanus in Italien (*Sb. Ak. Wien, phil.-hist. Kl.* 520) Wien 1989, 1–24, hier 10ff.

Ulrich Wagner aus Nürnberg war einer dieser Rechenmeister. Von ihm stammen die beiden ältesten, 1482 und 1483 in Bamberg gedruckten deutschen Rechenbücher. Beide sollten der gründlichen Ausbildung im praktischen, kaufmännischen Rechnen dienen. Im jüngeren Buch von 1483 wird auf den ersten 35 Seiten systematisch das Rechnen mit Ganzen Zahlen und Brüchen nach den indisch-arabischen Methoden entwickelt. Dann folgen Dreisatz-Aufgaben in Form von Preisberechnungen, Umrechnungen von Geldsorten, Warentausch- und Gesellschaftsrechnungen und Feingehaltsbestimmungen von Gold- und Silberstücken[71]. Das Spektrum dieser Aufgaben läßt sich mühelos mit dem der in den *muʿāmalāt*-Texten der Araber behandelten vergleichen. Sie finden sich auch im Traktat „Reichtümer der Rechner" des Bagdader Mathematikers Aḥmad b. T̠abāt aus der zweiten Hälfte des 12. Jahrhunderts. Niveau, Milieu und Orientation der beiden Texte sind einander sehr ähnlich. Elementare Rechenoperationen werden unter monotoner Verwendung der Regeldetri an Alltagsaufgaben eingeübt. Noch praxisnäher ist das „Bamberger Blockbuch", ein xylographisches Rechenbuch aus der zweiten Hälfte des 15. Jahrhunderts, angelegt. Es enthält ein arabisches Einmaleins und regelrechte Musteraufgaben für den Kaufmann. Eine davon hat auch Ulrich Wagner aufgenommen. Doch ist es älter als dessen Rechenbuch, da es noch die kurz darauf variierten alten *Gubār*-Ziffernformen für 4, 5 und 7 verwendet[72].

Bei den deutschen Cossisten – wie die Mathematiker dieser Zeit genannt werden[73] –, die sich mit arabischer Arithmetik und Algebra beschäftigten, verschmilzt die lateinisch-arabische Lehrtradition mit den Kenntnissen, die von den *maestri d'abaco* aus Italien nach Süddeutschland gelangt waren. Dabei werden nicht nur Sprache und Inhalt eingedeutscht und den sozialen und ökonomischen Bedürfnissen angepaßt. Es werden auch Fortentwicklungen erreicht, wie etwa bei der algebraischen Symbolik und der konsequenten Anwendung des dezimalen Systems im Bereich der Maß-, Gewichts- und Währungseinheiten. Als gutes Beispiel für diesen Prozeß lassen sich Johannes Widmann und

[71] VOGEL, *Kleinere Schriften* I, 306 (Das älteste deutsche gedruckte Rechenbuch 232).

[72] *Das Bamberger Blockbuch. Ein xylographisches Rechenbuch aus dem 15. Jahrhundert*, hrsg. und erläutert von K. VOGEL, mit einer buchkundlichen Beschreibung von B. SCHIMMEL. München–New York–London–Paris 1980, 1v, 44–45.

[73] Von ar. *šayʾ* = Ding über lat. *res* war die algebraische Unbekannte zu ital. *cosa* geworden.

sein Werk anführen. Widmann, 1460 in Eger geboren und später Professor in Leipzig, veröffentlichte 1489 dort seine „Behende und hubsche Rechnung auff allen Kauffmannschafft"[74].

Schon der Titel zeigt, daß es nicht für die Fachleute gedacht war. Erstmals findet sich dort die für die *muʿāmalāt*-Texte typische Dreiteilung: Theorie der einfachen Rechenoperationen; ihre Besprechung anhand von Zahlen- und Kaufmannsbeispielen; ausmessende Geometrie. Nun hat WOLFGANG KAUNZNER 1978 in der Münchner Staatsbibliothek eine lateinische Handschrift ausfindig gemacht, die als direkte oder parallele Vorlage Widmann als Richtschnur gedient haben könnte[75]. Schon KAUNZNER hat vermutet, daß die Beispiele des ersten Teils der Geometrie von den Arabern übermittelt wurden[76]. Mit Berufung auf Euklid werden in der lateinischen wie in der deutschen Fassung der Rhombus – noch gut euklidisch – *Helmüaim* bzw. *Helmuaym*[77] (von ar. *al-muʿāyyin*) und *Helmüaripha* bzw. *Helmuariphé* (mit Metathese von ar. *al-murabbaʿa*)[78] genannt. Bei den Dreisatzvorschriften werden dann aber in der lateinischen Vorlage die Proportionsglieder mit dem latinisierten Namen *Almüzaar, Alzazar, Althenon* und *Almuthemon* bezeichnet. Der Autor hat diese Begriffe nicht verstanden. So übersetzt er *Almuthemon* aus dem Kontex mit *ignotus*, als „unbekannte" vierte Größe[79]. Zuvor hatte er wieder auf Euklid, allerdings auch auf Johannes de Muris verwiesen, der ein gutes Jahrhundert zuvor in seiner „Algebra" wechselweise al-H̱uwārizmī und Fibonacci gefolgt war[80].

In der arbabischen mathematischen Literatur kenne ich diese Begriffe zuerst aus dem schon zitierten „K. Ḥisāb al-muʿāmalāt" von Ibn al-Haiṯam und dem „K. al-Kāfi" von al-Karağī[81].

---

[74] Dazu KAUNZNER, *Zur Entwicklung der Mathematik* 140; zu den Umständen der Abfassung DERS., *Über die Handschrift Clm 26639 der Bayrischen Staatsbibliothek München*. Hildesheim 1978, 3–5.

[75] Ebd. 3.

[76] Ebd. 21.

[77] Ebd. 22 [= fol. 1H^r] bzw. 93^a/11.

[78] Ebd. 22 [= fol. 1^r] bzw. 93^b/8.

[79] Ebd. 51 [= fol. 22^r].

[80] L. CH. KARPMISKY, The „Quadripartium numerorum" of John of Meurs. *Bibliotheca Mathematica, Flg. 3* 13/2 (1913) 103–114, hier 107 f., 111 f.

[81] Ibn al-Haiṯam, Qaul al-maʿrūf, fol. 178^b/2–15; Bibliographisches dazu bei REBSTOCK, *Rechnen* 177, Anm. 7; [*Abu Bakr M. b. al-Ḥusain al-Karağī*], *Kāfī fil Hisāb des Abu Bekr Muhammed Ben Al Husain Alkarkhi*. 3 Bde., übers. von ADOLF HOCHHEIM. Magdeburg 1878–90, hier II, 16.

Andere *ḥisāb*-Autoren wie Ibn al-Bannā'[82] und ʿImādaddīn al-Baġdādī[83] schlossen sich dieser Terminologie an und standardisierten sie. Über welche Etappen diese Begriffe schließlich nach Regensburg gelangten, ist ungewiß. Gewiß aber entstammen sie nicht der Høyrup'schen wissenschaftlichen Mathematik, wie die Herkunftsgeschichte zeigt. Der Bezug auf Johannes von Meurs weist vielmehr auf das Umfeld von Fibonacci. Dort wußte man mit *siʿr* (= Preis) und *ṯaman* (= Wert) etwas anzufangen. Ähnliches gilt auch für die „Rechnung mit den beiden Fehlern" (ar. *al-ḫaṭaʾain*), welche wieder vielleicht über Fibonacci – so vermutete Vogel[84] – nach Süddeutschland gelangte und dort noch im 16. Jahrhundert von Initius Algebras unter dem korrumpierten Namen *Itata* auf die „alten Araber" zurückgeführt wird[85].

Mit Fleiß und Gründlichkeit ließe sich die Liste solcher begrifflicher und methodischer Abhängigkeiten um ein Vielfaches erweitern. Doch solange hüben wie drüben die Quellen dazu noch brachliegen, müssen die vorgeführten Anhaltspunkte für den Argumentationsansatz geradestehen. Es sind nicht viele und sie stehen etwas verloren da, um die Distanz zwischen dem Aufkommen des *ḥisāb*, der Kenntnisnahme und Vermittlung etwa durch Leonardo von Pisa und ihrer Wiederaufnahme durch die deutschen Rechenmeister und Mathematiker in der zweiten Hälfte des 15. Jahrhunderts zu überbrücken. Aber es gibt sie, und zwar dann und dort – von Byzanz über Oberitalien nach Toledo –, wo das gesellschaftliche Umfeld die Rezeption der *ḥisāb*- und *muʿāmalāt*-Rechenkunst zuließ und begünstigte. Über scholastische Kanäle wurde diese nur solange weiterbefördert, als dafür – wie etwa in der kirchlichen Zeitrechnung – Bedarf bestand. Das war ja auch nicht das Milieu, in dem sie entstanden war. Erst die sich entwickelnden zentralen Staats-

---

[82] Kitāb al-maqālāt fī l-ḥisāb, Staatsbibliothek Berlin, MS 5974 fol. 1b–35b, fol. 62/5f.

[83] al-Fawāʾid al-bihāʾīya fī l-qawāʿid al-ḥisābīya, Staatsbibliothek Berlin, MS 5976, fol. 1b–37a, fol. 13a/8. Auch die Aufgabe Nr. 35 in Kaunzner, *Clm 26639*, 39 (= fol. 5r), den Abstand eines Brunnens von zwei gleich weit entfernten, aber verschieden hohen Türmen zu finden, ähnelt in der Einkleidung und gleicht in der Lösungsmethode der Aufgabe al-Baġdādī's (1245–1723), den Ort zu finden, wo zwei zum selben Zeitpunkt von verschieden hohen Palmen losgeflogene Vögel gleichzeitig einen Fisch im dazwischen liegenden Fluß erjagen (ebd., fol. 36b).

[84] Dazu Hunger – Vogel, *Rechenbuch* 105. Zum „falschen Ansatz" in einem älteren byzantinischen Rechenbuch vgl. K. Vogel, Ein byzantinisches Rechenbuch des frühen 14. Jahrhunderts. Text, Übersetzung und Kommentar (*Wiener byzantinische Studien* 6) Wien 1968, 149ff.

[85] Curtze, *Urkunden* 567–568 und passim.

verwaltungen und Handelsnetze boten dafür einen geeigneten Nährboden. Man kann regelrecht beobachten, wie im Gleichschritt dazu in Oberitalien und – zeitliche versetzt – in Süddeutschland die Mathematik domestiziert wird mit Hilfe der von den Arabern vermittelten indischen Arithmetik und der Algebra. Sie beförderten Rechenkenntnisse über die Kriterien von Nutzen und Effektivität aus einer Traditionswissenschaft in eine aufblühende Disziplin, die von Staat und Gesellschaft als förderungswürdig erkannt wurde. Rechenmeister wie Johannes Widmann, Adam Riese und Michael Stifel haben sie weitergetrieben. So hat das Genre des „Praktischen Rechenbuchs" überlebt – bis heute. Ich habe kürzlich davon ein Exemplar in die Hand bekommen: *Rechnen für Jedermann* von ARNO REIMER, Oberinspektor, erschienen 1976 in Wien[86]. Auch Abū l-Wafā' al-Buzǧānī war, bevor er die Leitung der Sternwarte übertragen bekam, höchstwahrscheinlich in einer Verwaltungsabteilung von Bagdad tätig. Und Ibn Ṯabāt lehrte – wie Johannes Widmann – dort Mathematik an der Hochschule. Die Rechenbücher beider sind – nach genauerem Vergleichen – die Leitfossile von *Rechnen für Jedermann*.

Skeptiker regen solche Ähnlichkeiten nicht besonders auf, es sei denn, sie wären Universalisten. Vielleicht braucht es dazu ein „härteres" Faktum, dem noch dazu eine zweideutige Praxisnähe von Mathematik eignet:[87] Abraham ben Ezra aus Toledo verfaßte nicht nur ein „Sefer hamispar". Auch die „Tachbula" stammt von ihm, eine Sammlung mathematischer Enigmata. Dort stellte er die Aufgabe, von 15 Taugenichtsen und 15 Studenten, die auf einem in Havarie geratenen Schiff zusammen sind, die Hälfte über Bord zu werfen. Die Passagiere müssen derart postiert werden, daß das durch kontinuierliches Abzählen auf neun ermittelte Los nur die Taugenichtse trifft.

Wie diese Aufgabe gelöst wird, erfahren wir auch von Meister Hans Sachs aus Nürnberg. Ob sie über Spanien, über Konstantinopel oder von dort über Erasmus Schreckenfuchs in Tübingen zu ihm gelangt ist, wissen wir nicht. Die Wanderung dieser Aufgabe führt direkt wieder zum Thema, obgleich ihm Hans Sachs eine zeitgemäße Wendung gibt. Denn in seinen „Historien und guten Schwänken" sind aus den Taugenichtsen und Studenten Juden und Christen geworden.

---

[86] Breitenstein & Co., Wien 1976.

[87] Aus M. STEINSCHNEIDER, Abraham ibn Esra (Abraham Judaeus Avenare). Zur Geschichte der mathematischen Wissenschaften im XII. Jahrhundert. *Zeitschrift für Mathematik und Physik* 25 (1880), 3. Heft (Supplement) 56–128, hier 123f.

Peter Schreiner

DAS BYZANTINISCHE RECHNUNGSWESEN IM RAHMEN DER MITTELMEERWELT MIT BESONDERER BERÜCKSICHTIGUNG SPÄTBYZANTINISCHER KONTOBÜCHER DES 13. BIS 15. JAHRHUNDERTS

Es ist eine längst bekannte und sicher feststehende Tatsache, daß die Organisation des byzantinischen Staates auf einer geregelten Finanzverwaltung beruhte[1], deren Grundlage ein geordnetes Rechnungs- und Buchführungswesen war, wie es auch in der römischen Kaiserzeit existierte[2]. Darunter fallen in erster Linie Listen über die Steuerpflichtigen und die festgelegten Zahlungen, Einnahmenlisten aus den verschiedenen Steuern und Aufzeichnungen über die Staatsausgaben. Nicht minder bedeutend ist natürlich auch das private Finanzwesen: die Aufzeichnungen über Einnahmen aus Handel und Landwirtschaft und die Ausgaben für Personal und den persönlichen Bedarf, Quittungen für Geld und Naturalien, Notizen über Geldleihen und Schulden. Dabei ist freilich anzumerken, daß nur selten Bezeichnungen für diese Dokumente erhalten sind und eine Gliederung eher auf der modernen Nomen-

---

[1] Für die frühbyzantinische Zeit s. J. Karayannopulos, *Das Finanzwesen des frühbyzantinischen Staates*. München 1958; W. T. Treadgold, *The Byzantine State Finances in the Eight and Ninth Centuries*. New York 1982. Das letztgenannte Werk beruht auf einigen Rechenfehlern, die den Informationswert erheblich mindern; zu anderen Punkten s. die Bemerkungen von R.-J. Lilie in: *Byzantinoslavica* 48 (1987) 49–55 und 50 (1989) 62–63. Für die mittelbyzantinische Zeit s. F. Dölger, *Beiträge zur Geschichte der byzantinischen Finanzverwaltung besonders des 10. und 11. Jahrhunderts*. München 1927.

[2] Auch das kaiserzeitliche Rechnungswesen ist ein von der Systematik her noch recht wenig erforschter Bereich. Nützlich immer noch die alte Untersuchung von R. Beigel, *Rechnungswesen und Buchführung der Römer*. Karlsruhe 1904 (Ndr. Wiesbaden 1968). Die jüngste Monographie zur Thematik von Jean Andreau, *La vie financière dans le monde romain. Les métiers de manieurs d'argent (IVe siècle av. J.-C. – IIe siècle ap. J.-C.)*. Rom 1987 geht nur auf einen relativ engen Teilaspekt ein.

klatur beruht. Grundsätzlich ist festzuhalten, daß das byzantinische Rechnungswesen in einen privaten und einen staatlichen Bereich geteilt ist, wobei, abgesehen vom Umfang der Dokumente, in der Methode der Rechenführung keine Unterschiede zu bestehen scheinen.

I. PRAKTISCHE MATHEMATIK IN BYZANZ

Grundlage für den Umgang mit Rechendokumenten war das Erlernen von praktischen Methoden des Rechnens, die aus den sogenannten Rechenbüchern bekannt sind[3]. Sie stehen nicht oder nicht unmittelbar in Verbindung mit dem mathematischen Unterricht im Rahmen der „Enkyklios Paideia", für den es eigene Traktate gab[4]. Vielleicht dienten sie dem Privatstudium in jenen Kreisen, die mit dem Rechnungswesen zu tun hatten, vornehmlich wohl den Händlern. Die Aufgaben dieser Rechenbücher stellen zum größten Teil eine Vorbereitung auf die in der Praxis vorkommenden Probleme dar[5]. Sie erfahren eine Erweiterung durch einfache theoretische Traktate (vielleicht für die Hand des Lehrers), wie sie in zwei Schriften eines Nikolaos Rhabdas (1. Hälfte 14. Jh.) überliefert sind[6]. Eine Analyse des ältesten erhaltenen Rechen-

---

[3] K. VOGEL, *Ein byzantinisches Rechenbuch des frühen 14. Jahrhunderts.* Wien 1968; H. HUNGER - K. VOGEL, *Ein byzantinisches Rechenbuch des 15. Jahrhunderts.* Wien 1963.

[4] Beispiel eines Unterrichtstraktates sind etwa die mathematischen Studien des Georgios Pachymeres (1242–1310), hrsg. von P. TANNERY unter dem Titel „Quadrivium" (für den griechischen Begriff *σύνταγμα τῶν τεσσάρων μαθημάτων ἀριθμητικῆς, μουσικῆς, γεωμετρίας καὶ ἀστρονομίας*) (*Studi e Testi* 94) Città del Vaticano 1950.

[5] Es ist ausdrücklich darauf hinzuweisen, daß es sich dabei (fast) immer um „gestellte" Probleme handelt, welche (hinsichtlich Gewicht, Menge und Geldwert) diese Angaben für die wirtschaftliche Lage zu einem bestimmten Zeitpunkt unbrauchbar oder zumindest methodisch unzuverlässig machen. Die Vermutung von VOGEL im *Rechenbuch des 15. Jahrhunderts* (S. 113), „die in den Aufgaben enthaltenen Preisangaben werden im allgemeinen den tatsächlichen Verhältnissen entsprechen", ist entschieden zurückzuweisen, wie aus einem Vergleich mit den wirklichen Gegebenheiten ersichtlich ist.

[6] P. TANNERY, Notice sur les lettres de Rhabdas, in: DERS., *Mémoires Scientifiques* 4. Toulouse–Paris 1920, 61–198. Auch für die staatliche Rechenführung gab es Lehrtraktate und Unterweisungen, etwa im Hinblick auf die Schwierigkeiten bei der Durchführung der Finanzreform Alexios' I. (1092); vgl. C. MORRISSON, La logarikè: réforme monétaire et réforme fiscale sous Alexis Ier Comnène. *Travaux et Mémoires* 7 (1979) 419–464. Von anderer Art und hier unberücksichtigt sind zwei die Besteuerung von Landbesitz betreffende Traktate: s. DÖLGER, *Beiträge* und J. KARAYANNO-

buches (frühes 14. Jh.) ergibt folgende Problemstellungen (in Auswahl):[7]

Kauf und Verkauf mit Beziehungen zwischen Preis und Menge;
Berechnung des Arbeitslohnes;
Zinsberechnung;
Mischungsrechnungen von Gold verschiedener Feinheit oder Getreide verschiedenen Preises;
Einkauf gleicher Mengen.

Sowohl in dem eben genannten Rechenbuch als auch in jenem aus der ersten Hälfte des 15. Jahrhunderts[8] begegnen in zahlreichen Varianten die sogenannten Gesellschaftsrechnungen, in denen Gewinn und Verlust nach Maßgabe der Höhe und Dauer der Einlagen der Partner verteilt werden. Sie zeigen die Bedeutung der seit dem 14. Jahrhundert im Westen und in Byzanz besonders verbreiteten Handelsform der *societas* oder *συντροφία*[9].

Es gibt wenige Bereiche unter den exakten Wissenschaften und ihrer Anwendung, in denen eine so starke Verbreitung und Wanderung nach-

---

PULOS, Fragmente aus dem Vademecum eines byzantinischen Finanzbeamten, in: PETER WIRTH (Hrsg.), *Polychronion. Festschrift Franz Dölger zum 75. Geburtstag.* Heidelberg 1966, 318–334. In beiden Fällen handelt es sich um Texte zur Einschätzung des Landes (von der Qualität und der Größenordnung her) und weniger um Anweisungen zur Berechnung. Vgl. zu letzteren Texten und deren kulturgeschichtlichem Hintergrund nun J. LEFORT et al., *Géométries du fisc byzantin.* Paris 1991.

[7] VOGEL (wie Anm. 3) 147. Solche Rechenbücher zählen zur noch wenig erforschten Gebrauchsliteratur und wurden von den Byzantinern nur in Ausnahmefällen der Überlieferung für würdig gehalten. Wie aus den folgenden Ausführungen ersichtlich ist, geht die Tradition der Beispiele in die hellenistische Zeit und sogar bis in den Alten Orient zurück. Dies ist ohne schriftliche Übermittlung nicht denkbar. Es wäre wohl der Mühe wert, in den Papyrussammlungen nach Fragmenten solcher Aufgabenbücher zu suchen.

[8] Obwohl bereits HUNGER und VOGEL bei der Textbeschreibung (wie Anm. 3) 9 auf Wasserzeichen zu den Jahren 1397, 1400, 1402, 1417 sowie 1436 und 1441 hinwiesen, wollte (in Unkenntnis oder ohne Berücksichtigung des kodikologischen Sachverhaltes) T. BERTELÈ, Appunto sulle monete del Rechenbuch edito da Hunger – Vogel. *Byzantinische Zeitschrift* 56 (1963) 321–327 wegen verschiedener Münzrelationen den Text in die Zeit um 1500 datieren. Eine solche Umdatierung ist ausgeschlossen. H. HUNGER wies mich zudem darauf hin, daß sich im Text selbst Datierungen zum 4. Jahrzehnt des 15. Jahrhunderts finden. Eine Edition dieses wichtigen Rechenbuches bereitet ST. DESCHAUER, Eichstätt, vor.

[9] K.-P. MATSCHKE, Geldgeschäfte, Handel und Gewerbe in spätbyzantinischen Rechenbüchern und in der spätbyzantinischen Wirklichkeit. *Jahrbuch für Geschichte des Feudalismus* 3 (1980) 181–204, bes. 190–194.

zuweisen ist wie gerade unter den Aufgaben der Rechenbücher. Dies ist vom Gegenstand her, den wirtschaftlichen Interessen und Notwendigkeiten, verständlich, da schon die Völker des Alten Orients zu den bedeutendsten Handelsnationen zählten und der Umgang mit Rechenmethoden für sie auch eine Überlebensfrage darstellte. Wenn daher bei den großen Handelsvölkern der Alten und Mittelalterlichen Welt, aber auch bei Chinesen und Indern ähnliche Aufgabenbeispiele vorkommen, so darf man nicht unter allen Umständen nach Abhängigkeiten suchen, sondern muß auch ähnliche Situationen mit in Betracht ziehen, die ebenso ähnliche Fragestellungen hervorbringen.

Ist allerdings von Kommunikation zwischen Orient und Okzident die Rede, so kommt es darauf an, nicht auf allgemeine Fragestellungen hinzuweisen, sondern die Tradierung konkreter Beispiele beweisbar zu machen. Dies ist möglich, wenn ein ganz spezieller und auffallender Inhalt oder evidente sprachliche Parallelen begegnen. Auf die letztgenannte Methode kann hier nicht eingegangen werden, da sie Vergleiche erfordert, für welche die philologischen Grundlagen vielfach noch fehlen. Für den Wanderweg inhaltlicher Parallelen sollen hier einige wenige Beispiele angeführt werden[10].

Wichtig waren immer der Getreidepreis und seine Auswirkung auf den Brotpreis. Ein byzantinisches Rechenbeispiel lautet:[11] „Es werde angenommen, ein armer Kerl kam und fand, daß der Scheffel Mehl aus Thessalonike um 40 Aspra verkauft würde, ein 600 Dramia-Brot aber für ein Aspron. Dann wurde das Mehl teurer, und zwar kam der Scheffel Mehl auf 48 Aspra. Zu wieviel Dramia muß das Brot entsprechend [d. h., ohne teurer zu werden] verkauft werden?“ Da sich das Problem (inhaltlich) schon im Frankfurter Capitulare vom Jahr 794 findet[12], ist nicht Byzanz der unmittelbare Ausgangspunkt, sondern eine unbekannte lateinische (römische) Quelle[13]. Zu den wirtschaftsgeschichtlichen Fragestellungen gehört auch der Einkauf gleicher Mengen: „Ein Kaufmann gab jemandem 3000 Aspra, mit dem Auftrag, Zimt und Pfeffer zu kaufen und zwar nach gleicher Gewichtszahl, nämlich gleich-

[10] Verschiedene Analysen bei HUNGER – VOGEL (wie Anm. 3) 91–101.

[11] Aufgabe 5 im Rechenbuch HUNGER – VOGEL (wie Anm. 3).

[12] *MGH Cap.* I, ed. A. BORETIUS. Hannover 1885, 74, lin. 19–26. Es geht hier um die Festlegung des Brotpreises, welcher die genannte Aufgabenstellung zugrunde liegt.

[13] Hinweis auf die Parallelbeispiele bei D. E. SMITH, *History of Mathematics* 2. Boston 1925, 366–367.

viel Pfund. Das Pfund Zimt wird um 19, der Pfeffer wird um 8 Aspra verkauft. Da nun, wie gesagt, von jedem gleiches zu nehmen angeordnet ist, fragt sich, wieviel Pfund er von jedem genommen hat und wieviel Aspra er für jede der Gewürzarten genommen hat." Das Problem findet sich schon im 12. Jahrhundert bei Abraham Ibn Ezra und wiederum im 14. Jahrhundert im Traktat des Rhabdas. Da Abraham nicht auf byzantinischen, sondern arabischen Quellen fußt, ist die Basis ebenfalls in der Antike zu suchen[14].

II. Dokumente des byzantinischen Rechnungswesens

Die in den eben geschilderten Rechenbüchern dargestellten Methoden dienten nicht der mathematischen Spielerei (obwohl sich darunter durchaus viele Aufgaben des Spieles finden), sondern einer Anwendung in der Praxis. Entsprechend der Einteilung in staatliche (öffentliche) und private Finanzen sind auch verschiedene Arten der Dokumente zu unterscheiden. Der Verlust aller staatlichen Archive bringt es freilich mit sich, daß wir aus Byzanz kaum Dokumente des staatlichen Rechnungswesens besitzen. Bedeutendstes zufällig erhaltenes Beispiel dieser Art sind ein Kataster der Region um Theben aus der Zeit um 1100 sowie einige kleinere Dokumente aus derselben Epoche, die sich mit Steuereinnahmen befassen[15]. Noch weitgehend unerforscht in Klassifizierung und rechnungsmäßiger Zuweisung sind die in den zahlreichen Sammeleditionen verborgenen Zeugnisse aus dem frühbyzantinischen Ägypten. Sie sind im Hinblick auf das Rechnungswesen bisher nie mit solchen aus der späteren byzantinischen Zeit in Verbindung gebracht worden. Auch für das öffentliche Rechnungswesen dürften sich darunter mehr Beispiele als bisher angenommen befinden. Eine Untersuchung verdienen vor allem die Katasteraufzeichnungen, Steuerquittungen oder Listen für Ausgaben zum militärischen Schutz[16].

---

[14] Aufgabe 14 im Rechenbuch Hunger – Vogel (wie Anm. 3). Erläuterung mit Parallelbeispielen ebd. 96 (§ 20). Zur Abhängigkeit einzelner Texte s. die Falttafel im Rechenbuch Hunger – Vogel (nach S. 127).

[15] N. Svoronos, Recherches sur le cadastre byzantin et la fiscalité aux XIe et XIIe siècles: le cadastre de Thèbes, in: ders., *Etudes sur l'organisation intérieure, la société et l'économie de l'Empire Byzantin*. London 1973, Untersuchung III. Auf weitere Texte weist Svoronos ebd. 19–21 hin.

[16] J. Gascou – L. Mac Coull, Le cadastre d'Aphroditô. *Travaux et Mémoires* 10 (1987) 103–158. Gascou verweist ebensowenig auf spätere Beispiele, wie Svoronos (wie Anm. 15) auf Papyrustexte eingeht.

Die weitaus größte Zahl der nichtliterarischen Papyri gehört dem Bereich der privaten Rechenaufzeichnungen an. Es gibt bisher keine Arbeiten zu ihrer systematischen Ordnung und dem gegenseitigen Vergleich, obwohl diese Zeugnisse bis ins 8. Jahrhundert, also weit in die mittelbyzantinische Zeit, hineinreichen. Sie scheinen jedoch eher die Ausläufer des römischen Rechnungswesens zu sein als auf Kontinuität in späterer Zeit hinzudeuten. In der Tat ist die Praxis des byzantinischen Rechnungswesens der Forschung weitgehend unbekannt und unzugänglich. Man vermutete zwar notwendigerweise seine Existenz, doch ermangelte es konkreter erhaltener Hinweise.

Auf solchen Dokumenten basiert die nun folgende Untersuchung. Sie sind ausschließlich aus der spätbyzantinischen Zeit, vom 14. Jahrhundert an, überliefert und begegnen bis in die Neuzeit, sind jedoch nach dem 15. Jahrhundert noch kaum ediert. Da sie nicht archivalisch (wie die Papyri), sondern kodikologisch, also in Handschriften, überliefert wurden, sind sie zusammen mit ihren Trägern, den Codices, auch erhalten geblieben[17].

1. Arten spätbyzantinischer Rechenaufzeichnungen

Die Texte weisen alle im Wirtschaftsleben nötigen Varianten und Komponenten auf und sollen an dieser Stelle kurz analysiert werden[18]. Es gibt eine (relativ kleine Gruppe) von Kontobüchern, die alle für die Wirtschafts- und Geschäftsführung nötigen Operationen, wie Einnahmen, Ausgaben, Schulden, in mehr oder weniger geordneter Darstellung beinhalten (Liste 1), während andere nur Teilbereiche verzeichnen (Listen 2–5).

---

[17] Diese Texte sind erstmals ediert und in den überlieferungsgeschichtlichen Kontext gestellt von P. Schreiner, Texte zur spätbyzantinischen Finanz- und Wirtschaftsgeschichte in Handschriften der Biblioteca Vaticana (*Studi e Testi* 344) Città del Vaticano 1991 (ersch. 1992).

[18] Der Abschnitt wird bewußt sehr knapp gehalten, da er im wesentlichen nur Ergebnisse des ersten Teils der oben genannten Monographie wiedergibt.

Liste 1:
Aufzeichnung über den Verkauf von Waren an bestimmten Tagen und die vom Käufer gemachte Anzahlung (Abb. 1)[19]

	+ εἰς τὸ ὄνομα τ(ῆς) ἁ(γίας) τϱιάδος		Im Namen der Heiligen Dreifaltigkeit
β +	ὁ Χοϱτασμένος ϰϱι(ϑά)ϱ(ι) μοδ(ίους) ϛ΄	2	Chortasmenos (nimmt) Gerste Modioi 6
ζ	ϰϱι(ϑά)ϱ(ι) μοδ(ίους) δ΄	7	Gerste Modioi 4
η	ϰϱι(ϑά)ϱ(ι) μοδ(ίους) β΄ μου(ζού)ϱ(ια) ϛ΄ βϱόμ(ον) μόδ(ιον) α΄	8	Gerste Modioi 2, Muzuria 6 Hafer Modios 1
αι	ϰϱι(ϑά)ϱ(ι) μόδ(ιον) α΄ ἀπὸ τοῦ Καμπανοῦ σιτ(ά)ϱ(ι) μοδ(ίους) ι΄ ϰϱι(ϑά)ϱ(ι) μοδ(ίους) η΄ ὁ Χοϱτασμένος ϰϱι(ϑά)ϱ(ι) μοδ(ίους) δ΄	11	Gerste Modios 1 von Kam- panos Weizen Modioi 10 Gerste Modioi 8 Chortasmenos (nimmt) Gerste Modioi 4
ιβ	ϰϱι(ϑά)ϱ(ι) μοδ(ίους) ια΄ ὁ αὐτὸς σιτ(ά)ϱ(ι)μοδ(ίους) δ΄ (νομίσματα) δ΄, ἔχω ϰϱι(ϑά)ϱ(ι) μόδ(ιον) (ἥμισυ)	12	Gerste Modioi 11 Derselbe (nimmt) Weizen Modioi 4, Nomismata 4. Ich habe (bekommen) Gerste Modios 1/2
ιγ	ὀϱβίϑ(ιν) μοδ(ίους) γ΄	13	Kichererbsen Modioi 3
ιε	μοδ(ίους) γ΄ μου(ζού)ϱ(ια) ιβ΄ φάβαν. ὁ μόδ(ιος) (νομίσματα) γ΄ ϰο(ϰϰία) ιδ΄ ϰϱι(ϑά)ϱ(ι) μοδ(ίους) ε΄	15	Saubohnen Modioi 3, Muzu- ria 12, der Modios (zu) Nomismata 3 Kokkia 14 Gerste Modioi 5
ιϛ	φασούλ(ιν) μοδ(ίους) ι΄ ϰϱι(ϑά)ϱ(ι) μοδ(ίους) ϑ΄	16	Bohnen Modioi 10 Gerste Modioi 9
ιϑ	φασούλ(ιν) μοδ(ίους) ι΄ ϰϱι(ϑά)ϱ(ι) μοδ(ίους) δ΄	19	Bohnen Modioi 10 Gerste Modioi 4
ϰ	ϰϱι(ϑά)ϱ(ι) μοδ(ίους) ϑ΄ φασούλ(ιν) μοδ(ίους) ϛ΄	20	Gerste Modioi 9 Bohnen Modioi 6
ϰη	ὁ Χοϱτασμένος ϰϱι(ϑά)ϱ(ι) μοδ(ίους) δ΄	28	Chortasmenos (nimmt) Gerste Modioi 4

---

[19] Aus Vat. gr. 1325, fol. 320 (Text 1 der in Anm. 17 genannten Sammlung).

δ +	ὁ Παγκράτ(ης) κρι(θά)ρ(ι) μοδ(ίους) ζ'	4	Pankrates (nimmt) Gerste Modioi 7
ιβ	σιτ(ά)ρ(ι) μοδ(ίους) γ' (νομίσματα) ιβ'	12	Weizen Modioi 3, Nomismata 12
ιη	σιτ(ά)ρ(ι) μοδ(ίους) γ' ἀπὸ τ(ῆς) πόλ(εως)	18	Weizen Modioi 3, aus der Stadt
	ἔδωκ(εν) ὁ υἱὸς τοῦ ἐξάρχου σιτ(ά)ρ(ι) μου(ζού)ρ(ια) ς', (νομίσματα) β', τ(ὸν) Ἀνδρέ(αν) τ(ὸν) Μάγαρ(ον)		Es gab der Sohn des Exarchen Weizen Muzuria 6, Nomismata 2, an Andreas Magaros
κ	κρι(θά)ρ(ι) μόδ(ιον) α' (ἥμισυ), σιτ(ά)ρ(ι) τοῦ Κακαυδηνοῦ μοδ(ίους) ις' (ἥμισυ)	20	Gerste Modioi 1 1/2, Weizen des Kakaudenos Modioi 16 1/2
κζ	ὁ Παγκράτ(ης) κριθάρ(ι) μόδια μ' ἀπὸ τοῦ Ἀνδρ(έα) Μανέτου ||	27	Pankrates (nimmt) Gerste Modioi 40 von Andreas Manetes

Liste 2:
Warentransaktionen (Einkauf, Verkauf, Warenlisten)

(1)	+ ἐδόθη εἰς τὰ σίδη(ρα) στ(ε)ρλίγ(για) ις'	(1)	Es wurden für Eisen 16 Sterlinge gegeben
(2)	καὶ εἰς τ(ὰ) σταμνια ὁποῦ τὰ ἐδιάβασαν εἰς τ(ὴν) Κόρινθ(ον) στ(ε)ρλί(για) δ' (τέταρτον)	(2)	Und für Krüge, die sie nach Korinth brachten 4 1/4 Sterlinge
(3)	καὶ εἰς τ(ὸν) καρφοπέτ(α)λ(ον) (νομίσματα) β' (ἥμισυ?)	(3)	Und für die Hufeisen 2 1/2 (?) Nomismata
(4)	καὶ εστ(ει)λ(αν) τὰ μιλα προ(σ?)κο[......]	(4)	Und sie schickten die Äpfel. . .[20]

[20] Aus Vat. gr. 1245, fol. 44 (Text 22 der in Anm. 17 genannten Sammlung).

(5) + *βαρέλ(ι). ἔχει ἐντὸ(ς) κουρούπ(ια) σινιτικα η΄. ὑέλι<ν>(ον) ἕν κουπ(άρι). κρατ(ή)ρ(ια) ὑέλινα δύο* (darüber: *ἕν*). *κυθρά(ς) γ΄ (καὶ) κουκουμάρ(ιν) α΄*	(5) Ein Faß. Es enthält 8 chinesische tönerne Gefäße. Einen gläsernen Becher. Zwei gläserne Krüge. Drei irdene Töpfe und eine Schüssel
(6) + *σκαφάτζ(ι) ἕν. ἐξεβλήθ(η) ἀπὸ τοῦ σκαφάτζ(ιν) τοῦ ἔχοντος τὰ ὑέλι<ν>α σκουτ(έ)λ(ια) δύο (καὶ) καν(ὶν) α΄, (καὶ) εἰσεβλήθ(ησαν) κρ(α)τ(ή)ρ(ια) ὑέλ(ινα) δύο (καὶ) ξεστ(ὶν) ὑέλινον α΄*	(6) Ein kleiner Behälter. Es wurde aus dem kleinen Behälter, der die Glaswaren enthält, herausgenommen: zwei Teller und ein Gefäß (für Rosenwasser), und es wurden hineingelegt zwei gläserne Krüge und ein gläserner Behälter (für Wasser)[21]

Liste 3:
Einnahmekonten: ein Beispiel für Getreideabgaben[22]

[.....] *σιτ(άρι) μοδ(ίους) δύο (ἥμισυ εἰς Κορδάσ(ας)*	2 1/2 Modioi Weizen für (das Gebiet von) Kordasai
τ(οῦ) Καρυδομύτ(η) ὁ υἱὸς μοδ(ίους) (frei)	Der Sohn des Karydomytes .. Modioi
τ(ῆς) Λειμωνίτισσ(ας) ὁ υἱὸς σι(τάρι) μοδ(ίους) (frei)	Der Sohn der Leimonitissa .. Modioi Weizen
τ(ῆς) Σερβ(ας) ὁ γα(μ)πρ(ὸς) μόδ(ιον) ἕν ἥμισυ	Der Schwiegersohn der Serba 1 1/2 Modioi
ὁ Τζιμισχῦς σι(τάρι) μοδ(ίους) (frei)	Tzymisches .. Modioi Weizen
ὁ Β[ε]λον(ί)τ(ης) (?) *σι(τάρι) μοδ(ίους)* (frei)	Belonites (?) .. Modioi Weizen
ὁ Ζωτ(ικ)ὸ(ς) σι(τάρι) μοδ(ίους) (frei)	Zotikos .. Modioi Weizen

[21] Aus Vat. gr. 213, fol. 121^v (Text 33 der in Anm. 17 genannten Sammlung).

[22] Aus Vat. gr. 96, fol. 229^v (Ausschnitt aus Text 48 der in Anm. 17 genannten Sammlung). Es handelt sich wohl um Einnahmen aus Parökenland.

ὁ Κυρμα(νου)ὴλ σι(τάρι) μοδ(ίους) (frei) εἰς τὰ ραχ(ία)	Kyrmanuel .. Modioi Weizen auf den Bergzügen
τοῦ παπᾶ ὁ υἱὸς μοδ(ίους) (frei)	Der Sohn des Papas ... Modioi
ὁ Φελλύτ(ης) (?) ὁ Ἰω(άννης) μόδ(ιον) ἕν ἥμισυ	Phellytes (?) Johannes 1 1/2 Modioi
ὁ Κόμανο(ς) εἰς Κορδάσ(ας) [.....] (ἥμισυ)	Komanos im Gebiet von Kordasai... 1/2
ὁ Προνοητ(ὴς) μόδ(ιον) α′	Pronoetes 1 Modios
τ(ῆς) Σερβ(ας) ὁ γα(μ)πρ(ὸς) μόδ(ιον) α′	Der Schwiegersohn der Serba 1 Modios
ὁ Χονδίτ(ης) μόδ(ιον) α′	Chondytes 1 Modios
ὁ Ἀλευρομ(άν)τ(ης) (?) σι(τάρι) μοδ(ίους) (frei)	Aleuromantes (?) .. Modioi Weizen
ὁ Μιχάλ(ης) μόδ(ιον) α′	Michales 1 Modios
ὁ Κουτά ὁ ράπτ(ης) εἰς Κορδάσας μόδ(ιον) α′	Kuta, der Schneider, im Gebiet von Kordasai 1 Modios
ὁ Κουκουμ(ᾶς) σι(τάρι) μοδ(ίους) (frei)	Kukumas .. Modioi Weizen

Liste 4:
Ausgabenkonten (Abb. 2)[23]

(1)	+ εἰς τὸ ὀρνίθην	ἄ[σπρα]	γ′	(1)	Für das Huhn 3 Aspra
(2)	εἰς τὰ ὀψάρια καὶ εἰς τὰ λάχανα καὶ εἰς τὸ πεπέριν	ἄσπρα	δ′	(2)	Für die Fische und das Gemüse und den Pfeffer 4 Aspra
(3)	+ εἰς ψάρια	ἄσπρον	α′	(3)	Für Fische 1 Aspron
(4)	+ εἰς λητουργιάν	ἄσπρα	β′	(4)	Für das liturgische Brot 2 Aspra
(5)	+ εἰς λέρὸν	ἄσπρον	α′	(5)	Für den Leros-Fisch 1 Aspron
(6)	+ εἰς κρομήδια	ἄσπρον	α′	(6)	Für Zwiebeln 1 Aspron
(7)	ἐδόθην διὰ πρώτ(ης) καὶ δευτέρας διὰ τοῦ Ματθα[ίου] [ὀ]ψούνην δουκάτα γ′ (καὶ) τουρν(έσια) ς′			(7)	Es wurden zum ersten und zweiten Male 3 Dukaten und 7 Turnesia für die Zuspeise durch Vermittlung des Matthaios gegeben

[23] Aus Vat. Pal. gr. 138, fol. 345v (Text 55 der in Anm. 17 genannten Sammlung). Die Notizen 7–17 sind unter Drehung des Blattes um 180° geschrieben.

(8)	*ἐδόθην εἰς †νινέλιν† εκκλησίας τουρν(έσια) γ´*	(8)	Es wurden 3 Turnesia gegeben für .... der Kirche
(9)	*ἐδόθην εἰς θεριακήν τοῦ Ἀλὸ[...] δουκ(ά)τον διὰ τοῦ Καλληνίκου*	(9)	Es wurde für das Heilmittel des ... ein Dukaten durch Vermittlung des Kallinikos gegeben
(10)	*ἐδόθην εἰς θρίμπο[ν] διὰ τὰς ἐλαίας δουκ(ά)τον διὰ τοῦ Ματθαίου*	(10)	Es wurde für das Bohnenkraut (?) (das man) wegen der Oliven (braucht) 1 Dukaten gegeben durch Vermittlung des Matthaios
(11) +	*εἰς ὀψώνιον διὰ τοῦ Ματθαίου δουκ(ά)τ(α) β´*	(11)	Für Zukost durch Vermittlung des Matthaios 2 Dukaten
(12)	*πάλιν εἰς ὀψώνιον διὰ Κυρίλλου δουκ(ά)τ(α) γ´*	(12)	Wiederum für Zukost durch Vermittlung des Kyrillos 3 Dukaten
(13) +	*ἐδόθη εἰς ὀψών(ιον) διὰ τοῦ Κυρίλλ(ου) δουκ(ά)τα τρία*	(13)	Es wurden für Zukost durch Vermittlung des Kyrillos drei Dukaten gegeben
(14)	*ἐδόθη εἰς κηρὶν δουκ(ά)τα δύο*	(14)	Es wurde gegeben für Wachs 2 Dukaten
(15)	*ἐδόθη εἰς λάψανον δουκ(α)τον α´ (καὶ) ἥμισυ εἰς ἔλαιον*	(15)	Es wurde für die Senfpflanze (?) 1 Dukaten und ein halber (Dukaten) für Oliven gegeben
(16)	*(καὶ) εἰς πινάκια δοκ(ά)τ(ον) α´. ταῦτα διὰ τοῦ Κυρίλλ(ου)*	(16)	Und für Teller 1 Dukaten. Diese (Teller) durch Vermittlung des Kyrillos
(17)	*εἰς ἔλαιον διὰ πρώτ(ης) (καὶ) δευτέρ(ας) τουρνέσ(ια) η´*	(17)	Für Oliven zum ersten und zweiten Male 8 Turnesia

Liste 5:
Geldleihe[24]

(1) + *τὸν Μελαχρην(ὸν) (νομίσματα) ιβ´*	An Melachrenos 12 Nomismata
(2) *τὸν Περισὸν (νομίσματα) β´*	An Perisos 2 Nomismata
(3) *τ(ὴν) παπαδι(άν) (νομίσματα) η´*	An die Frau des Papas 8 Nomismata
(4) *τὸν Καντακουζην(ον) ἄσπρ(α) ν´*	An Kantakuzenos 50 Aspra

Liste 6:
Geldschulden[25]

(1) + *οιτινες χρεοστοῦν τὰ (ὑπέρ)π(υ)ρ(α) τοῦ σιτάρ(ι)*	(Personen) die das Geld für Getreide schulden
(2) *ὁ Καλοφ[ερος] Θε[όδωρος ......]*	Kalopheros Theodoros...
(3) *Νικ(όλαος) ὁ Κυλιώτ(ης) (νόμισμα) α´*	Nikolaos Kyliotes 1 Nomisma
(4) *ὁ Καμαρ[ᾶς .....]*	Kamaras...
(5) *Νίκανδρο(ς) ὁ υἱὸς τοῦ στρατ(ω)ρ(ος) (νόμισμα) α´*	Nikandros, der Sohn des Strator, 1 Nomisma
(6) *ὁ Παυλ(ο)π(ου)λ(ος) (νομίσματος) (ἥμισυ)*	Paulopulos 1/2 Nomisma
(7) *Θαρέα(ς) (νομίσματος) (ἥμισυ)*	Thareas 1/2 Nomisma
(8) *Γε(ώ)ρ(γιος) ὁ τζαγκάρ(ης) (νόμισμα) α´*	Georgios, der Schuster, 1 Nomisma
(9) *ὁ Πασχ(ά)λ(ης) (νομίσμα τος) (ἥμισυ)*	Paschales 1/2 Nomisma
(10) *ὁ πα[πὰς?] Γρηγόριο(ς) (νόμισμα) α´*	Der Papas (?) Gregorios 1 Nomisma
(11) *ἡ Δομαχίνα (?) (νόμισμα) α´*	Die Domachina (?) 1 Nomisma
(12) *ὁ Λεβὰς (νόμισμα) α´*	Lebas 1 Nomisma

[24] Aus Vat. gr. 1882, fol. 159 (Text 71 der in Anm. 17 genannten Sammlung). Der Akkusativ beim Eigennamen deutet (unter Ausfall des Verbums) die Geldleihe an.

[25] Aus Vat. gr. 915, fol. 234 (Ausschnitt aus Text 78 der in Anm. 17 genannten Sammlung). Mit *χρεοστοῦν* im ersten Satz ist die Tatsache der Schuld klar zum Ausdruck gebracht. Inhaltlich handelt es sich um die Adärierung einer Getreideabgabe („die Hyperpyra für Getreide“).

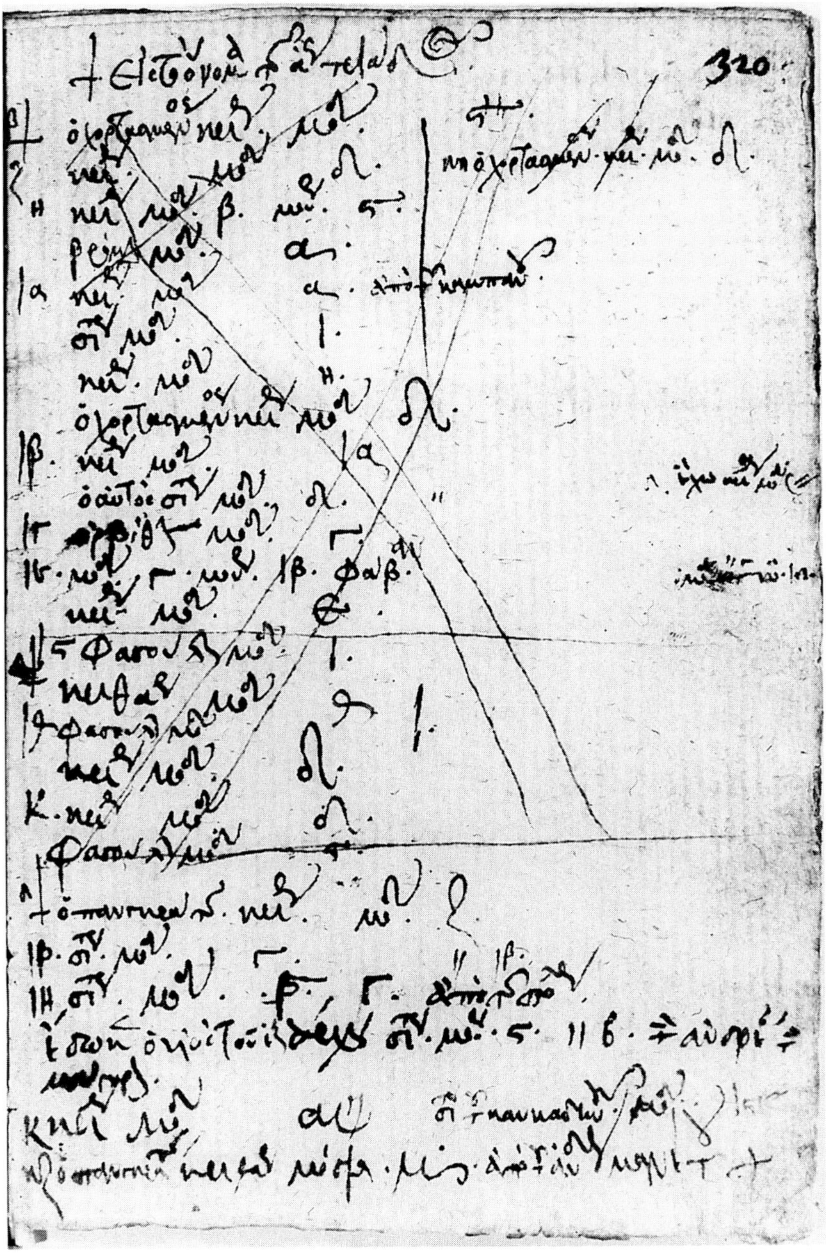

Abb. 1: Byzantinisches Kontobuch, ca. 1360. Biblioteca Apostolica Vaticana, Cod. Vat. gr. 1325, fol. 320 (s. Liste 1).
Photo: Biblioteca Apostolica Vaticana.

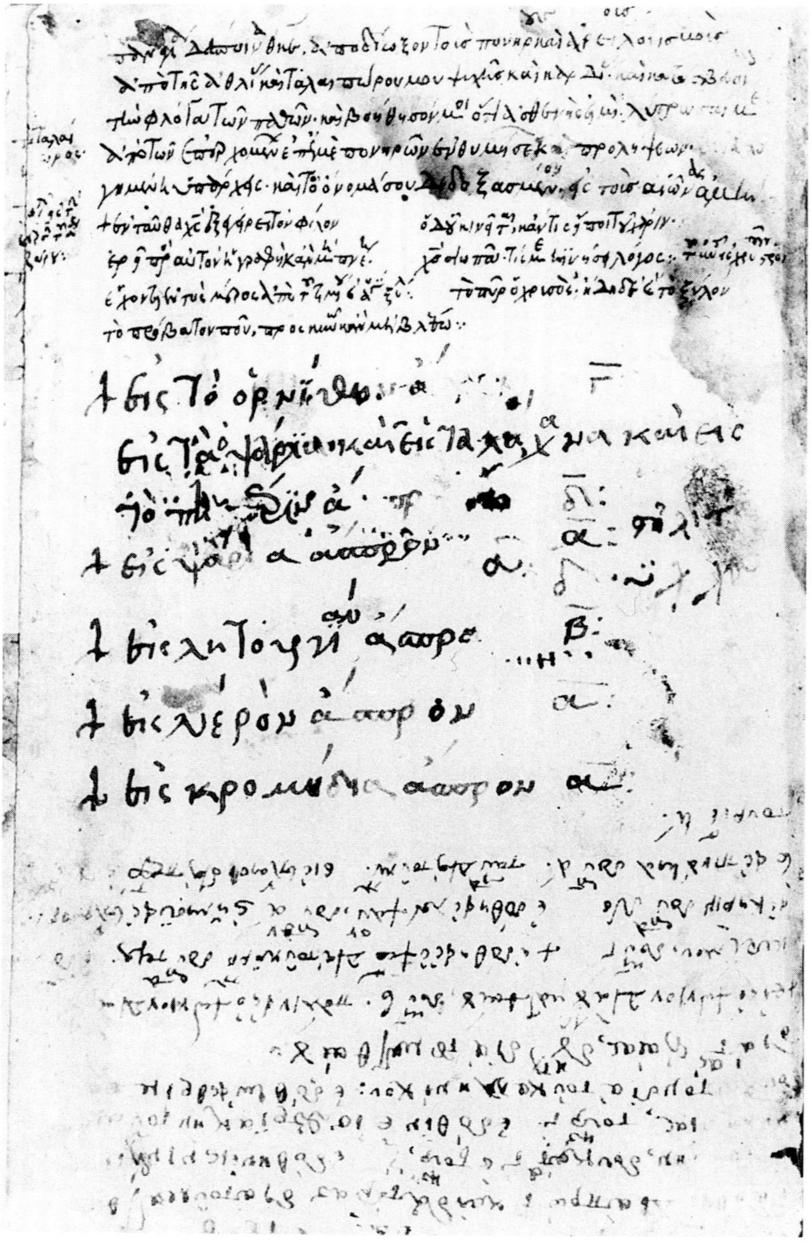

Abb. 2: Ausgabenliste (vermutlich eines Klosters). Biblioteca Apostolica Vaticana, Cod. Vat. Palat. gr. 138, fol. 345 (s. Liste 4).
Photo: Biblioteca Apostolica Vaticana.

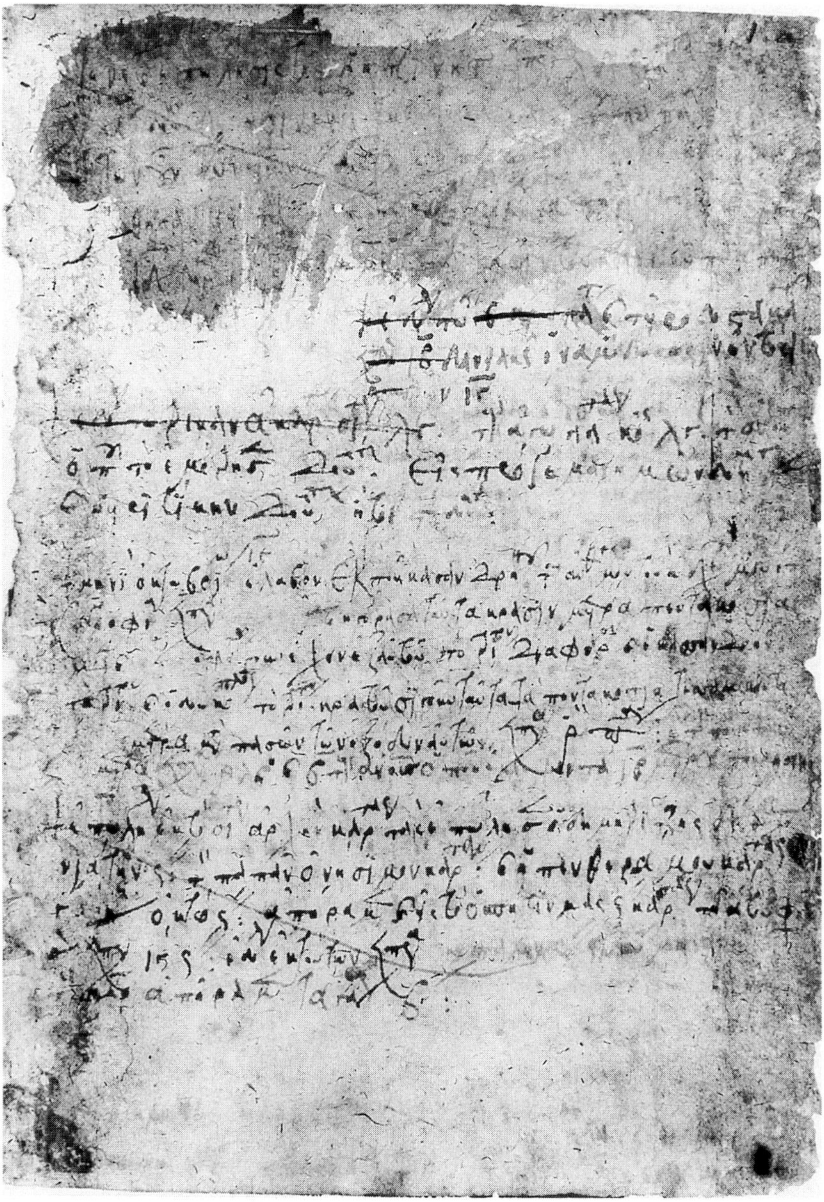

Abb. 3: Teil eines byzantinischen Kontobuchs aus dem Jahr 1356.
Biblioteca Apostolica, Cod. Vat. gr. 1110, fol. 1a (s. Liste 7).
Photo: Biblioteca Apostolica Vaticana.

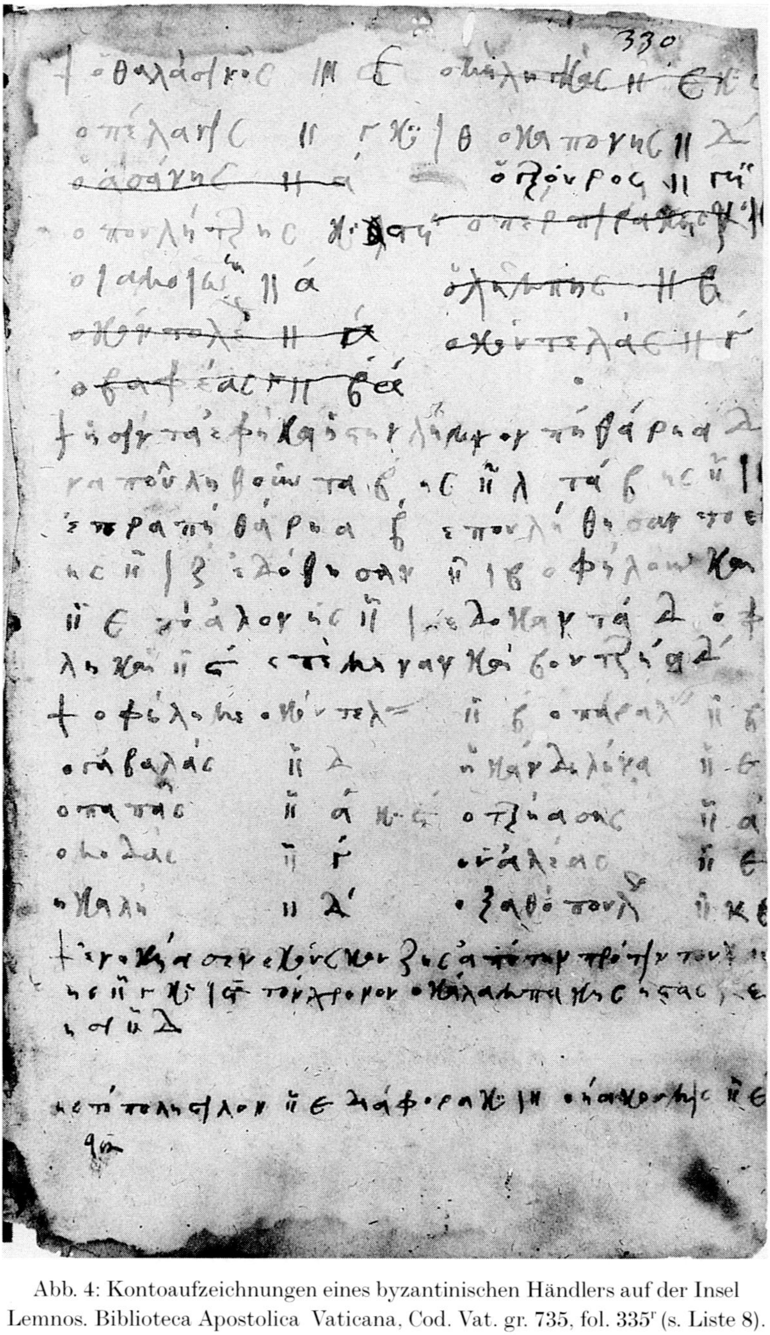

Abb. 4: Kontoaufzeichnungen eines byzantinischen Händlers auf der Insel Lemnos. Biblioteca Apostolica Vaticana, Cod. Vat. gr. 735, fol. 335r (s. Liste 8). Photo: Biblioteca Apostolica Vaticana.

2. Methoden der Rechnungsführung

Beispiele einer exakt sauberen Rechnungsführung, wie sie im 15. Jahrhundert in Oberitalien entgegentritt[26], finden sich weder in den antiken Papyrusdokumenten noch in den spätbyzantinischen Texten und dürfen im Grunde auch nicht erwartet werden. Am häufigsten war (wie auch in der Spätantike und im Westen des 14. Jahrhunderts) das gemischte System verbreitet, in dem kaum eine Trennung der Positionen durchgeführt ist und Aktiva, Passiva, Wareneingänge, Geldleihen und Schulden ohne erkennbare Ordnung nebeneinander stehen. Als Beispiel dafür folgt ein Teilausschnitt aus einem Text vom Jahr 1357 (Abb. 3)[27].

Liste 7:
Gemischte Rechnungsführung

(1) + *ἐγένετο ἡ πώλησις τῆς ῥητζινης (ὑπερ)π(υ)ρα ιδ'. ἐδοϑησαν* [..] *(ὑπερ)π(υ)ρον α' δουκ(ά)τ(α) δ'. εἰσὶν ἐκ τούτων τῶν εἰδ(ῶν) τὰ* (?) ... *τοῦ* [ca. 12 Buchstaben] *ϑ' τῶν οὖν τούτων* ... *(καὶ)* <*ὀ*>*φείλ(ει) τῶν π* [.. ca. 18 Buchstaben] *πελ* [..] *ϑησαν τοῦ* (?) ... [22 Buchstaben] *πῆραν τοῦ* [...] *ιδ' δουκ(α)τ(α)* ... (ca. 10 Buchstaben) *χάριν τοῦ κοφιν(ίου) απ[ὸ τοῦ] [Κ]ορυαρίου δουκ(ά)τ(α) ζ*

(1) Es war der Verkauf des Harzes für 34 Hyperpyra. Es wurden gegeben (dem...) 1 Hyperpyron, 4 Dukaten. Es sind von diesen Produkten...

(2) + *ἐδόϑ(ησαν) τῶ Βαροπάτ(η) (καὶ) Ροδοσταμάτ(η) (ὑπέρ)π(υ)ρα ιβ' δανεικ(ῶς) ἵνα μεταδώσωσιν ἐντὸς ιε'* (?) *ἡμερῶν ιγ'*

(2) Dem Baropates und dem Rhodostamates wurden leihweise 12 Hyperpyra gegeben, damit sie innerhalb 15 Tagen 13 (Hyperpyra) zurückgeben

---

[26] Vgl. Schreiner, *Texte* (wie Anm. 17) 393, Anm. 300.

[27] Aus Vat. gr. 1110, fol. 1[a] (Ausschnitt aus Text 3 der in Anm. 17 genannten Sammlung).

(3) + *ἐδόϑ(ησαν) τῷ Τρικανᾶ κάρτ(αι) σιτ(αρίου) λγ΄, τὰ ἀγώγια κο(κκία) λγ΄, τ(ὸν) ἄν(ϑρωπ)(ον) (?) ὅποῦ τὸ ἐμετρησ(εν) δουκ(ά)τ(ον), εἰς πρόγεμαν ἡμῶν δουκ(ά)τ(ον) (καὶ) <εἰς> μετριτίκην* (sic) *δουκ(ά)τ(ον) ἤτοι ς΄ δουκ(ά)τ(α)*	(3) Es wurden dem Trikanas 33 Kartai Weizen gegeben, Fuhrgebühr 33 Kokkia, dem Diener (?), der das Messen vornahm, 1 Dukaten, für unser Essen 1 Dukaten und für die Meßgebühr 1 Dukaten oder (zusammen?) 6 Dukaten
(4) + *μηνὶ ὀκτωβρίω ιε΄ ἔλαβον ἐκ τοῦ Κασανδρηνοῦ τοῦ αὐϑ(έν)τ(ου) μου, τοῦ ἀδε(λφοῦ) μου, ἐπὶ συντροφία (ὑπέρ)π(υ)ρα* (frei) *(καὶ) ἠγόρασα ταῦτα κρασὶν μέτρα πεντακόσια μ΄ (καὶ) ὀφείλω γοῦν ἔχειν τὸ τρίτον διαφορον (καὶ) ὁ Κασανδρηνὸς τὸ τρίτον (καὶ) ὁ Δουκ(ό)π(ου)λ(ος) τὸ τρίτ(ον). κρατοῦσι γοῦν ταῦτα τὰ πεντακόσια τεσσαράκοντα μέτρα μ(ε)τ(ὰ) πασῶν τῶν ἐξόδων αὐτῶν (ὑπέρ)π(υ)ρα ρπ΄: τ(όν) Π <......> μέτρα (ὑπέρ)π(υ)ρα ρλβ΄ (καὶ) β΄ τοὺς ἀν(ϑρώπ)ους ὁποῦ ἔκλεψαν τὰ ιβ΄ μέτρα τ..ρασιν*	(4) Am 15. Oktober nahm ich von Kasandrenos, meinem Herrn und Bruder, auf der Basis eines Gesellschaftsvertrages ... Hyperpyra und kaufte dafür 540 Metra Wein und an Gewinn soll ich ein Drittel haben und Kasandrenos ein Drittel und Dukopulos ein Drittel. Es machen nun diese 540 Metra mit allen damit zusammenhängenden Ausgaben 180 Hyperpyra aus. An P... Metra (für) 132 Hyperpyra und zwei (Hyperpyra) an die Leute (Diener?), welche die 12 Metra von ... stahlen
(5) + *ἐπωλήϑ(ησαν) ἐκ τὸ σιτ(ά)ρ(ι) ἀρχὴν κάρτας τὰς ἐπώλησ(εν) ὁ Δημητρίτζης δ΄, + Χο νιάτην (ἥμισυ), τ(ὸν) παπᾶν Ὀνήσιμον κάρταν, (καὶ) ἡ πενϑερά μου κάρτους γ΄, (ὁμοῦ) ὀκτὼ (ἥμισσυ). ἀπήραμ(εν) (καὶ) εἰς τὸ ὁσπήτιν μας (ἥμισυ) κάρτας. τῇ α΄ τοῦ φε(βρουαρίου)*	(5) Es wurden vom Weizen verkauft zuerst die 4 Kartai, die Demetritzes (uns?) verkauft hatte, (dann) 1/2 Karta an Choniates, dann 1 Karta an den Papas Onesimos, und meine Schwiegermutter (kaufte) 3 Kartai, zusammen 8 1/2. Wir nahmen auch zu uns 1/2 Karta. Am 1. Febru-

[μη]ν(ὸς) (?) (ὑπέρ)π(υ)ρα ιγ´ (ἥμισυ). ἐδόθ(ησαν) ἐκ τούτων (ὑπέρ)π(υ)ρα (frei). καὶ πάλιν (ἥμισυ) τῷ αὐτῷ μηνί. τ(ὸν) μάρτ(ιον) ἀπήραμ(εν) ταγάρ(ια) β´	ar 13 1/2 Hyperpyra. Es wurden von diesen ... Hyperpyra (ab)gegeben. Und wiederum 1/2 (Hyperpyron?) im selben Monat. Im März nahmen wir 2 Tagaria (Säcke)

Daneben gibt es auch (wenngleich selten) chronologisch geordnete Eintragungen[28] und eine Reihung nach bestimmten Positionen, etwa: Einnahmen, Ausgaben, Schulden – im Text durch ein Kreuz voneinander abgesetzt (Abb. 4)[29].

Liste 8:
Reihung nach Positionen

I	I
(1) + ὁ Θαλασινός (νομίσματα) ε´ (verb. aus: ς´)	(1) Thalasinos 5 Nomismata
(2) ὁ Κεληγκάς (νομίσματα) ε´ κο(κκία) ς´	(2) Kelinkas 5 Nomismata, 6 Kokkia
(3) ὁ Πέλαγις (νομίσματα) γ´ κο(κκία) ιθ´	(3) Pelagis 3 Nomismata, 19 Kokkia
(4) ὁ Καπονης (νομίσματα) δ´	(4) Kaponis 4 Nomismata
(5) ὁ Ἀσάνης (νομίσματα) α´	(5) Asanes 1 Nomisma
(6) ὁ Τζουρος (νομίσματα) γ´ (ἥμισυ)	(6) Tzuros 3 1/2 Nomismata
(7) ὁ Πουλίτζης κο(κκία) ς´ (ἥμισυ), οπέρπιρα (sic) κ´ (ἥμισυ?) κο(κκία) ι [.]	(7) Pulitzes 6 1/2 Kokkia, 20 1/2 Hyperpyra, 1 [.] Kokkia
(8) ὁ Ιακοιω(άνν)ης (sic) (νομισμα) α´	(8) Jakojohannes 1 Nomisma

---

28 Ein Beispiel oben Abb. 1 und S. 123. Die Zahlen am linken Rand sind Tage in einem zwar nicht genannten, aber indirekt erschließbaren Monat (September).

29 Aus Vat. gr. 735, fol. 330 (Ausschnitt aus Text 6 der in Anm. 17 genannten Sammlung).

(9) ὁ Λημπης (νομίσματα) β′	(9) Lempes 2 Nomismata
(10) ὁ Κόντολε(ων) (νόμισμα) α′ (verb. aus: γ′)	(10) Kontoleon 1 Nomisma
(11) ὁ Κοντελὰς (νομίσματα) γ′	(11) Kutelas 3 Nomismata
(12) ὁ Βαφέας (νομίσματα) β′ <κοκκίον> α′	(12) Bapheas 2 Nomismata, 1 Kokkion

II	II
(13)+ ἤσιν τα ἐφήκα ἠς τὴν Λήμνον πήθάρια δ′ να ποῦληθοῦν τα β′ ης (νομίσματα) λ′, τὰ β′ ἡς (νομίσματα) ι[.]. ἐτερα πήθάρια β′ επουλήθησαν, τὸ ε[ν] ης (νομίσματα) ιζ′. ἐδόθησαν (νομίσματα) ιβ′, οφήλουν καὶ (νομίσματα) ε′. τὸ ἀλον ἠς (νομίσματα) ι′. εδικαν τὰ δ′, ὀφ[ειλ]η καὶ (νομίσματα) ς′, επέμηναν καὶ βουτζήα δ′	(13) Es sind 4 Amphoren (Tonnen), die ich in Lemnos ließ, damit die einen beiden für 30 Nomismata, die andern für 1 [.] verkauft würden. Weitere 2 Amphoren wurden verkauft, die eine für 17 Nomismata. Es wurden 12 Nomismata gegeben, und 5 Nomismata bleiben als Schulden. Die andere für 10 Nomismata. Man gab 4 Nomismata und schuldet 6 Nomismata. Es bleiben auch 4 Fässer (zurück)

III	III
+ οφίληκε	
(14) ο Κούτελ(ας) (νομίσματα) β′	(14) Es schuldet Kutelas 2 Nomismata
(15) ο Γαβαλὰς (νομίσματα) δ′	(15) Gabalas 4 Nomismata
(16) ο Παπᾶς (νομίσματα) α′ κο(κκία) ς′	(16) Papas 1 Nomisma, 6 Kokkia
(17) ο Κοδὰς (νομίσματα) γ′	(17) Kodas 3 Nomismata
(18) η Καλή (νομίσματα) δ′	(18) Kale 4 Nomismata
(19) ο Παραλ(ὰς) (νομίσματα) β′	(19) Paralas 2 Nomismata
(20) ἡ Κανδηλήνα (νομίσματα) ε′	(20) Kandelena 5 Nomismata

(21) *ο Τζήασης (νομίσμα) α´*	(21) Tziases 1 Nomisma
(22) *ο Ναλέας (νομίσματα) ε´*	(22) Naleas 5 Nomismata
(23) *ο Ξαθόπουλ(ος) (νομίσματα) κε´*	(23) Xathopulos 25 Nomismata
IV	IV
(24) + *ἐνηκήασεν ο Κούσκουζης ἀπὸ την πρότιν του ...[...] ης (νομίσματα) γ´ κο(κκία) ις´ τὸν χρόνον, ο Κάλαμπακης ης τας κε´, ησι (νομίσματα) δ´*	(24) Es mietete Kuskuzes vom ersten des .... für 3 Nomismata, 16 Kokkia pro Jahr, Kalampakes am 25. (?), macht (?) 4 Nomismata
(25) *εἰς τὸ Πολῃστυλον (νομίσματα) ε´, διάφορα κο(κκία) ιη´, ὁ Ηακουμις (νομίσματα) ε´*	(25) In Polystylon 5 Nomismata, Gewinn 18 Kokkia, Jakumis 5 Nomismata

Eine gewisse Einheitlichkeit des paläographischen Bildes spricht in manchen Fällen dafür, daß solchen „geordneten" Sammelaufzeichnungen separate Listen über Einnahmen, Ausgaben, Schulden u. a. zugrunde lagen, die auch ihrerseits vielfach erhalten blieben[30]. Schließlich gehört es auch zu den Charakteristika der Rechenführung, daß abgeschlossene Vorgänge gestrichen sind[31].

3. Rechnungsweisen im Mittelmeerraum

Bekanntlich kann der Mittelmeerraum in weiten Bereichen als eine kulturelle Einheit gesehen werden, in der sich der gegenseitige Austausch und der Rückgriff auf Traditionen, die bis in den Alten Orient reichen, leichter als in anderen Kulturräumen vollzogen.

An dieser Stelle soll versucht werden, auch das Rechnungswesen unter diesem mittelmeerländischen Gesamtaspekt zu betrachten. Dies fordert die Untersuchung von vier Wirtschaftsbereichen: dem byzantinischen, dem westlichen (überwiegend italienischen), dem arabischen und dem jüdischen. Als Grundlage, aus der heraus sich die vier Bereiche

---

[30] Solche Texte sind ediert in den Abschnitten IV–VI der in Anm. 17 genannten Sammlung.

[31] Siehe Abb. 1, 3 und 4.

entwickelten, muß auch die Rechenführung der spätantiken Wirtschaft mit in Betracht gezogen werden. Ein solcher Vergleich kann hier nur eher als Forderung im großen angemeldet werden, ohne die Details miteinbeziehen zu können, da zahlreiche Materialien noch unediert sind und auch nicht unerhebliche sprachliche Barrieren bestehen.

a) Arabischer Bereich

An ediertem Material liegen bisher nur staatliche Finanzaufzeichnungen vor, die mit byzantinischen Dokumenten gleicher Art aus Ägypten verglichen werden müßten[32]. Die Edition von privaten Handels- und Finanzdokumenten (auf Papyrus) steht erst am Anfang, und eine Auswertung wurde für diesen Beitrag nicht unternommen[33]. Es bliebe auch zu untersuchen, inwieweit mit der staatlichen Expansion und besonders der Durchdringung mit anderen Ethnika (Seldschuken, Mamluken) Änderungen im Rechnungswesen eingetreten sind.

b) Jüdischer Bereich

Für die Rechenmethoden unter jüdischen Händlern finden sich in den Geneeza-Dokumenten mehrere Beispiele[34], doch sind sie (mit der im folgenden genannten Ausnahme) unediert oder unübersetzt.

Das m. W. einzige in Übersetzung zugängliche Beispiel (aus dem hebräischen Fonds der Bodleian-Library)[35] stammt aus dem Jahr 1046. Es handelt sich um eine deutlich in Ausgaben und Einnahmen getrennte Kontoabrechnung – die früheste ihrer Art, die aus dem Mittelmeerraum bekannt gemacht wurde. Sie ist in ihrer Gestaltung wesentlich klarer als die ersten italienischen und byzantinischen Texte dieser Art.

4. Die antiken Wurzeln des byzantinischen Wirtschaftsrechnungssystems und ihre Verbreitung im Mittelmeerraum

Es war oben bereits darauf hingewiesen worden, daß die „ungeordnete“ Wirtschaftsaufzeichnung (ohne Trennung der Positionen) häufig

---

32 Siehe S. LABIB, Art. „Buchhaltung“, in: *Lexikon des Mittelalters* 2 (1983) 834 bis 836. Andere Arbeiten beschränken sich ganz auf den Bereich der Steuereinnahme, etwa C. LEYERER, Die Verrechnung und Verwaltung von Steuern im islamischen Ägypten. *Zeitschrift der Deutschen Morgenländischen Gesellschaft* 103 (1953) 40–69. Weitere Literatur bei SCHREINER, *Texte* (wie Anm. 17) 394, Anm. 305.

33 W. DIEM, *Arabische Briefe auf Papyrus und Papier aus der Heidelberger Papyrussammlung*. Wiesbaden 1991.

34 S. D. GOITEIN, *A Mediterranean Society* 1. Berkeley 1967, 161–164.

35 DERS., *Letters of Medieval Jewish Traders*. Princeton 1973, 278–286.

in spätbyzantinischer Zeit begegnet. In der Struktur nicht anders gestaltet ist eine Aufzeichnung der gleichen Art (auf Papyrus) aus den Ausgrabungen von Nessana in Palästina aus dem 6./7. Jahrhundert[36]. Aus demselben Fundort stammt, in dieselbe Zeit datierbar, eine Liste über den Verkauf von Datteln, welche vor dem Namen des Käufers die Angabe der Tagesdaten trägt (wie oben Abb. 1)[37]. Ein Einnahmenkonto, wiederum aus Nessana[38], führt den Schuldner mit *ἀπό* an: *ἀπὸ Παύλου σιγγουλαρίου νομ. ιγ'* (und weitere Beispiele), vergleichbar einem Eintrag aus dem 14. Jahrhundert:[39] *ἀπὸ τοῦ Βορινοῦ κοκκία ιϛ' ἥμισυ.* Aber auch die Nennung des bloßen Namens im Nominativ, zusammen mit geforderten Geldsummen, begegnet einmal in einem Beispiel aus dem 4. Jahrhundert (*Θέων δηνάρια σ', Ποῦσις δηνάρια χ'* u. ö.)[40] und in einem Beispiel aus dem 15. Jahrhundert (*Θεόδωρος Ραύτης ἄσπρα ζ'* u.ö.)[41]. Besonders charakteristisch ist die Tradierung bemerkenswerter Ausdrücke und Formulierungen von der Spätantike bis zur spätbyzantinischen Zeit. So wird etwa *διά* für den Vermittler im 6. Jahrhundert gleichermaßen wie im 14. Jahrhundert verwendet: *ὁμοίως αὐτοῦ διὰ Ἀλεξάνδρου κοῦκια δ'* und *ἐδεξάμην διὰ τὸν Γορειανίτην δουκάτα ιη'*[42]. Dem Anruf an Gott begegnen wir in drei verschiedenen Bereichen. Ein Papyrus aus Nessana trägt den Titel: *λόγος σὺν Θεῷ πράσεως φυνικίων* . . ., ein byzantinisches Kontobuch als Überschrift auf mehreren Seiten: *εἰς τὸ ὄνομα τῆς ἁγίας τριάδος* und die hebräische Kontoaufzeichnung (in englischer Übersetzung): in the name of the great God[43]. Häufig, doch nicht immer klar im Gebrauch, begegnet in den spätbyzantinischen Rechendokumenten der Ausdruck *ἔχει* für eine Form des Besitzes oder Erwerbs[44]. Ebenso wenig eindeutig ist die Ver-

---

[36] *Excavations at Nessana* 3: *Non-Literary Papyri*, by C. J. KRAEMER. Princeton 1958, 255–256 (Nr. 89). Wir verzichten auf den Abdruck des Textes an dieser Stelle, da er einer ausführlichen Interpretation bedürfte.

[37] Ebd. 271 (Nr. 90).

[38] Ebd. 177 (Nr. 83).

[39] SCHREINER, *Texte* (wie Anm. 17) 37 (Nr. 1).

[40] P. J. SIJPESTEIJN, Small Byzantine Texts. *Zeitschrift für Papyrologie und Epigraphik* 61 (1985) 80 (Nr. 10).

[41] SCHREINER, *Texte* (wie Anm. 17) 227 (Nr. 37).

[42] NESSANA (wie Anm. 36) 271, lin. 11 (Nr. 90); SCHREINER, *Texte* (wie Anm. 17) 85 (Nr. 3/68).

[43] NESSANA (wie Anm. 36) 271 (Nr. 90); SCHREINER, *Texte* (wie Anm. 17) 37 (Nr. 1) u. ö.; GOITEIN, *Letters* (wie Anm. 35) 280. GOITEIN fügt in der Anmerkung hinzu, daß eine solche Überschrift unüblich sei.

[44] Beispiele bei SCHREINER, *Texte* (wie Anm. 17) 390–391.

wendung desselben Begriffs in einem Dokument aus dem Jahr 685[45]. Gläubiger werden in den Kontolisten des 14. und 15. Jahrhunderts bisweilen mit dem Ausdruck *ζήτει* (wörtlich: „suche nach", speziell in diesem Zusammenhang „fordere, verlange von") eingeführt[46]. Im selben Sinn (*ζήτει μητέρα*) trifft man den Terminus bereits in einem Münchner Papyrus aus dem 2. Jahrhundert[47].

Diese Zusammenstellung bot nur eine Auswahl an charakteristischen Rechentermini aus ganz verschiedenen Jahrhunderten und könnte bei einer vertieften Durchsicht der Papyri noch erweitert werden.

5. Der Vergleich mit den italienischen Texten

Die im vorausgehenden angeführten Beispiele weisen auf die genuine Tradierung von Rechenmethoden seit der Spätantike hin[48].

Es läßt sich, wegen der wenigen vorhandenen Texte, sehr schwer nachweisen, inwieweit zeitgenössische Methoden aus anderen Wirtschaftskreisen entlehnt wurden. Am ehesten war dies vielleicht bei der Kontoführung *alla Veneziana* der Fall, bei der Soll und Haben gegenübergestellt werden. Sie taucht Ende des 14. Jahrhunderts in der Toscana unter diesem Namen auf, der natürlich auf ihre Entlehnung in Venedig hindeutet, wo indes kein Beispiel aus dem 14. Jahrhundert vorliegt[49]. Eine damit vergleichbare Rechenmethode begegnet in vier byzantinischen Texten, deren frühester um 1360 entstand, als uns im Westen noch kein Beispiel dieser Art erhalten ist[50]. Mit Ausnahme eines Textes[51] sind alle übrigen im westlichen (venezianischen) Einflußbereich entstanden. Dies läßt die Vermutung zu, daß die Rechenmethode von Italien aus in Byzanz eingedrungen ist. Einen sicheren Beweis gibt

---

[45] NESSANA (wie Anm. 36) 235, lin. 1 und 2 (Nr. 81): *ἔχω ἀπ"Ιωάννου Ἀζαείϑα κριϑῆς μόδια ιβ΄ παρὰ Στεφάνου Ὀδέου καὶ ἔχω παρὰ Στεφάνου Ὀδέου κριϑῆς μόδια λ΄ ἥμισυ, σίτου μόδια ιε΄.*

[46] SCHREINER, *Texte* (wie Anm. 17) 390 und Anm. 291.

[47] *Griechische Urkundenpapyri der Bayerischen Staatsbibliothek München* 1, hrsg. von U. und D. HAGEDORN et al. Stuttgart 1986, 170.

[48] Möglicherweise gehen solche Praktiken in viel frühere Jahrhunderte zurück, doch würden Recherchen an dieser Stelle zu weit führen.

[49] Literatur dazu bei SCHREINER, *Texte* (wie Anm. 17) 393–394.

[50] Es handelt sich um die Texte 9, 10, Appendix II und vielleicht 11 bei SCHREINER, *Texte* (wie Anm. 17).

[51] Ebd. 456–457, vor 1406 geschrieben. Hier stehen allerdings die korrespondierenden Zeilen von Einnahmen und Ausgaben nicht nebeneinander, sondern jeweils untereinander.

es freilich nicht, da bereits die antik-römische Buchführung die Trennung von Einnahmen und Ausgaben kennt[53].

III. Zusammenfassung und Schlussbemerkung

Unsere Kenntnisse über die Rechenarten in Wirtschaft und Handel der Mittelmeerwelt weisen (noch) große Lücken auf. Der Wanderweg der Methoden und die gegenseitige Einflußnahme sind daher auf einer quellenmäßig wirklich gesicherten Basis noch selten möglich. Man kann am ehesten ausgehen von einem breiten spätantiken Substrat, nachweisbar in Papyrusdokumenten, das im byzantinischen und auch im italienischen Bereich weiterlebt und von Juden und Arabern übernommen wurde. Auf dieser Basis haben sich individuelle Eigenheiten entwickelt, vielleicht zuerst in Italien, dem schon im Frühmittelalter eine Handelspräponderanz zukam. Aber erst weitere Quellen und Recherchen werden hier zu klareren Aussagen führen können. In jedem Fall kann das byzantinische Rechnungswesen nur in Zusammenhang mit dem der gesamten Mittelmeerwelt sinnvoll untersucht werden.

---

[52] Siehe dazu die in Anm. 2 genannten Arbeiten von Beigel und Andreau.

DAVID A. KING

ASTRONOMICAL INSTRUMENTS BETWEEN EAST AND WEST*

The astronomical instruments of the Middle Ages offer exciting new possibilities for the history of material culture as well as for the history of many other areas of human activity. They constitute a prime example of the transmission of material culture and the underlying ideas: in the main the various kinds of instruments were Greek in origin, developed subsequently by the Muslims, and then slowly but surely transmitted to or reinvented in Europe. Apparently, only the simplest forms of these instruments were transmitted from the early Byzantine milieu to the Muslims, and only the simplest and earliest forms of Islamic instruments were transmitted to the Latin West. But each category of instruments has a different history, which cannot be written solely from the available manuscript sources. We do well to let the surviving instruments speak for themselves. Many of them have individual histories which contribute to the overall picture.

---

* Acknowledgements: To Prof. Dr. HARRY KÜHNEL and his colleagues in Krems my heartiest thanks for their kind invitation and generous hospitality during the conference. The invitation served a double purpose; it also enabled me to visit various collections in Austria and the South Tyrol during the week after the conference. My thanks go also to Dr. MEINRAD PIZZININI of the Zeughausmuseum in Innsbruck; Dipl.-Ing. KARL SCHWARZINGER of Innsbruck, author of a survey of sundials in Austria; Dr. ALFRED AUER of the Sammlungen Schloß Ambras near Innsbruck; Kustos MICHL RABENSTEUNER of Schloß Prösels near Völs; Pater PAULUS KAIMBACHER O.S.B. and Mag. EDUARD POTOTSCHNIG of the Stiftsgymnasium in St. Paul im Lavanttal; Dr. EVA MARKO of the Landesmuseum Joanneum, Graz; Dr. JOSEPH BRAUNBECK of the Technisches Museum in Vienna; Dr. FRANZ SCHARINGER of the Uhrenmuseum in Vienna; and Dr. RUDOLF DISTELBERGER of the Kunsthistorisches Museum in Vienna. For kindnesses during previous visits to Austria I am grateful to Dr. CHRISTA SVOBODA of the Museum Carolino-Augusteum in Salzburg and Dr. HERMANN MUCKE of the Astronomisches Büro in Vienna.

I. THE STATE OF THE FIELD

Over one thousand astronomical instruments of one sort or another, including globes, astrolabes, quadrants and sundials, survive from the Middle Ages, here generously defined as lasting until 1900 for the Islamic world and to ca. 1550, and occasionally even thereafter, for Europe.[1] An eighteenth-century Maghribi or Persian astrolabe is as "medieval" as one made in tenth-century Baghdad, and a German astrolabe with Arabic star-names or a Russian horary quadrant, both from the eighteenth century, also deserve our consideration as "medieval" instruments. In Europe generally after 1550 a new tradition of instrument-making developed, as attested by the instruments of, say, Humphrey Cole, Erasmus Habermel or the Arsenius brothers, and which included the telescope, but this later tradition lies outside the scope of my study.

The available corpus of medieval instruments represents only a small fraction of those actually made; nevertheless it bears witness to the scientific knowledge and interests of the divers societies in which the instruments were produced. They are often objects of beauty and elegance and reflect contemporaneous local artistic developments. Isolated instruments sometimes tell us just how little we know about the astronomical and artistic traditions from which they evolved. Thus the only surviving Byzantine astrolabe (#2), dated 1062 and made in Asia Minor, is more sophisticated than any Byzantine text on the astrolabe would lead us to believe, and it shows no trace whatsoever of Islamic influence. A spectacular astrolabe made by a leading Muslim astronomer of the tenth century (#111) bears a quatrefoil as decoration, a feature generally thought to be of European origin. The design influenced several later Islamic astrolabes (#3, #5, #2505, #2557 and #2708) and reappears on European astrolabes in the thirteenth century,

---

[1] The instruments mentioned in this paper are referred to in the text by numbers. Details of the instruments are given at the end of the paper. Each medieval instrument has been assigned a number, which I use with the American symbol #. Instruments with numbers up to about 300 are featured in GUNTHER, *Astrolabes*; those with numbers up to 4000 (not consecutively numbered!) are listed in *International Checklist* (currently being updated by LEONARD LINTON). Numbers between 4000 and 9999 have been assigned by the present writer (additional astrolabes 4001–4999, quadrants 5001–5999, globes 6001–6999, sundials 7001–7999, miscellaneous 8001–8999, and fakes 9001–9999). All of the instruments discussed in this paper have been described in the forthcoming catalogue – see note 16.

if not before, as well as thereafter (for example, #162). The earliest surviving European astrolabe (#3042), probably from the tenth century, contains enough information to force us to rewrite the history of the transmission of the instrument to Europe. An astrolabe with geared mechanism from fourteenth-century France (#198) has components which show that the earliest European astronomical clocks were inspired by the astrolabe. A miniature astrolabe (#169), probably from fourteenth-century Italy, attests to a forgotten tradition of making universal astrolabes of a kind not known from any texts.

The purpose of my paper is to present yet more examples of instruments which force a re-evaluation of many issues. It is inevitably rather provocative, and if it arouses interest or controversy I shall be delighted. I know that I am working in a gold-mine, and I shall be happy to share the spoils. There is unexploited material here for scholars from a multitude of disciplines. For the epigrapher there are inscriptions on the instruments in Greek, Arabic, Coptic, Judaeo-Arabic, Hebrew, Persian, Turkish, Armenian, Georgian, Sanskrit, Arabic transliterated in Gothic script with all manner of perversions, Latin of various degrees of sophistication, and old Catalan, French, German and Flemish. There is material for the historian of astronomy, mathematics, geography, technology and art. People possessed astrolabes in the Middle Ages, even if they did not or could not use them. Who made them? How and where were they made? Who owned them? How and when were they used? Were they ever used? We are far from being able to answer these questions, and I shall not deal with them here. It is better to begin with easy questions.

II. WHAT IS AN ASTROLABE?

By now this question will have occurred to some readers. To answer it one has to first consider the celestial globe.[2] The heavens are represented on a sphere which rests in a horizontal frame representing the horizon and is supported by a vertical frame representing the meridian. The axis of the sphere can be aligned so that the configuration corresponds to a specific terrestrial latitude. Rotating the sphere about

---

[2] In this paper I shall not deal with globes. Some 125 Islamic globes have been catalogued in SAVAGE-SMITH, *Islamicate Globes*, and a survey of early European globes is currently being conducted by Dr. ELLY DEKKER (see, for example, her contribution to the *Nuremberg 1992–93 Catalogue*).

its axis shows how the sun and stars rise and set over the horizon and how they culminate on the meridian. But with a standard globe one cannot determine the altitude of the sun and stars above the horizon or measure the passage of time; besides, the necessary additional components would merely clutter the globe. In fact, one needs a handier instrument altogether. There is a story in the Arabic sources that Ptolemy was riding on a donkey with a globe in his hand; he dropped it, the beast trod on it, and the result was an astrolabe.

The astrolabe is a two-dimensional model of the universe that one can hold in one's hands; its heavenly features include a star-map and the ecliptic (called the rete), and its terrestrial features (engraved on various plates) serve specific latitudes or localities.[3] The principal function of the astrolabe is to provide an image of the sky as it would be seen in a given location at any specific time. One determines the altitude of the sun or a given star with the sighting device on the back of the instrument and then sets the mark for the sun on the ecliptic or the selected star-pointer on the rete over the appropriate altitude mark on the plate. The instrument then displays the instantaneous configuration of the heavens with respect to the horizon and meridian of the observer. The astrolabe has obvious applications in timekeeping because rotating the rete over the plate simulates the apparent motion of the heavens about the observer, by which the passage of time can be measured. It also has applications in astrology because one can see at a glance the instantaneous configuration of the ecliptic relative to the local horizon and meridian, by which the astrological houses are defined. Its simplest use is in surveying, for calculating the height of inaccessible objects such as castles or the depth of a well.

Quadrants are mainly of three kinds: the horary quadrant, purely for timekeeping; the astrolabic quadrant, derived from an astrolabic plate and hence serving a single latitude; and the sine quadrant, for trigonometric calculations relating mostly to astronomy. Since an instrument in the form of a quarter-circle has two sides, two different kinds of quadrant-type markings could be incorporated on a single

---

[3] The best introductions to the astrolabe are MICHEL, *Astrolabe*; HARTNER, "*Astrolabe*"; NORTH, "*Astrolabe*"; and *Greenwich Astrolabe Booklet*. For an overview of Islamic instruments see KING, "*Strumentazione*". A useful introduction to medieval European instruments is in POULLE, *Instruments astronomiques*, and the most detailed study is ZINNER, *Instrumente*. See also A. J. TURNER, *Instruments*, and G. L'E. TURNER, *Strumenti*.

piece, or calendrical scales could be added on the back side. The astrolabic quadrant no longer functions as an analogue computer such as the astrolabe; in some regions, notably in Ottoman lands, the quadrant with astrolabic cum trigonometric markings replaced the astrolabe as the most popular instrument.

Sundials enable the user to reckon time from the position of the shadow cast by a gnomon. In the Islamic world a horizontal or vertical sundial became a feature of most mosques of consequence, although, alas, very few medieval examples have survived. Likewise few early non-trivial medieval European sundials have survived.[4] Also portable conical and cylindrical sundials were developed in the Islamic world and transmitted to Europe. In Vienna in the fifteenth century folding sundials evolved, and these became particularly popular in Nuremberg in the sixteenth century.

III. PREVIOUS STUDIES

The state of documentation of these important historical artefacts is catastrophic. The monumental survey of astrolabes by ROBERT T. GUNTHER (Oxford, 1932), still the standard work, has long been out of date, and its numerous errors remain uncorrected. It features but one-quarter of the astrolabes now known, and only about one-tenth of these in reasonable detail. About half of the instruments noted by GUNTHER were Islamic, but he was not an Arabist and was poorly advised by the Arabists at Oxford. Whilst his book is arranged chronologically by region, he began with "Persian astrolabes", most of which are late; the earliest "Arabian astrolabes" are hidden in the text of the book. The mistakes GUNTHER made in assigning general locations to early European astrolabes are actually more serious – they have held back scholarship on this subject for decades. Thus a German astrolabe is described as Italian because it looks nice and because contemporaneous German astrolabes – at least the ones featured by GUNTHER – were "plump und barbarisch". Or, an astrolabe is described as Sicilian because GUNTHER miscalculated the underlying latitude. But his

[4] The popular medieval scratch-dials, found all over Europe and consisting of a semi-circle divided into four, eight or twelve parts, barely qualify as scientific instruments. Yet no pan-European survey of these has been undertaken; such a survey might yield information on their transmission and their purpose, which are still not at all clear.

achievement was remarkable for the time, and we should not forget this. It is not his fault that his work was not continued, corrected or updated.

L. A. MAYER published in 1956 a valuable survey of Muslim instrument-makers and their works, adding much new material unknown to GUNTHER (but giving no descriptions of instruments).[5] In 1956 ERNST ZINNER produced a masterly survey of medieval and Renaissance instruments from the region which is now Austria, Germany, Poland, Belgium and the Netherlands, but his descriptions of individual instruments were inevitably rather short and unsigned instruments were excluded (or often incorrectly attributed).[6] In 1973 DEREK DE SOLLA PRICE took an important step forward by producing a checklist of astrolabes, signed and unsigned. More recently ALAIN BRIEUX and FRANCIS R. MADDISON have produced a repertory of Muslim astrolabe-makers and their works, the publication of which is awaited with anticipation.[7] The work is organized alphabetically by maker (as was MAYER's survey) and individual instruments are briefly described, with emphasis on their inscriptions; unsigned instruments will not be included.

Compared with Islamic instruments, early European instruments have not fared so well. Firstly, most of them are unsigned, so there can be no repertory of their makers. Secondly, they are more varied in style than Islamic pieces and it is often difficult to assign date and provenance. The result is that they have been ignored. Not even national interests have inspired any more recent studies of, say, all medieval or early Renaissance French or German or Italian or English astrolabes. In fact, most historians of astronomy seem to think that when one has seen one astrolabe, one has seen them all. Even popular surveys of the instrument by those most qualified to write about it do not bemoan the state of documentation of the numerous different varieties. Indeed, the history of the astrolabe has been written mainly by scholars who have worked only on the manuscript tradition and, in some cases, without ever properly looking at one.

---

[5] MAYER, *Islamic Astrolabists*.

[6] ZINNER, *Instrumente*.

[7] See PRICE et al., *Checklist*, and BRIEUX – MADDISON, *Répertoire*.

Pl. I (#202): The front of the "Berselius astrolabe", a fourteenth-century Picard astrolabe owned by Paschasius Berselius of Liège in the early sixteenth century. The rete shows various half-quatrefoil frames typical of medieval astrolabes. Courtesy of the owner (photograph courtesy of Christie's of London).

Pl. II (#640): The back of the astrolabe presented by Regiomontanus to Bessarion in 1462. The angel looks over a device for time-keeping in any latitude known as the *organum Ptolemei*. This was invented by the Vienna school of the mid-15th century although the principle on which it is based was known to Ptolemy (ca. 125 A.D.). Photo courtesy of CHRISTIE'S of London and the owner.

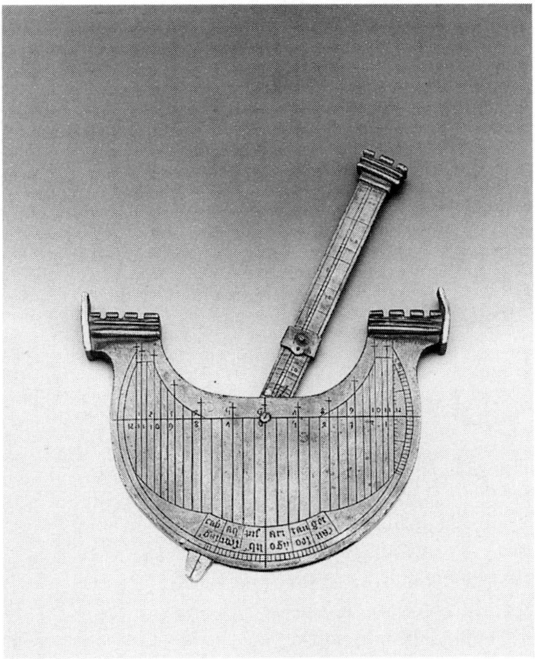

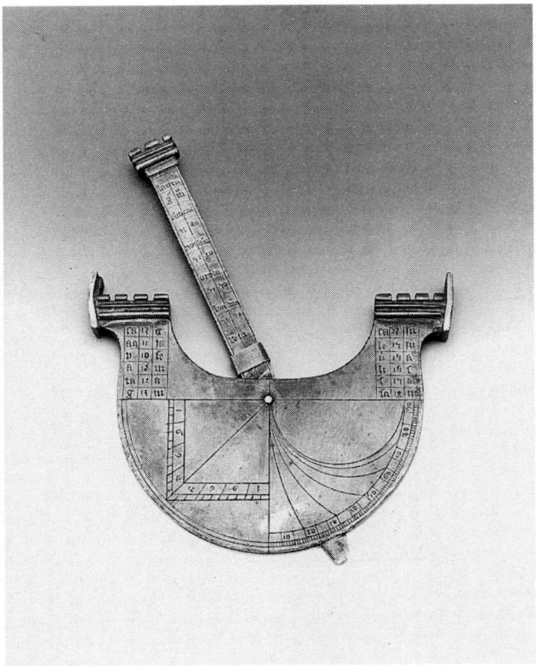

Pl. III a, b (#8537): The front and back of a *navicula de Venetiis,* a highly sophisticated medieval computing device for timekeeping, of which only a few other examples survive (see Brusa, "*Navicelle di Venezia*"). The medieval treatises on the use of the markings on the front of this instrument in Latin and Old English (see Price, "*Little Ship of Venice*") show that the Europeans did not unterstand it, a fact that points to an earlier origin for the underlying principle (later used by Regiomontanus for his universal rectilinear dial). The shadow-squares and universal horary quadrant on the back are known to have been invented in ninth-century Baghdad. Photos courtesy of Sotheby's of London.

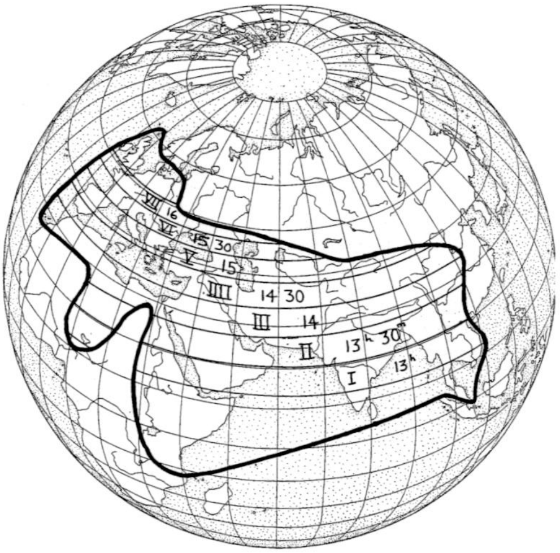

Pl. IV: The climates of antiquity, within the world known to Ptolemy. Their influence in astronomical instrumentation throughout the Islamic and European Middle Ages and the Renaissance is only now being investigated.
Courtesy of a student at Frankfurt University.

Table 1:
The latitudes of the middles of each of the seven climates (defined by the length of longest daylight) tabulated in terms of the changing value of the obliquity of the ecliptic

Climate	Daylight	Obliquity*			
		24°	23°51'	23°35'	23°30'
I	13^h	16 20	16 27	16 39	16 43
II	13^h30^m	23 40	23 49	24 5	24 10
III	14^h	30 10	30 21	30 40	30 46
IIII	14^h30^m	35 50	36 1	36 22	36 28
V	15^h	40 41	40 53	41 14	41 21
VI	15^h30^m	44 49	45 1	45 22	45 29
VII	16^h	48 19	48 31	48 53	48 59

* The Indian value of the ecliptic was 24°; Ptolemy's value was 23°51'; the value of some of the earliest Muslim astronomers was 23°35'; and that of Ulugh Beg (ca. 1425) was 23°30'.

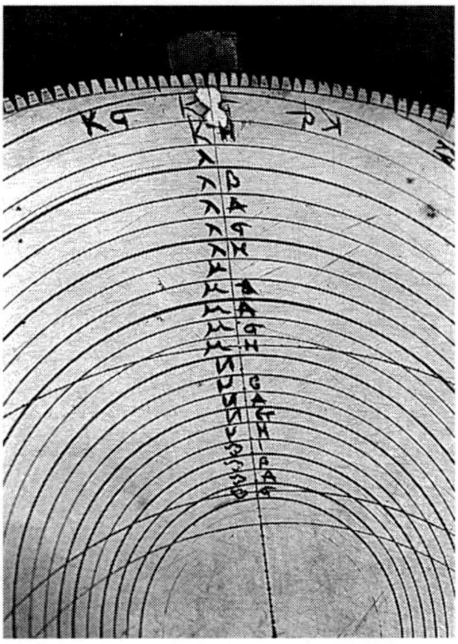

Pl. V a (#4509): Greek alphanumerical notation on a single Byzantine plate found in a composite medieval European astrolabe.
Courtesy of the owner (photograph by the author).

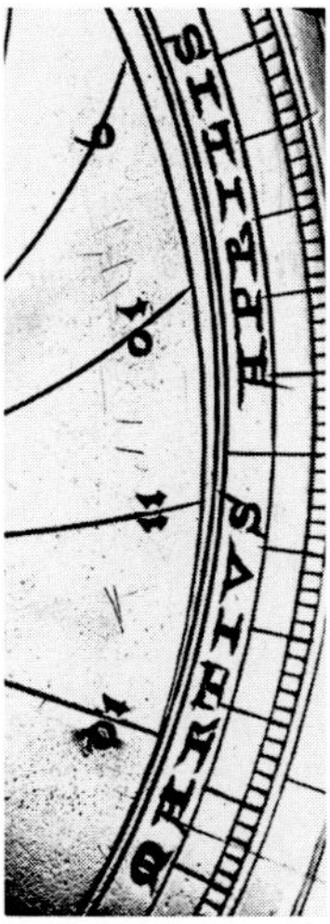

b (#548): On the back of this fourteenth-century Italian astrolabe there are additional markings scratched on by Henricus de Hollandia in Paris in the early fifteenth century and numerals punched on by a German, probably in Nuremberg, in the fifteenth or sixteenth century.
Courtesy of the Germanisches Nationalmuseum (photograph by the author).

c (#4509): Mistakes are of particular historical interest. On this plate from fourteenth-century Italy the maker first engraved the wrong information and then corrected it.
Courtesy of the owner (photograph by the author).

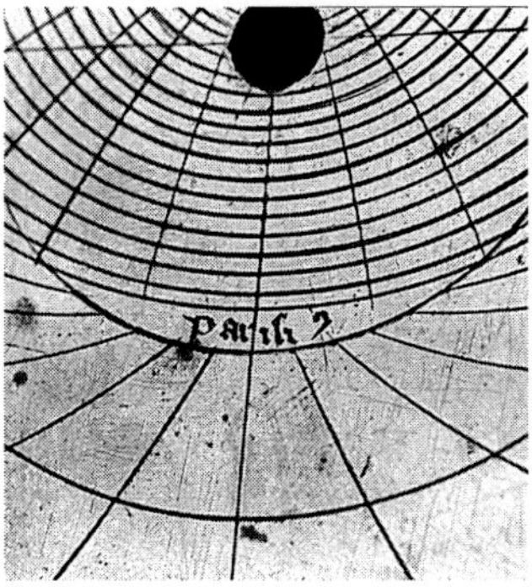

d (#4518): On this plate for a fourteenth-century English astrolabe the maker inscribed Paris on a plate intended for a latitude of ca. 60° serving the Island of Thule.
Courtesy of the owner (photograph by the author).

Pl. VI a (#111): A quatrefoil decoration on the rete of an astrolabe by Ḥāmid ibn Khiḍr al-Khujandī (Baghdad, 984/85).
Courtesy of the owner.

b (#162): A quatrefoil on the rete of one of the earliest surviving European astrolabes.
Courtesy of the Society of Antiquaries, London.

c (#158): A quatrefoil on the throne of a European astrolabe with Hebrew inscriptions.
Courtesy of the British Museum, London.

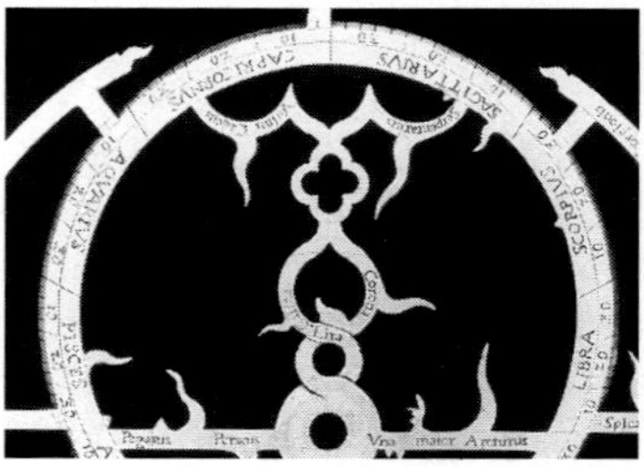

d (#544): A quatrefoil on the rete of an astrolabe by Bernadinus Sabeus, dated 1558.
Courtesy of Columbia University Special Collections.

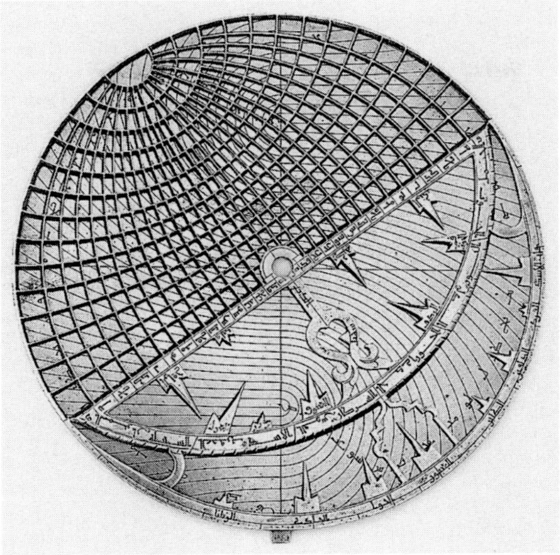

Pl. VII a (#140): The rete and one plate of the most sophisticated astrolabe ever made, which can be used universally, that is, for any terrestrial latitude, in five different ways. The maker was Ibn al-Sarrāj, who worked in Aleppo in the first half of the fourteenth century. Although the universal astrolabe was developed in Spain in the eleventh century and eventually became known in Europe, this instrument represents an independent development from the Andalusian prototype. Courtesy of the Benaki Museum, Athens.

b (#140): A detail of the rete on the universal astrolabe of Ibn al-Sarrāj. Courtesy of the Benaki Museum, Athens.

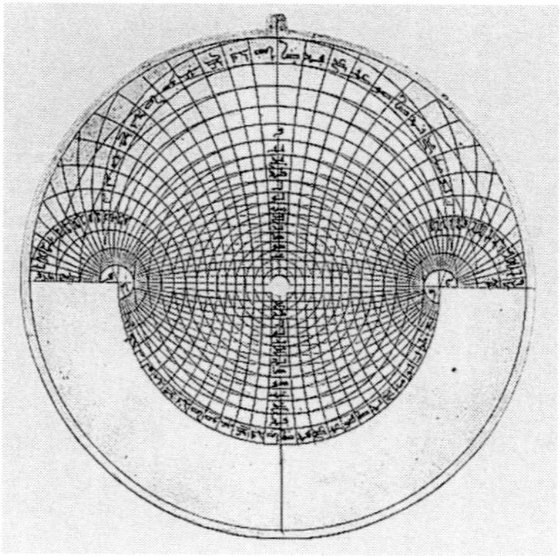

Pl. VIII a (#1203): The universal plate of Ibn Bāṣo of Granada ca. 1300, a highly ingenious device of considerable sophistication which has only recently been studied (see CALVO, *"Ibn Bāṣo's Plate"*).
Courtesy of the owner.

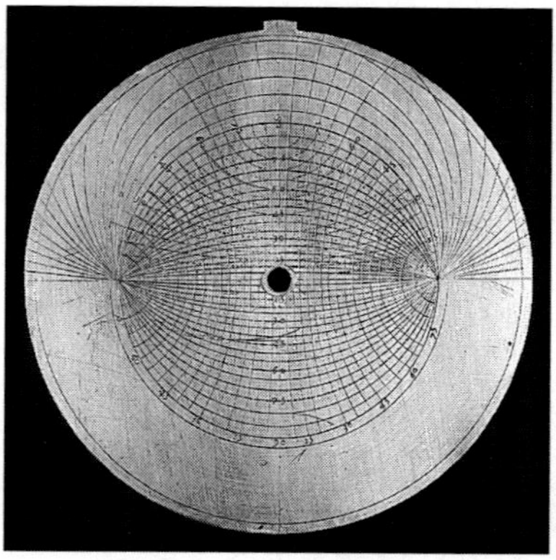

b (#545): A most unusual plate from a late-fifteenth-century astrolabe from either Vienna or Nuremberg. Only recently (see CALVO, *"Ibn Bāṣo's Plate"*) has it been realized that European astronomers had also developed a plate along the same lines as that of Ibn Bāṣo ca. 1300. This is the only known European example.
Courtesy of Columbia University Special Collections.

Pl. IX a (#202): Detail of the back of the fourteenth-century Picard astrolabe with month-names in Picard dialect and all numerals in ciphers.
Courtesy of the owner (photographs by the author).

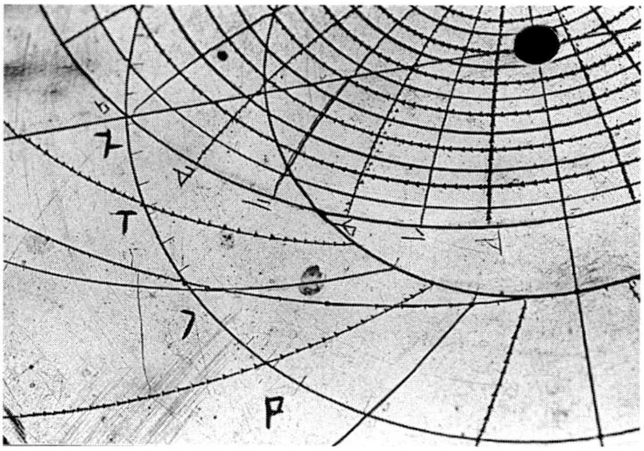

b (#202): Detail of a plate of the same astrolabe showing numerals in ciphers.

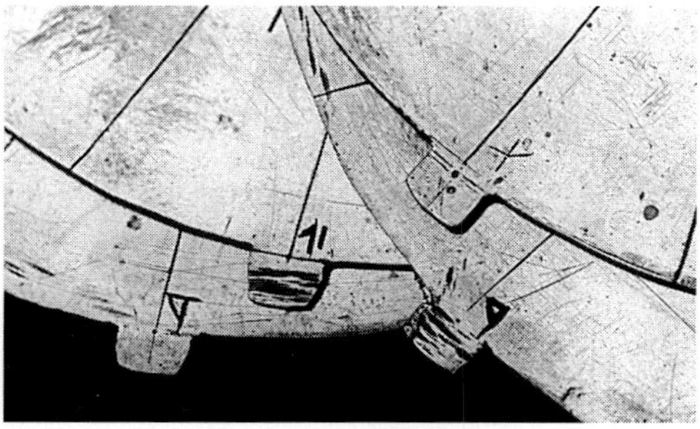

c (#202): Detail of the latitudes engraved on the plates of the Picard astrolabe.

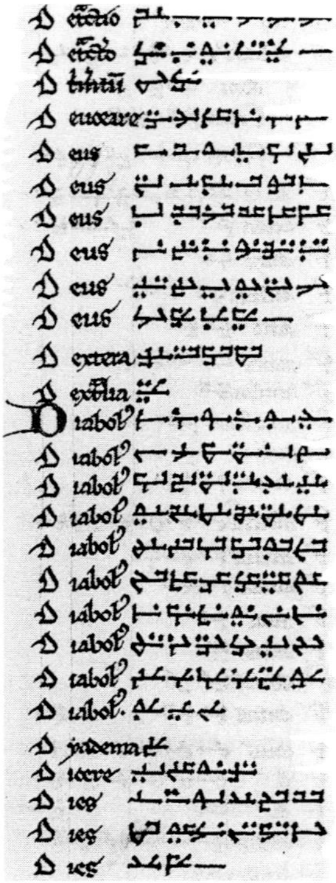

Pl. X a: Ciphers used in the index of a late-thirteenth-century Cistercian manuscript. These are of a different, earlier variety than those on the Picard astrolabe.
From MS Brussels BR II.1051, courtesy of the Bibliothèque Royale.

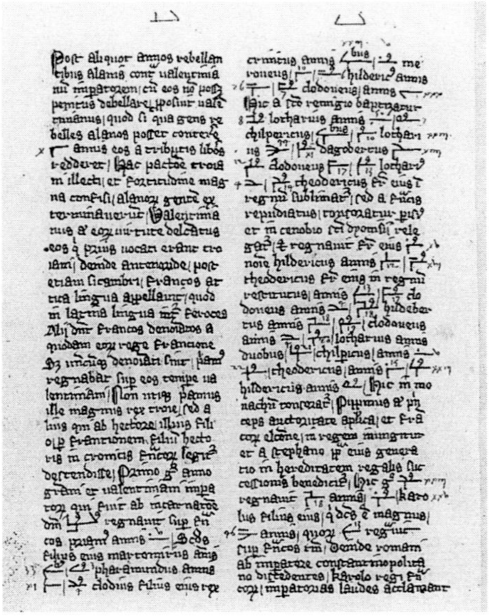

b: Horizontal ciphers used in a fifteenth-century French Cistercian manuscript of the "Chronica" of Martin of Troppau called Martinus Polonus.
Taken from MS Turin B.N. 1056 (G-IV-26), courtesy of the Biblioteca Nazionale.

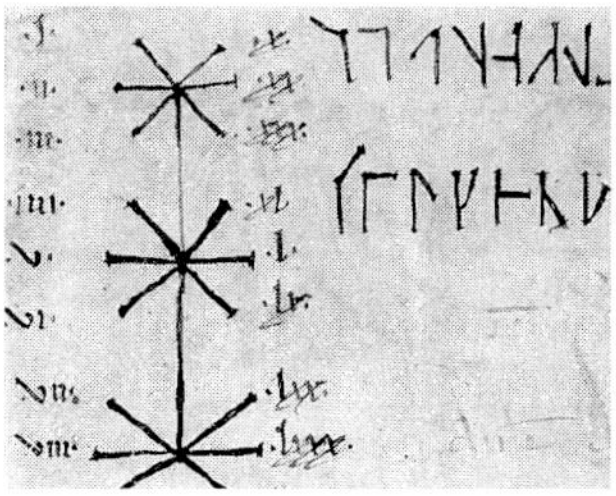

Pl. XI a: The ciphers of John of Basingstoke, reportedly brought from Athens in the first half of the thirteenth century. The first row represents the ciphers for 1–9, the second those for 10–90. When combined on a single vertical stem these ciphers can represent any number from 1 to 99. Taken from MS Cambridge, CCC, MS 468, fol. i[v], courtesy of Corpus Christi College.

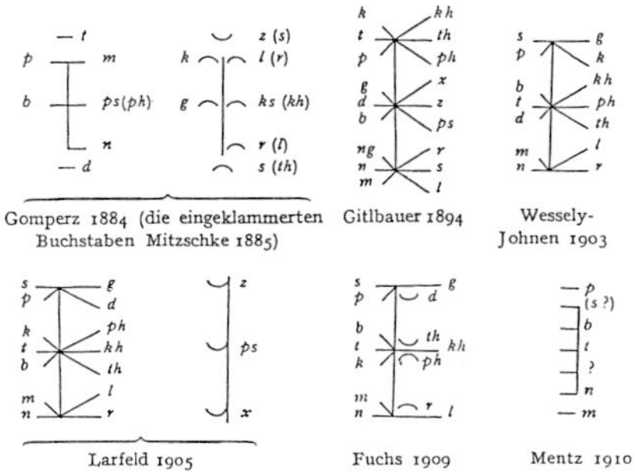

b: Various interpretations of the shorthand code recorded on the Acropolis stone (fourth century B.C.). Taken from Johnen, *Geschichte der Stenographie,* p. 116.

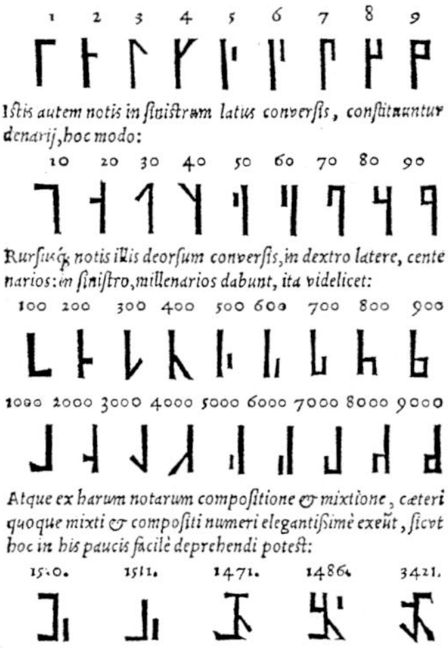

1 2 3 4 5 6 7 8 9

Iſtis autem notis in ſiniſtrum latus converſis, conſtituuntur denarij, hoc modo:

10 20 30 40 50 60 70 80 90

Rurſusq; notis illis deorſum converſis, in dextro latere, centenarios: in ſiniſtro, millenarios dabunt, ita videlicet:

100 200 300 400 500 600 700 800 900

1000 2000 3000 4000 5000 6000 7000 8000 9000

Atque ex harum notarum compoſitione & mixtione, cæteri quoque mixti & compoſiti numeri elegantiſſimè exeũt, ſicvt hoc in his paucis facilè deprehendi poteſt:

1510. 1511. 1471. 1486. 3421.

c: The vertical French ciphers, as found on the Picard astrolabe, recorded by Agrippa of Nettesheim in his “De occulta philosophia” (Lib. II, Cap. XIX). The ciphers could not survive in the new world of the printed book; already Agrippa's printer could not print them properly.

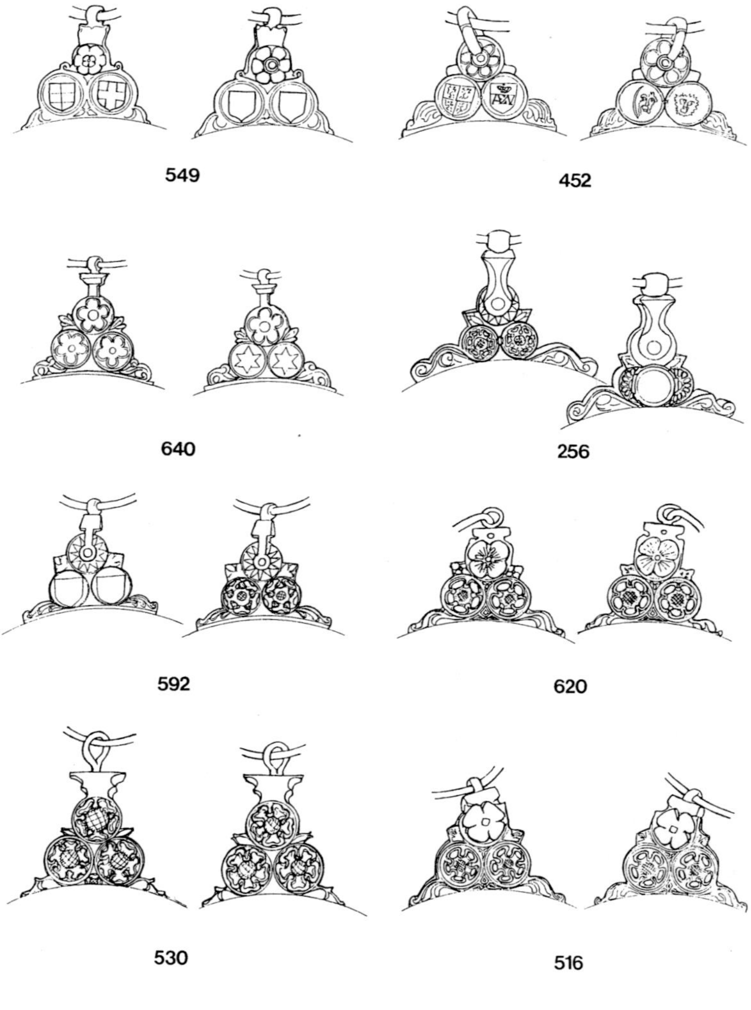

Pl. XII: Details of the thrones of various astrolabes from the fifteenth-century Vienna school.
Drawn by HELEN WALDMAN.

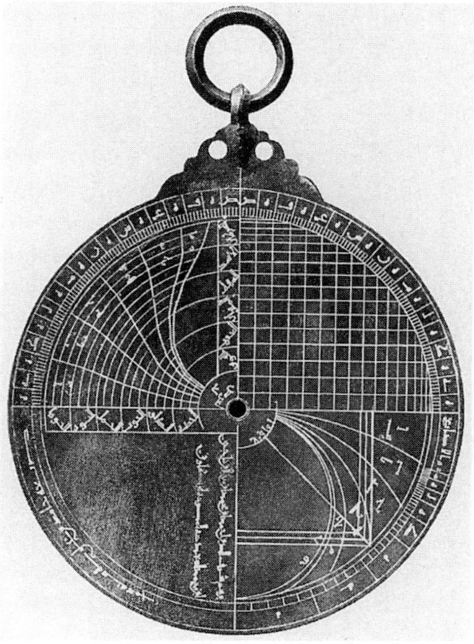

Pl. XIII a (#100): An horary quadrant for the latitude of Baghdad (upper left) on an astrolabe by Ḥāmid ibn ʿAlī al-Wāsiṭī, dated 959. There is also a universal horary quadrant for the seasonal hours (lower right) and a trigonometric grid (upper right). The instrument has been stolen from the Museo Nazionale di Palermo, and no better photographs are available. Taken from CALDO, *"Astrolabi"*.

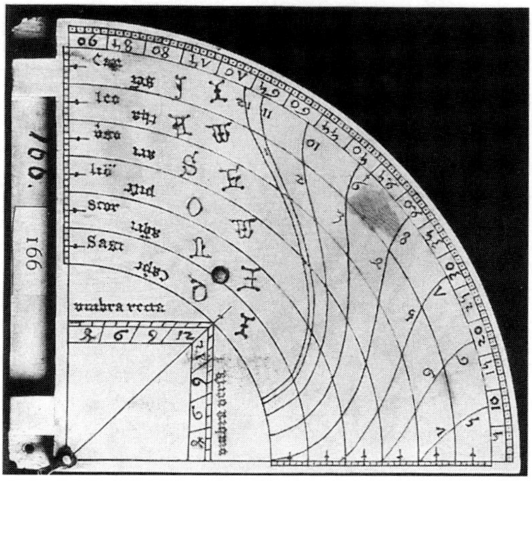

b (#5510): A Viennese horary quadrant dated 1438. Courtesy of the Kunsthistorisches Museum, Vienna.

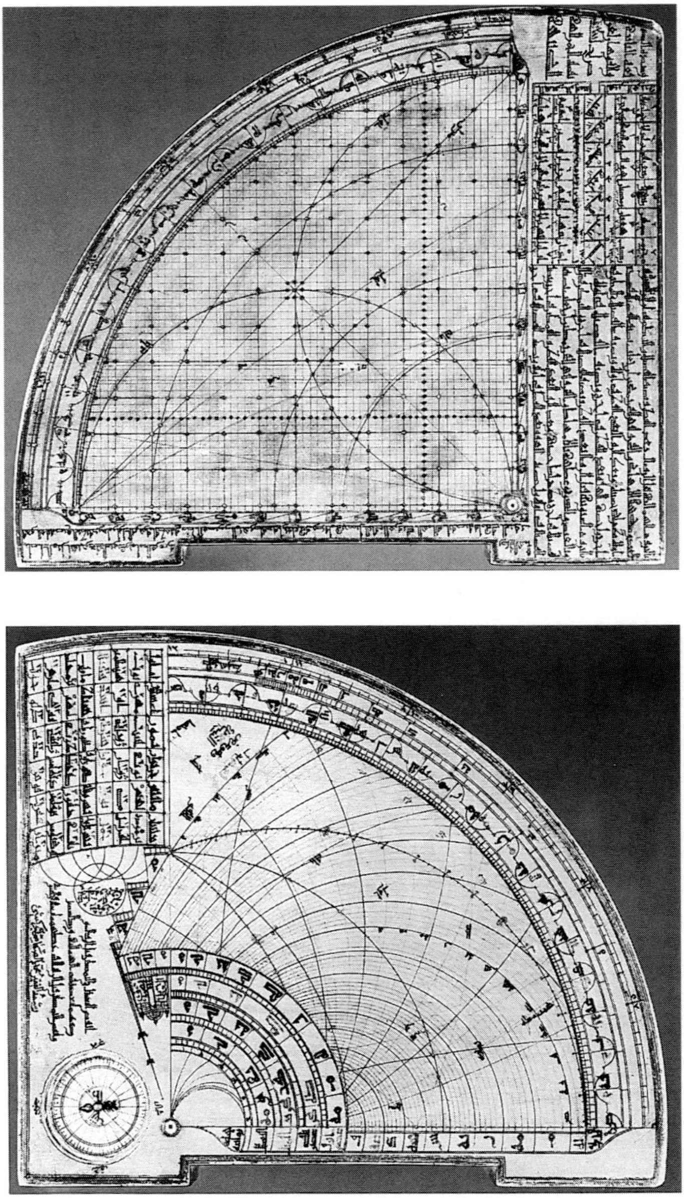

Pl. XIV (#5012): A quadrant made in Damascus about 1800. The makings on the front are essentially half of an astrolabic plate for the latitude of that city. Those on the back represent the culmination of a millennium of activity in the graphical solutions to problems of spherical astronomy which started in Baghdad in the early 9th century.

Photos courtesy of Mr. LUIS MARDEN, Washington/D.C., and the owner.

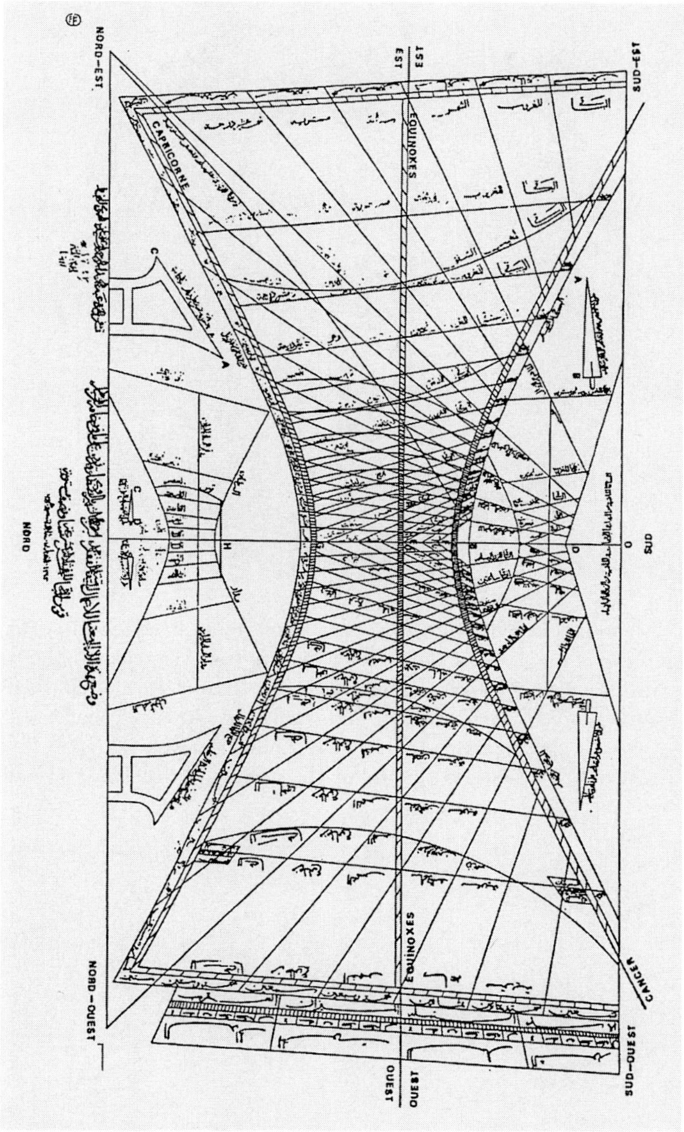

Pl. XV (#7319, after #7318): A nineteenth-century copy of the sundial constructed in 1371 by the astronomer Ibn al-Shāṭir for the main minaret of the Umayyad Mosque in Damascus. The markings enable the user to read the time of day in seasonal or equinoctial hours relative to each of the five astronomically-defined times of Muslim prayer.

Photo courtesy of the late ALAIN BRIEUX, Paris.

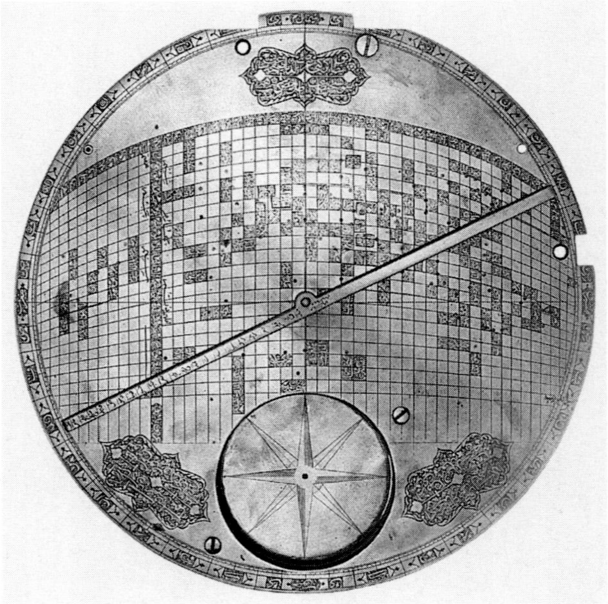

Pl. XVI a (#8024): A highly sophisticated cartographical grid from Isfahan, ca. 1710. The *qibla* of any locality can be read directly from the scale around the grid, and the distance from Mecca from the scale on the diametral rule. The instrument shows no trace of European influence and is entirely within the medieval Islamic mathematical and cartographical tradition.
Courtesy of the Museum of the History of Science, Oxford, and the owner.

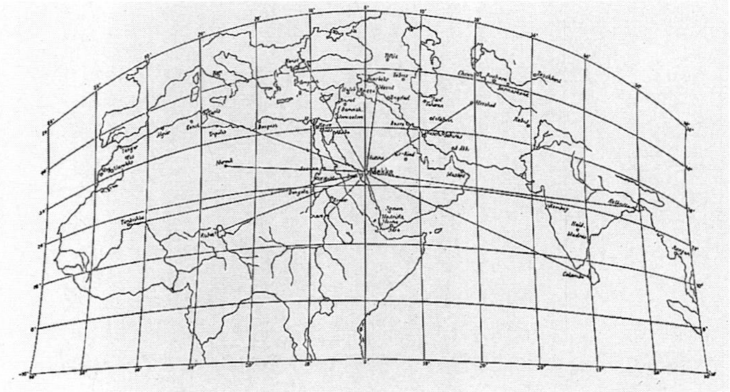

b: A cartographic grid developed in the 1920's by the German historian of Islamic science CARL SCHOY. The grid preserves directions towards Mecca and distances from Mecca.

IV. Quadrants

There are no surveys at all of medieval quadrants or sundials. The quadrant in particular has suffered from distortions of its history which have percolated through the literature. Two examples: Firstly, the horary quadrant with and without cursor, popular in medieval Europe, is an Islamic invention of the ninth century, not a European development. No Islamic examples with cursors have survived, but the texts do. Secondly, the *quadrans novus* of Prophatius, popular in medieval Europe, is a bastardized version of this instrument; it bears no relation to the astrolabic quadrant as is often stated in the literature. The astrolabic quadrant was developed not by Prophatius, but in the Islamic world during the eleventh or twelfth century. The quadrant for trigonometric calculations, one variety of which is the precursor of modern graph-paper, is likewise an Islamic invention, the first examples of which are described in texts from ninth-century Baghdad. Very few adequate descriptions of Islamic or European quadrants have been published.

V. Sundials

Islamic sundials still in situ have suffered a neglect far worse than that which has afflicted the buildings they once graced.[8] European sundials have been blessed by a painstaking survey by Ernst Zinner (1964), arranged, however, alphabetically by location.[9] The medieval ones have to be carefully extracted from his writings and documented afresh. Many have suffered neglect and incompetent restoration. A sundial dated 1487 was rediscovered by the present writer and his wife in Schloß Prösels near Völs in the South Tyrol the week after the Krems conference. Zinner and his wife did not see it decades ago because it was under the roof of a nineteenth-century extension to the Castle.[10] But many of the medieval sundials which Zinner did see in the thirties, forties and fifties alas no longer look as they did then. Portable sundials are fortunately now mainly in museums, and but for a splendid

[8] See the summary in my article "Mizwala (sundial)," in: *Enc. Islam*, VI, pp. 210–211.

[9] Zinner, *Sonnenuhren*. A recent survey of sundials in Austria is in Schwarzinger, *Sonnenuhren*.

[10] See Zinner, *Sonnenuhren*, p. 161.

overview of the sixteenth-century Nuremberg sundials,[11] the state of their documentation is so poor that, for example, the mid-fifteenth-century Vienna sundials are generally regarded as fakes. At least eight out of the ten known pieces are genuine. (I have not yet been able to inspect the other two.)

The major collections of medieval instruments are in Oxford, London, Greenwich, Florence, Washington, Nuremberg, Munich, Chicago, Paris, Istanbul and Cairo. Only catalogues of the Washington collection[12] and the Nuremberg collection[13] have been published. Another for the Chicago astrolabes is being prepared for publication. Otherwise, none of these major collections has been catalogued, a situation particularly serious for Oxford, which houses the largest collection in the world. Catalogues on a national level, featuring all of the instruments in one country, exist only for Spain (by S. GARCÍA FRANCO).[14] Smaller, but important collections are in Rockford, Illinois (catalogued by ANTHONY J. TURNER, but the collection is now being dispersed);[15] Cracow (catalogued by the present writer but still unpublished); and Milan (catalogued by TULLIO TOMBA). Numerous astrolabes are in private collections; some owners will provide access and photographs, others, less enlightened, will not. Not all museums will provide photographs. In some museums the situation borders on the hopeless: the present writer was actually refused permission to catalogue the Cairo collection in January, 1993.

In addition to this general situation it should be mentioned that some of the most visually and technologically spectacular and historically important instruments have never been published. Several of these deserve to be published in the minutest detail; all instruments merit more than the one line the astrolabes get in the *International Checklist*, and at least a basic description or comparison with others from the same workshop.

---

[11] See GOUK, *Nuremberg Sundials*. This is a model study of all aspects of the production of these pieces, the first of its kind, dealing with questions: who made them, for whom were they made, how were they made, how were they used, etc.

[12] See *Washington NMAH Catalogue*.

[13] See *Nuremberg 1992–93 Catalogue*.

[14] See GARCÍA FRANCO, *Astrolabios*.

[15] See *Rockford TM Catalogue*, which has valuable introductory sections providing historical overviews.

VI. New approaches

Historical scientific instruments indeed demand the same kind of respect as manuscripts and incunabula. They call out for attention to their basic design (equivalent to the text, literary style and geographic milieu) as well as to details like inscriptions (author, location, date and title), special markings (colophon, copyist and script), scales and numeral forms (foliation, chapter titles, indexing), and not least additional markings, replacement parts and repairs (marginalia, flyleaves, binding, owner's marks). Too often amateurs have been given free rein in the delicate field of historical instruments, often with disastrous consequences. Also, one cannot work on these instruments from photographs alone; one has to hold the instrument in one's hands, take it apart, look carefully at the engraving and the markings. This is no armchair science. The information provided by the instruments themselves should always be viewed in the light of that which can be extracted from contemporaneous texts, the documentation of which also leaves much to be desired.

In an attempt to remedy the unhappy state of basic documentation of medieval instruments I have begun to prepare a critical catalogue of all surviving examples.[16] A large proportion of the earliest instruments (Islamic and European to ca. 1500) have now been inspected at first hand. Descriptions are being prepared that are as detailed as is feasible. Also, where possible, related texts are being consulted. The preparation of this catalogue has already revealed a wealth of new information on medieval instrumentation. The first phase of the project (1989–1992) produced a preliminary draft of 3000 pages; the second phase (1992–1994), funded by the German Research Organization, will attempt to move closer to the first goal, namely, to produce a publishable version for the earliest instruments (Islamic and European to ca. 1500). Progress is hampered by the fact that many museums are incapable of producing even the most commonplace of photographs necessary for the eventual publication, and such pictures often fail to reveal some of the most important features anyway. The preparation of photographs of significant details is now a standard part of the cataloguing procedure, at least in those collections where photography is allowed. With one or two notable exceptions all museums have been extremely cooperative with the project to date.

[16] See King, "*Report,*" for details.

Inscriptions, star-names, geographical latitudes and localities, variants for names of zodiacal signs and months, must all be recorded and eventually indexed. The star-names featured on instruments, for example, provide a vast corpus of data extending far beyond that in the manuscript tradition so laboriously documented by Prof. PAUL KUNITZSCH of Munich.[17] Prof. KUNITZSCH is graciously assisting the project. Unusual Latin or vernacular month-names have already served to identify the provenance of several items. We have astrolabes with Catalan month-names, nay, month-names in the Catalan dialect of Valencia, and others with Old French month-names, or rather, month-names in the dialect of Picardy and another more difficult to pin-point. KURT MAIER of Frankfurt, assistant to the project and versed in Romance linguistics as well as Arabic and Islamic Studies, was able to pin-point the provenance of these examples. An English astrolabe preserved in Innsbruck bears the following place-names and latitudes on the plates:

Londonie	(London)	51°34′
Northāptō	(Northampton)	52°50′
Eborac⁹	(York)	53°40′
Nouūcastrū	(Newcastle)	55° (?)

What does this information tell us? Alas there is no index of medieval European geographical coordinates analogous to the one available for Islamic coordinates[18] to which one can turn in order to identify a textual source for this information; it is to contemporaneous English astronomical texts that we should turn, but here again the state of documentation is deplorable. However, other medieval English instruments feature some of these distinctive latitude values (#4521 and #4545). It is clear that some medieval astrolabists had only a vague idea of what they were doing: two English astrolabes (#299 and #4518), otherwise quite respectable pieces, both name Paris on a plate intended for Thule, an island thought to be north of the British Isles.

An Italian astrolabe (#169, misidentified by GUNTHER as Sicilian) serves a single latitude 24°, so that the instrument could be used, for example, in Aswan. It is therefore useless in Europe from a practical point of view, but it nevertheless has a message for us: 24° is also the

---

[17] See KUNITZSCH, *Sternverzeichnisse*, and numerous other publications by the same author.

[18] See KENNEDY – KENNEDY, *Geographical Coordinates*.

latitude of the second of the seven climates of antiquity. Greek astrolabes had seven sets of geographical markings for the climates (progressing non-uniformly from 16° to 48°), thus making the instruments "universal". Whilst the earliest Islamic astrolabes had the same seven sets, a trend developed to produce plates for integral latitudes corresponding to a series of localities from Spain to Central Asia or for latitudes serving specific locations. The earliest European astrolabes, however, were by no means representative of the developments which had taken place in the Islamic East. So they recommenced with the climates, often in disguise. This Italian astrolabe (#169) was copied from another probably fitted with plates for all of the climates. When any European astrolabe has a series of plates for latitudes between the Yemen and Northern France or Germany this generally means that the climates underlie the plates. But the latitudes of the climates changed slowly as a result of the decreasing value of the obliquity of the ecliptic; astrolabe plates often reflect these small changes. Invariably tradition reigned supreme. When on the plate of a late Persian astrolabe the length of longest daylight is stated alongside the latitude, this has usually been calculated using the Ptolemaic value of the obliquity (23°51′) rather than the parameters of the early Muslim astronomers (for example, 23°35′) or even contemporaneous ones (23°30′). Alternatively, the latitude of the locality may have been calculated from the assumed (often erroneous) length of maximum daylight. For example, some Byzantine astronomers used 41° for the latitude of Constantinople (which happens to be reasonably accurate), but the latitude was not measured; rather it was rounded from the latitude of the middle of the fifth climate. Others used 45° because they thought their metropolis was in the middle of the sixth climate!

In the new catalogue it is proposed to provide graphic indexes of the shape of throne (the protrusion at the top of the disc), star-pointers and significant decorative features, and also of numeral and epigraphic forms. With these to hand it will become clear, for example, that (but not necessarily how) the quatrefoil design was transmitted from Islamic to European astrolabes. Another example: The thrones of the astrolabes of the three generations of the Kirmānī family, active in Iran in the fourteenth century, all share the same feature; one that does not is a fake. Yet another: The numeral forms on the dates of some of the dated astrolabes of the fifteenth-century Vienna school are very similar to those on the scales and dates of the portable sundials from the same school, so similar, in fact, that they must stem from the same person.

VII. Some surprises

Some preliminary results are surprising. The star-pointer for Vega shaped like a bird and common on late Eastern Islamic astrolabes has invariably been thought to be an Islamic contribution, the star being called *al-nasr al-waqi'*, "the falling eagle", in Arabic. But the star-pointer for the same star, Lyra in Greek, is in the form of a bird on the Byzantine astrolabe of 1062. It is also in the form of a bird on a copy of the oldest known Islamic astrolabe (#3702), the original of which is dateable to about 800 and modelled after the simplest early Byzantine variety of astrolabe. (The lyre of the Greek constellation Lyra was held in the beak of a bird.) But no surviving Islamic astrolabes from the next few centuries, not even those with other zoomorphic features on the retes (for example, #111), feature the bird. Muslim astrolabists in the ninth century clearly abandoned the bird; a few centuries later the Byzantine bird was reintroduced.

The frames on astrolabe retes were originally designed to accommodate star-pointers of a reasonable length. However, as a result of the precessional motion of the stars, the shapes and arrangements of the various components were modified from time to time because a rete produced in an old style would have some pointers disproportionately long or short. A new design was then introduced to solve this problem. If a quatrefoil or trefoil appears on a rete without a star-pointer attached this means that it is late in the tradition of that particular rete model.

The star-name Vega has lost the definite article of the Arabic name *al-waqi'* as well as the component *al-nasr*. But Altair, from *al-nasr al-ṭa'ir*, "the flying eagle" has retained the article. The reason is found in the positions of the stars on the astrolabe rete relative to the centre and to the outer rim, and the resulting possibilities for the positions and lengths of the star-pointers. On European astrolabes there was invariably space on the longish star-pointer for Altair but less space on the cramped central disc and short pointer for Vega; on neither was there space for a Europeanized version of *al-nasr*. The problem does not arise on Islamic astrolabes because of the flexible nature of Arabic script. Sometimes the nature of Gothic script interfered: Altair sometimes came to be written Alcair (or Alcayr). This was Germanized to Alkair (or Alkayr), and German astrolabes of the fifteenth and sixteenth centuries all have this form.

Particular attention is being paid to astrolabes with different layers of inscriptions, markings or components of varied provenance. One such is the 1062 Byzantine astrolabe (#2): The shadow scales on the back are a later addition, interfering with the elegant inscription around the rim. Another is a late-tenth-century Persian astrolabe (#3): On this the rete is a later replacement from ca. 1200. Yet another (#643 or #644), now in Cracow, is clearly fourteenth-century Italian, but the rete and plates were made by the same Viennese who made the 1457 astrolabe now in Nuremberg (#549). The Gothic inscriptions were made by the same person (Peuerbach?); for a miniscule "a" the maker used the same form, resembling the Russian letter Я. That Nuremberg astro labe is reputed to have been in the possession of Regiomontanus and hence to have been in Nuremberg ever since; but there are markings in Renaissance French on the plate for 48°, which was originally intended to serve Vienna: These imply that the instrument was modified in Paris.

Another fourteenth-century Italian astrolabe (#548) bears additional markings and a signature added in France in the fifteenth century by Henricus de Hollandia. A century later it was in Nuremberg; a third layer of inscriptions was added by a German.

Cross-cultural influences are particularly interesting. An early-fifteenth century astrolabe (# 460), made in Paris and now preserved in Antwerp, has had its original inscriptions removed and substituted with Arabic ones in nineteenth-century Egypt. A fourteenth-century Andalusian astrolabe (#1100) now in Vienna bears markings by an Italian in about the sixteenth century: Not only the month names but also the numeral forms prove this. That Italian was probably active in Naples or Rome because he added scales to the plate for latitude 42°. It is not difficult to set the general scene for the transmission of the instrument from Spain to Italy and thence to Vienna. A myth surrounding the instrument asserts that it was (or rather, must have been) found in an abandoned Turkish military camp outside Vienna.

Most of the nice folklore associated with instruments which have never been properly studied can be disproved. The "Astrolabe of Alfonso X", otherwise known as the "Astrolabe of Pope Sylvester" (#101), a piece that has enjoyed the limelight of several exhibitions, is but one example. It is nothing more than a tenth-century Iraqi astrolabe with no original markings on the back. The incompetently-executed Europeanized Andalusian-type scales on the back were added by a faker in the nineteenth century.

Various early Islamic astrolabes reflect the innovations to the standard astrolabe effected by astronomers in the ninth and tenth centuries. Most of these were not transmitted to Europe in the Middle Ages; some of the more interesting innovations were not introduced in Europe until the early seventeenth century.[19] A spectacular (unpublished) piece (#111) from the late tenth century constructed by a leading astronomer shows the sophistication in instrumentation in the Islamic East at that time. Various later Islamic instruments representing the major schools show that the importance of the instruments far exceeds the boundaries of the history of science. A twelfth-century Syrian astrolabe (#137) has a rete decorated with human figures resembling clowns from a circus troupe; on this spectacular piece the star-positions correspond to about 600 A. D. The figures are typical of decoration on contemporaneous Syrian metalwork. Preliminary investigations by BURKHARD STAUTZ, assistant to the Frankfurt project, reveal that the star positions were actually computed for about the year 800 from Ptolemy's positions using his own incorrect value of precession. (If one uses modern positions projected backwards in time or positions calculated from those of Ptolemy with a better value for precession, such as that found by Muslim astronomers in the ninth century, the star-positions appear to correspond to about 600.) This means that the positions of the pointers for the astrolabe are based from one of the earliest Arabic adaptations of Ptolemy's star positions. Why the maker of the astrolabe did not bother to use updated star-positions we shall never know.

Another example: A fourteenth-century Tunisian sundial (#7341) bears markings for the times of day with religious significance. In Islam the times of the five canonical prayers were astronomically defined, using shadows for the two daylight prayers and horizon and twilight phenomena for the others. Now this sundial shows markings for a prayer at mid-morning as well as at the standard times shortly after midday and in the afternoon. A study of this sundial has led to the investigation of Islamic manuscript sources never studied before in

---

[19] See MICHEL, *Astrolabe*, pp. 69–72; and CALVO, *"Ibn Bāṣo's Plate,"* especially p. 69. The mixed northern and southern astrolabe retes devised by Muslim astronomers in the ninth and tenth centuries were far more than a "coquetterie géométrique" as supposed by MICHEL. They are currently being studied by Dr. RICHARD LORCH, Munich and Frankfurt/M. The reinvention in Europe in the early seventeenth century of various mixed northern and southern astrolabe projections on retes as well as of the astrolabic quadrant is not yet properly documented in the modern literature.

modern times and thence to a new interpretation of why there are five prayers in Islam and why their prescribed times are astronomically determined.[20]

Yet another example. A cartographic dial (#8024) from Isfahan ca. 1710 bears a grid from which one can read the direction and distance of Mecca from any locality in the Islamic world between the Maghrib and China. This instrument came to light only in 1989 when it was auctioned at SOTHEBY'S in London. In the catalogue it was misdated to ca. 1800 and the projection was said to be inspired by a European. In fact, the instrument belongs to the well-known Isfahan school of ca. 1710 and the projection is fully within the tradition of Islamic cartography, inspired by achievements in mathematical astronomy. The geographical coordinates used for the major cities displayed on the grid are taken from the astronomical handbook of the early fifteenth-century astronomer-prince Ulugh Beg of Samarqand. The *qibla* for each point of the grid was probably taken from a table displaying the *qibla* for each degree of latitude and each degree of longitude. This ingenious instrument is a cartographical solution to one of the most important problems of Islamic science.[21] Twenty years ago we had little inkling of the sophistication of Muslim mathematical solutions to this problem; these have since been recovered and studied from the vast corpus of available manuscript sources.[22] Now we have to get used to the idea that Muslim cartographical solutions reached the same level of sophistication.

VIII. FORGOTTEN MEDIEVAL NUMERAL NOTATIONS

Greek, Islamic and Jewish astrolabes use an alphanumerical notation for marking numbers; the same notation was used for astronomical tables in general in those three traditions. The so-called Arabic numerals, of Indian origin, were used only in arithmetic and in common practice. The numeral notations used in medieval Europe were

---

[20] See my forthcoming paper "On the Times of the Prayers in Islam".

[21] A detailed description of this instrument is in *Nuremberg 1992–93 Catalogue*, I, pp. 167–171, and II, pp. 686–691 (no. 1.43). The second function of the instrument, namely, to provide the distance of Mecca, is here incorrectly interpreted as approximate.

[22] See KING, *Studies*, A–XIII and C–XIV, and the overview in the article "Ḳibla," in: *Enc. Islam*, V, pp. 83–88, reprinted in KING, *Studies*, C–IX.

the cumbersome Roman system and the new Hindu-Arabic numerals in their Gothic forms.[23]

Now the earliest known European astrolabe (#3042), important for numerous reasons, has, in addition to its Latin inscriptions, all numbers in an alphanumerical notation. Such notations were used by Greek and Muslim astronomers in general and instrument-makers in particular. Some prominent historians have, however, branded the instrument – described by MARCEL DESTOMBES as tenth-century Carolingian[24] – a fake or at least as highly dubious. The fact is that it simply tells us things that are not recorded in the modern literature. It is trying to speak to us, and fortunately there are some of us willing to listen: This single instrument was the focus of a series of papers at the International Congress on the History of Science held at Saragossa in 1993. I maintain that it is trying to tell us that the history of the transmission of the astrolabe to Europe needs to be, and can be, rewritten.

Another medieval instrument actually addresses us in the first person. This is an astrolabe made in Picardy in the fourteenth century (#202). The month-names are in the Picard dialect and the plates for latitudes 50° and 51° are more fully worked than the others. A later dedication says: "Berselius gave me as a gift (*me dono dedit*) to Hadrianus Amerotius in 1522". When this astrolabe was auctioned at CHRISTIE'S of London in 1991 the identity of these two individuals was not known. Berselius was a humanist Benedictine monk from Liège, correspondent of Erasmus and familiar of Vives and Budé. Amerotius, a Picard, was the second professor of Greek at the newly-founded Collegium Trilingue in Louvain. Berselius left Louvain about 1522 to return to his monastery in Liège; this was in all probability a parting gift.

Now it is significant that Berselius was a monk. The numerals on this instrument are in a highly ingenious cipher notation not found on any other known instrument but attested in about 20 medieval manuscripts, mainly of monastic provenance. The earliest form of ciphers (serving numbers from 1 to 99) was introduced in England in the early thirteenth century by the monk John of Basingstoke, whose biographer Matthew

---

[23] On the latter see for example HILL, *Arabic Numerals*, based mainly on manuscript sources.

[24] See DESTOMBES, "*Astrolabe carolingien*". DESTOMBES was a scholar who knew how to look at instruments. His views on this instrument have been criticized mainly by experts in the manuscript tradition, this notwithstanding the fact that manuscripts relating to this kind of astrolabe – if there ever were any – are not known to have survived.

Paris wrote that he learned of them in Athens. But the shapes of these ciphers are not related to known Greek or Byzantine numeral forms. However, the same forms were known in England already in the late twelfth century, introduced in a manual of shorthand developed from the Tironean notes by the monk John of Tilbury. Indeed the basic forms also feature in a stone inscription on shorthand from the fourth century B. C. found on the Acropolis towards the end of the last century. Maybe it was just the idea of using such symbols for numbers which Basingstoke brought back from Athens. He was certainly not the first North European to find out that the Greeks used letters for numbers (numerous earlier European manuscripts list the Greek letters and their numerical equivalents). In any case the Basingstoke ciphers were not widely used outside the circle of Grosseteste for numbering items in lists and writing arguments in Easter tables. In the late thirteenth century Cistercian monks in what is now Belgium developed a second system of horizontal ciphers (serving numbers from 1 to 9999). These were used in limited circles for foliating pages in manuscripts, numbering sermons, compiling indexes and writing year-numbers. In the fourteenth century the same ciphers in a vertical position were favoured in France. Of particular interest is an anonymous Norman treatise on arithmetic which introduces the ciphers as an alternative to the Gothic numerals. In the same manuscript is a copy of the treatise on astrolabe construction by Jean Fusoris.

The Picard astrolabe proves that these ciphers were used outside the *scriptorium*. The later history of the ciphers in the printed literature is almost as colourful as their history between the thirteenth and fifteenth centuries. So the Berselius astrolabe really is speaking to us, telling us about a forgotten numeral system of the Middle Ages.[25]

IX. More Surprises

Another astrolabe with a dedication in the first person singular (#640) was presented by the German astronomer Regiomontanus to his patron, the Cardinal Bessarion, in Rome in 1462. Regiomontanus dedicated

[25] See my forthcoming study listed as King, *Ciphers*, for a detailed account of the ciphers and the Picard astrolabe, as well as for new insights on other aspects of medieval instrumentation. Brief notices are contained in the papers listed as King, *"Ciphers / Berselius Astrolabe"*.

several of his works to Bessarion, signing some of them simply *Ioannes*. The inscription in elegant Latin reads: *SVB DIVI BESSARIONIS DE CARDINE DICTI PRAESIDIO ROMAE SVRGO IOANNIS OPVS: - 1462* which may be rendered: "Under the protection of the divine Bessarion, called ‚de cardine' (an allusion to his rank as Cardinal), I see the light of day as the work of Johannes in Rome (in the year) 1462."

This astrolabe was brought from Rome to England in the nineteenth century and put on display at the National Maritime Museum in Greenwich in 1959. In 1989 it was auctioned in London. At that time questions were raised about its authenticity; compared with the fifteenth-century German astrolabes featured by GUNTHER, it does indeed "stick out like a sore thumb", to use a colloquial English phrase. But during the course of the cataloguing project I came across ten other astrolabes from the same workshop. Only the rete of one other piece was made by Regiomontanus, but the others clearly stem from the same workshop(s) which survived from the time of Peuerbach and inspired the work of Hans Dorn in the 1480's. The same astrolabes also inspired those of Georg Hartmann of Nuremberg in the first half of the sixteenth century. The reason the Regiomontanus instrument was "suspicious" was that in 1989 we knew virtually nothing about the astrolabes of the Vienna school. "Nothing" is a bit strong, for one piece dated 1457 preserved in Nuremberg (#549) was "known", and one or two others are illustrated by ZINNER. But those pieces had at the time never been properly published, and the world outside Germany and Austria, alas, does not read ZINNER.

Fortunately this charming astrolabe by Regiomontanus has been reinstated to its rightful place in the history of instrumentation. It was exhibited at the Germanisches Nationalmuseum in Nuremberg in 1992–93 and at the Biblioteca Marciana in Venice in 1994. What more appropriate present for Regiomontanus to give his friend and patron: a model of the universe which one can hold in one's hands, with special engraving on the plate for Rome and an original feature on the back devised by the Vienna school?

X. FAKES – A PAIN IN THE NECK

A word about fakes, of which there are plenty around. Some are more appropriately labelled degenerate. Most Islamic degenerate instruments can be easily identified, having been made for tourists in Iran or India in past decades and up to the present. Such pieces, once identified for what they are, can – if their owners so wish – be offered at appropriate prices as decorative art. But when an instrument purports to look medieval and is sold for an astronomical price befitting a genuine medieval instrument, it is a fake.

The most remarkable fakes are perhaps those of what I used to call "the Bombay school". The makers have a singularly eclectic taste. One piece I have inspected bears a rete in standard Maghribi style, a scale on the rim copied from a thirteenth-century Yemeni astrolabe (#109 = #3549, published by myself), an unusual plate copied from an illustration in an eleventh-century Central Asian treatise (published by S. H. NASR), a back with scales found only on Indian Sanskrit astrolabes, and a distinctive alidade copied from one on a Persian astrolabe (#2505, preserved in Oxford). For $ 5000 – a bargain price for a genuine medieval instrument – you can get pieces from five different traditions; not, though, five for the price of one, but rather one for the price of fifty. Clearly the "Bombay school" has been advised by someone, presumably, but not necessarily, a European or an American, who knows the scholarly literature. But they are also producing fake European astrolabes. A distinguishing feature of all their productions that I have seen is the thickness of the back, which makes the instruments unduly heavy. Some of their pieces have reached the leading auction houses in Europe.

The other known fake European instruments were in the main put into circulation by European private collectors of genuine instruments in the late nineteenth century. Many fakes will be included in a special section of the new catalogue, not, however, to honour their makers.

XI. CONCLUDING REMARKS

So much for a brief introduction to the field of medieval astronomical instrumentation and the work currently in progress. A sceptic may still ask "So what?" (This question was actually posed after my paper in Krems, but I had heard it before from my teenage son.) I have not only outlined the scope of the field for numerous disciplines, but have hinted at forgotten national heritages and mentioned single instruments whose market value can be anything up to ATS 10,000,000. What else must I do to attract to these instruments the attention they deserve?

Our culture is benighted by the unnatural division between the sciences and the humanities. Scholars of the sciences will produce astrolabic components using computer graphics without giving thought to the 2000-year-long history of the underlying notions. Scholars of the humanities will always say they cannot understand what an astrolabe is (even though it be, as Chaucer said "bread and milk for children"). People write books about medieval metalwork and leave out instruments. They write books about medieval astronomy and dismiss the astrolabe in a few sentences. They write on medieval civilization and ignore astronomy and the astrolabe altogether. (A recently-published respectable encyclopaedia on the European Middle Ages includes an illustration of an Islamic astrolabe wrongly assembled and with the charming caption "A 9th-century astrolabe from Iraq used to decipher the celestial mechanism that was said to govern life on earth.") People write books about Schloß Prösels and do not mention its sundials. Others restore medieval buildings and plaster over the sundials.

Our museums are dominated by works of art (to which category, according to the art historians, these instruments do not belong). A potsherd stands more chance of being properly exhibited in a museum than an astrolabe. Even museums of science and technology sometimes do not know what to do with anything predating the Industrial Revolution. The Science Museum in London has found a solution: Their important astrolabe collection, together with all their other historical astronomical instruments, has been put in storage to make room for a long-term exhibition on nutrition sponsored by a leading British food chain. We have a problem here, and it is not going to be solved by new generations totally ignorant of the most basic knowledge of astronomy, which is not a subject to teach in schools simply because it is usually not on the curriculum. I once had students at New York University ask people on Washington Square, for example, "On which days of the year does the sun reach the point directly overhead?" ... Only a few colleagues involved in secondary and university education realize that the study of historical instruments in a class-room can open both eyes and minds. This is a field which covers history, science and art; indeed it is a field to itself, perhaps the most interdisciplinary field within the entire disciplines of the history of material culture and the history of ideas.

We are now at a turning point, and there is hope for the future. There is also an obvious role for Austria, for which there is no national inventory of historical scientific instruments. One could start by preparing an exhibition on the newly-discovered Viennese astrolabes of the fifteenth century and the associated sundials and manuscripts. Half of the astrolabes in Austrian collections before the Second World War were lost, and not destroyed – in other words, they were sold or stolen. Some of these can be identified with instruments now in museums in other countries, but only if the cataloguing project receives sufficient support and is allowed to continue. To whet the appetite I append two lists of instruments, one of those made in Vienna in the fifteenth century and another of medieval instruments of varied provenance but now or formerly in Austrian collections.

In short, all instruments can speak to us if we are prepared to listen. They constitute an untapped source for the history of human preoccupation with the celestial environment and man's attempts to understand it. There are enough instruments available and in sufficient variety that even the most hardened sceptic could find at least one of interest for one reason or another. And one instrument will suffice for a start because enthusiasm for scientific instruments is progressive, incurable, and also – I hope – contagious.

Abbreviations Used for Collections

AP = Adler Planetarium (Chicago)
BM = British Museum (London)
BNM = Bayerisches Nationalmuseum (Munich)
CU = Columbia University Special Collections (New York)
DM = Deutsches Museum (Munich)
GNM = Germanisches Nationalmuseum (Nuremberg)
IMA = Institut du Monde Arabe (Paris)
JUM = Jagellonian University Museum (Cracow)
KHM = Kunsthistorisches Museum (Vienna)
LMJ = Landesmuseum Joanneum (Graz)
MCA = Museum Carolino-Augusteum (Salzburg)
MHS = Museum of the History of Science (Oxford)
MKG = Museum für Kunst und Gewerbe (Berlin)
MMA = Metropolitan Museum of Art (New York)
MSS = Museo di Storia della Scienza (Florence)
PC = Private collection
SM = Science Museum (London)
TLMF = Tiroler Landesmuseum Ferdinandeum – Zeughausmuseum (Innsbruck)
TMKG = Technisches Museum für Kunst und Gewerbe (Vienna)
UM = Uhrenmuseum (Vienna)
WLM = Württembergisches Landesmuseum (Stuttgart)

LIST OF INSTRUMENTS MENTIONED IN THE TEXT AND FEATURED IN THE ILLUSTRATIONS*

1. Astrolabes

#2 – Brescia, Museo dell'Età Cristiana, inv. no. 36 – Byzantine astrolabe dated 1062. See GUNTHER, *Astrolabes*, no. 2, and the earlier work by O. DALTON on which GUNTHER's description is based.
#3 – Oxford, MHS – astrolabe by the brothers Aḥmad and Muḥammad sons of Ibrāhīm al-Iṣfahānī, dated 984, with replacement rete. See GUNTHER, *Astrolabes*, no. 3 (it has not been previously noted that the rete is a later replacement).
#5 – Oxford, MHS – astrolabe with luni-solar gear mechanism by Muḥammad ibn Abī Bakr al-Iṣfahānī, dated 1223/24. See GUNTHER, *Astrolabes*, no. 5.
#100 – Museo Nazionale di Palermo, inv. no. 2131, stolen – mater of an astrolabe by Ḥāmid ibn ʿAlī al-Wāsiṭī of Baghdad, dated 959. See CALDO, "*Astrolabi,*" pp. 6–9, and figs. 1 and 2.
#101 – Florence, MSS, inv. no. 1113 – unsigned tenth-century Iraqi astrolabe with additional markings on the back by a European, purporting to be medieval but actually nineteenth-century. The best description is GARCÍA FRANCO, *Astrolabios*, pp. 131–160.
#109 (identical with #3549) – New York, MMA, inv. no. 91.1.535 – astrolabe by the Yemeni Sultan al-Ashraf dated 1291. See GUNTHER, *Astrolabes*, no. 109, and KING, *Studies*, B–II.
#111 – Kuwait, PC – astrolabe by Ḥāmid ibn Khiḍr al-Khujandī dated 984/85. Unpublished! See GUNTHER, *Astrolabes*, no. 111 (GUNTHER missed a golden opportunity to acquire this piece for Oxford; his description is a mess) and KING, "*Strumentazione,*" pp. 158, 159, and 162, for some illustrations.
#137 – Nuremberg, GNM, inv. no. WI 20 – eleventh- or twelfth-century Syrian astrolabe by al-Sahl al-Nīsābūrī with circus figures on the rete. See *Nuremberg 1983 Catalogue*, pp. 33–35 (no. 2), with superb illustrations; *Linz 1990 Catalogue*, 2, p. 22 (no. 18); KING, "*Strumentazione,*" p. 160; *Nuremberg 1992–93 Catalogue*, item 1.71; and *Paris IMA 1993–94 Catalogue*, pp. 432–434. #140 – Athens, Benaki Museum, inv. no. 13178 – universal astrolabe by Ibn al-Sarrāj of Aleppo, dated 1328./29. See ibid., pp. 432–433; GUNTHER, *Astrolabes*, no. 140, and KING, *Studies*, B–IX.

* For reasons of space only brief details are given here. All of the following instruments are described in detail in the new catalogue.

#158 – London, BM, inv. no. MLA 1893 6–16 1 – unsigned European astrolabe with inscriptions in Hebrew, datable ca. 1400. See Gunther, *Astrolabes*, II, p. 304 (no. 158), and Goldstein, "*Hebrew Astrolabe*".
#162 – London, Society of Antiquaries – unsigned fourteenth-century European astrolabe of uncertain provenance. See Gunther, *Astrolabes*, no. 162.
#169 – Oxford, MHS – unsigned fourteenth-century Italian (?) astrolabic plate with a special rete and serving the latitude of the second climate. See Gunther, *Astrolabes*, no. 169 (confused).
#198 – London, SM, inv. no. 1880.32 – unsigned fourteenth-century Northern French astrolabe with luni-solar gear mechanism. See Gunther, *Astrolabes*, no. 198.
#202 – PC – fourteenth-century Picard astrolabe with numerals in cipher notation and a dedication dated 1522 by Berselius. See Gunther, *Astrolabes*, no. 202, and King, "*Ciphers / Berselius Astrolabe*".
#299 – Oxford, MHS, inv. no. IC 299 – unsigned fourteenth-century English astrolabe. See Gunther, *Astrolabes*, no. 299.
#460 – Antwerp, Nationaal Scheepvaart Museum, inv. no. A. S. 43.9.127 – early-fifteenth-century Parisian astrolabe of the "Fusoris" type with nineteenth-century Egyptian replacement inscriptions. See *Brussels 1984 Catalogue*, pp. 37–38 (no. 8).
#544 – New York, CU, inv. no. 27-255 (14) – astrolabe by Bernardinus Sabeus dated Pavia, 1558. See *New York IM Catalogue*, p. 59 (no. 14) and pp. 3, 5, 7 and 9 (illustrations).
#545 – New York, CU, inv. no. 27-256 (13) – unsigned, undated fifteenth-century astrolabe from Vienna or possibly Nuremberg. Unpublished, though see *New York IM Catalogue*, p. 59 (no. 13).
#548 – Nuremberg, GNM, inv. no. WI 6 – fourteenth-century Italian astrolabe with later additions by Henricus de Hollandia. See *Nuremberg 1992–93 Catalogue*, item I.74.
#549 – Nuremberg, GNM, inv. no. WI 129 – astrolabe from the Vienna school dated 1457. See *Nuremberg 1992–93 Catalogue*, item I.75.
#640 – Private Collection – Astrolabe dedicated by Regiomontanus to Cardinal Bessarion in 1462. See Price, "First Renaissance Instrument"; G. L'E. Turner, *The Regiomontanus Astrolabe*; *Nuremberg 1992–93 Catalogue*, item I.76; and King – Turner, "*Bessarion's Astrolabe*".
#643 or 644 – Cracow, JUM, inv. no. 4042-40/V – fourteenth-century Italian mater with replacement plates and rete by the maker of #549, later owned by Broscius. See Zinner, *Instrumente*, p. 296; Burczyk-Marona, "*Astrolabium Brożka*".

#1100 – Vienna, TMKG, inv. no. 15144 – unsigned fourteenth-century astrolabe from Granada in the tradition of Ibn Bāṣo, with later additions by an Italian, probably in Naples or Rome. Some features are discussed in FIRNEIS, *"Moorish Astrolabe"*.
#1203 – PC – astrolabe made by Aḥmad ibn Ḥusayn ibn Bāṣo of Granada in 1309/10. See *Amsterdam 1990 Catalogue*, pp. 68–69 (no. 79) and the illustrations on pp. 66–67.
#2505 – Oxford, MHS, inv. no. Billmeir 158 – astrolabe by Muḥammad Ṣ affār dated 1505/06. See *Billmeir Supplement Catalogue*, pp. 19–20 (no. 158).
#2557 – Chicago, AP, inv. no. A84 – astrolabe in the tradition of al-Khujandī signed by Badr and dated 1130/31. Unpublished, though see the forthcoming catalogue of the Chicago collection.
#2708 – LEONARD LINTON Collection – anomalous astrolabe in the tradition of al-Khujandī (see #111) signed by Wafā'ī-yi Munajjim, dated 1608/09, with later inscriptions in Sanskrit. See *Linton Catalogue*, pp. 121–122 (no. 179) (description confused).
#3042 – Paris, IMA, inv. no. AI 86-31 – unsigned, undated astrolabe, probably tenth century, provenance Catalonia. See DESTOMBES, *"Astrolabe carolingien"*.
#3549 – see #109.
#3702 – Baghdad, Archaeological Museum, inv. no. 9723 – unsigned astrolabe signed by an Ottoman, Ahmad ibn Kamāl, but copied from (or reworked from) the earliest variety of Islamic astrolabe from the eighth or ninth century. See FRANSIS – NAQSHBANDI, *"Astrolabes"* (in Arabic), pp. 12–13 and plates 2–3.
#4509 – PC. See *Amsterdam 1990 Catalogue*, p. 101 (no. 186) and the illustration on p. 106.
#4518 – PC. See *Brussels 1984 Catalogue*, p. 37 (no. 7).
#4521 – Milan, PC. Unpublished.
#4545 – Oxford MHS, "GUNTHER loan" – fourteenth-century English astrolabe. Unpublished.

2. Quadrants

#5012 – PC – a quadrant by Muḥammad al-Ṣakāsī al-Jirkashī ca. 1800. See *Paris IMA 1993–94 Catalogue* for a description.
#5510 – Vienna, KHM, inv. no. 166 – ivory quadrant from Vienna, dated 1438. See *Linz 1990 Catalogue*, II, p. 36 (no. 34) (brief account), with a colour plate of the back only.

3. Sundials

#7318 and #7319 – fragments of the original sundial in the Archaeological Museum, Damascus, and nineteenth-century copy on the main minaret of the Umayyad Mosque. See JANIN, "*Cadran solaire damascène*" and *Paris IMA 1993–94 Catalogue*, p. 439.
#7341 – Tunis, Musée de Carthage – sundial for the latitude of Tunis by Abu l-Qāsim ibn Ḥasan al-Shaddād, dated 1345/46. See KING, *Studies*, B–XVIII.

4. Miscellaneous

#8024 – PC – unsigned cartographic grid for determining the *qibla*, Isfahan, ca. 1710. See *Nuremberg 1992–93 Catalogue*, item II.43.
#8537 – auctioned at SOTHEBY's of London on 25. 2. 1993 – a *navicula de Venetiis* (fourteenth – if not thirteenth-century English). Unpublished.

APPENDIX A
ASTRONOMICAL INSTRUMENTS MADE IN VIENNA IN THE FIFTEENTH CENTURY

1. General notes

The expression "made in Vienna" really means that I currently think that these instruments were made in Vienna, or that, in the case of the Regiomontanus astrolabe, it was devised and probably made in Vienna, or that, in the case of the Dorn instruments, the maker was essentially based in Vienna but also made instruments in Hungary. Whether the later "Regiomontanus-type" astrolabes were made in Nuremberg rather than Vienna is an open question. Also I cannot claim to understand the concepts behind the expressions "made by" and "associated with"; I use them for want of any better terminology.

Another problem is this: If Regiomontanus made astrolabes in Nuremberg, as he wrote that he did, why is not one single piece that one can attribute to Regiomontanus from his Nuremberg years preserved for us? The fact that some of his instruments were deliberately destroyed after his death is not a complete explanation because his Nuremberg workshop was surely as prolific as the earlier Vienna workshop. Are some of the "sixteenth-century" German astrolabes recently listed by the present writer and G. L'E. TURNER, and also mentioned below, actually the lost Nuremberg productions of Regiomontanus?

Yet another problem is this: how to explain the apparently continuous production of instruments in Vienna from the 1430's to the 1480's, and the subsequent appearance of a completely different class of instruments from the 1480's associated with Hans Dorn? Some, but not all of the problems could be solved by investigating all the instruments at the same time – a situation surely possible in modern times, if never before. Others could be solved by renewing research on the abundant relevant manuscript sources which have not been looked at properly since ZINNER took the trouble to list them. Poor ZINNER prepared catalogues of the astronomical instruments in both Nuremberg and Vienna and either the conditions of the time or sheer inertia on the part of the museums (or both) prevented their ever being published.

2. Bibliographical notes

On the early Vienna school see most recently the papers by PAUL UIBLEIN, MARIA G. FIRNEIS and HANS K. KAISER, in: HAMANN, *J. von Gmunden*. On Peuerbach and Regiomontanus and Dorn see, for example, ZINNER, *Instrumente*, pp. 463–465, 479–483, and 292–297. On the astrolabes see *Nuremberg 1992–93 Catalogue*, items I.75 and I.76; and KING – TURNER, *"Bessarion's Astrolabe"*.

ASTROLABES

Group 1: Astrolabes probably to be associated with Georg Peuerbach

#549 - Nuremberg, GNM, inv. no. WI 129, dated 1457, Gothic script as on #643/644, with a lunar volvelle on the back. See ZINNER, *Instrumente*, pp. 150 and 465; *Linz 1990 Catalogue*, II, p. 32 (no. 29); *Nuremberg 1992–93 Exhibition Catalogue*, item I.75.
#643 or #644 – Cracow, JUM, inv. no. 4042-40/V, undated rete and plates, engraved in the same Gothic hand as #549, fitted to a fourteenth-century Italian mater. See ZINNER, *Instrumente*, p. 296, and BURCZYK-MARONA, *"Astrolabium Brożka"*.

Group 2: An astrolabe probably to be associated with Peuerbach and Regiomontanus

#452 – Paris, PC, undated, Gothic script as on #549 on the plates and back and Antiqua as on #640 on the rete. See *Greppin Catalogue*, p. 32 (no. 3122).

Group 3: An astrolabe signed by Regiomontanus

#640 – PC, dated 1462, signed by Ioannes (Regiomontanus), dedicated to Cardinal Bessarion, Antiqua script as on the rete of #452; with an *organum Ptolemei* on the back. See ZINNER, *Regiomontanus*, p. 137; IDEM, *Instrumente*, p. 481; PRICE, *"First Renaissance Instrument"*; G. L'E. TURNER, *The Regiomontanus Astrolabe*; *Nuremberg 1992–93 Catalogue*, item I.76; and KING – TURNER, *"Bessarion's Astrolabe"*.

Group 4: Related astrolabes with mainly Gothic script

#256 – Paris, PC – undated (with some early-sixteenth-century additions on the back of the movable plate), Gothic script resembling that on #549, with an *organum Ptolemei* on the back. See GUNTHER, *Astrolabes*, II, p. 434 (no. 256), and also KING, *"Report,"* p. 7, fig. 5 (illustration of throne and inscription on mater).
#592 – Darmstadt, Hessisches Landesmuseum, inv. no. Kg. 25:15, dated 1466, Gothic script. Unpublished.
#620 – Munich, DM, inv. no. 70678, undated, Gothic script. Unpublished, though see ZINNER, *Instrumente*, Pl. 41, fig. 1 ("Gotisches Astrolab").
#530 – Strasbourg, Musée Historique, inv. no. IL 74, dated 1481, Gothic script as on #4501. Unpublished, though see POULLE, "Fabrication des astrolabes," p. 118 (illustrations); ZINNER, *Instrumente*, pp. 150 and 421 (sub Arnold Kunig [!]); *Strasbourg 1987 Exhibition Catalogue*, (illustrations).
#4501 – Cracow, Muzeum Narodove, Czartoryski Collection, inv. no. XIII/753, dated Schmalkalden, 1482, Gothic script as on #530. Unpublished.

Group 5: Astrolabes with unusual plates and three different contemporary styles of script (all probably by the same individual)

#516 – Paris, Conservatoire National des Arts et Métiers, inv. no. 3882/1, undated, same three hands as #545.
#545 – New York, CU, inv. no. 27-256, undated, same three hands as #516.
Some other early-sixteenth-century German astrolabes continued the tradition of the fifteenth-century Vienna astrolabes, namely:
Four undated astrolabes by the same maker with distinctive Y-shaped frames inside the ecliptic and below (one – the only one known to GUNTHER – was misidentified as Italian and dated ca. 1500; a later dating may be more appropriate).
#173 – Oxford, MHS, IC173, diameter 197 mm. See GUNTHER, *Astrolabes*, II, pp. 327–328 (no. 173).

#453 – LEONARD LINTON Collection, diameter 197 mm. See *Greppin Catalogue*, p. 33 (no. 3124: "français vers 1500"); *Linton Catalogue*, p. 133 (no. 186).
#4505 – Munich, DM, inv. no. 1991-229,1 (astrolabe) + 2 (case), diameter 197 mm, with a leather case, possibly original, dated 1542. Unpublished.
#4543 – Rome, Osservatorio Astronomico, diameter not known.
Two undated astrolabes by the same maker with a vaguely rectangular frame on the rete developed from #643 or 644:
#491 – Florence, MSS, inv. no. 1110, diameter 134 mm. See POULLE, "*Instruments astronomiques,*" pp. 20–21 (illustration of front).
#4544 – Stuttgart, WLM, inv. no. L1985-200, diameter 187 mm. Unpublished.
Two astrolabes attributable to Hans Dorn:
An unsigned astrolabe dated 1483, fitted with an *organum Ptolemei* and an eclipse calculator:
#492 – Florence, MSS, inv. no. 1096, diameter 460 mm. Unpublished, though see G. L'E. TURNER, *Strumenti*, p. 73 (illustration of front).
An unsigned astrolabe dated 1486:
#642 – Cracow, JUM, inv. no. 4040-38/V, diameter 451 mm. See ZINNER, *Instrumente*, p. 296; A. J. TURNER, *Instruments*, pls. 25 and 26 on pp. 36–37; *Washington 1992 Catalogue*, pp. 222–223.

See also the astrolabic plate on the celestial globe dated 1480 and attributable to Hans Dorn, listed below. Two astrolabic plates for a single latitude in Florence and Salzburg are closely related to Dorn's work, if not actually by him. A detailed investigation of all of his instruments would be a useful contribution. A search for more biographical information on him could also be worthwhile.

PORTABLE FOLDING SUNDIALS

Remark: The following ten instruments are probably all from the same workshop as the astrolabes listed above. It is traditional to divide them as productions of Peuerbach (d. 1461) and Regiomontanus; they were, however, probably all made by the same person, that is neither Peuerbach nor Regiomontanus. An overview follows:

Ten folding sundials, all of of similar design, with varying decoration, between 44 and 80 mm long:
#7511 – Innsbruck, TLMF, inv. no. U5, dimensions (length/width) 79/58 mm, dated 1451.

#7512 – London, BM, inv. no. 93 6-16 9, dimensions 79/59, dated 1453.
#7513 – Graz, LMJ, inv. no. 4525, dimensions 80/58, dated 1455.
#7514 – Ecouen, Musée de la Renaissance, inv. no. ? (formerly Cluny 18546), dimensions 79/59, dated 1455.
#7515 – Munich, BNM, inv. no. Phys. 22, length 70 mm, dated 1456.
#7516 – Vienna, KHM, inv. no. 122, dimensions 44/29, dated 1463.
#7517 – Pécs (H), PC, dimensions 55/42, dated 1465.
#7518 – Nuremberg, GNM, inv. no. WI 7, dimensions 62/44, datable ca. 1465.
#7519 – Vienna, UM, dimensions 55/43, undated.
#7520 – Berlin, MKG, inv. no. ?, dimensions ? undated?
In addition we should mention the folding sundial on the horizontal frame of the celestial globe attributable to Hans Dorn – see below.
#7521 – Cracow, JUM, dated 1480.

On some of these eleven pieces see ZINNER, *Instrumente*, pp. 464–465 and 481; *London BM Catalogue*, pp. 21–22; and WARD, *"Sundials"* (two examples); *Linz 1990 Catalogue*, pp. 35, 37, and 39 (three examples). I have not seen the Ecouen and Berlin pieces yet; all of the others are genuine.

MISCELLANEOUS SMALL INSTRUMENTS
(QUADRANTS, RING-DIALS, CYLINDRICAL DIALS, COMPENDIA)

An unsigned ivory horary quadrant dated 1438:
#5510 – Vienna, KHM, inv. no. 166, radii 90 / 80 mm, thickness 5 mm. See *Linz 1990 Catalogue*, II, p. 36 (no. 34) (brief account), with a colour plate of the back only.
An unsigned, undated ivory cylindrical dial dated 1455:
#7524 – Munich, BNM, inv. no. Phys. 64. Height ca. 150 mm. See GOUK, *Nuremberg Sundials*, p. 28, for an illustration of one side.
An unsigned, undated ring-dial:
#7525 – Chicago, AP, inv. no. M307, diameter 143 mm. See ZINNER, *Instrumente*, pp. 480–481, and the forthcoming catalogue of the Chicago collection.
A compendium (multi-functional instrument) with an astrological astrolabic plate signed by Hans Dorn:
#250 = #8611 – London, BM, inv. no. 94 6-15 1, overall length 226 mm, dated 1491. See ZINNER, *Instrumente*, p. 293; *London BM Catalogue*, p. 74 (no. 207), and pl. XXVIII (a); G. L'E. TURNER, *Strumenti*, p. 120 (illustrations).

Four other unsigned compendia associated with Dorn need to be compared with the London piece:
#8612 - Stuttgart, WLM, inv. no. 12364, dated 1476.
#8613 - Chicago, AP, inv. no. M288, dated 1479;
#8614 - Hamburg, MKG, inv. no. 1893.2, undated;
#8615 - Oxford, MHS, inv. no. G425, undated.
On all five compendia see already ZINNER, *Instrumente*, pp. 293–295.

MISCELLANEOUS LARGER INSTRUMENTS ASSOCIATED WITH HANS DORN

A celestial globe dated 1480 attributable to Hans Dorn, with an astrolabic plate attached to the top and a folding sundial on the horizontal frame:
#4510 - Cracow, JUM, inv. no. 4039-37/V, total height 1240 mm. See ZINNER, *Regiomontanus*, pl. 45, figs. 89–90; IDEM, *Instrumente*, p. 295; AMEISENOWA, *Bylika Globe*; WARD, "*Sundials*"; and *Washington 1992 Catalogue*, p. 222.
A torquetum, undated (datable to ca. 1485), attributable to Hans Dorn:
#8503 - Cracow, JUM, inv. no. 4038-38/V, dimensions of rectangular base (reconstruction): 560 × 420 mm, overall height 710 mm. See ZINNER, *Instrumente*, pp. 296–297, and *Washington 1992 Catalogue*, pp. 223–224.

FIXED SUNDIALS

Various sundials in Austria predate 1550. As this paper was going to press, Dipl.-Ing. KARL SCHWARZINGER (Am Tigls 76A, A-6073 Sistrans) kindly sent me a list, which it is not possible to include here. For the present the interested reader may consult ZINNER, *Sonnenuhren* (Europe) and SCHWARZINGER, *Sonnenuhren* (Austria).

APPENDIX B
MEDIEVAL ASTRONOMICAL INSTRUMENTS IN OR LOST FROM AUSTRIAN COLLECTIONS

Notes: Fortunately ERNST ZINNER'S notes on various instruments that he inspected in Austria in the 1930's, 40's and 50's still exist. His information on astrolabes in Austrian collections before World War II was used by DEREK DE SOLLA PRICE in his *International Checklist* of astrolabes. Presumably PRICE did not check that the instruments were still in situ in the mid 50's; hence they appear in his 1973 *Checklist* even though they had already disappeared in the mid 40's. Many stolen Austrian art treasures were recovered after the War, but, for some reason which is as yet not at all clear to me, apparently no one pursued the missing astrolabes. It seems probable that some of these astrolabes were actually sold (see the remarks in ZINNER, *"Forschungen"*, kindly brought to my attention by KARL-HEINZ SCHALDACH of Schlüchtern): yet only one has been rediscovered in a museum elsewhere, and, as far as I am aware, none has passed through any of the leading auction houses in the past 50 years.

The following list is not necessarily complete, and I shall be grateful for information on any pieces omitted. The reader is reminded that "medieval" means here Islamic to 1900 and European to ca. 1550. Also it should be pointed out that ZINNER often misdated unsigned astrolabes, so pieces dated by him to, say, 1500, may well be from the mid-fifteenth-century Vienna school. He also, alas, sometimes rounded values of dimensions of instruments. An asterisk denotes that the instrument is mentioned in Appendix A.

Graz, Landesmuseum Joanneum:

#7513 – Vienna sundial dated 1455*, inv. no. 4525, dimensions 80/58 mm.

Another instrument is missing:

#8025 – Islamic plate with a list of localities and their qiblas around the rim (Isfahan, ca. 1710), unique of its genre, inv. no. 0330.

Innsbruck, Tiroler Landesmuseum Ferdinandeum:

#4546 – fourteenth-century English astrolabe, inv. no. 2957, diameter 253 mm.

#7511 – Vienna sundial dated 1451*, inv. no. U5, dimensions 79/58 mm.

Innsbruck, Schloß Ambras:

#4547 – single astrolabic plate from ca. 1600.

Several other late-sixteenth-century pieces are preserved in this collection.

Kreuzenstein, Burg:

Three astrolabes, all missing:

#604 – diameter 119 mm, dated 1487 and signed by Hans Bamann of Schmalkalden. See ZINNER, *Instrumente*, p. 244.

#605 – diameter 190 mm. No information available in the published sources.

#606 – diameter 165 mm. Thought by ZINNER to be fifteenth century.

Salzburg, St. Peter-Stift:

Two astrolabes, both missing from the Stift:

#625 – diameter 155 mm, dated by ZINNER to the fifteenth century, in fact probably fourteenth century.

#626 – diameter 305 mm, dated by ZINNER to the fifteenth century.

Salzburg, Museum Carolino-Augusteum:

#627 – astrolabe, inv. no. K430/49, diameter 304 mm, dated by ZINNER to the sixteenth century, in fact this is a composite piece. The mater is fourteenth century, the replacement quatrefoil rete also early, and the replacement plate (for latitude 48°, Vienna?) from about 1600.

#628 – astrolabic plate for a single latitude (probably Vienna), inv. no. K 643/49, diameter 383 mm, dated by ZINNER to the sixteenth century, in fact from about 1500 and virtually identical with #4542 – Florence, MSS, inv. no. 1282 (unpublished). These instruments should now be compared with the Dorn pieces.

St. Paul im Lavanttal, Stiftsgymnasium:

Five astrolabes, all missing:

#629 – diameter 150 mm, signed by Georg Hartmann, Nuremberg, 1545. See ZINNER, *Instrumente*, p. 365.

#630 – diameter 237 mm, signed by Wilibaldus Menzel, dated 1566. See ZINNER, *Instrumente*, p. 443. No other works by this maker are recorded.

#631 – diameter 90 mm, unsigned and undated, dated by ZINNER to ca. 1500.

#632 – diameter 220 mm, unsigned and undated, dated by ZINNER to the sixteenth century.
#2075 – diameter unknown, signed by Laurentz van de Sype, undated. See ZINNER, *Instrumente*, p. 569. No other works by this maker are recorded.

Vienna, Uhrenmuseum:
#7519 – undated fifteenth-century Vienna sundial*, dimensions 55/43 mm.

Vienna, Technisches Museum für Industrie und Gewerbe:
#1100 – fourteenth-century unsigned Andalusian astrolabe in the tradition of Ibn Bāṣo (see CALVO, *"Ibn Bāṣo's Plate"*), with important sixteenth-century additions, probably added in Naples or Rome, inv. no. 15144, diameter 157 mm. See FIRNEIS, *"Moorish Astrolabe,"* on some aspects of this instrument. Three instruments signed by Ibn Bāṣo are preserved; this is an early copy of one of his instruments and lacks the quality of the originals.

Vienna, Kunsthistorisches Museum:
#7516 – Vienna sundial dated 1463*, inv. no. 122, dimensions 44/29 mm.
#4547 – astrological plate by Georg Hartmann dated 1541, inv. no. 9823, diameter 276 mm. See ZINNER, *Instrumente*, p. 365, and KLEMM, *Hartmann*, p. 28 (illustration).
#5505 – fourteenth- or fifteenth-century horary quadrant with movable cursor, inv. no. 733, radius 141 mm. The piece has been considered suspect because it is silver plated, probably since the nineteenth century. It is doubtless genuine, if incompetently made. It was until 1880 in Schloß Ambras near Innsbruck (inv. no. 1607).
#5510 – unsigned Viennese ivory quadrant dated 1438, inv. no. 166, radii 90/80 mm. See *Linz 1990 Catalogue*, II, p. 36 (no. 34) (brief account), with a colour plate of the back only.
#1159 – undated Persian astrolabe by ʿAbd al-ʿAlī and Muḥammad Bāqir, datable ca. 1710, inv. no. 9839, diameter 183 mm.

There are other important post-1550 European astrolabes and sundials in this collection. See *International Checklist*, p. 107 (sub VKM).

BIBLIOGRAPHY AND BIBLIOGRAPHICAL ABBREVIATIONS

AMEISENOWA, *"Bylika Globe"*:
ZOFIA AMEISENOWA, *The Globe of Martin Bylika of Olkusz and Celestial Maps in the East and the West*, transl. by ANDRZEJ POTOCKI (Warsaw, etc., 1959).

Amsterdam 1990 Catalogue:
ANTHONY J. TURNER, (ed.), *time* (The Hague, 1990).

Billmeir Supplement Catalogue:
[FRANCIS R. MADDISON], *A Supplement to a Catalogue of Scientific Instruments in the Collection of J. A. Billmeir* etc. (Oxford, London, 1957).

BRIEUX – MADDISON, *Répertoire*:
ALAIN BRIEUX – FRANCIS R. MADDISON, *Répertoire des facteurs d'astrolabes et de leurs œuvres*, I (Islam), to appear.

BRUSA, *"Navicelle di Venezia"*:
GIUSEPPE BRUSA, "Le navicelle orarie di Venezia," *Annali dell'Istituto e Museo di Storia della Scienza di Firenze* 5 (1980), pp. 51–59.

Brussels 1984 Catalogue:
GEORGES BAPTISTE, et al., *La mesure du temps dans les collections belges* (Brussels, 1984).

BURCZYK-MARONA, *"Astrolabium Brożka"*:
DANUTA BURCZYK-MARONA, "Zegar słoneczny i astrolabium profesora Jana Brożka w zbiorach Muzeum Uniwersytetu Jagiellońskiego," *Opuscula Musealia* (*Zeszytu Naukowe Uniwersytetu Jagiellonskiego* 3) (1988).

CALDO, *"Astrolabi"*:
LORENZO CALDO, "Astrolabi del Museo Nazionale di Palermo," *Pubblicazioni dell'Osservatorio Astronomico di Palermo, Memorie* 65 (1936), also printed in: *Atti della Reale Accademia di Scienze, Lettre e Belle Arti di Palermo* 19/3 (1936), pp. 3–12, and 8 figs., reprinted in *Cœlum* 8 (June 1938), pp. 101–108, and 8 figs.

CALVO, *"Ibn Bāṣo's Plate"*:
EMILIA CALVO, "Ibn Bāṣo's Universal Plate and its Influence on European Astronomy," *Historia scientiarum* 18 (1992), pp. 61–70.

DALTON, *"Byzantine Astrolabe"*:
O. M. DALTON, "The Byzantine Astrolabe at Brescia," *Proceedings of the British Academy* 12 (1926), pp. 133–146 and 3 pls.

DESTOMBES, *"Astrolabe carolingien"*:
MARCEL DESTOMBES, "Un astrolabe carolingien et l'origine de nos chiffres arabes," *Archives Internationales d'Histoire des Sciences* 58–59 (1962), pp. 1–45, reprinted in: G. SCHILDER – P. VAN DER KROGT – S.

DE CLERCQ, (eds.), *Marcel Destombes (1905–1983): Selected Contributions to the History of Cartography and Scientific Instruments* (Utrecht, Paris, 1987), pp. 153–200.

Dict. Sci. Biog.:
Dictionary of Scientific Biography, 16 vols. (New York, 1970–80).

Enc. Islam:
Encyclopaedia of Islam, 2nd ed., 6 vols. to date (Leiden, 1960 to present).

FIRNEIS, *"Moorish Astrolabe"*:
MARIA G. FIRNEIS, "A Moorish Astrolabe from Granada," in: G. SWARUP – A. K. BAG – K. S. SHUKLA, (eds.), *History of Oriental Astronomy* (Cambridge, etc., 1987), pp. 227–232.

FRANSIS – NAQSHABANDI, *"Astrolabes"*:
B. FRANSĪS – N. AL-NAQSHBANDĪ, "Al-asṭurlābāt fī Dār al-āthār al-ʿarabiyya fī Baghdād" (in Arabic), *Sumer* (Baghdad) 13 (1957), pp. 9–33, and 3 plates.

GARCÍA FRANCO, *Astrolabios*:
S. GARCÍA FRANCO, *Catálogo crítico de astrolabios existentes en España* (Madrid, 1945).

GOLDSTEIN, *"Hebrew Astrolabe"*:
BERNARD R. GOLDSTEIN, "The Hebrew Astrolabe in the Adler Planetarium," *Journal of Near Eastern Studies* 35 (1976), pp. 251–260, reprinted in: IDEM, *Theory and Observation in Ancient and Medieval Astronomy* (London, 1985), XVIII.

GORDON, *"Technology"*:
ROBERT B. GORDON, "Sixteenth-Century Metalworking Technology used in the Manufacture of two German Astrolabes," *Annals of Science* 44 (1987), pp. 71–84.

GORDON, *"Metallography"*:
ROBERT B. GORDON, "Metallography of Brass in a 16th century astrolabe," *Journal of the Historical Metallurgy Society* 20 (1986), pp. 93–96.

GOUK, *Nuremberg Sundials*:
PENELOPE GOUK, *The Ivory Sundials of Nuremberg 1500–1700* (Cambridge, 1988).

Greenwich Astrolabe Booklet:
The Planispheric Astrolabe (Greenwich, 1976).

Greppin Catalogue:
La Collection Greppin – Instruments scientifiques (Zurich, 1975).

GUNTHER, *Astrolabes*:
ROBERT T. GUNTHER, *The Astrolabes of the World based upon the series of instruments in the Lewis Evans Collection ..., with notes on astrolabes in ... other public and private collections*, 2 vols. (Oxford, 1932, reprinted in 1 vol., London, 1976).

HAMANN, *J. von Gmunden*:
GÜNTHER HAMANN – HELMUTH GRÖSSING, (eds.), Der Weg der Naturwissenschaft von Johannes von Gmunden zu Johannes Kepler (*Veröffentlichungen der Kommission für Geschichte der Mathematik, Naturwissenschaften und Medizin* 46 = *Sb. Ak. Wien, phil.-hist. Klasse* 497) (Vienna, 1987).

HARTNER, *"Astrolabe"*:
WILLY HARTNER, "The Principle and Use of the Astrolabe," a chapter in: ARTHUR U. POPE, *A Survey of Persian Art*, III (London, New York, 1939), reprinted with the original plates in: *Astrolabica* 1 (1978), and the article "Asṭurlāb," in: *Enc. Islam*, I, pp. 722–728. Both reprinted in: IDEM, *Oriens–Occidens* (Hildesheim, 1968), pp. 287–318.

HILL, *Arabic Numerals*:
GEORGE F. HILL, *The Development of Arabic Numerals in Europe Exhibited in Sixty-Four Tables* (Oxford, 1915).

International Checklist:
See PRICE et al.

JANIN, *"Cadran solaire damascène"*:
LOUIS JANIN, "Le cadran solaire de la Mosquée Umayyade à Damas," *Centaurus* 16 (1971), pp. 285–298, reprinted in EDWARD S. KENNEDY – IMAD GHANEM, (eds.), *The Life and Work of Ibn al-Shāṭir* etc. (Aleppo, 1976), pp. 107–121.

JOHNEN, *Geschichte der Stenographie*:
CHRISTIAN JOHNEN, *Geschichte der Stenographie im Zusammenhang mit der allgemeinen Entwicklung der Schrift und der Schriftkürzung*, I: *Die Schriftkürzung und Kurzschrift im Altertum, Mittelalter und Reformationszeitalter* etc. (Berlin, 1911).

KENNEDY – KENNEDY, *Geographical Coordinates*:
EDWARD S. KENNEDY – MARY-HELEN KENNEDY, *Geographical Coordinates of Localities from Islamic Sources* (Frankfurt/M., 1987).

KING, *Catalogue*:
DAVID A. KING, *A Catalogue of Medieval Astronomical Instruments – Astrolabes, Quadrants and Sundials*, pts. 1–5: Eastern (Islamic and Indian) and 6–10: European, in preparation; See already IDEM, *"Report"*.

KING, *Studies* A–C:
DAVID A. KING, *Islamic Mathematical Astronomy* (London, 1986, 2nd rev. ed., Aldershot, 1993); *Islamic Astronomical Instruments* (London, 1987); *Astronomy in the Service of Islam* (Aldershot, 1993).

KING, *"Report"*:
DAVID A. KING, "Medieval Astronomical Instruments: A Catalogue in Progress," *Bulletin of the Scientific Instrument Society* 31 (1991), pp. 3–7.

KING, *"Strumentazione"*:
DAVID A. KING, "Strumentazione astronomica nel mondo medievale islamico," a chapter in: G. L'E. TURNER, *Strumenti*, pp. 154–189 and pp. 581–585 (bibliography). A shorter English version in: *Historia scientiarum* 18 (1992), pp. 5–23.

KING, *"Ciphers / Berselius Astrolabe"*:
DAVID A. KING, "The Ciphers of the Monks and the Astrolabe of Berselius Reconsidered," in: SERGEI S. DEMIDOV – MENSO FOLKERTS – DAVID E. ROWE – CHRISTOPH J. SCRIBA, (eds.), *Amphora – Festschrift für Hans Wussing zu seinem 65. Geburtstag* (Basle, Boston/Mass., Berlin, 1992), pp. 375–38, and IDEM, "Rewriting History through Instruments: The Secrets of a Medieval Astrolabe from Picardy," in: ROBERT G. W. ANDERSON – JAMES A. BENNETT – WILL F. RYAN, (eds.), *Making Instruments Count. Studies on Historical Scientific Instruments presented to Gerard Turner* (Aldershot, 1993), pp. 42–62.

KING, *Ciphers*:
DAVID A. KING, *The Ciphers of the Monks,* in preparation.

KING – TURNER, *"Bessarion's Astrolabe"*:
DAVID A. KING – GERARD L'E. TURNER, "The Astrolabe Dedicated to Cardinal Bessarion in 1462, Attributable to Regiomontanus," *Nuncius: Annali di Storia della Scienza* 9/1 (1994), pp. 165–206. An earlier version was published (with many printing errors) in *Venice 1994 Catalogue*, pp. 340–367.

KLEMM, *Hartmann*:
HANS GUNTHER KLEMM, Georg Hartmann aus Eggolsheim (1489 bis 1564). Leben und Werk eines fränkischen Mathematikers und Ingenieurs (*Wissenschaftliche und künstlerische Beiträge, Ehrenbürg-Gymnasium Forchheim* 8) (Forchheim, 1990).

KUNITZSCH, *Sternverzeichnisse*:
PAUL KUNITZSCH, *Typen von Sternverzeichnissen in astronomischen Handschriften des zehnten bis vierzehnten Jahrhunderts* (Wiesbaden, 1966).

Linton Catalogue:
Collection Leonard Linton et de divers amateurs: Instruments scientifiques, livres anciens (Paris, 1980) [a catalogue of the LEONARD LINTON collection offered for sale by E. LIBERT – A. CASTOR – A. BRIEUX in 1980].
Linz 1990 Catalogue:
WINFRIED SEIPEL, (ed.), Mensch und Kosmos. Oberösterreichische Landesausstellung 1990, 2 vols. (*Kataloge des OÖ. Landesmuseums, N. F.*, Nr. 33) (Linz, 1990).
London BM Catalogue:
F. A. B. WARD, *A Catalogue of European Scientific Instruments in the Department of Medieval and Later Antiquities of the British Museum* (London, 1981).
MAYER, *Islamic Astrolabists*:
LEO A. MAYER, *Islamic Astrolabists and Their Works* (Geneva, 1956); with a supplement also in: RICHARD ETTINGHAUSEN, (ed.), *Aus der Welt der islamischen Kunst* (Berlin, 1959), pp. 293–296.
MICHEL, *Astrolabe*:
HENRI MICHEL, *Traité de l'astrolabe* (Paris, 1947, reprinted Paris, 1976).
Milan MAA Catalogue:
TULLIO TOMBA – GUISEPPE BRUSA, *Museo d'Arti Applicate – Strumenti scientifici – orologi* (Milan, 1983).
Milan PA Catalogue:
TULLIO TOMBA, "Gli astrolabi della Collezione Settala nella Pinacoteca Ambrosiana," *Atti della Fondazione Giorgio Ronchi* 33/2 (1978), pp. 297–314 (also available as a separatum, Florence, n. d.), continued ibid. 33/4 (1978), pp. 3–14.
New York IM Catalogue:
ANONYMOUS, *The Industrial Museum of New York – Exhibit of Early Astronomical and Mathematical Instruments (Feb., 1930)* (New York/ N.Y., [1930]).
NORTH, *"Astrolabe"*:
JOHN D. NORTH, "The Astrolabe," *Scientific American* 230 (1974), pp. 96–106, reprinted with modifications in: IDEM, *Stars, Minds and Fate – Essays in Ancient and Medieval Cosmology* (London, Ronceverte/W. Virginia, 1989), pp. 211–220.
Nuremberg 1983 Catalogue:
JOHANNES WILLERS – KURT HOLZAMER, *Treasures of Astronomy: Arabic and German Instruments of the German National Museum* (Nuremberg, 1983).

Nuremberg 1992–93 Catalogue:
GERHARD BOTT, (ed.), *Focus Behaim-Globus*, 2 vols. (Nuremberg, 1992).
Paris IMA 1993–94 Exhibition Catalogue:
JEANNE MOULIÉRAC et al., (eds.), *Syrie. Mémoire et civilisation* (Paris, 1993).
POULLE, *"Instruments astronomiques"*:
EMMANUEL POULLE, "Les instruments astronomiques du moyen âge," *Museum of the History of Science, Oxford, Selected Off-prints* 7 (1969), reprinted from: *Le ruban rouge* 32 (mars 1967).
POULLE, *"Fabrication des astrolabes"*:
EMMANUEL POULLE, "La fabrication des astrolabes au moyen âge," *Techniques et Civilisations* no. 22 (vol. IV, no. 4) (1955), pp. 117–124.
PRICE, *"First Renaissance Instrument"*:
DEREK J. DE SOLLA PRICE, "The First Scientific Instrument of the Renaissance," *Physis: Rivista di Storia della Scienza* 1 (1959), pp. 26–30.
PRICE, *"Little Ship of Venice"*:
DEREK J. DE SOLLA PRICE, "The Little Ship of Venice – A Middle English Instrument Tract," *Journal of the History of Medicine and Applied Science* 15 (1960), pp. 399–407.
PRICE et al., *Checklist*:
DEREK J. DE SOLLA PRICE et al., *A Computerized Checklist of Astrolabes* (New Haven/Conn., 1973).
Rockford TM Catalogue:
BRUCE CHANDLER, (ed.), *The Time Museum – Catalogue of the Collection*, vol. 1: *Time Measuring Instruments*, Part 1: *Astrolabes – Astrolabe Related Instruments*, by ANTHONY J. TURNER (Rockford/Ill., 1985).
SAVAGE-SMITH, *Islamicate Globes*:
EMILIE SAVAGE-SMITH, *Islamicate Celestial Globes – Their History, Construction, and Use* (Washington/D.C., 1985).
SCHWARZINGER, *Sonnenuhren*:
KARL SCHWARZINGER, *Katalog der ortsfesten Sonnenuhren in Österreich* (Vienna, 1991).
Strasbourg 1987 Exhibition Catalogue:
FRANCIS DEBAUVAIS, *Catalogue des livres et objets scientifiques anciens exposés à la Bibliothèque Nationale et Universitaire de Strasbourg* (Strasbourg, 1987).
A. J. TURNER, *Instruments*:
ANTHONY J. TURNER, *Early Scientific Instruments – Europe 1400–1800* (London, 1987).

G. L'E. TURNER, *The Regiomontanus Astrolabe*:
GERARD L'E. TURNER, The Regiomontanus Astrolabe dated 1462 (Christie's Catalogue supplement to *Fine Scientific & Philosophical Instruments,* Thursday, September 28, 1989) (London, 1989), 12 pp.
G. L'E. TURNER, *Strumenti*:
GERARD L'E. TURNER, (ed.), Gli strumenti, = vol. 1 of: *Storia della scienza*, edited by PAOLO GALLUZZI (Turin, 1991).
Venice 1994 Catalogue:
GIANFRANCO FIACCADORI, (ed.), *Bessarione e l'Umanesimo* (Naples, 1994).
WARD, *"Sundials"*:
F. A. B. WARD, "The Earliest String-Gnomon Sundials," *Antiquarian Horology* (June 1976), pp. 800–801.
Washington NMAH Catalogue:
SHARON GIBBS – GEORGE SALIBA, *Planispheric Astrolabes from the National Museum of American History* (Washington/D.C., 1984).
Washington 1992 Catalogue:
JAY A. LEVENSON, (ed.), *Circa 1492 – Art in the Age of Exploration* (Washington/D.C., New Haven/Conn., London, 1991). [A catalogue of an exhibition held at the National Gallery of Art, Washington/D.C., in 1992.]
ZINNER, *Instrumente*:
ERNST ZINNER, *Deutsche und niederländische astronomische Instrumente des 11.–18. Jahrhunderts* (Munich, 1956).
ZINNER, *Sonnenuhren*:
ERNST ZINNER, *Alte Sonnenuhren an europäischen Gebäuden* (Wiesbaden, 1964).
ZINNER, *"Forschungen"*:
ERNST ZINNER, "Forschungen zur Geschichte der Sternkunde. Vortrag beim Internationalen Symposium zur Geschichte der Astronomie in Hamburg 1964," *40. Jahresbericht der Naturforschenden Gesellschaft Bamberg* (1965), 7 pp. (Sonderdruck).
ZINNER, *Regiomontanus*:
ERNST ZINNER, *Leben und Wirken des Joh. Müller von Königsberg genannt Regiomontanus*, 2nd ed. (Osnabrück, 1968), translated by EZRA BROWN as: *Regiomontanus: His Life and Work* (Amsterdam, 1990).

Andrew M. Watson

THE IMPERFECT TRANSMISSION OF ARAB AGRICULTURE INTO CHRISTIAN EUROPE

When peoples come in contact with one another, diffusion may – or may not – occur. This may embrace a wide range of things: ideas, knowledge, manners, tastes, art forms, technologies, skills, trade goods, useful plants and animals, and so forth. Often, however, diffusion is restrained, involving only one or a few of these. Not uncommonly, there is movement in one direction but not in the other. Or there may be contact and even knowledge of another society, but no real diffusion.

When, why and how does diffusion occur? When will it not take place? Obviously these are difficult questions to answer, and a full theory of diffusion would have to draw on many factors. In an effort to contribute to the formulation of such a theory, or at least to help us understand better the process of diffusion, this paper studies the slow and imperfect transmission of agricultural innovations from Muslim Spain and Sicily into medieval Christendom. It then attempts to explain the diffusion that occurred and that which did not take place.

I.

In the wake of the Arab conquests of the seventh and eight centuries, there occurred a remarkable diffusion of cultivated plants. To mention only the main food crops and one fibre crop, the Arabs transmitted through the early-Islamic world rice, hard wheat, sorghum, sugar cane, sour oranges, lemons, limes, bananas, spinach, eggplant, watermelons, colocasia and cotton. Though already long and impressive, this list is far from complete. To it might be added other food plants whose diffusion has proved difficult to study, as well as a multitude of plants used for other purposes: fibre plants other than cotton, garden flowers and ornamental plants, as well as plants used as sources of spices, condiments, medicines, drugs, perfumes, cosmetics, dyes, nuts or wood. In addition, many new varieties of previously known plants appeared in early-Islamic times; these, too, were diffused widely. Finally, along with the useful plants came a host of unwanted weeds which were transmitted at the same time, though almost nothing is known of this less glorious chapter of plant history.[1]

The process was a quick one. Plants were brought from the eastern reaches of the Arab world and even from beyond - most notably from India - and diffused through the length and breadth of the Islamic world in a transmission which lasted perhaps two or three centuries. For some crops the time required was much shorter. When, by the later part of the eleventh century, the transfer was completed, there had occurred a diffusion of plants which, for its speed, the area covered, and the number of plants involved, surpassed anything in previous history. It was a remarkable achievement for a people today not reputed for having green thumbs. The feat was not to be equalled until modern times, when the discovery of new continents allowed the exchange of plant life between regions of the world which had previously had little or no contact.

In time these crops spilled over the boundaries of the Islamic world and spread into Christian Europe. Entering into Christendom mainly through Spain and Sicily, nearly every crop came eventually to be of some importance in Mediterranean Europe and a few became very important. Those which could be grown with reasonable ease in a colder climate were also diffused into more northerly and eastern parts of the continent. But the transmission into Christian Europe presents a startling contrast with the earlier transmission across the Islamic world. Whereas the Arabs and the peoples they conquered diffused these plants far and wide in a very short period of time, Christian Europe seems to have been much less receptive to such novelty - much less aware of the possibilities which it presented, much less willing, or able, to make the changes which acceptance entailed.

The notable exception to this general rule is sorghum, which is mentioned as *melega* or *suricum* in an Italian document of 910. In the eleventh century al-Bakrī stated that, along with millet, it was the main crop of Galicia in northern Spain, and in the twelfth century sorghum, known as *milhoca,* was being sold in the market of Moissac in southern

[1] The diffusion of these crops and the accompanying agricultural revolution are discussed in detail in A. M. WATSON, *Agricultural Innovation in the Early Islamic World* (Cambridge, 1983), passim.

France.[2] But the other crops spread much more slowly. Only by the thirteenth century did sour oranges, lemons and limes come to be familiar fruit trees in Christian Spain and Sicily; by this time hard wheat was also spreading through these areas, and spinach – which ultimately was to be a common garden plant over much of Europe – had also appeared. The cultivation of sugar cane was reintroduced into Sicily in the thirteenth century and into Spain in the fourteenth century. By the fifteenth century it had become an important crop in certain parts of these regions and had spread into the Portuguese Extremadura, Madeira and the Canaries. By the later fifteenth century rice was being grown in the Po Valley, the Plains of Pisa and the Portuguese Extremadura.[3]

In short most of the crops brought by the Arabs to Spain and Sicily do eventually spread into Christian Europe. But except for sorghum the crops wait a long time before being admitted. And although sugar cane eventually became a commercial crop of great importance, the spread of the other new plants is at best hesitant.

II.

What can account for the long delay before most of the crops were introduced? And why was diffusion so slow?

Climate might be seen as a crucial obstacle to the diffusion of most of the new crops which, being of tropical or semi-tropical origin, were not easily grown in hotter and wetter regions. And while the cold winters and short summers of much of Europe did indeed place a northern limit on the diffusion of most of these plants, this argument contains only a modicum of truth. The matter is not so simple. As we have seen nearly all of the crops did eventually find a niche in Europe and some came to be grown widely. Furthermore, we should note that the lands into which the Arabs introduced these crops were also very different from the places where the crops originated: they, too, were colder and drier.

---

[2] Al-Bakrī (d. 1094), Jughrāfīyat al-Andalus wa Ūrūbā, ed. ʿAbd al-Raḥmān ʿAli al-Ḥajji (Beirut, 1968), p. 80; J.-J. Hémardinquer, "L'introduction du Maïs et la culture des Sorghos dans l'ancienne France," *Bulletin philologique et historique* (1963), pp. 429–59; T. Glick, "Agriculture and Nutrition: The Mediterranean Region," in: *Dictionary of the Middle Ages* I (New York, 1982), p. 83.

[3] See Watson, *Agricultural Innovation*, pp. 82–83 et passim.

In Arab lands most of the new crops required artificial watering. Sugar cane, rice and bananas, for instance, demanded very heavy irrigation, and the introduction of these crops was accompanied by a massive effort to extend the area of irrigated land through old and new techniques of storing, lifting and channelling water; these permitted heavy irrigation of lands through most or all of the year. In addition, some of the plants, in their original form, could not withstand the cool climate of the places into which the Arabs succeeded in spreading them. But in early-Islamic times new varieties were developed which were hardier or had shorter growing seasons: annual cotton, which could be grown in Central Asia, is only the most spectacular of many examples.[4] Thus, in spite of all the difficulties imposed by climate – and many other obstacles – the eleventh century Muslims were growing all these crops, many of them on a wide scale, in almost every part of the Islamic world. Time and again we learn from Arab geographers of large plantations of these crops in areas where they are no longer grown.

That climate was not the crucial factor underlying the Christian lack of receptivity to the new crops is proved by the experience of Spain and Sicily as they passed from Muslim to Christian rule. When the Christians reconquered Sicily at the end of the eleventh century, and as they slowly rolled back the frontier of Islam in Spain, they came into possession of lands in which the Arabs had already introduced all the new crops and were growing many of them on a wide scale. Indeed it was through the recapture of these lands, of the islands in the eastern Mediterranean and of the Holy Land that Christians came to know of the new crops – rather than through any transmission of the crops across the frontiers dividing Christendom from the Islamic world. For diffusion into the European mainland, Spain and Sicily were undoubtedly the most important channels.

Yet soon after the Christian reconquest of these lands the new crops tended to wane in importance and often disappeared. The intensively cultivated, heavily irrigated gardens and fields in which the Muslims had grown most of these crops gave way to a less intensive land-use based on lighter or no irrigation. In this changeover the very demanding crops grown by the Muslims tended to be replaced by the wheat, other

---

[4] R. O. WHYTE, "The botanical Neolithic Revolution," *Human Ecology* 5 (1977), pp. 209–22; A. M. WATSON, "The Rise and Spread of Old World Cotton," in: V. GERVERS, (ed.), *Studies in Textile History* (Toronto, 1977), pp. 359–60.

grains and pulses of manorial Europe. In not a few places settled agriculture gave way to grazing. Some previously irrigated and intensively cultivated land was simply abandoned. Thus, as Thomas Glick has shown, around towns such as Seville and Cordoba, cultivation was replaced by sheepbreeding; the same shift is observed in the hinterlands of Murcia and Cartagena where, in addition, many irrigated lands gradually turned to marsh.[5] Even in Valencia, where the Christians kept the elaborate system of irrigation intact, while rice and citrus cultivation persisted, most of the new crops tended to disappear as Christian agriculturalists concentrated their efforts on the crops they knew.[6] It is therefore not surprising to find, in the first part of the thirteenth century, Frederick II of Sicily sending to the Holy Land for sugar cane seeds and experts in sugar production, the cultivation of sugar cane having apparently died out in Sicily.[7] His efforts seem to have had no long-term success: by the later fifteenth century the cultivation of sugar cane seems to have been eclipsed and it revived only briefly in the sixteenth century.

Frederick also attempted to reintroduce two dye crops which had been brought to Sicily by the Arabs, henna and indigo; but in this effort, too, he was not in the long run successful. Similarly, in the fourteenth century, Jaime II of Aragon sent to Sicily in an attempt to reintroduce the cultivation of both cotton and sugar cane into his kingdom.[8]

In short, the passage of both Spain and Sicily from Muslim to Christian rule was accompanied by a marked de-intensification of land-use, in which the new crops brought by the Muslims tended to be pushed aside. Christian agriculture could not absorb the novelties introduced by the Muslims even when it took over entire farming systems in which the crops were prominent. Something other than climate seems to have been the problem. The difficulties were human rather than natural.[9]

---

[5] Glick, *Agriculture and Nutrition,* pp. 83–84.

[6] T. Glick, *Irrigation and Society in Medieval Valencia* (Cambridge/Mass., 1970), p. 26ff.

[7] J. A. Huillard-Bréholles, (ed.), *Historia diplomatica Friderici Secundi* 5 (Paris, 1852–61), p. 575.

[8] J. E. Martínez Ferrando, *Jaïme II de Aragon* 2. Barcelona 1948, 19–20.

[9] Further information about the agriculture of Sicily after the Norman conquest is found in I. Peri, *Città e campagna in Sicilia* (Palermo, 1953–56); F. Ciccaglione, "La vita economica siciliana nel periodo normanno-svevo," *Archivio storico per la Sicilia orientale* 10 (1913), pp. 321–45.

III.

One of the striking differences between the Islamic world and Christendom around the turn of the millennium is in their attitudes towards novelty. Whereas Muslims at that time showed a burning interest in new things of all kinds, including new plants, Christians seem to have been profoundly disinterested.

Perhaps because they came out of an area which was a cultural as well as a geographic desert, and overran centres of high and ancient civilisation, the Arabs from the time of their conquests onwards were aware of their cultural, intellectual and material deficiencies, and were eager to learn from those who could teach. Into the task of assimilating the knowledge of the ages they threw themselves with all the enthusiasm of "nouveaux riches". They imitated and assimilated what they found wherever they went. Not only rulers and their court but other prosperous people as well collected exotica from the far corners of the earth: books, rare birds, wild animals, jewels, plates, glass, rugs, textiles and almost anything else that could impress were all collected in the grand manner. Indeed early Muslims were perhaps amongst the great collectors of all times, driven by a strong urge to know, understand and possess all the good things their huge new territories could offer.

In contrast to this great interest in the space around them shown by early Muslims, the Christians of western Europe around the turn of the millennium displayed a relative indifference, if not downright hostility, to all that was new. Living in a world in which communications had decayed, in which the economy was all but atomized, their main concern seemed to be not with space but with time: they aimed at survival of communities through periods of recurring turbulence, at the transmission of the past into the future. The world around them was seen as the means to achieve survival, but hardly of interest for its own sake or as a source of knowledge, pleasure or profit.

The difference is nowhere more striking than in the attitudes of the two worlds to acquiring knowledge of the world of plants – or to introducing new plants into their agriculture. Quite possibly, the early Muslims had a special penchant for collecting plants. Living, as they did, in places where the desert was still near at hand, ever ready to encroach on land that had been claimed from it, they were enchanted by plants; and everywhere they made gardens, great and small, that were a refuge from the harsh world outside. Naturally, the most spectacular gardens were those of rulers, who in assembling rare and exotic plants, gave full reign to their collecting instincts. Many such royal undertakings became serious botanical gardens, with fields for experimentation with seeds, cuttings and roots brought from the outermost reaches of the known world. To stock least some of these gardens, botanical expeditions were sent to distant places. Some of these gardens were in the charge of leading scientists: that of the Il-Khans in Tabriz was directed by a Persian botanist who wrote a book on the grafting of fruit trees; the Huerta del Rey in Toledo was directed by two of Spain's leading scientists, Ibn Baṣṣāl and Ibn Wāfid, both of whom wrote important manuals on agriculture. Ibn Wāfid was also the author of a book of simples which gives, inter alia, the names and uses of many of the new plants being introduced into Spain. These gardens no doubt played a role of great importance in the process of diffusion we are trying to understand.[10] Through such gardens, as well as from their extensive travels, Arab botanists and agronomes gained a knowledge of the plant world that was deeper and more extensive than that of the ancients. The book of simples of Ibn al-Baiṭār, for example, which is the summa of Arab medical botany, mentions some 1400 plants, where the "Materia medica" of Dioscorides lists only about 600. Ibn al-Baiṭār also shows a much greater familiarity with plants from distant places, most of which, if he had heard of them at all, Dioscorides had not seen.

In Christian Europe of the millennium it was quite different. There was nothing of the scramble to bring together the learning of the four corners of the earth. At most there was some interest in the writings of classical antiquity. Even later, in the great period of translation of Arabic texts, the transmission of knowledge was highly selective: as the late MARIE-THÉRÈSE D'ALVERNY has shown, the works chosen for translation were mainly those of the ancient Greeks which had been translated into Arabic or of Arab authors who worked within the Greek tradition.[11] In botany, the decline of learning is evident. Alexander Neckam, at the beginning of the thirteenth century, mentioned fewer than 100 plants in his "De naturis rerum". "Circa instans", a book of simples of the twelfth century, listed 229 plants. In her "Physica",

[10] WATSON, *Agricultural Innovation,* p. 117 f.; G. MARÇAIS, "Les jardins de l'Islam," *Mélanges d'histoire et d'archéologie d'Occident musulman* 1 (Algiers, 1957), pp. 233–44.

[11] M.-T. D'ALVERNY, "Translators and Translations," in: R. L. BENSON – G. CONSTABLE, (eds.), *Renaissance and Renewal in the Twelfth Century* (Cambridge/Mass., 1982), pp. 421–61.

St. Hildegard of Bingen mentioned 230 plants and 63 trees; and although she was known for the accuracy of her observation, except perhaps when she was having prophetic visions, her accounts of foreign plants are full of errors. Albertus Magnus, generally considered the leading botanist of the thirteenth century, gets an even lower score than St. Hildegard, though admittedly he was not trying to be exhaustive. In the fourteenth century, the immensely popular "Buch der Natur" of Konrad von Megenburg, the first such book in the German language, listed only 173 plants and trees.

On the ground the botanical poverty of early-medieval Europeans was even more apparent. Although monasteries and noble estates generally had gardens – indeed the rules of St. Benedict and of St. Isidore of Seville prescribed monastic gardens – their contents were limited.[12] A plan for a largish monastery sent to the Abbot of St. Gall in 820 and intended to serve as a model for future foundations, shows four different gardens: a physic or medical garden, a vegetable garden, a cloister garden and an orchard cum burial ground. But the four gardens together were to contain only 34 different plants and 15 kinds of trees. Charlemagne, in his "Capitulare de villis", ordered that the gardens of imperial estates should contain 73 designated plants. But this goal may seldom have been reached: the inventories of two of his estates taken in the year 812 showed that one of the gardens contained only 20 different plants and 8 different fruit trees, while other contained 27 kinds of plants and 10 kinds of fruit trees. Similarly, Walahfrid Strabo, who had been a teacher of natural science to Charlemagne, in writing about his own garden, described only 23 kinds of plants. All of the plants which appear in these various lists were well known to the Romans; there were no new introductions. Indeed some plants which were common in Roman gardens seem to have been forgotten.

It was long before medieval gardeners became more ambitious. Not until about 1310 does there appear what was probably Europe's first botanical garden: planted as an adjunct of the Faculty of Medicine of the University of Salerno, it may well have introduced some oriental plants. By 1330 Gualterius was designing a botanical garden for the city of Venice. Other European cities and universities did not acquire botanical gardens until the 16th and 17th centuries: Pisa in 1543; Parma and Florence in 1545; Bologna in 1568; Leyden in 1577; Leipzig in 1580;

---

12 M.-L. GOTHEIN, *A History of Garden Art* (New York, 1966), pp. 171ff.

Königsberg in 1581; Paris in 1590; Montpellier in 1593; Oxford in 1621; etc. Thus only gradually did Europe acquire the kind of structure which, eventually, was to facilitate the introduction of exotic plants into the continent and the movement of plants between colonies.[13]

IV.

Behind these differences in attitudes towards time and space lay differences in economic, social and political structures. These bore heavily on attitudes, and in the case of agriculture had a decisive role in determining what was appropriate or inappropriate.

The early-Islamic world saw a demographic upsurge which filled up empty niches (where these could be occupied), increased rural population densities, and contributed to the striking growth of cities. Large populations were fed by a number of strategies: the extension of the area under cultivation, more intensive land use and increased specialisation of farming. These changes were both stimulated and facilitated by the development of trade in agricultural products and the concomitant spread of a money economy into the countryside. In such a context the new crops were welcomed, especially those which helped to open up new land (for example, hard wheat, sorghum and watermelons, which could be grown on relatively dry lands, and sugar cane, rice and colocasia, which could be grown on somewhat salty marshlands); those crops which were grown in the previously "dead" summer season and hence would help to intensify rotations (for example, cotton, rice, sugar cane, colocasia and watermelons); and those which were suitable for intensive market gardening in the expanding hinterlands of cities (most notably, fruits and vegetables).[14]

---

[13] F. PHILIPPI, *Los jardines botánicos* (Santiago de Chile, 1878); E. PAVANI, "Intorno ai giardini botanici," *Bollettino della Società Adriatica di Scienze Naturali in Trieste* (1886); G. CURSET, "Sur les jardins botaniques parisiens au XVIe siècle," *Journal d'agriculture tropicale et de botanique appliquée* 13 (1966), pp. 385–404; A. KERNER VON MARILAUN, *Die botanischen Gärten, ihre Aufgabe in der Vergangenheit, Gegenwart und Zukunft* (Innsbruck, 1874); A. W. HILL, "The History and Functions of Botanical Gardens," *Annals of the Missouri Botanical Garden* 2 (1915), pp. 185–240; A. CHIARUGI, "Le date di fondazione dei primi orti botanici del mondo," *Nuovo giornale botanico italiano, n.s.* 40 (1953), pp. 785–839; G. KRAUS, *Über die Bevölkerung Europas mit fremden Pflanzen* (Leipzig, 1891).

[14] WATSON, *Agricultural Innovation*, pp. 123–38.

In contrast, Europe at the turn of the millennium had low population levels and much empty land. Centuries of disease and warfare seem to have depleted both urban and rural settlement. Though here and there can be found signs of recovery in the countryside, and movements of population did often lead to somewhat denser occupation of lands where the migrants settled, hamlets were small, cities vestigial and unused land common. Typically, agricultural communities produced only small and intermittent surpluses. These could be disposed of in local, rural markets or through exchange of gifts. There was almost sign of specialisation of land-use or intensive cropping aimed at producing large and regular surpluses for sale to nearby cities or more distant markets.

Instead, to help ensure the survival of communities which existed in relative isolation there arose a new system of farming in which the exploitation of estates was in large part collective. Both lords and tenants exercised communal rights over all lands: most obviously over the forest, waste, meadows and common lands; but also over the arable, which had to be sown, harvested and fallowed according to village-wide rotations and made available for common grazing after harvest. The labour of plowing and harrowing, as well as that of tending flocks of animals, was undertaken co-operatively rather than by households. Though such villages often lived close to the subsistence level, and at times experienced severe famine, efforts to increase the productivity of land or labour must have been hampered by collective property rights and co-operative labour. Only those innovations which fitted easily into such arrangements could be readily accepted. Thus while sorghum could be quickly adopted, the other new crops had to wait.[15] Unsurprisingly, innovation was spearheaded by monastic communities where control at the top was stronger. But only as communal exploitation gave way to farming based on stronger individual property rights did the pace of innovation perceptibly quicken.

---

[15] The ease with which sorghum was diffused through the early-medieval Mediterranean suggests that as another grain crop it fitted easily into agricultural arrangements. Similarly, MARC BLOCH has argued that rye spread easily through much of early medieval Europe because its adoption did not call for structural changes. See M. BLOCH, "Technical Change as a Problem of Collective Psychology," *Journal of Normal and Pathological Psychology* (1948), pp. 104–15.

In addition to not being tied into co-operative arrangements, the early Islamic labour force was highly mobile. In most places those who worked the land – tenants and hired workers – were still free to move: from estate to estate and from region to region. And move they did. The high degree of mobility not only led to a more productive use of labour as it moved towards places where returns were higher; it also facilitated the transmission of both skills and crops between regions. As many of the new crops were difficult to grow, especially in the hostile environments into which they were being introduced, they were most likely to spread when they were carried by those who knew how to grow them. The great movements of peoples – peasants and others – which characterized the early-Islamic world almost certainly included some who were the vectors of both the crops and the requisite skills. In particular, the Persians, Syrians and Yemeni who moved westward over the early-Islamic world in all probability included in their numbers peasants and landowners who had previous experience with the crops in the east and brought with them the necessary seeds, plants and cuttings.

But when these agents reached the borders of Christendom their migration stopped. There were no carriers available to take the new crops and the needed skills from Muslim Spain and Sicily into Christian Europe. On the contrary, there was in time to be a reverse migration of people – away from the advancing frontiers of the Christian world. As the Christian conquest of Spain and Sicily proceeded, Muslim peasants and landowners gradually moved away from the reconquered lands into areas still in Muslim hands: towards the southern parts of Spain before these fell to the Christians, towards North Africa and towards the heartland of the Islamic world.

The retreat began with the reconquest itself which undoubtedly precipitated a good number of departures. In Spain the outflow continued as various measures were taken to disadvantage Muslim cultivators – for example, the reduction by Jaime I of Muslim holdings in Gandia to one quarter of their former size. A series of uprisings by conquered Muslim populations and their subsequent suppression caused many others to take flight. The expulsion of all Muslims from Spain in 1501 onwards and that of the converted Moriscos after 1609 were thus only the final stages of a withdrawal that had begun much earlier and which ultimately resulted in the departure of the most skilled cultivators and their know-how. They were replaced by Christian settlers from northern Spain, Catalonia and France who were less numerous and who were familiar with only the crops and farming techniques of feudal Europe. With this transfer of populations there is a pronounced shift in agriculture.[16]

It is noteworthy that where the cultivation of the new crops persisted – and also where the new crops were successfully reintroduced – it was probably with *mudéjar* labour. The reintroduction of sugar cane into Christian Spain is particularly suggestive. After the loss of the Crusader Kingdoms in the east, Italian merchants brought sugar cane cultivation into Valencia and Gandia, where it expanded in the later part of the fourteenth century and boomed in the fifteenth century. After a setback resulting from the collapse of world prices of sugar, there was a short revival in the 1540's and 1550's before the crop disappeared from these regions. Similarly, after the conquest of Granada in 1492, the production of sugar cane continued to prosper in much of the coastal plain, especially around Málaga and Salobreña. It declined gradually through the seventeenth century.[17] This gradual disappearance of sugar cane from Spain probably proceeds as the *mudéjar* labour force departs. The Christians appear to have lacked not only the skills but also the willingness to perform the backbreaking labour of harvesting the cane. They could grow sugar cane only with *mudéjar* workers – or with slaves.

In Sicily, too, the same kind of difficulties were experienced. Although the early Norman rulers were on the whole tolerant of the Muslim populations and many of the new introductions continued for a time to be grown, the persecution of the Muslims began in the reign of Roger II (1105–30); during the reign of William II, many Muslim cultivators took refuge in the mountains *ob metum Christianorum*, whilst others fled to the Maghrib. By the mid-thirteenth century the Muslim presence on the island had been extinguished. The Norman, French and "Lombard"

---

16 GLICK, *Irrigation*; J. CARO BAROJA, *Los moriscos del Reino de Granada* (Madrid, 1957); J. M. LACARRA et al., *La reconquista española y la repoblación del país* (Zaragoza, 1951); R. I. BURNS, *The Crusader Kingdom of Valencia* (Cambridge/Mass., 1967); R. I. BURNS, *Islam Under the Crusaders* (Princeton, 1973); T. GLICK – O. PI-SUNYER, "Acculturation as an Explanatory Concept in Spanish History," *Comparative Studies in Society and History* 11 (1969), pp. 136–54; V. FONTAVELLA GONZÁLEZ, *La Huerta de Gandia* (Zaragoza, 1952).

17 J. H. GALLOWAY, *The Sugar Cane Industry. A Historical Geography from its Origins to 1914* (Cambridge, 1989), pp. 43–47; M. BIRRIEL SALCEDO, *La tierra de Almuñecar en tiempo de Felipe II* (Granada, 1989), pp. 162–65; *La caña de azúcar en tiempos de los grandes descubrimientos, 1450–1550* (Motril, 1990); *La caña de azúcar en el Mediterraneo* (Motril, 1991).

nobles who gained control of most of the land replaced the departed Muslims with tenants from France and Italy. The large feudal estates which came to dominate Sicilian agriculture concentrated on the production of grains and legumes. Many, perhaps most, of the new crops disappeared.[18] With the possible exception of cotton and some citrus, the new crops seem to have departed with the fleeing Muslims. Only later were some, such as sugar cane, reintroduced.

Long before the last Muslim had disappeared from western Europe, however, some of the new crops were penetrating into the Christian west largely without the help of Muslim labour. The world they were entering was very different from Europe at the millennium: it had become more receptive. By the early thirteenth century, western Europe's population had probably doubled and in many places it had grown even more quickly; empty spaces in the countryside were filling up; cities had appeared everywhere and were pressing more heavily on their hinterlands; and trade, using money as a means of exchange, had opened up the possibilities of greater specialisation of land-use as agricultural products – grains, wool and wines, for instance – came to be shipped over long distances. By then Europeans were looking for ways to make land more productive and were more receptive to novelty. They were showing some interest in Islamic culture and learning in general, and in the new crops in particular. Interest in crops peaked when the fall of the Crusader Kingdoms in the Levant deprived Europeans of an important source of sugar, cotton and other exotica – a source which they had controlled. Almost immediately, Florentine, Genoese and Venetian merchants sought to introduce the cultivation of sugar cane and other crops into Cyprus, Sicily and Christian Spain. And at the same time, with or without the help of these merchants, some of the other crops were becoming more common in the Mediterranean countryside. Thus while northern Europe was diffusing the new technologies that constituted its agricultural revolution, Mediterranean Europe was slowly introducing the new crops. The results in the south may have been more modest than in the north, but they were undoubtedly significant.

[18] PERI, *Città e campagna*; CICCAGLIONE, *"La vita economica"*; F. CHALANDON, *Histoire de la domination normande en Italie et Sicile* (Paris, 1907); J. J. NORWICH, *The Normans in the South* (London, 1967); C. CAHEN, *Le régime féodal de l'Italie normande* (Paris, 1940); P. GUICHARD, *L'Espagne et la Sicile musulmanes aux XIe et XIIe siècles* (Lyon, 1990), pp. 74–80; H. BRESC, "La canne à sucre dans la Sicile médiévale," in: *La caña de azúcar*.

V.

If at the millennium, and for quite some time thereafter, Europe could learn little from the agriculture of early-Islamic world, did the Arabs of the same time – who were much more receptive to novelty – learn anything from the agriculture of the Europeans? There is no evidence that they did.

What might they have learned? Europe probably had no new crops to offer – unless rye, which spread through much of central, eastern and northern Europe during the "Dark Ages" could have been grown in parts of the Arab world instead of, or along with, wheat.[19] But by the year 1000 Europe had developed a highly original system of mixed farming that was embodied in the medieval manor. This allowed the integrated production on the same land of both crops and livestock, the latter providing meat, dairy products, wool and hides. For the Islamic world, where crop and livestock production had always been separated – undertaken by different groups of people on different land areas – such a system had much to offer in terms of more varied diet, greater soil fertility, and lower labour needs in peak seasons.[20] True, such agriculture relied on a large degree of co-operation both in the plowing of land and in the grazing of animals; and this was a lesson for which sedentary farmers in the Arab world, where production was highly individualistic, were not prepared. It is also the case that at the turn of the millennium, when population was perhaps at its greatest, the partial use of crop land in the Arab world to raise animals was inappropriate. But centuries later, when the Arab world was undergoing prolonged and severe depopulation, and lands were being abandoned, this mixed farming might have brought to the Arab world the same benefits it had given to Europe.

By the time the system might have been useful, however, the Arab world was losing interest in novelty and was changing into a traditional society. With their links over space greatly weakened, the regions of the Arab world were closing in on themselves. Like the Europeans of the millennium, they had missed a chance.

---

[19] G. DUBY, *The Early Growth of the European Economy* (London, 1973), p. 17 ff.; A. M. WATSON, "Towards Denser and More Continuous Settlement: New Crops and Farming Techniques in the Early Middle Ages," in: J. A. RAFTIS, (ed.), *Pathways to Medieval Peasants* (Toronto, 1981).

[20] BLOCH, *"Technical Change"*; A. M. WATSON, *"Towards Denser and More Continuous Settlement"*, pp. 70–71.

Wolfgang von Stromer

DIE VORGESCHICHTE DER NÜRNBERGER NADELWALDSAAT VON 1368

– *iberisch-islamische Überlieferung antiker Forstkultur*

I.

An Ostern 1368 begann der Nürnberger Ratsherr Peter Stromeir, großer Montanunternehmer und Chef des Handelshauses Stromeir, in den Nürnberger Reichswäldern bei Lichtenhof Wald anzusäen. Ulman Stromeir berichtete um 1385 in seinem „Püchel" stolz von dieser „Erfindung" seines Bruders Peter, der bis zu seinem Tode im Jahr 1388 Hunderte von Morgen Land vor allem mit Tannen und Kiefern erfolgreich ansäte. Die Nürnberger Nadelwald-Saattechnik, die die Nachkommen des Erfinders – etwa durch die Saat alpiner Lärchen ab 1485 – fortführten und verbesserten, verwandelte die lichten Auenwälder um Nürnberg in dichten Nadelhochwald und sicherte damit den weltberühmten Nürnberger Gewerben die Rohstoffversorgung mit Holz und Holzkohle. Ab 1423 wurde die Nadelwald-Saattechnik, deren Geheimnisse die Nürnberger viele Generationen zu wahren wußten, durch Nürnberger „Tannensäer" und mit Nürnberger Samen weithin über Mitteleuropa verbreitet, vor allem in den Montanrevieren, von den Karpaten bis zum Schwarzwald, von den Alpenländern bis zur Nordsee. Ein entscheidender Fortschritt in den sonst so konservativen Techniken der Urproduktion war damit errungen[1].

---

[1] Ulman Stromeir, Püchel vom meim geslecht und von abenteur, Germ. Nat. Mus. Nürnberg Mscr. 6146 fol. 5 und 37, hrsg. von Karl Hegel (*Die Chroniken der deutschen Städte* 1) Leipzig 1862, 1–312, hier 63, 75f.; Wolfgang von Stromer, Der Reichswald als Geburtsstätte der Forstkultur, in: Georg Sperber, Der Reichswald bei Nürnberg (*Mitteilungen aus den Staatsforstverwaltungen Bayerns* 37) München 1968, 25–29; Wolfgang von Stromer – Lore Sporhan, Die Nadelholz-Saat in den Nürnberger Reichswäldern zwischen 1469 und 1600. *Zeitschrift für Agrargeschichte und Agrarsoziologie* 17 (1969) 79–106, 79, hier 83; 97–99.

II.

1. Der hohe Stand der sehr komplizierten Samen-Gewinnungs- und Saat-Technik wurde offenbar noch in der Generation des Erfinders erreicht. Dies drängt die Vermutung auf, daß Peter Stromeir seine Versuche nicht spontan unternahm. Die Mutter der Erfindung war auch hier die Not, nämlich die Nürnberger Metallgewerbe mit Holz und Holzkohle zu versorgen, insbesondere die Eisenhämmer und Schmelzhütten des Handelshauses Stromeir. Schon seit 1309 war man in Nürnberg daran, dem spürbar werdenden Mangel zu steuern. Die Idee, Wald nicht nur zu hegen, sondern ihn durch Saat aufzuforsten, „lag in der Luft". Auch die Reichsstadt Frankfurt, die sich seit 1423 aus Nürnberg Tannensäer und Nadelholz-Samen kommen ließ, versuchte es schon 1398 mit einer großen Eichen-Saat. Angesichts von Frankfurts dichten Kontakten mit Nürnberg mag auch dieses Unternehmen durch das Nürnberger Vorbild angeregt worden sein.

Woher aber nahm Peter Stromeir seine Idee?[2]

2. In Mitteleuropa selbst gab es scheinbar einige, wenn auch weitverstreute Vorbilder. In den Wäldern der Reichsstadt Dortmund – in deren Bereich der Nürnberger Fernhandel vielleicht schon seit staufischer Zeit und der des Handelshauses Stromeir spätestens seit der Mitte des 14. Jahrhunderts reichte – säte man seit 1343 Eichen. Vor dem Hofrichter des ungarischen Königs erklärten im Jahr 1262 die Söhne des Grafen Remigius, Lan[d]grab und Bartholomäus, im Prozeß um einen Wald in der Preßburger Grafschaft, *quod per manus hominum silva memorata de glandibus seminando fuerit procreata*. Wie aus dem Urteil zu schließen, dürfte diese Eichensaat kurz nach dem Mongolensturm, d. h. zwischen 1243 und 1250, erfolgt sein. Zwar gab es seit etwa 1336 in jenen Bereich zwischen Donau und Karpaten, vor allem in die Montanreviere, dichte Beziehungen des Handelshauses Stromeir. Aber unmittelbares Vorbild für Peter Stromeirs Nadelwald-Saat können weder die Dortmunder noch die Preßburger Eichensaaten gewesen sein: Die Samengewinnungs- und die Saattechnik sind völlig verschieden. Zudem zählten wegen der Schweinemast die Eichen zu den *arbores bonae et fructiferae*, Tannen, Fichten und Föhren aber für die Begriffe des Mittelalters – von Thomas von Chantimpré und Albertus Magnus über Konrad von

---

[2] WOLFGANG VON STROMER, Die Erfindung der Nadelwald-Saat durch Peter Stromeir von Nürnberg (1368–1968), in: *Schöpferische Leistung*. Nürnberg 1968, 58 bis 61; STROMER – SPORHAN, *Nadelholz-Saat* 80, 82, 95f., 100–102.

Megenberg bis zum Ende des 15. Jahrhunderts zu den davon ganz prinzipiell verschiedenen *arbores malae et non fructiferae*[3].

3. Keiner dieser Autoren des christlichen Mittelalters erwähnte die Frage, ob man solche *arbores non fructiferae* kultivieren könne. Jedoch ein Halbjahrtausend zurück sollte der Plan des Klosters St. Gallen aus den Jahren 820/830 nach der Reproduktion seines ersten Herausgebers von 1844, Ferdinand Keller, im Klostergarten – und dort also durch Pflanzung oder gar aus Samen gezogen – zwischen *malarius, perarius, prunarius* und *sorbarius* (Vogelbeere), *mispolarius, laurus, castenarius* auch eine *pinus* enthalten. Dieser Musterplan, den aufgeführten Pflanzenarten nach offensichtlich nach mediterranen Vorbildern erstellt, führt die Bäume in genau derselben Reihe an, wie das auf aquitanische Verhältnisse ausgerichtete „Capitulare de villis". Neueste Untersuchungen aber ergaben, daß der St. Galler Plan das Wort *pinus* niemals enthielt. Vielmehr hat es Keller im Jahr 1844 eben wegen jener Analogie zum „Capitulare de villis" hineininterpoliert[4].

4. Dagegen berichtet aus der Mittelmeerwelt das 5. Buch der um 1304/09 verfaßten „Ruralium commodorum libri XII" des Bolognesers Petrus de Crescentiis unter dem Titel „de arboribus et de natura et utilitate fructuum ipsarum" von der Saat der Pinie aus ihren eßbaren

---

[3] Dortmund 1343 Juli 22; Herbert Hesmer – Fred-Günter Schroeder, Waldzusammensetzung und Waldbehandlung im Niedersächsischen Tiefland etc. (*Decheniana-Beiheft* 11) Bonn 1963, 157f.; Prozeß um den Wald „Arky" im Preßburger Komitat 1262 März 1: *Codex Diplomaticus Arpadianus continuatus/Arpádkori Ujokmánytár*, ed. Gustáv Wenzel. Budapest 1873, 519–521, Nr. 363; Wolfgang von Stromer, Nürnberg in the international economics of the middle ages. *The Business History Review* XLIV/2 (Cambridge/Mass. 1970) 210–225; Konrad von Megenberg, Kap. 44 der Sevillaner Hs., Liber I, Tractat 3 (freundliche Mitteilung von Frau Dr. Sabine Krüger, Göttingen); ebenso Megenberg, Buch der Natur 314, 338f.; Ernst Meyer – Karl F. W. Jessen (Hrsg.), *Albertus Magnus, De vegetabilibus libri VII*. Berlin 1867, 339–343, 432; Thomas von Chantimpré, Liber de natura rerum.

[4] Karl Caveis, *Die Landgüterordnung Kaiser Karl des Großen. Textausgabe*. Berlin 1895, Nr. 86: *pinus;* Ferdinand Keller, *Bauriß des Klosters Sankt Gallen vom Jahre 820*. Zürich 1844, 34f.; Walter Horn, Karl der Große, Werk und Wirkung (*Katalog der Europa-Rat-Ausstellung*) Aachen 1965, 402; Hermann Fischer, *Mittelalterliche Pflanzenkunde*. München 1929, 137; Hans Reinhardt, Der St. Galler Klosterplan. *92. Neujahrsblatt hrsg. vom Historischen Verein des Kantons St. Gallen* (1952) 144ff.; Wolfgang Sörrensen, Gärten und Pflanzen im Klosterplan, in: Johannes Duft (Hrsg.), Studien zum St. Galler Klosterplan (*Mitteilungen zur vaterländischen Geschichte* 42) St. Gallen 1962, 193–271, hier 246ff., weist nach, daß *pinus* nie auf dem Plan stand, wogegen es im „Capitulare" vermutlich Pinie und nicht Fichte bedeute.

Nüßchen nach Art der Getreidesaat. Nicht nur unterhielten damals die Regensburger, sondern bald und weit stärker die Nürnberger direkte Handelsbeziehungen nach Bologna, in dessen Umland Crescentius seine Kulturversuche gemacht hatte. Seine Bücher verbreiteten sich alsbald in zahlreichen Abschriften und Übersetzungen über ganz Europa. Sie gelangten vor 1400 nicht nur an die Höfe von Prag und Wien, mit denen das Stromeirhaus in dichtem Kontakt stand, sondern auch in das Kloster Heilsbronn bei Nürnberg, dessen Abt damals Bertold (Wald-) Stromeir war, Peters Verwandter und Freund. Sehr wahrscheinlich kannte Peter Stromeir das Werk des Crescentius, und es liegt nahe, daß er aus ihm auch Anregungen für seine Forstkulturversuche empfing[5].

Jedoch hielt sich Crescentius nicht nur an das überkommene mittelalterliche Denkschema, sondern er beginnt das 7. Buch über die *arbores non fructiferae* mit der Feststellung: *Abies piella et arexe quasi eedem arbores sunt, non enim coluntur ... et omnes miro modo directe in altum extolluntur.* Gegen diese lapidare Feststellung, daß Nadelwaldbäume nicht gesät werden, sagt es nichts, daß nach Aufführung weiterer Laubwaldbäume unter den *arbores non fructiferae* die zu offiziellen Zwecken geschätzte Zypresse folgt, von der – ohne Angabe der Methode – lakonisch erwähnt wird: *et iam libenter in claustris plantatur.* Es bedarf hier keiner Erklärung, welcher Wesensunterschied zwischen dem Aufziehen eines Zierbäumchens im Blumentopf oder -beet und einem Wald besteht, der auf einem Kahlschlag, auf einer Brandblöße oder einer Acker-

---

[5] *Pier de Crescenzi (1233–1321). Studi e Documenti,* ed. Società Agraria di Bologna. Bologna 1933, 259–306 (LODOVICO FRATI, Bibliografia di Manoscritti), 307 bis 369 (ALBANO SORBELLI, Bibliografia delle Edizioni); GEORGE SARTON, Introduction to the History of Science III/1 (*Carnegie Institution of Washington, Publications* 376) Baltimore 1947, 228, 811–813, weist folgende mittelalterliche Quellen des Crescentius nach: Ibn Sina (50 Mal zitiert), Albertus Magnus (extensiv), Isidor von Sevilla, Matthew Platearius, Nicolaus von Salerno, Giordano Ruffo, al-Razi, und aus der Antike Cato, Varro, Plinius, Palladius (103 Mal), Varro (54 Mal). – Crescentius, Liber quintus: De arboribus et de natura et utilitate fructuum ipsarum ... I/22: De pino ..., z. B.: Hs. CCI 140 der Stiftsbibliothek Klosterneuburg, fol. $101^{v}/102^{r}$ (14. Jh.); Hs. 667 aus Kloster Heilsbronn in der Univ.-Bibl. Erlangen, fol. $64^{v}/65^{r}$ (Anf. 15. Jh.); entsprechend alle Crescentius-Drucke seit der 1. Ausgabe Augsburg 1471, Gesamtkatalog der Wiegendrucke Nr. 7820, UB Erlangen Inc. 578; STROMER, *Erfindung* 60, Anm. 11. Auch der Kanzler Herzog Albrechts IV. von Österreich, der 1378 in Nürnberg im Stromeirhaus Gast war, Pfarrer Fridreich von Gars, besaß laut seinem Testament vom Jahre 1403 eine Crescentius-Handschrift: s. OTTO BRUNNER, *Adeliges Landleben und europäischer Geist.* Salzburg 1949, 264, 270, 361.

wüstung anzusäen ist, wie die Nürnberger es seit 1368 machten[6]. Zudem erwähnt Crescentius beim Sadebaum, der wegen seines seit der Antike als Abortivum verwandten Öls gepflanzt wurde, dies erfolge ähnlich der Zypresse wie beim Buchsbaum – nämlich durch Stecklinge[7].

Schon die zeitgenössischen Übersetzer ins Deutsche haben die *abietes, piellae et arexae* nicht mehr richtig verstanden: Sie hielten die beiden letzteren für „welsche Bäume". Seither hat sich anscheinend niemand mehr um die Deutung bemüht. Aber im damaligen Toskanisch hieß *piella* Rotfichte, während *arexe* einem philologischen Mißverständnis – wohl von Crescentius selbst – entstammt. Er hielt das anlautende „l" in *larix* für den bestimmten Artikel, der in der Mehrzahl bei unbestimmtem Artikel entfällt und berichtet also, daß Tannen, Fichten und Lärchen nicht kultiviert werden, im Gegensatz zum Fruchtbaum Pinie, dessen Saatmethode so, wie sie beschrieben ist, sich für die Nadelwaldbäume nicht anwenden läßt[8].

5. Venedig, das für seine Flotte und die Baufundierung in den Lagunen einen enormen Holzbedarf hatte, traf zum Schutz seiner Wälder

---

[6] Für Nadelbäume ist eine Durchwurzelung, eventuell durch Birken, in Symbiose mit Pilzmyzel erforderlich. Die Saat von Birken erklärt vielleicht Ulman Stromeirs Mitteilung in seinem um 1390 niedergeschriebenen „Püchel", daß dank der Erfindung seines Bruders von 1368 *nu gross vil weld kumen sein*. Nur Birken und sicher nicht Tannen, Fichten oder Föhren erbringen binnen 20 bis 25 Jahren Wälder mit genügend Masse an Holz, das sich im Meiler in Holzkohle – wenn auch geringer Qualität – verarbeiten läßt, Holz, das die dazu erforderliche Glut des Meilers aufrechterhalten kann und Holz, das sich unmittelbar nach dem Einschlag verfeuern läßt.

[7] Crescentius, Incipit alia pars huius quinti libri: De arboribus non fructiferis et omni utilitate ipsarum: [1] De abiete: *Abies, piella et arexe quasi eedem arbores sunt, non enim coluntur*...: z.B. Klosterneuburger Hs. CCI 140, fol. 103^v; Heilsbronner Hs. 667, fol. 66^r; lat. Ausgabe Löwen, ca. 1480 (Ludwig Hain, *Repertorium bibliographicum*, 2 Bde. Stuttgart–Paris 1826–1838, nr. 5827), liber V/II,1; V/II,8 (de cypresso); Petrus de Crescensis (sic), Das buch von pflantzung der äcker, boum und aller krüter, sine loco 1512 (UB Erlangen, Inc. 1528), fol. 54^r, 76^r, 79^v (Zypresse nach Avicenna!).

[8] Petrus de Crescentiis zu teutsch mit figuren, sine loco 1493 (Gesamtkatalog der Wiegendrucke Nr. 7831, UB Erlangen, Treu G 72), fol. p1: Von Tanne: *Tanne ist ein grosser bawme, dem syn enlich zwene bawme mit welschen namen piella vnd arexe, sie werden it gearbeyt*...; fast gleichlautend Das buch von pflantzung, fol. 59^v; Nicolò Tommaseo – Bernardo Bellini, *Dizionario della lingua italiana* III/2. Torino–Napoli 1871, S. 1014, Sp. 3: „Piella [nicht mehr gebräuchlich] lo stesso che Abete/L'abete che volgarmente si chiama piella"; Carlo Battisti – Giovanni Alessio, *Dizionario etimologico italiano* IV. Firenze 1954, 2909: Piella = picea (abies) excelsa. Lt. freundlicher Mitteilung von Herrn Prof. Hans J. Simon, Erlangen, vom 26. Okt. 1965 sei in Cremona im Mittelalter der Terminus *arescha* für Lärche gebraucht worden.

zahllose strenge Hegevorschriften, aber bis in das 16. Jahrhundert fand sich nichts über Forstpflanzung und -saat. Die erste derartige Nachricht stammt vielmehr erst von 1591 aus Welschtirol, den Wäldern bei Primör, wo bezeichnenderweise damals der Nürnberger Hans Ziegler ein Bergwerk auf Silber-Kupfer-Blei betrieb und vorher schon die Nürnberger Firma Tegler eine Zinnober-Quecksilber-Brennhütte unterhalten hatte. Dagegen soll angeblich der Abt Flammini des Zisterzienserklosters Vallombrosa bei Florenz schon um 1350 Waldkulturvorschriften für die Klosterwälder verfaßt haben. Höchstwahrscheinlich kannte man damals in Vallombrosa das weit verbreitete Werk des Crescentius, während andererseits wenig später dichte Geschäftsbeziehungen Nürnberg–Florenz nachweisbar sind. Jedoch nach der Untersuchung von SALVATORE MUZZI ist in Vallombrosa erstmals für 1629 die Pflanzung von 3000 Tannen(setzlingen) nachweisbar. 1804 faßte der Abbate LUIGI FORNAINI das dort überlieferte forstliche Wissen zusammen; „inutile cura il seminare gli abeti ... non starò qui a parlare del modo di sementare gli abeti; in Vallombrosa come nelle altre macchie della Toscana vi nascono in abbondanza spontaneamente e senza veruna cultura ...“![9]

6. GEORGE SARTON nannte 1947 in seiner *Introduction to the History of Science* das größte Ereignis in der Agrikultur des Mittelalters die Aufforstung der Dünen von Leiria durch den portugiesischen König Dinis o Lavrador († 1325), der berühmt ist durch die Gründung der Universität von Lissabon-Coimbra. Aus dem Holz des 9000 ha großen Kiefernwaldes von Leiria wurden die Flotten Heinrichs des Seefahrers, Vasco da Gamas

---

[9] Vgl. die Dokumentensammlung bei CARLO GUIDO MOR, *I Bosci patrimoniali del Patriarcato e di S. Marco in Carnia.* Udine 1962. – Herrn Dr. PIERO PIUSSI, Florenz, verdanke ich den Hinweis auf dieses Werk und die folgenden italienischen Quellen: Archiv der amministrazione forestale Caballese (Provinz Trient), 1591, Protocol der Ordinari-Gerichtshandel und der Unterwaldmeister-Relacionen, 29. Mai 1591: *Item befunden, das in Ceresfun der vertigen und vorfertigen frata* [= Kahlschläge] *gesämt ist worden*; ebd. 1390 Nov. 3, 1391 Okt. 13, Okt. 31 betreffend Silber-, Kupfer- und Bleibergwerk Hans Zieglers von Nürnberg in Reganell und Valleselle; Zinnoberhütte Hans Teglers von Nürnberg in Primör: RICHARD KLIER, Der Konkurrenzkampf zwischen dem böhmischen und dem idrianischen Quecksilber etc. *Bohemia-Jahrbuch des Collegium Carolinum* 8 (1967) 82–110, hier 90f. (zu 1526); FRIEDRICH ELSNER, San Giovanni Gualberto, Vallombrosa und die italienische Forstwirtschaft. *Allgemeine Forstzeitschrift* 10 (1955) Nr. 27/28, 321f.; SALVATORE MUZZI, Vallombrosa e la selvicoltura, in: PIERO BARGELLINI, *L'Abbazzia di Vallombrosa nel Pensiero contemporaneo.* Vallombrosa–Livorno 1953, 143–169, hier 153; Abbate D. LUIGI FORNAINI VALLOMBROSANO, *Della coltivazione degli abeti.* Diss. Firenze 1804, 8–10.

und Albuquerques gebaut. Jedoch muß es auffallen, daß die Waldsaat von König Dinis in Leiria erst im portugiesischen Nationalepos des 16. Jahrhunderts (die „Leiriaden“ von Camõës) hervorgehoben ist, während die zeitgenössische „Crónica de Don Dinis“ (von Rui da Pina) nichts davon weiß! Arala Pinto, der 1938 in *O Pinhal do Rei* allen Überlieferungen und Indizien aufs gründlichste kritisch nachging, äußert sich skeptisch zu der Überlieferung, französische Schiffer hätten den Samen der Kiefern mitgebracht, wo doch pinus maritima ringsum in Portugal autochthon sei. Als letzte positive Indizien blieben Pinto, daß 1135 die Burg von Leiria *in terra deserta* gegründet wurde, während 1407, 82 Jahre nach Dinis Tod, das Wild der dortigen Wälder genannt ist. Aber ist *terra deserta* eine baumlose Dünensandwüste, oder ist doch nur eine menschenleere, öde Wildnis gemeint? Hier ist das letzte Wort noch nicht gesprochen, denn über die Iberische Halbinsel führt die Idee der Waldsaat zurück zur Antike über maurisch-islamische Überlieferungen[10].

7. Um die Mitte des 14. Jahrhunderts wurde der berühmte „Tratado de Agricultura“ des Ibn Bassal al-Tulaytuli aus dem Jahre 1101 (494 n. H.) ins Kastellanische übertragen. Just zu dieser Zeit nahm das Handelshaus Peter Stromeirs den Handel mit der Iberischen Halbinsel auf und ein Hennequinus Estrumant/Heinz Stromeir war als *jonglar* (Spielmann) Familiar des Königs von Aragon und diente ihm auf Botschaften nach Frankreich und den Niederlanden. Ibn Bassal und seine kastellanische Übersetzung nun berichten in einem Kapitel „habla de [p]llantar los arboles“ über *es de [p]llantar los pinones* und *es de senbrar los pinos de los pinerones,* über *es de [p]llantar los çipreses: Tomen las nueses de los çipreses grandes verdes* ... sowie über Pflanzung und Saat von Kastanien und anderer Bäume. Dabei stehen das Wissen und die Ausführungen Ibn Bassals, wie vielfach nachweisbar, mit dem „Kitab al-falaha“ des Ibn al-Awwam al-Isbili, der sein Buch der Landwirt-

[10] Sarton, *History of Science* III/1, 228 und ebd. II. Baltimore 1931, 844; die Cronica de D. Dinis von Rui de Pina, ed. Vergilio Pereira (*Biblioteca histórica de Portugal e Brasil* I/4) Porto 1945 erwähnt die angebliche Forstkultur von Leiria nicht (Kap. XXXIII, 322 ff.: die Stelle *Das obras e coisas notáveis que el Rei D. Dinis fêz em sua vida* betrifft die Hauptwerke des Königs). António Arala Pinto, *O pinhal do rei*, 2 Bde. Alcobaça 1938/39, hier I, 16f., 112–116, 119–121 bzw. II, 439–442; auch August Seidensticker, *Waldgeschichte des Altertums* 2. Frankfurt/O. 1886, 120 scheint den Kiefernwald von Leiria für autochthon gehalten zu haben. Heute ließe sich das mit Radiokarbon- und Jahresring-Datierung und Pollenanalyse wohl eindeutig entscheiden.

schaft um 1158 (533 n. H.) gestützt auf die Überlieferungen aus der Antike verfaßte, in lebhafter Wechselwirkung. Ibn al-Awwam erwähnt die Kultur von Pinus pinea und die Saat von *erez* (Zypressen)[11].

8. Um die Mitte des 19. Jahrhunderts veröffentlichte DANIEL CHWOLSON die „Nabatäische Landwirtschaft" eines Ibn Waḥšīja, der behauptete, darin ein Manuskript der Chaldäer ins Arabische übertragen zu haben, als erstes bekanntes Zeugnis altbabylonischer Agrikultur. Doch die Kritik ALFRED VON GUTSCHMIDS und THEODOR NÖLDEKES zerpflückten die Argumente des Herausgebers ebenso wie die angebliche Übersetzung Ibn Waḥšījas und entlarvten das Werk als islamische Überlieferung und damit vermeintlich Ibn Waḥšīja als Scharlatan. Damit schien das Buch abgetan, und niemand nahm die „Nabatäische Landwirtschaft" mehr ernst. Erst 1922 und 1928 griffen WIEDEMANN und PLESSNER sie wieder auf. PLESSNER rehabilitierte den Autor, der nur um der Publicity willen die Herleitung von den Babyloniern behauptet hatte, aber ein zutreffendes Bild der Landwirtschaft seiner Zeit – um 930 (318 n. H.) – gegeben und weiterhin zahlreiche naturwissenschaftliche und agrartechnische Überlieferungen aus der Antike verwertet hatte. Die „Nabatäische Landwirtschaft" berichtet – in einem in Leiden erhaltenen Manuskript – in besonderen Abschnitten über *sanawbar* (Kiefer oder Pinie) und *arz* (Zypresse). Ein ganzes Kapitel handelt über „Bäume, die nichts (d.h. keine Früchte) hervorbringen", außer Holz „für Dinge, die man daraus macht", d.h. die bekannten *arbores non fructiferae*. Jeweils sind dabei auch kurz Pflanzung, Samen und Saat dieser Bäume erwähnt[12].

---

[11] JOSÉ MILLÁ VALLICROSA, La Traduccion Castellana del „Tratado de Agricultura" de ibn-Bassal (*Al-Andalus* XIII) Madrid-Granada 1948, fasc. 2, 347–430, 349, 370 ff., 392–394, nach dem kastellanischen Ms. Nr. 10.106 der Biblioteca Catedral de Toledo (Mitte 14. Jh.); DERS. – MOHAMED AZIMAN, *Ibn Bassal, Libro de Agricultura.* Tetuan 1955 (arabischer Text mit spanischer Übersetzung), hier insbes. 17, 67–113: „Sobre la Plantación des los árboles"; 102–105: „Sobre la plantación de los pinos a base de sus pinônes ..., la XLVII partida es de <p>llantar los cipreses"; *Ibn al-Awwam al-Išbili, Kitab al-falaha, le livre de l'agriculture* I, trad. J. J. CLEMENT MULLET. Paris 1864–68, Cap. VII/21, 263–265: Pinus pinea, mit Saat; Cap. VII/22, 265–268: *Erez* (Zypresse), mit Saat.

[12] DANIEL CHWOLSON, Über die Überreste der altbabylonischen Literatur in arabischen Übersetzungen. *Mémoires des Savants étrangers présentés à l'Academie des Sciences de St.-Pétersbourg* VIII (1859) 329–524; ALFRED VON GUTSCHMID, Die Nabatäische Landwirthschaft etc. *Zeitschrift der deutschen morgenländischen Gesellschaft* 15 (1861) 1–108; DERS., War Ibn Waḥshijjah ein nabatäischer Herodot? (*Bericht der*

9. Die Unterscheidung zwischen *arbores bonae* und *arbores malae* kannte schon die Bibel. Um das Jahr 300 v. Chr. glaubte Theophrast, daß Tanne und Fichte für Anzucht in bebauten Gegenden nicht geeignet seien. So kümmerte sich um die Kultur von Waldbäumen weder Säer noch Pflanzer. Aber wenig später, am 27. Dez. 256 v. Chr., schrieb Apollonios, der Finanzminister von König Ptolemaios II., seinem Gutsverwalter Zenon im Fayum, er solle dort *strobilon phyteusein,* d.h. Nadelbäume pflanzen, und zwar mindestens 300 Bäume im Park, um den Weinberg und um den Olivenhain, denn sie wären schön und für den König nützlich. Daß er damit dem Mangel an Bauholz abhelfen oder Zimmerholz zum Schiffsbau ziehen wollte – wie Campbell Cowan Edgar und William Tarn angaben –, erwähnt der Zenon-Papyrus Nr. 95/ 59157 nicht, doch liegt ein solcher Schluß nahe[13].

Verhandlungen der sächsischen Gesellschaft der Wissenschaften zu Leipzig, phil.-hist. Cl. 1862) Leipzig 1862, 67–99; Theodor Nöldeke, Noch einiges über die „nabatäische Landwirthschaft". *Zeitschrift der deutschen morgenländischen Gesellschaft* 29 (1875) 445–455; Eilhard Wiedemann, Zur nabatäischen Landwirtschaft von Ibn Wahschija. *Zeitschrift für Semitistik* 1 (1922) 201 f.; Martin Plessner, Der Inhalt der Nabatäischen Landwirtschaft – Ein Versuch, Ibn Wahsija zu rehabilitieren. Ebd. 6 (1928) 27–56, hier 54 f. – Laut dem Cod. Or. 303b der UB Leiden, pag. 370 f., 374, 391 bis 423; pag. 374 behauptet Ibn Wahsija von *arz* (Zeder oder Zypresse) die künstliche Pflanzung sowie das Ernten der Samenkörner in den Baumwipfeln (zu offiziellen Zwecken). Eilhard Wiedemann, Aufsätze zur arabischen Wissenschaftsgeschichte, hrsg. von Wolfdietrich Fischer (*Collecatanea* VI/1,2) Hildesheim–Neuwied 1970, 119 setzt *sanawbar* mit Zirbelkiefer und Zirbelnuß und mit dem (unten in Anm. 13 erwähnten) *strobilus* gleich. Er stützt sich auf Ibn Bassām und Nabarāwi, Über Verfälschungen von Drogen (Ende 12. Jh.) und auf Dioskorides, Peri Hyles Iatrikes, 1b. 1, cap. 90. Für die Hinweise auf die arabischen Quellen und deren Übersetzung möchte ich den Herren Prof. Martin Plessner und Eliyahu Ashtor, Jerusalem, Prof. Hans R. Singer, Germersheim, Dr. A. J. W. Huisman, Leiden, Prof. Wolf Dietrich Fischer und Dr. Günter Lüling, Erlangen, herzlich danken.

[13] Seidensticker, *Waldgeschichte* 1. Frankfurt/O. 1886, 370, 372; Theophrast I, 3,6; VII, 5,3; Heinrich Rubner, Griechischer Geist und forstliches Wissen. *Allgemeine Forst- und Jagdzeitung* 136 (1965) 135–144, zu Theophrasts „Historia plantarum", hier bes. 141; William Tarn – Guy Thompson Griffith, *Die Kultur der hellenistischen Welt.* 3. Aufl. Wiesbaden 1966, 232, Anm. 86; Carl F. Preisigke, *Sammelbuch griechischer Urkunden aus Ägypten* 3/1. Berlin 1926, 147 Nr. 6810 (Zenon-Papyrus 95); Campbell Cowan Edgar, *Catalogue général des Antiquités Egyptiennes du Musée du Caire, No. 59140–59297, Zenon-Papyri* II. Kairo 1926, S. 15, Nr. 59157; zum Gut des Apollonios im Fayum vgl. Michail Rostovzeff, *A larige estate in Egypt in the 3. century b. C. A study in economic history.* Madison 1922. Der vieldeutige Begriff *strobilos* wird im Brief durch die Gleichsetzung mit *dendros* als Nadelbaum ausgewiesen.

III.

Von keiner der genannten Quellen und Überlieferungen ist es bezeugt oder schlüssig zu belegen, daß sie auf Peter Stromeirs Kulturversuche von 1368 direkt einwirkten. Eine Kenntnis des Werkes von Crescentius, das in seinem Umkreis mehrfach vorhanden war, ist jedoch hoch wahrscheinlich. Auch eine Berührung mit der iberisch-maurisch-islamischen Überlieferung scheint uns nicht ganz unwahrscheinlich. Diese wie Crescentius führen die Idee auf das Gedankengut und die natur- und agrarwissenschaftlichen Kenntnisse der antiken Mittelmeerwelt zurück. Die durchführbare Erfindung aber und ihre aus der Praxis des europäischen Forstwesens der folgenden Jahrhunderte nicht wegzudenkenden Erfolge waren das alleinige Verdienst Stromeirs und der Nürnberger Forstleute[14].

---

[14] Zum Erfolg der Nürnberger Nadelwaldsaat und zum Weiterwirken der Erkenntnisse Peter Stromeirs vgl. die in Anm. 1 und 2 zitierte Literatur; WOLFGANG VON STROMER, Die Bündnisse des Ehinger und des Peter Stromair. *Waffen- und Kostümkunde* 10 (1968) 77–106; KURT MANTEL, Die Bedeutung Noe Meurers für die Entwicklung der Nadelholzsaat. *Forstwirtschaftliches Centralblatt* 58/10,11 (1949); DERS., *Deutsche forstliche Bibliographie* 1: *1560–1965*. Freiburg/Br. 1967, VII; ADAM SCHWAPPACH, *Handbuch der Forst- und Jagdgeschichte Deutschlands* 1. Berlin 1886, 186ff.; WOLFGANG VON STROMER, Die Große Oberpfälzer Hammereinung vom 7. Januar 1387 – Kartell und Konzerne, Krisen und Innovationen in der mitteleuropäischen Eisengewinnung. *Technikgeschichte* 56 (1989) 289–304, insbes. 298–301; DERS., Die Große Hammereinung vom 13. Januar 1387 – Kartell und Innovationen als Antwort auf eine Krise, in: NORBERT HIRSCHMANN – EDITH BENNER (Hrsg.), Die Oberpfalz, ein europäisches Eisenzentrum (*Bergbau- und Industriemuseum Ostbayern* 12/1) Amberg 1987, 144–189, hier vor allem 169–177.

Ulrich Haarmann

MIT DEM PFEIL, DEM BOGEN

*Fremde und einheimische Stimmen zur Kriegskunst der Mamluken**

I. Europäische Zeugen der mamlukischen Autokratie

Der Pilgerbericht des oberdeutschen Geistlichen Felix Fabri aus dem Jahre 1483 zählt zu den farbigsten, literarisch anspruchsvollsten und historisch ergiebigsten spätmittelalterlichen europäischen Reiseschilderungen[1]. An vielen Stellen gelingt es dem klugen und gebildeten Ulmer Ordensmann, die ihn – wie auch zahlreiche andere zeitgenössische westeuropäische Besucher – so fremdartig anmutende Welt Palästinas und Ägyptens in ihren Wesenszügen zu erfassen und verkürzend zu charakterisieren, eine Leistung, zu der die Mitglieder dieses Kulturkreises selbst wegen der fehlenden objektivierenden Distanz nicht ohne weiteres fähig sein konnten. Ein besonders bemerkenswertes Produkt dieser kritischen Neugier sind seine über den ganzen Reisebericht verstreuten Bemerkungen über die Staats- und Gesellschaftsordnung im Mamlukenreich. Felix Fabri war beeindruckt von den seltsamen Beziehun-

* Die Forschungen, aus denen dieser Beitrag hervorgegangen ist, habe ich dank der Munifizenz der Breuninger-Stiftung Stuttgart im Sommersemester 1992 an der School of Historical Studies des Institute for Advanced Study in Princeton, New Jersey, USA, betreiben können.

[1] Vorgelegen haben mir die lateinische Fassung des Reiseberichts (= das „Evagatorium") und die einige Jahre später verfaßte und darum in ihrem Inhalt durchaus unterschiedliche deutsche Epitome des Autors, „Eigentliche Beschreibung der hin und wider Fahrt zu dem Heyligen Landt gen Jerusalem" etc., jeweils in französischer Übersetzung: Voyage en Egypte de Félix Fabri 1483, 3 Bände (*Collection des voyageurs occidentaux en Egypte* 14) Kairo 1975 (im folgenden zitiert: *Fabri, Voyage*). Die deutsche Kurzfassung der Pilgerreise, H. F. M. Prescott, *Felix Fabris Reise nach Jerusalem*, übers. von Lotte von Schaukel. Freiburg/Br.-Basel-Wien 1960 (im folgenden zitiert: *Fabri, Reise*), habe ich bislang nur in Auszügen einsehen können; entsprechend wird nicht bei allen Zitaten aus dieser Version auf sie verwiesen.

gen zwischen den eigentlichen Einheimischen, die von ihm Sarazenen genannt werden, also den arabisch sprechenden Ägyptern und Syrern, und der fremdstämmigen turko-tscherkessischen Militäraristokratie der Mamluken. Das Kräfteverhältnis war wahrlich unausgewogen: Die Mamluken monopolisierten die gesamte politische und militärische Gewalt, aber auch die wirtschaftlichen Reichtümer im Sultanat[2]. Sie verachteten die Autochthonen, die „keinerlei Macht im Reiche haben"[3]. „Das ganze Land, soweit der Sultan regiert, wird durch Mamelucken regiert, und die Sarazenen haben kein Gewalt da"[4]. „Alle Amtsleute in allen Landen des Koenigs Sultan sind Mamelucken und drücken die Sarazenen sehr und lassen ihnen keine Gewalt, sie lassen sie auch nicht reich werden"[5], heißt es andernorts in Fabris Reisebericht. Die Herabschätzung ging so weit, daß die Mamluken, wie Fabri eigentümlich berührt betont, sogar „unsereinen den Sarazenen vorziehen"[6].

„Diese Sklaven herrschen mit solchem Hochmut und Gepränge, daß auch noch der geringste in ihren Reihen den mächtigsten Sarazenen prügelt, ohne daß dieser es aus Angst um sein Leben und seinen Besitz wagen könnte, zu reagieren, sich zu wehren oder auch nur zu beklagen", schreibt, ebenfalls Ende des fünfzehnten Jahrhunderts, der Abt des Franziskanerklosters auf dem Berg Zion in Jerusalem, Francesco Suriano[7]. Der niederrheinische Ritter Arnold von Harff, der 1496 Kairo besuchte[8], will einen Mamluken gesehen haben, der mehr als hundert „Heiden" (also muslimische Araber), die sich nicht zu verteidigen wagten, von der Straße trieb. Wem sein Vermögen lieb sei, der verberge es

---

[2] *Fabri, Voyage* 915 (dt. Text).

[3] Ebd.

[4] *Fabri, Reise* 122; *Fabri, Voyage* 915.

[5] *Fabri, Reise* 128f.; *Fabri, Voyage* 928.

[6] Ebd. 798.

[7] Fra Francesco Suriano, Treatise on the Holy Land. Translated from the Italian by Fr. THEOPHILUS BELLORINI and EUGENE HOADE. Preface and Notes by BELLARMINO BAGATTI (*Publications of the Studium Biblicum Franciscanum* 8) Jerusalem 1949, Kapitel II/4, 207 (im folgenden zitiert: *Suriano*).

[8] Arnold von Harff. The Pilgrimage of Arnold von Harff, Knight from Cologne, through Italy, Syria, Egypt, Arabia, Ethiopia, Nubia, Palestine, Turkey, France and Spain which he accomplished in the years 1496 to 1499, translated from the German and edited with notes and an introduction by MALCOLM LETTS (*The Hakluyt Society, Second series* 94) 2. Aufl. Nendeln-Liechtenstein 1967, 122 (im folgenden zitiert: *von Harff*).

vor der „täglichen Tyrannei des Sultans, der Generäle und Mamluken gegenüber den Wohlhabenden" (*la tyrannie quotidienne que faict le Souldan et les admiraulx et mammeluz sur les riches*)[9]. Nicht einmal Übergriffe gegenüber Frauen dürfe ein Ägypter ahnden; wer es wage, einen Mamluken zu schlagen, der verliere Auge oder Hand (*car quiconque bat ung mammelu soit à droit, soit à tort, il perdra l'oeil et la main*), berichtet Jean Thenaud, der 1512 Kairo besucht[10]. Am schlimmsten gehe es den Einheimischen auf dem Land, da verhielten sich die Mamluken ihnen gegenüber wie losgelassene Teufel[11]. Aussagen von Türken haben gegenüber Aussagen von „Mauren" von vornherein Gewicht. „Was ein Türke sagt, wird für wahr gehalten", sagt der Kastilier Pero Tafur, der z. Zt. Sultan Barsbāys (1421–35) Ägypten bereist[12].

Die gedemütigten Araber revanchierten sich in ihren nun freilich klugerweise nicht offen zur Schau gestellten Gefühlen; „sie sind die geheimen Feinde der Mamluken, weil diese sie so sehr beherrschen, daß sie es kaum wagen, ihren Kopf in deren Gegenwart zu heben", sagt Fabri[13]. Zivilisten mußten unerbittlich vor Mamluken absitzen, sonst wurden sie erbarmungslos von ihrem Esel heruntergeprügelt[14]. Nur Krieger und Höflinge, also Mamluken, durften nach der Landessitte, wie bei mehreren christlichen Reisenden zu lesen ist, zu Pferde reiten[15]

---

[9] *Jean Thenaud, Le Voyage d'Outremer (Egypte, Mont Sinay, Palestine)*, hrsg. von CHARLES SCHEFER. Paris 1884, 48.

[10] Ebd. 56.

[11] *Suriano* 191.

[12] Pero Tafur, Travels and Adventures 1435–1439. Translated and edited with an introduction by MALCOLM LETTS (*The Broadway Travellers*) London 1926, 69 (im folgenden zitiert: *Tafur*). Das Wort eines Türken rettet ihn.

[13] *Fabri, Voyage* 32.

[14] Ebd. 439f., 495f.

[15] Domenico Trevisan, Voyage du magnifique et très illustre chevalier et procurateur de Saint-Marc Domenico Trevisan ... auprès du sérénissime seigneur, le grand soudan d'Egypte 1512, bei *Thenaud, Voyage d'Outremer* 180, im folgenden zitiert: *Trevisan*): „L'ambassadeur était accompagné ... par des Mores montés sur des ânes, comme c'est la coutume en ce pays-ci". Vgl. auch Giorgio Gucci in: Visit to the Holy Places of Egypt, Sinai, Palestine and Syria in 1384 by Frescobaldi, Gucci and Sigoli. Translated from the Italian by Fr. THEOPHILUS BELLORINI and EUGENE HOADE. Preface and notes by BELLARMINO BAGATTI (*Publications of the Studium Biblicum Franciscanum* 6) Jerusalem 1948, 96 (im folgenden zitiert: *Gucci*): „...wir bestiegen unsere Esel, weil niemand außer Bewaffneten und Höflingen ein Pferd reiten darf"; vgl. Lionardo di Niccolo Frescobaldi (ebd. 52, im folgenden zitiert: *Frescobaldi*) über das Pferdeverbot für die christlichen Pilger sowie *Tafur* 73 über die zu Pferde sitzenden Bewaffneten.

und, offenbar selbst in der Gegenwart von Würdenträgern, sitzenbleiben[16]. Übertreibend meint Pero Tafur sogar, Mauren sei das Reiten eines Pferdes bei Todesstrafe verboten, es seien alle ritterlichen Ehren den Mamluken vorbehalten;[17] ganz so streng[18] scheint man es Gott sei Dank nicht gehalten zu haben[19].

In mamlukischen Kreisen galt das Pferd als herausragendes Adelsattribut[20]. Berühmt sind die Summen, die der Mamlukensultan al-Malik an-Nāṣir, ein Verfechter mamlukischer Exklusivität, im frühen vierzehnten Jahrhundert für seine Gestüte aufwendete. Man hat sogar die Architekturformen der Mamlukenzeit (den *maqʿad*)[21] mit der Pferdeleidenschaft der mamlukischen Bauherren in Verbindung gebracht. Nichtmamluken waren und blieben diese edlen Tiere verboten. Mamluk und Berittener waren für westliche Besucher zuweilen offenbar geradezu synonym[22].

II. Die gottgewollte Aufgabenteilung: Kriegerische Türken und friedfertige Ägypter

Die Mamluken übten diese unumschränkte Vorherrschaft ohne jegliches schlechtes Gewissen aus. „Gott gab uns das Schwert und die Macht, dieses Land zu regieren und zu beherrschen" (*les mameluchs, qui*

---

[16] *Gucci* 142: Mamluken werden in der Zitadelle von Damaskus hoch zu Roß vorgestellt; *Trevisan* 182: Beim Betreten der Kairoer Zitadelle steigen der venezianische Botschafter und seine Entourage – implizite also nicht die Mamluken? – ab.

[17] *Tafur* 74.

[18] Vgl. z. B. SVATOPLUK SOUCEK, A Czech Nobleman's Pilgrimage to the Holy Land 1493. *Journal of Turkish Studies* 8 (1984) 233–240, hier 236.

[19] Ein ähnliches Ethos begegnet uns schon im fatimidischen Kairo. Niemand durfte die Palaststadt hoch zu Roß betreten – hohe Amtspersonen ausgenommen, aber auch diese mußten vor dem Kalifen absitzen: vgl. PAULA SANDERS, From Court Ceremony to Urban Language: Ceremonial in Fatimid Cairo and Fusṭāṭ, in: *The Islamic World from Classical to Modern Times. Essays in Honor of Bernard Lewis*. Princeton 1989, 311–321, hier 312 f.

[20] *Von Harff* 122.

[21] JEAN CLAUDE GARCIN, Habitat médiéval et histoire urbaine à Fustat et au Caire, in: DERS. – BERNARD MAURY – JACQUES REVAULT – MONA ZAKARIYA, *Palais et maisons du Caire* I: *Epoque mamelouke (XIIIe–XVIe siècles)*. Paris 1982, 214–215; Ndr. in: JEAN CLAUDE GARCIN, Espaces, pouvoirs et idéologies de l'Egypte médiévale (*Collected Studies Series* 251) London 1987 (Beitrag Nr. 4).

[22] So Jan Hasištejnský z Lobkovic, der 1483 Jerusalem besucht; vgl. SOUCEK, *Pilgrimage* 236.

sont esclaves achattés, dient que Dieu leur donna l'espée et la segneurie de régir et gouverner celluy pays), läßt der Kreter und venezianische Untertan Emmanuel Piloti[23] um 1440 die Mamluken ihre privilegierte Position gegenüber Ägyptern und Beduinen verteidigen. Und Sultan Farağ persönlich soll dem venezianischen Konsul, der sich über Vergehen Alexandriner Emire beschweren wollte, erwidert haben:[24] „Gott hat uns das Schwert und die Macht gegeben, die Christen zu besiegen und zu beherrschen."

Wie die Mamluken es selbst sahen, war es ihre Pflicht, wie anno 1260 bei ʿAyn Ǧālūt in der berühmten Abwehrschlacht gegen die heidnischen Tataren so auch in Zukunft die ihnen anvertrauten rechtgläubigen islamischen Lande zu verteidigen und für diese Aufgabe stets gerüstet zu sein. Dafür durften sie, ja mußten sie die Ressourcen Ägyptens nutzen. Daß die Gefährdung durch solche Gegner über die Jahrzehnte abgenommen hatte und damit auch die Legitimationsbasis dieses Machtmonopols geschwächt worden war, sahen andere deutlicher als sie selbst. Durch ständige militärische Übungen hielten sie die Illusion aufrecht, als bedürfe es permanenter Wachsamkeit. Längst waren die Gegner keine mächtigen Ungläubigen mehr wie im heroischen dreizehnten Jahrhundert, als Mongolen und christliche Kreuzfahrer im Zusammenspiel den Islam des Vorderen Orients in der Tat in tödliche Gefahr gebracht hatten, sondern (wenn wir von den Nadelstichen christlicher Korsaren und gelegentlichen Attacken gegen die levantinischen Küstenstädte absehen) mehr oder minder rechtgläubige islamische Rivalen wie die Turkmenen des oberen Zweistromlandes oder die Osmanen.

Die Untertanen der Mamluken taten sich schwer mit deren unumschränktem Herrschaftsanspruch, auch wenn sie ohne eigene Machtmittel wenig dagegen unternehmen konnten. Natürlich hätten eigentlich s i e Anspruch auf Sultanat und Herrschaft, gehöre doch auch der Kalif ihrer „Nation" an, gibt Piloti[25] die Stimmung der Einheimischen ihren türkischen Herrn – dieser „nation vitupéreuse"[26] – gegenüber wieder. Wirkliche Sympathien für die Mamluken waren in Zivilistenkreisen

---

[23] HERMANN DOPP (Hrsg.), *L'Egypte au commencement du quinzième siècle d'après le Traité d'Emmanuel Piloti de Crète [Incipit 1420]*. Kairo 1950, 11 (im folgenden zitiert: *Piloti*).

[24] Ebd. 84.

[25] Ebd. 11.

[26] Ebd. 19.

wenig verbreitet. Der aus Tunis nach Kairo gekommene berühmte Ibn Ḫaldūn (gest. 1406) ist eine solche Ausnahme. Er bekennt sich offen zu seiner Hochachtung vor den türkischen Fremden, die nomadisches Ungestüm mit islamischer Glaubensstärke verbunden hätten.

Seine einheimischen Kollegen, die nun freilich mamlukische Tyrannis und Hybris sehr viel nachhaltiger kennengelernt hatten als dieser renommierte Gast aus dem Westen, waren weniger verständnisvoll. Zumal diesen *ʿUlamāʾ* als Sachwaltern des religiösen Rechts nach der akzeptierten politischen Theorie der Zeit eine Art Kondominium mit den mamlukischen „Männern des Schwerts" zustehe. Die Mamluken müßten, so ist in Staatsschriften des 14. und des 15. Jahrhunderts zu lesen, dafür dankbar sein, daß sie ihnen, den Schriftgelehrten, überhaupt begegnet seien; ohne sie hätte sich ihnen das Tor des Islam nicht geöffnet, wären sie nicht die heilbringenden beiden Sätze des Glaubensbekenntnisses gelehrt worden. Vom Arabischunterricht für diese Banausen ganz zu schweigen. Ängstlich sind die *ʿUlamāʾ* bemüht, ihre eigene Welt vor dem Zugriff der mächtigen Mamluken zu schützen und zuweilen, wie mir scheint, geradezu paranoid zu verhindern, daß sich auch noch die letzten ihnen verbliebenen Domänen, also Rechtspflege, Wissenschaft und schöne Literatur, diesen Barbaren öffnen. Wann immer sich den Gelehrten (soweit sie nicht durch irgendwelche gemeinsamen Geschäfte mit den Mamluken korrumpiert waren) die Gelegenheit bot, sich an der türkischen Obrigkeit für deren Arroganz ohne Risiko zu rächen, wurde sie genutzt. So wurde gerne weitererzählt, jemandem sei Baybars I. im Traum erschienen und habe reuevoll von seiner Strafe im Jenseits berichtet. Die sei ihm zuteil geworden, weil er, wie es unanstößig heißt, die „Einheit des Islams" zerstört habe[27]. Gemeint war damit die Gleichstellung der vier sunnitischen Rechtsschulen auf sein Geheiß, das aber war gleichbedeutend mit der Entmachtung der in der städtischen Bevölkerung Ägyptens verwurzelten *Šāfiʿiyya* und dem Aufstieg der von den Mamluken bevorzugten hanafitisch-türkischen Rechtsschule. Angesichts der bitteren Realität unumschränkter mamlukischer Dominanz versprachen solche Phantasien, so scheint es,

---

[27] Vgl. hierzu u. a. WILFERD MADELUNG, The Spread of Māturīdism and the Turks, in: *Actas IV Congresso de Estudos Arabes e Islâmicos, Coimbra-Lisboa 1 a 8 Septembro de 1968*. Leiden 1971, 165 (nach Subkīs „Ṭabaqāt") und JEAN CLAUDE GARCIN, Histoire, opposition politique et piétisme traditionaliste dans le Ḥusn al Muḥāḍarat de Suyūṭī. *Annales Islamologiques* 7 (1967) 71 f. (und Anm. 1) (nach Suyūṭī und auch schon Ibn Kaṯīr); letzterer Aufsatz wurde nachgedruckt in: DERS., *Espaces* (Beitrag Nr. 6).

noch am ehesten Entlastung und ausgleichende Gerechtigkeit für die wehr- und hilflose Bevölkerung.

Auch die beduinischen Araber, die sich nun freilich nicht in schriftstellerischen Selbstzeugnissen verewigt haben, setzten – wie wir wieder von Piloti hören[28] – eigene Legitimität gegen das mamlukische Machtmonopol. Ihnen gebühre in Wirklichkeit die Macht, nicht den Mamluken (und erst recht nicht den Ägyptern), sei doch der Prophet Muḥammad, der Stifter des Islam, einer der Ihren gewesen und seien doch sie seit altersher die Herren des Landes, denen andere zu gehorchen hätten, nicht umgekehrt. Diese Selbsteinschätzung gerade im fünfzehnten Jahrhundert, als Oberägypten faktisch mamlukischer Kontrolle entglitt und sogar die Hauptstadt Kairo mit ihren Märkten immer wieder beduinischen Überfällen ausgesetzt war, war gar nicht so unrealistisch; Pilotis Umfrage, aus welchen Gründen welche gesellschaftliche Gruppe (autochthone Ägypter, Mamluken oder beduinische Araber) eigentlich in Ägypten regieren müsse, wird so zu einem besonders pikanten historischen Dokument.

Im übrigen können wir sicher sein, daß die Mamluken – hätte man sie je dazu nötigen können – auch noch mit einem anderen Argument die politische und militärische Regie im Lande für sich beansprucht hätten. Nicht nur hatten sie sich als besonders kriegstüchtig bewährt; der Mamlukensproß Muḥammad b. Manglī, Gardist des späten Qalāwūniden Šaʿbān II., preist in seinem Werk über das Kriegswesen „al-Adilla ar-rasmiyya fī t-taʿābī al-ḥarbiyya" ihre Kampfeslust, die sich nach der Islamisierung geläutert und gesitteten Zielen zugewendet habe[29]. Die Ägypter waren darüber hinaus, so hieß es, ihrerseits notorisch ungeeignet für den Dienst mit der Waffe. Nicht nur lokale Autoren[30] verbreiteten dieses Vorurteil. Auch Felix Fabri berichtet es uns aus nicht näher bestimmten Kairoer Kreisen;[31] ein alemannischer Landsmann aus Basel, der sich als Mamluk hatte anheuern lassen, mag die – oder eine –

---

[28] *Piloti* 11, 19.

[29] Vgl. Hellmut Ritter, *La Parure des Cavaliers* und die Literatur über die ritterlichen Künste. *Der Islam* 18 (1929) 116–154, hier 147.

[30] Abū Ḥāmid al-Qudsī, Duwal al-islām aš-šarīfa al-bahiyya fi-mā ẓahara lī min ḥikam Allāh fī ǧalb ṭāʾifat al-Atrāk ilā d-diyār al-miṣriyya; vgl. Ulrich Haarmann, Rather the Injustice of the Turks than the Righteousness of the Arabs – Changing ʿulamāʾ attitudes towards Mamluk rule in the late fifteenth century. *Studia Islamica* 68 (1988) 70.

[31] *Fabri, Voyage* 577 (lateinischer Text).

Quelle gewesen sein. Piloti führt zu Beginn des fünfzehnten Jahrhunderts die Feigheit und Friedfertigkeit der Ägypter auf das köstliche, die Gemüter gleichsam einlullende Klima des Landes zurück (... *le plus gentil ayr ... Ancores ledit air a ung deffault, que lez hommes de celluy pays ne sont point hommes animeux ne bataillans, mais sont hommes de petit corage et de voloir vivre en paix. Bien sont hommes de grant entendement et de soubtil esprit, mais dez armes ne sèvent riens par nesune manière*)[32]. Die ungewöhnliche Friedfertigkeit der Ägypter ist im übrigen ein uralter Topos, der weit in die Antike zurückreicht. Er wurde von Herodot bis Muṣṭafā ʿĀlī im sechzehnten Jahrhundert kolportiert und tritt im allgemeinen zusammen mit der Unterstellung auf, am Nil hätten die Frauen das Sagen und sei ohnehin die gottgewollte Ordnung völlig auf den Kopf gestellt. Amüsant sind die vielen Beispiele für diese verkehrte Welt, die Suriano im Jahre 1485 aufgelistet hat[33].

Dieses Image der Friedfertigkeit hat den Ägyptern bis in unsere Tage hinein bekanntlich schwer zu schaffen gemacht, weshalb sie sich immer wieder mit der Gelehrtenfeder oder auch auf dem Schlachtfeld, zuletzt 1973, bemüht haben, diese Bewertung als unzutreffend und verleumderisch nachzuweisen. Vor der Folie der nicht minder sprichwörtlichen Grausamkeit und Brutalität der Mamluken artikulierte sich diese unmartialische Lebensart der Ägypter natürlich noch deutlicher. Den Mamluken mache, wie Fabri entsetzt anmerkt[34], sichtlich das Schlachten eines Huhns mehr aus als der Tod eines Menschen[35]. Er macht diese Bemerkung bei der Schilderung der für westliche Beobachter immer wieder von neuem faszinierenden[36] mamlukischen Kampfspiele und Turniere[37] in den Hippodromen von Kairo. Mit höchstem Risiko werde dort geübt und jeden Tag – so Fabri übertreibend – kämen etliche Mamluken bei Manöverunfällen ums Leben.

---

[32] *Piloti* 6–7.

[33] *Suriano* 203f.; vgl. auch HANNES KÄSTNER, Nilfahrt mit Pyramidenblick. Altvertraute Wunder und fremde Lebenswelt in abendländischen Reiseberichten an der Wende zur Neuzeit, in: EIJIRO IWASAKI (Hrsg.), *Begegnung mit den „Fremden". Grenzen – Traditionen – Vergleiche. Akten des VIII. Internationalen Germanistenkongresses Tokyo 1990* VII. Tokyo 1992, 307–316, hier 314, Anm. 18.

[34] *Fabri, Voyage* 555.

[35] In diesem Zusammenhang vgl. die erschütternde Beschreibung einer Hinrichtung in Damaskus bei *Frescobaldi* 85f.

[36] Vgl. auch *Trevisan* 182 sowie Anm. 2 mit Verweis auf Baumgartens „Peregrinatio", in Nürnberg 1594 gedruckt, 46–50.

[37] *Fabri, Voyage* 554.

Ein selbstverständlicher Bestandteil dieses Gewaltmonopols der Mamluken, über das uns ausländische Besucher wie Fabri, Suriano und von Harff, wie erwähnt, sehr viel klarer und abstrakter informieren bzw. informieren können als einheimische Autoren, war – und damit nähern wir uns dem engeren Thema dieses Beitrags – das mamlukische Waffenprivileg. Die ägyptischen Männer sind, wie der Florentiner Frescobaldi 1384 mit Erstaunen feststellt, zwar aufbrausend und wild, aber völlig unbewaffnet[38]. Streitereien zwischen ihnen bleiben so Gott sei Dank meist unblutig[39]. Als die christlichen Pilger, zu deren Gruppe Felix Fabri zählte[40], auf dem Weg vom Sinai nach Kairo von einem Mamluken bewaffnet angetroffen wurden, kostete es den Karawanenführer alle Mühe und Beredsamkeit, diesen Verstoß plausibel zu machen. Piloti betont in seiner Skizze der drei „Nationen" Ägyptens[41] (er vergleicht deren Zwistigkeiten mit dem Kampf zwischen Guelfen und Ghibellinen), nämlich der Ägypter, der Araber (= Beduinen) und der Mamluken, daß nicht einmal die Araber Waffen trügen.

Noch einmal Felix Fabri in einer auch schon anderen Orts[42] gewürdigten Passage:

„Alle Mamluken sind christliche Renegaten ... Sie lassen die Sarazenen weder als Soldaten dienen noch erlauben sie ihnen das Tragen von Waffen. Soweit haben sich die Dinge entwickelt, daß dank des Anwachsens der Schar christlicher Renegaten und Apostaten nur solche als Sultan oder König Ägyptens in Frage kommen. Zwar ist dieser Brauch nicht sehr alt und hat bei ihnen auch keine Gesetzeskraft, aber die immense Flut an Renegaten hat diese Situation herbeigeführt, die für die Sarazenen die größte aller Demütigungen ist", sagt unser schwäbischer Gewährsmann.

Dieses Zitat ließe sich ausführlich kommentieren. So möchte ich hier auch nur insoweit auf die – auch bei den anderen westlichen Reisenden anzutreffende – seltsame Behauptung der angeblich ausschließlich christlichen Abkunft der Mamluken eingehen, als sie unser Thema be-

---

[38] *Frescobaldi* 48.

[39] *Von Harff* 122.

[40] *Fabri, Voyage* (deutscher Teil), 881 f.

[41] *Piloti* 11.

[42] Jean Claude Garcin, Aux sources d'une idéologie: la force empruntée de l'Islam, in: *Le miroir égyptien. Rencontres méditerranéennes. Actes publiés par* Robert Ilbert et Philippe Joutard. Marseille 1984, 167, Ndr. in: Garcin, *Espaces* (Beitrag Nr. 11).

trifft. Wobei die Erfahrung, daß Neophyten besonders harsch gegen ihre früheren Glaubensgenossen vorgehen, angesichts mamlukischer Roheit diese Konstruktion erleichtert haben dürfte[43]. Fabri jedenfalls versteigt sich im Anschluß an den eben zitierten Text zu der Aussage, die als Muslime geborenen Mamlukensöhne konvertierten planvoll zum Christentum, um als Christen dann wiederum ihren Glauben widerrufen und zum Islam übertreten zu können und damit für eine Mamlukenkarriere nach dem Vorbild ihrer Väter eligibel zu sein, d. h. bezeichnenderweise an erster Stelle, „ein Pferd besteigen und Waffen tragen zu dürfen“[44].

Es geht also sehr konkret um das Waffen- und Pferdeprivileg der Mamluken und, als Kehrseite dieses Monopols, um den diskriminierenden Ausschluß aller anderen Bevölkerungsteile, also auch der muslimischen Einheimischen, vom Reiten hoch zu Roß (zumindest in der Gegenwart von Mamluken) und vom Tragen von Schwert und Bogen. Beide Rechte sind selbst heute noch im traditionalen islamischen Kulturkreis – und nicht nur dort – wichtige Attribute der Manneswürde. Es ist hierbei von zweitrangiger Bedeutung, ob die von Fabri und Suriano so deutlich angesprochenen Gefühle der Demütigung der autochthonen Ägypter ganz allgemein aus der übermächtigen Position der Mamluken rühren oder aber auch (und in besonderem Maße) aus dem Verbot des Waffentragens. Beides war im Bewußtsein der Zeit ohnehin untrennbar miteinander verbunden.

III. Die Stimmen der Experten: Das mamlukische Militärschrifttum

Nach einer ausdrücklichen Verdammung des Waffenmonopols der Mamluken bei zeitgenössischen einheimischen Autoren habe ich bislang vergeblich gesucht. Dabei herrscht an einschlägiger Literatur, in der aus jeweils verschiedener Warte das rechte Ethos im Umgang mit Lanze, Pfeil und Bogen gepredigt wird, kein Mangel. Da sind zuerst die gegen unstatthafte Neuerungen gerichteten Schriften. Wir finden in ihnen,

---

[43] Vgl. die diesbezügliche Bemerkung im anonymen Werk „Le Voyage de la Saincte Cyté de Hierusalem avec la description des lieux, portz, villes, citez et aultres passaiges, fait l'an mil quatre cens quatre vingtz“, in: Charles M. Schefer (Hrsg.), *Recueil de voyages et de documents pour servir à l'histoire de la géographie depuis le XIIIe jusqu'à la fin du XVIe siècle* 2. Paris 1882, 64f.

[44] *Fabri, Voyage* 553.

obgleich nur sehr vereinzelt, auch Kritik an Praktiken der zeitgenössischen Kampf- und Kriegsführung. So polemisiert der türkmenischstämmige Idrīs b. Baydakīn, ein Zeit- und Gesinnungsgenosse Ibn Taymiyyas, zu Beginn des vierzehnten Jahrhunderts im sechsten Kapitel seines „Kitāb al-lumaʿ" über das Schießen mit der Armbrust gegen die Unsitte, Tiere um der Jagdfreuden und des Nachweises der eigenen sportlichen Fähigkeiten willen zu quälen und damit gegen das göttliche Barmherzigkeitsgebot zu verstoßen[45]. Von militärischen Dingen ist nur indirekt die Rede. Auch gehen seine Bemerkungen zur Sache in einem Dickicht allgemeiner Vorhaltungen, den *bidaʿ* zu wehren, fast ganz unter.

Sehr viel ergiebiger sind die sogenannten *furūsiyya*-Schriften der Mamlukenzeit. Der Begriff *furūsiyya* bezeichnet im Spätmittelalter all die von einem *fāris*, einem Kavalleristen, verlangten und sorgfältig einzuübenden technischen und militärischen Fertigkeiten[46], also den Umgang mit der Lanze und dem Kampfbogen, hippologische – insbesondere auch tiermedizinische – Kenntnisse[47] eingeschlossen.

Furūsiyya in diesem technischen Sinne läßt sich folgerichtig in diverse Abteilungen untergliedern[48], den als höchste Kunst geltenden Lanzensport[49], den Kampf mit dem stumpfen, gerundeten Kurzschwert[50], das Pferdepolo[51], das Ringen und nicht zuletzt das Bogenschießen. Aber auch die diversen Schießübungen mit der Lanze oder mit Pfeilen auf ein

---

[45] Idrīs b. Baydakīn b. ʿAbdallāh at-Turkumānī, al-Lumaʿ fī l'ḥawādiṯ wal-bidaʿ etc., hrsg. von Ṣubḥī Labīb (*Deutsches Archäologisches Institut Kairo, Quellen zur Geschichte des Islamischen Ägyptens* 3a) Kairo–Wiesbaden 1986, 125–133.

[46] David Ayalon, Notes on the *Furūsiyya* Exercises and Games in the Mamlūk Sultanate. *Scripta Hierosolymitana* (Jerusalem) 9 (1961) 31–62, hier 34, Ndr. in: ders., The Mamlūk Military Society (*Collected Studies Series* 104) London 1979, Nr. 2. – Siehe jetzt auch Maya Shatzmiller, The Crusades and Islamic warfare – a re-evaluation. *Der Islam* 69 (1992) 247–288. Verwiesen sei aber auch auf die Dissertation Kurtuluş Öztopçus (University of California, Los Angeles) über die mamlukisch-kiptschakische, also türkischsprachige Kriegsliteratur dieser Zeit, über deren arabische bzw. persische Quellen und über deren Fachvokabular.

[47] Hassanein Rabie, The Training of the Mamluk Fāris, in: V. J. Parry – M. E. Yapp (Hrsg.), *War, Technology and Society in the Middle East*. London 1975, 153–163, hier 155, Anm. 4.

[48] Vgl. z. B. auch *von Harff* 106.

[49] Vgl. Muḥammad b. Yaʿqūb b. Aḫī Ḥazzām (Rabie, *Training* 155).

[50] Szimetar; genau beschrieben von *Frescobaldi* 39, im Abschnitt über die Soldaten, die das kurz zuvor von Christen heimgesuchte Alexandria bewachen.

[51] Vgl. die hübsche Beschreibung bei *Tafur* 80.

bewegliches oder starres Ziel, Pferderennen, die auf der Jagd übliche Benutzung der Armbrust mit nichtexplosiven Geschossen (*bunduq*) und schließlich die aufwendigen Wettbewerbe, die aus Anlaß der Abreise der Pilgerkarawane in den *Ḥiǧāz* alljährlich zweimal abgehalten werden und in der abend- und morgenländischen Berichterstattung einen so hohen Rang einnehmen[52], figurieren in den zeitgenössischen Quellen als *furūʿ* („Zweige") der *furūsiyya*[53].

Die westlichen Kommentatoren kategorisieren ähnlich. Piloti[54] nennt als Königsdisziplin den Turnierkampf mit Lanzen ohne Eisenspitze unter den Augen des kritischen Sultans, der unter dem Eindruck solcher Vorführungen seine Personalentscheidungen treffe. Pero Tafur[55] greift Reitkunst und Bogenschießen, Arnold von Harff[56] den Lanzenkampf, die Verteidigung mit dem kleinen Schild und das Zielschießen mit dem Handbogen als besonders charakteristische Übungen heraus. Felix Fabri[57] lobt die ungewöhnlich hohe Waffenkunst der Mamluken und beschreibt voller Hochachtung die fast täglichen Turniere, auf denen sie freundschaftlich, aber mit blankem Säbel gegeneinander antreten, Gewichte heben, Steine werfen und mit dem Bogen schießen.

In den uns hier besonders interessierenden zeitgenössischen arabischen *furūsiyya*-Schriften werden die Akzente freilich sehr unterschiedlich gesetzt. Da gibt es zum ersten das sehr konkrete, technisch höchst detaillierte und – wenn man so sagen will – ideologiefreie Schrifttum der mamlukischen Kampf- und Turnierpraktiken.

Berühmt ist das in London in einer herrlich illustrierten Handschrift aufbewahrte Werk „Nihāyat as-su'l wal-umniyya fī ʿilm al-furūsiyya" des 1348 in Damaskus verstorbenen Anatoliers Muḥammad b. ʿĪsā b. Ismāʿīl al-Ḥanafī al-Aqṣarāʾī über die ritterlichen Künste der Mamluken[58]. Aqṣarāʾīs Lehrer war Naǧm ad-dīn Ayyūb (Ḥassān) al-Aḥdab

---

[52] Siehe z. B. *Thenaud, Voyage d'Outremer* 42 über die Mekkakamele.

[53] Ayalon, *Notes* 46.

[54] *Piloti* 17 f.

[55] *Tafur* 74.

[56] *Von Harff* 106.

[57] *Fabri, Voyage* 487 f., 554.

[58] Hrsg. von Lutful Haqq. Phil. Diss. London 1955; Neuedition von Nabīl ʿAbd al-ʿAzīz. Phil. Diss. Kairo 1972; vgl. aber auch schon Ritter, *La Parure des Cavaliers* 132, 135; weiterhin: Mohamed Mostafa, An Illustrated Manuscript on Chivalry from the late Circassian Mamluk Period. *Bulletin de l'Institut d'Egypte* 51 (1969–70) 1–13 (engl.), 1–14 (arab.), 20 Tafeln, hier engl. S. 4; G. Rex Smith, *Medieval Muslim Horsemanship. A fourteenth-century Arabic Cavalry Manual.* London 1979. – Die

ar-Rammāḥ (st. 1294), der berühmte Turniermeister, der Sultan al-Ašraf Ḫalīl nach ʿAkkā begleitete und insgesamt vier einschlägige Schriften verfaßt haben soll;[59] das ihm zugeschriebene „Kitāb al-furūsiyya"[60] ist besonders detailliert über die Zielobjekte im Lanzenspiel. Er galt als bester Kenner und in gewissem Sinne geradezu als Stifter dieser als Gipfel mamlukischer *furūsiyya* gepriesenen Kunst; sein Cognomen ar-Rammāḥ („Lanzenstecher") weist ihn als versierten Praktiker aus, eine Fähigkeit, die übrigens auch den bekannten Historiker Ibn Taġrībirdī aus dem fünfzehnten Jahrhundert, einen der wichtigsten Gewährsmänner über die mamlukischen Turniere, auszeichnete.

Das um die Mitte des vierzehnten Jahrhunderts von dem Mamluken Ṭaybuġā al-Baklamišī al-Yūnānī (st. 1394) für Sultan al-Ašraf Šaʿbān (1362–1376)[61] verfaßte und kommentierte Lehrgedicht über die Kunst des Bogenschießens „Kitāb Ġunyat aṭ-ṭullāb fī maʿrifat ramy an-nuššāb" (bzw. „Ġunyat al-murāmī wa-ġāyat al-marām lil-maʿānī"[62] oder Buġyat ar-rāmī [al-marāmī] wa-ġāyat al-marām [al-ġarām]"[63]), vor nicht allzu langer Zeit durch die kommentierte Übersetzung J. D. LATHAMS und W. F. PATERSONS[64] bekannt gemacht, ist eine Fundgrube an Informationen über die Bestandteile des Kampfbogens bis hin zu komplizierten Pfeilführungen, über die Techniken des Spannens und Schießens zu Fuß oder hoch zu Roß und über die nötigen physischen Voraussetzungen des Schützen. Die Mamlukeneleven lernten es auswendig. Der Mamluk Baktūt ar-Rammāḥ al-Ḫāzindārī (st. 1311) und der nota bene vormamlukische Zivilist Muḥammad b. Yaʿqūb b. aḫī Ḥazzām (Ḥizām/Ḫuzām)[65] haben in ihren Werken – in letzterem Falle schon durch den Titel kenntlich („al-Furūsiyya wal-bayṭara") – die

Zuschreibung des Werkes zu Aqṣarāʾī ist allerdings alles andere als gesichert: vgl. RABIE, *Training* 154, Anm. 6. Über die Schrift und ihren Verfasser s. auch RUDOLF SELLHEIM, Materialien zur arabischen Literaturgeschichte (*Verzeichnis der orientalischen Handschriften in Deutschland* 17/I, Reihe A) Stuttgart 1987, 117f.

[59] CARL BROCKELMANN, *Geschichte der arabischen Literatur*, Suppl.-Bd. I. Leiden 1937, 905 (im folgenden zitiert: *GAL*); s. auch RITTER, *La Parure des Cavaliers* 127f., 131f.; AYALON, *Notes* 58.

[60] RABIE, *Training* 156, Anm. 5.

[61] *GAL* II, 136 [169].

[62] RITTER, *La Parure des Cavaliers* 135, 138f.

[63] Ebd. 137.

[64] *Saracen Archery. An English version and exposition of a Mameluke work on archery (ca. A. D. 1368)*. London 1970.

[65] Über ihn s. RITTER, *La Parure des Cavaliers* 120f.

enge Verbindung von Kampf-, namentlich Lanzensport und Hippiatrie dargelegt[66]. Ein Autor mit dem bekannten Namen Lāǧīn al-Ḥusāmī aṭ-Ṭarābulusī (st. 1337–38) sowie dessen Sohn Muḥammad[67] rücken bereits im Titel ihrer jeweiligen Schriften („Tuḥfat al-muǧāhidīn fī l-ʿamal bil-mayādīn“[68] bzw. „Buġyat al-qāṣidīn bil-ʿamal bil-mayādīn“[69]) den Turnierplatz (*maydān*), auf dem die Mamluken gemeinsam und in Formationen gestaffelt übten, in den Mittelpunkt ihrer Abhandlungen. Zahlreiche weitere Schriften sind überliefert. Nachdem sich die Kunsthistoriker schon früh für die *furūsiyya*-Traktate wegen der in ihnen enthaltenen Skizzen und Miniaturen interessiert haben, steckt die technisch-historische Auswertung indessen noch in den Anfängen. Beliebt waren auch Versfassungen von *furūsiyya*-Werken. Neben Ṭaybuġās berühmter „Qaṣīda“ über das Pfeilschießen seien noch eine vierhundert Verse umfassende „Urǧūza“ aus der späten Mamlukenzeit von einem gewissen Minqār al-Ḥalabī und eine (nicht datierte) Ode auf den Kampfbogen Ḥasal al-Yūnānīs genannt[70].

Zivilisten – dies sei angemerkt – scheinen in besonderen Fällen die Möglichkeit gehabt zu haben, den mamlukischen Kriegern und ihren Lehrmeistern bei den Übungen über die Schultern zu schauen: Aḥmad al-Bīǧūnī, ein vielseitiger Gelehrter des 15. Jahrhunderts, studierte bei dem „Meister“ (*usṭā*) Ḥamza die Pfeilkunst und bekam, so sein Biograph, immerhin etwas vom Umgang mit den schwereren Waffen mit[71].

IV. Die Stimmen der Juristen: Ethnische Rivalität und die Beschwörung der guten alten Zeit

Allerdings gibt es aus mamlukischer Zeit auch Militär- und *furūsiyya*-Schriften, in denen die Gegebenheiten der Zeit zumindest vordergründig zurücktreten und vorrangig die normsetzende ideale Vergangenheit aus der Zeit des Propheten und seiner Gefährten beschworen wird. In dem von George Scanlon entdeckten und edierten Kriegshandbuch „Tafrīǧ al-kurūb fī tadbīr al-ḥurūb“ des 1408 verstorbenen

---

[66] Rabie, *Training* 155, Anm. 4 und 6.

[67] *GAL* II, 136 [169].

[68] Ebd. 135 [168]; Ritter, *La Parure des Cavaliers* 125, 128–130.

[69] *GAL* II, 136 [169]; Ritter, *La Parure des Cavaliers* 131.

[70] *GAL* II, 136 [170].

[71] *Saḫāwī, aḍ-Ḍawʾ al-lāmiʿ li-ahl al-qarn at-tāsiʿ* II. 2. Aufl. Beirut o. J., 66, Z. 15.

ʿUmar b. Ibrāhīm al-Awsī al-Anṣārī[72] z. B. wird in den Abhandlungen über Taktik auf dem Schlachtfeld, Kriegerethos oder auch Belagerungstechnologie auf die Gegenwart überhaupt nicht Bezug genommen. Das in diesem Buch behandelte zeitlich jüngste Ereignis ist al-Muʿtaṣims berühmter Kriegszug nach Ammorium.

Ähnliches gilt für Autoren zu unserem Thema, die dem juristisch-religiösen Lager zuzurechnen sind. Nicht das Kriegswesen der eigenen Zeit, sondern die für diesen Wettkampf, Krieg und Sport verbindliche *Sunna* wird hier bevorzugt abgehandelt. Es wäre interessant zu erfahren, ob in Suyūṭīs unveröffentlichtem Traktat „Ġars al-ansāb fī r-ramy bis-sihām bin-nuššāb"[73] über den Kampf mit dem Bogen detailliert auf Aspekte der eigenen Zeit eingegangen wird. In einem mit einem ganz ähnlich lautenden Titel versehenen Werk seines Zeitgenossen Saḫāwī (st. 1497), dem „Kitāb al-qawl at-tāmm fī faḍl ar-ramy bis-sihām" („Vollständige Rede über die Vorzüge des Pfeilschiessens")[74], ist jedenfalls explizit nur von frühislamischen Verhältnissen die Rede. Es gebe schon genügend Literatur über die technischen Aspekte des Schießens, rechtfertigt bzw. rationalisiert as-Saḫāwī diesen Verzicht[75]. Schließlich seien die Waffen der Imame und der Gelehrten, mit denen die gesetzlichen Normen ermittelt werden, wichtiger als die Waffen der Krieger, betont er unter Berufung auf den Seldschukenwesir Niẓām al-mulk[76]. Ibn Qayyim al-Ǧawziyyas (st. 1350) gut hundert Jahre älteres Werk „Kitāb al-Furūsiyya (aš-šarʿiyya an-nabawiyya)" („Über die islamgesetzlichen, vom Propheten praktizierten ritterlichen Künste") bekennt sich schon im Titel zu dieser Beschränkung.

---

[72] Mir lag die Princetoner Dissertation vom Jahre 1957 vor; die Edition ist 1961 unter dem Titel *A Muslim Manual of War. Al-Anṣārī's Tafrīj al-kurūb fī tadbīr al-ḥurūb* in Kairo gedruckt worden.

[73] Handschrift Istanbul/Ahmet III, Nr. 2425; vgl. Ritter, *La Parure des Cavaliers* 143 (zitiert und benutzt auch von Rabie, *Training* 159, Anm. 4). Es gibt auch eine Berliner Handschrift dieses Textes (Nr. 5440), vgl. *GAL* II 154 [198], Nr. 233.

[74] Vgl. *GAL* II, 44, Nr. 16. Mir lag das Princetoner Autograph Saḫāwīs vor (im folgenden zitiert: *Saḫāwī, Qawl*); vgl. Rudolf Mach, *Catalogue of Arabic Manuscripts (Yahuda Section) in the Garrett Collection, Princeton University Library*. Princeton 1977, 410, Nr. 4759.

[75] *Saḫāwī, Qawl* 11.

[76] Ebd. 19; vgl. aber auch *Ibn Qayyim al-Ǧawziyya, al-Furūsiyya*, ed. ʿIzzat al-ʿAṭṭār al-Ḥusaynī. Kairo 1942, 2. Aufl. Beirut o. J., 19, Zeilen 28–29 (im folgenden zitiert: *Ibn al-Qayyim*).

Die beiden letzteren Werke hängen übrigens eng zusammen. Der Schafiit Saḫāwī hat das ältere Werk des Hanbaliten Ibn al-Qayyim als eine wichtige Quelle benutzt und mit dem Titel „al-Furūsiyya al-muḥammadiyya" zitiert[77], wenn auch nicht unkritisch, waren sie doch beide prominente Vertreter sich befehdender Rechtsschulen.

Beide berichten ausführlich über die Praktiken des Propheten, also darüber, mit welchem Wohlwollen oder auch Widerwillen Muḥammad sportlich-militärische Übungen begleitete, die in seiner Gegenwart stattfanden, welchen Gebrauch er selbst von Pfeil und Bogen machte und inwieweit die Verwendung von Waffen zu der gemeinhin verbindlichen *Sunna* geworden ist. Saḫāwī listet sorgfältig alle ihm bekannten Schützen unter den Prophetengenossen (*ar-rumāt min aṣ-ṣaḥāba*) auf[78]. Alle Details dieser beiden Abhandlungen können hier nicht ausgebreitet werden. Wir lesen von so vielfältigen Themen wie den Positionen der Schützen[79], der Legalität und der stimulierenden Wirkung (*taqwiya li-qulūbihim*)[80] des kämpferischen Wettbewerbs, den Vorzügen des arabischen Bogens gegenüber dem persischen[81], von der Notwendigkeit, einmal erworbene Fertigkeiten systematisch durch Übungen lebendig zu halten[82], von den Fehlern, die Schützen und Bogenschnitzer machen können, und den Verletzungen, die sie sich häufig zuziehen, sowie von deren Behebung (*ṭibb ar-ramy*)[83], von den so beliebten *awā'il*, also davon, wer was als erster in der Geschichte des Bogenschießens getan hat[84], und erhalten als Beigabe bei Saḫāwī zu guter Letzt im achten Kapitel[85] noch eine für den Lexikographen durchaus ergiebige Vokabelliste arabischer bzw. arabisierter militärischer Fachausdrücke.

Aber wenn sich auch beide Autoren äußerlich auf Heroen wie Muḥammad, ʿUmar, ʿAlī und Ḫālid b. al-Walīd und deren praktische bzw. theoretische Einstellung zum Kampf konzentrieren, so sind die Bezüge zur mamlukischen Realität doch auch in diesen Texten stets

[77] *Saḫāwī, Qawl* 13.

[78] Ebd. 103ff.

[79] *Ibn al-Qayyim* 110f.

[80] *Saḫāwī, Qawl* 92.

[81] Ebd. 42–47; vgl. auch *Ibn al-Qayyim* 101–107.

[82] Kapitel IV bei *Saḫāwī* 75: *man taʿallama r-ramy ṯumma tarakahū fa-qad ʿaṣānī* („wer das Bogenschießen lernt, dann aber wieder vernachlässigt, handelt mir zu wider").

[83] *Ibn al-Qayyim* 114ff.

[84] Kapitel VII bei *Saḫāwī, Qawl* 101–115.

[85] Ebd. 115–131.

greifbar. Beispielsweise ist Ibn al-Qayyims Liste der fundamentalen Techniken und Bewegungsabläufe, die der Lanzenkämpfer im Treffen mit dem Gegner zu befolgen hat[86] – er staffelt *tabṭīl* (Parieren), *naql* (Waffenführung), *tasrīḥ* (Rückzug aus dem Gefecht)[87], *našl* (Selbstbefreiung aus einer Notlage), *ṭaʿn* (Lanzenstoß), *duḫūl* (Eintritt in den Kampf) und *ḫurūǧ* (Verlassen desselben) – offenbar auf dem letzten Stand. Wir finden sie kaum verändert auch bei den professionellen Militärautoren wie Baktūt oder dem Verfasser der „Nihāyat as-suʾl"[88]. Ähnliches gilt für die *uṣūl ar-ramy* (Griffe und Körperhaltungen des Bogenschützen in zeitlicher Abfolge), über die sich Ibn al-Qayyim[89] bei dem damals bedeutendsten Fachmann, dem *ustāḏ* (Meister) Abū Muḥammad ʿAbd ar-Rahmān b. Aḥmad aṭ-Ṭabarī (o. D.) und dessen „Kitāb al-Wāḍiḥ fī [ʿilm] ar-ramy [wan-nuššāb]/fī r-rimāya" kundig gemacht hat[90]. Fünf Fertigkeiten werden geübt: Das Anvisieren des Ziels (*naẓar*), die Kunst, den Bogen zu halten (*qabḍ*), Sehne und Pfeil gleichzeitig zu fassen (*ʿaqd*), den Bogen zu spannen (*madd*) und schließlich den Pfeil loszulassen (*iṭlāq*)[91].

Auch die Einteilung der diversen *furūsiyya*-Übungen in die vier Großkategorien Reitkunst, Bogen-, Lanzen- und Schwertkampf (bei Ibn al-Qayyim)[92] bzw. in Reiten, Schießen und Lanzenspiel bei Ibn al-Qayyim[93] und Saḫāwī[94] ist gar nicht antiquarisch, sondern sehr zeitgemäß. Ibn al-Qayyim verweist, wenn auch summarisch[95], auf die sogenannten *bunūd* (die diversen, in ihrem Kanon von Jahr zu Jahr weniger werdenden Varianten des Lanzenstoßes), über die die militärtechnischen Experten wie Baktūt, Naǧm ad-dīn ar-Rammāḥ und Aqṣarāʾī

---

[86] *Ibn al-Qayyim* 18, Z. 17.

[87] Vgl. hierzu auch Ritter, *La Parure des Cavaliers* 132, 134.

[88] Rabie, *Training* 156, Anm. 3.

[89] *Ibn al-Qayyim* 108, Z. 4 ff.

[90] *Ibn al-Qayyim* 110, u. a. Z. 20 ff.; 111, Z. 12, 21 und 28; 112, Z. 6; 113, Z. 6 und 8; vgl. *GAL* Suppl.-Bd. I, 906; nach Ritter, *La Parure des Cavaliers* 136, der sich bei diesem Gegenstand auf die Forschungen Joachim Heins (*Der Islam* 14, 1925, 299–301) stützt, und Rabie, *Training* 159 und Anm. 2, ist der 694/1295 verstorbene Aḥmad b. ʿAbdallāh Muḥibb ad-dīn aṭ-Ṭabarī der Verfasser dieses Traktats.

[91] Bei Ṭabarī *iflāt*, vgl. *Ibn al-Qayyim* 108, Z. 7 ff.

[92] So ebd. 107, Z. 25 ff.; s. auch Rabie, *Training* 154, Anm. 4 (dort falsch 106).

[93] *Ibn al-Qayyim* 18, Z. 16–17.

[94] Ebd. 30 oben, vgl. aber auch ebd. 118, wo er in dem Glossar s. v. *furūsiyya* nur von der Reitkunst im engeren Sinne spricht.

[95] Ebd. 18, Z. 17: *wa-huwa bunūd kaṯīra.*

ausführliche, vielfach untergliederte Abhandlungen verfaßt haben[96]. Diese *bunūd* wurden – ohne Frage zum Zwecke ihrer Legitimierung – allenthalben auf die frühesten Meister zurückgeführt und sogar nach diesen benannt[97]. Saḫāwī diskutiert anhand der auseinanderklaffenden Voten frühislamischer Juristen unterschiedlicher Rechtsschulen die hochaktuelle Frage, ob mamlukische Lieblingsbeschäftigungen[98] wie Pferdepolo (*al-laʿib bil-kura waṣ-ṣawlaǧān*), Schach[99] oder das Schießen mit Projektilen auf der Armbrust[100] erlaubt seien oder nicht. Idrīs b. Baydakīn at-Turkumānī hatte sich, was die letztgenannten *rumāt al-bunduq* betrifft, noch beherzt kompromißlos gegen das Treiben der Mamluken ausgesprochen, vielleicht weil er selbst Türkensproß war und alles unternahm, die den Türken (und besonders den Türkmenen) nachgesagte Laxheit im Umgang mit der *Šarīʿa* zumindest für seine Person zu widerlegen. Saḫāwī ist sehr viel diplomatischer. Er hatte auch Grund dazu, studierte doch einer der bedeutenderen Mamlukenemire der Zeit, der gebildete Yašbak al-Faqīh (st. 1473), just dieses Werk in seinen Kollegs[101]. Saḫāwī stellt Pro- und Contra-Stimmen gegeneinander, wobei getrost darüber hinweggegangen wird, daß einige der inkriminierten Tätigkeiten wie das Polospiel in frühislamischer Zeit noch gar nicht praktiziert wurden. Saḫāwīs Kritik an den Mamluken ist – verglichen mit der Unverblümtheit, mit der er über Berufskollegen herzieht – ausgesprochen subtil und hintergründig. Er bleibt immer verbindlich genug, um gegen mamlukischen Gewaltausbruch gesichert zu sein. Verhindern konnte man mamlukische Verstöße gegen die *Šarīʿa* ohnehin nicht, muß er sich auch wohl gesagt haben. Da war es schon wichtig und verdienstvoll, wenigstens auf die islamrechtliche Zweifelhaftigkeit ihres Treibens zu verweisen.

Auch Ibn al-Qayyim hütet sich hundert Jahre zuvor, die Mamluken offen zu provozieren. Er nimmt sie sogar in seinem Werk „al-Manār al-

---

[96] Vgl. *GAL* Suppl.-Bd. I, 905 über al-Aḥdab ar-Rammāḥs und *GAL* II, 136 [169] Muḥammad b. Lāǧīns jeweiliges „Kitāb al-bunūd"; s. auch RITTER, *La Parure des Cavaliers* 131–133, und RABIE, *Training* 156f.

[97] Vgl. auch *Ibn al-Qayyim* 18, Z. 7ff.

[98] Hierzu s. auch AYALON, *Notes* 57, mit wertvollen weiterführenden Literaturverweisen.

[99] Zum Schachverbot s. auch *Ibn al-Qayyim* 60–64.

[100] *Saḫāwī, Qawl* 85.

[101] Vgl. Saḫāwīs Jahrhundertbiographie „aḍ-Ḍawʾ al-lāmiʿ" X, 271, Z. 27; s. auch JONATHAN BERKEY, Mamluks in the World of Higher education, in: *Modes de la culture réligieuse en Islam*. Kairo 1993, 93–116, hier 109, Anm. 58.

munīf fī ṣ-ṣaḥīḥ waḍ-ḍaʿīf"[102] demonstrativ gegen Kritiker aus dem eigenen Lager in Schutz, die die Mamluken mittels gefälschter Ḥadīṯe (*aḥādīṯ ḏamm al-mamālīk*) zu verunglimpfen versuchen. In geradezu aufgeklärt-modernistischer Weise spricht er sich im Disput mit einem Kollegen unter Berufung auf Aḥmad b. Ḥanbal[103], den Stifter seiner eigenen Rechtsschule, dezidiert dagegen aus, das Verbot der Benutzung persischer Bögen (*qusiyy/qisiyy fārisiyya*), das der Prophet ausgesprochen hatte (*alqihā fa-innahā malʿūna wa-lākin ʿalaykum bil-qisiyy al-ʿarabiyya wa-bi-rimāḥ al-qanā fa-bihā yuʾayyidu llāh ad-dīn* ...)[104], von den zu Zeiten des Frühislams herrschenden Begleitumständen (damals waren die „Perser" die Gegner des Islams schlechthin) zu lösen und unbesehen auf die Jetztzeit zu übertragen – ganz abgesehen davon, daß es fraglich sei, ob die mit dem Imperativ *alqi* („wirf sie weg", gemeint sind die persischen Bögen) beginnende Überlieferung überhaupt „gesund" sei, also zur Grundlage einer gesetzlichen Norm gemacht werden könne. Wenn man heutzutage Perser und Türken davon abhielte, für die Verteidigung des Islams ihre eigenen Waffen einzusetzen, „stünde es schlecht um den Islam, würde sich der Markt des Heiligen Krieges leeren und gewännen die Ungläubigen die Oberhand über die Muslime"[105]. „Wenn heute die Heere des Islams vor dem Propheten – Gott segne ihn und schenke ihm Heil –", fährt er fort[106], „mit diesen persischen Bögen föchten und Gott und sein Prophet diesen durch sie den Sieg verliehen, würde er (gemeint ist sein Widersacher) diese loben und preisen und gewiß nicht verbieten". Heute aber sei nun einmal der persische Bogen (bzw. der türkische, eine schwerere Spielart des persischen Bogens)[107], dessen Materialien und Herstellungsprinzipien genau beschrieben werden, die Waffe der islamischen Heere in Ägypten,

---

[102] Hrsg. von Aḥmad ʿAbd aš-Šāfī. Beirut 1408/1988, Kapitel 21, 93 f., Nr. 189 bis 91; Beispiel: [191] *šarr al-māl fī āḫir az-zamān: al-mamālīk*.

[103] *Ibn al-Qayyim* 101, Z. 5 ff.; vgl. auch *Saḫāwī, Qawl* 45.

[104] Vgl. auch die Variante nach den „Sunan" Ibn Māǧas bei *Ibn al-Qayyim* 18, Z. 12–13: *alqihā wa-ʿalayka bi-hāḏihī wa-ašbāhihā wa-rimāḥ al-qanāt fa-innahumā yazīdu llāh bihimā fī d-dīn wa-yumakkinu lakum fī l-bilād*.

[105] Ebd. 101, Z. 14–18.

[106] Ebd. Z. 26–28.

[107] Ebd. 103, Z. 8; vgl. aber auch ebd. 102, Z. 26 ff. Ibn al-Qayyim gibt eine alles andere als weltfremde Beschreibung der Bestandteile des traditionellen arabischen Bogens: Horn, Leim, Sehnen, Ahornholz (*šawḥab*). Ähnliches gilt für seine Beschreibung des mamlukischen Reflexbogens. Über diesen vgl. auch Ernst Petrasch u. a., *Die Karlsruher Türkenbeute*. München 1991, 217 f.

Syrien und den dazugehörigen Gebieten, also im Mamlukenreich[108]. Die Gesinnung, die für diesen von allen Muslimen gemeinsam zu leistenden Abwehrkampf nötig sei, bezeichnet Ibn al-Qayyim freilich ganz „ethnozentrisch“ interessanterweise unverändert als arabische *furūsiyya*[109].

Ob hier nicht doch verklausuliert, wenn auch sehr dezent, bei aller Anerkennung türkischer (sprich mamlukischer) Wehrhaftigkeit, das Waffenmonopol der Mamluken und der Ausschluß der Einheimischen von den Waffen kritisiert werden? Ibn al-Qayyim und Saḫāwī rühmen allenthalben die Kriegstüchtigkeit und Waffenkultur der Araber in vor- und frühislamischer Zeit (im Gegensatz u. a. zu den Persern). Nur die *ṣaḥāba* hätten die vollkommene *furūsiyya* erreicht, zu der auch Glaubensstärke und -gewißheit und der Wetteifer um den Märtyrertod gehört hätten; kein Volk (*umma min al-umam*) habe ihnen widerstehen können[110]. Damals bildete sich die für die Muslime, welcher ethnischer Zugehörigkeit auch immer, verbindliche *furūsiyya ʿarabiyya* heraus. Heißt dies: Also müssen doch wohl auch Araber Waffen tragen dürfen? Und wenn – durchaus in Übereinstimmung mit der politischen Theorie der Zeit – Nichtaraber momentan den *Ǧihād* alleine führen, dann ist unser Zugang zu den Waffen doch deswegen nicht für alle Zeiten aufgehoben, sondern höchstens suspendiert, glaubt man zwischen den Zeilen zu lesen. Ist es Zufall, daß Saḫāwī Schießen und Reiten, die Privilegien also, die seinen arabischen Landsleuten in seiner Zeit versagt blieben bzw. nur eingeschränkt zugestanden wurden, nach einem ungenannten späten Gewährsmann (*baʿḍ al-mutaʾaḫḫirīn*) als untrennbare Konstituenten von *furūsiyya* bezeichnet[111], „einer in der juristischen Bewertung freigestellten, für die Leute freilich nützlichen Kunst“ (*ṣināʿa mubāḥa nāfiʿa lin-nās*)?[112] Und ist es nicht minder bemerkenswert, daß Ibn al-Qayyims Traktat mit dem Rangstreit wiederum zwischen dem Reiten zu Pferde und dem Pfeilschießen beginnt?[113] Unter den drei männlichen

---

[108] *Ibn al-Qayyim* 101, Z. 1; 103, Z. 8.

[109] Ebd. 101, Z. 18.

[110] Ebd. 107, Z. 26–108, Z. 3.

[111] *Saḫāwī, Qawl* 40.

[112] Ebd. 30: *inna kull wāḥid min ar-ramy war-rukūb lā yatimmu l-furūsiyya illā bi-maǧmūʿihimā.*

[113] *Ibn al-Qayyim* 12–13. Die Überlegung, wonach dem Propheten das Schießen lieber als das Reiten gewesen sei (ebd. 101, Z. 11), verwendet Ibn al-Qayyim auch zur Widerlegung der Argumente seines oben vorgestellten Gegenspielers, der gegen die Nutzung der persisch-türkischen Bögen polemisiert.

Vergnügungen, dem Reiten, den Frauen und dem Schießen[114] – bei dem strengen ʿUmar I. treten die Freuden des Schwimmens an die Stelle der Wonnen der Liebe[115] – gebührt nach Saḫāwī[116] dem Schießen mit Pfeil und Bogen der höchste Rang, könne diese Aktivität doch gleich drei tüchtige Männer ins Paradies bringen: den Hersteller des Pfeils, denjenigen, der ihn im Kampf bereithält und anreicht (*al-mumidd bihī*), und denjenigen, der ihn tatsächlich abschießt. In dem Princetoner Autograph von Saḫāwīs Waffentraktat fügt der Autor mit eigener Hand der Liste begnadeter Schützen, die mit Gog und Magog beginnt, als einzigen aus den Reihen der *mutaʾaḫḫirūn* am Rande[117] den Namen des Anas hinzu, des Sohnes Sultan al-Malik al-ʿĀdil Kitbuġās. Anas verfügte über legendäre Fertigkeiten im Umgang mit Pfeil und Bogen und vermochte angeblich mit einem 180 *raṭl*, also ca. 90 kg schweren Bogen zu schießen[118].

V. Väter und Söhne: Träger und Opfer militärtechnischen Wandels

Es handelt sich bei Anas, diesem Wunder an Körperkraft, an das man sich auch noch zweihundert Jahre später als ehrfurchtgebietendes Exempel der guten alten Zeit erinnerte, um den Repräsentanten einer kleinen, aber wichtigen Gruppe in der ägyptischen Gesellschaft. Anas war kein richtiger Mamluk, denn er war im Lande geboren. Viele dieser Söhne echter Mamluken waren auf der Suche nach dem begehrten vollgültigen Mamlukenstatus zu allerlei Umwegen und Finten bereit, wenn sie deswegen gewiß auch nicht zum Christentum konvertierten, wie Fabri behauptet[119]. Andere wandten sich, wovon hier nicht die Rede sein soll, eher sogar bewußt und mit aller Macht von der kriegerischen, gefährlichen und sicherlich nur allzu oft unkultivierten Welt ihrer Väter

---

[114] *Saḫāwī, Qawl* 32.

[115] Ebd. 27.

[116] Ebd. 33; vgl. auch Armin Panter – Monika Gäng, *Von allen Seiten betrachtet. Ein Prunkbogen der Karlsruher Türkenbeute.* Badisches Landesmuseum Karlsruhe, 22. 6. bis 15. 9. 1991. Karlsruhe 1991, 11a.

[117] *Saḫāwī, Qawl* 114.

[118] Vgl. auch Ayalon, *Notes* 58; er verweist auf das Werk „ad-Durar al-kāmina" von Saḫāwis Lehrer Ibn Ḥaǧar als Quelle 1–12.

[119] *Fabri, Voyage* 554 (latein. Text).

ab. Zu letzteren zählte Anas gewiß nicht. Er dürfte in seinem Bemühen, als richtiger Mamluk anerkannt zu werden, gute Karten gehabt haben. Sein Vater Kitbuġā, schließlich ein wenn auch nicht sehr erfolgreicher Sultan mongolisch-oiratischer Abstammung, hatte dem Sohn programmatisch einen türkischen Namen gegeben, den eigentlich nur echte Mamluken als Zeichen ihrer privilegierten und privilegierenden heidnischen Herkunft tragen durften. Kitbuġā war darüber hinaus selbst in der Pflege der *furūsiyya* sehr engagiert gewesen. Er hatte in seiner kurzen Amtszeit (1294–96) immerhin ein neues, wenn auch kurzlebiges Hippodrom anlegen lassen (Maydān Birkat al-Fīl)[120]. Der Sohn war also in einer den ritterlichen Künsten besonders förderlichen Atmosphäre groß geworden.

Auch andere *awlād an-nās*, wie man die Mamlukensöhne – was auch westlichen Besuchern nicht verborgen blieb – pauschal zu nennen pflegte[121], brachten es – neben berühmten Mamluken wie den Sultanen al-Mu'ayyad Šayḫ und Timurbuġā aus dem fünfzehnten Jahrhundert – zu hohen Ehren in den Turnierspielen. Der Historiker Ibn Taġrībirdī (st. 1469)[122], Sohn eines mamlukischen Oberkommandeurs, war z. B. bei einem mamlukischen *furūsiyya*-Meister, Aqbuġā at-Timrāzī, in die Schule gegangen, der seinerseits von einem Mamlukensohn (und Kalifenbruder), dem Emir Nāṣir ad-dīn Muḥammad, gelernt hatte[123]. Ibn Taġrībirdī verband wie kein anderer vor oder nach ihm die türkischen, also ritterlichen, und die arabischen, sprich schriftstellerisch-gelehrten Künste. Dies war eine ungewöhnliche Doppelkompetenz, die ihm nicht nur Freunde zuführte. Saḫāwī z. B., ein – wie wir gehört haben – scharfzüngiger Kritiker seiner Zeitgenossen, honorierte Ibn Taġrībirdīs zweifache Fähigkeiten im Kampfspiel und mit dem Schreibrohr nicht nur nicht, sondern wertete seine historiographische Leistung, die für uns so beachtlich ist, weil er in beiden Welten, auf der Zitadelle und in der Stadt, in den Marställen und den Medresen zu Hause war, mit dem schnöden Argument ab, er als Türke könne doch nichts Erstklassi-

---

[120] AYALON, *Notes* 39.

[121] Hierzu vgl. *Canon Pietro Casola's Pilgrimage to Jerusalem in the Year 1494*, hrsg. und übers. von M. MARGARET NEWETT. Manchester 1907, 279 sowie 392, Anm. 88, mit Verweis auf Marino Sanutos berühmte „Diarii" (I, 262, 288): „Such sons ... are called sons of the people, even though they be sons of the sultans." Vgl. aber auch *von Harff* 104 (Anm.).

[122] AYALON, *Notes* 32.

[123] Ebd. 59.

ges verfaßt haben[124]. Saḫāwī und seinesgleichen hüteten sich, als chronisch gedemütigte Opfer mamlukischer Arroganz den Glücklichen, die an den Privilegien der Herrscher und der Einheimischen teilhatten, auch noch Komplimente zu machen!

Wenn wir uns freilich die Rolle vor Augen führen, die solche Mamlukensöhne institutionell in der Militärgeschichte des Mamlukensultanats gespielt haben, sind wir enttäuscht. Einige stiegen zu hohen, aber niemals höchsten Würden in der Armee auf. So finden wir bis zum Ende des Mamlukensultanats *awlād an-nās* als Stadtkommandanten von Kairo und Alexandria, als Kämmerer in Syrien, als Wesire und auch als Obleute des herrscherlichen Hippodroms. Darüber hinaus stellten sie in der sogenannten *ḥalqa*, einer historisch auf Saladins Leibwache zurückgehenden, nichtmamlukischen Truppe, ein privilegiertes eigenes Regiment, das sinnvollerweise von Sultanssöhnen (*sīdīs*) kommandiert wurde. Aber mit dem militärischen Gewicht der *ḥalqa* war es nach den einschneidenden Heeresreformen al-Malik an-Nāṣirs im Jahre 1315, in der die Pfründen der *ḥalqa* zugunsten der systemtragenden „echten" Sultansmamluken massiv gekürzt worden waren, nicht mehr weit her. Auch fanden zu viele nichtmamlukische Honoratioren ohne militärische Obliegenheiten, denen sich der Staat in irgendeiner Weise verpflichtet fühlte (also freie Türkmenen, Beduinenhäuptlinge in den strategisch bedeutsamen Grenzmarken des Reichs, oder aber vereinzelt auch Zivilisten), in der *ḥalqa* Rang, Prestige und ein Versorgungslehen. Jetzt wurden die Kommandos in der *ḥalqa*, deren Sinekurencharakter immer offenkundiger wurde, frei verkauft, auch an Zivilisten, die überhaupt nicht mit einem Schwert oder einem Kampfbogen umzugehen verstanden. Im fünfzehnten Jahrhundert hatte die *ḥalqa* nach Auskunft der Chronisten ihr Renommee eingebüßt. Allein die Einheit der Mamlukensöhne war noch wirklich einsatzfähig, was dazu führte, daß deren Name, nämlich *awlād an-nās*, sich allmählich metonymisch an die Stelle des altvertrauten Begriffs *ḥalqa* setzte. Sie stellten in den letzten Jahrzehnten mamlukischer Geschichte die unberittene Heimwehr, die die Tore der Hauptstadt, vor allem der Zitadelle, zu sichern hatte, während das mamlukische Heer im Felde lag. Nicht einmal zu Pferde durften diese *awlād an-nās*-Soldaten kämpfen.

---

[124] William Popper, Sakhāwī's criticism of Ibn Taghrī Birdī, in: *Studi Orientalistici in onore di Giorgio Levi della Vida* II. Rom 1956, 388. Popper stützt sich auf Saḫāwīs „aḍ-Ḍaw' al-lāmi'" X, 306.

Unversehens aber sollte diese Diskriminierung den Mamlukensöhnen in letzter Stunde mamlukischer Geschichte doch noch historisches Gewicht verleihen. Die Mamluken vermieden und verachteten aus ritterlichem Ethos alle Formen des Kampfes, in denen der Krieger nicht direkt, Auge in Auge, mit seinem Gegner konfrontiert war. Die Geschichte ist reich an Parallelen zu diesem Rigorismus. Aus dem archaischen Griechenland ist die Übereinkunft von Chalkis und Euböa während des Lelantinischen Krieges überliefert, auf den Gebrauch von Fernwaffen zu verzichten[125]. Auch Euripides schmäht in seinem „Herakles mainomenos" Pfeile, also Ferngeschosse, als schnöde[126]. Der große arabische Dichter Abū ṭ-Ṭayyib al-Mutanabbī (st. 968) rühmt an seinem Herrn, dem Hamdaniden Sayf ad-dawla, er habe – so Mutanabbīs Kommentator al-Wāḥidī ganz explizit – die (Wurf-)Lanze, die Waffe der Feigen (*silāḥ al-ǧubanā'*) zugunsten des Schwerts, der Waffe der Nähe (*muqāraba*), gemieden[127]. Der Entschluß der französischen Ritter

---

[125] Näheres hierzu bei W. KENDRICH PRITCHETT, *The Greek State at War* V. Berkeley 1991, 23 (Verweis auf Strabo 10, 448), mit weiterführenden Literaturhinweisen. Schleuderschützen wurden zur Zeit Xenophons als minderwertig und sklavenhaft betrachtet, ihre Waffen als Waffen der Armen abgewertet. Ich verdanke diesen Hinweis CHRISTIAN HABICHT, Princeton.

[126] PETER BACHMANN, Göttingen, hat mich bei einem gemeinsamen Spaziergang in Alpbach auf diesen Beleg aufmerksam gemacht und auch eine deutsche Übersetzung des griechischen Zitats bereitgestellt; vgl. Euripides, Herakles mainomenos, Vers 157 ff. Dort wirft ein Gegner des Herakles diesem Feigheit vor:

„der Ruhm (erworben) hatte, ohne beherzt zu sein,
beim Tierfang, ansonsten (aber) nicht wehrhaft war,
der niemals einen Schild mit der linken Hand hielt
und auch nicht mit einer Lanze nahe kam, sondern, indem er Pfeile hatte,
die schlechteste Waffe, zur Flucht bereit war.
Der Beweis für eines Mannes Beherztheit sind aber nicht Pfeile,
sondern (beherzt ist), wer stehenbleibt und blickt und entgegenschaut
der raschen Furche, (die) die Lanze (reißt), in Reih und Glied stehend."

[127] Auch für diesen Verweis sei PETER BACHMANN Dank; vgl. Wāḥidīs (st. 1075) Kommentar zum „Dīwān" des Mutanabbī (ed. FRIEDRICH DIETERICI. Berlin 1861, 553, Vers 27): *ḥaqarta r-rudayniyyāti, ḥattā ṭaraḥtahā / wa-ḥattā ka-anna s-sayfa lir-rumḥi šātimū*. Wortlaut von Wāhidīs Kommentar: *yaqūlu: tarakta l-qitāla bir-rimāḥi wa-zdaraytahā li-anna-hā min silāḥi l-ǧubanā'i, wa-silāḥu š-šuǧāni s-sayfu li-muqārabati mā bayna l-qirnayni fī l-qitāli bihī, wa-lammā ḫtarta s-sayfa ʿalā r-rumḥi fī l-qitāli, ṣāra ka-anna s-sayfa yaštumu r-rumḥa*. PETER BACHMANN nennt in seinem Brief vom 8. 11. 1992 als weitere Fundstelle zu der uns oben in Zusammenhang mit Baydakīns Traktat beschäftigenden Frage, ob die Jagd mit der Armbrust erlaubt sei, den späten Adab-Autoren Aḥmad b. Muḥammad al-Ḥamawī al-Ḥanafī (st. 1729) und

in der Schlacht von Azincourt im Hundertjährigen Krieg, auf die Verwendung der weitreichenden Armbrust zu verzichten (mit der Folge, daß die numerisch weit unterlegene englische Armee siegte), ist jüngst in der Verfilmung des Shakespeare-Dramas „Henry V" wieder ins öffentliche Bewußtsein gerufen worden. Es gab Konzilsbeschlüsse und päpstliche Bullen, in denen die feige Armbrust geächtet wurde. Bei Tagliacozzo und bei Nikopolis war der Konflikt zwischen Siegeswillen (auch um den Preis der Benutzung „unfairer", moderner, Waffen) und Ritterethos ein kampfentscheidender Faktor[128].

Polen hat gar zweimal Beiträge zu dieser Geschichte letztendlich selbstmörderischer Ritterlichkeit geschrieben: nach der Französischen Revolution, als polnische Regimenter mit Pfeil und Bogen in die Schlacht zogen, und 1939, als Kavallerie gegen deutsche Panzer eingesetzt wurde.

Auch die Mamluken, die ihre Sendung als berittene Kämpfer längst verinnerlicht hatten, dachten nicht daran, „ehrlose", wenn auch wirkungsvolle Technologien wie die auf dem Balkan und bei den Osmanen seit geraumer Zeit verbreiteten Feuerwaffen einzusetzen, jedenfalls nicht in der Feldschlacht, sehr wohl aber in der Belagerungstechnik, in der seit langem weitreichende Geschosse verwendet worden waren, oder auch für zeremonielle Zwecke[129]. Man wußte durchaus um die Wirkung dieser Waffen: Im Seekrieg gegen die Portugiesen im Roten Meer und vor Gujarat wurde (unter osmanischem Kommando) Bordartillerie mitgeführt. Und wie wir von dem Venezianer Botschafter Trevisano 1512 erfahren, war man in Kairo ängstlich besorgt[130], die mit den Mamluken verfeindeten Safawiden möchten von Venedig mit Artillerie aufgerüstet worden sein, mit dem man selbst über die Lieferung von Metallen für die Geschützgießereien verhandelte[131].

---

dessen *furūsiyya*-Schrift „an-Nafaḥāt al-miskiyya fī ṣināʿat al-furūsiyya" („Moschusdüfte über die ritterlichen Künste", ed. ʿABD AS-SATTĀR AL-QARAĠŪLĪ. Bagdad 1950); vgl. *Kindlers Literaturlexikon* VII. Darmstadt 1964, 6579b.

[128] Zu der Selbstvernichtung des westeuropäischen Ritterheeres vor Nikopolis im September 1395 vgl. u. a. den rezenten engagierten Kommentar eines Nicht-Fachmannes: TILL BASTIAN, Selbstbesinnung gegen neue Feindbilder. Europa und der Islam (*Wissenschaft in gesellschaftlicher Verantwortung* 25) Frankfurt/M. 1992, 14–16.

[129] *Trevisan* 183.

[130] Ebd. 193.

[131] Ebd. SCHEFERS Einleitung zu *Thenaud, Voyage* LIII (nach Sanutos Tagebüchern).

Für den Historiker Ibn Zunbul (st. nach 1520), der mit Wehmut den Fall des Mamlukenreiches und seine tapferen letzten beiden Sultane Qānṣawih al-Ġawrī und Ṭūmānbāy beschrieb, ja geradezu episch besang, schlossen sich, worauf DAVID AYALON in seinem bekannten Werk aufmerksam gemacht hat[132], echte *furūsiyya*, also mühsam erlernte Kampf- und Reittechnik, und die Verwendung der primitiven, ohne längere Ausbildung zu bedienenden Kanonen und Arkebusen aus. Die von weitsichtigen Mamlukenherrschern – so von Ṭūmānbāys ustāḏ al-Malik an-Nāṣir Muḥammad b. Qāyitbāy (1496–98) – zweimal betriebene Ausrüstung der mamlukischen Streitkräfte mit Vorderladern und beweglichen Geschützen wurde von den Gralshütern mamlukischer Ritterlichkeit mit Argwohn torpediert oder offen bekämpft. Kanonen blieben äußerst selten. Der Kölner Ritter Arnold von Harff, der den Bürgerkrieg zwischen an-Nāṣir Muḥammad b. Qāyitbāy und seinem Widersacher Qānṣawih Ḫamsmi'a hautnah miterlebt[133], stellt irritiert fest, daß die Aufständischen – wenn sie auch nur zwei Kanonen besessen und abgefeuert hätten, in zwei Tagen die ganze Kairoer Zitadelle hätten zerstören können, anstatt nach drei Wochen vergeblichen Mühens geschlagen abzuziehen. Es gebe im Lande leichte Artillerie, aber nur wenige schwere Geschütze[134]. Statt dessen wurden längst verfallene Kampfarenen wiederhergestellt, als ließe sich die Uhr in die Heldenzeit der Mongolenkriege zurückdrehen. Dem venezianischen Konsul wurde auf der Zitadelle die Herstellung der „richtigen" Waffen, also der Lanzen, vorgeführt[135].

Den unwürdigen, vom Boden, nicht vom Rücken der Pferde aus gepflegten Umgang mit diesen gemeinen, wenn auch wirkungsvollen neuen Waffen konnte man echten Mamluken nicht zumuten. Also warb man schwarze Sklaven an und griff, eine soziale Stufe höher, auf die genannten Mamlukensöhne zurück. Solchen Kämpfern zweiter und dritter Klasse glaubte man den entwürdigenden Kampf zu Fuß, ohne das Pferd, das Symbol des freien Rittertums, zumuten zu können, das den Mamluken gemeinsam mit seinen Waffen so viel bedeutete und dessen Besitz sie während ihrer ganzen Herrschaft für ihresgleichen zu

---

[132] *Gunpowder and Firearms in the Mamluk Kingdom. A Challenge to a Mediaeval Society*. London 1956, 89.

[133] *Von Harff* 105; s. auch SCHEFERS Einleitung zu *Thenaud, Voyage* XXXIX.

[134] *Von Harff* 104.

[135] *Trevisan* 183.

reservieren versucht hatten. Mit der vernichtenden Niederlage der Mamluken im Kampf gegen die Osmanen, für die maßgeblich der – nicht nur psychologisch, sondern auch politisch und ökonomisch bedingte[136] – Verzicht auf Feuerwaffen verantwortlich war, brach dieser Comment zusammen, selbst wenn die Erinnerung an den mamlukischen Mannesmut und deren ritterliche Künste noch lange Zeit lebendig blieb und von den Neomamluken, die unter osmanischer Herrschaft aus dem Kaukasus oder Balkan an den Nil gelangten, auch gepflegt worden zu sein scheint. Mit den neuen osmanischen Regimentern kamen zwangsläufig auch die neuen Waffen ins Land. Die einheimischen Ägypter aber blieben davon ausgeschlossen wie eh und je. Und Kritikern dieser neuen und zugleich altvertrauten Apartheid zwischen waffentragender ausländischer Elite und sprichwörtlich friedlicher Bevölkerung, die deshalb getrost auch unbewaffnet bleiben könne, werden wir auch diesmal nur schwer auf die Spur kommen. Man war mit dieser Funktionsverteilung allzu gut vertraut und sollte es bis ins zwanzigste Jahrhundert hinein auch bleiben.

[136] Ayalon, *Gunpowder and Firearms* 97–107.

Taxiarchis G. Kolias

WECHSELSEITIGE EINFLÜSSE UND BEGEGNUNGEN ZWISCHEN ORIENT UND OKZIDENT IM BEREICH DES KRIEGSWESENS

I. Einleitung

„... da tauchten ... einige Barbaren auf, die heraufkamen, nicht wenige an der Zahl, Äthiopier ihrer Hautfarbe nach, mit nacktem Körper, die Schwerter gezückt; sie stürmten furchtbar einher und zeigten ihre Wut schon dadurch, daß sie wie Eber ihre Zähne fletschten." Mit diesen Worten beschreibt Ioannes Kaminiates seinen Eindruck angesichts der nahenden Feinde, kurz vor seiner Gefangennahme bei der Eroberung von Thessalonike im Jahr 904 durch die Sarazenen[1]. Ganz ähnlich empfanden sicherlich auch junge, neu rekrutierte Soldaten, als sie sich von Angesicht zu Angesicht den fremdländischen Gegnern auf dem Schlachtfeld gegenüber sahen. Der erste Gedanke war wohl, sich einfach umzudrehen und vor diesen furchterregenden Männern davonzulaufen, eine ganz natürliche Reaktion, vor allem, wenn es sich um die erste Begegnung mit einem fremden Gegner handelte. Die meisten byzantinischen Soldaten hatten vorher kaum Gelegenheit gehabt, Araber, Normannen oder etwa Petschenegen kennenzulernen, da sie bisher ruhig und isoliert in ihrer Heimat gelebt hatten.

Im Alltag konnte der Byzantiner Fremdstämmigen vereinzelt in den Hafenstädten begegnen, wo sie vor allem als Händler, manchmal auch als Gesandte unterwegs waren. Eine weitere Möglichkeit für eine Begegnung mit Fremden ergab sich eben im Falle eines Krieges, eine Begegnung, die in der Regel wohl nicht angenehm war. Weiters konnte der Fall eintreten, daß man zwar mit fremdländischen Kriegern in Kontakt

---

[1] Ioannis Caminiatae De expugnatione Thessalonicae, §45, ed. G. Böhlig (*Corpus Fontium Historiae Byzantinae* 4) Berlin–New York 1973, 40,49–53. Die Übersetzung aus: G. Böhlig, Die Einnahme Thessalonikes durch die Araber im Jahre 904 (*Byzantinische Geschichtsschreiber* 12) Graz–Wien–Köln 1975, 66f.

kam, diese aber nicht als Feinde auftraten, sondern als Söldner im Dienste der eigenen Streitkräfte standen. Schließlich darf man auch die Kriegsgefangenen nicht vergessen, welche jahrzehntelang nolens volens Vertreter ihrer Kultur im fremden Land sein konnten.

Die Tatsache, daß die Menschen im Mittelalter wenig Gelegenheit hatten, mit Menschen anderer Länder zu kommunizieren, und daß eine dieser eher seltenen Gelegenheiten im Zuge kriegerischer Auseinandersetzungen erfolgte, haben mich zu der Entscheidung geführt, nicht über die Waffen in Byzanz zu referieren oder mich auf eine parallele Untersuchung der Waffen im Osten und Westen zu beschränken, sondern die Begegnung des Ostens mit dem Westen in einem weiter gefaßten Rahmen des Kriegswesen zu untersuchen. Das Hauptaugenmerk bleibt aber auf jeden Fall auf der Sachkultur und dem Alltag[2].

Bei einem solchen Vorhaben muß man erstens über die Waffen, die Ausrüstung und die Kriegstechnologie sprechen und den Spuren eventueller gegenseitiger Einflüsse nachgehen. Damit sind wir mitten in der Sachkultur. Zweitens gehört zu dem Bereich des Alltagslebens m. E. auch die Erforschung der Art der Begegnung von Menschen aus den beiden Kulturbereichen und damit die Erforschung des Verhaltens, des Aufeinandertreffens der verschiedenen Mentalitäten – soweit diese unterschiedlich waren – und des Eindruckes, den der eine beim anderen hervorrief. Ein dritter Punkt hängt eng mit der Erforschung der Kultur im weiteren Sinne zusammen: Er betrifft Elemente, die nicht so viel mit dem Alltag und der Sachkultur zu tun haben, diese aber doch stark beeinflussen. Ich meine hier den Vergleich der jeweils angewendeten Kriegstaktiken, die Untersuchung des moralischen und ideologischen Hintergrundes auf jeder Seite und zuletzt eine Gegenüberstellung der Rekrutierungs- und Organisationssysteme[3].

Ich habe aber noch nicht klargestellt, welcher der geographische oder, besser gesagt, der kulturelle Rahmen meines Beitrages sein soll,

---

[2] Es versteht sich von selbst, daß hier nur eine unvollständige Behandlung der uferlosen Literatur über den Osten und den Orient, ihre gegenseitigen Einflüsse, ihre Unterschiede und Ähnlichkeiten etc. möglich ist.

[3] Es ist im Rahmen dieses Kongreßbeitrages kaum möglich, den dritten Punkt zu behandeln. Bezüglich des Vergleiches der moralischen und ideologischen Vorbereitung der Krieger aus dem islamischen Osten, dem Westen und aus Byzanz s. jetzt A. KOLIA-DERMITZAKI, The Byzantine „Holy War". The Idea and Propagation of Religious War in Byzantium (*Historical Monographs* 10) Athen 1991 (griech. mit engl. Zusammenfassung).

welche die Grenze zwischen dem Orient und dem Westen sein soll. Wie es von einem Byzantinisten zu erwarten ist, werde ich hauptsächlich mit den byzantinischen Quellen arbeiten und von ihrem Blickwinkel ausgehen. Byzanz war Erbe des römischen Reiches, breitete sich auf den östlichen Teil von Europa und das westliche Ende von Asien aus und bildete so das Bindeglied zwischen der arabischen und islamischen Welt auf der einen Seite und dem Abendland auf der anderen Seite. Ich werde mich hauptsächlich mit der Begegnung von Byzanz mit dem westlichen Europa befassen, ohne mir die Gelegenheit entgehen zu lassen, hin und wieder Parallelen aus dem islamischen Osten aufzugreifen.

Der zeitliche Rahmen dieser Untersuchung beginnt mit dem 6. bis 7. Jahrhundert und reicht bis zu der Eroberung Konstantinopels durch die Kreuzfahrer im Jahre 1204. Der Grund für diese Periodisierung ist, daß schon ab dem auslaufenden 6. Jahrhundert die meisten von Justinian I. rückeroberten römischen Provinzen endgültig für das Reich verlorengingen, die Konfrontation mit den Awaren im Norden wie auch die Ansiedlung der Slaven im Reichsterritorium bereits im Gang waren und bald danach die immense Expansion des Islams folgte. Infolge dieser und auch anderer Entwicklungen hat sich zum großen Teil ein neuer, griechisch geprägter Charakter des Reiches herauskristallisiert. Damit aber das Oströmische Reich überleben konnte, war es gezwungen, seine Heeresorganisation und Kriegstaktik den neuen Erfordernissen anzupassen. Der kulturelle Umbruch des Reiches wie auch Änderungen in der byzantinischen Gesellschaft fallen also zusammen mit dem Beginn eines neuen Kapitels in der Militärgeschichte von Byzanz. 1204 erfolgt andererseits ein so großer Einschnitt in der Geschichte von Byzanz und in den Beziehungen der beiden Seiten, daß hierüber ein zusätzlicher Beitrag erforderlich wäre.

II. Waffen, Ausrüstung und Kriegstechnologie

Zu beginnen ist mit der Bewaffnung. Im allgemeinen ist bekannt, daß das byzantinische Kriegswesen seinen Schwerpunkt auf die berittenen Kämpfer legte. Man schreibt dies Einflüssen aus dem Osten zu[4]. Das

[4] S. z. B. E. Darkó, Influences touraniennes sur l'évolution de l'art militaire des Grecs, des Romains et des Byzantins. *Byzantion* 10 (1935) 443–469 und ebd. 12 (1937) 119–147. Vgl. S. Szadeczky-Kardoss, Der awarisch-türkische Einfluß auf die byzantinische Kriegskunst um 600 (Anmerkungen zum Strategikon des Maurikios). *Studia Turco-Hungarica* 5 (1981) 63–71.

Oströmische Reich sah sich immer wieder gezwungen, sich der feindlichen Bewaffnung und Taktik anzupassen[5]. Die allgemein herrschende Meinung, daß die byzantinischen Krieger leicht bewaffnet waren – bis zu dem Zeitpunkt, als Kaiser Nikephoros II. Phokas (963–969) eine Reform einführte und eine schwerbewaffnete Reiterei gegründet haben soll –, habe ich bei anderer Gelegenheit zu bestreiten versucht[6]. Dieses Bild entstand dadurch, daß man fast ausschließlich Darstellungen der byzantinischen Kunst als Ausgangspunkt zur Meinungsbildung über die Waffen verwendete und nicht so sehr andere Quellen miteinbezog, um ein realitätsbezogenes Bild zu erlangen. Bekanntlich werden in der byzantinischen Kunst aber häufig ältere Vorbilder wiedergegeben, weil sich die Künstler nicht allzu sehr für eine realitätsnahe Darstellung der Figuren interessierten. Außerdem wäre es eine naheliegende Erklärung für die großen Erfolge Kaiser Nikephoros' gegen die Araber, eine Änderung in den Waffen und Waffengattungen anzunehmen. Die byzantinischen Streitkräfte, welche unter der Kontrolle der Zentralregierung in Konstantinopel standen, verfügten aber seit jeher über Eliteeinheiten, die zum Teil aus schwerer Reiterei bestanden. Man darf hier nicht ähnliche Entwicklungen wie im Westen suchen und für die Einführung von schwerbewaffneten Reitern einen Feudalisierungsprozeß voraussetzen[7].

Byzanz hat, vor allem wegen seiner geographischen Lage, eine Vermittlerrolle zwischen Orient und Okzident gespielt. Kulturelemente

---

[5] T. G. KOLIAS, Byzantinische Waffen. Ein Beitrag zur byzantinischen Waffenkunde von den Anfängen bis zur lateinischen Eroberung (*Byzantina Vindobonensia* 17) Wien 1988, 27–29. Über die byzantinischen Waffen siehe noch: A. B. HOFFMEYER, Military Equipment in the Byzantine Manuscript of Scylitzes in Biblioteca National in Madrid (*Gladius* 5) Granada 1966; J. F. HALDON, Some Aspects of the Byzantine Military Technology from the Sixth to the Tenth Centuries. *Byzantine and Modern Greek Studies* 1 (1975) 11–47 und P. SCHREINER, Zur Ausrüstung des Kriegers in Byzanz, dem Kiever Rußland und Nordeuropa nach bildlichen und literarischen Quellen, in: *Les pays du Nord et Byzance (Scandinavie et Byzance). Actes du colloque nordique et international de byzantinologie tenu à Upsal 20–22 avril 1979*. Uppsala 1981, 215–236.

[6] T. G. KOLIAS, Nikephoros II. Phokas (963–969). Der Feldherr und Kaiser und seine Reformtätigkeit (*Historical Monographs* 12) Athen 1993 (griech. mit dt. Zusammenfassung).

[7] Dazu siehe T. G. KOLIAS, Ἡ πολεμικὴ τεχνολογία τῶν Βυζαντινῶν. *„Dodone", Epistemonike Epeterida tes Philosophikes Scholes tu Panepistemiu Ioanninon* 18/1 (1989) 17–41, hier 18–26.

wurden hierher übernommen und an den Westen weitergegeben[8]. Dies geschah auch im Bereich der Bewaffnung, wobei Byzanz diesbezüglich jedoch nicht so bedeutend war, wie man es vielleicht erwarten würde. Dies mag vor allem daran liegen, daß kriegerische Auseinandersetzungen zwischen Byzanz und Westeuropa relativ selten waren, wie auch daran, daß die Franken an ihrer Ostgrenze direkten Kontakt mit den Awaren und den Ungarn aufnehmen konnten bzw. mußten. Insofern war es naheliegend, daß sie in erster Linie von da her beeinflußt wurden. Wirft man einen Blick auf das Aufeinandertreffen der Byzantiner mit den Westeuropäern im Kriegsgeschehen, stellt man fest, daß solche Ereignisse nach dem Ende des 6. Jahrhunderts eher selten wurden. Bis zu dieser Zeit mußte man Kriege auf der italienischen Halbinsel führen und trat so in direkten Kontakt mit den Goten und den Langobarden. Danach beschränkte sich der Kontakt mit dem Frankenreich (bzw. später die Konkurrenz um die Kontrolle dieses Reichsgebietes) hauptsächlich auf die politische und diplomatische Ebene. Die arabische Gefahr, die die Besitzungen beider Seiten auf der Halbinsel bedrohte, führte sogar oft zu einer Zusammenarbeit der beiden Reiche[9]. Selbstverständlich war es bei diesen friedlichen oder auch feindlichen Kontakten auf beiden Seiten zu Beeinflussungen gekommen. Es waren also eher die Zusammenarbeit und die Koexistenz auf italienischem Boden und nicht so sehr die Auseinandersetzungen, welche Gelegenheit gaben, die Bewaffnung der jeweils anderen Seite kennenzulernen.

Eine Art Koexistenz bedeutete auch die Präsenz von westlichen Söldnern oder Verbündeten unter den Byzantinern. Obwohl in früherer Zeit Berufssoldaten aus dem Westen eine bedeutende Rolle in der kaiserlichen Armee spielten[10], waren nach dem 7. Jahrhundert Söldner

---

[8] Siehe z. B. N. P. KONDAKOV, Les costumes orientaux à la cour byzantine. *Byzantion* 1 (1924) 7–49; vgl. auch den Beitrag von TELEMACHOS C. LOUNGHIS im vorliegenden Band.

[9] Für einen kurzen Überblick der Beziehungen der beiden Mächte s. M. SPRINGER, Militärische Beziehungen zwischen Byzanz und Deutschland, in: J. DUMMER – J. IRMSCHER (Hrsg.), Byzanz in der europäischen Staatenwelt. Eine Aufsatzsammlung (*Berliner Byzantinistische Arbeiten* 49) Berlin 1983, 70–77. Siehe auch R.-J. LILIE, Das Reich auf dem Rückzug. Byzanz und Westeuropa in den „Dunklen Jahrhunderten". *Südost-Forschungen* 48 (1989) 19–36, vor allem 22–27 über die Vorrangstellung der Ostpolitik gegenüber der Westpolitik bei den Byzantinern.

[10] Vgl. J. C. TEAL, The Barbarians in Justinian's Armies. *Speculum* 40 (1965) 294–322.

aus dem Westen in byzantinischem Dienst sehr selten. Sie wurden in ihrer Funktion von Armeniern oder Isauriern abgelöst, und außerdem vergrößerten die slavischen Ansiedler das Heerespotential des Reiches[11]. Erst später, ab dem 10. Jahrhundert, trifft man viele Krieger aus dem Westen an oder, besser gesagt anfänglich aus dem Norden, aus Skandinavien, dem Kiever Rußland und den britischen Inseln, vor allem in der kaiserlichen Garde[12]. Sie wurden in ihrer Heimat zu Übermittlern der byzantinischen Kultur. So werden byzantinische Münzfunde auf skandinavischem Boden nicht so sehr den Handelsbeziehungen zwischen Byzanz und den skandinavischen Ländern zugeschrieben, als den ehemaligen Angehörigen der byzantinischen Hofgarde, die mit dem in Byzanz verdienten Geld in ihre Heimat zurückgekehrt waren[13]. Bestimmt haben diese Gardisten aber auch Aspekte ihrer eigenen Kultur in der Hauptstadt am Bosporos bekanntgemacht und im konkreten auch die byzantinische Bewaffnung beeinflußt. So haben sie z. B. die große „Dänenaxt", die man auf der Schulter gestützt trug, in Byzanz eingeführt, die dann zur typischen Waffe für die kaiserliche Wache wurde. Die nordländischen Mitglieder der Hofgarde werden in den zeitgenössischen Quellen summarisch als *πελεκυφόροι* (Axtträger) bezeichnet[14].

---

[11] H. DITTEN, Slawen im byzantinischen Heer von Justinian I. bis Justinian II., in: Studien zum 7. Jahrhundert in Byzanz (*Berliner Byzantinische Arbeiten* 47) Berlin 1976, 77–91.

[12] Siehe vor allem S. BLÖNDAL, The Varangians of Byzantium. An Aspect of Byzantine Military History translated, revised and rewritten by B. S. BENEDIKZ. Cambridge–London–New York–Melbourne 1978. Über die „Handelsware" Söldner siehe LILIE, *Das Reich auf dem Rückzug* 30f.

[13] J. FERLUGA, Der byzantinische Handel nach dem Norden im 9. und 10. Jahrhundert, in: K. DÜWEL – H. JANKUHN – H. SIEMS – D. TIMPE (Hrsg.), Untersuchungen zu Handel und Verkehr der vor- und frühgeschichtlichen Zeit in Mittel- und Nordeuropa, Teil. IV: Der Handel der Karolinger- und Wikingerzeit (*Abh. Ak. Göttingen, phil.-hist. Kl., 3. Flg.* 156) Göttingen 1987, 616–642, hier 640 bis 642; siehe auch C. MORRISSON, Le rôle des Varangues dans la transmission de la monnaie Byzantine en Scandinavie, in: *Les pays du Nord et Byzance* 131–140.

[14] KOLIAS, *Waffen* 165–167. Vgl. eine Art Präsentation der Waffe beim Erscheinen des Kaisers, die Pseudo-Kodinos den Warägern zuschreibt, wie auch die Glückwünsche „auf Englisch", mit denen die Waräger den Kaiser bedachten, wobei sie gleichzeitig ihre Äxte rhythmisch gegeneinander schlugen. Pseudo-Kodinos, Traité des offices, ed. J. VERPEAUX. Paris 1966, 197,24–31; 209,26–210,3; vgl. Nikephoros Bryennios, ed. P. GAUTIER (*Corpus Fontium Historiae Byzantinae* 9) Brüssel 1975, 123,23–27.

Erst in der Zeit der Kreuzzüge wird der Kontakt bekanntlich enger, worauf wir später noch zu sprechen kommen werden. Bis einschließlich des 11. Jahrhunderts haben die Byzantiner m. E. wegen ihrer Vormachtstellung auch im Bereich der Technologie nur wenig an Kulturgut – konkret auch an Bewaffnung – vom Westen übernommen[15]. Ab dieser Zeit, mit dem Aufstieg des Abendlandes und der beginnenden Stagnation im byzantinischen Staat, erfolgt der Einfluß im Bereich des Kriegswesens in die umgekehrte Richtung und wird stärker – ohne daß dies allerdings heißt, daß die Einflüsse von Osten nach Westen ganz aufgehört hätten.

Einige konkrete Fälle sollen die Beeinflussung im Bereich der Waffen aufzeigen. Vorweg soll an die Tatsache erinnert werden, daß erstaunlicherweise kaum byzantinische Waffen erhalten sind[16]. Daher ist es nicht leicht, eine genaue Typologie zu erstellen, was natürlich die Untersuchung einer gegenseitigen Übernahme von Waffentypen erschwert.

Bezüglich des mandelförmigen bzw. dreieckigen Schildes, der mit dem Reiter in Westeuropa ab dem 11. Jahrhundert und vor allem mit dem Schild der Normannen assoziiert wird, habe ich gezeigt, daß er zur gleichen Zeit auch den Byzantinern nicht unbekannt war[17]. Auch der Einsatz von langen Speeren, sogar von eingelegten, mit denen man vom Pferderücken aus kämpfte, ist für Byzanz zur gleichen Zeit wie zum ersten Mal im Westen bezeugt[18]. Dem Steigbügel, den man so gern mit dem schwerbewaffneten Ritter und dem ritterlichen Turnier in Verbindung setzt, begegnet man auch in Byzanz schon ziemlich früh[19]. Die Armbrust hat man für ein reines Importgut aus dem Westen gehalten. Hauptgrund für diese Auffassung war eine Äußerung im Geschichtswerk von Anna Komnene, doch konnte gezeigt werden, daß die Autorin Gründe hatte, diese „mörderische Waffe“ als ihren Landsleuten unbekannt zu präsentieren. Diese Waffe war den Byzantinern sehr wohl bekannt. Sie hatte eine lange Tradition seit der Spätantike und war unter nomadischem Einfluß in Byzanz wieder in Gebrauch gekommen[20]. Als letztes Beispiel erwähne ich das griechische Feuer, das man für die geheime schreckliche

---

[15] S. Kolias, *Τεχνολογία* 34; vgl. Lilie, *Das Reich auf dem Rückzug* 29–31.

[16] Darüber s. Kolias, *Waffen* 34f. und 134.

[17] Ebd. 105–108.

[18] Ebd. 204–210.

[19] Kolias, *Τεχνολογία* 27f. mit weiterer Literatur.

[20] Kolias, *Waffen* 239–253; vgl. D. Nishimura, Crossbow, Arrow-Guides and the Solenarion. *Byzantion* 58 (1988) 422–435; s. auch unten S. 266.

Waffe der Byzantiner hält[21]. Man weiß inzwischen allerdings, daß es – egal ob es von den Byzantinern erfunden worden ist oder durch sie bloß wesentliche Entwicklungen erfahren hat und bei ihnen verbreitet und erfolgreich verwendet wurde – jedenfalls auch den Arabern bekannt war. Es heißt sogar, daß sie feuerfeste Uniformen gegen die Wirkung des griechischen Feuers entwickelt hatten[22]. Es ist also festzustellen, daß es sich bei der Bewaffnung um ein gemeinsames Kulturgut handelt, dessen Ursprung nicht leicht zu eruieren ist, das aber die verschiedenen Gegenden und Völker, die es verwendeten, in gewisser Weise kulturell näherbrachte.

Informationen über einen Waffenexport aus Byzanz haben wir keine. Die Waffen gehören zu jenen Waren, deren Ausfuhr ins Ausland streng verboten war, zu den sogenannten *κεκωλυμένα*[23]. Aus der frühbyzantinischen Zeit wissen wir, daß die Herstellung und die Lieferung von Waffen für den Staat reserviert waren[24]. Diese Regelungen waren über mehrere Jahrhunderte hindurch in Kraft. Man mußte sich im Ausland anscheinend auf die im Schlachtfeld als Beute erworbenen Waffen beschränken, wenn man in den Besitz byzantinischer Waffen kommen wollte. Ausnahmen, bei denen Waffen in größerer Zahl exportiert wurden, bildeten Fälle, die dies im staatlichen Interesse erlaubten. So wurden im Jahr 1161/62 Waffen nach Ungarn geschickt, als sich der byzantinische Kaiser in der Frage der Nachfolge König Geyzas II. von Ungarn zu Gunsten der einen Partei einmischte[25]. Andererseits ist bekannt, daß der Kaiser gern auch Prunkwaffen an andere Herrscher verschenkte. Auf diese Art erreichte eine beschränkte Zahl seltener Exemplare das Ausland[26]. Aufgrund einiger weniger Erwähnungen kann man mit Sicherheit sagen, daß die Franken der Karolingerzeit Schwerter in Byzanz

---

[21] Siehe nun TH. K. KORRES, *«Ὑγρὸν πῦρ». Ένα όπλο της βυζαντινής ναυτικής τακτικής*. Thessaloniki 1989.

[22] Für den Gebrauch des griechischen Feuers bei den Arabern siehe V. CHRISTIDES, Naval History and Naval Technology in Medieval Times. The Need for Interdisciplinary Studies. *Byzantion* 58 (1988) 309–332, hier 321f.

[23] Vgl. H. ANTONIADIS-BIBICOU, Recherches sur les douanes à Byzance. L'„octava", le „kommerkion" et les commerciaires (*Cahiers des Annales* 20) Paris 1963, 50f., 78f.

[24] T. G. KOLIAS, Τὰ ὅπλα στὴ βυζαντινὴ κοινωνία, in: *Ἡ καθημερινὴ ζωὴ στὸ Βυζάντιο. Akten des I. internationalen Symposiums über das Alltagsleben in Byzanz*, Athen 15. bis 17.9.1988. Athen 1989, 463–476, hier 466–468.

[25] G. OSTROGORSKY, *Geschichte des byzantinischen Staates*. München 1963, 320.

[26] KOLIAS, *Waffen* 134.

verkauften[27]. In der Zeit des ausgehenden 12. Jahrhunderts, als der Militärapparat nicht mehr so gut funktionierte und der Handel mit dem Westen recht rege war, wurden Waffen – wohl in kleineren Mengen – auf Schiffen der italienischen Stadtrepubliken nach Byzanz importiert[28].

III. Die Begegnung fremder Menschen und Mentalitäten

Es gibt in den Quellen einzelne Erwähnungen, die die Meinung über die Fremden kundtun. Manche Werke enthalten sogar ganze Kapitel, die fremden Völkern gewidmet sind. Einige solche Exkurse in größeren Werken wurden nicht von beliebigen Autoren verfaßt, sondern entstammen der kaiserlichen oder einer anderen offiziellen Feder und hatten die Absicht, den Leser über das fremde Volk zu informieren. Man muß an dieses Material selbstverständlich mit ganz besonderer Vorsicht herangehen, da es nicht immer leicht ist, die originale Information von der klischeehaften oder die Tatsache vom Mythischen oder Legendenhaften zu unterscheiden[29].

Zu erwähnen sind hier die Kapitel im „Strategikon" des Maurikios über die möglichen Gegner, die das byzantinische Reich zur Entstehungszeit des Werkes, d. h. ca. um das Jahr 600, haben konnte:[30] Der Autor widmet ein Kapitel den Persern, ein zweites den Skythen, „d. h. den Awaren und Türken und den anderen hunnischen Völkern mit derselben Lebensweise", ein drittes „den blonden Völkern, wie die Franken, Langobarden und die anderen Völker mit der selben Lebensweise" und ein letztes den Slawen und Anten[31]. Sehr interessant ist das Material, das Maurikios zur erfolgreichen Bekämpfung der Feinde aus dem

---

[27] Z. Vinski, Zu karolingischen Schwertfunden aus Jugoslawien. *Jahrbuch des römisch-germanischen Zentralmuseums Mainz* 30 (1983) 465–501, hier 496; s. auch Kolias, *Waffen* 136; Ferluga, *Handel* 627 f.

[28] S. R.-J. Lilie, *Handel und Politik zwischen dem byzantinischen Reich und den italienischen Kommunen Venedig, Pisa und Genua in der Epoche der Komnenen und der Angeloi (1081–1204)*. Amsterdam 1984, 264–284, mit den Quellenbelegen.

[29] Vgl. G. Dagron, „Ceux d'en face". Les peuples étrangers dans les traités militaires byzantins. *Travaux et mémoires* 10 (1987) 207–232; J. E. Wiita, *The Ethnika in Byzantine Military Treatises*. Diss. Univ. Minnesota 1977; A. Carile, I nomadi nelle fonti bizantine, in: Popoli delle steppe: Unni, Avari, Ungari (*Settimane di Studio del Centro Italiano di Studi sull'Alto Medioevo* 35) Spoleto 1988, 57–99.

[30] G. T. Dennis – E. Gamillscheg, Das Strategikon des Maurikios (*Corpus Fontium Historiae Byzantinae* 17) Wien 1981, 352 ff. (Buch XI).

[31] Vgl. B. Zástěrová, *Les Avares et les Slaves dans la tactique de Maurice*. Prag 1971.

Westen und Osten für die Feldherren und Offiziere für nützlich hielt. Man findet Informationen über die Sitten der genannten Völker, ihre Taktik, ihre Stärken und Schwächen. Diese Ausführungen sind nicht nur für die frühe Geschichte dieser Völker wichtig, sondern auch für unsere Thematik, da sie Licht auf die Kenntnisse des einen Kulturbereichs über den anderen werfen und die Meinung über den anderen offenbaren. Auch ist es interessant, den Kriterien, nach denen die behandelten Schwerpunkte ausgewählt wurden, nachzugehen – so weit sie nicht dem Zufall oder bekannten Klischees zuzuschreiben sind.

Ein anderer Text solcher Art stammt aus der Wende vom 9. zum 10. Jahrhundert und wurde von Kaiser Leon VI. (886–912) verfaßt. In seinen „Taktika", einem kriegswissenschaftlichen Werk, das in seinen Grundlinien dem Vorbild des „Strategikon" von Maurikios folgt, widmet auch er ein umfangreiches Kapitel den fremden Völkern, gegen die Krieg geführt werden könnte[32]. Bei Leon sind z. T. aber andere Völker behandelt als bei Maurikios. Den Platz der Perser haben die Araber eingenommen, und bei der Behandlung der türkischen Völker ist nicht mehr von den Awaren die Rede, sondern von den Ungarn. Es fällt auf, daß jetzt, dreihundert Jahre später, nicht mehr der starke westliche Kontrahent, nämlich die Franken, als gefährliche Widersacher betrachtet werden. Die Sorge des Kaisers konzentriert sich vielmehr auf den Osten, auf die Araber[33].

Ein anderes Werk aus dem 10. Jahrhundert stammt wieder aus der Feder eines Kaisers, des gelehrten Sohnes Leons VI., Konstantin VII. Porphyrogennetos (913–959), welcher für seinen Sohn und Nachfolger, Romanos, das bekannte Werk „De administrando imperio" verfaßte[34].

---

[32] Patrologia Graeca 107, 669–1094, hier 945–990 (im folgenden zitiert: *PG*). Die constitutio XVIII, welche uns hier interessiert, wurde auch von R. VÁRI ediert, in: G. PAULER – S. SZILÁGYI (Hrsg.), *A magyar honfoglalás kútfői*. Budapest 1900, 11–90.

[33] Vgl. G. DAGRON, Byzance et le modèle islamique au Xe siècle, à propos des Constitutions tactiques de l'empereur Léon VI, in: *Academie des Inscriptions et Belles-Lettres, Comptes rendus des séances de l'année 1983*. Paris 1983, 219–243; T. G. KOLIAS, The *Taktika* of Leo VI the Wise and the Arabs. *Graeco-Arabica* 3 (1984) 129 bis 135; G. DAGRON (– H. MIHĂESCU), *Le traité sur la guérilla (De velitatione) de l'empereur Nicéphore Phocas (963–969)*. Paris 1986, 145–149; KOLIA-DERMITZAKI, *The Byzantine „Holy War"* 232 ff.

[34] Constantine Porphyrogenitus, De administrando imperio, ed. G. MORAVCSIK – R. J. H. JENKINS (*Corpus Fontium Historiae Byzantinae* 1) Washington/D. C. 1967; dazu s. R. J. H. JENKINS (Hrsg.), *Constantine Porphyrogenitus, De administrando imperio. Commentary*. London 1962 und T. LOUNGHIS, *Κωνσταντίνου Ζ΄ Πορφυρογέννητου*

Hier wird nicht militärisches Wissen weitergegeben, sondern politisches und allgemeines, die Außenpolitik des Reiches betreffendes Wissen. Man liest u. a. über die Bedeutung eines fremden Volkes für die Interessen des Reiches, über seinen strategischen Wert für Byzanz[35]. In diesem Zusammenhang stehen Informationen, die den militärischen Aspekt betreffen, wie z. B., daß die Petschenegen die Ungarn oder die Russen bei ihren militärischen Aktionen gegen Byzanz stören könnten oder, daß es vorteilhaft für das Reich sein kann, wenn es gute Beziehungen mit den Alanen unterhält, da sie gegen die Chazaren einzusetzen waren[36]. Um die Stellung der Byzantiner gegenüber dem Westreich zu dieser Zeit zu illustrieren, sei hier daran erinnert, daß die Franken eine ehrenhafte Ausnahme des allgemeinen Verbotes bildeten, das in diesem Text ausgesprochen wird und Eheschließungen zwischen Sprößlingen aus der kaiserlichen Familie und Mitgliedern anderer, „barbarischer“ Herrscherfamilien untersagte[37].

Bloß erwähnen möchte ich, daß sich selbstverständlich auch die anderen Seiten für Schilderungen der Charakteristika ihrer Gegner interessierten. Es sei hier an den (allerdings späteren) arabischen Autor Ibn al-Manqali (Ende 13./Anfang 14. Jahrhundert) erinnert, dessen Werk u. a. einen Exkurs über das Verhalten der Krieger verschiedener Völker enthält[38].

In diesem Zusammenhang und im Hinblick auf die Frage der Glaubwürdigkeit von Informationen solcher Art über andere Völker bzw. über ihr Land läßt sich feststellen, daß in Byzanz – wie es sich für eine Großmacht gehört – ein gut organisiertes Informationsnetz existierte. Man liest manchmal von Spionen, die die Sprache des Gegners beherrschten, damit sie unter den Einheimischen nicht auffielen und leicht Informationen sammeln konnten[39]. Aber auch die Gesandten waren

---

De administrando imperio (Πρὸς τὸν ἴδιον υἱὸν Ῥωμανόν). Μία μέθοδος ανάγνωσης. Thessaloniki 1990.

[35] Vgl. J. Shepard, Information, Disinformation and Delay in Byzantine Diplomacy. *Byzantinische Forschungen* 10 (1985) 233–293.

[36] De administrando imperio, Kap. 1–8; 10–11 (S. 48–56; 62–64).

[37] Ebd., Kap. 13,104 ff. (S. 70 ff.).

[38] Siehe H. Ritter, La Parure des Cavaliers und die Literatur über die ritterlichen Künste. *Der Islam* 18 (1929) 116–154, hier 146–148.

[39] Vgl. Anonymus des 6. Jahrhunderts, Kap. XLII, ed. G. T. Dennis, Three Byzantine Military Treatises (*Corpus Fontium Historiae Byzantinae* 25) Washington D. C. 1985, 1–136, hier 122–124; Maurikios, Strategikon VIII 2,65 ff.; IX 5,51 ff., ed. Dennis – Gamillscheg 282; 328 ff.; Sylloge Taktikon, Kap. 25, ed. A. Dain, *Sylloge*

anscheinend beauftragt, militärische Informationen jeder Art zu sammeln. Dies läßt sich vor allem aus den Gegenmaßnahmen schließen, welche der byzantinische Staatsapparat vorsah, um die Spionage seitens anderer Mächte zu verhindern. Die Begleitung der ausländischen Gesandten während der Reise durch das Reichsterritorium und das Vorschreiben des Reiseweges gehörten damals und bis in die heutige Zeit zu den Maßnahmen gegen ein Einholen militärischer Informationen[40]. Obendrein sorgte man nicht selten für die Vermittlung eines falschen und irreführenden Bildes vom eigenen Heer, von seiner Bewaffnung, von seiner Moral oder auch von der Straßen- und Verkehrslage[41]. Auf der Seite der Abendländer ist das Beispiel Liudprands, des Bischofs von Cremona, bekannt, der für seinen Kaiser und Auftraggeber Otto I. in seinem Gesandtenbericht vom Jahr 968 viel wertvolles Material über Byzanz niedergeschrieben hat – wenn er auch mehr über die kulinarischen Gewohnheiten der Byzantiner als über ihre militärische Tauglichkeit berichtete[42].

Tacticorum, quae olim „Inedita Leonis Tactica" dicebatur. Paris 1938, 48; Nikephoros Phokas, Περὶ παραδρομῆς, Kap. II, VII, ed. Dagron – Mihăescu, *Guérilla* 39–41, 51; s. auch. ebd. 248–254; Nikephoros Uranos, Taktika, Kap. 63, ed. J. A. Foucault, Douze chapitres inédits de la Tactique de Nicéphore Ouranos. *Travaux et mémoires* 5 (1973) 281–312, hier 287–291; Kekaumenos, Strategikon, § 9, ed. G. G. Litavrin, *Cecaumeni consilia et narrationes.* Moskau 1972, 134–136.

[40] Zuständig für die Beaufsichtigung der ausländischen Gesandten war während der frühbyzantinischen Zeit der *magister officiorum*, der später in seinen Zuständigkeiten vom *λογοθέτης τοῦ δρόμου* abgelöst wurde. Vgl. A. Demandt, *Die Spätantike. Römische Geschichte von Diocletian bis Justinian, 284–565 n. Chr.* München 1989, 232 bis 235; N. Oikonomidès, *Les listes de préséance byzantines des IXe et Xe siècles.* Paris 1972, 311 f.

[41] Anonymus des 6. Jahrhunderts XLIII, ed. Dennis, *Treatises* 124–127; Leon VI, Taktika XVII, 113–114 (*PG* 107, 944); Sylloge Taktikon, Kap. 26, ed. Dain, *Sylloge Tacticorum* 49.

[42] Liudprandi opera, ed. J. Becker (*MGH SS rer. germ. in us. schol.* 41) Hannover–Leipzig 1915; Th. Weber, Essen und Trinken im Konstantinopel des 10. Jahrhunderts, nach den Berichten Liutprands von Cremona, in: J. Koder – Th. Weber, Liutprand von Cremona in Konstantinopel. Untersuchungen zum griechischen Sprachschatz und zu realienkundlichen Aussagen in seinen Werken (*Byzantina Vindobonensia* 13) Wien 1980, 71–99; s. jetzt auch J. Koder, Die Sicht des Andern in Gesandtenberichten, in: *„Die Begegnung des Westens mit dem Osten im Mittelalter", Akten des Deutschen Mediävistentages*, Köln, 11.–14. März 1991 (im Druck), wo auch die einschlägige Literatur zu finden ist; ich danke dem Autor für die Überlassung einer Kopie seines Manuskripts.

Als die zuverlässigsten Kenner im militärischen Bereich galten die Veteranenoffiziere, die in ihrer aktiven Zeit Gelegenheit hatten, die verschiedenen Kriegssitten der Gegner kennenzulernen.

Eine weitere Kategorie von Informanten über die Situation im anderen Lager bildeten die zurückgekehrten Kriegsgefangenen[43]. Allerdings hatten sie wenig Gelegenheit, wirklich interessante Informationen zu sammeln. Dafür stellten sie aber während ihres Aufenthaltes im fremden Land bis zu ihrem Freikauf oder Austausch oder auch, wenn sie ihr ganzes Leben als Gefangene oder als Sklaven dort verbringen mußten, eine Art Vertreter ihres Landes und ihrer Kultur dar. Es waren oft Tausende von Leuten, die im Zuge eines Krieges von ihrer Heimat in die Fremde deportiert wurden. Es versteht sich von selbst, daß die Berichte aller dieser Informanten stark von ihren persönlichen Erlebnissen und ihrer Einstellung geprägt sind, wodurch sehr leicht ein verzerrtes Bild des anderen entstehen konnte[44].

Von dieser Kategorie von Quelleninformationen, die aus ad hoc geliefertem Material stammen, können wir zur vorhin erwähnten anderen übergehen, nämlich zu jenen Informationen, die in den verschiedensten Texten verstreut aufzufinden sind. Material solcher Art, das Personen aus dem Westen betrifft, findet man in den Quellen hauptsächlich ab dem 11. Jahrhundert, als die Byzantiner in direkten Kontakt mit den westeuropäischen Kriegern treten mußten.

Der Schock für die Rhomäer war bestimmt beträchtlich, als sie im Jahr 1081 die Nachricht erhielten, daß die Normannen, welche erst vor ein paar Jahrzehnten auf süditalienischem Boden Fuß gefaßt hatten, nun an der Küste bei Dyrrhachion gelandet waren und einen Feldzug gegen das Reich starteten. Man kann sich vorstellen, welchen Eindruck die nördlichen Krieger bei den friedlichen Bauern erweckten[45]. Nur

---

[43] Über die Kriegsgefangenen bei den Auseinandersetzungen zwischen den Byzantinern und den Arabern s. Rashad A. Khouri al Odetallah, *Ἄραβες καὶ Βυζαντινοί, Τὸ πρόβλημα τῶν αἰχμαλώτων πολέμου*. Diss. Univ. Thessaloniki 1983; ders., Ἀνεπίσημες ἀνταλλαγές, ἐξαγορές καί ἀπελευθερώσεις Βυζαντινῶν καί Ἀράβων αἰχμαλώτων. *Graeco-Arabica* 4 (1991) 109–113.

[44] Kriegsgefangene konnten selbstverständlich auch zur Preisgabe von Informationen über ihr eigenes Land und ihre eigenen Streitkräfte gezwungen werden; vgl. Anonymus des 10. Jahrhunderts, Kap. 18,16ff., ed. Dennis, *Military Treatises* 241 bis 335, hier 292.

[45] Über die Normannen und den militärischen Aufbau ihrer Gesellschaft s. E. Cuozzo, „Quei maledetti Normanni“. Cavalieri e organizzazione militare nel Mezzogiorno normanno (*L'altra Europa* 4) Napoli 1989, mit weiterer Literatur.

wenige Jahre später beginnt der 1. Kreuzzug. Auch unter den besten Voraussetzungen erscheint es undenkbar, daß der Durchmarsch der Kreuzfahrer von der lokalen Bevölkerung als positiv angesehen worden sein könnte. Bestimmt waren nicht so sehr die Ressentiments infolge des im Jahr 1054 erfolgten Schismas zwischen den Kirchen dafür maßgeblich (dessen Bedeutung damals nicht vorauszusehen war), sondern vielmehr der Schaden in der Agrarwirtschaft, den der Durchzug eines Heeres für die betreffenden Regionen bedeutete[46]. Über den Eindruck, den die Eindringlinge auf die Byzantiner machten, erfahren wir leider nichts aus der Sicht der einfachen Leute, und so vermissen wir das wirkliche Echo der Ereignisse. Denn die Schilderungen der Geschehnisse stammen von gebildeten Städtern, die von ihrem Standpunkt aus die Situation wiedergeben. Wenn man bedenkt, daß die gelehrten Autoren bereits früher viel öfter Gelegenheit gehabt haben dürften, mit Ausländern in Kontakt zu kommen, kann man sich vorstellen, daß die Entrüstung bei der Landbevölkerung wohl viel größer gewesen sein muß. Dabei darf man nicht vergessen, daß gebildete Personen durch ihre Kenntnisse verschiedener Ereignisse und Informationen mitunter kompliziertere Zusammenhänge zu sehen und Kombinationen anzustellen vermochten. Aber sie waren infolge ihres politischen Engagements nicht immer objektiv, sondern versuchten manchmal absichtlich, ihre Umgebung bzw. Leserschaft durch manipulierte Berichte zu beeinflussen.

Auf der byzantinischen Seite ist die wichtigste Quelle für die Geschichte des 1. Kreuzzuges bekanntlich das historische Werk „Alexias" von Anna Komnene, der Tochter Kaiser Alexios' I. (1081–1118)[47]. Von besonderem Interesse in unserem Zusammenhang – der die Begegnung

---

[46] Dazu und zu den vorbeugenden Maßnahmen der byzantinischen Kaiser s. A. KOLIA-DERMITZAKI, Die Kreuzfahrer und die Kreuzzüge im Sprachgebrauch der Byzantiner. *Jahrbuch der Österreichischen Byzantinistik* 41 (1991) 163–188, hier 183 mit Anm. 81; bezüglich des Schadens, den der Durchmarsch eines Heeres für die Durchzugsgebiete bedeutete, vgl. M. C. BARTUSIS, The Cost of Late Byzantine Warfare and Defense. *Byzantinische Forschungen* 16 (1991) 75–89, hier 77–80 und T. G. KOLIAS, Eßgewohnheiten und Verpflegung im byzantinischen Heer, in: W. HÖRANDNER – J. KODER – O. KRESTEN – E. TRAPP (Hrsg.), *Byzantios. Festschrift für Herbert Hunger zum 70. Geburtstag*. Wien 1984, 193–202, hier 194f.

[47] Anna Comnène, Alexiade I–III, ed. B. LEIB. Paris 1937–1945. Zur Autorin und ihrem Werk s. H. HUNGER, *Die hochsprachliche profane Literatur der Byzantiner* 1. München 1978, 400–409 (mit weiterer Literatur).

zwischen dem byzantinischen Orient und dem westlichen Europa im speziellen Rahmen eines Feldzuges betrifft[48] – sind jene Stellen in der „Alexias", in denen die Überraschung über das Verhalten oder die Natur des anderen zum Ausdruck kommt. Man findet sehr interessante Passagen, wie z. B. den Eindruck von der Schönheit des blonden Bohemund aus der Sicht der Frau[49] oder jenen Vorfall, als ein fränkischer Kreuzfahrer die unerhörte Frechheit und zugleich Naivität zeigte, sich auf den kaiserlichen Thron zu setzen[50]. Die Äußerungen der Autorin über die Kampfweise der Lateiner weisen m. E. nicht auf bedeutende Unterschiede gegenüber jener der Byzantiner hin. Es ist vielmehr die Verschiedenheit in der Gesinnung, die aus dem Text ersichtlich wird, und dies vielleicht vor allem, da die byzantinische Autorin den Hochmut und die unverständliche Kampfeslust der Abendländer hervorhebt. Erinnert sei an jene Stelle, in der Anna ihre Entrüstung über die Teilnahme eines ausgesprochen kriegerischen lateinischen Priesters an der Schlacht äußert. Sie versäumt nicht die Gelegenheit, den diesbezüglichen Unterschied zwischen den Byzantinern und den Lateinern zu unterstreichen[51].

An dieser Stelle möchte ich zu den Einwänden über den Wahrheitsgehalt der Angaben von Anna über die Kreuzfahrer, die vor allem von RALPH-JOHANNES LILIE geäußert wurden[52], folgendes feststellen: Es ist tatsächlich unwahrscheinlich, daß die Thronszene mit dem frechen Franken auf diese Art stattgefunden hat, wie Anna sie präsentiert[53].

---

[48] Vgl. das interessante Buch von N. ZBINDEN, Abendländische Ritter, Griechen und Türken im ersten Kreuzzug (Zur Problematik ihrer Begegnung) (*Texte und Forschungen zur byzantinisch-neugriechischen Philologie* 48) Athen 1975, das eine ähnliche Zielsetzung hat.

[49] Anna Komnene XIII, 10,4–5 (III, 122,20–124,2).

[50] Ebd. X, 10,6–7 (II 229,6–230,19).

[51] Ebd. X, 8,7–9 (II, 218,10–220,1); s. auch X, 5,10 (II, 209,21–31): Das wirkliche Ziel der Kreuzfahrer ist nicht, Jerusalem zu befreien, sondern Byzanz zu erobern.

[52] R.-J. LILIE, Der erste Kreuzzug in der Darstellung Anna Komnenes, in: Varia II. Beiträge von A. BERGER, L.-A. HUNT, R.-J. LILIE, C. LUDWIG, P. SPECK (*Poikila Byzantina* 6) Bonn 1987, 49–148. Siehe auch DERS., *Anna Komnene und die Lateiner*. (Vortrag gehalten in Bechyně/Czechien 1990, im Druck). Ich danke dem Autor für die Überlassung des druckfertigen Manuskriptes.

[53] LILIE, *Der erste Kreuzzug* 91–94, 107 und DERS., *Anna Komnene*, im Anhang. Dazu s. aber auch D. R. REINSCH, De minimis non curat Anna? Bemerkungen zu Ralph-Johannes Lilie, Der erste Kreuzzug in der Darstellung der Anna Komnene. *Jahrbuch der Österreichischen Byzantinistik* 39 (1989) 129–133, hier 130f.

Auch die These, daß die Ereignisse des Angriffs gegen Konstantinopel am Gründonnerstag 1097 zum großen Teil von der Autorin modifiziert wurden oder auch die ganze Schlacht selbst von ihr erfunden worden sei (damit einerseits die Aggression der Kreuzfahrer, ihre Pietätlosigkeit, andererseits die Fähigkeiten ihres künftigen Gatten Nikephoros Bryennios besser zum Ausdruck kommen), ist gut argumentiert[54]. Die Aussage über die Armbrust, die „barbarische" Waffe der Lateiner, habe ich, wie schon erwähnt, ebenfalls als absichtliche Verfälschung zu erweisen versucht[55]. Im vorliegenden Zusammenhang ist allerdings nicht wichtig, ob sich die Ereignisse auf die beschriebene Art abgespielt haben oder nicht. Ausschlaggebend ist vielmehr, daß der von Anna beabsichtigte Eindruck über die Abendländer ihren Zeitgenossen offensichtlich glaubwürdig erschienen sein muß. Die Meinung über die Kreuzfahrer – zumindest über ihre Mehrzahl – war bei den meisten Byzantinern der höheren Gesellschaftsschichten offenbar ähnlich wie die von Anna vermittelte – und das ist es, was uns hier interessiert[56].

Die Entwicklungen im Laufe des 12. Jahrhunderts bestärkten bei den Byzantinern den Eindruck, daß die Lateiner aggressive Eindringlinge waren. Es waren nicht nur der 2. und der 3. Kreuzzug, der mißlungene Versuch Kaiser Manuels I. Komnenos (1143–1180), wieder in Italien Fuß zu fassen (1155/56), die Eroberung Thessalonikes durch die Normannen im Jahr 1185 und der wirtschaftliche Druck seitens der Kaufleute der italienischen Seerepubliken. Auch die Ausländer, die im byzantinischen Heer Dienste leisteten, waren den Einheimischen oft ein Dorn im Auge[57]. Den Höhepunkt stellte die Eroberung Konstantinopels

---

[54] Anna Komnene X, 9 (II, 220,15–226,21); LILIE, *Der erste Kreuzzug* 59–61, 71 ff.

[55] Anna Komnene X, 8,6 (II, 217,7–218,4); KOLIAS, *Waffen* 245 ff.; LILIE, *Der erste Kreuzzug* 68–71; s. auch oben S. 257.

[56] Zu diesem Thema s. auch D. R. REINSCH, Ausländer und Byzantiner im Werk der Anna Komnene. *Rechtshistorisches Journal* 8 (1989) 257–274; J. SHEPARD, When Greek meets Greek: Alexius Comnenus and Bohemund in 1097–98. *Byzantine and Modern Greek Studies* 12 (1988) 185–277; KOLIA-DERMITZAKI, *Die Kreuzfahrer*, vor allem 165.

[57] Für die Rolle der Söldner im byzantinischen Heer der Komnenenzeit s. A. HOHLWEG, Beiträge zur Verwaltungsgeschichte des Oströmischen Reiches (*Miscellanea Byzantina Monacensia* 1) München 1965, 64–80. Es gibt selbstverständlich auch mehrere bekannte Fälle von Söldnern, welche – meistens durch Heirat – in die byzantinische Gesellschaft eingegliedert wurden. Bestimmt wird dies manchmal auch bei einfachen Kriegern der Fall gewesen sein: vgl. D. M. NICOL, Symbiosis and Integration. Some Greco-Latin Families in Byzantium in the 11th to 13th Centuries. *Byzantinische Forschungen* 7 (1979) 113–135 und LILIE, *Anna Komnene*.

durch die Kreuzfahrer des 4. Kreuzzuges dar[58]. Das Klima des Mißtrauens und Mißfallens kommt im historischen Werk des Niketas Choniates (ca. 1155–ca. 1215/16) sehr gut zum Ausdruck[59].

Aus den zeitgenössischen byzantinischen Quellen ergibt sich also über den Westeuropäer das Bild des Aggressiven. Ein Bild, dessen Entstehung verständlich wird, wenn man bedenkt, daß es sich um die Beschreibung von Kriegern handelt, die ein friedliches Territorium betreten. Man darf nicht vergessen, daß den Durchmarsch der Kreuzfahrer nicht nur die Grenzbevölkerung spürte, die sich aufgrund ihrer Erfahrung bestimmt nicht beeindrucken ließ, sondern auch die Einwohnerschaft des Binnenlandes, die selten fremde Truppen zu Gesicht bekommen hat. Vor allem aber trafen die ersten Begegnungen im Laufe des 11. Jahrhunderts die Landbevölkerung in den europäischen Reichsprovinzen, die erstmals seit mehreren Jahrhunderten einen relativen Wohlstand genoß[60]. Dieser gewisse Wohlstand hatte, vor allem was das Militär betrifft, zu einer Lockerung geführt, und die Möglichkeit, die Militärverpflichtungen durch Zahlungen abzugelten, wurde immer häufiger in Anspruch genommen. Für die byzantinische Agrarbevölkerung war also das Erscheinen der Normannen und der Kreuzfahrer besonders störend, da sie eben während der letzten Jahrzehnte ziemlich friedlich leben durfte. Es ist interessant festzustellen, daß die Vorstellung der Byzantiner über die Lateiner und die der Lateiner über die Byzantiner ab dem 11./12. Jahrhundert diametral verschieden war. Für die Byzantiner waren die Abendländer kriegerisch, aggressiv, geldgierig und arrogant[61]. Für die andere Seite waren die Byzantiner verweich-

---

[58] Über die ab der Mitte des 12. Jahrhunderts stark zunehmende Unbeliebtheit der Lateiner bei den Byzantinern s. J. Koder, Zum Bild des „Westens" bei den Byzantinern in der frühen Komnenenzeit, in: E.-D. Hehl – H. Seibert – F. Staab (Hrsg.), *Deus qui mutat tempora. Menschen und Institutionen im Wandel des Mittelalters. Festschrift für A. Becker zu seinem fünfundsechzigsten Geburtstag.* Sigmaringen 1987, 191–201.

[59] Nicetae Choniatae Historia, ed. J. A. van Dieten (*Corpus Fontium Historiae Byzantinae* 11) Berlin–New York 1975, z. B. 60,45 ff., 401,19–23; s. auch Ioannis Cinnami Epitome rerum ab Ioanne et Alexio Comnenis gestarum ad fidem codicis Vaticani, ed. A. Meineke. Bonn 1836, 67,3 ff.; vgl. Kolia-Dermitzaki, *Die Kreuzfahrer* 165 f., 170 f.; zu den zwei byzantinischen Autoren und ihren Werken s. Hunger, *Literatur* 1, 409–416, 429–441.

[60] Vgl. P. Lemerle, Byzance au tournant de son destin, in: ders., *Cinq études sur le XIe siècle byzantin.* Paris 1977, 249–312, hier 267 ff.

[61] S. z. B. Anna Komnene X, 5,4 (II, 206,28–207,1); X, 10,6 (II, 229,9 ff.); X, 11,5 ff. (II, 232,24 ff.); s. weiters Zbinden, *Ritter* 109 ff.

licht, schlau und heuchlerisch[62]. Das Zustandekommen dieser beiden kraß entgegengesetzten Vorstellungen ist durchaus gerechtfertigt und nachvollziehbar: Der Westeuropäer befand sich in einer aufsteigenden Phase seiner Geschichte und war jetzt imstande, neue Horizonte in Richtung des Morgenlandes zu suchen. Es ist klar, daß die gut situierten Byzantiner sie als Störenfriede betrachteten und daß sie, die inzwischen gewohnt waren, Söldner zu engagieren und stellvertretend kämpfen zu lassen, die anderen als kriegssüchtig betrachteten. Auf der anderen Seite hatten die Byzantiner seit Jahrhunderten eine Strategie entwickelt, welche die Verwicklung in einen Krieg nur vorsah, wenn es keine Ausweichmöglichkeit mehr gab. Ein Netz diplomatischer Beziehungen mit verschiedenen benachbarten Völkern bzw. mit den Nachbarvölkern der Gegner gab ihnen die Möglichkeit, statt ihrer eigenen Streitkräfte andere mit der Beseitigung der konkreten Gefahr zu beauftragen. Außerdem sagten die kriegstheoretischen Bücher der Byzantiner, daß sich der Feldherr zu einer Schlacht erst dann entscheiden dürfe, wenn die Situation es nicht vermeiden ließ, dieses Risiko einzugehen. Wenn es aber trotzdem zu einer Schlacht kam, sahen die byzantinischen Kriegsbücher verschiedene Kriegslisten vor, wie z. B. das Vortäuschen einer Flucht, um dadurch den Feind in eine Falle zu locken, wodurch der Sieg ohne Blutvergießen gesichert werden sollte[63]. Diese Handlungsweise, die aus einer jahrhundertelangen Erfahrung des Reiches in der Rolle einer Großmacht resultierte und zu manchen Erfolgen der Byzantiner über die stolzen abendländischen Krieger geführt hatte, fand bei den letzteren überhaupt keinen Gefallen und trug zur Bildung bzw. Wiederbelebung der Auffassung des *graeculus perfidus* bei den Lateinern bei[64]. Die Verbreitung solcher negativen Bezeichnungen unter den Kreuzfahrern wurde sicher noch erleichtert durch die Propaganda ihrer Führer, die den Kreuzfahrern die Unterstützung der einheimischen Bevölke-

---

[62] Siehe Beispiele ebd. 80–86.

[63] Vgl. Maurikios, Strategikon VIII, 1,32ff.; 2,10ff. (S. 270; 278); Anonymus des 6. Jahrhunderts IV, 9 (ed. DENNIS, *Military Treatises* 20); Nikephoros Phokas, Περὶ παραδρομῆς, Kap. IV (ed. DAGRON – MIHAESCU, *Guérilla* 45–47); Anna Komnene XV, 3,2 (III, 195,9ff.); vgl. W. E. KAEGI, *Some Thoughts on Byzantine Military Strategy*. Brookline/Mass. 1983 und CH. OMAN, *A History of the Art of War in the Middle Ages* 1. New York 1924, Ndr. 1969, 201ff.; SHEPARD, *Information* 235f.; ZBINDEN, *Ritter* 92ff.

[64] H. HUNGER, Graeculus perfidus – Ἰταλὸς ἰταμός. Il senso dell'alterità nei rapporti graeco-romani ed italo-bizantini (*Unione Internazionale degli Istituti di Archeologia, Storia e Storia dell'Arte in Roma. Conferenze* 4) Roma 1987.

rung bei ihrem heiligen Vorhaben verhieß, während sie sich tatsächlich einer reservierten bis feindlichen Haltung gegenüber sahen.

IV. AUSWIRKUNGEN DER KULTURELLEN UNTERSCHIEDE

Das soeben gestreifte Thema der unterschiedlichen Kampfarten bzw. Strategien ist von besonderem Interesse in bezug auf das Zusammentreffen von Kulturelementen aus dem Morgen- und dem Abendland. Die Begegnung der Streitmächte der Seldschuken und der anderen Moslems des nahen Ostens, der Byzantiner und der Kreuzfahrer während des 1. Kreuzzuges gab den meisten Teilnehmern an den Kampfhandlungen zum ersten Mal Gelegenheit, die Kriegstaktik der anderen Seite richtig kennenzulernen. Jede Partei wurde von ihrem Gegner beeinflußt und modifizierte ihre Bewaffnung und Taktik, soweit es notwendig war, um Gegenwehr leisten zu können. Die Moslems haben den gepanzerten Ritter kennengelernt, und die Westeuropäer mußten im heißen südlichen Klima erfahren, daß ihre schwere Bewaffnung nicht unter allen Umständen vorteilhaft war[65]. Byzanz hatte allerdings eine jahrhundertelange Tradition bezüglich der Anpassung seiner Kriegstaktik an die jeweiligen Erfordernisse hinter sich.

Die ritterliche Kampfweise beeinflußte also die Kriegskunst der Byzantiner, der Seldschuken und der Araber nicht wesentlich. Der eigentliche Einfluß konzentrierte sich auf den Bereich der Turniere, welche im Laufe des 12. Jahrhunderts auch im europäischen Südosten bekannt und beliebt wurden[66]. Man kennt die Zuneigung des Kaisers Manuel I. Komnenos für die westliche Lebensweise und für die Turniere[67].

---

[65] Vgl. D. NICOLLE, The Impact of the European Couched Lance on Muslim Military Tradition. *The Journal of the Arms and Armour Society* 10 (1980) 6–40, vor allem 34: „European cavalry was almost incapable of fighting anybody except European cavalry“; s. auch DERS., Byzantine and Islamic Arms and Armour. Evidence for Mutual Influence. *Graeco-Arabica* 4 (1991) 299–325; ZBINDEN, *Ritter* 31–33: Die Kreuzfahrer sahen sich gezwungen, auch leichtbewaffnete Reiter und Bogenschützen einzusetzen.

[66] Vgl. L. KRETZENBACHER, Ritterspiel und Ringreiten im europäischen Südosten. *Südost-Forschungen* 22 (1963) 437–455, der auch der früheren Tradition von Reiterspielen auf der Balkanhalbinsel nachgeht. Die Aussage von Ioannes Kinnamos 125,2 ff. (ed. MEINEKE) über eine angebliche Reform Kaiser Manuels I. bezüglich der Bewaffnung und Kampfart der Byzantiner in Richtung jener des Westens habe ich bei anderer Gelegenheit interpretiert und konnte ihr keine besondere Bedeutung zumessen: s. KOLIAS, *Waffen* 114–118 und 208–210.

[67] Vgl. ebd.

V. SCHLUSSWORT

Abschließend möchte ich meine Gedanken folgendermaßen rekapitulieren: Wenn man die Begegnung der Byzantiner mit den Lateinern und den Arabern bzw. Türken im Bereich des Kriegswesens im gegebenen zeitlichen Rahmen untersucht, stellt man fest, daß die Richtung der Beeinflussung von Bewaffnung und Kriegstaktik ursprünglich (im 7. und 8. Jahrhundert) von Byzanz nach Osten verlief. Parallel dazu wurden die Araber aber stärker von dem asiatischen Osten beeinflußt, sodaß sie bald auch ihrerseits imstande waren, den christlichen Nachbarn zu beeinflussen. Ein Teil dieser Neuerungen wurde dann weiter ins Abendland vermittelt. Von abendländischer Seite setzen erst gegen Ende der hier behandelten Epoche, also ab dem Ende des 11. und dem 12. Jahrhundert, verstärkt Einflüsse ein[68]. In der vorangegangenen Zeit gab es für die Byzantiner keine Motivation, sich im Bereich des Militärwesens vom Westen beeinflussen zu lassen, da sie dorthin im großen und ganzen gute Beziehungen unterhielten. Außerdem hätte es in dieser frühen Zeit wenig zu übernehmen gegeben. Ganz im Gegenteil haben vor allem die arabischen, aber auch die westeuropäischen Heere von dem Organisationssystem des byzantinischen Heeres, das sich auf eine lange Erfahrung gründete, viele Elemente übernommen. Aufgrund neuer Forschungen ist es sehr wahrscheinlich, daß die kriegswissenschaftliche Literatur der Byzantiner und die darin niedergeschriebenen Kenntnisse und Erfahrungen den Arabern gut bekannt waren, ja sogar, daß ein Teil ihres diesbezüglichen Schrifttums auf griechische Originale zurückgehen könnte[69]. Im Westen sollte das Interesse für diese byzantinischen Texte erst im 16. und 17. Jahrhundert wach werden[70].

---

[68] Vgl. SCHREINER, *Ausrüstung* 236 und KOLIAS, *Τεχνολογία* 34.

[69] Siehe V. CHRISTIDES, Two Parallel Naval Guides of the Tenth Century: Qudama's Document and Leo VI's Naumachica: A Study on Byzantine and Moslem Naval Preparedness. *Graeco-Arabica* 1 (1982) 51–103 und DERS., Naval Warfare in the Eastern Mediterranean (6th–14th Cent.). An Arabic Translation of Leo VI's Naumachica. *Graeco-Arabica* 3 (1984) 137–148, hier 138.

[70] H. SCHNITTER, Das militärtheoretische Erbe von Byzanz und seine Einwirkung auf das militärische Denken und die militärische Praxis im römisch-deutschen Feudalreich im 16./17. Jahrhundert, in: DUMMER – IRMSCHER, *Byzanz in der europäischen Staatenwelt* 78–83.

Yedida K. Stillman

THE MEDIEVAL ISLAMIC VESTIMENTARY SYSTEM:

Evolution and Consolidation

I. Introductory Observations

Medieval Islamic attire developed from a gradual, long-term fusion of three very distinct modes of dress, each of which evolved in different cultural zones – namely, those of pre-Islamic Arabia, the Hellenistic Mediterranean, and Irano-Turkic central Asia. The first was characterized by loose, flowing, untailored garments. The second, by tunics and wraps, and the third by fitted or tailored garments that included coats, jackets and trousers. To some extent, the fusion of these three distinct modes had already begun in the Arabian fringe zones of cultural osmosis, such as Ghassān and Ḥīra, when Islam was born in the seventh century.[1]

Over the next few centuries, there emerged throughout the length and breadth of the Dār al-Islām a generally recognizable Islamic style of dress. There were considerable temporal and regional variations to be sure, but these were within the parameters of a pan-Islamic mode that remained remarkably constant throughout the Middle Ages. In addition to the emergence of what might be called Islamic fashion, there developed an Islamic ideology and sociology of dress. Together, this distinctive fashion, its ideology, and its sociology make up a system of meaning which Roland Barthes has dubbed "a vestimentary system" ("un système vestimentaire").[2]

---

[1] On the three abovementioned sources of Islamic attire, see Y. K. Stillman, "Libās. The Muslim West," in: *Encyclopaedia of Islam*, New Edition V (Leiden, 1979), pp. 732–33 and 747, and the references cited there (hereafter: *EI*).

[2] R. Barthes, "Histoire et sociologie du vêtement: quelques observations méthodologiques," *Annales: Economies, Sociétés, Civilisations* 3 (1957), pp. 430–41; and idem, *Le système de la mode* (Paris, 1967).

II. IDEOLOGICAL FOUNDATIONS IN EARLY ISLAM

The ideology of Islamic dress goes back to the time of the Prophet himself, who was clearly influenced with Near Eastern Jewish and Christian notions of corporal modesty. The Qur'ān clearly states that clothing (*libās*) was revealed by God "to conceal your shame" (Sura 7:26). The same passage continues that God also revealed finery (*rīsh*), but then observes that "the garment of piety is best." In other words, modesty first. Only secondarily was clothing for adornment or protection against the elements. This ideological view of attire was taken up later by the medieval Arabic lexicographers, who defined clothing first and foremost as "that which conceals the pudenda" and only secondarily as "for self-beautification... and for protection against heat and cold."[3]

Like the ancient Israelites, the early Muslims came to have a prudish aversion to pagan society's easygoing attitude to nudity. Thus the emphasis in the *hadīth* literature upon the importance of undergarments. The pre-Islamic Arabian loincloth called *izār*, which was already known to Herodotus, was supplemented in the Medinese *umma* by underdrawers (*sirwāl*), a garment of Persian origin that had probably come into the Hijaz from the Lakhmid kingdom of Ḥīra to the north or perhaps from Yemen in the south which had been under Persian domination just as Islam was being born. A short form of *sirwāl*, called *tubbān*, comparable to briefs, also supplement the simple loincloth in this period. Like the longer *sirwāl*, both the garment and its name seem to have been of Persian provenance (Pls. I–II).[4]

---

[3] See for example al-Fīrūzābādī, al-Qāmūs al-Muḥīt (Cairo, 1357) and al-Zabīdī, Tāj al-ʿArūs (Cairo, 1306–10), s. v. "libās".

[4] Prehistoric rock drawings from the second and first millennia B. C., portray men dressed only in a simple "cache-sexe", slippers or sandals, and a variety of headdresses: see E. ANATI, *Rock-Art in Central Arabia* I (Louvain, 1968), pp. 159, 163, et passim. Herodotus, The Histories, VII, 66, mentions that "the Arabians wore the *zeira*, a sort of long flowing garment caught in with a belt." And Strabo, Geography, XVI, 4, 26, says of the Arab Nabataeans that "they go without tunics, with girdles about their loins." There is some debate both in the Muslim traditions and in modern scholarship whether or not *sirwāl* were actually worn in the early *umma* prior to the conquest of Iran. (See, for example, W. BJÖRKMAN, "Sirwāl," in: *EI,* first ed., IV (Leiden, 1934), pp. 451–53 and the sources cited there). However, from the many references on the subject in the traditional literature, it would seem that there were women who indeed were *mutasarwilāt* ("sirwāl wearers"). In one famous *ḥadīth*, Muḥammad averted his glance for the sake of decency from a woman who had fallen from her mount until he was assured that she was wearing a *sirwāl*. For numerous references to *sirwāl* in the

Since not everyone could afford a separate undergarment at this early time, there were many traditions which specifically forbade men without underwear to sit or squat publicly, truss up their garments while working, or to drape themselves in the *jāhilī* fashion known as *al-ṣammâ'* whereby one end of the mantle was pulled up on the shoulder leaving the other side of the body exposed (apparently in the style of a Greek *chiton*).[5]

So basic were undergarments to Islamic canons of modesty that later Middle Eastern Arabic vernaculars commonly dubbed them simply *libās* (clothes). This was not merely a euphemism, but recognition of their being essential garments.

The early Islamic ideology of dress also seems to have adopted, or inherited, the ancient Near Eastern norm of both men and women covering the head as a sign of modesty and respect. The Qur'ān warns that the wicked man will be dragged down to Hell by his exposed "lying sinful forelock" (Sura: 104–15–16). In later times, this meant that people normally appeared in public wearing some form of headdress, hood, turban, hat, or cap. A person could also draw his or her long mantle or ample wrap over the head, and in the case of women this was and still is in many parts of the Muslim world the most common fashion even when some sort of hat or kerchief is worn under it. The Prophet himself is described in *ḥadīths* as making public appearances with his *burd* or his *milḥafa* (both large cloaks) pulled over his head and held in place with a dark headband (*ʿiṣāba dasmā'*).[6]

The considerable ideological importance given to covering the head in early Islamic times led to a wide variety of costly headgear for both men and women within urban society in the succeeding centuries. As S. D. GOITEIN has observed based upon the evidence of the Cairo Geniza documents, "if a man spent 2 dinars on his robe, he wasted at least 4 on his turban."[7]

---

sunna, see A. J. WENSINCK – J. P. MENSING, *Concordance et indices de la tradition musulmane* II (Leiden, 1943), p. 458, s. v. *Tubbāan* are mentioned only twice in *sunna*. In one instance it is mentioned that ʿA'isha's litter bearers wore it while conducting her to the pilgrimage. In the other case, a man is described as wearing *tubbān* and a *qabā'* (a coat) at prayer. See ibid., I, p. 264, s. v.

[5] For example, see al-Bukhārī, al-Jāmiʿ al-Ṣaḥīḥ, Kitāb VIII, Bāb 8 and 10:1; ibid., LXXVII, 20:2; and most of the other canonical collections.

[6] al-Bukhārī, Ṣaḥīḥ, LXXVII, 16; and ibid., LXI, 25, 51.

[7] S. D. GOITEIN, "Sicily and Southern Italy in the Cairo Geniza Documents," *Archivio Storico per la Sicilia Orientale* 48 (1971), p. 14.

Altough the early *ʿimāma*, or turban, did not have any particular significance, but was one of a number of headcoverings that the Arabs had worn since pre-Islamic times, it later evolved into the pious Muslim's headdress par excellence. It became the badge of Islam (*sīmā al-Islām*), the divider between unbelief and belief (*ḥājiza bayn al-kufr wa 'l-īmān*), and the crown of the Arabs (*tijān al-ʿarab*). The Prophet came to be regarded as the *Ṣāḥib al-ʿimāma* ("the wearer of the turban"), and a great corpus of pious legend and clearly anachronistic *ḥadīths* built up describing in detail Muḥammad's turban.

One aspect of earliest Islam's vestimentary ideology that was not maintained by most later Muslims was the aversion to luxury garments. The apocalyptic expectation of the Medinese *umma* fostered a generally austere lifestyle. The Qur'ān promises the righteous garments of silk (*ḥarīr*) in Paradise (Suras 22:23, 35:33, and 76:12). Muḥammad considered such clothes and gold jewelry inappropriate in this life for men, judging them to be intemperate luxury (*isrāf*). However, he apparently considered them all right for women, and he did make exceptions for men afflicted with pruritic skin conditions or body lice. The ideal of austerity in male attire quickly gave way in the century following the Prophet's death, with the rise of a leisured class in the Islamic Empire. Only the ascetic pietists still wore simple clothing, and they eventually came to be known as Sufis because of their plain wool (*ṣūf*) garments. The Muslim bourgeoisie, on the other hand, indulged itself with garments made from every conceivable type of luxury fabric and justified their indulgence with countertraditions expressing the permissibility of wearing silk, brocade, satin, and the like. In the words of one such countertradition, "When God bestows benefaction upon one of his servants, He wishes the physical sign of that benefaction to be visible on him."[8]

One of the most important ideological developments in the Islamic vestimentary system does not go back to the lifetime of the Prophet, but seems to have evolved during the first century following his death, and that is the laws of differentiation (*qhiyār*), which required that the clothing worn by the non-Muslim subject population, the *ahl al-dhimma*, be visibly dissimilar from that of the Muslims. These discriminatory

[8] Ibn Saʿd, Kitāb al-Ṭabaqāt al-Kabīr IV, Part 2, ed. E. SACHAU – J. LIPPERT et al. (Leiden, 1908), p. 29. A pithier version appears in al-Tirmidhī, Sunan, al-Isti'dhān wa 'l-ādāb, para. 87: "God wants the signs of His benefaction to be seen on His servants."

laws were part of the so-called Pact of ʿUmar that were ascribed by later tradition to the second caliph ʿUmar b. al-Khaṭṭāb (634–644). The earliest details of these discriminatory laws probably date only from the caliphate of ʿUmar b. ʿAbd al-ʿAzīz (717–720), since at the time of ʿUmar I, the conquering Arabs and the *dhimmīs* did not dress alike anyway. These laws would only be minutely detailed over the following centuries, and they seem to have been enforced rather inconsistently until the Late Middle Ages when political and social conditions in the Islamic world had changed dramatically.

Early regulations requiring differentiation in dress also forbade the Arab warriors on duty in the Persian territories of the Empire from donning Iranian clothing, although it should be noted that the Umayyad caliphs had adopted certain elements of Sasanian court costume for themselves and their entourage. The ban prohibiting Arab militia men from wearing Persian-style clothing was certainly intended originally as a security measure, while later attempts to enforce it were meant to stem the rising tide of assimilation in the eastern provinces. Such attempts proved futile, however. By the end of the Umayyad period, the Arabs who had settled in Khurasan were becoming increasingly assimilated into the local culture, and, it may be assumed, had adopted many elements of native attire.[9]

III. THE EMERGENCE OF AN ISLAMIC FASHION

With the rise of the Abbasid dynasty in 750, conditions became more favorable for the rapid evolution of a new, cosmopolitan, Islamic fashion that combined elements of the three vestimentary systems that were incorporated into the vast expanse of the Dār al-Islām – the Arab, the Irano-Turkic, and the Hellenistic Mediterranean. A number of factors fostered this evolution. Among these factors were: the ever-increasing numbers of non-Arab Muslims (*mawālī*), the decline of Arab

---

[9] For a detailed discussion of the restrictions on *dhimmī* dress and the sources for Umayyad and Abbasid times, see A. S. TRITTON, *The Caliphs and Their non-Muslim Subjects* (London, 1930; repr. 1970), pp. 115–26. On the prohibition of Arab *muqātila* wearing Iranian-style clothing, see for example the case of soldiers who were punished for having put on the Persian cuirass (*khaftān*) and leggings (*rān*) cited by B. SPULER, *Iran in früh-islamischer Zeit* (Wiesbaden, 1952), p. 515. For a general survey of these and other restrictions pertaining to clothing, see also Y. K. STILLMAN, "Sumptuary Laws," in: *Dictionary of the Middle Ages* XI (New York, 1988), pp. 507–09.

social superiority, the transferal of the center of the empire from Syria to Iraq, and the founding of a totally new capital at Baghdad which became the great metropolis of the medieval Islamic *oikoumene* and played a role comparable to that of Alexandria in the earlier Hellenistic world. Two other very significant factors were the emergence of the Persian *kātib* class as cultural trend setters and arbiters of taste and the growth of the bourgeoisie that comprised not only Arabs and *mawālī*, but non-Muslims as well.

The development of a new Islamic fashion did not take place instantaneously in the wake of the Abbasid revolution. The change of dynasties and the other concomitant factors that were just mentioned, gave added impetus and greatly hastened the process. The evolution, however, had been taking place during the preceding period. The Marwānid Umayyads, starting with ʿAbd al-Malik, had begun to have a more imperial caliphate and wore regal garments inspired by the royal attire of the Byzantine and Sasanian courts (Pl. III). ʿAbd al-Malik is reported to have worn embroidered robes. Sulaymān and his retinue are said to have worn only garments of *washy* (variegated silk). Al-Walīd II wore special white caliphal garments (*thiyāb al-khilāfa*). However, Hishām is specifically mentioned as the first Umayyad to have had special factories producing royal fabrics and clothing with embroidered bands containing written inscriptions, the so-called *ṭirāz* (Pl. IV). Having the ruler's name inscribed on *ṭirāz* came to be regarded as a royal perogative, along with its mention in the weekly Friday sermon (*khuṭba*), and its inclusion on the coinage (*sikka*).[10]

The wardrobes of some of the Umayyad rulers included garments that were Persian in origin. Sulaymān and his courtiers, for example, are reported to have worn *sirwāl* and the conical hat known as the *qalansuwa*. In fact, we know both from literary and artistic representations that the high *qalansuwa*, or *qalansuwa ṭawīla*, was used as a royal symbol by late Umayyad times (Pl. V).[11]

---

[10] al-Magrīzī, Kitāb al-Sulūk li-Maʿrifat al-Mulūk, translated and annotated by E. BLOCHET, "Histoire d'Egypte de Makrizi," *Revue de l'Orient Latin* 8 (1900–1901), p. 175; al-Masʿūdī, Murūj al-Dhahab wa-Maʿādin al-Jawhar V, eds. C. BARBIER DE MEYNARD – P. DE COURTEILLE (Paris, 1861–1871), p. 400; al-Iṣbahānī, Kitāb al-Aghānī VII (Cairo, 1963), p. 83; al-Jahshiyārī. Lotāb al-Wuzarā' wa 'l-Kuttāb, ed. M. AL-SAQQĀ' (Cairo, 1938), p. 60. For an extensive survey, see R. B. SERJEANT, *Islamic Textiles: Material for a History up to the Mongol Conquest* (Beirut, 1972), pp. 7–27 et passim.

[11] al-Masʿūdī, Murūj al-Dhahab V, p. 400. For artistic representations, see R. ETTINGHAUSEN, From Byzantium to Sasanian Iran and the Islamic World: Three

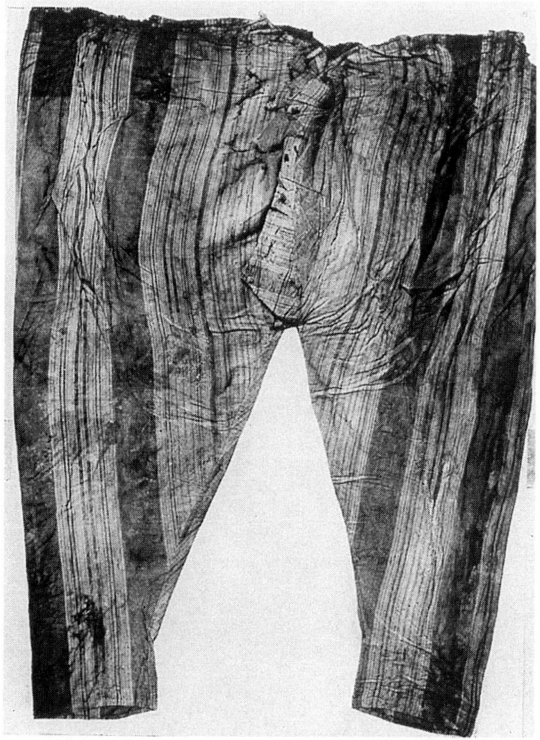

Pl. I: A Pair of Mamluk *sirwāl*.
From: MAYER, *Mamluk Costume*.

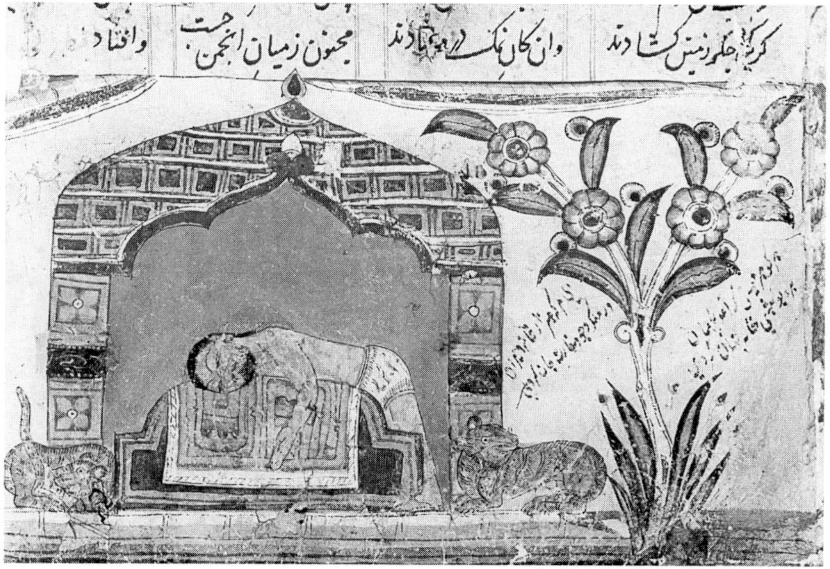

Pl. II: Majnūn al-Laylā's tomb wearing only *tubbān*. From a 15th-century copy of Amīr Khusraw Divlavi's "Khamseh".
Freer Gallery of Art, Washington/D. C.

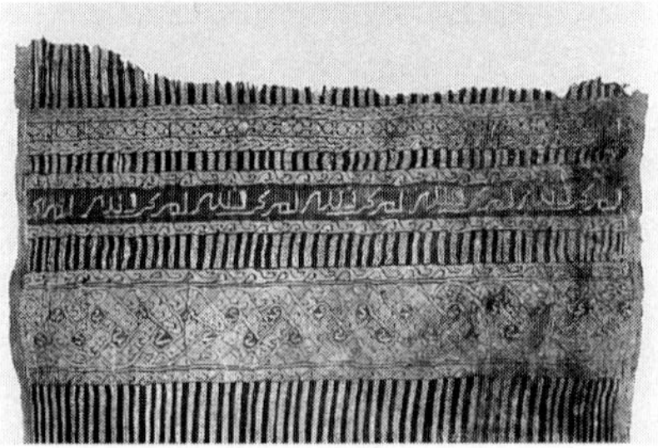

Pl. IV: 12th-century Egyptian *ṭirāz* fragment. Kunstgewerbemuseum, Berlin.

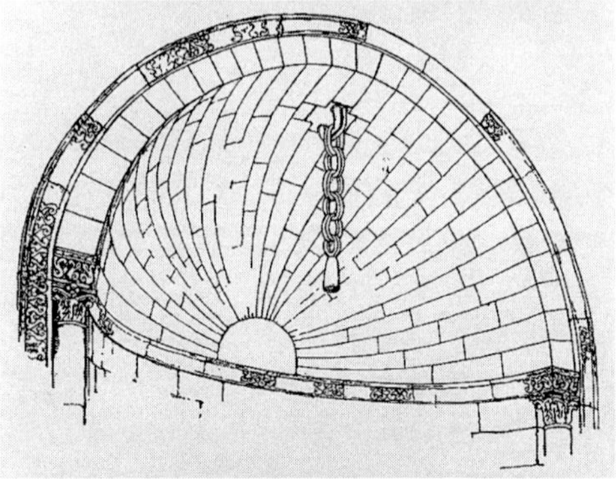

Pl. V: Hanging caliphal *qalansuwa* (Khirbet al-Mafjar).
From: ETTINGHAUSEN, *From Byzantium to Sasanian Iran*.

Pl. III: Caliphal statue wearing Sasanian-style *qabā'* with "pearl" border (Khirbet al-Mafjar).
From: J. SOURDEL-THOMINE – B. SPULER, *Die Kunst des Islam* (Berlin, 1973).

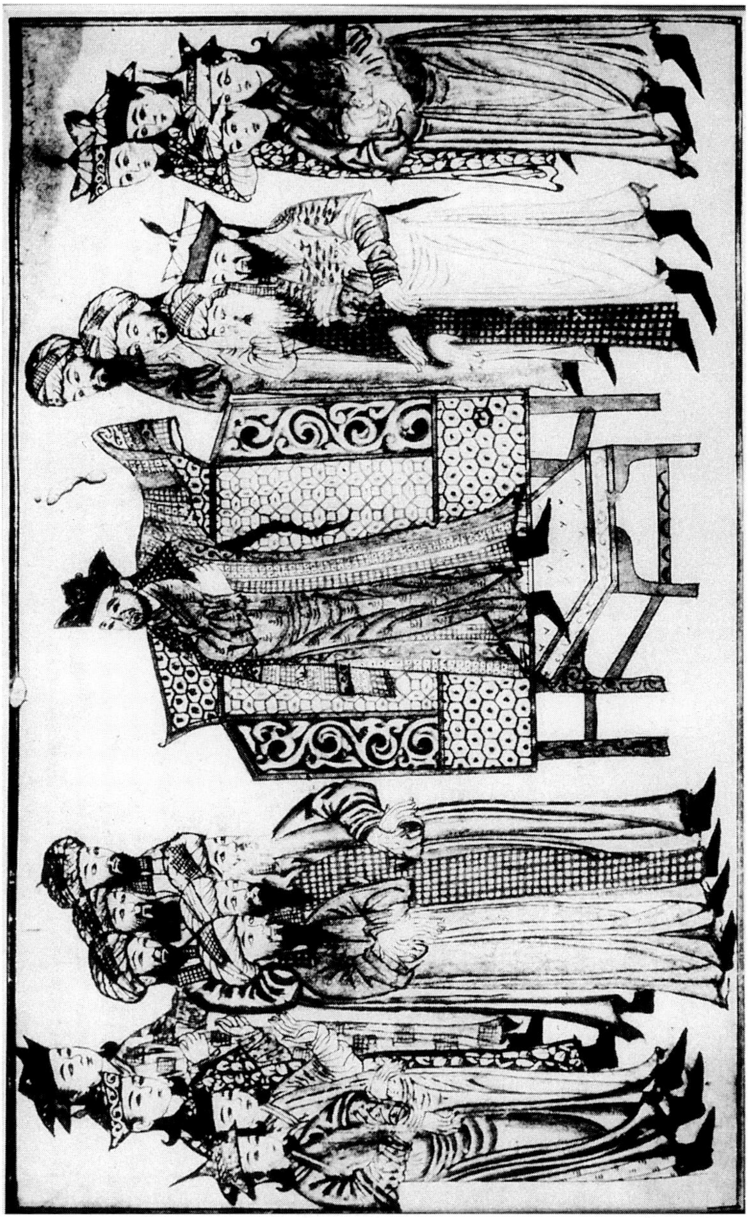

Pl. VI: Maḥmūd of Ghazna donning a *khil'a* sent by the Caliph al-Qāhir in 1000 A.D. as depicted in a manuscript of Rashīd al-Dīn's "Jāmi' al-Tavārīkh."
Edinburgh University Library.

Pl. VII: Socrates with two students. The latter wearing a *ridā'* over their *thawb* as depicted in a 13th-century manuscript of al-Mubashshir's Mukhtār *al-Ḥikam wa-Maḥāsin al-Kalim*, probably from Syria (Topkapu Sarayi Müzesi, Istanbul).
From: ETTINGHAUSEN, *Arab Painting*.

Pl. VIII: Woman depicted in a 13th-century Iraqi manuscript of al-Ḥarīrī's "Maqāmāt" wearing a wide-sleeved, patterned robe (*farajiyya*) with *ṭirāz* bands. On her head is an *ʿiṣāba māʾila*.

Bibliothèque Nationale, Paris, ms Arabe 3939, fol. 151r.

Pl. IX: Woman (actually a man in disguise) wearing a *miʿjar* with a boy at the slave market as depicted in a 13th-century manuscript of the "Maqāmāt".

Bibliothèque Nationale, Paris, ms Arabe 5847, fol. 105.

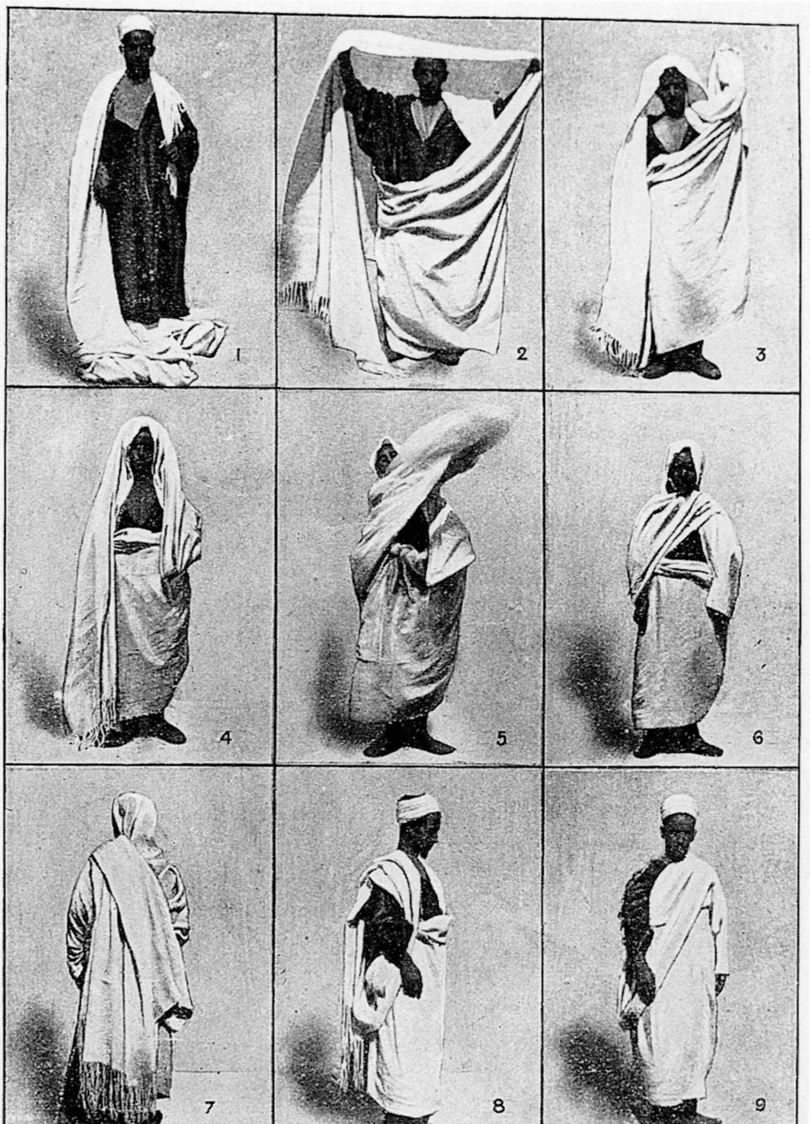

Pl. X: Maghrebi style of draping a man's *kisā* or *ḥā'ik*.
From: E. DOUTTÉ, *Merrākech* (Paris, 1905).

Pl. XI: Detail from the carved ivory Andalusian pyxis of al-Mughīra, dated 968, with a genre scene depicting bareheaded figures (Louvre, Paris).
From: J. D. DODDS, (ed.), *Al-Andalus: The Art of Islamic Spain* (New York, 1992).

Pl. XII: Mudejars explaining chess moves to ruler. All but the guard wear turbans in a manuscript of the "Libro de Ajedrez", 1283 (Escorial).
From: BURNS, *Islam under the Crusaders.*

Pl. XIII: The lover Bayāḍ wearing a *ṭirāz* turban receives a letter sent by his beloved as depicted in the 13th-century Andalusian (or Northern Moroccan) manuscript of "Ḥadīth Bayāḍ wa-Riyāḍ". Vatican, Arabo 362, fol. 17r.

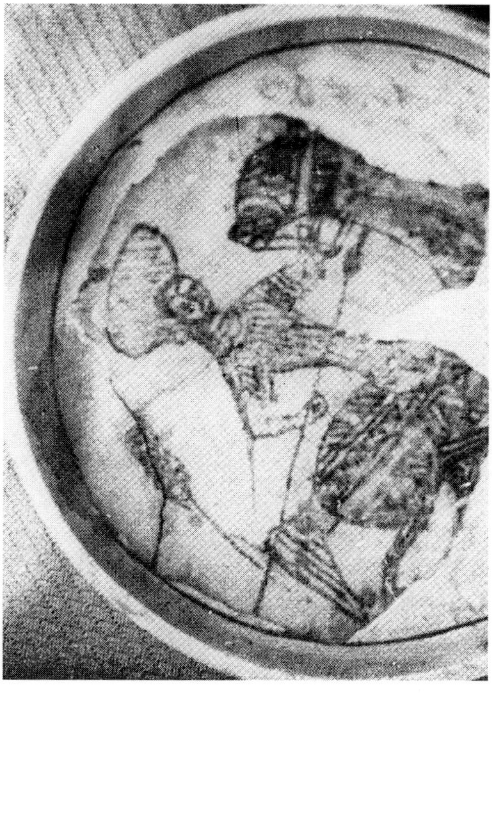

Pl. XIV: Figure depicted on a Fatimid lustre ware bowl wearing a giant ellipsoid turban (perhaps the caliphal *tāj al-sharīf*). From: M. JENKINS, "Western Islamic Influences on Fāṭimid Egyptian Iconography," *Kunst des Orients* X 1/2 (1975).

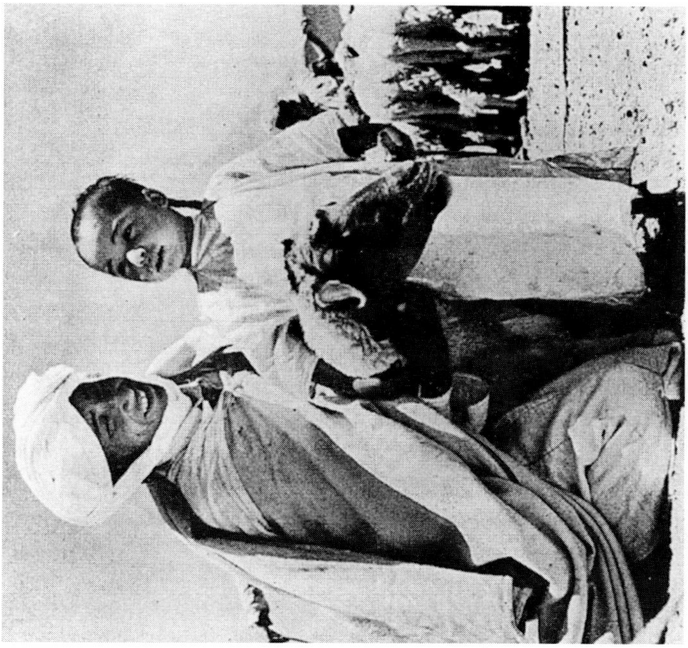

Pl. XV: Tuareg wearing a turban in the *muḥannak* style. Courtesy of the Moroccan Ministry of Tourism.

Pl. XVI: Two medical students depicted in a 13th-century manuscript of Dioscorides' "De Materia Medica", from Northern Iraq or Syria. The one on the right is wearing a striped *thawb*.
Topkapu Sarayi Müzesi, Istanbul, Ms Ahmet III, 2127, fol. 2.

Pl. XVII: Left half of the Geniza trousseau list of Sitt al-Maʿālī, the daughter of Ḥesed in Fustat, Egypt, ca. 1125.
TAYLOR – SCHECHTER Collection, Cambridge University Library, 24.16.

Pl. XVIII: Mamluk polo players wearing *aqbiya turkkiyya* cinched at the waist by a *band* as depicted on an enamelled glass caraffe from Syria, ca. 1260–1270.
From: *Museum für Islamische Kunst Berlin, Katalog 1971* (Berlin-Dahlem, 1971).

Pl. XIX: Inlaid metal basin (so-called Baptistère de St.-Louis) depicting Mamluk soldiers several of whom have blazons on their boots (Louvre, Paris).
From: MAYER, *Mamluk Costume* (Geneva, 1952).

Pl. XX: Enthroned ruler Badr al-Dīn Lu'lu' wearing Turkish *qabā'* and on his head a fur-trimmed *sharbūsh*. His surrounding attendants wear *kalawta* caps. From the frontispiece of the "Kitāb al-Aghānî".
Feyzullah Efendi 1566, fol. 1b, Millet Kütüphanesi, Istanbul.

Pl. XXI: Ardashir in a 14th-century Ilkhanid manuscript of the "Shāh Nāmeh" (probably from Tabriz) depicted wearing a mandarin robe and Chinese hat. His attendants also wear various Far Eastern brimmed hats (HENRI VEVER Collection, Paris). From: B. GRAY, *Persian Painting from Miniatures of the XIII.–XVI. Centuries* (New York, Toronto, 1947).

Pl. XXII: Miniature from a 13th-century "Kalīla wa-Dimna" manuscript (probably from Baghdad) showing a woman wearing the wimple-like *mandīl* or *sar band* addressing the king.
Bibliothèque Nationale, Paris.

Pl. XXIII: *Kiswa Kabīra* of a Moroccan Jewish bride with *jalṭīṭa* skirt.
From: La vie juive au Maroc (*Israel Museum Catalogue No. 103*), (Summer 1973).

Pl. XXIV: Seated *qāḍī* with a long white *ṭaylasān* or *ṭarḥa* draped over his turban and shoulders as depicted in a 14th-century Egyptian manuscript of the "Maqāmāt" (Österreichische Nationalbibliothek, Vienna, A. F. 9, fol. 30[v]). From: ETTINGHAUSEN, *Arab Painting*.

Pl. XXV: *Qāḍī* seated on raised chaire with a black *ṭaylasān* draped over his turban and shoulders as depicted in a 13th-century manuscript of the "Maqāmāt" (Oriental Institute, Academy of Sciences, St. Petersburg, MS. S. 23, p. 250). From: ETTINGHAUSEN, *Arab Painting*.

Pl. XXVI: Tetouani Jew in traditional black garb, ca. 1900.
From: *Jewish Communities in Spanish Morocco* (Tel Aviv, 1983).

For the Umayyads, the wearing of luxury garments and Iranian fashions were primarily a private indulgence, and not for display beyond the confines of their desert Palaces, since they had cultivated the public image of the oldtime Arab desert *sayyid*. The Abbasids, on the other hand, made public use of special clothing. The second Abbasid caliph and founder of Baghdad, al-Manṣūr, is supposed to have instituted the custom of wearing black robes on official occasions. He is also supposed to have adopted more elements of Persian court dress. For certain ceremonies, al-Manṣūr and his successors would don a simple woolen cloak (*burda*) that had supposedly belonged to the Prophet himself. This was an obvious symbol of charisma and legitimacy.[12]

Under the Abbasids, the custom of bestowing robes of honor (*khilʿa*) upon anyone the government wished to favour was an almost daily occurence, and the caliph's entourage came to be known as the *aṣḥāb al-khilʿa*, or "those who wear the *khilʿa*". Presenting an official with a *khilʿa* became the standard act of investiture, whether it be for the caliphal heir, a vizier, or a provincial governor (Pl. VI). The practice of bestowing robes of honor and other *ṭirāz* garments upon one's intimates evolved from being merely a royal perogative to a widespread practice among the bourgeoisie. The Cairo Geniza documents, for example, tell of husbands presenting their brides with *khilʿa* in Fatimid Egypt.[13]

Modes of Artistic Influence (*L. A. Mayer Memorial Studies in Islamic Art and Archaeology* III) (Leiden, 1972), pp. 28–34; 23, Fig. E, and Pls. XVII, Fig. 60; XIX, Figs. 65–67; and XX, Figs. 68–69.

[12] al-Ṭabarī, Kitāb al-Rusul wa 'l-Mulūk III, ed. M. J. DE GOEJE et al. (Leiden, 1879–1901), pp. 1012–13; al Maqrīzī, Kitāb al-Nizāʿ, trans. C. E. BOSWORTH, Al-Maqrīzī's "Book of Contention and Strife Concerning the Relations Between the Banū Umayya and the Banū Hāshim" (*Journal of Semitic Studies, Monograph* 3) (Manchester, 1981), p. 101; R. BASSET, "Burda," in: *EI* I (Leiden, London, 1960), pp. 1314–1315. For an attempt at tracing the evolution of court dress under the caliphate and its successor states, see P. L. BAKER, *A History of Islamic Court Dress in the Middle East,* School of Oriental and African Studies, University of London dissertation (London, 1986).

[13] For a *khilʿa* being given to signify the status of heir apparent, see al-Masʿūdī, Murūj al-Dhahab VII, p. 365; for a vizier, see Hilāl al-Ṣābi', Ta'rīkh al-Wuzarā', ed. A. AMEDROZ (Beirut, 1904), p. 176; for a provincial governor, see al-Tabarī, Ta'rīkh III, p. 2194. For a *khilʿa* as a bridal gift, see Y. K. STILLMAN, "The Importance of the Cairo Geniza Manuscripts for the History of Medieval Female Attire," *International Journal of Middle East Studies* 7/4 (October 1976), p. 582; and for other examples, see EADEM, *Female Attire of Medieval Egypt: According to the Trousseau Lists and Cognate Material from the Cairo Geniza,* University of Pennsylvania doc. diss. (Philadelphia, 1972), pp. 93–96.

The tremendous social and political symbolism of robes of honor continued everywhere in the Arab world and indeed in most other Muslim societies – in Turkey, Iran, and India – all the way down to early modern times.[14]

Many new garments became fashionable in Abbasid times. The Persian secretarial class that manned the bureaucracy propagated the polite educational ideal of *adab*, which included, inter alia, the etiquette of eating, drinking, and dressing. The Persian *kuttāb* also fostered the concomitant notion of *ẓarf*, or elegance. Cultured men and women became extremely concerned about their appearance. The tenth-century geographer al-Muqaddisī specifically mentions a love of fashion as one of the characteristics of the people of Iraq.[15]

There were even handbooks for the would-be bonvivants. The *adīb* al-Washshā' (d. 936), for example, devoted several chapters of his book "On Elegance and Elegant People" (Kitāb al-Muwashshā aw al-Ẓarf wa 'l-Ẓurafā') to the proper outfits for cultured men and women. Well-dressed members of both sexes are described by al-Washshā' as wearing several layers of clothing, beginning with fine underwear consisting of a chemise or shift (*ghilāla*) and drawers (*sirwāl*). Over these, a man would wear a heavier lined shirt (*qamīṣ mubaṭṭan*) of high quality linen, and over that a robe, such as the *durrāʿa*, or a tunic, such as the *jubba*. This outer garment could be of linen, silk, or a mixed fabric such as *mulḥam* which was woven from silk and another material. For going out of doors, one added a cloak, such as the *ridā'* or the *miṭraf* (Pl. VII) and placed a *ṭaylasān*, a cowl-like scarf over the turban. The fashion plate could be shod in one of several different styles of shoes or sandals, under which were worn stockings (*jawrab*). Like the *ṭaylasān*, the *jawrab* had been adopted from the Persian wardrobe.[16]

Other Persian garments that come into widespread use at this time are the *qalansuwa*, already mentioned, and the *khaftān* (later known as *qafṭān*), a sleeved robe that buttoned down the front.

---

[14] For two recent surveys of the *khilʿa* phenomenon, see N. A. STILLMAN, "Khilʿa," in: *EI* V, pp. 6–7; and P. L. BAKER, "Islamic Honorific Garments," *Costume* 25 (1991), in: pp. 25–35.

[15] al-Muqaddisī, Aḥsan al-Taqāsīm fī Maʿrifat al-Aqālīm, ed. M. J. DE GOEJE (Leiden, 1906), p. 129.

[16] al-Washshā', Kitāb al-Muwashshā aw al-Ẓarf wa 'l-Ẓurafā' (Cairo, 1953), pp. 160–61.

Al-Washshā' describes women as wearing wide sleeve dresses with drawstring collars (Pl. VIII). Over this was worn a mantle and when going out, an enveloping wrap such as the *izār* (the same word as already noted for loincloth, but here indicating a sheetlike body veil). The elegant woman of Abbasid times also covered her head with a *miʿjar*, the feminine turban, and wore a veil, such as the *miqnaʿa* or *miqnaʿ* over her face (Pl. IX). Veils produced in Nishapur were especially in vogue with the smart set at this time.[17]

The cosmopolitan nature of Islamic fashion was fostered by the wide variety of garments coming into Iraq during this period from all over the world. For example, from India came the *fūṭa*, a long piece of sari-like cloth which served a variety of functions: as a loincloth, an apron, and a variety of headgear; and from China came *mamāṭir*, or oilcloth raincloaks.[18]

In the Eastern Mediterranean part of the Islamic world, fashions came in from the Byzantine Empire. There are many occurences in the Geniza of a popular shawl called *mindīl rūmī* (Byzantine *mandelion*). Antoher item of clothing mentioned frequently in the same sources is the *rūmiyya*. This garment, which ranged in price during the Fatimid period from two to six dinars and came in several different colors and with decorated bands and borders, was probably also some kind of scarf, although a definitive identification still eludes us.[19]

The Islamic West which evolved semi-independently from the eastern heartlands, developed its own styles of dress during the Islamic Early and High Middle Ages. In North Africa, indigenous Berber wraps such as the *aʿaban*, *akhuṣi*, and *afaqqu* took on Arabic bynames, such as *ḥā'ik*, *kisā'*, and *barrakān*. They also took on Berberized Arabic names, such as *taḥaykt*, *taberrkan*, and *tamizart*. However, it is clear from both medieval and later accounts that garments were draped in styles that were markedly different from those in the East (Pl. X). Another distinctively Maghrebi garment which continued to be a hallmark of

---

[17] Ibid., pp. 163–64.

[18] R. P. A. DOZY, *Dictionnaire détaillé des noms des vêtements chez les Arabes* (Amsterdam, 1845), pp. 339–43; STILLMAN, *Female Attire of Medieval Egypt*, pp. 214–16; al-Thaʿālabī, Latā'if al-Maʿārif (Cairo, 1960), p. 221.

[19] STILLMANN, *Female Attire of Medieval Egypt*, pp. 190–91 et passim. In present day Morocco, there is "a kind of silk scarf or shawl worn by older women" that is called *rūmiyya*. See R. S. HARRELL - M. ABU-TALIB - TH. R. FOX, *A Dictionary of Moroccan Arabic: Arabic–English* (Washington/D. C., 1966), p. 128.

North African dress throughout the entire Islamic period was the hooded cloak, called *aselham* and *akhnīf* in Berber and *burnus* in Arabic. So too in al-Andalus, the furtherest province of the Muslim West, certain native fashions were absorbed into the Islamic vestimentary system. The Iberian peasant's frock, or *sayo* (from Latin *sagum*), became Arabic *shāya* (and also *saya*), and was commonly worn throughout the countryside by Muslims and Christians. The turban which had become by the third century of Islam a standard element in the Islamic vestimentary system, took only limited root in al-Andalus, where it was reserved mainly for the doctors of Muslim law. People of most classes in Islamic Spain either went about bareheaded or wearing a red or green wool cap called *ghifāra*. Most of the human figures that appear in the genre scenes on carved ivory pyxes from Umayyad Spain appear to be bareheaded (Pl. XI). It was only after al-Andalus came under the rule of the Moroccan Almoravids and their supplanters, the Almohads, from the end of the eleventh until the middle of the thirteenth century, that turbans became more common among the Muslim population. Turbaned Muslims are frequently depicted in thirteenth-century Spanish Christian manuscripts such as the "Cantigas de Santa María del Rey Alfonso el Sabio" and the "Libro de Ajedrez" (Pl. XII). The thirteenth-century manuscript of the Arabic romance "Ḥadīth Bayāḍ wa-Riyāḍ" which was probably produced in Islamic Spain, also depicts most of its male figures wearing turbans (Pl. XIII).[20]

Throughout the period of the Reconquista, Andalusian modes even of garments of Arab origin increasingly took on a local style or cut (*tafṣīl*), distinguishing them even more from their Oriental antecedents.[21]

---

[20] For both the "Cantigas" and the "Libro de Ajedrez", see for example, the plates reproduced in R. I. BURNS, *Islam Under the Crusaders: Colonial Survival in the Thirteenth-Century Kingdom of Valencia* (Princeton, 1973), between pp. 318 and 319. For an analysis of the Moorish costumes depicted in the "Libro de Ajedrez", see R. ARIÉ, "Le costume des musulmans de Castille au XIIIe siècle d'après les miniatures du Libro del Ajedrez," in: *Mélanges de la Casa de Velazquez* (Paris, 1966). For Bayāḍ wa-Riyāḍ, see R. ETTINGHAUSEN, *Arab Painting* (Cleveland, 1962), Illus., pp. 126, 127, and 129.

[21] Much less research has been devoted to the costume history of the medieval Maghreb than has been done for the Mashreq. See STILLMAN, *"Libās"*, pp. 742–47 and the sources cited there.

IV. FASHION, CEREMONY, AND POLITICS UNDER THE FATIMIDS

Mention has already been made of some of the political uses of fashion. As noted, the later Umayyads adopted special caliphal garments. This trend was furthered by the Abbasids, who made symbolic use of color. And it was the Abbasids who regularized and institutionalized the giving of honorific robes. However, it was the Fatimid caliphs of Egypt, more than any dynasty before them, and any after for that matter, except perhaps the Ottomans, who made such extensive use of clothing for ceremonial and political purposes. Like the Abbasids, the Fatimids lavished robes of honor upon officials and all those they wished to favor. But it was Fatimid public pomp and ceremony that exceeded anything previously known in Damascus or Baghdad, and costume played an essential role in creating the splendid effect.[22]

The first Fatimid caliph in Egypt, al-Muʿizz, established a special government costume supply house known as the *Dār al-Kiswa* or *Khizānat al-Kiswa*. The institution was endowed with an enormous initial outlay of 600,000 dinars. An official *dīwān,* or bureau, was set up to oversee the production, storage, and distribution of costumes. Every Fatimid official and functionary from the caliph, who according to Ismaʿili doctrine was the Infallible Imām, down to lower-echelon clerks and civil servants, was supplied with a ceremonial costume (*badla mawkibiyya*) for public occasions. Each rank and office was distinguished by its costume. These outfits consisted of an entire wardrobe "from the turban to the underdrawers" (*min al-ʿimāma ila 'l-sarāwīl*). Separate costumes were supplied for summer and winter. A complete costume (*badla mukmala*) could consist of as many as a dozen articles made of the most costly fabrics, such as silk (*ḥarīr*), fine linens (*sūsī, dabīqī, sharāb,* and *dimyāṭī*), regal brocade (*khusrawānī*), and siglaton (*siqlāṭūn*). Most of the ceremonial costumes were white and embroidered with gold and

[22] The various modern studies dealing with Fatimid ceremonies draw mainly upon the Mamluk writers al-Maqrīzī, and to a lesser extent, al-Qalqashandī, all of whom depended upon the lost work of Ibn al-Ṭuwayr, an historian of the late Fatimid and early Ayyubid period. The most up-to-date and analytical study on the subject is P. A. SANDERS, *The Court Ceremonial of the Fatimid Caliphate in Egypt*, Princeton University doctoral dissertation (Princeton, 1984). For an assessment of the specific role of *ṭirāz* in Fatimid ceremony and politics and its impact upon the medieval Mediterranean world, see I. A. BIERMAN, *Art and Politics: The Impact of Fatimid Uses of Ṭirāz Fabrics*, University of Chicago doctoral dissertation (Chicago, 1980).

silver threads in accordance with the official Fatimid imagery of luminous splendor and divine light. The white also was a marked contrast to the Abbasids' official black.[23]

The selection of the caliphal costume was itself a ritualized event before every holiday. The most outstanding item in the Infallible Imām's wardrobe was an enormous turban which consisted of a cap (*shāshiyya*), around which was wound a *mandīl* in a fashion unique for the ruler in the shape of a myrobalan (*halīlaj*), an ellipsoidal Indian fruit (Pl. XIV). This special manner of winding the caliphal turban was called "the winding of majesty" (*shaddat al-waqār*). The turban was ornamented all over with jewels. An enormous solitaire (*yatīma*) of incalculable value mounted on a silk band was centered on the caliph's forehead. The entire composite headdress was called "the noble crown" (*al-tāj al-sharīf*). The eunuch who was entrusted with winding the turban was considered to hold a very high rank because he "touches what surmounts the caliph's crown."[24]

The rest of the imperial retinue wore a variety of less splendid uniforms and headgear. The chief eunuchs of the court who were the *amīrs* of the palace, all wore turbans which were distinctively wound under the chin, in the style called *taḥnīk al-ʿimāma* or simply *al-ḥanak*. This fashion was introduced into the east by the Fatimids from the Maghrib, where it still may be seen in Algeria, Morocco, and Mauritania, especially among the Tuareg (Pl. XV).[25]

V. THE ECONOMICS OF FASHION

In addition to the ceremonial and political function of clothing, there was its economic importance. Textile production was clearly the major industry of the medieval Muslim world. S. D. GOITEIN compared its place in the economy of the period "to the place of steel and other metals in [the] modern economy." Or as MAURICE LOMBARD succinctly put it (referring to medieval Islam), "Les tissus sont la grosse affaire."[26]

---

[23] al-Maqrīzi devotes an entire chapter to the Storehouse of Costume in his great topographical and historical work, the "Khiṭaṭ". See al-Maqrīzī, al-Mawâʿiz wa 'l-l-Iʿtibār bi-Dhikr al-Khiṭaṭ wa 'l-Athār I (Bulaq, 1853), pp. 409–13.

[24] Ibid., pp. 448–49.

[25] Ibid., pp. 285, 440, 448, and 449.

[26] S. D. GOITEIN, *A Mediterranean Society* I: *Economic Foundations* (Berkeley, Los Angeles, 1967), p. 101; M. LOMBARD, *Les textiles dans le monde musulman du VIIe au XIIe siècle* (Paris, The Hague, New York, 1978), p. 15.

It is quite apparent, both from the literary and documentary sources, that throughout the Middle Ages, clothing tended to be rather costly in comparison to the other necessities of life. Quality garments for men in ninth-century Iraq ranged in price from 5–30 dinars, and even more. At the same time, the basic monthly earnings of a laborer ranged from one half to one and a half dinars.[27] In Egypt during the late tenth through twelfth centuries the average price of women's garments of good *dabīqī* linen, such as a robe, a cloak, or a mantilla, was 3–6 dinars, whereas the basic *thawb*, or tunic (Pl. XVI), worn by both men and women of the lower and middle classes remained at the fairly standard price of one dinar, which was still not cheap considering that a dinar equaled two to three weeks' wages for a loberer.[28]

Luxury garments, of course, were then, as now in a class by themselves. Even if we dismiss as purely anecdotal the fabulous prices sometimes cited by Arab writers for precious textiles and garments, such as the 50,000 dinars that Hārūn al-Rashīd's mother supposedly paid for a piece of *washī*, we know that fine clothes of luxury fabrics commanded high sums. A *khilʿa* presented at the Abbasid court could cost 100 dinars. Clothing was considered valuable property. Ibn al-Zubayr lists thousands of garments stored in the treasury of Hārūn al-Rashīd, including: 4,000 *washī* robes (*jubba*), 4,000 silk robes (again *jubbas*) lined with sable, fennec, and other furs, 10,000 shirts (*qamīṣ*) and shifts (*ghilāla*), 10,000 caftans, 2,000 drawers of different fabrics, 4,000 turbans, 1,000 head shawls (*ṭaylasān*), 1,000 mantles (*ridāʾ*) of various materials, and 5,000 different kinds of kerchiefs (*mandīl*).[29]

---

[27] Cf. E. ASHTOR, *Histoire des prix et des salaires dans l'Orient médiéval* (Paris, 1969), pp. 53 and 465; and IDEM, *A Social and Economic History of the Near East in the Middle Ages* (Berkeley, Los Angeles, London, 1976), p. 154.

[28] Cf. S. D. GOITEIN, *A Mediterranean Society* IV: *Daily Life* (Berkeley, Los Angeles, London, 1983), p. 166 and 190; IDEM, *A Mediterranean Society* I, p. 229.

[29] For al-Khayzurān's exhorbitant piece of *washī*, see al-Masʿūdī, Murūj al-Dhahab VIII, p. 298. For the cost of a *khilʿa*, ASHTOR, *Histoire des prix et des salaires*, p. 55. For the inventory of al-Rashīd's storehouses, see Ibn al-Zubayr, Kitāb al-Dhakhāʾir wa 'l-Tuḥaf, ed. M. HAMĪD ALLĀH (Kuwait, 1959), pp. 214–18 (articles of clothing listed on pp. 214–15). Concerning the trimming of garments with fur in the medieval Muslim world, see "Farw," in: *EI* II (Leiden, London, 1965), pp. 816–17; and M. LOMBARD, La chasse et les produits de la chasse dans le monde musulman, VIIIe–XIe siècles," *Annales: Economies, Sociétés, Civilisations* 24/3 (1969), pp. 572–93, reprinted in: LOMBARD, *Espaces et réseaux du haut moyen âge* (Paris, The Hague, 1972), pp. 177–204.

Valuable clothes were not hoarded exclusively by the ruling elite, but by members of the bourgeoisie as well. The Geniza documents testify that clothing formed part – and at times a considerable part – of a family's investment. Valuable clothes were stored in chests, were lovingly cared for, and passed on from generation to generation as heirlooms. Clothing constituted anywhere from two fifths to more than half of a Geniza bride's trousseau which formed the actual wealth that she brought into the marriage (Pl. XVII). Articles of clothing could be converted easily to cash (far more easily than real estates, for example) in case of emergency. It should be noted that the economic significance of garments, their intergenerational transferance, and their ready liquidity are all observable features of the vestimentary system in many traditional societies within the Arabic-speaking world up to modern times.[30]

VI. Later Medieval Trends in the Vestimentary System

Several important trends become prominent in the Islamic vestimentary system during the eleventh, twelfth, and thirteenth centuries. Among these are: (1.) the diffusion of new garments from outside the system, (2.) increasing social stratification reflected in clothing, and (3.) the rigidification of the dress code for the *dhimmī* subject population.

New items of clothing were introduced into the Middle East from Central Asia by the Turkish military dynasties of the Saljuqs, the Ayyubids, and the Mamluks that controlled much of the region from the late eleventh to the early sixteenth centuries. These new garments were mainly in the categories of military and ceremonial attire, and at first was part of the distinctive dress of the ruling feudal élite.

Throughout much of this period, the typical outer garment for a member of the dominant military caste was any one of a variety of coats (*aqbiya*). These were worn over the usual several layers of undershirts, the most common of which was the *qamjūn*. The Saljuqs and Ayyubids preferred the so-called Turkish coats (*al-aqbiya al-turkiyya*), the hem of which crossed the chest in a diagonal from right to left. The Mamluks, on the other hand, preferred Tartar coats (*al-aqbiyya al-tatariyya*), the hem

[30] On clothing as a family investment, see GOITEIN, *A Mediterranean Society* IV, pp. 184–90. For modern parallels, see Y. K. STILLMAN, *Palestinean Costume and Jewelry* (Albuquerque, 1979), pp. 33, 34, 38, 39, 53, 63, 63, et passim; also EADEM, "The Costume of the Jewish Woman in Morocco," in: *Studies in Jewish Folklore*, ed. F. TALMAGE (Cambridge/Mass., 1980), p. 352.

of which crossed the opposite way (Pl. XVIII). Over the coat was worn a belt of metal plaquettes (*ḥiyāṣa*) or a sash (*band*). In keeping with the militarism of this caste and its love of heraldry, blazons adorned their *khifāf*, of boots (Pl. XIX). The normal headgear of the military class was the *sharbūsh*, a stiff cap with a triangular front. It was sometimes trimmed with fur (Pl. XX). It could also have a small kerchief bound around it to form a sort of turban called *takhfīfa*. The *qabā'* and *sharbūsh* were so much the distinctive mark of a Muslim knight in this era that even a Crusader was prepared to wear them as a gesture of friendship to Saladin.[31]

A variety of Central Asian caps become fashionable from Iran to Egypt. These include the *kalawta* in Egypt and the Levant and *qulūta* and *kulāh* in Iran, Iraq, and Anatolia (Pl. XX). (All three words from the same Indo-European root as Latin *calautica* and French *calotte.*)

Coats, vests, and jackets become increasingly common everywhere in the Islamic world during this period. Under the Mamluks, two popular short sleeved coats that make their appearance are the *bughluṭāq* (also *bughlūṭāq*) and a variant of the latter, known as the *sallāriyya*, or the *qabā' sallārī*. The *sallāriyya* was named for the Mamluk *amīr* who made it fashionable along with other sartorial innovations. The combination of the *sallāriyya* together with the *takhfīfa* was considered under the Circassian Mamluks to be typical *ziyy al-atrāk* (Turkish attire).[32]

Eventually, some of the garments which were at first the mark of the military aristocracy were imitated by the middle classes. The *bughluṭāq*, for example, appears in several Geniza documents as a woman's garment, and the *mallūṭa*, an ample-sleeved upper coat with a collar, which was originally the dress of Circassian *amīrs*, later was worn by their troops, and eventually even "the people", according to the chronicler of Mamluk decline, Ibn Iyās.[33]

---

[31] On the evolution of male costume during this period, see M. V. GORELIK, "Blizhnevostochnaya Miniatyura XII–XIII vv. ,a, Etnografichesky Istochnik," *Sovietskaya Etnografya* 172/2 (1972), pp. 37–50. The only comprehensive treatment of the clothing of any of the abovementioned dynasties is L. A. MAYER, *Mamluk Costume: A Survey* (Geneva, 1952).

[32] Ibid., pp. 23–24.

[33] For the *bughluṭāq* in the Geniza, see TAYLOR – SCHECHTER Geniza Manuscript Collection (Cambridge University Library) 16.206; 24.8; Arabic Box 30, f. 1; and Misc. 28, f. 274. For the *mallūta*, see MAYER, *Mamluk Costume*, pp. 24–25; DOZY, *Dictionnaire détaillé des noms de vêtements chez les arabes*, pp. 412–13 (where two different garments by this name are discussed); and Ibn Iyās, Badā'iʿ al-Zuhūr fī Waqāiʿ al-Duhūr III, eds. P. KAHLE – M. MOSTAFA (Istanbul, 1931), p. 25.

The Mongol conquest of Iraq and Iran brought in many totally new fashions from the Far East into those provinces, especially in Iran. Court styles under the Ilkhānids were those of China. Persian miniatures frequently show courtiers in this period wearing mandarin robes with elbow-length sleeves. Men wore a variety of new hats with brims turned up or down, and even with double brims (Pl. XXI). The military attire of this period was also of the Far Eastern variety. With the exception of headgear, however, female attire during this period does not seem to have changed radically. Native women wore their head scarves (*mandīl* in Arabic, *sar band* in Persian) in wimple fashion (Pl. XXII), while Mongol ladies sported the *bughtāq*, a special bonnet consisting of a light wood frame covered with silk. A long feather protruded from the top of this headdress. Mongol fashions did not have the longterm impact upon the Islamic vestimentary system that Turkish fashions did. Despite Tīmūr Lang's partiality to Mongol ways, there is a noticeable decrease in Mongol influence in Persian fashion under the Tīmūrids and in Iraqi fashion under the Timurids and their Turkic successors there.[34]

In the Muslim West, this period also saw the diffusion of new styles. The Berber dynasties of the Almoravids and the Almohads made Saharan and Anti-Atlas attire respectively the dress of the ruling elite. Almoravid dress, which was similar to that of the Tuaregs of today, was forbidden to the general population. The Andalusian *muḥtasib* (inspector of markets and censor of public morals) Muḥammad Ibn ʿAbdūn specifically warns against permitting even the other Berbers in the service of the Almoravids to wear the distinctive face veil (*lithām*) in the streets of Seville because of the fear it struck among the citizenry.[35]

RACHEL ARIÉ has noted that clothing styles of the Iberian Christian kingdoms began influencing the modes of Andalusian dresses already in the early days of the Nasrid kingdom of Granada. After the expulsion of Jews and Moors from the Peninsula, several Spanish elements of dress were brought into North Africa by the refugees. These new garments

---

[34] For numerous examples of Far Eastern civil and military dress in Persian miniatures from the Ilkhanid period, see H. GOETZ, "History of Persian Costume," in: *Survey of Persian Art* III, ed. A. POPE (London, New York, 1938), pp. 2239, Figs. 746a–h, and 2241, Figs. 747a–b; D. T. RICE, *The Illustrations of the "World History" of Rashīd al-Dīn* (Edinburgh, 1976), p. 21, Fig. 10a–f and Pls. 38, 44, 48 and 53.

[35] IBN ʿABDŪN, *Séville musulmane au début du XIIe siècle: Le traité d'Ibn ʿAbdun*, trans. E. LÉVI-PROVENÇAL (Paris, 1947), pp. 61–63, para. 56.

remained particular to the newcomers and their descendants. One such example is the *jalṭīṭa* (cf. Spanish *giraldetta*), a whirling skirt that was worn in Morocco by Jewish and Andalusian women (Pl. XXIII).[36]

The second of the major trends in the vestimentary system that became pronounced in the later Islamic Middle Ages was increased social stratification and differentiation in dress. In part, this observation is implicit in the above discussion of the new garments that were introduced by, and were for a long time the exclusive perogative of, the foreign military castes that ruled much of the Islamic world.

Under the Umayyads and the Abbasids – with the exception of certain ceremonial court costumes – many of the same articles of clothing would be worn by people across the social entire spectrum. The only difference, of course, was in the fabrics and decoration. There were not even special uniforms for soldiers until well into the Abbasid period when the Caliph al-Muʿtaṣim instituted them for his Turkish praetorians.[37]

The increasing institutionalization of the Muslim learned classes and what has been referred to as Middle Eastern feudalization under the foreign military regimes resulted in greater social differentiation. The military (*arbāb al-suyūf*), the bureaucracy (*arbāb al-aqlām*), the men of religion (*al-ʿulamāʾ*), the notables (*al-aʿyān*), the sufis (*ahl al-tasawwuf*), the members of young men's associations (*al-fityān*), and the masses (*al-ʿāmma*) – all wore clothes, or certain articles of clothing, that identified their place in the social order. Thus, for example, the *ṭaylasān* which had been first a Persian garment, and then was worn by fashion plates in the heyday of Abbasid Baghdad, became in this period the mark of qadis and jurists (Pls. XXIV and XXV). (The venerability of the *ṭaylasān* was even the subject of a treatise by the great fifteenth-century Egyptian scholar Jalāl al-Dīn al-Suyūṭī.)[38] The high, miter-like *qalansuwa*, which under the Umayyads had been a symbol of royalty, and under the Abbasids was fashionable in Iraq and Iran, became in the later Middle Ages, the common head covering of dervishes.

---

[36] R. ARIÉ, *L'Espagne musulmane au temps des Naṣrides (1232–1492)* (Paris, 1973), p. 382; STILLMAN, "*The Costume of the Jewish Woman in Morocco*", pp. 350 and 355, n. 30.

[37] See M. M. AHSAN, *Social Life Under the Abbasids: 170–289 AH, 786–902 AD* (London, New York, 1979), pp. 29 and 59–60.

[38] al-Suyūṭī, al-Aḥādīth al-Ḥisān fī Faḍl al-Ṭaylasān, ed. A. ARAZI (Jerusalem, 1983).

The clothing of the non-Muslim minorities became even more distinct in this period. This was, on the one hand, part and parcel of the trend toward increased social stratification overall. But it was also due to a specific hardening of attitudes toward the non-Muslims which resulted in their increased social isolation and marginality. The ubiquity of complaints about *dhimmīs* dressing like Muslims and the wealth of sumptuary legislation imposing upon them either special clothing or some kind of badge (usually called *ruqʿa* in the Middle East and *shakla* in the Maghreb) bear poignant witness to what S. D. GOITEIN has referred to as "an obsession pestering Muslims almost throughout their entire history." He goes on to say, "This obsession is itself, of course, a sign of the excessive importance attributed to clothing and the status it confers."[39]

In Mamluk Egypt, *dhimmīs* were so-to-speak color coded by their outer garments. Christian women were required to appear in public in a blue *izār*, Jewish women in a yellow one, and Samaritans in a red one. In Sherifan Morocco, Jewish men had to wear black outer garments, the very opposite of the Believers' white (Pl. XXVI). They were also required to walk barefoot throughout the streets of the imperial cities and when passing mosques in all other towns. In Zaydī Yemen, both Jewish men and women were required to wear only clothes of dark indigo. In Safavid and Qajar Iran, non-Muslim men wore a distinguishing patch in the middle of the breasts of their garments, and non-Muslim women were frequently not permitted to veil their faces in order to humiliate them.[40]

---

[39] GOITEIN, *A Mediterranean Society* IV, p. 194. On the increased social isolation and marginality of non-Muslims in the later Middle Ages, see N. A. STILLMAN, *The Jews of Arab Lands: A History and Source Book* (Philadelphia, 1979), pp. 64–107 and 255–427.

[40] For Mamluk Egypt, see al-Suyūṭī cited in S. DE SACY, *Chrestomathie arabe* I (Paris, 1826), pp. 145–46; for Sherifan Morocco, see STILLMAN, *The Jews of Arab Lands*, p. 83 and the sources cited there; for Yemen, see C. NIEBUHR, *Travels Through Arabia and Other Countries in the East (1761–1767)* II (Edinburgh, 1792), p. 239; and E. BRAUER, *Ethnologie der Jemenitischen Juden* (Heidelberg, 1934), p. 79; for Iran, see L. LOEB, *Outcaste: Jewish Life in Southern Iran* (New York, London, Paris, 1977), pp. 18, 21, and 22 and the sources cited there; and D. LITTMAN, "Jews Under Muslim Rule: The Case of Persia," *The Wiener Library Bulletin* 32, 49/50 (1979), p. 7.

VII. CONCLUSION

None of the three later medieval trends that I have just outlined constituted any radical departure from the Islamic vestimentary system that had emerged over the preceding centuries. New garments had been assimilated into the system throughout its evolution. Increasing stratification within the Muslim community and the urge to differentiate non-Muslims from the Believers had been a continual subtext of Islamic social history from the time of the conquests. The basic components of general Islamic fashion – namely, the Arab, Hellenistic and Irano-Turkic elements – remained remarkably constant, albeit in changing proportions to one another over time and place. The ideology of Islamic dress also remained very stable.

It was only in the mid-nineteenth century with the ever-increasing economic, political and cultural penetration of the European powers into the Middle East and North Africa that a totally new chapter in the costume history of Islamic world began. This chapter has been marked over the past 150 years by major dislocations and eventually a radical disruption of the traditional Islamic vestimentary system.[41]

[41] For an important survey of the kinds of changes that were taking place within the vestimentary system, see N. MICKLEWRIGHT, *Women's Dress in 19th-Century Istanbul: Mirror of a Changing Society*, University of Pennsylvania doctoral dissertation (Philadelphia, 1986); also STILLMAN, "*Libās,*" pp. 739–40 and the references cited there.

Friedrun R. Hau

DIE CHIRURGIE UND IHRE INSTRUMENTE IN ORIENT UND OKZIDENT VOM 10. BIS 16. JAHRHUNDERT

Medizinhistoriker pflegen das Mittelalter in eine westliche und eine östliche Medizin zu unterteilen. Im Okzident gliedert man die Medizin in a) die monastische (400–1100) und b) die scholastische Periode (1100 bis ca.1500) und im Orient in die Medizin a) der Byzantiner (400–1300), b) der Araber (700–1300) und c) anderer Ethnien[1] (Schaubild 1). Innerhalb der medizinischen Disziplinen hat die Chirurgie im Mittelalter einen Tiefpunkt. Ich verstehe die Chirurgie indessen im Sinne der mittelalterlichen Glossographie inhaltlich ziemlich weit, nämlich als *„operationes cum ferro et* – medikamentös-therapeutisch – *sine ferro"*.

Lenken wir unser Augenmerk zuerst auf die Chirurgie der Klostermedizin. Da die zweite Periode der scholastischen Medizin (infolge der 1. Rezeptionswelle im 11. Jahrhundert in der Medizinschule von Salerno mit Constantinus Africanus und der 2. Übersetzungswelle im 12. Jahrhundert in Toledo um Gerhard von Cremona) als „arabistische" zu charakterisieren ist, möchte ich die arabischsprachige Medizin mit Blick auf die Chirurgie dazwischenschieben. Dann wird wohl auch die Chronologie der „Traduktionswege" der Chrirugie zwischen Orient und Okzident leichter nachvollziehbar (Schaubild 2).

I. Klostermedizin

In der monastischen Periode steht uns als erster schriftlicher Zeuge seit 1989 das „Lorscher Arzneibuch" des Bischofs Richbod[2] mit diversen

---

[1] Charles Lichtenthaeler, *Geschichte der Medizin,* 2 Bde. Köln 1975, hier 1, 289 ff., 309 ff.

[2] Zur Frage der Autorschaft s. Gundolf Keil – Paul Schnitzer, Das Lorscher Arzneibuch und die frühmittelalterliche Medizin (*Geschichtsblätter für den Kreis Bergstraße, Sonderband* 12) Lorsch 1991, 7–27, hier 10 f.

Schaubild 1:
Chirurgie im Mittelalter

Okzident	Byzanz	Orient
SALERNO: Roger Frugardi (um 1170) „Viermeisterglosse" zu Rogers Chirurgie NORDITALIEN: Saliceto von Bologna (1201–1277) verteidigt das Messer gegen das „arabische Ausbrennen der Wunden" Ugo da Lucca (13. Jh.) *spongia somnifera* Roland von Parma (13. Jh.) „Rolandia" Lanfrank von Mailand (gest. 1315) Lehrbuch FRANKREICH: Henri de Mondeville (1260–1320) Gegner des Eiternlassens einer Wunde durch Behandlung mit heißem Öl Guy de Chauliac (1300–1370) Kontrahent Henris; verbesserte die Stein- und die Staroperation, trat aber für *coctio* und *pus laudabile* ein (bis ins 16. Jh.) FLANDERN: Jan Yperman (um 1260–1331) Lehrbuch DEUTSCHLAND: Hieronymus Brunschwig (gest. 1512) „Dis ist das buch der Cirurgia". Straßburg: 1497 Hans von Gersdorff (um 1455–1529) „Feldtbuch der wundtartzney" FRANKREICH: Ambroise Paré (1510–1590) preist 1445 in einer Schrift über Schußwunden ein Digestivum aus Eiern, Rosenöl und Terpentinöl anstatt siedendem Holunderöl zur Wundbehandlung; 1554 (ohne Latein) Maître du collège chiurgien de St.Côme	Paulos von Aegina (7. Jh.) 6. Buch der „Erinnerungsschrift"	Abū l-Qāsim az-Zahrāwī (gest. nach 1009) 30. Abhandlung seiner medizinischen Enzyklopädie (durch Gerhard von Cremona ins Lateinische übersetzt); erstmalige Abbilung von chirurgischen Instrumenten Ibn al-Quff (1233–1286) Monographie über die Chirurgie in 20 Abhandlungen

Schaubild 2:
„Traduktionswege" antiker Medizin zwischen Okzident und Orient.
Aus: Schipperges (wie Anm. 26) 13.

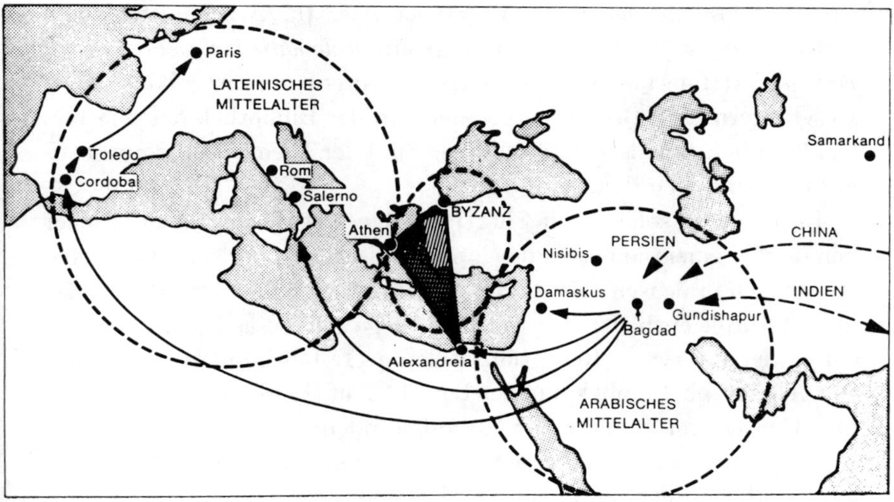

Herbarien und den „Kosmas-und-Damian-Versen" zur Verfügung. Gundolf Keil und Ulrich Stoll haben es als Faksimiledruck mit einem vorzüglichen Kommentarband ediert[3]. Ausdrücklich blieb die Chirurgie in diesem einzigen frühen Arzneibuch ausgespart[4]. Weitere deutsche Zeugen sind bisher frühestens seit dem 12. Jahrhundert bekannt.

Zur Chirurgie möchte ich den karolingischen Idealgrundriß für das Benediktiner-Kloster in St. Gallen erwähnen[5], der um das Jahr 820 auf

[3] Übersetzung der HS Msc. Med. 1 der Staatsbibliothek Bamberg, hrsg. von Gundolf Keil. Stuttgart 1989, 10: „…, so ist … im Skriptorium der Lorscher Abtei offensichtlich zur selben Zeit an unterschiedlichen Segmenten gearbeitet" worden: „Mehrere Hände waren beteiligt." Ebd. 11: „Der ‚Bamberger Kodex' ist nicht … eine heilkundliche Sammelhandschrift, sondern ein planmäßig angelegtes Kompendium, das als ältestes deutsches Arzneibuch am Anfang des Reichs-Medizinalwesens steht."

[4] Ebd. 10: „Dieses Fehlen der Chirurgie scheint – wie ein Blick auf die spätere Fachentwicklung zeigt – programmatische Bedeutung zu haben und nicht mit den häufigen Blattverlusten des ‚Bamberger Kodex' in Zusammenhang zu stehen. Denn dort, wo ein wundärztliches Segment mit seinen Brenn-, Schröpf- und Laßstellentexten zu erwarten wäre, ist der Lagenbestand nahezu unangetastet, so daß keine chirurgischen Texte verlorengegangen sein können."

[5] Johannes Duft, *Notker der Arzt. Klostermedizin und Mönchsarzt im frühmittelalterlichen St. Gallen.* St. Gallen 1972, 32–38 (mit älterer Literatur).

der Reichenau entstand und in einer Kopie erhalten ist. Dieser Plan war wohl als eine Art Reichsplan für eine mustergültige Klosteranlage gedacht. In der nordöstlichen Ecke sollte das Infirmarium neben der kleinen Kirche stehen; daneben war eine *domus medicorum* (Ärztehaus), ein *armarium pigmentorum* (Vorratskammer für Arzneimittel), eine *mansio medici ispsius* (Arztwohnung), ein *fleotomatis hic gustandum vel potionariis* (Haus für Aderlaß und Abführkuren) und ein *herbularius* mit 16 Kräutern bzw. Beeten vorgesehen[6]. In der Bibliothek des Klosters befaßten sich damals etwa 1000 Bücher mit der Theologie und nur sechs mit medizinischen Belangen.

Im Jahre 991 sollen der in Chartres tätige Arzt Heribrand und Richer von Reims gemeinsam außer den hippokratischen Aphorismen auf Bitten Richers ein praktisch-orientiertes Werk gelesen haben, das Pharmazie und Chirurgie enthielt[7]. Auf welchem Wege soll dieses Buch schon vor der ersten arabischen Rezeptionswelle im 11. Jahrhundert nach Chartres gelangt sein? Wohl kaum aus Lorsch[8]. Auf Handelsrouten? Oder ist über Gerbert von Reims eine Spur aufzufinden?[9]

Auf dem Konzil von Clermont wurde im Jahre 1130 den Mönchsärzten ausdrücklich jegliche ärztliche Betätigung untersagt. Als auf dem Konzil von Tours im Jahre 1163 den Ärzten sämtliche chirurgischen Eingriffe untersagt wurden, begann die folgenschwere Trennung der Chirurgie von der Medizin für 700 Jahre[10]. Steinschnitte, Staroperationen etc.

---

[6] Ebd. 33–35. Das *armarium pigmentorum* darf nicht als „Krankenhaus-Apotheke" überbewertet werden – wie bei GERHARD BAADER, Naturwissenschaft und Medizin im 12. Jahrhundert und Hildegard von Bingen. *Archiv für mittelrheinische Kirchengeschichte* 31 (1979) 33–54, hier 39.

[7] GERHARD BAADER, Die Schule von Salerno. *Medizinhistorisches Journal* 13 (1978) 124–145, hier 127.

[8] Die Chirurgie war beim Arzneibuch ausgespart (vgl. Anm. 4).

[9] Er hatte in Katalonien (wahrscheinlich im Kontakt mit Arabern) Naturwissenschaften und Mathematik studiert und 993 von Otto II. die Abtei Bobbio (mit 1000 Bänden!) als Lehen erhalten; Fulbert, Gerberts wichtigster Schüler, gründete die Kathedralschule von Chartres: s. KLAUS FLASCH, Die Philosophie des Mittelalters (*Reclam Universal* 8342/8) Stuttgart 1986, 178–180. Konstantin VII. Porphyrogennetos hatte 948/9 dem Gegenkalifen ʿAbdarrahmān I. (reg. 912–961) einen illuminierten Kodex von Dioskurides' „Materia medica" geschenkt und auf dessen Bitten den Mönch Nikola 951 von Byzanz nach Korduba geschickt; mit vier arabischen und einem jüdischen Gelehrten übersetzte dieser den Prachtkodex ins Arabische und identifizierten sie die Pflanzen.

[10] Deshalb wurde in Paris 1295 eine eigene Chirurgenschule, das „Collège de St. Côme" gegründet. Die Chirurgie wurde erst Mitte des 19. Jahrhunderts wieder ins medizinische Curriculum integriert, und zwar durch die Pariser Schule.

wurden endgültig Badern, Barbieren, Bruchschneidern, Kastrierern und Quacksalbern überlassen, fielen nun in den Bereich der gerade entstehenden Zünfte[11]. Nur in Südfrankreich, wie in der Medizinschule in Montpellier (gegründet 1135) und vor allem in Italien, betätigten sich Ärzte weiterhin chirurgisch, lebte die klassische Tradition fort[12].

So existierte wahrscheinlich schon seit etwa 850 in Salerno[13] die älteste Medizinschule in Europa mit laikalem Charakter. In der ersten Hälfte des 11. Jahrhunderts las man den „Passionarius" des Gariopont, der Stücke aus Galens Schrift „Therapeutika ad Glauconem" enthält, allerdings in „vulgärem Latein"[14]. Weltweit berühmt wurde die Medizinschule in Salerno indessen erst durch Constantinus Africanus (um 1015–1087), der um 1065 von Nordafrika (daher „Africanus" bzw. kurz „Afer") nach Süditalien gekommen war. Alphan, der Erzbischof von Salerno (1058–1085), der selbst für das Lateinische gerade eine medizinische Terminologie geschaffen hatte[15], drängte ihn zur Übersetzung: denn es mangelte an medizinischen Lehrstoffen, von einem Lehrplan ganz zu schweigen. Constantin ging nach Monte Cassino ins Mutterkloster der Benediktiner (529–1944), wurde Mönch und übersetzte bis zu seinem Tode 24 Schriften aus dem Arabischen ins Lateinische (Schaubild 3): darunter die „Fieber-" und „Urinschrift" sowie die „All-

---

[11] Wilhelm Volkert, *Adel bis Zunft. Ein Lexikon des Mittelalters. München* 1991, 271 und 222: Seit dem Spätmittelalter sind die in Zünften organisierten Wundärzte wichtiger als die gelehrten Magister und Doktoren.

[12] Der Hohenstaufer Friedrich II., König von Sizilien, verfügte 1231 in einer Ergänzung zu seinem „Liber Augustalis" ausdrücklich ein fünfjähriges Medizinstudium einschließlich Chirurgie: s. Wolfgang-Hagen Hein – Kurt Sappert, Die Medizinalordnung Friedrichs II. Eine pharmaziehistorische Studie (*Veröffentlichungen der Internationalen Gesellschaft der Pharmazie, N. F.* 12) Eutin 1957, 50, 55: Titulus 46; s. u. S. 346 mit Anm. 71.

[13] Baader (wie Anm. 7), bes. 127: Für 848 sind schon Ärzte nachweisbar; für das Folgende 128, 130f.; ders. (wie Anm. 6) 33–54; Paul Oscar Kristeller, The School of Salern. *Bulletin of the History of Medicine* 17 (1945) 138–191.

[14] Baader (wie Anm. 6) 40.

[15] Ebd.: Alphan übersetzte die Schrift „Peri physeos anthropou" des Kirchenvaters Nemesius von Emesa (4. Jh.), die in ihrer Physiologie galenisch ist. Die anthropologische Schrift spiegelt einen christlich modifizierten Neuplatonismus wider. Alphan schuf damit eine Fachsprache, welche „die Kraft zur Abstraktion besaß und sich am Mittellatein orientierte". Auch verfaßte er einen Traktat „De quattuor humoribus".

Schaubild 3:
Constantinus Africanus (um 1015–1087) übersetzte nach 1065 als erster arabische medizinische Werke in Montecassino ins Lateinische, strukturiert durch SCHIPPERGES (wie Anm. 26) 102.

Struktur des Corpus Constantinum

I. Die Anknüpfungsliteratur an das lateinische Schrifttum
1. Liber de urinis
2. Liber febrium
3. Liber dietarum universalium et particularium
4. Liber de virtutibus simplicium medicinarum

II. Die Eingangsliteratur in das klassische Schrifttum
5. Isagoge in artem parvam Galeni
6. Aphorismi Hippocratis
7. Liber prognosticorum Hippocratis
8. Regimentum acutorum Hippocratis

III. Die großen Kompendien des Arabismus
9. Liber pantegni
10. Practica Constantini
11. Liber megatechni
12. Viaticum

IV. Parva Medicinalia
13. Liber de oculis
14. De melancolia
15. De coitu
16. De elephantiasi
17. De stomacho
18. Libellus de oblivione

V. Bruchstücke und Irrläufer
19. Chirurgia Constantini
20. De humana natura
21. Liber de animalibus
22. Summula de infirmitatibus
23. Liber pauperum
24. Liber experimentorum
25. Microtegni Galieni

gemeine und spezielle Diätetik" des Isaac Judaeus (gest. um 955), der „Liber pantegni", die medizinische Enzyklopädie des Haly Abbas (gest. 994) mit einem Part über die Chirurgie (im 2. Teil, 9. Abh.), das „Viaticum", eine spezielle Pathologie a capite ad calces und der „Liber de gradibus" des Ibn al-Gazzâr (gest. 979) sowie die „Einleitungsschrift zur Galenischen Humoralphysiologie" des Hunain ibn Ishāq (808–873) als „Isagoge Johannitii". Dadurch erhielt die Medizinschule in Salerno einen kompletten Lehrplan für den theoretischen medizinischen Unterricht und wurde weltberühmt. Von überall her kamen nicht nur Studenten, sondern auch Gelehrte zum Studium der Medizin bei den *magistri* – weshalb Salerno im 11./12. Jahrhundert als erste medizinische Fakultät in Europa bezeichnet werden kann.

Aus den Übersetzungen des Constantinus Africanus entwickelte sich die erste medizinische Lehrsammlung des Spätmittelalters, die sog. „Articella" oder „Ars medica", eine Zusammenstellung der wichtigsten Schriften zur Erlernung der ärztlichen Kunst, die mit der „Isagoge Johannitii" des Hunain ibn Ishāq beginnt (bis 1525 allein 14 Drucke).

II. Arabische Chirurgie

Wenden wir uns nun erst der arabischen Chirurgie vom 10. bis zum 13. Jahrhundert zu, damit ihr Einfluß auf den Okzident und die gleichsam ununterbrochene Tradition antiker Medizin im Orient deutlicher wird. Zuallererst soll kurz der Überlieferungsweg antiker Medizin in den Orient, d. h. bis zu den Arabern, skizziert werden.

Alexandria ist seit dem 3. vorchristlichen Jahrhundert das Ausbildungszentrum für Ärzte schlechthin. Über Edessa, Nisibis, Seleukia bei Kthesiphon für die Nestorianer und für die Jakobiten über Antiochia und Amida (Homs/Syrien) wanderten die philosophischen und medizinischen Lehrstoffe wohl um die Wende des 6./7. Jahrhunderts[16] nach Gondeschapur, einem Schmelztiegel griechischer, syrischer, persischer und indischer Gelehrter[17].

---

[16] Owsei Temkin, Die Geschichte des Hippokratismus im ausgehenden Altertum. *Kyklos* 4 (1932) 1–80, hier 76–79.

[17] Max Meyerhof, Von Alexandrien nach Bagdad. Ein Beitrag zur Geschichte des philosophischen und medizinischen Unterrichts bei den Arabern (*Sb. Ak. Berlin, phil.-hist. Kl. 1930*) Berlin 1930, 389–429, bes. 400 ff.

In Gondeschapur[18], das durch die Übersiedlung etlicher Nestorianer[19] aus Edessa seit 489 an Bedeutung gewann, hat Chosrau I. Anuschirwān (reg. 531–579)[20] um das Jahr 555 der seit dem 3. Jahrhundert hier bestehenden philosophisch-theologischen Akademie[21] eine medizinische Fakultät angefügt. Die nestorianischen Ärzte des ortsansässigen Krankenhauses lasen wohl auf Syrisch-Aramäisch[22] die 24 galenischen und

---

[18] Wie Barhebraeus (Ibn al-ʿIbrī; gest. 1286) in seiner „Dynastiengeschichte" (arab. Ausgabe Bairūt 1890, 129, Zeile 9–15) erzählt, soll Kaiser Aurelianus (270 bis 275) mit Schapur I. (242–272) einen Waffenstillstand geschlossen und zur Besiegelung Schapur seine Tochter zur Frau gegeben haben. Auf ihrer Reise nach Persien befand sich im Gefolge auch eine Gruppe griechischer Ärzte. Schapur soll für seine neue Frau eine Stadt – nach dem Vorbild von Byzanz – erbaut und sie „Gundaisābūr" genannt haben. Vgl. auch Ibn al-Qiftīs (gest. 1248) „Gelehrtengeschichte" (arab. Edition 1903, 133, Z. 2–13); vgl. FRIEDRUN R. HAU, Gondeschapur – eine Medizinschule aus dem 6. Jahrhundert n. Chr. *Gesnerus* 36, H. 1/2 (1979) 98–115, hier 98 f. (mit weiterführender Literatur).

[19] Nestorius (gest. 451) und seine Anhänger, im Jahre 431 auf dem Konzil von Ephesos zu Häretikern erklärt, fanden im benachbarten persischen Sassanidenreich Zuflucht. TEMKIN (wie Anm. 16) 44: „Die beiden Richtungen des Christentums, die weltabgewandte-asketische und die weltoffene-philosophische, deren Vertreter Galen und Hippokrates schon früh beachtet haben, mußten natürlich zur antiken Medizin eine verschiedene Stellung einnehmen." Zur letzteren sind die Nestorianer zu rechnen.

[20] FUAT SEZGIN, *Geschichte des arabischen Schrifttums* 3. Leiden 1970, 186: „... er soll ein medizinisches Buch, genauer gesagt, aus den Werken von Griechen und Indern kompiliert haben" (im folgenden abgekürzt: *GAS*); zu Medizinschule und Krankenhaus s. Art. „Gondēshāpūr", in: *Encyclopaedia of Islam*, New Edition 2. Leiden–London 1965, Sp. 1120a und b (im folgenden abgekürzt: *EI*); MEYERHOF (wie Anm. 17) 400–402; HANS H. GOTTSCHALK, Die Kultur der Araber, in: *Handbuch der Kulturgeschichte*, 2. Abt. Frankfurt/M. 1971, 51.

[21] Hier wurden vor allem Aristoteles' Schriften studiert; vgl. ANTON BAUMSTARK, *Geschichte der syrischen Literatur*. Bonn 1922, 168; HEINZ HERBERT SCHÖFFLER, *Die Akademie in Gondischapur*. Stuttgart 1979, 18–24, 133–141; TEMKIN (wie Anm. 16) 43: „Schon vor Galen (2. Jh.) waren aristotelische Lehren, vor allem über die spätere Stoa und die Pneumatiker in der Heilkunde heimisch geworden." Die im Altertum ständige „Verbindung zwischen Medizin und Philosophie wurde später immer enger", im Vorderen Orient mit Aristoteles, „während sich die christliche Philosophie westlicher Patristik [indessen] wohl stärker an Plato orientiert."

[22] GOTTSCHALK (wie Anm. 20) 51 f.: Unterrichtssprachen waren Syrisch(-Aramäisch) und Persisch, da hier hellenistische und persisch-indische Tradition wurzelten. Die Ärztefamilie Baḫtīschūʾ genoß jahrhundertelang einen guten Ruf; zu ihrem Stammbaum s. MANFRED ULLMANN, Die Medizin im Islam (*Handbuch der Orientalistik*, Erg.-Bd. 6/1) Leiden 1970, 111; bis etwa um das Jahr 1000 betrachtete man muslimische Ärzte als weniger qualifiziert: s. HAU (wie Anm. 18) 106, bes. Anm. 45.

pseudogalenischen Schriften, die der Priester und Archiater Sergios von Resch ʿAinā (d. i. Theodosiopolis; gest. 536) nach seinem Philosophie- und Medizinstudium in Alexandria in seine Muttersprache übersetzt hatte[23]. In der Medizinschule von Gondeschapur sind theoretischer und praktischer Unterricht erstmals vereint; es stand wohl byzantinischen wie auch islamischen Krankenhäusern als Modell Pate.

Als die Abbasidenkalifen (750–1258) die Umaijadendynastie (661 bis 750) in blutigen Kämpfen ablösten, wurde die Metropole von Damaskus nach Bagdad (gegr. 762) verlegt. Der Kalif Ma'mūn (reg. 813–833) ließ sogar im Jahre 830 in Bagdad eine Akademie gründen, an der griechische Schriften philosophischen und naturwissenschaftlichen Inhalts ins Arabische übersetzt wurden, und übertrug die Leitung dem aus Gondeschapur stammenden Arzt Yūhannā ibn Māsawaih (Mesue; 777–857). Schlüsselfigur dieser Übersetzungen ist dessen Schüler Hunain ibn Isḥāq (808–873)[24], ein christlicher Arzt und Leibarzt bei mehreren Kalifen, der mit seinem Sohn Ishāq und einem Neffen insgesamt 129 Schriften des Galen – je nach Auftraggeber – ins Arabische oder Syrisch-Aramäische übersetzte[25]. Hochmodern mutet Hunains Übersetzungsmethode an, da er stets nach dem Sinn eines ganzen Satzes vorging – und nicht nach der Wort-für-Wort-Methode, wie bei den Bibel-Übersetzungen und später in Toledo üblich.

Huanin ibn Ishāq verfaßte eine „Einleitungsschrift in die ‚Kleine Heilkunst' des Galen" in nur 6000 Wörtern. Sie beginnt mit den berühmten Worten: *Medicina dividitur in duas partes id est theoricam et practicam*, und diese Zweiteilung der Medizin in Theorie (Gesundheit, Krankheit und *neutralitas*) und Praxis (Chirurgie, Regimen sanitatis

[23] Hau (wie Anm. 18) 99f; Baumstark (wie Anm. 21) 167f.; Gotthelf Bergsträsser (Hrsg.), Hunain ibn Ishâq. Über die syrischen und arabischen Galen-Übersetzungen (*Abhandlungen für die Kunde des Morgenlandes* 17/2) Leipzig 1925, 5–15; von den 16 Galen-Schriften der sog. „Summaria Alexandrinorum" fehlten das Buch über die Sekten, den Puls und die Hygiene: Temkin (wie Anm. 16) 78.

[24] Zur Biographie s. *EI* 3. Leiden–London 1971, Sp. 578b–581a und Albert Z. Iskandar, Art. „Hunayn ibn Ishāk", in: *Dictionary of Scientific Bibliography* XV. New York 1978, 230–249 (im folgenden abgekürzt: *DSB*); Ullmann (wie Anm. 22) 115–119; Sezgin (wie Anm. 20) 247–256.

[25] Der Kalif Ma'mūn zahlte z.B. in Goldtalenten nach dem Gewicht des übersetzten Werkes: s. „Ärztebiographien" des Ibn abī Usaibiʿa (gest.1270; arab.: ʿUyūn al-anbā' fī tabaqāt al-atibbā'), Bd. 1. Kairo 1882, 187, Z. 8f.

und Einfache Heilmittel)[26] sollte bis ins 17. Jahrhundert gültig bleiben. (Schaubild 4).

Schaubild 4:
Hunain ibn Ishāqs Einteilung der Medizin in Theorie und Praxis in seiner „Isagoge ad artem parvam Galeni“, die in der „Articella“, dem ersten medizinischen Lehrbuch (ca. 12. Jh.), an erster Stelle steht.
Aus: SCHIPPERGES (wie Anm. 26) 30.

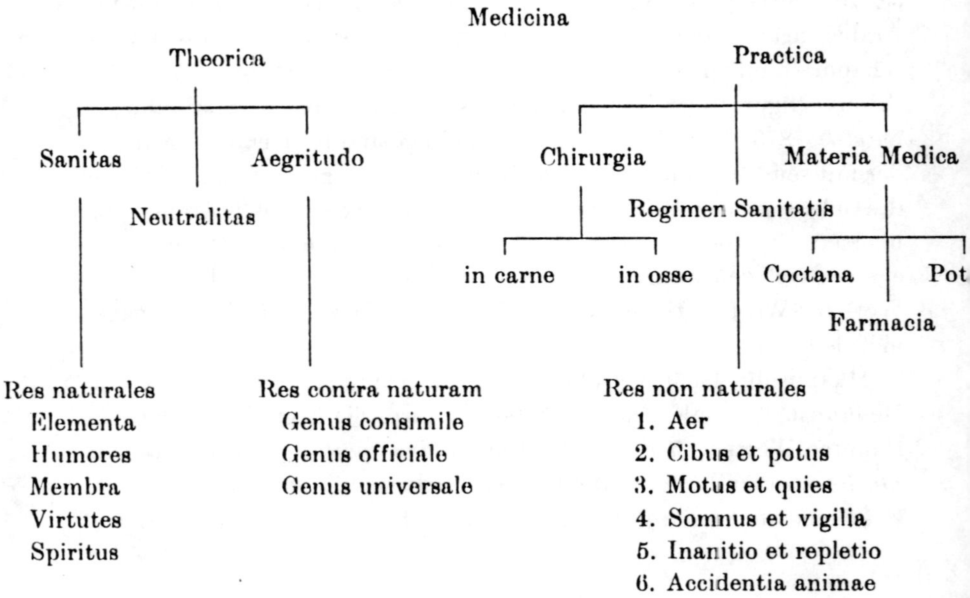

---

[26] Schon im „Corpus Gabirianum“ (nach Gābir ibn Hayān, 8. Jh.?) wird in dem „Buch vom Übergang aus der Potenz in die Aktion“ (8. Jh.?) die Medizin über die Alchemie gestellt und in *nazar* und *ʿamal* eingeteilt; Hunain ibn Ishāq benutzt die Begriffe *ʿilm* und *ʿamal* für Theorie und Praxis; diese werden auch im „Buch der Gifte“, das zu den jüngsten Werken des Gābir ibn Haiyān gehört, im Kapitel Medizin und damit schon vor Hunain verwendet: SEZGIN (wie Anm. 20) 211 f.; vgl. HEINRICH SCHIPPERGES, Die arabische Medizin im lateinischen Mittelalter (*Sb. Ak. Heidelberg, math.-nat. Kl.* 1976/2) Berlin–Heidelberg–New York 1976, 31: Nach al-Farâbîs (gest. 950) „Liber de scientiis“ besaßen im Orient alle Wissenschaften – auch die Medizin – seit Mitte des 10. Jahrhunderts eine *ars activa* und eine *ars speculativa*, s. auch ebd. 106–108 den Abschnitt „Articella“.

Ende des 9. Jahrhunderts besaßen die arabischen Ärzte in der Sprache des Korans das komplette System einer theoretisch fundierten Medizin, das sie in toto rezipierten und damit außerdem Galen vor der Vergessenheit bewahrten sowie dank der syrisch-aramäischen und byzantinischen Überlieferung die kontinuierliche Tradition der antiken Medizin im Osten gewährleisteten. Der arabische Galenismus ist im Vergleich zum lateinischen ein „schöpferischer“[27].

Im Orient stand die Chirurgie auch nicht in hohem Ansehen, da man in Anlehnung an die hippokratische Heilkunst lieber einer Krankheit durch eine „gesunde Lebensführung“ (griech. *δίαιτα*, heute verkürzt zu „Diät“) vorbeugte und im Krankheitsfalle erst einmal aus dem Bereich der sog. „Materia medica“ des Dioskurides (1. Jh., Abb. 1) bzw. den „Einfachen und zusammengesetzten Heilmitteln“ nach Galen und einschlägigen arabischen Schriften, mittels des Aderlasses oder Purgantien therapierte. Während die Augenheilkunde eine eigene Disziplin darstellt, werden chirurgische Belange oft im Rahmen der allgemeinen Therapie auf der Grundlage der Humoralpathologie nach Galen (Schaubild 5) behandelt.

Als ersten bedeutenden Vertreter möchte ich den persischen Arztphilosophen Muhammad ibn Zakarīyā' ar-Rāzī (Rhazes oder Rasis; 865 bis 925)[28] nennen. Er studierte erst Philosophie, Literatur, Musik und vor allem Alchemie, ehe er sich mit ungefähr 30 Jahren wegen der Schwächung seines Augenlichts durch die chemischen Dämpfe dem Medizinstudium zuwandte. In Raiy (nahe dem heutigen Teheran) geboren, hat er nur zwei Reisen nach Bagdad unternommen: die erste um 898 und die zweite wohl 918–920; hier war er nach Angabe des Augenarztes und Ärztebiographen Ibn abī Usaibiʿā (gest. 1270), dem wir die ausführlichste Quelle über Ärztebiographien verdanken, Direktor am Krankenhaus in Bagdad[29]. Danach gelangte er an den Hof des Samanidenherrschers

---

[27] Lichtenthaeler (wie Anm. 1) 266: Das „Schöpferische“ erschöpfte sich nicht in „Entdeckungen“ der Anatomie, chirurgischer Instrumente oder neuer Krankheitsbilder. Der Galenismus hat rund 15 Jahrhunderte geherrscht; erst in der Endphase, in der hippokratisch-galenischen Tradition des 17. und 18. Jahrhunderts, wirkt er „verstaubt“.

[28] Ullmann (wie Anm. 22) 128–136, 129: Die medizinischen Schriften Râzîs lassen die Schaffung eines arabischen „Corpus Galenianum“ vermuten; Sezgin (wie Anm. 20) 274–294.

[29] Das kann nicht das 982 eingeweihte ʿAdudī-Krankenhaus gewesen sein (Ibn abī Usaibiʿa, Bd. 1, 309, Z. 20f.), sondern war wohl das gerade 918 vom Kalifen errichtete und nach ihm benannte „Muqtadirī-Krankenhaus“, da Rāzī schon 925 gestorben ist: vgl. Ahmed Issa Bey, Histoire des Bīmāristāns (Hôpitaux) à l'époque Islamique, in: *Comptes Rendus du Congrès International de Médecine tropicale*. Kairo 1928, 81–209, hier 178f.

Schaubild 5:

„Elementenschema“ nach Galens Humoralpathologie. Das Viererschema der Elementartheorie des Empedokles wurde auf die vier *humores* beim Menschen wie auch auf seine psychische Verfassung übertragen. Im Spätmittelalter wurde letztere modifiziert zur „Temperamentenlehre“ (oder „Konstitutionslehre“): der lebenslustige Sanguiniker, der sorgfältig planende Phlegmatiker, der aufbrausende Choleriker und der schwermütige Melancholiker.

Aus: HEINRICH SCHIPPERGES, Moderne Medizin im Spiegel der Geschichte (*dtv Wissenschaftliche Reihe* 4044) Stuttgart 1970, 62.

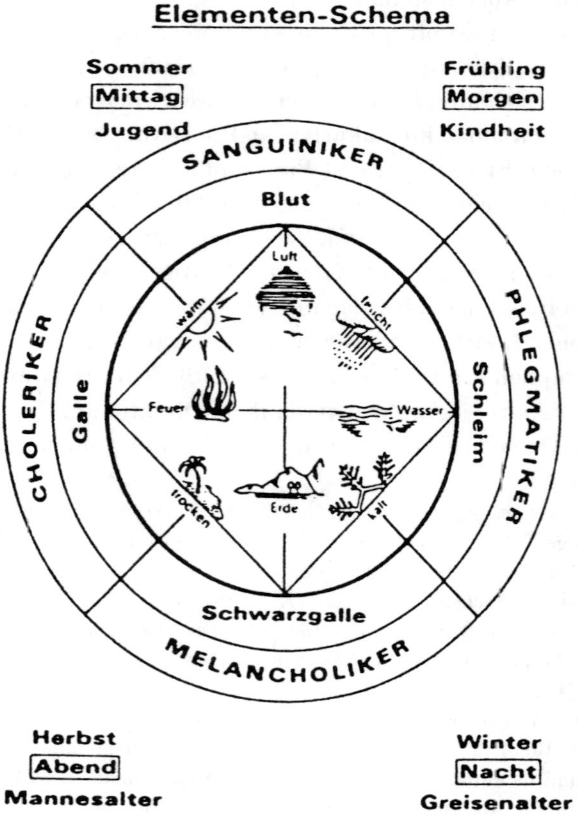

Mansūr ibn Ishāq (Fürst von Kirmān und Ḫurāsān), dem er sein zehnteiliges medizinisches Lehrbuch „al-Kitāb al-mansūrī" („Liber ad Almansorem") gewidmet hat: 1) Anatomie und Physiologie, 2) Temperamente, 3) Einfache Heilmittel, 4) „Hygiene" (Regimen sanitatis), 5) Hautkrankheiten und Kosmetik, 6) Diät für Reisende, 7) Chirurgie, 8) Gifte, 9) Spezielle Pathologie und 10) Fieberlehre.

Rhazes widmete darin als erster arabischschreibender Arzt der Chirurgie ein eigenes Buch mit 27 Kapiteln. Über den Krebs (9. Kap.) sagte er, daß er *fere incurabilis* sei[30]. Im 20. Kapitel über Blutungen und Wunden[31] unterscheidet Rhazes arterielle und venöse Blutungen. Falls die Blutung nicht aufhört, müsse man die betreffende Arterie oder Vene „anschneiden" und mit einem Präparierhaken herausziehen, durchtrennen und die Wunde ausfüllen;[32] auf die Wunde solle man Hasenhaare mit Eiweiß vermischt, Aloe, Weihrauch und Drachenblut legen; andernfalls müsse man Kauteren (Brenneisen) oder Ätzmittel anwenden[33].

Im 21. Kapitel über den Aderlaß[34] zählt Rhazes eingangs die Venen

---

[30] Lat. Druck: Abubetri Rhazae Mahomethi ... per Gerardum Toletanum medicum Cremonensem, Andream Vesalium Bruxellensem, latinitate donata... Basel 1544 (Ndr. Brüssel 1973) 167.

[31] Ebd. 172f.: „De fluxu sanguinis et vulneribus".

[32] Ebd. 173: *Quod si propter hoc non sistitur sanguis, arteria illa, aut vena est incidenda. Cuius incisio est, ut vena vel arteria cum uncino elevata, si videri poterit, suspendatur et extrahatur, deinde incidatur, locusque ex eis quae diximus post illud repleatur;* vgl. Ernst Julius Gurlt, *Geschichte der Chirurgie* 1. Berlin 1898, 601–611.

[33] Rhazes (wie Anm. 30) 172f.: *Post haec vero leporis pili cum albumine ovi mixti, aloe, et thure, ac sanguine draconis tritis involuti, vulneri sunt immitendi. Oportet vero ut cauterium quo fit combustio valde sit ignitum, et vehementer rubeum, ubi summopere est cavendum, ne super nervum ponatur;* s. u. S. 341 (Avicenna) mit Anm. 57; vgl. Hans-Joachim Peters, *„Das Buch von alten Schäden"* 1: *Text.* Med. Diss. Bonn 1973, Kap. 58 (36f.); Ingrid Ruhland, Das „Buch von alten Schäden" 2: Kommentar und Wörterverzeichnis (*Würzburger medizinhistorische Forschungen* 23) Pattensen/Hann. 1982, 103 (Kap. 58): Als Sekretionshemmer und zur Blutstillung wurde das im dritten Grade kalt-trockene Drachenblut benutzt (datiert um 1450).

[34] Ebd. 173–178: „De missione sanguinis". Der Aderlaß wird auch als *venaesectio*, Phlebotomie und im Falle der *arteriae temporales* als Arteriotomie bezeichnet. Neben diesem sehr ausführlichen Aderlaßkapitel finden wir im 4. Buch über das „Regimen sanitatis" zwischen dem „Nutzen des Weintrinkens" und „Nutzen und Schaden des Purgierens" das kurze 14. Kapitel „De usu et iactura phlebotomiae et quomodo debeat fieri"; nach humoralpathologischen Indikationen und einer kurzen Krankheitsliste wird als Grund der hiesigen Plazierung genannt: *in sanitate conservanda valde proficiens.* Ortrun Riha, Der Aderlaß in der mittelalterlichen Medizin. *Medizin, Gesellschaft und Geschichte* 8 (1989) 92–118, bes. 95, hat wohl den Haupteintrag im 7. Buch über die Chirurgie (fünf ganze Seiten) übersehen.

für die Phlebotomie mit Angabe der einzelnen Erkrankungen auf, z. B. die rechte (*vena salvatella*) bei Leberschwäche und die linke bei einer Milzerkrankung[35].

Natürlich begegnet uns der Aderlaß auch im 9. Buch über die spezielle Pathologie bei den indizierten Krankheiten wieder. So empfiehlt Rhazes z. B. im 39. Kapitel „De polypo et sarcomate" beim unteren Teil der Nase, zuerst die Oberarmvene (*vena humeralis*) anzuschneiden und dann eine Charpie mit grüner Salbe darauf zu legen[36].

Der persische Arztphilosoph Rāzī schrieb alle seine Werke auf Arabisch, das durch den Islam, den Koran in arabischer Sprache und das religiöse Gesetz (*scharīʿa*) als *lingua franca* – dem Latein im Abendland vergleichbar – im riesigen muslimischen Reich fungierte, das sich um 800 von Spanien im Westen bis Afghanistan im Osten und vom Kaukasus im Norden bis nach Zentralafrika im Süden erstreckte.

In Bagdad wirkte der aus Ahwâz (heute im Iran) stammende Arzt ʿAlī ibn al-ʾAbbās al-Maǧūsī (gest. 994; latinisiert Haly Abbas). Sein einziges Werk ist eine medizinische Enzyklopädie in zwei Teilen, einem theoretischen und einem praktischen zu je zehn Abhandlungen (*maqālāt*), die uns als „Königliches Buch" („Liber regius")[37] bekannt ist, weil sie dem Buyidenfürsten ʿAdudaddaula gewidmet ist. Dieser hatte im Jahre 982 in Bagdad ein großes Krankenhaus eröffnet, an dem 24 Ärzte fest angestellt waren und von denen fünf zusätzlich zur Erteilung medizinischen Unterrichts verpflichtet wurden[38].

Haly Abbas hat in der 9. Abhandlung des 2. Teils des „Königlichen Buches" in 111 Kapiteln die Chirurgie abgehandelt: Aderlaß, Kauterisation, Starstich, Zahnextraktion, Steinschnitt, Kastration, Frakturen, Luxationen und Orthopädie.

So empfiehlt er z. B. im 4. Kapitel („De arteriarum amputatione") bei Verletzung der benachbarten Arterie beim Aderlaß an der *vena brachialis,* sobald adstringierende und kauterisierende Mittel die Blutung

---

[35] Ebd. 174.

[36] Basel 1544, 235: *Humeralem venam incidere iuvat. Deinde linimentum tortile unguento viridi imbutum, naribus impositum bene facit.*

[37] Arab. Druck: *Kāmil as-sināʿa at-tibbīya*, 2 Bde. Būlāq 1294 (= 1878 n. Chr.). Teile sind übersetzt worden: s. ULLMANN (wie Anm. 22) 140 ff. (bes. Anm. 9 mit Literaturangaben); SEZGIN (wie Anm. 20) 320–322.

[38] Ibn abī Usaibiʿa, Bd. 1, 310, Z. 13–23; FRIEDRUN R. HAU, Die Bildung im Islamischen Mittelalter. Teil II: Ausbildung. *Clio medica* 13, 3/4 (1979) 175–200, hier 181 f.

nicht stillen, die Arterie durch einen Schnitt freizulegen, zu isolieren, mit einem Seidenfaden doppelt zu unterbinden und das Blutgefäß an der Verletzungsstelle durchzuschneiden[39]. Danach sollen Styptica auf die Stelle gelegt werden, wie z. B. Aloe, Weihrauch, Sarcocoll und Drachenblut[40]. Dieselbe Art von „Amputation" wird bei den Arterien hinter dem Ohr und an der Schläfe beschrieben (Kap. 6 und 7, vgl. Abb. 2).

Zur Behandlung der Abszesse (9. Kap.), der Drüsengeschwülste (11. Kap.) und des Krebses der Brustdrüse (12. Kap.) wird die Exstirpation empfohlen[41].

Bei Erstickungsgefahr ist eine Tracheotomie (38. Kap.) indiziert: Man schneide unterhalb des Kehlkopfes zwischen dem dritten oder vierten Ring (die Stelle ist fleischlos) von vorn vorsichtig die Membran ein, aber nicht durch, nachdem der Kopf des Patienten etwas nach hinten gedrückt wurde. Die Luft strömt dann kräftig heraus; nach dem Abklingen der lebensbedrohlichen Symptome wird nur die Membran mit einer Naht wieder vereinigt. Wenn jemand zaghaft bei der Operation ist, kann er mit einem (Präparier-)Haken (*cum sinnara,* arab. *sinnāra*) die Haut anspannen und eventuell die Gefäße zur Seite schieben[42].

Nach Gurlts Meinung besteht der Wert in Haly Abbas' Ausführungen hauptsächlich in den diätetischen Voschriften und der Prüfung mancher Arzneimittel, mit denen der Arzt auch Heilversuche an kranken Tieren anstellte. In der Chirurgie hält er sich meistens an Paulos von Aegina, versieht die Passagen oft mit Zusätzen. Die Abschnitte über die Geburtshilfe sind für die Geschichte der Gynäkologie bei den Arabern von besonderer Bedeutung[43].

---

[39] Vgl. Galen: De methodo medendi, 13. Buch, 22. Kap. (Kühn X 941 f.); Nikolaus Mani, Die wissenschaftlichen Grundlagen der Chirurgie bei Galen, in: *Galen's method of healing. Proceedings of the 1982 Galen Symposium.* Leiden u. a. 1991, 26–49, hier 42 f. Klarer ist die Doppelligatur bei dem Nichtarzt Celsus beschrieben (lib.V, 26, 21).

[40] Bd. 2, 461, Z. 27–462, Z. 1: *Batr asch-schiryān = amputatio arteriae.* Schon im 1. Kapitel empfiehlt sie Haly Abbas, wenn bei der *vena basilica* die Arterie direkt darunterliegt (Bd. 2, 457, Z. 22 f.) und etwas später, sofern eine Schwellung (*waram*) mit Blutansammlung unter der Haut existiert, damit der Anstich nicht zu groß, aber auch nicht zu klein wird (ebd. Z. 30–32); s. u. S. 341 (Avicenna) mit Anm. 57.

[41] Arab. Text Bd. 2, 462, Z. 17–463, Z. 11 (Kap. 6 und 7); 466, Z. 14–467, Z. 1 (9. Kap.); 467, Z. 16–468, Z. 7 (11. und 12. Kap.); vgl. Gurlt (wie Anm. 32) 616.

[42] Haly Abbas (Arab.Text Bd. 2, 480, Z. 3–13) stützt sich auf Paulos (IV/33), der die Operation nach Antyll beschreibt; vgl. Gurlt (wie Anm. 32) Bd. 1, 486, 565.

[43] Ebd. 615.

Außerdem gehört diese medizinische Enzyklopädie zu den ersten Werken, die Constantinus Africanus um 1070 als „Liber pantegni" in die lateinische Sprache übertragen hat. Leider wurde die „Pantechne" später von dem weniger vollständigen, aber übersichtlicher strukturierten „Canon medicinae" Avicennas – mit bis zu vier Unterteilungen – verdrängt.

Im andalusischen Korduba lebte Abū l-Qāsim az-Zahrāwī (gest. nach 1009; latinisiert Albucasis u.a.)[44]. Er verfaßte eine medizinische Enzyklopädie in 30 Abhandlungen, deren erste die Physiologie, die zweite die Nosologie und Symptomenlehre und die letzte die Chirurgie darstellen und die zusammen fast die Hälfte des Buchumfangs ausmachen. Das Novum sind die Abbildungen von Instrumenten, die z. B. Antyll (1. Hälfte 2. Jhs.) in seinen „Cheirurgumena" nur detailliert beschrieben hat. Diese 30. Abhandlung über die Chirurgie ist somit das erste uns bekannte illustrierte Werk der Medizin schlechthin. Zwar fand der andalusische Arzt bei seinen Landsleuten im Vorderen Orient nur geringe Beachtung, gewann aber im christlichen Okzident um so mehr an Bedeutung. Denn Gerhard von Cremona (1114–1187) hat nach 1150 in Toledo Abū l-Qāsims medizinische Enzyklopädie als „Tesrif" wortwörtlich – und dies beschränkt sich nicht nur auf den Sachtitel – übersetzt[45]. Deshalb konnte ihn Guy de Chauliac in seiner „Cirurgia magna" (1363) annähernd zweihundertmal (auch unter Galef, Acaram, Sehravius)[46] zitieren.

Die 30. Abhandlung[47] ist in drei Teile gegliedert: 1) Kauterisation mit Brenneisen und ätzenden Drogen in 56 Kapiteln; 2) Verletzungen und chirurgische Erkrankungen in 97 Kapiteln und 3) Frakturen und Luxationen in 35 Kapiteln.

Abū l-Qāsim betont im Vorwort den „Nutzen der Glüheisentherapie bei kalten und feuchten Erkrankungen", wie es nach dem antiken

---

[44] ULLMANN (wie Anm. 22) 149–151; SEZGIN (wie Anm. 20) 323–325.

[45] EVA IRBLICH (Hrsg.), *Chirurgia Albucasis. Vollständige Faksimile-Ausgabe im Originalformat von Codex series nova 2641 der Österreichischen Nationalbibliothek mit Kommentar*, 2. Bde. Graz 1979.

[46] GUNDOLF KEIL (Hrsg.), *Guy de Chauliac, Chirurgia magna (nach Laurent Joberts Ausgabe von 1579)*. Darmstadt 1976: Albucasis 176mal, Acaram Galef 23mal, Sehravius 1mal.

[47] MARTIN S. SPINK – G. L. LEWIS, *Albucasis On Surgery and Instruments. A definitive edition of the Arabic text with English translation and commentary*. London 1973; vgl. zu Paulos von Aegina: JOHANN L. HEIBERG, *Paulus Aegineta*, 2 Bde. Leipzig 1921–1924 (6. Buch über die Chirurgie = 2, 42–183); JOHANNES BERENDES, *Paulos' von Aegina des besten Arztes sieben Bücher*. Leiden 1914 (6. Buch 466–604); vgl. GURLT (wie Anm. 32) 620–648.

Grundsatz *contraria contrariis curantur* opinio communis sei. „Das Feuer ist anderen medizinischen Brennmitteln überlegen, da es das Umfeld des Krankheitsherdes nicht angreift, dadurch keine anderen schwerwiegenden Erkrankungen verursacht und in seiner Wirkung auf den begrenzten Krankheitsherd beschränkt bleibt. Die Kauterisation ist zu jeder Zeit anwendbar und nicht an bestimmte Jahreszeiten gebunden, sie erzielt eher selten die definitve Heilung einer Krankheit, und sie soll erst nach anderen, erfolglos gebliebenen Behandlungsmethoden zur Anwendung gelangen." Er bevorzugt das Kauterium aus Eisen vor dem aus Gold, weil „am Rot des erhitzten Goldstabes die gewünschte Temperatur schlecht erkennbar" ist und Gold sowohl rasch abkühlt als auch schmilzt; „daher ist Eisen als Material eher zu empfehlen"[48].

Am Kopf ist die Kauterisation indiziert bei Kopfschmerz (1. Kap.), bei Migräne – nichtchronischer (4. Kap.) wie auch chronischer (5. Kap.) – bei chronischer Apoplexie (8. Kap.), bei Lähmung und Schlaffheit des ganzen Körpers (10. Kap.), bei Melancholie (12. Kap.), beim Grauen Star (13. Kap.), bei Zahnschmerzen (23. Kap.) und bei Heiserkeit der Stimme und Atemnot (25. Kap.). Im 28. Kapitel rät Abū l-Qāsim wegen „Kälte und zu großer Feuchtigkeit" zur Kauterisation des Magens (Abb. 3)[49]. Im 59. und letzten Kapitel des ersten Teils empfiehlt er bei einer arteriellen Blutung die Kauterisation (Abb. 4)[50].

Im zweiten Teil über chirurgische Erkrankungen werden diese in der für die Pathologie typischen Folge a capite ad calces aufgezählt. Für Zahnwurzelextraktionen (31. Kap.) wird die übliche schnabelartige, innen gezähnte Zange beschrieben. Diese kreisartig erweiterte, innen gezähnte Zange, den sog. „Cephalotripter", den auch schon Paulos neben anderen Instrumenten im Notfall für die Extraktion eines Feten empfahl (6. Buch, 74. Kap., „Zahnstange"), sofern der Fet nicht selbst durch Preßwehen herauskommt oder die Beckenöffnung zu eng ist, bildet Abū l-Qāsim (77. Kap.) nun erstmals ab (Abb. 5)[51].

---

[48] Wiener Codex, ed. IRBLICH (wie Anm. 45), fol. 3vb, Komm.-Bd. 39; SPINK – LEWIS (wie Anm. 47) 8/9f.

[49] Ebd. fol. $10^{ra/b}$, Komm.-Bd. 3; SPINK – LEWIS (wie Anm. 47) 80/1f.: *bard wa-ruṭūbāt kaṯīra*. Abū l-Qāsim benutzte entweder die dreieckförmige Kauterisation oder das kreisförmige Glüheisen (Abb. 4).

[50] Wiener Codex, ed. IRBLICH (wie Anm. 45) fol. 16^{rb}f., Komm.-Bd. 46; SPINK – LEWIS (wie Anm. 47) 162/3f., hier Kap. 56.

[51] Ebd. 488/9f.: fig.144 (491). Zu Paulos von Aegina s. BERENDES (wie Anm. 47) 540–543.

Wenn nach einem Sturz auf die vorderen Zähne diese wackelig geworden sind (33. Kap.), soll man Silber- oder Golddraht verwenden und sie in genau vorgegebener Manier damit wieder befestigen (Abb. 6)[52].

Im 86. Kapitel werden ausführlich Defluxionen und Fisteln besprochen. Wenn lange Knochen wie die Tibia, das Femur etc. von Fisteln befallen sind, soll das ganze schwarze Gewebe ausgeschabt werden: „If the corrupt portion be very extensive and reach to the marrow of the bone, you will not be able to avoid sawing it off and cutting it all away to the point where the corruption end; then dress until healed.“[53] (Abb. 7 und 8).

Das 96. Kapitel des zweiten Buches erörtert das Schröpfen. Es gibt Schröpfköpfe aus Horn, Holz, Kupfer oder Glas (Abb. 9). Man unterscheidet trockenes Schröpfen an Thorax, Rücken und Bauch sowie blutiges Schröpfen an 14 Körperstellen (Abb. 10).

Der türkische Arzt Scherefeddin Saboncuoglu übertrug im Jahre 1465 die 30. Abhandlung ins Osmanisch-Türkische und hat die jeweiligen Krankenbehandlungsszenen bildlich dargestellt (Abb. 11 und 12). Scherefeddin lehrte an der Medizinschule in Amasya (gegr.1308) theoretische Medizin. Interessant ist in diesem Zusammenhang, daß die von den Seldschuken gegründeten Krankenhäuser (von 1206 bis 1300 etwa 15) dem Gesundheitsminister unterstanden. Exemplarisch sei der sog. „Zwillingsbau“ in Kayseri erwähnt. Gevher Nesibe, die Schwester des Seldschukenherrschers Giyaseddin Keyhusrev (1204–1210), ließ ein Krankenhaus und eine Medizinschule als Doppelbau errichten. Nach ihrem plötzlichen Tod mit 27 Jahren an Schwindsucht (Phthisis) hatte ihr Bruder den Bau der Anlage vollenden lassen und 1206 eingeweiht[54]. Hier in Kayseri sind theoretischer und praktischer Unterricht am Krankenbett offensichtlich – wie einst in Gondeschapur – vereint; das garantierte die Durchgangspforte mitten in der Mauer.

Die Abbildungen der arabischen chirurgischen Instrumente des Abū l-Qāsim haben einen großen Einfluß auf das mittelalterliche Europa ausgeübt und liegen uns in lateinischen Ausgaben vor: Venedig 1477, 1497, 1500, Straßburg 1532, Basel 1541.

---

[52] Ebd. 292/3 f.: fig.76 (295); Wiener Codex, ed. IRBLICH (wie Anm. 45) fol. 26ra/b = Kapitel 34(!).

[53] SPINK – LEWIS 558/9: fig. 162 (567). Die Abbildung zeigt die große Bogensäge (arab. *minschār kabīr*).

[54] HAU (wie Anm. 38) 184 (bes. Anm. 201 – Literaturangaben).

Abb. 1: Dioskurides zeigt einem Schüler die Mandragora-Wurzel (Alraun-Wurzel), deren Blätterextrakt zur Herstellung der *spongia somnifera* verwendet wurde. Arabisches Manuskript der „Materia medica“ des Dioskurides (1. Jh.). Bagdad 1229 (jetzt in Topkapi Sarāy Museum, Istanbul, Ahmet III 2127, fol. 2v).
Aus: SEYYED HOSSEIN NASR, *Islamic Science*. Westerham/Kent 1976, 186, pl. 110.

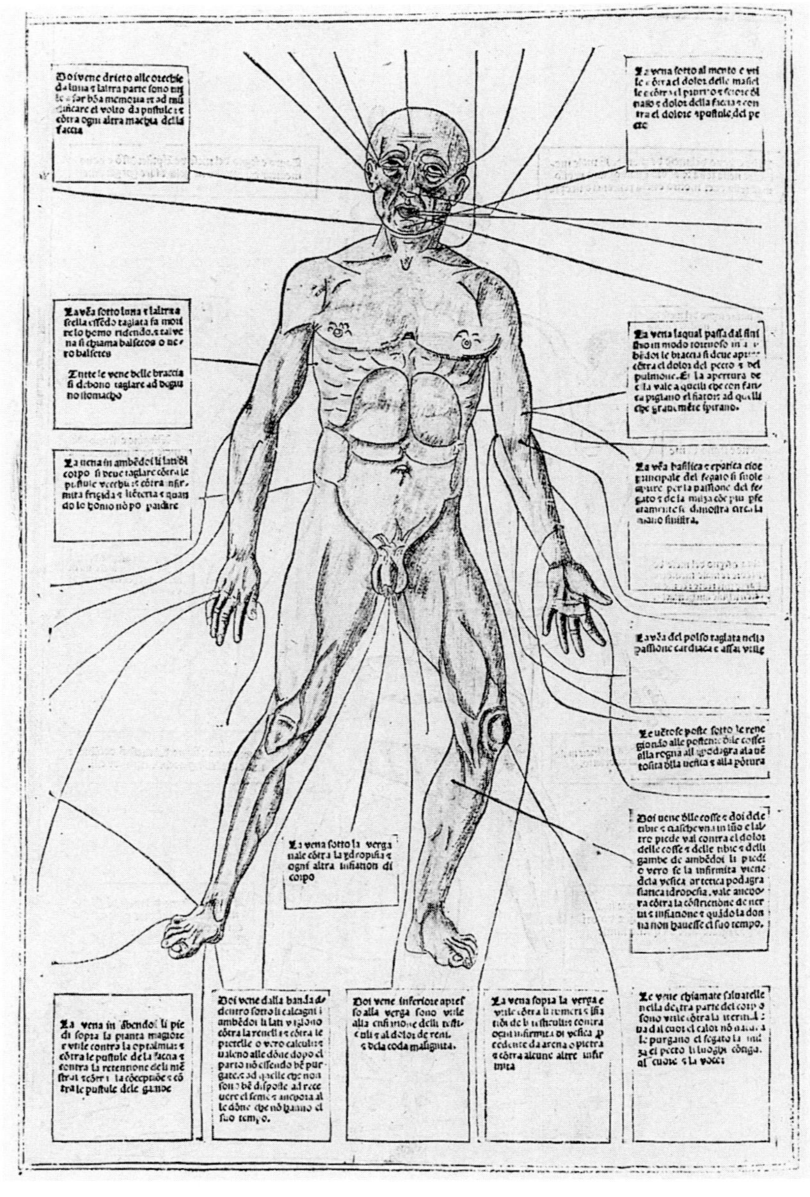

Abb. 2: „Aderlaßmann". Es werden die insgesamt 33 möglichen Körperstellen für den Aderlaß angezeigt. Johannes de Ketham, Fasciculus medicinae. Venedig, Giovanni und Gregorio de' Gregori 1493. Bergamo, Civica Biblioteca, Inkunabel Nr. P 310, fol. bII^{v}, Tabula secunda.
Aus der Faksimile-Ausgabe des italienischen Erstdrucks (*Monumenta Longobardica* VII) Gorle/Bergamo 1976.

Abb. 3: 30. Abhandlung des „Tasrīf" von Abū l-Qāsim (10. Jh.) über die Chirurgie, 1. Teil, 28. Kap.: „De cauterizatione stomachi". Wien, Österreichische Nationalbibliothek, Cod. ser. nov. 2641, 14. Jh., fol. 10r.
Aus: Irblich (wie Anm. 45).

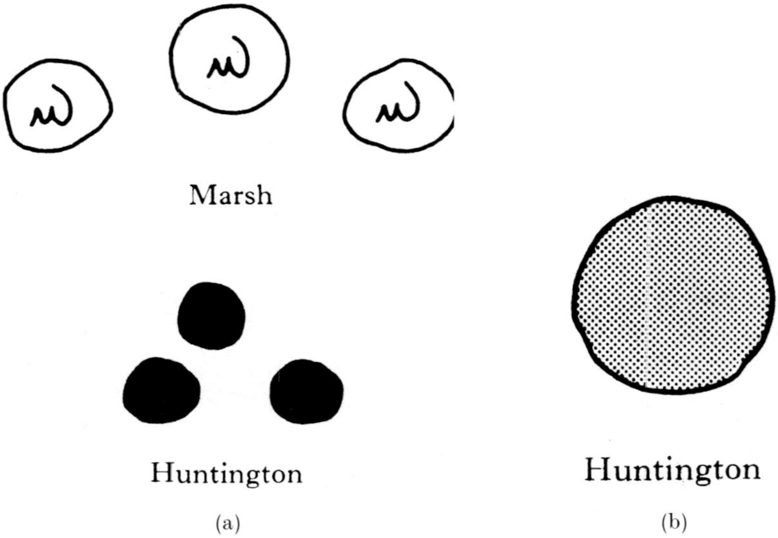

Abb. 4: Für die Kauterisation des Magens benutzte Abū l-Qāsim az-Zahrāwī entweder die dreieckförmige Kauterisation (a) oder das kreisförmige Glüheisen (b). Aus: SPINK – LEWIS (wie Anm. 47) 81, fig. 22 und 23.

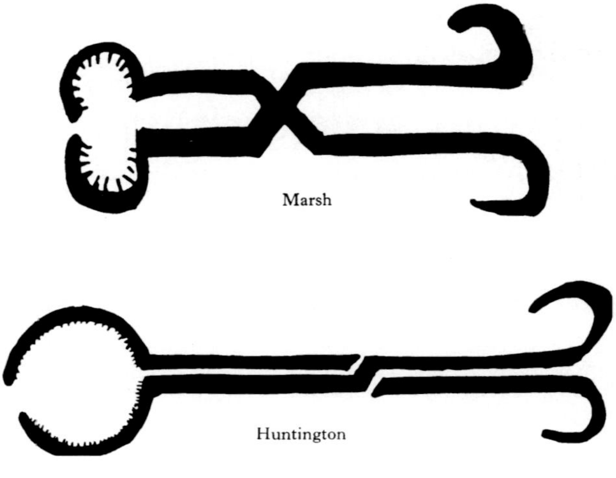

Abb. 5: Abū l-Qāsims Cephalotripter.
Aus: SPINK – LEWIS (wie Anm. 47) 491, fig. 144.

ذا الدهر كلّه ، وهذه صورة الأضراس وهيئة التشبيك فى ضرسين
حيحين وضرسين متحرّكين كما ترى :

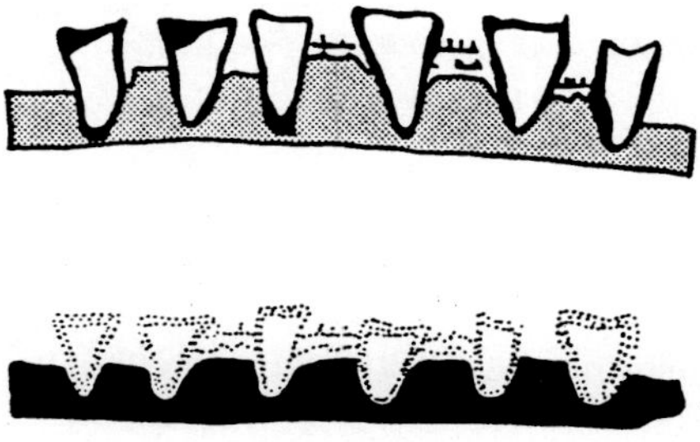

وقد تردّ الضرس الواحد او الاثنين بعد سقوطهما فى موضعهما
شبّك كما وصفنا وتبقى ، وإنّما يفعل ذلك صانع درب رفيق ، وقد
حت عظ من عظا. البق فيصنع منه كهيئة الضرس ويجعل فى الموضع

Abb. 6: Abū l-Qāsim beschreibt, wie man wackelige Zähne – nach einen Sturz – mit Silber- oder Golddraht wieder befestigen kann.
Aus: SPINK – LEWIS (wie Anm. 47) 295, fig. 76.

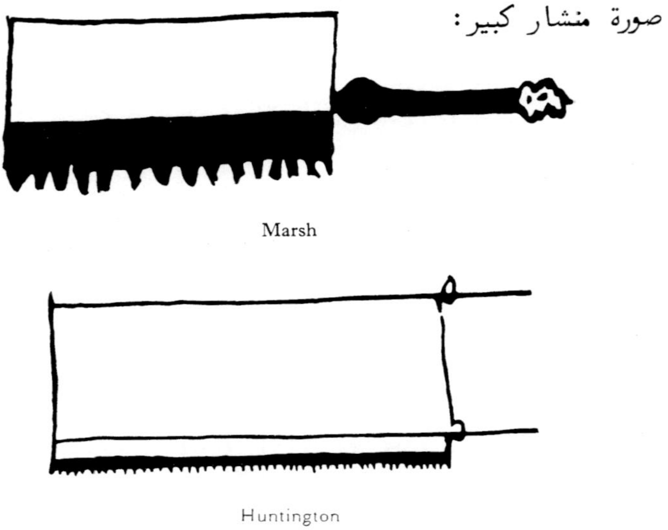

Abb. 7: Im 86. Kapitel des 2. Teils der 30. Abhandlung aus Abū l-Qāsims „Tasrīf" ist eine große Bogensäge für Amputationen abgebildet.
Aus: SPINK – LEWIS (wie Anm. 47) 567, fig. 162.

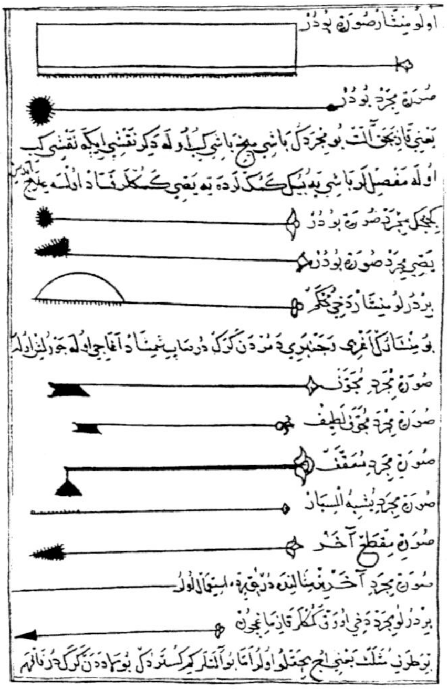

Abb. 8: Abū l-Qāsims Instrumente zum Amputieren von Gliedern und zur Resektion von Knochen.
Aus: PIERRE HUARD – MIRKO DRAZEN GRMEK (Hrsg.), *Le premier manuscrit chirurgical turc rédigé par Charaf ed-Din (1465) et illustré de 140 miniatures*. Paris 1960, fig. 138.

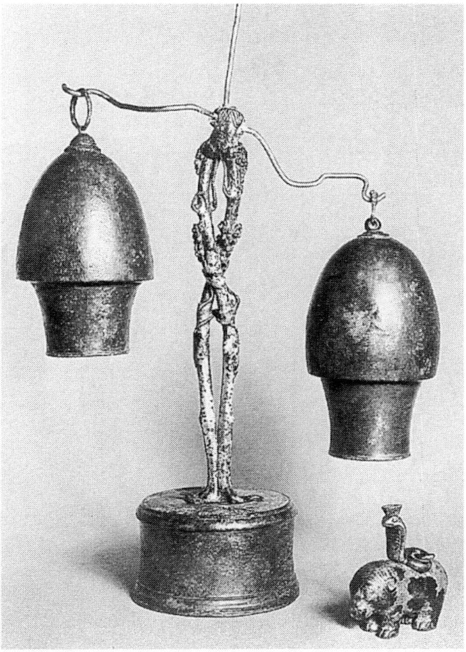

Abb. 9: Römische Schröpfköpfe aus Kupfer (1./2. Jh.).
Aus: Ernst Künzl, Medizinische Instrumente aus Sepulkralfunden der römischen Kaiserzeit (*Kunst und Altertum am Rhein* 115) Köln–Bonn 1983, Farbumschlag.

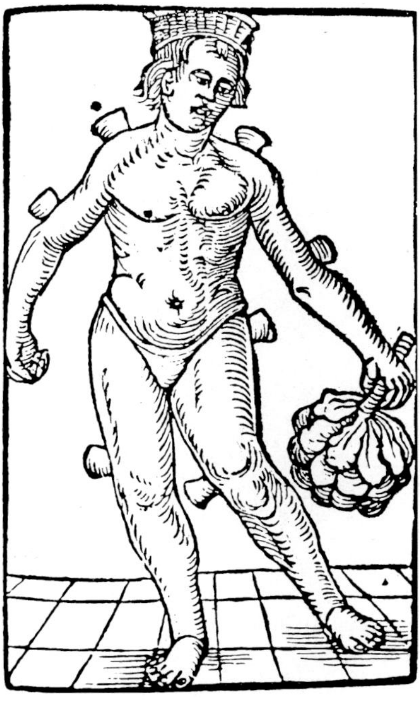

Abb. 10: „Schröpfmann". Man unterscheidet trockenes (= an Thorax, Rücken und Bauch) und blutiges Schröpfen an 14 Körperstellen. Holzschnitt aus Georg Pictorius, Tuendae sanitatis ratio per sex rerum non naturalium ordinem. Paris 1555.
Aus: Helmut Vogt, Das Bild des Kranken. München 1969, 128.

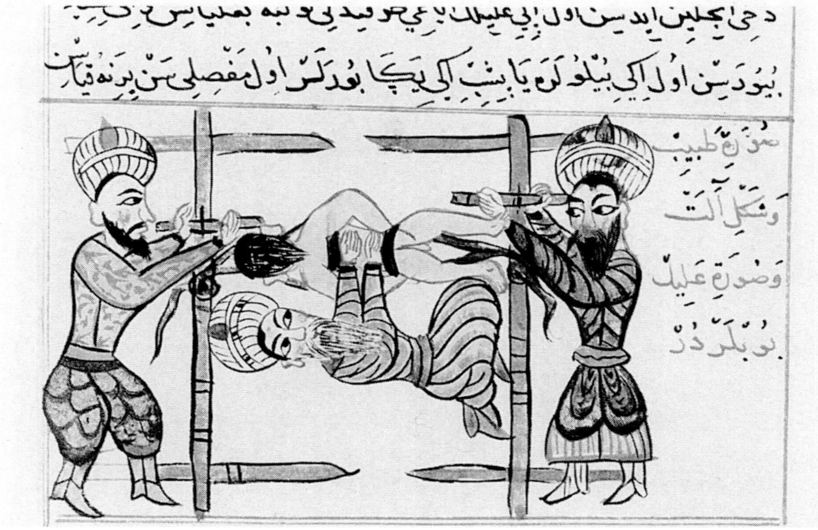

Abb. 11: Reduktion einer Wirbelsäulenluxation nach Abū l-Qāsim. Scherefeddin Saboncuoglu übertrug 1465 in Amasya die 30. Abhandlung über „Chirurgie" aus Abū l-Qāsims „Tasrīf" frei ins Osmanisch-Türkische.
Aus: HUARD – GRMEK (wie Abb. 8) fig. 127.

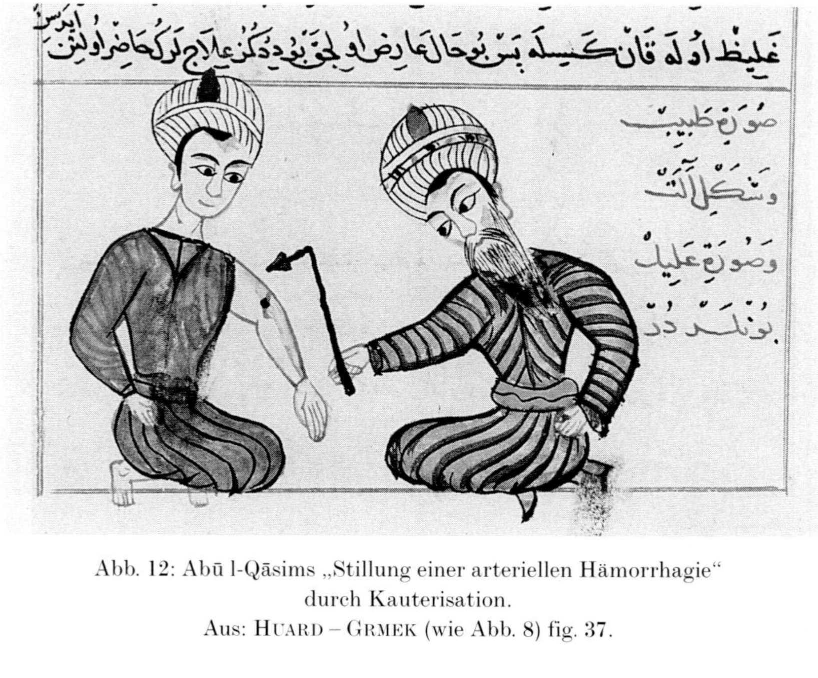

Abb. 12: Abū l-Qāsims „Stillung einer arteriellen Hämorrhagie" durch Kauterisation.
Aus: HUARD – GRMEK (wie Abb. 8) fig. 37.

Abb. 13: (a) Der „Starstich“ nach dem Ms. Sloane 1975 (12. Jh.) im British Museum, London.
Aus: Gert Carstensen – Hans Schadewaldt – Paul Vogt, *Die Chirurgie in der Kunst.* Düssendorf–Wien 1983, 107.

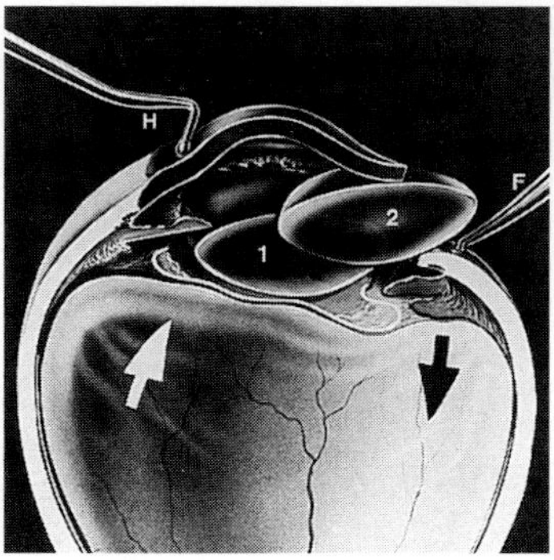

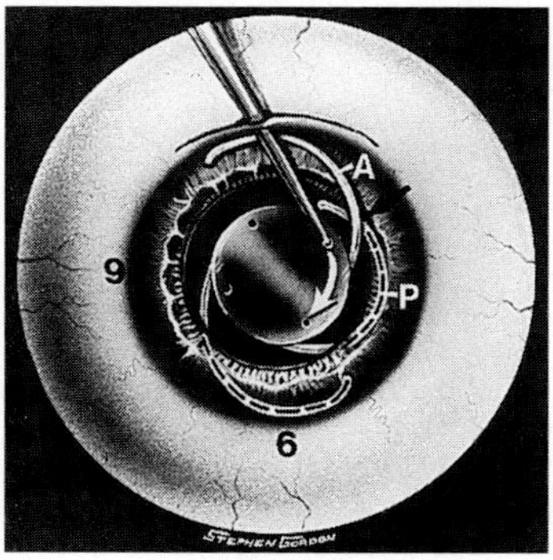

(b) und (c) Staroperation heute nach Stephen Gordon, *Highlights of ophtalmology,* ed. by Benjamin F. Boyd. Tennessee 1980, vol. 2, fig. 57–10 bzw. 47-2.
Photo: Priv.-Doz. Dr. Frank Koch, Augenklinik Bonn.

Abb. 14: Behandlungsszene aus der Chirurgie des Roland von Parma (sog. „Rolandia"): Eine Ärztin bandagiert den dislozierten Kiefer einer Patientin. Rom, Biblioteca Casanatense, Ms. 1382, 14. Jh., fol. 9.
Aus: MALVINE E. RING, *Dentistry. An illustrated history.* New York 1985, Ndr. St. Louis–Toronto–Princeton 1986, 107, pl. 86.

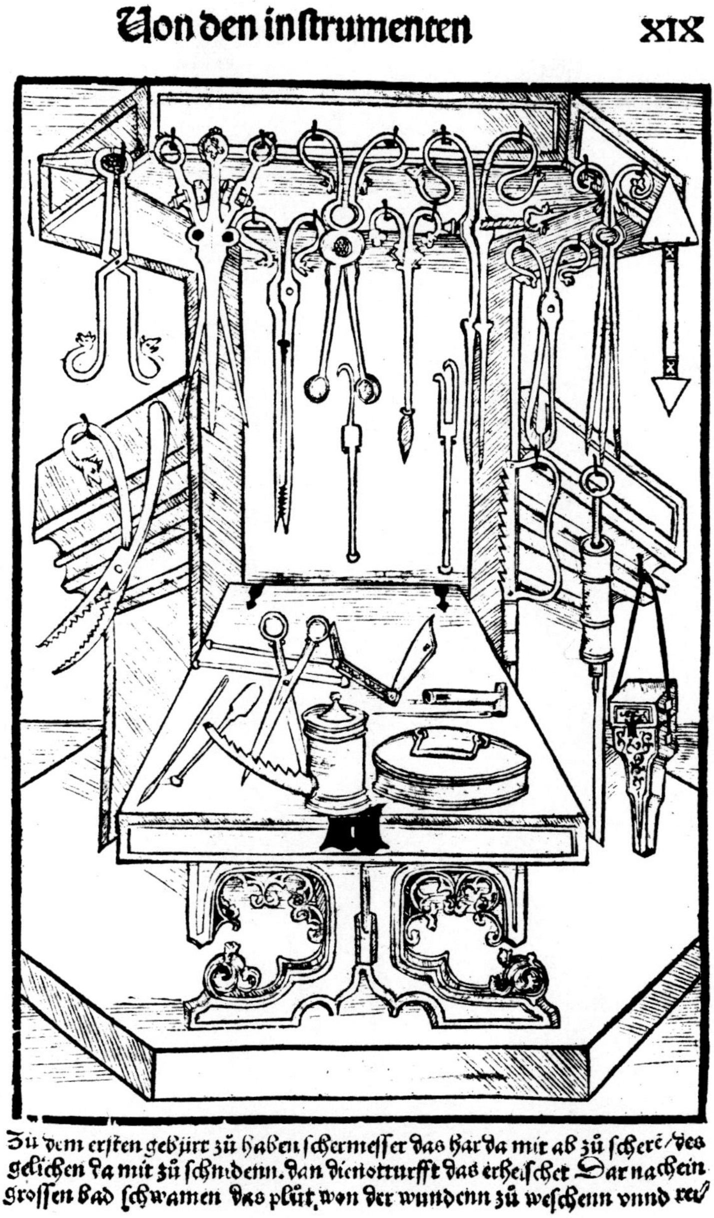

Abb. 15: Transportabler Instrumentenschrank eines Wundarztes. Holzschnitt aus Hieronymus Brunschwig, Dis ist das buch der Cirurgia. Straßburg 1497. Aus: PROBST (wie Anm. 81) fol. XIX^r.

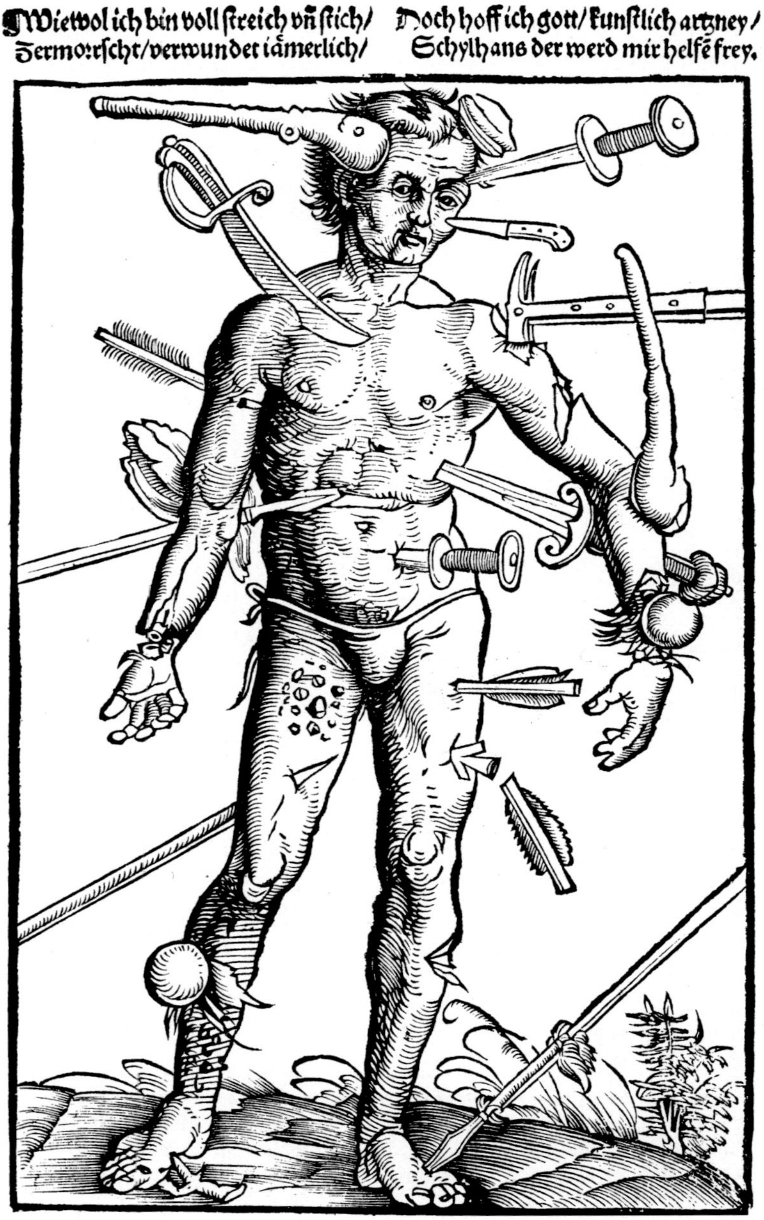

Abb. 16: Der „Wundenmann“. Holzschnitt aus Hans von Gersdorff, Feldtbuch der wundartzney. Straßburg 1517.
Aus: STEUDEL (wie Anm. 82) fol. XVIII^{v}.

Abb. 17: Kauterisation mit den wichtigsten Brenneisen aus dem „Feldtbuch der wundarztney“, Holzschnitt.
Aus: Steudel (wie Anm. 82) fol. XXX^{r}.

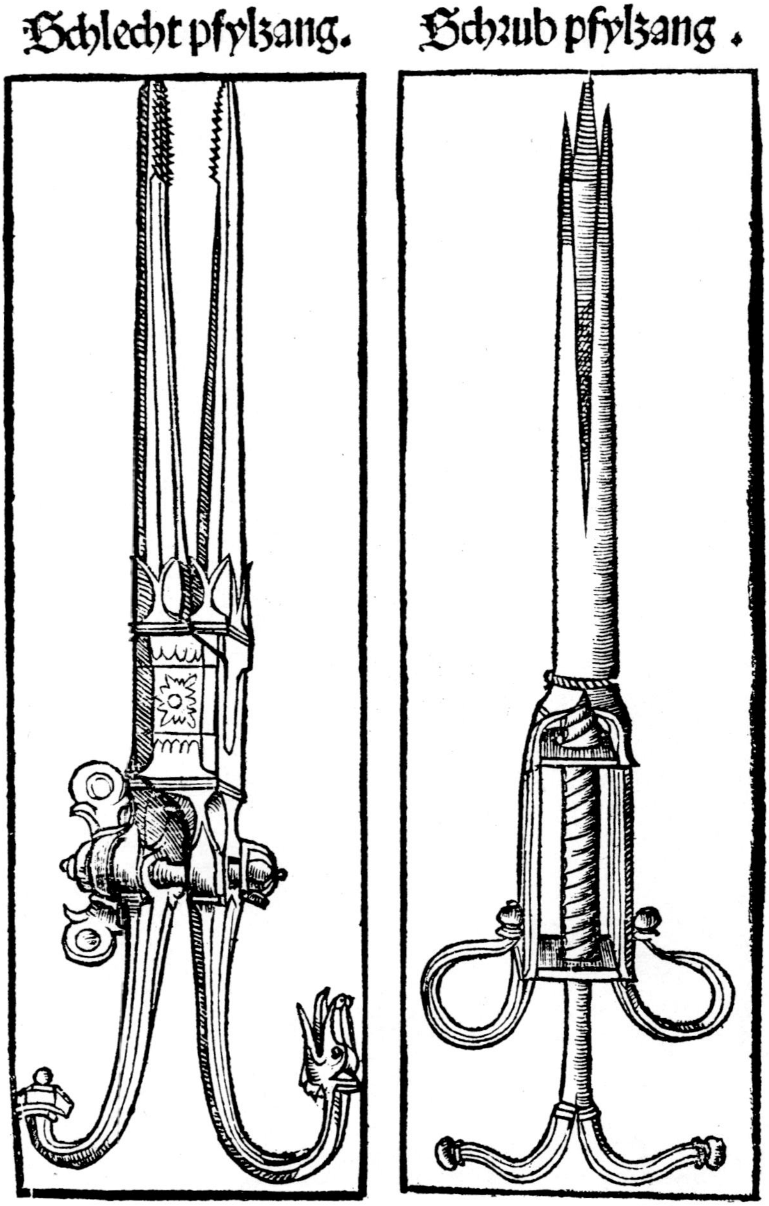

Abb. 18: Hans von Gersdorff bevorzugte zum Entfernen von Geschossen die Schraubpfeilzange (rechts), weil das innere Schraubgewinde Haut und Gewebe nicht verletzt. Holzschnitt aus dem „Feldtbuch der wundartzney“. Aus: STEUDEL (wie Anm. 82) fol. XXXIX^{v}.

Abb. 19: Beinamputation im „Feldtbuch der wundartzney“, Holzschnitt. Hans von Gersdorff begann schon im gesunden Fleisch zu sägen.
Aus: Steudel (wie Anm. 82) fol. LXX.

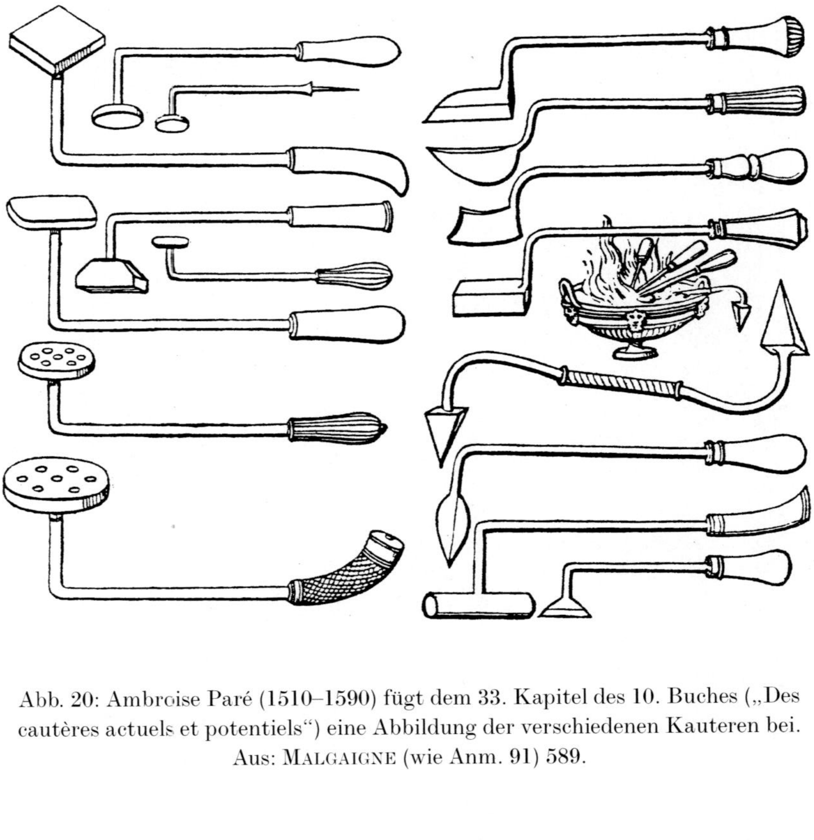

Abb. 20: Ambroise Paré (1510–1590) fügt dem 33. Kapitel des 10. Buches („Des cautères actuels et potentiels“) eine Abbildung der verschiedenen Kauteren bei. Aus: MALGAIGNE (wie Anm. 91) 589.

Abū ʿAlī al-Husain ibn ʿAbdallāh ibn Sīnā (980–1037; Avicenna), bei Buchara geboren, ist nach seinem Philosophie- und Medizinstudium von einem Fürstenhof zum anderen gereist. Die Fürsten konsultierten ihn wegen seines Rufes als exzellenter Theoretiker. Statt eines Honorars bevorzugte er den Zutritt zur Privatbibliothek des jeweiligen Fürsten, um kostbare Handschriften studieren zu können[55].

Sein medizinisches Hauptwerk ist der „Qānūn fī t-tibb" („Canon de medicina" bzw. „Liber Canonis") in fünf Bänden: 1) Allgemeiner Teil: Physiologie, Nosologie, Ätiologie, Symptomatologie, Prinzipien der Therapie, 2) Materia medica, 3) Spezielle Pathologie in a-capite-ad-calces-Anordnung, 4) Allgemeine Pathologie, beginnend mit der Fieberlehre über Geschwülste, Exzeme, Verwundungen, Frakturen, Luxationen, Vergiftungen und am Ende mit den Hautkrankheiten und 5) Zusammengesetze Heilmittel, endend mit einem Abschnitt über Kosmetik (Haarausfall etc.) sowie Apothekermaße und -gewichte.

Im 4. Buch werden in Fen 4 (arab. *fann* = Zweig) chirurgische Fälle wie Wunden, Geschwüre und Verletzungen behandelt.

So werden in seinem 1. Traktat Wunden und Geschwüre mit Regimen und Medizinen dargelegt. Besonders erwähnenswert sind im 2. Traktat das 16. und 17. Kapitel über Blutungen und Blutstillung nach dem Aderlaß[56]. Die Stillung empfiehlt Avicenna *cum ligatura* (Verband), *aut cum bucellatione* (wohl „Tamponierung") oder *cum cauterizatione* bzw. mit einem kauterisierenden Mittel. Im anschießenden Schlußkapitel des 2. Traktats werden einfache und zusammengesetzte Heilmittel aufgezählt, die den Blutfluß verhindern, wie Weihrauch, Schwefel, Aloe, Kalk, Sarkokoll oder Drachenblut[57].

Im 3. Traktat werden Ulcera, Fisteln und deren Exstirpation in 14 Kapiteln, im 4. Traktat in den Kapiteln 1–7 Wunden und Ulcera der

---

[55] Paul Kraus, Eine arabische Biographie Avicennas. *Medizinische Wochenschrift* 11/45 (1932) 1280–1284; Ullmann (wie Anm. 22) 152–156; Anne-Marie Goichon, Art. „Ibn Sīnā" in: *EI* 3 (wie Anm. 24) 941a–947b.

[56] Liber Canonis, ... a Gerardo Carmonensi ex Arabico sermone in Latinum conversa. Postea vero ab Andrea Alpago Bellunensi ... correctionibus ... Basileae, Joannes Hervagios, 1556, 872f.: „De fluxu sanguinis et retentione eius"; 873–875: „Canon curationis omnis fluxus sanguinis".

[57] Ebd. 875. Das kurze 18. Kapitel endet: *Aut sanguis draconis et sarcocolla, et conficiantur cum albumine ovi, et ponantur super pilos leporis, et praeparentur secundum locum*; s. o. S. 319 (Rhazes) und 320f. (Haly Abbas) mit Anm. 40. Der Leser fragt sich erstaunt, wie hoch die Lebenszeit des Drachen in der heißen und trockenen Wüste und demnach die Praktikabilität dieses Rezepts im Alltag zu veranschlagen sei.

Nerven, in den Kapiteln 8–14 Knochenerkrankungen und ihre Therapie behandelt. In Kapitel 9 taucht erstmals die *ventositas spinae et corruptio ossis* – wohl eine Art Knochenfraß – auf[58].

In Fen 5 ist der 1. Traktat mit 31 Kapiteln der *dislocatio et restauratio* von Knochen und Gelenken gewidmet, der 2. Traktat mit 19 Kapiteln den Frakturen allgemein und der 3. Traktat in 19 Kapiteln den speziellen Frakturen in der a-capite-ad-calces-Anordnung. Chirurgische Heilmittel werden in den Kapiteln 17–31 dargelegt.

Während Abū l-Qāsim die einzelnen Operationen mit großer Ausführlichkeit und Sachkenntnis detailliert beschreibt, fällt bei Avicenna, dem Arztphilosophen, die technische Ausführung der Operationen und Manipulationen recht knapp aus. Dafür zeichnet sich Avicennas „Canon medidicinae", nach 1167 durch Gerhard von Cremona wortwörtlich ins Lateinische übersetzt, durch präzise Strukturierung bis zu vier Unterteilungen aus; diese scholastische Form eignete besonders dem theoretischen Unterricht der angehenden Mediziner. Deshalb war er in Gerhards lateinischer Version das Standardwerk der Medizin bis ins 17. Jahrhundert im Okzident und sogar bis in unsere Tage in persischer Übersetzung im Iran[59].

Der christliche Arzt Ibn al-Quff (1233–1286)[60], der als Militärarzt während der Kreuzzüge genügend chirurgische Erfahrungen gesammelt hat, verfaßte als einziger arabischer Arzt ein Handbuch der Chirurgie unter dem Titel „Pfeiler in der Kunst der Chirurgie" in 20 Kapiteln[61].

Im ersten Teil beinhaltet die 1. Abhandlung die Definition der Chirurgie und die Viersäftelehre, die 2. bis 11. Abhandlung die Anatomie, und im zweiten Teil in der 12. bis 20. Abhandlung die Chirurgie nach dem humoralpathologischen Konzept. Im 18. Kapitel erörtert Ibn al-Quff die Kauterisation im einzelnen in der a-capite-ad-calces-Anord-

---

[58] Ebd. 886f.: *i. teredine ossium. Ventositatis spinae causa sunt humores acuti, penetrantes in os et corrodentes ipsum. Et incessus ventositatis spinae, est incessus doloris iuncturarum. Veruntamen materia in dolore iuncturarum est in carne et in ventositate spinae est in osse. Et est eius incessus vel dilatatio vel progressio corrumpens ossis partem unam post aliam. ... spina est spasmus in toto corpore propter ulcus*; vgl. auch GURLT (wie Anm. 32) 655.

[59] Mündliche Mitteilung von Prof. FALATURI, Köln und eines eigenen persischen Doktoranden; SCHIPPERGES (wie Anm. 26) 115.

[60] S. ULLMANN (wie Anm. 22) 176f.

[61] OTTO SPIES – HORST MÜLLER-BÜTOW, *Anatomie und Chirurgie des Schädels, insbesondere der Hals-, Nasen- und Ohrenkrankheiten nach Ibn al-Quff.* Berlin u. a. 1971.

nung. Er betrachtet detaillierte Kenntnisse in der Anatomie als Voraussetzung für jeden Chirurgen. Keiner seiner Vorgänger hat die Chirurgie so übersichtlich, klar und methodisch gegliedert wie Ibn al-Quff in seinem Handbuch. OTTO SPIES und HORST MÜLLER-BÜTOW haben in ihrer Teiledition das komplette Inhaltsverzeichnis (29 ff.), die Quellen (41 ff.), die arabische Terminologie (49 ff.) und die von Ibn al-Quff verwendeten 36 Instrumente, die oft durch Adjektive spezifiziert werden, vorgestellt und kommentiert: z. B. beim Kauterisiereisen a) nagelförmiges, b) olivenartiges oder c) mittleres olivenförmiges, d) „Punkt"-Kautere, e) messerartiges oder f) halbmondförmiges[62].

Bei den Schädelbrüchen (17. Abh., 15. Kap. 110) unterscheidet der Autor direkte, örtliche Frakturen ohne Wunde, d. i. eine sog. „geschlossene Fraktur", und Frakturen mit komplizierender Wunde, eine sog. „offene Fraktur". Im Hinblick auf die Kopfwunden (*schagga*), deren es sechs Arten gibt, führt Ibn al-Quff folgendes aus:

„Wenn diese Arten der Verletzung vorliegen, wobei ... das austretende Blut gering ist, führe beim Patienten den Aderlaß durch und lasse bei ihm so viel Blut ab, wie nötig ist und seine Kraft vertragen kann. Wenn aber viel (Blut) austritt, setze ihm Schröpfköpfe an. In beiden Fällen verbiete dem Patienten, überhaupt Saures zu essen und Kaltes zu sich zu nehmen. Als Nahrung verordne ihm Gemüseplatten, und zwar Platten von Kichererbsen, Spinat, Käsepappel, Gartenmelde, Malve, Nudeln mit süßer Mandelmilch, und sorge dafür, daß er Stuhlgang hat derart, daß du dem Patienten zu Beginn des Tages gereinigten Veilchensaft und Lotus mit heißem Wasser gibst; du streust auf die Oberfläche des Bechers Samen von Flohkraut. Wenn die Leibesentleerung nicht genügt, mache dem Patienten ein erweichendes Klistier."[63]

Er beschrieb in seinem Handbuch der Chirurgie schon Mitte des 13. Jahrhunderts die Kapillaren, die für den Austausch zwischen den Arterien- und Venenverästelungsenden sorgen, während bei Galen Arterien für den Lebensgeist und Venen zur Ernährung des Körpergewebes als voneinander getrennte Gefäßsysteme betrachtet wurden. Aber sein „Chirurgiebuch" ist nicht ins Lateinische übersetzt worden, so daß es im Abendland unbekannt blieb. Hier hat erst Marcello Malpighi 1661 die Kapillaren im Mikroskop gesehen und beschrieben.

---

[62] Ebd. 60 f.: *mikwāt* a) *mismārīya*, b) *zaitūnīya*, c) *zaitūnīya mutawassita*, d) *an-nuqta*, e) *sikkīnīya* und f) *hilālīya*.

[63] OTTO SPIES – HANS-JÜRGEN THIES, Die Propädeutik der arabischen Chirurgie nach Ibn al-Quff. *Sudhoffs Archiv* 55/4 (1971) 372–391, hier 381 f.

In der Augenheilkunde spielte bei operativen Eingriffen die wundärztliche Narkose, d. h. die Ruhigstellung des Patienten, eine nicht zu unterschätzende Rolle. Um 1000 empfahl ʿAlī ibn ʾIsā (Jesu Haly) in der „Erinnerungsschrift für Augenärzte" z. B. bei der Behandlung des großen und harten Flügelfells mit dem Messer, nachdem der Patient seinen Körper in üblicher Weise entleert hat: „Dann bringe den Kranken in Schlaf", und bei der Ausschneidung des heißen, chronischen Pannus mittels Messer: „Zuerst musst du den Körper entleeren, mit Arznei und mit Aderlaß. Darauf bringst du den Kranken in Schlaf vor dir."[64] Als Schlafmittel soll man Mohnsirup verabreichen oder den Kranken etwas von den betäubenden Mitteln riechen lassen, wie Mandragora und Opium u. dgl. Offen bleibt die Frage, ob man nur von „Antäubung" sprechen sollte, da das Scopolamin des Papaver somniferum L. und das Mandragorin der Alraune nur in leichten Schlaf versetzen (arab. *nauwama* mit Inf. *tanwīm;* vgl. Morphium). Ebenso offen bleibt die Frage, woher die Salernitaner die *spongia somnifera* hatten: Die Bologneser Chirurgen Ugo da Lucca und sein Sohn Teodorico dei Borgognoni (13. Jh.) verzeichnen folgendes Rezept: 1/2 Unze Opium, 8 Unzen Mandragorablätterextrakt, 3 Unzen Schierlingsblätterextrakt und genügend Wasser[65].

ʿAmmār al-Mausilī, ein Zeitgenosse und Arztkollege ʾIsās, hat in seinem „Abriß der Augenbehandlung" sechs Staroperationen klar und präzise beschrieben (Abb. 13a). Für die Radikal-Operation des weichen Stars durch Aussaugung erfand ʿAmmār eigens eine metallene Hohlnadel (vgl. Abb. 13b und c).

III. SCHOLASTISCHE MEDIZIN

Seit der Mitte des 12. Jahrhunderts wurden im spanischen Toledo unter Leitung des Gerhard von Cremona und in Zusammenarbeit mit

[64] JULIUS HIRSCHBERG – JULIUS LIPPERT, Alī ibn Isā. Erinnerungsbuch für Augenärzte, aus arabischen Handschriften übersetzt und erläutert (*Die arabischen Augenärzte* 1) Leipzig 1904, 149–154 (II 41); Pannus ebd. 159–166 (II 45), hier 164. ULLMANN (wie Anm. 22) 208f.: ʾIsā beschreibt 130 Augenkrankheiten und zählt 141 einfache Augenheilmittel auf; übertroffen wurde sein Lehrbuch in Europa erst im 18. Jahrhundert.

[65] DIETLINDE GOLTZ, Antidotarium Nicolai (m. Nachdr. 1471) (*Veröffentlichungen der Internationalen Gesellschaft für Geschichte der Pharmazie, N. F.* 44) Stuttgart 1976, 199–201, hier 199: Schon vor dem Bekanntwerden der arabischen Medizin im Abendland versuchte man, mit Hilfe starkwirkender Drogen tiefen Schlaf oder eine Narkose hervorzurufen, indem man die Mittel in Tamponform in die Nase steckte.

jüdischen und muslimischen Gelehrten philosophische Schriften, vor allem die des Aritstoteles, und naturwissenschaftliche aus dem Arabischen ins Lateinische übersetzt, und zwar in der für die Bibel üblichen Wort-für-Wort-Methode. Am Ende der Vita des Gerhard von Cremona sind 71 Schriften aufgelistet. Darunter befanden sich drei medizinische Lehrbücher: Der fünfbändige „Canon de medicina“ des Avicenna, Rāzīs „Liber ad Almansorem“ in zehn Büchern und der „Liber Tesrif“ des Abū l-Qāsim az-Zahrāwī in 30 Abhandlungen.

Die beiden Übersetzungswellen von Salerno (11. Jh.) und Toledo (12. Jh.) kreuzen sich im südfranzösischen Montpellier. Erstmals wird im Jahre 1137 eine Medizinschule erwähnt, seit 1230 besteht Prüfungszwang[66], und die ersten Statuten, die sich auf die Chirurgie beziehen, datieren vom Juli 1252. Aber erst im Jahre 1289 wurde die Universität mit einer medizinischen, juristischen und philosophischen Fakultät gegründet[67]. Hier lernten und lehrten im Fach Chirurgie im 13. und 14. Jahrhundert Roger Frugardi (Rugerius), Petrus Hispanus (1277 Papst Johannes XXI.), Bernard Gordon, Arnald von Villanova, Henri de Mondeville und Guy de Chauliac[68].

In Norditalien ist Bologna ein wichtiges chirurgisches Zentrum. So verteidigte Saliceto (1201–1277) das Messer gegen das arabische Ausbrennen der Wunden (Kauterisation). Sein Schüler Lanfrank von Mailand (gest. 1315) mußte aus politischen Gründen Italien verlassen und brachte die italienische Chirurgie nach Frankreich. Er konnte sich nicht der Artistenfakultät in Paris anschließen, da er verheiratet war (Zönobium bis 1493), fand aber im Pariser „Collège de St. Côme (gegr. 1295) Aufnahme und wurde später Leibarzt des französischen Königs Philipp des Schönen. Seine „Chirurgie“ wurde für die deutschen Wundärzte Ende des Mittelalters zur maßgeblichen Autorität. Denn nach ihr sind

---

[66] Louis Dulieu, *La chirurgie à Montpellier de ses origines au début du XIXe siècle*. Avignon 1975, 15: „En effet, une bulle de Gui de Sora, légat du Pape, en date du 17 Juillet 1230, interdit à quiconque d'exercer la médecine dans la ville sans avoir été examiné par deux maîtres désignés par l'évêque de Maguelon mais elle ajoute: exceptis chirurgicis quos huic nolumus examini subjacere.“

[67] Schipperges (wie Anm. 26) 114f.: Damit ist die Medizin in Montpellier in eine Gesamtuniversität inkorporiert worden. Am Ende des 12. Jahrhunderts ist die „Summe von Toledo“ (Hippokrates und Galen nach arab. Vorlagen, die „Isagoge Johannitii“, der „Canon Avicennae“ und Constantins Übersetzungen aus Salerno) in den Unterricht von Montpellier voll eingebaut.

[68] Dulieu (wie Anm. 66) 46.

sie ausgebildet und geprüft worden. Die „Chirurgia parva" mit einem chirurgischen Antidotar erscheint in der dritten Bearbeitung durch Otto Brunfels (1488–1534) in Straßburg 1528[69].

Die „Chirurgie" des flämischen Wundarztes Jan Yperman (ca. 1260 bis 1331) ist ein wesentlich besseres Lehrbuch. Obwohl ihn Lanfrank wohl indirekt – d. h. durch andere Lanfrank zitierende Autoren – beeinflußt hat, ist er dennoch nicht dessen Schüler im geläufigen Sinne, weil kein Parisaufenthalt für Yperman nachgewiesen werden kann[70].

Im Hinblick auf die Chirurgie als Universitätsfach richten wir unser Augenmerk auf Sizilien, das von 827 bis 1061 unter arabischer Fremdherrschaft gestanden hat. Der Hohenstaufer Friedrich II., König von Sizilien und Gründer der ersten staatlichen Universität im Jahre 1224 in Neapel, verordnete 1231 in den „Constitutiones medicinales", und zwar den Artikeln 45 und 46, die Trennung von Arzt und Apotheker, eine Taxenordnung und regelte die Studiendauer. Ein Medizinstudent mußte erst 3 Jahre Logik, dann 5 Jahre Medizin mit Chirurgie studieren, ehe er die erste Prüfung, eine theoretische, ablegt. Nach einem Jahr bei einem Praktiker, in dem er sich pharmazeutische Kenntnisse in der Therapie angeeignet hat, kann er die 2. Prüfung, den praktischen Teil, in Salerno ablegen; erst dann erhält er eine Lizenz zur Eröffnung einer eigenen Praxis. Ohne diese Prüfungen wird sogar eine Gefängnisstrafe angedroht[71].

Wie verwoben die „Traduktionswege" eines Lehrbuchs oft sind, soll exemplarisch an der „Chirurgie" des Roger Frugardi (Rugerius) aus dem Ende des 12. Jahrhunderts aufgezeigt werden. GUNDOLF KEIL hat minutiös die vier Hauptbearbeitungen („Glossen") bis zum 16. Jahr-

---

[69] ROLF MÜLLER, *Der ‚Jonghe Lanfranc'*. Med. Diss. Bonn 1968; ARMIN BERG, *Lanfranks „Chirurgia parva" in der Abschrift von Konrad Schnecke von Aschaffenburg (Altdeutsche Übersetzung)*. Med. Diss. Würzburg 1975. Dabei schrieb Brunfels einfach das Antidotar aus Gersdorffs „Feldtbuch der wundartzney" (Straßburg 1517) ab.

[70] Er zitiert Galen 24mal, Avicenna 29mal, Lanfrank 17mal, die „Viermeisterglosse" des Roger-Textes 13mal. GERHARD BAADER und GUNDOLF KEIL (Einleitung, in: *Medizin im mittelalterlichen Abendland*. Darmstadt 1982, 1–44, hier 15) sehen darin „eine erste Verbindung der in Gilden zünftisch organisierten Chirurgen mit einer universitären Ausbildungsstätte" und den „ersten Versuch der Ordnung des öffentlichen Gesundheitswesens".

[71] HEIN – SAPPERT (wie Anm. 12) 50, 55: Titulus 46. In der Medizinischen Fakultätsordnung Bonn vom 26. 10. 1992 (Art. 9) wird auch ein 5jähriges Medizinstudium mit einem dreiteiligen Staatsexamen (das erste entspricht dem alten „Physikum") mit anschließendem Praktischem Jahr und einer weiteren Prüfung (bisher mündlich) und weiteren anderthalb Jahren Praxis als „Arzt im Praktikum" vorgeschrieben.

hundert mitsamt Superkommentaren nachgezeichnet[72]. Aus der Po-Ebene stammend, hielt Rugerius in Parma Vorlesungen über Chirurgie und verfaßte um 1170 seine „Chirurgie“, veröffentlichte sie aber nicht selbst. Sein Schüler Guido d'Arezzo, der aus der Artistenfakultät kam und die oberitalische Schultradition vertrat, unterwarf sie einer strengen Vierteilung und Kapiteleinteilung und edierte dieses Werk 1180.

Über die folgenden vier Jahrhunderte wurde Rogers „Chirurgie“ in vier Zentren – Salerno, Montpellier, Norditalien und Deutschland – kommentiert und bearbeitet. Um 1200 schon wurde ein fortlaufender Kommentar mit strenger anatomischer Gliederung bekannt, die sog. Erste Salernitanische Glosse. Als diese Anfang des 13. Jahrhunderts bekannt wurde, versah Roland von Parma, Rogers eigener Schüler, den Text am Rande mit *additiones* um den Grundtext. Dabei wich er nicht selten von der Meinung seines Meisters ab: *Ego – scilicet Rolandus – non approbo*[73]. Roland übersiedelte nach Bologna und wurde Kollege wie auch Konkurrent Hugos von Lucca (1. Hälfte 13. Jh.). Roland überarbeitete später den Roger-Text mit Hilfe seiner *additiones*, beließ zwar das anatomische Gliederungsprinzip, änderte indessen die Kapitelfolge des Urtextes. Diese „Rolandina“ (Abb. 14), die „zwei ursprünglich selbständige Texte zu einer neuen Einheit verschmilzt“, wirkt im Vergleich mit dem Roger-Urtext strenger systematisiert und steht „an der Spitze des abendländischen chirurgischen Schrifttums“ bis zum Erscheinen der Wundarznei Brunos von Longoburgo im Jahre 1315.

Noch im 13. Jahrhundert erscheint die sog. Zweite Salernitanische Glosse oder Viermeisterglosse. Sie bezieht sich auf die „Rolandina“ und ist von Archimatthaeus, Petroncello, Matthaeus Platearius und Ferrarius in Gemeinschaftsarbeit verfaßt worden. Das anatomische und chirurgische Wissen der zweiten arabischen Rezeptionswelle um Gerhard von Cremona in Toledo nach 1150 wurde übernommen[74]. CHARLES

[72] Gestaltwandel und Zersetzung. Roger-Urtext und Roger-Glosse vom 12. bis ins 16. Jahrhundert (*DFG Kommission für Humanismusforschung: der kommentar in der renaissance. Mitteilungen* 1) Bonn 1975, 209–224 (im folgenden referiert).

[73] SALVATORE DE RENZI (Hrsg.), *Collectio Salernitana* I–V. Neapel 1852–1859, hier II, 425–493.

[74] KEIL (wie Anm. 72) 214 (mit Anm. 21) und 216f.: Mit der „Viermeisterglosse“ versuchte Salerno, nicht den Anschluß an die chirurgische Entwicklung Norditaliens zu verlieren. Aber schon wenige Jahrzehnte später werden Roger und die Rogerglossen aus dem akademischen Programm Salernos gestrichen; denn die eigenständige Chirurgie der Lombardei übernimmt Gerhard von Cremonas Übersetzung der Chirurgie-Abhandlung des Abū l-Qāsim und wird dadurch zum Spitzenreiter in der europäischen Entwicklung.

DAREMBERG hat die Avicenna-Zitate nachgewiesen[75]. In der Viermeisterglosse wurde das streng anatomische Gliederungsprinzip Guidos d'Arezzo zugunsten des pathologischen Gesichtspunktes, wie Wunden, Geschwüre, Frakturen und Luxationen, aufgegeben, innerhalb derer der Text dann anatomisch a capite ad calces untergliedert ist. Da kommentierende Anteile der „Rolandina" erneut kommentiert wurden, handelt es sich streckenweise um einen Kommentar zweiter Ordnung.

In Montpellier, das im 13. Jahrhundert Salerno als wichtigstes medizinisches – auch chirurgisches – Zentrum den Rang ablief, setzte nach KEIL eine weitere Kommentierung von Rogers „Chirurgie" ein. Sie ergänzte die Heilverfahren des Roger-Urtexts reichlich mit „Materia medica" und wird daher als Therapeutische Rogerglosse aus Montpellier bezeichnet[76].

Die ältere Wundbehandlung hielt bei Quetschwunden, offenen Knochenbrüchen, Lanzen- oder Pfeilwunden den Eiterungsprozeß für die Heilung für unerläßlich. Dieses *pus bonum et laudabile* und die *coctio* (mit siedendem Öl, oft Holunderöl, in die offene Wunde) mußten unter allen Umständen gefördert, ja provoziert werden. Eine begleitende, knappe Diät und der Aderlaß sollten möglichen Entzündungsprozessen und anderen gefährlichen Komplikationen vorbeugen. Gemäß der Galenischen Viersäftelehre sollten zusammen mit dem Eiter eventuelle im Körper befindliche schädliche Stoffe durch die Wunde, also an einer nichtnatürlichen Exkretionsstelle, aus dem Körper herausbefördert werden, damit die aus dem Gleichgewicht geratenen Primärqualitäten und die Säftemischung (Dyskrasie) auf diesem Wege wiederhergestellt und der Patient gesund werde. Der Chirurg entfernte daher nur die Splitter oder ähnliches aus der Wunde und stopfte diese mit Charpies (ausgezupfte und oft verschmutzte Leingewebefäden) aus und beobachtete, wie sich mit dem Eiter unter einem Breiumschlag oder Pflaster (noch heute „Zugpflaster") die Sequester des verletzten Knochens bildeten[77]. Guy de Chauliac (1300–1370), der Leibarzt dreier Päpste in Avignon, hatte zwar als ausgezeichneter Chirurg die Stein- und Staroperationen wesentlich verbessert, aber er hing der Lehre von der Eiterbildung und *coctio* an; leider folgte die Tradition ihm und nicht Henri de

---

[75] DE RENZI (wie Anm. 73) II, 504 ff.

[76] KEIL (wie Anm. 72) 215 f.

[77] HEINRICH SCHIPPERGES, 5000 Jahre Chirurgie. Magie – Handwerk – Wissenschaft (*Kosmos-Bibliothek* 253) Stuttgart 1967, 33–44.

Mondeville (1260–1320), dem Leibarzt Philipps des Schönen, der sich dieser Lehre heftig widersetzt hatte.

In Deutschland treten chirurgische Schriften erst im 15. Jahrhundert fern von den Universiäten auf. Sie kommen aus der Praxis des Wundchirurgen und sind auch für den Empiriker bestimmt[78]. Im Jahre 1460 erscheint die „Wündärznei" des Deutschordensritters Heinrich von Pfalzpaint, der erstmals Schußwunden durch Feuergewehre erwähnt[79].

Der Göppinger Chirurgenmeister Hans Seyff oder Suff (Ende 15. Jh.) schildert in seinem „Handbuch", daß er sogar Abdominaltumoren mit Erfolg operiert habe; dabei bediente er sich der mehrfachen Durchstechungsligaturen gegen die Blutung am Geschwulststil. Eine Operation variköser Unterschenkelgeschwüre, die recht modern anmutet, finden wir bei Rüdiger van Dijk (spätes 15. Jh.), einem Franziskanerbruder am Niederrhein. Er faßte die *vena saphena* zwei Hand breit über dem Knie in Fingerlänge mit einem Haken, unterband doppelt mit Seide und exzidierte das Zwischenstück. Dieses Verfahren erinnert an die „Amputation einer Arterie" bei Haly Abbas und könnte über Constantinus Africanus überliefert worden sein[80].

In Straßburg war Hieronymus Brunschwig (1450–1512) Wundarzt. Er verfaßte ein chirurgisches Werk mit dem Titel „Dis ist das buch der Cirurgia", das 1497 z. T. mit kolorierten Abbildungen daselbst gedruckt wurde, wie z. B. der transportable „Instrumentenkoffer" eines Wundarztes (Abb. 15)[81].

Sein Straßburger Kollege Hans von Gersdorff (um 1455–1529) hat nach seiner Wanderlehrzeit und vierzigjähriger Berufserfahrung (100 bis 200 Amputationen) als niedergelassener Arzt am Antoniter-Spital seiner Heimatstadt sein „Feldtbuch der wundtartzney" verfaßt[82]. Der

---

[78] Gerhard Baader – Gundolf Keil, Einleitung zur Medizin im mittelalterlichen Abendland (*Wege der Forschung* 368) Darmstadt 1982, 1–44, hier 25f.: Für die Provenienz volkssprachlicher Texte gilt die Sudhoffsche Regel, daß „alles Landessprachliche, vor dem 15. Jahrhundert Entstandene übersetzt, und zwar aus dem Lateinischen übersetzt" ist.

[79] Gundolf Keil, Zur Geschichte der plastischen Chirurgie. *Laryngologie, Rhinologie, Otologie* 57 (1978) 581–591, hier 582f., 590.

[80] Vgl. oben S. 320f. (Haly Abbas); Seide ist ein relativ beständiges Material und genoß den Vorzug vor Linnen, weil dieses erstens sich zu schnell bei großen Wunden zersetzte und zweitens einen Entzündungsprozeß hervorrufen konnte.

[81] Ndr. mit Nachwort von Christian Probst. Zierau 1967, XIX^{r}.

[82] Faksimile-Druck mit Vorwort von Johannes Steudel. Darmstadt 1967, V–IX (auch das Folgende).

betagte Arzt will sein Wissen und Können jüngeren Zunftgenossen weiterreichen. Daher schildert er eindrucksvoll seine approbaten Verfahren und warnt vor möglichen Komplikationen, vor allem aussichtslosen und gefährlichen Eingriffen. Er zitiert Galen, Avicenna, Albucasis, Roger Frugardi, aber vornehmlich Guy de Chauliac, dessen anatomische Kurzfassung er vorangestellt hat.

Aus dem ersten Teil soll der Aderlaß (13.–15. Kap.)[83] exemplarisch erwähnt werden. Vor dem Aderlaß soll der Körper auf eine der folgenden elf Arten purgiert werden: 1) Stuhlgang, 2) vomitus, 3) Nasenlöcher, 4) Rachen, 5) Sputum (*das uss-werfen des hustens*), 6) Harn, 7) *die muter*, 8) die Hämorrhoiden (*die flygbateren*), 9) Übung und Arbeit, 10) Schweiß und Arbeit und 11) Klistiere (*crystierung*).

Im zweiten Teil (19^r) wendet er sich nach der Vorrede der einfachen „Hautwürckung der wundartzney" zu, symbolisch am sog. „Wundenmann" dargestellt (Abb. 16), der die vielfältigen vom Chirurgen zu behandelnden Verwundungen zeigt[84]. Der Blutstillung im 8. Kapitel (29^r ff.) dienen verschiedene Heilmittel, besonders das Kauterisieren (Abb. 17)[85].

Bei der Behandlung der „Büchsenschußwunden" (13. Kap.)[86], die vor Pfeilverletzungen Vorrang haben, beschreibt er ein besonderes Verfahren, das er seinem Lehrer Meister Nicklaus, *den man den mularzt nennt* und der Wundarzt Herzog Sigismunds von Österreich-Tirol ist, abgeguckt hat[87]. Er benutzte eine Schraub-Pfeilzange, deren Zangenschenkel in den Schußkanal eingeführt und geöffnet wurden, mit dessen innerer Schraubpinzette er das Geschoß greifen und ohne Verletzung des umliegenden Gewebes entfernen konnte (Abb. 18)[88]. Um die Giftwirkung des Pulvers aufzuheben, goß er warmes Leinöl in die Wunde. „Von der abschneydung" von Extremitäten, vornehmlich der Beine, gibt die „Serratura" Aufschluß (Abb. 19)[89]. Wie auch Hieronymus Brunschwig empfiehlt er erstmalig bei der Beinamputation, bereits im gesunden Gewebe mit dem Sägen zu beginnen.

Als „Vater der modernen Chirurgie" wird Ambroise Paré (1510 bis 1590) bezeichnet. 1536 wird er für „geeignet und ausreichend zum

[83] Ebd., fol. 14^v–17^r.

[84] Ebd., fol. 18^v.

[85] Ebd., fol. 30^r.

[86] Ebd., fol. 37^v–42^r: 13. Kapitel.

[87] Ebd., fol 40^r.

[88] Ebd., fol 39^v.

[89] Ebd., fol.70^v; Abb. 14 auf fol. 50^r.

Heilen von Furunkeln, Karbunkeln, Beulen und Geschwüren"[90] befunden und nennt sich als Chirurg nunmehr *maître*. Für den 26jährigen Chirurgen beginnt eine atemberaubende Karriere: Er diente vier französischen Königen (Heinrich II., Franz II. und Karl IX. als Chirurgien-Valet de Chambre und Heinrich III. als Premier Chirurgien), nahm an 20 Feldzügen teil, verfaßte zahlreiche Schriften und revolutionierte mit seinen Erfindungen, die auf guter Naturbeobachtung beruhen, die Chirurgie. So ging ihm gleich beim ersten Feldzug in Piemont das Holunderöl aus, das siedend in die Wunde gegossen wurde und die vermeintliche Vergiftung einer Schußwunde ausbrennen sollte. Er schlief unruhig und sah schon beim Morgengrauen nach den Verwundeten, die er mangels Öls mit einem Stomachicum aus Eigelb, Rosenöl und Terpentin behandelt hatte, und um deren Leben er bangte. Zu seinem großen Erstaunen fand er diese ruhig schlafend, ohne Entzündung und ohne Schmerzen. Die zuerst Behandelten dagegen stöhnten vor Schmerzen und hatten kaum Schlaf gefunden. Daher beschloß er – gegen die herrschende Meinung –, für Schußverletzte nur noch dieses Stomachicum anzuwenden[91]. Obwohl er kein Latein konnte, wurden ihm, dem erfolgreichen Hofchirurgen, die Examina erleichtert und damit 1554 der Eintritt in die Chirurgen-Akademie in Paris, Collège de St. Côme, ermöglicht. Seine wichtigste Erfindung ist es, bei Amputationen anstatt der Ausbrennung mit Kauteren (Abb. 20) die Schlagader zu unterbinden:[92] Mit einer Rabenschnabel-Zange[93] zog er die Gefäße heraus und unterband sie mit doppeltem Faden (die sog. „mittelbare Ligatur"). Bei sekundären Blutungen wandte er die „mittelbare Ligatur" an, indem er eine Nadel um die Schlagader und das umliegende Gewebe herumführte, so daß eine Hautbrücke entstand – „eine echte ansa haemostatica", die sogenannte „Umstechung der Deutschen"[94]. In der Geburtshilfe hat er die in

[90] *Sternstunden der Medizin. Heilkunde im Wandel der Zeit. Deutsche Bearbeitung des Instituts für Theorie und Geschichte der Medizin an der Universität Münster.* Salzburg 1984, 168.

[91] In seiner ersten Schrift „La Méthode de traicter les playes faictes par hacquebutes, et oultres bastons à feu" veröffentlichte er 1545 seine neue Therapie bei Schußwunden (*Œuvres complètes d'Ambroise Paré précédées d'une introduction,* ed. Joseph François Malgaigne. Paris 1840, hier Teil 2, 121–193).

[92] Ebd. 589 (33. Kapitel des 16. Buches: „Des cautères actuels et potentiels").

[93] Ebd. 228 (22. Kapitel des 10. Buches: „Des moyens pour arrester le flux de sang quand le membre est coupé").

[94] *Sternstunden der Medizin* (wie Anm. 90) 170.

Vergessenheit geratene Wendung des Feten auf die Füße wieder aufgenommen und somit der männlichen Geburtshilfe mehr Geltung verschafft.

Bis an sein Lebensende blieb der berühmte und couragierte Chirurg bescheiden. Als er einem Soldaten mit sieben Kopfwunden von einem Säbel durch beherztes Handeln das Leben rettete, indem er ihm als Arzt, Apotheker, Chirurg und Koch diente, und dieser ihm danken wollte[95], sagte er nur:

"Je le pansais, Dieu le guérit."
(Ich verband ihn, Gott heilte ihn.)

---

[95] Ebd. 172.

Peter Dilg

MATERIA MEDICA UND THERAPEUTISCHE PRAXIS UM 1500:

Zum Einfluß der arabischen Heilkunde auf den europäischen Arzneischatz

Während das Phänomen des „Arabismus"[1] bereits mehrfach Thema auch medizin- und pharmaziehistorischer Veröffentlichungen gewesen und namentlich durch die Untersuchungen von Heinrich Schipperges erhellt worden ist[2], stellt speziell die Rezeptionsgeschichte der arabischen Materia medica im Abendland ein Forschungsgebiet dar, das bislang nur ungenügend Berücksichtigung gefunden hat. Zwar liegen auch zum Arzneischatz der islamischen Heilkunde verschiedene Arbeiten[3] und sogar eine Reihe neuerer Dissertationen[4] vor, doch wird darin die Frage nach dessen Stellenwert fast ausschließlich von den arabi-

---

[1] Vgl. hierzu den diesbezüglichen Artikel von Gerhard Baader in: *Lexikon des Mittelalters* 1. München–Zürich 1980, 853–855.

[2] Vgl. vor allem die grundlegende Übersichtsstudie von Heinrich Schipperges, Ideologie und Historiographie des Arabismus (*Sudhoffs Archiv, Beiheft* 1) Wiesbaden 1961; vgl. ferner ders., Die Assimilation der arabischen Medizin durch das lateinische Mittelalter (ebd. 3) Wiesbaden 1964; ders., Arabische Medizin im lateinischen Mittelalter (*Sb. Ak. Heidelberg, math.-nat. Kl.* 1976/2) Berlin–Heidelberg–New York 1976.

[3] Vgl. u. a. Max Meyerhof, Die literarischen Grundlagen der arabischen Heilmittellehre (*Ciba Zeitschrift* 8/85) Basel 1942; César E. Dubler, Die „Materia Medica" unter den Muslimen des Mittelalters. *Sudhoffs Archiv* 43 (1959) 329–350; Heinrich Schipperges, Tradition und Strukturwandel der Materia Medica. *Pharmazeutische Zeitung* 107 (1962) 343–347; Sami K. Hamarneh, Origins of Arabic Drug and Diet Therapy. *Physis* 11 (1969) 267–286.

[4] Diese sind in Auswahl verzeichnet bei Peter Dilg, Arabische Pharmazie im lateinischen Mittelalter, in: Odilo Engels – Peter Schreiner (Hrsg.), *Die Begegnung des Westens mit dem Osten. Kongreßakten des 4. Symposions des Mediävistenverbandes in Köln 1991 aus Anlaß des 1000. Todesjahres der Kaiserin Theophanu.* Sigmaringen 1993, 299–317, hier 313.

schen Quellen her behandelt[5], wobei meist offenbleibt, ob bzw. inwieweit die dort aufgeführten Heilmittel auch in das lateinische Fachschrifttum des Westens Eingang gefunden haben;[6] ferner lassen derartige Analysen selten erkennen, welche der aus dem islamischen Kulturkreis nachweislich in Europa übernommenen Medikamente als wirklich genuine Beiträge der arabischen Medizin und Pharmazie gelten dürfen und welche – da anderer (z. B. indischer) Provenienz bzw. schon in der Antike bekannt – durch die Araber auf dem Handelsweg lediglich vermittelt[7] oder nur unter neuen, d. h. arabisierten Bezeichnungen eingeführt worden sind. Hinzu kommt schließlich, daß zwischen einer rein literarischen und einer tatsächlich in den Alltag umgesetzten Rezeption unterschieden werden muß, was wiederum mit der Art der untersuchten Texte zusammenhängt, deren Praxisrelevanz in vielen Fällen zumindest zweifelhaft ist.

---

[5] Exemplarisch für viele andere derartige Untersuchungen vgl. etwa SAMI K. HAMARNEH, The Pharmacy and Materia Medica of al-Bīrūnī and al-Ghāfiqī – a Comparison. *Pharmacy in History* 18 (1976) 3–12.

[6] Dabei gilt es grundsätzlich zu bedenken, daß viele der in der arabischen Literatur genannten Werke überhaupt nicht erhalten geblieben sind bzw. ein großer Teil dieses Schrifttums bis heute noch nicht publiziert worden ist. Vgl. u. a. URSULA WEISSER, Zwischen Antike und europäischem Mittelalter: Die arabisch-islamische Medizin in ihrer klassischen Epoche. *Medizinhistorisches Journal* 20 (1985) 319–341, hier 325. – Andere Werke wiederum haben – zumindest außerhalb Spaniens – das Abendland bekanntlich erst sehr spät erreicht, wie z. B. dasjenige des vielzitierten und als einer der besten Pflanzenkenner gerühmten Ibn al-Baiṭār (ca. 1190–1248), wofür etwa Konrad Gesner 1552 einen eindrucksvollen Beleg geliefert hat; in einer von ihm verfaßten Übersicht über botanische Schriftsteller heißt es unter den „Arabici scriptores“ nämlich: *Aben bitar (vel, ut alii scribunt, Ebenbitar) scripsit de simplicibus medicamentis opus insigne et magnum, ordine alphabetico, citatis authoribus, quod a Bellunensi aliquotiens citatur, qui et Arabicum expositorem eum alicubi nominat. Hoc nuper [!] ex peregrinatione sua in Orientem doctissimus vir Guil[elmus] Postellus secum advexit. In eo (inquit in epistola, quam de suis ac peregrinis et secum advectis libris nuper ad me scripsit) simplicia quam plurima et remedia innumera, quorum nec nomen, nec virtus, nec usus, nobis adhuc innotuit [!], sunt expressa; atque omnia ita absolute, ut quicquid super iisdem medicamentis apud Dioscoridem, Galenum et Oribasium imperfectum et mutilatum est ex hoc volumine restitui et sarciri possit.* Der Text findet sich in Gesners (unpaginierter) „Praefatio“ zur lateinischen Ausgabe des Bockschen Kräuterbuches: Hieronymi Tragi de stirpium ... usitatis nomenclaturis ... libri tres ... interprete Davide Kybero ... Straßburg 1552.

[7] Vgl. hierzu u. a. s.v. „Araber“ (III. Handel) den Artikel von SUBHI Y. LABIB in: *Lexikon des Mittelalters* 1. München–Zürich 1980, 838–848; vgl. auch BRUCE P. FLOOD Jr., Sources and Problems in the History of Drug Commerce in Late Medieval Europe. *Pharmacy in History* 17 (1975) 101–105.

Um hier somit zu verbindlichen Aussagen zu gelangen, bieten sich in erster Linie die Arzneibücher an, die naturgemäß am zuverlässigsten die jeweils verwendete Materia medica, d. h. die therapeutische Praxis, widerspiegeln; doch auch die – vielfach der Laienmedikation zugedachten – Destillier- und Kräuterbücher, ferner Inventarlisten oder Arzneitaxen gewährleisten in aller Regel ein realitätsgetreues Abbild dessen, was zu einer bestimmten Zeit in den Apotheken vorrätig gehalten wurde und den Rezeptiergewohnheiten der Ärzte entsprach[8]. So soll denn der Frage, welchen Einfluß die arabische Heilkunde auf den europäischen Arzneischatz in Spätmittelalter und früher Neuzeit ausgeübt hat, anhand einiger Zeugnisse aus dem genannten Fachschrifttum nachgegangen werden, die allesamt dem Jahrhundert von etwa 1450 bis 1550 angehören: mithin einer Epoche, in der sich bekanntlich der Umbruch zwischen dem in der scholastischen Medizin verankerten Arabismus und der durch die Humanisten initiierten und fortan getragenen Gegenströmung vollzog[9].

Dabei gilt es zunächst festzuhalten, daß sich der Arzneischatz der Araber gegenüber demjenigen der Antike in der Tat stark vergrößert hat – ein Zuwachs, der sich vor allem nach Ansicht älterer Autoren angeblich auf Hunderte neuer Drogen beläuft[10]. Doch weist etwa HULDRYCH M. KOELBING einmal mehr darauf hin, daß „solche Erweiterungen des Heilmittelschatzes ... bei den Arabern nicht mit neuen therapeutischen Konzepten verbunden" waren; denn „die größte Autorität für die Heilmittellehre" stellte nach wie vor Dioskurides dar, und auch „die Kriterien der galenischen Lehre bleiben für die Einordnung der Medikamente in das medizinische System und für ihre Anwendung

---

[8] Vgl. hierzu auch ULRICH SEIDEL, *Rezept und Apotheke. Zur Geschichte der Arzneiverordnung vom 13. bis zum 16. Jahrhundert.* Nat. wiss. Diss. Marburg/L. 1977.

[9] „In 1500 A.D." – heißt es diesbezüglich einmal bei HAMARNEH – „Latin medical literature, enriched with almost every contribution that Arabic culture could convey to it, had become creative in its own rights. As a result, according to Hall, Arabic medical writings in this epoch ‚were more highly regarded than the newer Greek texts'. But by the middle and late sixteenth century this climax of high reputation was followed with a decisive decline. And much of the study of Arabic works fell into disrepute"; s. SAMI K. HAMARNEH, Al-Zāhrawī's al-taṣrīf, commemorating its millenary appearance. *Hamdard. Quarterly Journal of Science and Medicine* 33/2 (1990) 19–40, hier 36.

[10] Derartige pauschale, meist nur repetierende Angaben finden sich auch in neueren Veröffentlichungen, nicht zuletzt in der populären Darstellung von SIGRID HUNKE, *Allahs Sonne über dem Abendland. Unser arabisches Erbe.* Stuttgart 1960.

maßgeblich."[11] Dies betrifft insbesondere die Aufteilung der Materia medica in die einfachen Arzneistoffe oder Simplicia einerseits, die gemäß den drei Naturreichen entweder pflanzlicher, tierischer oder mineralischer Herkunft sein konnten, und in die zusammengesetzten Arzneien oder Composita andererseits, die gerade durch die arabistische Heilkunde eine beträchtliche Vermehrung erfahren sollten. Auf diese enge Bindung an die antike Tradition kommt desgleichen ERWIN H. ACKERKNECHT zu sprechen, da die „sehr buchgläubigen Araber" schließlich „überzeugte Galenisten" waren[12], die dem griechischen Erbe vor allem das Konzept der Humoralpathologie und demzufolge die Therapie mittels Aderlaß und Schröpfen sowie abführender, brechenerregender, schweiß- und harntreibender Mittel entnahmen. „Bedauerlicherweise" wurde bei ihnen aber auch die Polypharmazie „noch stärker praktiziert als bei Galen, da diesen unermüdlichen Reisenden (und Eroberern) nun nicht nur der griechische – sie studierten den Dioskurides besonders gründlich –, sondern auch der indische Arzneimittelschatz zur Verfügung stand"; zudem waren die Araber „wohl auch die ersten, die dank ihrer intensiven Beschäftigung mit der ... Alchimie ... chemisch zubereitete mineralische Mittel in breitem Umfang in die Therapie eingeführt haben, darunter das so lange so viel verwendete und mißbrauchte Quecksilber", das dann „die westeuropäischen Arabisten" übernahmen. Auch der therapeutische Einsatz zerstoßener Edelsteine genoß bei ihnen wie bei „ihren späteren Nachahmern im Westen" hohes Ansehen, und „mindestens seit ihrer Zeit trägt die Arsenverwendung panazeeartige Züge"; endlich konstatiert man bei den Arabern „eine gewaltige Vermehrung der Rezepte für Gegengifte (Alexipharmaca) ..."[13]

Darüber hinaus sind die Araber zu den Schöpfern einer neuen methodischen Einteilung der Medizin, nämlich in „Theorica" und „Practica" geworden[14], wohingegen die antik-klassische, namentlich durch Celsus

[11] HULDRYCH M. KOELBING, Die ärztliche Therapie. Grundzüge ihrer Geschichte (*Grundzüge* 58) Darmstadt 1985, 57.

[12] ERWIN H. ACKERKNECHT, *Therapie von den Primitiven bis zum 20. Jahrhundert.* Stuttgart 1970, 45.

[13] Ebd. 47 f.; zu Quecksilber, den Edelsteinen und Arsen vgl. im übrigen DIETLINDE GOLTZ, Studien zur Geschichte der Mineralnamen in Pharmazie, Chemie und Medizin von den Anfängen bis Paracelsus (*Sudhoffs Archiv, Beiheft* 14) Wiesbaden 1972, passim; ferner LEONARD J. GOLDWATER, *Mercury. A History of Quicksilver.* Baltimore 1972; HERMANN FÜHNER, *Lithotherapie. Historische Studien über die medizinische Verwendung der Edelsteine.* Berlin 1902.

[14] Vgl. hierzu SCHIPPERGES, *Arabische Medizin* 26–33.

Abb. 1: Arzneimittelherstellung (Bereitung des Theriaks nach Galen). Wien, Österreichische Nationalbibliothek, Cod. A. F. 10, Aleppo oder Mosul, um 1230, fol. 5v.
Aus: Lydia Mez-Mangold, *Aus der Geschichte des Medikaments*. Basel 1971, 55.

lxxiiij Die Sybenvnddreyßigst Schach Tafel

Von gůten Geruchen/nutz vnd schaden der Syrupen.

	Die Namen.	Die Natur	Die Grad	Das best dz du in d art findest.	Sein hilff.	Sein schad den es thůt.	Wie man den schaden abwendt.	Landtschafft Die zeyt Das Alter Complexion was es gebürt
j	Aloes holtz.	Heyssz vnd trucken	o	Das schwartz/ schwär/ vnd bitter ist.	Es helt/sterckt den magen/ vñ die geyst.	Den heyssen kranckheyten des hyrns.	So mans mit campher braucht.	Mitnächtlich Im winter Alten Kalten Merüg des leb hafften geysts
ij	Bysam.	Heyssz vnd trucken.	o	Der von der landtschafft Culbech köpe	Er sterckt das hertz/vnd dz hyrn.	Dem heyssen hyrn.	Mit campher.	Mitnächtlich Im winter Den valten Kalten Merung der kräfft.
iij	Campher.	Vermischt hitz vnd kelt	o	Der rotfarb/ weissz vnnd grossz ist.	Er stellt den blůtflussz vß der nasen.	Er macht wachen/vnd benimpt lust zů weibern.	Mit violen vnnd sebblůmen.	Mitäglich Im sommer Den jungen Heyssen Wollust
iiij	Ambra.	Heyssz vñ trucken nach art des bysam	o	Der graw/ leicht vnnd feyßt ist.	Er sterckt das hertz/vñ meert die geyst.	Die geneyget seind vff Machire	Mit geruch vő campher/ vñ alchanna	Mitnächtlich Im winter Den valten Kalten/feüch. Künheyt
v	Rosen wasser.	Kalt vnd stopffend	o	Das vő rosen on wasser distilliert ist.	Es ist bequem dē krefften / vñ iren glydern	Es erschöpfft die brust.	Mit kandit vnd julep.	Mitnächtlich Im sommer Den jungen Heyssen Dapfferkeyt
vj	Saurer syrup.	Temperiert in hitz kelt/vnd subtylheyt	o	Der reynklich vnd zymlich gekocht ist.	Er zerschneidt/ macht subtyl/ reynigt/vnd öffnet.	Dem helßen/ hůsten/vnd bläe rür.	Mit julep.	Ingewonten Allen Allen Allen Kalt feüchte
vij	Saurer syrup von samen.	Temperiert hitz	o	Der nach rechter kunst gemacht ist.	Er treibt vnd sich die choleram vnd flegma.	Dem magen/ der brust/vnd dem geäder.	Mit syrup vő magsot.	Kalten Im winter Den jungen Kalt vnd feü. Narung d man nit acht hatt
viij	Mein Nam/ vnnd Grad/ darzů Natur/	Zöigt klarlich an diß klein figur.		Zům Bestē sonder	Hilff ich klag/	Mein schad	Benummen wurt all tag.	Dem Gemeynen Nutz zů gůt

M. D. xxxiij.

Abb. 2: Die 37. Schachtafel: Von guten Gerüchen, Nutzen und Schaden der Sirupe. Deutsche Übersetzung nach der lateinischen Version der beiden – ursprünglich arabisch verfaßten – „Tacuina“ des Ibn Buṭlān († 1063) und des Ibn Ǧazla († 1100). Aus: Michael Herr, Schachtafelen der Gesuntheyt. Straßburg 1533, LXXIIII.

Abb. 3: Arabische Ärzte bei der Prüfung von Arzneipflanzen (linke Bildhälfte). Aus: Adam Lonicer, Botanicon. Frankfurt/M. 1551, fol. 59^{r}.

Abb. 4: Medaillon des Avicenna (rechts außen). Pharmacopoea Wirtembergica. Stuttgart 1786, Titelblatt.

überlieferte auf einem Dreierschema beruhte: Demgemäß gliederte sich die Heilkunde und damit die Therapie 1. in die Diätetik, eine vor allem auf Prophylaxe bedachte, sinnvolle Lebensführung; 2. in die Pharmazeutik, also eine medikamentöse Behandlung, und 3. in die Chirurgie, die als letzte therapeutische Maßnahme den Eingriff mit der Hand bzw. mit dem Messer vollzog[15]. Hier soll indes ausschließlich von der „Practica" bzw. vom Pharmakon die Rede sein, das in Europa seit dem 13. Jahrhundert nicht mehr allein den Ärzten, sondern auch den Apothekern als einem eigenen Berufsstand anvertraut war; denn „das westeuropäische Mittelalter imitierte seine arabischen Vorbilder auch in jenem entscheidungsvollen Schritt der Trennung von Pharmazie und Medizin."[16]

Für einen sachgerechten Umgang mit eben diesem Arzneimittel zu sorgen, war denn auch das erklärte Ziel des Saladin Ferro von Ascoli, Leibarzt des Fürsten von Tarent, dem wir uns nun als erstem Autor zuwenden wollen. Sein um 1450 verfaßtes „Compendium aromatariorum", das 1488 zu Bologna im Druck erschien, stellt indes kein Arznei-, sondern vielmehr ein Lehrbuch – wohl das erste seiner Art in Europa – zur Unterweisung angehender Apotheker dar, um die Ärzte vor deren *ignorantia* und *imperitia* zu schützen[17].

---

[15] Zu diesem noch „für die Spätantike, für das ganze arabische und lateinische Mittelalter und auch noch für große Perioden der Neuzeit" verbindlichen System vgl. Heinrich Schipperges, *Moderne Medizin im Spiegel der Geschichte*. Stuttgart 1970, 91 f.; ders., *Der Garten der Gesundheit. Medizin im Mittelalter*. München–Zürich 1985, 139–161. – Vgl. auch Karl Ed[uard] Rothschuh, *Konzepte der Medizin in Vergangenheit und Gegenwart*. Stuttgart 1978, 194–199.

[16] Ackerknecht, *Therapie* 52. „Die Tatsache, daß sich in den Städten ein Apothekerstand herausbildete und die Zahl der Apotheken wuchs" – heißt es dort weiter – „zeigt, daß sowohl die Zahl der Stadtbewohner als auch die Arzneibehandlung im Mittelalter zugenommen hatte. Andererseits mußte natürlich die Existenz der Apotheken wiederum anregend auf die Arzneibehandlung wirken." – Zu dem möglichen arabischen Vorbild für die Entstehung des europäischen Apothekenwesens und einer entsprechenden Gesetzgebung vgl. Dilg, *Arabische Pharmazie* 300–307.

[17] Benutzt wurde hier die Übersetzung und Ausgabe (nach einem Druck Venedig 1572) von Leo Zimmermann, *Saladini de Asculo ... compendium aromatariorum. Zum ersten Male ins Deutsche übertragen, eingeleitet, erklärt und mit dem lateinischen Text neu herausgegeben*. Leipzig 1919. Wie Zimmermann in der Einleitung (S. 3) ausführt, vermittelt „das ganze Werk ein gutes Bild der Arzneimittellehre seiner Zeit, gleichsam den Querschnitt des damaligen Wissens ...". – Zu Saladin (und seinem arabischen [!] Namen) vgl. auch Rosemarie Dilg-Frank, *Das „Consilium de peste" des Saladin Ferro von Ascoli. Kritische Textausgabe mit deutscher Übersetzung. Ein Beitrag zur Pestliteratur des ausgehenden Mittelalters*. Nat. wiss. Diss. Marburg/L. 1975.

In diesem grundlegenden, aus sieben Teilen bestehenden und anfänglich nach dem Frage-und-Antwort-Schema[18] aufgebauten Leitfaden behandelt der Verfasser zunächst allgemeine Probleme, wobei er den Apothekern hauptsächlich sechs Autoren zum Studium empfiehlt: Avicenna, Serapion, Simon von Genua, den sog. „Liber servitoris" des namentlich nicht erwähnten Abulcasis, Mesue (bzw. Johannes Damascenus) und schließlich Nicolaus von Salerno. Von diesen sind bezeichnenderweise mehr als die Hälfte arabischer Provenienz, da man auch die mit Abstand am meisten zitierten – Mesue und Serapion – zu den *Arabes* zählte, obgleich es sich dabei nach heutiger Kenntnis vermutlich um zwei in Europa entstandene Pseudepigraphe aus dem 11. bzw. 13. Jahrhundert handelt[19]. In den anschließenden Prüfungsfragen geht Saladin daher besonders ausführlich auf das Arzneibuch des Mesue ein, der noch im 16. Jahrhundert als der *divus evangelista* der Ärzte und Apotheker galt. Es folgt die – in etymologischer Hinsicht nicht selten falsch begründete – Erörterung einzelner Fachausdrücke, die vornehmlich die Arzneiformen[20] und wichtige Präparate betreffen, darunter eine ganze Reihe arabischer Herkunft: So wird etwa nach der Bedeutung des (im Französischen noch heute üblichen) Terminus *lohoc* gefragt, ferner nach *iulep* – heute im Englischen sowiel wie „süßliches/kühlendes (Arznei-)Getränk" – oder nach *rob*, während *syrupus* sicherlich die bekannteste aus Arabien importierte Arzneiform darstellt[21], die zudem bis in die Gegenwart in Gebrauch geblieben ist. Einen weiteren Fachausdruck, *suffuf*, erklärt Saladin mit *pulvis subtilis sicut alcohol*, wobei er letztere, ebenfalls dem Arabischen entlehnte Bezeichnung mit *atomi* in Zusammenhang bringt, die im Sonnenlicht in der Art eines überaus feinen Staubes erscheinen[22]. Auch die unterschiedliche Herstellung der arz-

---

[18] Vgl. hierzu BRIAN LAWN, *The Salernitan Questions. An Introduction to the History of Medieval and Renaissance Problem Literature.* Oxford 1963.

[19] Vgl. hierzu DILG, *Arabische Pharmazie* 309–311.

[20] Vgl. hierzu den diesbezüglichen Artikel von WILLEM F. DAEMS in: *Lexikon des Mittelalters* 1. München–Zürich 1980, 1094–1096.

[21] *Quare dicitur syrupus dinari vel de bizantiis* – heißt es an anderer Stelle – *cum in eo blactae bizantiae non ingrediantur? Dico, quod talis syrupus ideo dicitur syrupus dinari vel de bizantiis, quia bizantium in arabica lingua idem est quod ducatus vel aliud genus denarii, unde sicut ducati vel denarii apud homines sunt carissimi et pretiosi, ita est iste syrupus apud medicos et etiam apud infirmos propter optimam operationem ...* (ZIMMERMANN, *Saladin* 15 bzw. 89).

[22] Ebd. 11 bzw. 86. – Zur ursprünglichen Bedeutung von Alkohol vgl. im übrigen den diesbezüglichen Artikel von GUIDO JÜTTNER in: *Lexikon des Mittelalters* 1. München–Zürich 1980, 416f.

neilichen Öle wird nach den Angaben des Mesue behandelt, wohingegen für die Haltbarkeit des Theriak[23] Avicenna als Auskunftsquelle dient (Abb. 1). Des weiteren kommt Saladin auf einige Zuckerarten zu sprechen, darunter *thabet*, das gleichbedeutend mit *zuccharum candidum*, also Kandiszucker, ist[24]. Von den nachfolgend erwähnten pflanzlichen Drogen seien hier endlich noch die Datteln *de keiro saracenorum* und ein nicht näher bezeichneter teurer Balsam beispielhaft angeführt, den nur die Mächtigen besitzen, *quia in mundo non est nisi una vinea illorum arbustulorum, quae vinea est magni Soldani saracenorum*[25]. – Teil II des Leitfadens bringt sodann die Namenserklärung für einige Composita aus dem „Antidotarium Nicolai", dem in der zweiten Hälfte des 12. Jahrhunderts in der Schule von Salerno entstandenen und wohl wirkmächtigsten lateinischen Arzneibuch des Mittelalters;[26] dieses läßt im übrigen auch seinerseits arabischen Einfluß erkennen, worauf u. a. Bezeichnungen wie *diapenidium* (Zuckerpräparat), *pilulae assaiaret* (Hauptpillen), *tryphera saracenica* oder *triasandali* (benannt nach den verwendeten drei Sorten Myrobalanen bzw. Sandelholz) hindeuten. – In der Gewichts- und Maßkunde von Teil III führt Saladin *secundum communem usum modernorum* zunächst die griechisch-römischen Einheiten, dann aber auch eine Reihe arabischer Gewichte[27] an, wie sie später etwa im „Dispensarium ad aromatarios" des Nicolaus Praepositus (um 1490) noch weit ausführlicher behandelt sind[28]. Jedenfalls

---

[23] Vgl. hierzu PETER DILG, Theriaca – die Königin der Arzneien. *Deutsche Apotheker-Zeitung* 126 (1986) 2677–2682; ferner GIUSEPPE OLMI, The prince of all drugs: Theriac, in: *Pharmacy through the ages. Ancient drugs.* Parma 1990, 105–122.

[24] Zur Bedeutung des von den Arabern in die Materia medica eingeführten Zuckers vgl. DILG, *Arabische Pharmazie* 314.

[25] ZIMMERMANN, *Saladin* 15 bzw. 89 und 19 bzw. 92.

[26] Vgl. hierzu DIETLINDE GOLTZ, Mittelalterliche Pharmazie und Medizin. Dargestellt an Geschichte und Inhalt des Antidotarium Nicolai. Mit einem Nachdruck der Druckfassung von 1471 (*Veröffentlichungen der Internationalen Gesellschaft für Geschichte der Pharmazie, N. F.* 44) Stuttgart 1976.

[27] Diese Gewichtseinheiten dürften allerdings in der europäischen Praxis wenig gebraucht worden sein, weshalb Saladin ihre Bezeichnungen „wohl lediglich zur Kenntnisnahme und zum Verständnis der Schriftsteller" wiedergibt (ZIMMERMANN, *Saladin* 129, Anm. 102). – Vgl. hierzu im übrigen WALTHER HINZ, Islamische Maße und Gewichte. Umgerechnet ins metrische System (*Handbuch der Orientalistik*, Erg. Bd. 1/1) Leiden–Köln 1955.

[28] Vgl. hierzu ALFONS LUTZ, Das „Dispensarium ad aromatarios" des Nicolaus Praepositus ... um 1490 und seine Bedeutung für die Geschichte der Pharmazie, in:

wird schon bei Saladin das Bemühen deutlich, die nicht zuletzt durch die arabischen Bezeichnungen verworrenen Zustände auf diesem Gebiet zu klären[29]. – Auch in Teil IV („De modo conficiendi omnia necessaria in qualibet aromataria [= apotheca]") fehlt der arabische Gewährsmann nicht, wenn Saladin abschließend den Apotheker ermahnt, alle Arzneimittel getreu nach den Angaben der gelehrten Ärzte anzufertigen; denn *sola discretio facit medicum*, wie es im „Colliget" des Averroes heißt[30]. – Dem Sammeln und Trocknen der Pflanzen(teile) sowie dem Verarbeiten (z. B. mittels Destillation) und Aufbewahren der Drogen ist sodann Teil V gewidmet, in dessen Rahmen u. a. eine Anweisung erscheint, die fast wörtlich dem „Liber servitoris" des Abulcasis[31] entnommen wurde. Weil Saladin jedoch diese Lehre für zu verwirrend *praecipue pro rudibus* hält, bietet er statt dessen einen offenbar aus verschiedenen Autoren kompilierten[32] und nach Monaten geordneten Sammelkalender an. Gleichwohl empfiehlt er abschließend den *rudes aromatarii* einmal mehr, bei all ihren Tätigkeiten zu dem Werk des Abulcasis zu greifen, *qui liber est eis valde necessarius, unde saepe studeant et legant in eo cum bona intelligentia* . . .[33] – Ein wichtiges Gebiet der Praxis stellte auch die in Teil VI abgehandelte Aufbewahrung der Simplicia und Composita

---

GEORG EDMUND DANN (Red.), Die Vorträge der Hauptversammlung . . . während des Internationalen Pharmaziegeschichtlichen Kongresses in Rotterdam vom 17. bis 21. September 1963 (*Veröffentlichungen der Internationalen Gesellschaft für Geschichte der Pharmazie, N. F.* 26) Stuttgart 1965, 87–103.

29 Nicht von ungefähr wurde gerade dieser Teil seines Kompendiums denn auch mehrfach im Rahmen von Sammelausgaben separat veröffentlicht. – Partielle Ansätze zu einer Vereinheitlichung des Maßsystems in der apothekarischen Praxis sind allerdings erst nach der Mitte des 16. Jahrhunderts mit der Einführung des Nürnberger Medizinalgewichts zu verzeichnen; vgl. hierzu HOLM-DIETMAR SCHWARZ, Das Nürnberger Apothekergewicht, seine Entstehung und seine geschichtliche Bedeutung. *Zur Geschichte der Pharmazie [Geschichtsbeilage der Deutschen Apotheker-Zeitung]* 15 (1963) 25–29.

30 ZIMMERMANN, *Saladin* 31 bzw. 100 (wobei *secundo colliget Aver.* mit „wie Aver sagt" übersetzt ist!).

31 Vgl. hierzu MARIANNE ENGESER, Der „Liber Servitoris" des Abulkasis (936 bis 1013). Übersetzung, Kommentar und Nachdruck der Textfassung von 1471 (*Quellen und Studien zur Geschichte der Pharmazie* 37) Stuttgart 1986.

32 Dafür spricht u. a. der Umstand, daß er dabei auch ausländische Drogen erwähnt, „die der Süditaliener gar nicht ernten konnte, ja über die sich der Verfasser nicht im klaren war, z. B. zambana, die Stammpflanze der Aloe" (ZIMMERMANN, *Saladin* 129, Anm. 119).

33 Ebd. 36 bzw. 104.

dar bzw. die Frage nach der Haltbarkeit der einzelnen Arzneimittel[34], für deren Beantwortung hauptsächlich Mesue, teilweise auch Serapion als Auskunftsquelle bemüht wird. Teil VII bringt endlich *secundum diversos doctores* eine sog. *series medicaminum,* d. h. eine Auflistung aller gebräuchlichen und deshalb in der Apotheke vorrätig zu haltenden Heilmittel[35]. Darin findet sich eine beachtliche Reihe von Simplicia und Composita, deren Einführung in den Arzneischatz man gemeinhin den Arabern zuzuschreiben pflegt, auf deren Nennung hier jedoch verzichtet wird, zumal sie größtenteils auch in dem nächsten vorzustellenden Text vertreten sind.

Es handelt sich dabei um das (1960 veröffentlichte) Inventar der Lüneburger Ratsapotheke aus dem Jahr 1475, das in der Tat ein realistisches Bild vom Warenlager einer spätmittelalterlichen Apotheke vermittelt[36]. Die Auswertung dieser höchst aufschlußreichen Quelle ergab eine Gesamtzahl von 733 Medikamenten, die sich auf 468 pflanzliche, tierische und mineralische Simplicia sowie 265 Composita verteilen – ein Bestand, der ungeachtet örtlich bedingter Varianten im einzelnen durchaus als „repräsentativ für den gebräuchlichen Arzneischatz des ausgehenden Mittelalters" gelten darf[37]. Um so mehr fällt im vorliegenden Zusammenhang der relativ hohe Prozentsatz solcher Heilmittel ins Gewicht, die sprachlich oder sachlich arabischen Einfluß erkennen lassen, wobei sich die Zuordnung nicht auf den pflanzengeographischen Aspekt beschränkt. Aus dieser Fülle können hier freilich wiederum nur

---

[34] Vgl. hierzu DIETLINDE GOLTZ, Die Konservierung von Arzneimitteln und Arzneiformen in historischer Sicht. *Pharmazeutische Zeitung* 117 (1972) 428–435.

[35] Ein solches Verzeichnis war um so nützlicher, als sich die Zahl der Arzneien „in dieser Zeit infolge der verschiedenen Benennungen durch die einzelnen Schriftsteller und Übersetzer bis ins Unübersehbare vervielfacht" hatte, weshalb in zunehmendem Maß der Wunsch nach einem einheitlichen und verbindlichen Arzneibuch laut wurde (ZIMMERMANN, *Saladin* 2).

[36] Dies betonen in der Einleitung zu ihrer Edition auch DIETRICH ARENDS – ERIKA HICKEL – WOLFGANG SCHNEIDER, Das Warenlager einer mittelalterlichen Apotheke (Ratsapotheke Lüneburg 1475) (*Veröffentlichung aus dem Pharmaziegeschichtlichen Seminar der Technischen Hochschule Braunschweig* 4) Braunschweig 1960. – Die Lüneburger Liste stellt zudem das erste bekanntgewordene spätmittelalterliche Apothekeninventar aus dem norddeutschen Raum dar, das überdies sicher zu datieren und vollständig ist, d. h. den gesamten Warenbestand wiedergibt.

[37] Ebd. 17. – Vgl. etwa auch WOLFGANG-HAGEN HEIN, Die Münchner Arzneitaxe von 1488. *Die Pharmazie* 6 (1951) 482–486; DERS., ein spätmittelalterliches Apothekenregister aus Bayern. *Zur Geschichte der Pharmazie* 11 (1959) 1–4.

wenige Beispiele genannt werden, wie etwa von den vegetabilischen Drogen Been (Behenwurzel), Camphora (Kampfer), Carpobalsamum (getrocknete Beeren des Mekka-Balsamstrauches), Cassaun (Stückzukker), Cassia (Röhrenkassie), Cubebae (Kubebenpfeffer), Galanga (Galgant), Gummiarabicum (Gummi von Acacia-Arten), Iuiubae (Rote Brustbeeren), Macis und Nux moschata (Muskatblüte und -nuß), Myrobalani (Früchte von Terminalia-Arten), Reubarbarum (Rhabarber), Santalum (Sandelholz), Sebestenae (Schwarze Brustbeeren), Senna (Sennesblätter), Sticas arabica (Schopflavendel), Tamarindi (Früchte von Tamarindus indica), Turpethum (Turbitwurzel) oder Zedoaria (Zitwerwurzel). Bei den tierischen Drogen begegnen u. a. Ambra (wohlriechende Ausscheidung des Pottwals) und Moschus (Sekret vom Moschushirsch), Lapis margaritarum (Perlen) sowie Baccae Byzantiae (Deckel verschiedener Meerschnecken). Unter den Mineralia schließlich finden sich z. B. Alumen (Alaun), Baurach (vielleicht Borax oder Salpeter), Lapis lazuli (Ultramarin) oder Sal alcali (Pottasche) verzeichnet[38]. Ebenso reichhaltig stellt sich das Angebot der aus der arabischen Heilkunde übernommenen Composita dar, wovon hier gleichfalls nur einige exemplarisch angeführt seien: so etwa Conserva Pruni Damasceni (eine Pflaumenzubereitung), Diacorum nach Mesue (aus Kalmus mit Gewürzdrogen und Honig) sowie dessen vielfach erwähntes Electuarium de Gemmis (eine Latwerge aus Perlen, Korallen, Bernstein, mehreren Edelsteinen, Gold- und Silberblättchen, Ambra und Moschus mit Zukker), Mel rorarum (eine Abkochung von Rosenblättern in Honig), Pilulae arabicae (aus Aloe, Myrobalanen, Zaunrübe, Bibergeil, Fenchelsaft u. a.), mehrere Roob- und Sirup-Zubereitungen, ferner ein Magenpräparat nach Alkindi oder Trochisci alhandali und alkekengi (Zeltchen u. a. aus Koloquinten bzw. Judenkirschen).

Wie das Lüneburger Inventar, so dokumentieren auch die nunmehr vorzustellenden – allerdings noch inoffiziellen – Arzneibücher[39] unmittelbar den Einfluß, den die arabische Heilkunde auf die europäische

---

[38] Zu diesen Simplicia vgl. u. a. WOLFGANG SCHNEIDER, *Lexikon zur Arzneimittelgeschichte*, 7 Bde. Frankfurt/M. 1968–1975.

[39] Diese waren vielmehr gleichsam privat und fast stets von einzelnen Ärzten verfaßt worden, die damit einen Beitrag zur Vereinheitlichung der Arzneimittelanfertigung, zur Standardisierung der Medikamentenqualität und letztlich zur Sicherheit der Patienten leisten wollten (vgl. Anm. 35). – Die hier ausgewählten, seit 1492 jeweils im Abstand von zwei Jahren im Druck erschienenen Kompendien stammen

Materia medica ausgeübt hat. Davon ist zunächst das „Lumen apothecariorum“ des wohl als Arzt und Apotheker hauptsächlich in Vercelli wirkenden Quiricus de Augustis aus Tortona zu nennen, das – später auch als „Lumen minus“ apostrophiert – erstmals 1492 in Turin erschien, bis über die Mitte des 16. Jahrhunderts hinaus wiederholt aufgelegt wurde und auch in anderen Ländern verbreitet war. Wie Hugo Michael Wolf zu Recht feststellt, wollten sich nämlich Ärzte und Apotheker nicht mehr damit abfinden, „daß die verwendeten Vorschriften teils durch Abschreiber verfälscht, durch Kompilatoren verändert und die Drogen der Rezepte oft unklar und zum Teil unbekannt waren. Die von den Apothekern verwendeten Ersatzdrogen für schwer zu beschaffende Arzneistoffe riefen oft den Unwillen der Ärzte hervor und gaben diesen die Möglichkeit, das Scheitern ihrer ärztlichen Kunst den Apothekern anzulasten“, so daß hier Abhilfe geschaffen werden mußte. Entsprechende Bemühungen wurden dabei unterstützt „durch das Interesse der Staatsorgane an einer Straffung des Gesundheitswesens und durch den Buchdruck, der eine Vereinheitlichung der Vorschriften erstmals für größere geographische Räume ermöglichte.“[40] Speziell im Fall des „Lumen“ kam noch hinzu, daß dieses gegenüber den bis dahin gebräuchlichen Arzneibüchern eine Reihe von Vorteilen aufwies, die wesentlich zu seiner Verbreitung beitrugen: darunter die glückliche Konzeption, jedem der mit Bedacht ausgewählten Rezepte „kritische Anmerkungen über die verwendeten Simplicia, eine ausführliche Herstellungsanleitung und andere für den Praktiker wissenswerte Angaben anzuhängen“. Dabei war Quiricus stets darum bemüht, die erwähnten Drogen möglichst zweifelsfrei zu identifizieren, auch wenn oder gerade weil oft widersprüchliche Meinungen der Autoritäten vorlagen, ein Verfahren, das der Verfasser desgleichen auf dem komplizierten Gebiet der Maße und Gewichte praktizierte, deren sachgerechte Handhabung schließlich eine der wichtigsten Voraussetzungen für eine einheitliche Arzneiherstellung bildete. Nicht zuletzt ist die Verbreitung von Quiricus' Werk vor allem in Italien, Niederdeutschland und Böhmen „Aus-

---

allesamt aus Italien, wo denn auch 1499 mit dem sog. „Ricettario Fiorentino“ das erste halboffizielle Arzneibuch veröffentlicht wurde, das ebenfalls starken arabischen Einfluß aufweist; vgl. Martin Levey, The Italian Pharmacopoeia and the Influence of Medieval Arabic Pharmacy. *Pharmacy in History* 12 (1970) 13–15.

[40] Hugo Michael Wolf, *Das Lumen apothecariorum von Quiricus de Augustis, übersetzt und kritisch bearbeitet.* Nat. wiss. Diss. München 1973, 2.

druck für die in ganz Europa geltende Ähnlichkeit der medikamentösen Therapie, die ja erst die Verwendung des Lumen apothecariorum in derart weit voneinander entfernten Regionen ermöglichte."[41]

Diese gesamteuropäischen Therapiegewohnheiten waren indes nach wie vor durch den Arabismus bestimmt, obschon bei Quiricus die von der Scholastik genährte kritiklose Anerkennung der tradierten Autoritäten nicht mehr ungebrochen erscheint und bereits ein auf Versuch und persönliche Nachprüfung gegründetes Denken ansatzweise spürbar wird. Gleichwohl ist es gerade die zeitübliche Vorliebe für die Autoren und Literatur des Ostens, die auch im Arzneibuch des Quiricus „mit dem Überwiegen arabischer Rezepte Blüten treibt", wie WOLF mittels einer statistischen Auflistung eindrucksvoll demonstrieren konnte: Tragen doch von den 255 Vorschriften des eigentlichen Arzneibuches mehr als die Hälfte, nämlich 140, den Namen Mesues, während sechs dem Avicenna sowie vier dem Rhazes entnommen sind und Abulcasis, Aliebas (d. i. Haly Abbas) und Serapion bisweilen im Text Erwähnung finden[42]. So wird damit einmal mehr die überragende Stellung Mesues in der spätmittelalterlichen Pharmazie dokumentiert, von dem Petrus Andreas Matthiolus in seinem voluminösen Dioskurides-Kommentar einmal sagt, daß die Apotheker gleichsam blind seinen Spuren folgten[43].

Aus der Fülle dieser auf Mesue beruhenden Vorschriften sei hier als konkretes Beispiel die Rezeptur für die bereits erwähnte Edelsteinlatwerge herausgegriffen bzw. aus dem zugehörigen Kommentar diejenigen Passagen, in denen sich Quiricus namentlich um die Klärung der arabischen Termini bemüht. So macht er seine Kollegen u. a. darauf aufmerksam, daß die Silbe *al* für sich allein den Artikel darstelle und gleichbedeutend mit dem lateinischen *hoc* sei; wenn deshalb *al* mit irgendeinem Begriff verbunden werde, so bedeute es den Artikel in jenem Ausdruck: z. B. sei *alhase* gleichbedeutend mit *lo thimo* usw. Schwierigkeiten bereitete auch die Identifizierung der Droge *zurumbet*, die nicht – wie Matthaeus Silvaticus ausführe – Zitwer sei, da Avicenna im zweiten Buch seines „Canon" beide Drogen in verschiedenen Kapiteln behandele. Vielmehr stelle *zurumbet* eine gewisse Wurzel dar, dem *ciperus* ähnlich und von der Dicke des Zitwers, innen leicht gelblich und

[41] Ebd. 3.

[42] Ebd. 55.

[43] Vgl. Petrus Andreas Matthiolus, Commentarii in libros sex Pedacii Dioscoridis Anazarbei de medica materia ... Venedig 1554, 91.

von aromatischem Geruch. „Wenn wir sie aber brauchen“, meint Quiricus, „dann nehmen wir statt ihrer Zitwer“[44] – womit nichts anderes als die allgemein und seit jeher verbreitete quid-pro-quo- oder Substitutionsproblematik angesprochen ist, die oft notgedrungen dazu führte, eine exotische bzw. unbekannte Droge durch eine einheimische oder doch gebräuchliche auszutauschen[45]. In dieser Art und Weise kommentiert Quiricus auch die anderen Rezepturen, deren insgesamt rund 1000 Bestandteile – von *albelah, alchanach* und *alsebram* bis hin zu *zafiri* oder *zucharie* – allein schon sprachlich den Einfluß dokumentieren, den die islamische Heilkunde auf die europäische Materia medica bzw. die medizinisch-pharmazeutische Terminologie ausgeübt hat.

Dies trifft auch für die beiden ebenfalls sehr verbreiteten und von italienischen Autoren stammenden Arzneibücher zu, die bereits zwei bzw. vier Jahre nach dem Werk des Quiricus erschienen sind und denen das „Licht der Apotheker“ zudem formal wie inhaltlich als unmittelbare Vorlage diente[46]. Davon ist zunächst das 1494 veröffentlichte „Luminare maius“ des Johannes Jacobus Manlius de Bosco, eines aus dem piemontesischen Alessandria gebürtigen und in Pavia tätigen Apothekers, zu nennen. In der Vorrede gibt er als Motiv für die Abfassung seines Buches an, daß es häufig zu Irrtümern komme, weil die griechischen und die arabischen Bezeichnungen für die Arzneimittel von den meisten sehr schlecht verstanden werden; außerdem ließen überhaupt die Kenntnisse in der Arzneibereitung zu wünschen übrig, weshalb er denn – um diesem Mißstand abzuhelfen – den Galen, Dioskurides, Rhazes, Avicenna, Averroes, Conciliator, Guilelmus Placentinus, Gentilis, Nicolaus, Franciscus Pedemontanus, Savonarola, Simon Januensis und sehr viele andere sorgfältig studiert und insbesondere darauf geachtet habe, die

[44] Zit. nach der Übersetzung von Wolf, *Lumen* 115f.

[45] Vgl. hierzu Paul-Hermann Berges, *„Quid pro quo“ – Zur Geschichte der Arzneimittelsubstitution*. Nat. wiss. Diss. Marburg/L. 1975.

[46] Nicht von ungefähr hat man deshalb diese drei Schriften später des öfteren gemeinsam herausgegeben: so auch 1556, wobei es im Widmungsbrief des Nicolaus Mutonus zu diesem Sammelband bezeichnenderweise heißt: *Arabia, India universaque Barbaries solum (Graecia neglecta) in medio aestimantur. Nostra enim aetas non nisi ex Avicenna, Rasi, Mesuae, Serapione, Nicolao, vulgato dispensario atque ex Apothecariorum Luminariis* [!] *ac Aromatariorum Thesauro sua medicamina passim componit ac permiscet...* (Luminare maius omnibus cum medicis tum aromatariis pernecessarium... Appositi etiam sunt duo illi libri aromatariis familiarissimi, Lumen Apothecariorum et Aromatariorum Thesaurus. Venedig 1556).

Anordnungen des „göttlichen Mesue“ bei seinem Werk zu befolgen[47]. Dieser begegnet denn auch auffallend häufig in Manlius' „Luminare“, das insgesamt 748 Vorschriften – mehr als doppelt so viele wie bei Quiricus – enthält, von denen wiederum die meisten auf die Elektuarien oder Latwergen (227), auf Sirupe und Robub (101) sowie auf die Salben, Wachszubereitungen und Pflaster (140) entfallen[48] – bezeichnenderweise also auf jene Arzneiformen, die gerade durch die arabische Medizin bevorzugt gepflegt worden sind (Abb. 2). Doch auch Rhazes mit seinem „Liber ad Almansorem“ ist mehrfach vertreten, desgleichen Serapion und sein „Liber de simplici medicina“, während der „Canon“ des Avicenna, des *princeps medicorum*, vor allem in den ausführlichen Anmerkungen immer wieder als Auskunftsquelle herangezogen wird. Dabei verzichtet Manlius freilich auf eine eigene Stellungnahme angesichts der oft widersprüchlichen Lehrmeinungen und beschränkt sich vielmehr auf eine Aneinanderreihung der unterschiedlichen *sententiae*, für die sowohl die antiken als auch die arabischen Ärzte als gleichrangige Autoritäten bürgen.

Denselben Eindruck vermittelt schließlich der 1496 in Mailand publizierte, wiederholt aufgelegte und zuletzt wohl 1617 gedruckte „Thesaurus aromatariorum“ des Paulus Suardus, der aus Bergamo stammte und ebenfalls zu den ersten literarisch tätigen Apothekern zählt[49]. Entgegen seinem Vorbild Quiricus hat er allerdings die 477 Vorschriften seines „Apothekerschatzes“ in alphabetischer Reihenfolge angeordnet: beginnend mit *Aurea Alexandrina Nicolai* und endend mit *Zuccharum rosatum Mesue*, wobei letzterer auch hier – *testante divo authore nostro* – als Hauptlieferant der Rezepturen dominiert; ansonsten finden sich die meisten Vorschriften aus dem „Lumen apothecariorum“ in fast wörtlicher Übereinstimmung in Suardus' Werk wieder.

Wenn wir an dieser Stelle die Arzneibücher verlassen und uns statt dessen den Destillierbüchern[50] zuwenden, dann wechseln wir damit im Grunde nur die literarische Gattung innerhalb des relevanten Fachschrifttums, nicht aber den Einflußbereich der islamischen Wissen-

---

[47] Vgl. B[ERNHARD] SCHUMACHER, *Das Luminare majus von Joannes Jacobus Manlius de Bosco 1536. Übersetzt und mit Anmerkungen versehen*. Mittenwald [1938], 1 f.

[48] Vgl. WOLF, *Lumen* 81.

[49] Vgl. ebd. 86–92.

[50] Vgl. hierzu u. a. ERIKA HICKEL – WOLFGANG SCHNEIDER, Quellen zur Geschichte der pharmazeutischen Chemie im 16. Jahrhundert, 2. Mitteilung: Destillierbücher (Brunschwig, Ulstad). *Pharmazeutische Zeitung* 109 (1964) 51–57.

schaft. Hatte doch gerade die *ars distillandi* den Arabern eine Reihe wertvoller Beiträge zu verdanken, die ihnen – aufbauend auf hellenistischer Tradition – vor allem durch eine hochentwickelte Glas- und Töpferindustrie ermöglicht worden waren[51]. Es liegt auf der Hand, daß im Zuge des Arabismus auch diese Errungenschaften in den Westen gelangten und dort den technischen Fortschritt förderten, der insbesondere der Arzneimittelbereitung – namentlich der Herstellung der zahllosen *aquae ardentes* – zugute kam und ohne die apparativ verfeinerten Geräte und Verfahren östlicher Provenienz sich wohl kaum so entfaltet hätte.

Ein beredtes Zeugnis für diese Bereicherung, die sich einmal mehr auch terminologisch in Bezeichnungen wie Alembik oder Aludel für Teile des Destillationsinstrumentariums niederschlug, legen etwa die beiden umfänglichen Kompendien des Straßburger Wundarztes Hieronymus Brunschwig ab: der „Liber de arte distillandi de simplicibus" und das den Composita gewidmete sog. „Große Destillierbuch", die 1500 bzw. 1512 erstmals erschienen sind. Mit ihren zahlreichen, die jeweiligen Vorrichtungen abbildenden Holzschnitten illustrieren sie zur Genüge, wie differenziert und vielfältig sich die Destillationstechnik zum Ausgang des Mittelalters darstellte. Welche dieser Gerätschaften dabei den Arabern als genuine Erfindungen zuzuschreiben sind, läßt sich im einzelnen allerdings nur schwer klären, zumal sich im Abendland seit dem 12./13. Jahrhundert ebenfalls diesbezügliche Techniken herausgebildet hatten, deren Errungenschaften sich fortan mit dem Traditionsgut aus dem Osten meist unentwirrbar vermengten. Wesentlich greifbarer ist dagegen der Rekurs auf die arabischen Autoritäten im Text, was hier freilich wiederum nur punktuell dargelegt werden kann. So weist Brunschwig schon in dem erstgenannten Buch eingangs darauf hin, daß darin alles zusammengetragen worden sei, was er während dreißig Jahren durch das Studium der *wol gelerten doctorn, meister und bewerten der natürlichen kunst der ertzny, als Ypocras* [= Hippokrates], *Rasis, Galienus, Serapion, Avicenna und ander der glichen* erfahren habe. Letzterer wird zudem im Kapitel „Warumb distillieren erdacht und funden ist" gleichsam als Kronzeuge für den Wert der Destillate im Vergleich mit den herkömmlichen Arzneiformen zitiert; denn wenn diese auch von jeher benutzt worden seien, so wirkten sie in Wahrheit

---

[51] Vgl. hierzu R[OBERT] J. FORBES, *A short history of the art of distillation*. Leiden 1970, 29–54 (Ndr. der Ausg. von 1948).

doch schädlich *durch ire substantz willen, von der Avicenna redt in dem anfang des vierden Canon, do er spricht durch die lere Ipocras. Ein yede ertzeny mit irer substantz genossen schwechet und macht alt...*, was insbesondere auf die laxierenden und treibenden Medikamente zutreffe. Solche negativen Effekte hätten zwar mittlerweile die Gelehrten erkannt und auch behoben, doch sei nach wie vor Aufmerksamkeit geboten, zumal man nicht sicher sein könne, *ob die apotecker disser kunst genugsamlich gelert gewesen* und die für die Destillation verwendeten Materialien die erforderliche Qualität aufwiesen; denn oft genug komme es vor, *das die heiden oder sarraceni reubarbara oder lignum aloes in wasser siedent oder beyssen unnd das wasser nützen und den reubarbara oder lignum aloes wider dörrent und verkouffentz für gut*, was ein unerfahrener Apotheker allerdings nicht bemerke[52]. Damit spricht Brunschwig nichts anderes an als die gerade im Drogenhandel seit jeher üblichen Betrügereien und Verfälschungspraktiken;[53] indes fällt auf, daß er in diese Kritik auch schon die *sarraceni* einbezieht – ein Argument, das später bei den Humanisten-Ärzten gleichsam zum Standardrepertoire ihrer Vorwürfe gegenüber den *Arabes* gehören sollte. Auch an einer anderen Stelle widerspricht Brunschwig der Lehrmeinung einer bis dahin kritiklos rezipierten Autorität der arabischen Heilkunde: nämlich dem Abulcasis, der in seinem „Liber servitoris" empfohlen hatte, auf jedes Pfund dürrer Rosen zehn Pfund gemeinen Wassers zu gießen und anschließend in einem *blyhen* Helm zu brennen. Nach Brunschwigs Ansicht ist dieses aber *mit nichten also gut* wie jenes Wasser, dessen Zubereitung er einem alten erfahrenen *doctore und philosopho in der medicin* zu verdanken habe. Mit derartigen Ansätzen zu einer – schon auf die kommende Zeit verweisenden – kritischen Einstellung verbindet sich die prinzipielle Zielsetzung des ganzen Buches, das vor allem dem *gemeynen menschen* zugedacht war, *der weder artzet noch artzeney haben mag, auch nit zu bezalen*; sollte es ihm doch – statt der Behandlung durch einen *Embericus* – im Falle mangelnder ärztlicher Hilfe zur Selbstmedikation dienen, zumal die destillierten Wässer bei richtigem Gebrauch den Kranken zum Wohlgefallen gereichten[54]. Nicht zuletzt um dem

---

[52] Hieronymus Brunschwig, Liber de arte distillandi de simplicibus. Das buch der rechten kunst zu distilieren die eintzigen ding... Straßburg 1500, AII^{v}, C^{v}, CII^{r}.

[53] Vgl. hierzu PETER DILG, „artzeny" und „valschery": Arzneimittelsubstitution im Mittelalter, in: Fälschungen im Mittelalter V (*Monumenta Germaniae Historica, Schriften* 33/V) Hannover 1988, 703–722.

[54] Brunschwig, Liber, DIII^{v}, E^{r}, E^{v}.

Laien das Auffinden des jeweils benötigten Arzneimittels zu erleichtern, werden daher die einzelnen Pflanzenwässer im zweiten Teil des Buches in annähernd alphabetischer Reihenfolge abgehandelt, wobei es Brunschwig nur selten versäumt, auch die jeweilige arabische Benennung anzuführen[55]. Der dritte Teil ordnet schließlich die betreffenden Wässer den Indikationsgebieten zu, die ihrerseits nach dem a-capite-ad-calcem-Schema verzeichnet sind, wie es allgemein der damaligen therapeutischen Praxis entsprach.

Insgesamt betrachtet, stehen Brunschwigs Destillierbücher – und dies nicht nur in zeitlicher Hinsicht – gleichsam auf der Schwelle zwischen Mittelalter und beginnender Neuzeit, wohingegen der 1485 in Mainz erschienene „Gart der Gesuntheit“ inhaltlich wie formal noch ganz der scholastischen Tradition verhaftet ist und somit als das letzte große mittelalterliche Herbarium bezeichnet werden darf[56]. Die über 400 Kapitel, die – wie bei Brunschwig – jeweils mit einer Aufzählung der betreffenden lateinischen, griechischen und arabischen Namen eröffnet werden, versammeln demgemäß zu den einzelnen Pflanzen lediglich die einschlägigen Lehrmeinungen aus der antiken, mittelalterlichen und arabischen Literatur, die zudem kritiklos aneinandergereiht sind[57]. Daß darunter Serapion häufig begegnet, ist nicht verwunderlich, da er auf dem Gebiet der vegetabilischen Simplicia als unbestrittene Autorität galt und als solche den Ärzten und Apothekern besonders vertraut war (Abb. 3). So erscheint er als Gewährsmann neben Avicenna, Averroes, Mesue und Rhazes sowie über 40 weiteren Autoren auch noch bei Otto Brunfels, dessen 1530 in Straßburg veröffentlichtes lateinisches Kräuterbuch jedoch ohne Zweifel schon den Anbruch eines neuen Zeitalters in der Geschichte der Pflanzenkunde signalisiert[58] und dies bereits im

---

[55] So beginnt etwa die erste der mit groben Holzschnitten versehenen Monographien „Von andorn wasser“ mit der Feststellung: *Dz krut andorn von den kriechischen philoflous genant würt. Aber von den arabischen farasion oder marmaco* ... (Brunschwig, Liber, E^{v}).

[56] Vgl. hierzu vor allem die Habilitationsschrift von OTTO BESSLER, *Prinzipien der Drogenkunde im Mittelalter. Aussage und Inhalt des Circa instans und Mainzer Gart.* Halle/S. 1959 (masch.schr.).

[57] Als Beispiel sei hier wahllos das 126. Kapitel über „Cassia lignea“ herausgegriffen, das mit der üblichen stereotypen Formel beginnt: *Cassia lignea grece, arabice melochaa vel melochia. Serapio in dem buch aggregatoris in dem capitell melochaa spricht daz disses holtz wachß in arabien do ander wölriechende baum und gekrude wachsen* ...

[58] Vgl. hierzu u. a. GERHARD BAADER, Mittelalter und Neuzeit im Werk von Otto Brunfels. *Medizinhistorisches Journal* 13 (1979) 186–203.

Titel zum Ausdruck bringt: „Herbarum vivae eicones ... in gratiam veteris illius et iamiam renascentis herbariae medicinae...“. Bekanntlich trugen dazu in erster Linie die naturgetreuen, von Hans Weiditz geschaffenen Abbildungen bei; doch bot auch der an sich konventionelle Text manches Neue, indem er beispielsweise zeitgenössische Autoren zu Wort kommen läßt und mehrfach auf den Wert der einheimischen Pflanzen – ein von den Humanisten-Ärzten immer wieder vorgetragenes Anliegen – aufmerksam macht. Dies wird besonders deutlich in dem einleitenden „Encomium medicinae“, in dem sich Brunfels im Sinne des damals entstehenden neuen Geschichtsbewußtseins mit dem altehrwürdigen Ansehen und Nutzen der Arznei- und Kräuterkunde auseinandersetzt. So verweist er etwa auf die lange Tradition, die vor allem Arabien nach dem Zeugnis des Plinius als Lieferant der *peregrina*, d. h. der fremdländischen Drogen, besitze, deren Verfälschung freilich sehr erleichtert werde: Denn wer von uns – heißt es an einer Stelle – hat schon jemals *Folium Indum, Nucem Indicam, Iuncum odoratum, Cypirum, Cardamomum, Cinnamomum, Calamum odoratum, Balsamum, Agollochum, Canchamom, Cyphi, Helenium* vor Ort wachsen gesehen? Dazu all das andere, was heutzutage hauptsächlich in den Apotheken vorrätig gehalten und überdies meist von sachunkundigen Leuten beurteilt werde, die sich dabei lediglich auf ihren Mesue beriefen[59]. Dagegen seien die einheimischen Gewächse ebenso wertvoll, zumal Gott jedem Land seine eigenen, auf die Natur der jeweiligen Menschen abgestimmten Kräuter geschenkt habe[60]. Nun ließe sich freilich einwenden, fährt Brunfels fort, daß es *ex nostris terris* nichts gebe, was den Gewürznelken, dem Zimt, dem Pfeffer, dem Galgant oder der Muskatnuß in der Wirkung gleichkomme; dies liege indessen allein an unserer Unkenntnis bzw. an unserem verwöhnten Gaumen, *quia non titillat, quod non ex Calocociis asportatur*. Im übrigen sei es jedermann unbenommen, wie Heliogabal ganz Arabien zu verprassen, sofern nur die einheimischen Simplicia dasselbe Ansehen genießen wie die *ultromarina*; auch sollen die Begüterten ihre *aromata*, Moschus, Sandelholz, Been oder Rhabar-

---

[59] Otto Brunfels, Herbarum vivae eicones etc. Straßburg 1530, 13.

[60] Ebd. 14. Ähnlich heißt es bekanntermaßen im „Herbarius“ des Paracelsus, daß jedem Land seine eigene Krankheit, seine eigene Arznei und sein eigener Arzt erwachsen; vgl. KARL SUDHOFF (Hrsg.), *Theophrast von Hohenheim gen. Paracelsus, Sämtliche Werke. I. Abteilung: Medizinische, naturwissenschaftliche und philosophische Schriften* 2. München–Berlin 1930, 4.

ber ruhig behalten und – wenn sie wollen – sogar Perlen und Edelsteine verschlingen wie Cleopatra; nur möge man den Minderbemittelten ihre Ernte nicht streitig machen, die aus Andorn, Ochsenzunge, Wegerich usw. bestehe. Derartige kritische Äußerungen über die in der damaligen Literatur allenthalben verzeichneten *exotica*, deren übertriebene Wertschätzung seinerzeit schon von Plinius moniert worden war, hatten denn auch zwangsläufig eine distanziertere Einstellung zu den arabischen Autoren und ihren Anhängern zur Folge, die gemeinhin als Propagatoren dieser ebenso teueren wie schwer zu beschaffenden Drogen galten. Dabei betont Brunfels ausdrücklich, daß er *magistrales illas compositiones Mesuae, Avicennae, Serapionis* nicht verdamme, sondern lediglich sage, daß diese jeweils für ihre Zeit und ihr Volk geschrieben hätten: *Arabes Arabibus, Barbari Barbaris idque in suo etiam coeli climate.* Er habe auch nichts dagegen, wenn sich jemand auf Avicenna oder Serapion berufe, sofern er sich dabei nur stets an die Quellen – und das heißt hier: an die antiken – halte. Denn durch das eifrige Studium des Dioskurides und des Plinius sei ihm klar geworden, daß Avicenna nichts anderes biete, als was schon in den Büchern der Alten stehe[61] – Erkenntnisse, die Brunfels freilich nicht daran hinderten, mit dem erstmals 1518 erschienenen „Spiegel der Artzny“ des Lorenz Fries das Werk eines erklärten Avicennisten 1529 erneut zu edieren[62]. Gleichwohl erweist er sich letztendlich als typischer Humanist, wenn er sich abschließend und eindeutig zu der reinen Medizin eines Hippokrates und Galen, eines Theophrast, Plinius, Dioskurides und Oribasius wie überhaupt zu den *priscis rei medicae scriptoribus et artis ipsius primis principibus* bekennt[63].

Bekanntlich haben sich Brunfels' Zeitgenossen, darunter namentlich Leonhart Fuchs, in wesentlich schärferer Form gegenüber den *Arabes* geäußert, in denen man nicht die verdienstvollen Vermittler des antiken Erbes, sondern vielmehr die barbarischen Verfälscher der ursprünglichen, einzig wahren Lehren erblickte[64]. Darüber hinaus wurden die durch den medizinischen Humanismus eingeleiteten Reformbestrebun-

---

[61] Brunfels, Herbarum vivae eicones 14 und 15.

[62] Vgl. hierzu Rudolf Christian Ludwig Öhlschlegel, *Studien zu Lorenz Fries und seinem „Spiegel der Arznei“*. Med. Diss. Tübingen 1985, 54–56.

[63] Brunfels, Herbarum vivae eicones 17.

[64] Vgl. hierzu etwa Felix Klein-Franke, Die klassische Antike in der Tradition des Islam (*Erträge der Forschung* 136) Darmstadt 1980, 33–43.

gen[65] weiter vorangetrieben, die u. a. darauf abzielten, die – vor allem durch die arabistischen Ärzte abundant gewordene – Therapie einfacher und billiger zu gestalten; sicherlich zum Leidwesen mancher Apotheker, die nicht zuletzt deshalb meist dem Lager der Arabisten angehörten, weil die Anfertigung der von diesen bevorzugten, zahlreiche Ingredienzien enthaltenden Composita weit lukrativer war als eine auf hippokratischen Grundsätzen basierende Verordnung von Simplicia. Auch zum bisweilen negativen Bild des Arztes hat die Kostenfrage beigetragen, so daß man angesichts der hohen Honorare in großem Umfang die Therapie durch paramedizinische Berufe wie Bader und Hebammen, auf den Märkten umherziehende Quacksalber, Steinschneider und Zahnbrecher in Anspruch nahm[66]. Doch war es nicht allein dieser soziale und pekuniäre Aspekt, der zu einer Neuorganisation des Medizinalwesens drängte; vielmehr bereiteten auch Identifizierung und Beschaffung der ausländischen Drogen nach wie vor große, durch die fremdartigen Bezeichnungen noch verstärkte Schwierigkeiten, die man einerseits und weiterhin durch Synonymenlisten, andererseits mittels nunmehr auch amtlicher quid-pro-quo-Verzeichnisse zu lösen suchte. Ähnliches galt für die noch immer uneinheitliche Arzneimittelherstellung in den Apotheken und die dabei benutzten unterschiedlichen Maß- und Gewichtseinheiten – Probleme, die allesamt die therapeutische Praxis des hier betrachteten Zeitraumes wesentlich mitbestimmten und allmählich entsprechende Maßnahmen auf administrativer Ebene zur Folge hatten: u. a. die Einführung behördlich vorgeschriebener Arzneibücher und -taxen, wobei in Deutschland die erste verbindliche, allerdings nur für Nürnberg gültige (und weitgehend noch immer auf Mesue basierende) Pharmakopöe 1546 und die erste gedruckte Arzneitaxe 1553 in Dresden erschienen ist[67]. Außerdem setzen die Humanisten ihre Bemühungen um eine textkritische Bereinigung des überlieferten antiken Fachschrifttums

---

[65] Vgl. hierzu GERHARD BAADER, Medizinisches Reformdenken und Arabismus im Deutschland des 16. Jahrhunderts. *Sudhoffs Archiv* 63 (1979) 261–296.

[66] Vgl. hierzu u. a. ROBERT JÜTTE, *Ärzte, Heiler und Patienten. Medizinischer Alltag in der frühen Neuzeit*. München–Zürich 1991.

[67] Vgl. Valerius Cordus, Pharmacorum omnium, quae quidem in usu sunt, conficiendorum ratio. Vulgo vocant dispensatorium pharmacopolarum... Nürnberg (1546); ferner: Apotecken Tax der Stadt Dreszden M.D.LIII. Faksimile-Druck mit einer Einführung von WOLFGANG-HAGEN HEIN (*Veröffentlichungen der Internationalen Gesellschaft für Geschichte der Pharmazie, N. F.* 2) Eutin 1953.

fort[68], wobei man zwangsläufig auf die – angeblich zahllosen – Fehler und Mängel in den Werken der Araber stieß, so daß die *recentiores medici* – wie es einmal bei Matthiolus heißt – *Mauritanorum scriptis vel parum vel nihil credant*[69]. Damit verband sich verständlicherweise eine wachsende Neuorientierung, die schließlich – zumindest vordergründig – den Sturz des Arabismus bewirkte, wiewohl dessen Vertreter auch in der Folgezeit vor allem in der pharmazeutischen Fachliteratur und in den Lehrplänen mancher Universitäten[70] präsent blieben. Selbst gegen Ende des 18. Jahrhunderts noch erscheint das Bild des Avicenna z. B. auf dem Titelblatt der Württembergischen Pharmakopöe (Abb. 4) – nunmehr allerdings lediglich als historische Reminiszenz an eine Epoche, in der die islamisch-arabische Welt auch auf die Heilkunde des Abendlandes prägend eingewirkt hat.

---

[68] Vgl. hierzu PETER DILG, Die botanische Kommentarliteratur Italiens um 1500 und ihr Einfluß auf Deutschland, in: AUGUST BUCK – OTTO HERDING (Hrsg.), Der Kommentar in der Renaissance (*Kommission für Humanismusforschung, Mitteilung* 1) Bonn-Bad Godesberg 1975, 225–252.

[69] Petrus Andreas Matthiolus, Epistolarum medicinalium libri V. Prag 1561, 26.

[70] Vgl. hierzu vor allem NANCY G. SIRAISI, *Avicenna in Renaissance Italy. The Canon and Medical Teaching in Italian Universities after 1500*. Princeton 1987.

Peter Heine

MARZIPAN UND MANCHES MEHR

Rezeption der arabischen Kochkunst und Getränke in Europa

Die Geschichte und Philosophie der Kochkunst, die Gastrosophie, ist eine recht komplizierte Thematik. Denn im Gegensatz zu den meisten anderen Künsten ist ihr Thema wegen der auf die Produktion des Kunstwerks unmittelbar folgenden Vernichtung kaum in Artefakten zu dokumentieren. Es sind die lange Zeit nur geringfügigen direkten Hinweise auf Rezepte, die uns einen gewissen Eindruck von dem zu vermitteln in der Lage sind, was den Genuß eines bestimmten Gerichtes oder eines besonderen Getränks ausgemacht hat. Daß dabei noch zahlreiche Unwägbarkeiten den Weg zu einer umfangreichen und gesicherten Darstellung von Essen und Trinken und wie es denn tatsächlich realisiert und von den Genießern erfahren worden ist, erschweren, kann jeder einsehen, der den italienischen Begriff der *pomodori*, der „Goldäpfel", mit den Treibhaustomaten der niederländischen Landwirtschaftsindustrie in irgendeine Übereinstimmung bringen will. Es mag also sein, daß all unsere Bemühungen um die Rekonstruktion älterer Küchen, seien sie chinesisch, indisch oder arabisch, vergeblich sind. Was bis zu einem gewissen Maße möglich sein mag, ist die Überprüfung der Wanderungen von Nahrungsmitteln und Rezepten. Doch auch hier ist sicherlich, was die islamische Welt angeht, manches noch immer ungesichert. Das liegt gewiß auch daran, daß die Zahl der Forscher, die sich mit Fragen der Gastrosophie und der kulinarischen Kultur der islamischen Welt befassen, zwar im Wachsen begriffen, aber doch vergleichsweise noch immer sehr gering ist.

Die Auseinandersetzung mit Fragen der Nahrungszubereitung im konkreten ist in der Islamwissenschaft immer noch ein Thema, für das man sich zunächst einmal entschuldigen zu müssen glaubt. Realienkunde der islamischen Kultur ist ohnehin im Orient oder im Westen kein Schwerpunkt des wissenschaftlichen Interesses gewesen. Man muß in der Regel die wissenschaftliche Seriosität der Bemühung um die konkreten Dinge zunächst einmal unter Beweis stellen, ehe man mit einer entsprechenden Darstellung beginnt. Bis zum Beginn der achtziger Jahre sind ausführlichere Darstellungen zur Geschichte der Kulinarik der islamischen Welt an zwei Händen abzuzählen. Zu nennen sind hier die Angaben, die ADAM MEZ in seiner *Renaissance des Islams* macht, einem Buch, das auch eine Fülle von Informationen zur materiellen Kultur des islamischen Mittelalters zusammenstellt[1]. Es ist kennzeichnend für die Forschungsgeschichte, daß MEZ seine Materialsammlung nicht für publizierenswert hielt und „der Mez" erst posthum erschien, dann aber für lange Zeit zu einem Klassiker der islamischen Kulturgeschichte wurde[2]. Das Bild nun, das MEZ von der islamischen Küche des Mittelalters zeichnet, mutet in vielem merkwürdig an. Vor allem Art und Quantität des Würzens lassen manchen Leser erschauern. MEZ kam zu diesem Eindruck, weil er keine arabischen Kochbücher als Quellen benutzen konnte[3]. Seine Quelle war vor allem eine Art Schelmengeschichte des Muhammad ibn Ahmad Abu l-Mutahhar al-Azdi, die er unter dem Titel *Abu l-Qasim, ein Baghdader Sittenbild* ediert hatte[4]. Daß viele der angegebenen Speisen und Zubereitungsarten nicht ganz ernst zu nehmen sind, ist aus dem gesamten Kontext des Werkes leicht zu erkennen. Ein erstes mittelalterliches Kochbuch, al-Katib al-Baghdadi, „Kitab al-Tabikh", wurde erst 1934, also mehr als 20 Jahre nach dem Erscheinen der *Renaissance des Islam,* ediert[5]. Konkreter wurden die Kenntnisse über die arabische Küche des Mittelalters durch die berühmte Arbeit von MAXIME RODINSON, *Recherches sur les documents arabes relatifs à la cuisine* aus dem Jahr 1949[6]. Über einige kleinere Arbeiten zur Kochkunst in der islamischen Welt hat BERT G. FRAGNER in einem vielbeachteten Vortrag auf dem 22. Deutschen Orientalistentag in Tübingen berichtet, so daß es hier mit diesem Hinweis auf die

---

[1] ADAM MEZ, *Die Renaissance des Islams*. Heidelberg 1922, 375; eine gute kulturhistorische Darstellung aus neuerer Zeit ist MUHAMMAD MANAZIR AHSAN, *Social Life under the Abbasids*. London 1979.

[2] Das Verdienst der Herausgabe des Werkes gebührt HERMANN RECKENDORF.

[3] MEZ, Renaissance 375 ff.

[4] *Muhammad ibn Ahmad Abulmutahhar Alazdi, Abulkasim, ein Baghdader Sittenbild*, mit Anmerkungen hrsg. von ADAM MEZ. Heidelberg 1902.

[5] *Al-Katib al-Baghdadi, Kitab al-Tabikh,* hrsg. von DAWUD CHELEBI. Mosul 1934; zum gegenwärtigen Kenntnisstand über die mittelalterlichen arabischen Kochbücher vgl. PETER HEINE, *Kulinarische Studien. Untersuchungen zur Kochkunst im arabisch-islamischen Mittelalter*. Wiesbaden 1988, 12–16.

[6] MAXIME RODINSON, Recherches sur les documents arabes relatifs à la cuisine. *Revue des Études islamiques* 17 (1949) 95–165.

weitere Forschungsgeschichte sein Bewenden haben kann[7]. Inzwischen haben die wissenschaftlichen Aktivitäten international einen erfreulichen Aufschwung genommen, wozu nicht zuletzt die verschiedenen Bemühungen des ehemaligen britischen Diplomaten und jetzigen Herausgebers der *Petits Propos Culinaires*, ALAN DAVIDSON, erheblich beigetragen haben, der mit seinem alljährlichen Oxford Symposium on Food History der Erforschung der Geschichte der Nahrungsmittel immer wieder neuen Anschub verleiht.

Die arabische Küche hat sich in der Abbasidenzeit (750–1258) zu einer komplexen Hochküche entwickelt, deren Rezepte schon früh in Kochbüchern gesammelt und fixiert wurden. Im „Fihrist" (Index) des Ibn al-Nadim, einem ersten Katalog arabischer Bücher aus dem 10. Jahrhundert, wird schon eine Reihe von Kochbuchtiteln genannt, deren Texte uns allerdings nicht erhalten sind[8]. Ursache für die kulinarische Entwicklung in Baghdad war das große, über regionale Produkte hinausgehende Angebot von Nahrungsmitteln und dazugehörigen Zubereitungstechniken, die durch ein dichtes Netz von Handels- und Informationswegen aus der gesamten bekannten Welt nach Baghdad kamen, die Rezeption der persischen Kultur samt ihrer elaborierten Küche in den oberen Schichten der abbasidischen Gesellschaft und die Tatsache, daß sich in eben dieser Gesellschaft eine breite Elite von Offiziellen, Kaufleuten, Intellektuellen und Künstlern entwickelt hatte, die die Mittel und das Interesse an kulinarischen Besonderheiten aufzubringen in der Lage waren[9].

Durch die hohe Mobilität der mittelalterlichen islamischen Gesellschaft wurden die verschiedensten kulturellen Errungenschaften der einzelnen Regionen weit verbreitet. Diese Diffusion umfaßte neben Theologie und Philosophie, Literatur und Musik, Architektur und Kalligraphie auch die Kochkunst. So finden wir Baghdader Gerichte im maurischen Andalusien und umgekehrt. Die Handelsbeziehungen der Muslime reichten jedoch weit über die islamische Welt hinaus, auch nach West-, Mittel- und Nordeuropa, nach Schwarzafrika in seinen

---

[7] BERT G. FRAGNER, Zur Erforschung der kulinarischen Kultur Irans. *Die Welt des Islams* 23/24 (1984) 320–360, hier 320 ff.

[8] *Ibn al-Nadim, Kitab al-Fihrist*, mit Anmerkungen hrsg. von GUSTAV FLÜGEL. 2 Bde. Leipzig 1871–1872, 371.

[9] Über die Grundvoraussetzungen zur Entstehung einer kulinarischen Kultur s. JACK GOODY, *Cooking, Cuisine and Class. A Study in Comparative Sociology*. Cambridge 1982, 97 ff.

westlichen und östlichen Teilen, nach Indien, in die indonesische Inselwelt und nach China. Es liegt in der Natur der Sache, daß die Produkte der Kochkunst die Zeit nicht überdauern. Kulinarische Artefakte des islamischen Mittelalters, auf die wir direkt Bezug nehmen könnten, sind uns nicht erhalten. Auch schriftliche Quellen, die auf die Kochkunst eingehen, sind uns für das europäische Mittelalter in einigen Fällen in der Form überliefert, daß wir die direkte Übernahme eines bestimmten Rezepts beweisen können[10]. Neben einigen aus historischen Quellen geschlossenen möglichen Abhängigkeiten der westeuropäischen von der maurischen Küche im Zusammenhang mit der Zuckerbäckerei (s. unten) sind es aber vor allem die Namen verschiedener Zutaten und einiger Gerichte, die auf eine arabische oder orientalische Herkunft hinweisen.

Ich nenne hier zunächst einige ins Deutsche gelangte Wort aus orientalischen Sprachen, die mit dem Essen und Trinken zusammenhängen. Das Alphabet bringt es mit sich, daß zunächst der Alkohol genannt werden muß, ausgerechnet ein Produkt, das in der islamischen Welt verboten ist. Das Wort *al-kuhl* bezeichnet im Arabischen Bleiglanz, Antimonpulver oder ganz allgemein feine Pulver. Wie sich aus dieser Bedeutung unser Wort für Weingeist und andere Brennspirituosen entwickelt hat, erklärt HELMUT ARNTZ so: Die *spiritus vini* heißen noch nicht Alkohol; diese Bedeutung (*alcool vini*) ist erst 1592 bei Libavius belegt. Aber Alkohol in seiner ursprünglichen Bedeutung „feines Pulver" kommt [bei Hieronymus Brunschwygk] an einer Stelle und in einem Zusammenhang vor, der zeigt, wie leicht die Bedeutungsübergänge erfolgen konnten: *vnd die zwey stück solle geriben vn gepuluert sein / dz es werd gleich dem gestüb der sonnen / genandt Alcohol in kriechischer vnnd in Arabischer zunge*; denn *gestüppe* (hier als *gestüp der sonnen*, „Sonnenstäubchen") meint nicht nur „Staub", sondern es bedeutet auch Gewürz und Arzneimittel[11]. Zu den Arzneimitteln gehörten dann auch alkoholi-

---

[10] MAXIME RODINSON, Romanīa et autres mots Arabes en Italien. *Romania* 71 (1950) 433–449 hat einige Belege dafür zusammengestellt; zu den europäischen mittelalterlichen Rezepten s. u. a. TRUDE EHLERT, *Das Kochbuch des Mittelalters. Rezepte aus alter Zeit eingeleitet, erläutert und ausprobiert.* Zürich–München 1989; DIES., „Nehmet ein junges Hun, ertraenckets mit Essig". Zur Syntax spätmittelalterlicher Kochbücher, in: IRMGARD BITSCH – TRUDE EHLERT – XENJA VON ERTZDORFF (Hrsg.), *Essen und Trinken in Mittelalter und Neuzeit.* Sigmaringen 1987, 261–276; MARGARETE ZIMMERMANN, Kochkunst im spätmittelalterlichen Frankreich: „Le Ménagier de Paris", in: ebd. 103–116.

[11] HELMUT ARNTZ, Das Brennzeug. Destilliergerät und Fachsprache in Frühneuhochdeutscher Zeit (*Schriften zur Weingeschichte* 75) Wiesbaden 1975, 13.

sche Destillate, die in Europa zunächst nur in Apotheken verkauft werden durften.

Verständlicher ist die Übernahme der Aprikose (*al-barquq*, arabisch allerdings „Pflaume“, wohl seinerseits ein Wort aus dem Lateinischen) und des Arrak (*'arraq*), auch der Artischocke (*al-kharshuf*) und Aubergine (*al-badindjan*)[12], der Banane (*banan, banana*) und der Berberitze (*barbaris*). Erstaunen mag die orientalische Herkunft der Bergamotte aus dem Türkischen (*beg armudy* „Herrenbirne“ und nicht etwa auf die Stadt Bergamo bezogen) und des Borretsch (*Abu Radj*, Vater des Schweißes). Die orientalische Herkunft von Ingwer (*zandjabil*) und Joghurt ist wiederum weniger überraschend. Auch daß der Kaffee (*kahwa*) als Wort und als Getränk aus dem Orient kommt, ist allgemein bekannt. Aber wie steht es mit Kandiszucker (*qandid* und *zukkar*) und dem hier zwar alphabetisch unpassenden, aber vom Inhalt her zuzuordnenden Konditor (ebenfalls von *qandid*) oder Saccharin (*sukkar*), mit Kaviar (von türkisch *'khawdjar*) oder Kümmel (*kammun*)? Wer würde glauben, daß Marzipan ein Wort mit arabischer Herkunft ist und Quark ein tartarisches Wort? Bei Safran (*za'faran*) ist das Erstaunen über die orientalische Herkunft wieder weniger groß als bei Sorbet (*sharab*) oder Spinat (*isfinakh*) und schließlich beim Zucker (*sukkar*), von dem schon die Rede war.

Gehen wir die Sache in einigen anderen europäischen Sprachen an, vor allem in den romanischen, so wird die Liste noch größer, was bei diesen Sprachen sicherlich auch mit der größeren geographischen Nähe zu den Herkunftsländern der entsprechenden Nahrungsmittel oder Zutaten und den entsprechenden Handelsverbindungen zusammenhängt. Auf die beiden Begriffe „Marzipan“ und die bisher noch nicht genannte italienische „Lasagne“ soll hier etwas ausführlicher eingegangen werden. Marzipan hängt nicht etwa mit einem „Brot des hl. Markus“ zusammen oder wie dergleichen Erklärungen sonst noch lauten mögen. Es stammt vielmehr von dem auch im Arabischen nicht eben häufigen Wort *mawthaban*. Dies bezeichnet einen, der immer zu Hause sitzt, nichts unternimmt, einen Fürsten. So wurde nun auch eine im Orient gebräuchliche Münze offenbar byzantinischen Ursprungs bezeichnet, auf der ein sitzender Christus dargestellt war. Um das Jahr 1193 führten nun die Venezianer eine derartige oder ihr ähnliche Münze aus dem Orient ein, die sie *matapan* nannten. Mit diesem Namen wurde dann auf

[12] Der Austriazismus „Melansane“ hat den gleichen Ursprung.

Cypern eine Abgabe oder Steuer in der Höhe einer solchen Münze bezeichnet und schließlich eine Schachtel oder Kiste, die 0,1 *moggio* enthielt. Im 14. Jahrhundert wurde dann der Inhalt dieser Kiste, nämlich ein aus Zucker, Mandeln und Rosenwasser hergestelltes Konfekt, als *marzapane* bezeichnet. Diese Etymologie kann als weitgehend gesichert angesehen werden[13]. Auf so festem Grund stehen wir mit der Lasagne wohl nicht. Immerhin aber hat ALICE VOLLENWEIDER, eine der großen Kennerinnen der Küchenterminologie in den romanischen Sprachen, einen Vorschlag von MAXIME RODINSON aufgenommen, der meinte, das Wort hänge mit dem arabisch-persischen Gericht *lauzinadj* zusammen. Dabei handelt es sich um einen (häufig rautenförmigen) Mandelkuchen. Dann ginge diese Übernahme nicht von den Zutaten, sondern von der Form aus[14].

Lassen Sie mich noch eine weitere Etymologie anfügen, die ebenfalls auf die Arbeit von ALICE VOLLENWEIDER zurückgeht. Nach ihrer Feststellung kennt die gesamte mittelmeerische Kochkunst das Konservieren von Fischen oder Fleisch in einer Essigbeize. Diese Technik wird z. B. im Spanischen als *escabeche* bezeichnet. Eine entsprechende Verbalableitung *escabechar* ist ebenfalls vorhanden. Ähnliche Worte finden sich auch im Mittellateinischen und in verschiedenen italienischen Dialekten. Die Ableitung vom arabisch-persischen *sikbadj* (Essigbrühe) ist gesichert[15]. Das mittelalterliche Kochbuch des Ibn Sayyar al-Warraq, der wahrscheinlich schon vor dem 10. Jahrhundert lebte, gibt für dieses Gericht folgendes Rezept: Schneide fettes Fleisch in mittelgroße Stücke, leg dies in einen Topf und bedecke es mit Wasser, frischem Koriander, Zimtschale und Salz nach Geschmack. Wenn es kocht, entferne Schaum und Schmutz mit einem Schaumlöffel und wirf es fort. Nimm den frischen Koriander heraus und gib statt dessen trockenen hinein. Nimm weiße Zwiebeln, syrischen Lauch und Karotten, wenn sie Saison haben, sonst aber Aubergine. Schäle die Aubergine, schneide sie durch und gib sie in einen separaten Topf ins Wasser. Dann durchseihen und auf das

---

13 Dazu und zu weiteren Beispielen s. KARL LOKOSCH, *Etymologisches Wörterbuch der europäischen Wörter orientalischen Ursprungs*. Heidelberg 1927, 115f.

14 ALICE VOLLENWEIDER, Der Einfluß der italienischen auf die französische Kochkunst im Spiegel der Sprache 2: Wortmonographien. *Vox Romanica* 22 (1963) 59–88, 397–443, hier 443; zahlreiche Rezeptbezeichnungen und küchentechnische Termini im Italienischen konnten auf die arabische Cuisine zurückgeführt werden: s. RODINSON, *Romania*.

15 VOLLENWEIDER, *Einfluß* 405f., Anm. 1.

Fleisch geben. Gib Gewürze und Salz dazu. Wenn das Gericht fast gar ist, nimm Weinessig und Dattelsyrup oder Honig, wenn das bevorzugt wird, Dattelsyrup ist aber besser, und vermisch das so, daß die Mischung in der Mitte zwischen scharf und süß ist, gib das in den Topf und laß es für eine Stunde kochen. Wenn das Gericht fertig ist, nimm es vom Feuer; nimm etwas Brühe, gib da hinein soviel Saffran, wie nötig ist, und schütte das zurück in den Topf. Dann nimm süße Mandeln, schäle sie, schneide sie in Splitter und gib sie oben in den Topf, dann nimm wenige Rosinen, Johannisbeeren und getrocknete Feigen. Bedecke alles und lasse es eine Stunde auf dem Feuer. Wisch die Seiten (des Topfes) mit einem Lappen sauber und besprenge das alles mit Rosenwasser. Wenn es sich gesetzt hat, nimm (den Topf) vom Feuer[16]. Wir haben es hier mit einem sehr komplizierten, aufwendigen und teuren Gericht zu tun, mit einem Produkt der Hochküche. Frau Vollenweider vermutet, daß nicht das Rezept nach Europa gekommen ist, sondern es zunächst ein Importprodukt dieses Namens, also ein Kräuteressig oder ähnliches, gewesen ist, das den Namen ins christliche Abendland brachte. Ob dieses Rezept mit den Kreuzrittern aus dem Orient nach Europa kam, ist nicht belegt.

Was die Kreuzritter ihrerseits an kulinarischen Besonderheiten in den Orient mitbrachten, fand nicht unbedingt die Zustimmung der Araber. Der bekannte arabische Berichterstatter dieses Kulturkontaktes, Usama ibn Munqidh, berichtet mehrfach, wie schlecht das war, was die Franken aßen[17], und wohl nur ein Gericht oder eine Kochtechnik ist in den Kanon der arabischen Cuisine aufgenommen worden: *shawa' frandji* (fränkische Grillade). Dabei wurde ein Lamm auf einem Spieß so zwischen zwei Feuer plaziert, daß es von beiden Seiten geröstet wurde. Ganz so einfach wollten es die arabischen Gourmets dann aber doch nicht haben. Sie ergänzten diese rustikale Zubereitung dadurch, daß das Fleisch von Zeit zu Zeit mit Sesamöl bestrichen und mit Rosenwasser beträufelt wurde[18].

Eine besonders weite Reise hat ein anderes Rezept hinter sich gebracht: Der Zusammenhang zwischen der spanischen Paella und dem arabisch-persischen Pilaw ist nicht nur etymologisch nachgewiesen,

---

[16] *Ibn Sayar al-Warraq, Kitab al-Tabikh,* hrsg. von Kaj Öhrenberg – Sahban Mroueh. Helsinki 1987, 132.

[17] *Usama ibn Munqidh, Ein Leben im Kampf gegen die Kreuzritter,* übers. von Gernot Rotter. Stuttgart 1978, 158.

[18] Rodinson, *Recherches* 150.

sondern läßt sich auch bei einem Vergleich des entsprechenden andalusischen Rezeptes bei al-Tudjibi feststellen. Al-Tudjibi ist ein maurischer Autor, der sich nach der Vertreibung aus seiner Heimat Valencia in Nordafrika an die heimatlichen Rezepte erinnert. Sein Buch „Fadalat al-Khiwan" stellt in der mittelalterlichen arabischen Kochbuchliteratur insofern eine Besonderheit dar, als es nicht Rezepte der Hofküche beschreibt, sondern ein breites Spektrum von Gerichten vorstellt, das vom einfachen Brei aus Weizenschrot bis zum komplizierten, teuren und aufwendigen Rezept der Haute Cuisine reicht[19]. Neben der sprachlichen Übereinstimmung der spanischen Paella und des orientalischen Pilaw läßt sich auch eine gewisse Übereinstimmung im Rezept feststellen. Bei beiden Gerichten handelt es sich um Eintopfgerichte auf der Basis von Reis, in denen als weitere Zutaten Hühnerfleisch und Fische oder Meeresfrüchte verwendet werden. Damit ist der Weg dieses Reisgerichts aber noch nicht zu Ende. Offenbar über das Provencalische ist es nach New Orleans gekommen, wo es sich als Jambalaia großer Beliebtheit erfreut. Daß man in der Creolischen Küche von Carolina bei dem gleichen Gericht von Pilau spricht (was offenbar ebenfalls aus dem Provencalischen stammt), schließt den Kreis[20].

Und weil wir gerade bei der Küche von New Orleans sind, stelle ich hier noch eine These vor, die ich noch nicht weiter überprüfen konnte, die aber zumindest den Charme der Originalität hat. Alte Negerinnen pflegten bis zur Jahrhundertwende als Straßenhändlerinnen frittierte Reisbällchen zu verkaufen, wobei sie ausriefen: „Belle calas, tout chaud." Ich zitiere hier nun die Etymologie von KAREN HESS für das Wort „Calas": „And I do believe that the name is from Africa. All over the African Diaspora, particularly Brazil and the West Indies, various forms of the word ‚akkra' are applied to all manner of beignets – or fritters, because that is what they are – akkra being a term with the same meaning in West Africa ... I believe akkra to derive from medieval Arabic ‚aqras', which designated a round sweet cake fried in sesame oil ..."[21] Es ist hier nicht meine Sache, diese Etymologie auf ihre

---

[19] S. dazu PETER HEINE, Kochen im Exil. Zur Geschichte der Kochkunst im arabischen Mittelalter. *Zeitschrift der Deutschen Morgenländischen Gesellschaft* 139 (1989) 318–327.

[20] KAREN HESS, The Carolina Rice Kitchen and the Creole Cuisine of New Orleans. *Petits Propos Culinaires* 41 (1992) 24–29, hier 25.

[21] Ebd. 27 f.

Richtigkeit hin zu überprüfen. Aber auch bei TADEUSZ LEWICKI, *West African Food in the Middle Ages* finden sich entsprechende Hinweise[22]. Einiges von dem, was Frau HESS im weiteren Verlauf ihrer Argumentation vorbringt, erscheint zumindest einleuchtend. Und es liegt, angesichts der intensiven Beziehungen zwischen den mittelalterlichen westafrikanischen Königreichen Ghana, Mali und Songhay und dem islamischen Nordafrika natürlich nahe, daß man auch kulinarische Beeinflussungen nicht ausschließt. Die Weitervermittlung derartiger Einflüsse nach Nordamerika kann dann auch nicht ausgeschlossen werden.

Es sind wohl vor allem drei Wege, auf denen die arabische Küche bzw. die Nahrungsmittel aus der arabischen Welt in das mittelalterliche Abendland gekommen sind. Es handelt sich um Kontakte, die über die Iberische Halbinsel, Sizilien und Italien und über den Balkan verliefen[23]. Auch hier will ich in bezug auf die Iberische Halbinsel einen bestimmten Aspekt der Kulinarik herausgreifen: die Zuckerbäckerei. Die Geschichte des Islams in Spanien ist vielfältig beschrieben worden. Daher ist uns auch die Symbiose verschiedener Religionen auf der Iberischen Halbinsel bekannt. Das enge Zusammenleben von Muslimen, Juden und Christen in al-Andalus hat auch auf kulinarischem Gebiet Auswirkungen gehabt, wenngleich die jeweiligen Speisevorschriften gewisse Unterschiede bestehen ließen. Dazu, wie sich diese andalusische Küche auf Nordeuropa auswirkte, möchte ich eine Hypothese aufstellen. Rohrzucker ist eines der Produkte, die über die Iberische Halbinsel nach Europa gekommen sind. Da es erst nach der Entdeckung Amerikas industriemäßig auf den Westindischen Inseln und in Brasilien angebaut wurde[24], war es durch das Mittelalter hindurch ein ausgesprochenes Luxusprodukt, das sich im Abendland nur die Höfe leisten konnten. Wie SIDNEY W. MINTZ dargelegt hat, war es an den Höfen der englischen Könige üblich, daß Konditoren aus dem wertvollen Produkt umfangreiche Tischdekorationen in allegorischen Darstellungen und szenischen Wiedergaben von Schlachten oder Theater-

[22] TADEUSZ LEWICKI, *West African Food in the Middle Ages*. Cambridge 1974, 47.

[23] ARNALD STEIGER, Aufmarschstraßen des morgenländischen Sprachgutes. *Vox Romanica* 10 (1948/49) 1–62.

[24] Zwar wurde Zucker in großen Mengen auch im mittelalterlichen Niltal prozessiert, doch spielte er für den Export kaum eine Rolle; zur Ausbreitung von Zuckerrohr in der islamischen Welt s. ANDREW M. WATSON, *Agricultural Innovation in the Early Islamic World*. Cambridge 1983, 24–30.

stücken gestalteten, die zum Ende des Mahles von den Speisenden aufgegessen wurden. Das Prestigemoment des Zuckers wurde durch die künstlerische Verarbeitung noch unterstrichen[25].

Schon bei der Lektüre des Buches von MINTZ kam mir die Frage nach dem Ursprung dieser erstaunlichen Praxis. Natürlich liegt die Modellierbarkeit des festen Zuckers angesichts dieser Konsistenz nahe. Aber warum wurden diese Szenen dargestellt? Ich nehme an, daß eines der Hauptexportgebiete für Rohrzucker die Iberische Halbinsel war; von dort wird nun von einem muslimischen Historiker folgende Praxis berichtet, auf die LUCIE BOLENS, die große Kennerin der materiellen Kultur des maurischen Spaniens, hingewiesen hat, von der auch der Satz stammt: „Les petits échanges font les grandes civilisations."[26] Der andalusische Historiker al-Wansharishi berichtet folgendes: „Die Muslime feiern den Sonntag und den Sabbath und arbeiten an diesen Tagen nicht, wie sie es auch an den christlichen Feiertagen nicht tun." Über das Fest Johannes' des Täufers und die Frühjahrsäquinoxien berichtend, fährt er dann auf die andalusischen Christen bezogen fort: „Auf den Tischen findet man alle Arten von Früchten und kostbaren Dingen, die die Frauen und Kinder dorthin gelegt haben, um sie sich gegenseitig zu schenken. Dazu gehört auch ein Zuckerwerk, das sie in der Form einer Stadt hergestellt haben. Hinein haben sie kleine Figuren gestellt. Mehr als ein Reisender hat uns berichtet, daß diese Zuckerstädte aus al-Andalus, über das Gott seine Hand halten möge, oft einen Wert von 60 Goldstücken und mehr haben wegen der Menge an Zucker, die sie enthalten, den vielen frischen Früchten, den Mengen an Datteln, den Säcken mit Rosinen und getrockneten Feigen und anderen Trockenfrüchten, den Nüssen, Mandeln, Pistazien und Pinien. Andere bestehen aus Zuckerrohr, Nougat, Orangen und süßen Zitronen von bester Qualität ... Alle nehmen daran teil, die Alten, die Jungen, die Herrinnen des Hauses und die Sklavinnen. Ich glaube, daß die (muslimischen) Andalusier zu dieser Praxis wegen ihrer Nachbarschaft zu den Christen gekommen sind."[27] Die Vermutung liegt nahe, daß nicht nur der Rohrzucker,

---

[25] SIDNEY W. MINTZ, *Die süße Macht. Kulturgeschichte des Zuckers.* Frankfurt/M. 1987, 129 u. ö.

[26] LUCIE BOLENS, Les „petites échanges" font les grandes civilisations: L'Andalousie médiévale, in: DIES., *L'Andalousie du quotidien au sacré, XIe–XIIIe siècle.* London 1990, Kap. 19, 1–13.

[27] LUCIE BOLENS, Les Andalousies perdues ou la Méditerranée comme lieu d'influences et des métissages culturells, in: ebd., Kap. 18, 9.

sondern mit ihm auch dieser offenbar von den unter maurischer Herrschaft lebenden Christen praktizierte Festbrauch nach England gelangt ist. Mir fehlen z. Zt. noch alle Daten, die den Export von Rohrzucker aus Andalusien nach England belegen. Mangels anderer Herkunftsquellen, wenn man einmal von Ägypten absieht, kann dies jedoch als gegeben vorausgesetzt werden. Die Frage nach den Belegen für eine Übernahme der Modellbaupraxis und deren thematischen Veränderungen durch den englischen Hof und seine Zuckerbäcker habe ich bisher nicht klären können[28]. Es ist aber eine schöne Vorstellung, daß die englische Hofküche durch die Kreativität des maurischen Spaniens befruchtet worden ist.

Die Übernahme von Zutaten aus der arabischen Welt in die italienische Küche und von ihr aus dann auch in die französische haben Alice Vollenweider und Maxime Rodinson, wie ich eben schon festgestellt habe, verschiedentlich nachgewiesen[29]. Sie haben auf den Tatbestand hingewiesen, daß eine nicht zu unterschätzende Rolle in der Verbreitung der arabischen Kochkunst auch die arabische Medizin, hier vor allem die Diätetik, gespielt hat. Vor allem die Schule von Salerno, aber auch andere Hochschulen des Abendlandes haben von der arabischen Ernährungslehre profitiert. Schon Frau Vollenweider hatte bedauert, „daß der Einfluß der Diätetik auf die Geschichte der Ernährung und der Kochkunst noch nie untersucht worden ist. Ein Vergleich zwischen den kulinarischen und den Theorien der diätetischen Traktate des [europäischen] Mittelalters läßt vermuten, daß er bedeutend war. So geht beispielsweise die im Altertum, in der arabischen und der europäischen Küche bis ins 17. Jahrhundert verbreitete Sitte, das Fleisch vor dem

[28] Die Herstellung von Figuren aus Zucker war auch im Osten der arabischen Welt, in Baghdad, bekannt. Gleiches wird von Reisenden aus Ägypten berichtet: s. Edmund O. von Lippmann, *Geschichte des Zuckers seit den ältesten Zeiten bis zum Beginn der Rübenzucker-Fabrikation. Ein Beitrag zur Kulturgeschichte.* Berlin–Heidelberg–New York 1929, Ndr. Wiesbaden 1970, 224f.; Bronzeplastiken nachgebildete Zuckerstatuen waren nach einer Angabe von Katharina J. Watson, Sugar Sculpture for Grand Ducal Weddings from the Giambologna Workshop. *Connoisseur* 199 (799) (1978) 20–26, allerdings Bestandteil des Festschmucks bei großherzoglichen Hochzeiten in den größeren Städten Italiens und Südfrankreichs zwischen dem 15. und dem 17. Jahrhundert. Dann bestünde auch die Möglichkeit, daß diese Praxis aus Spanien oder Ägypten durch italienische oder französische Vermittlung nach England gekommen ist.

[29] Der Einfluß der italienischen Küche auf die französische ist also nicht allein auf Katharina von Medici zurückzuführen.

Braten zu kochen, auf die Vorschriften der medizinischen Literatur zur Ernährung zurück. Ebenso wurde der übermäßigen Verwendung von Gewürzen, deren erhitzende Wirkung zum Ausgleich der schädlichen, kühlenden Wirkung von Fleisch und gewissen Gemüsesorten dienen sollte, Vorschub geleistet."[30] Daß die Ernährungstheorien des Abendlandes ganz unter dem Einfluß der antiken Humoralvorstellungen standen, die die Araber tradiert hatten, ist hinlänglich bekannt. In einer Reihe von Küchentermini, die ursprünglich aus der medizinischen Fachsprache kommen, ist das noch zu erkennen. Das arabische Wort *sharab*, das zunächst nichts als „Trank" meint, bedeutet in einem medizinischen Zusammenhang „Zuckerlösung mit medikamentösen Zusätzen". Es findet sich in der entsprechenden Bedeutung im Spanischen (*jarabe*), Italienischen (*sciroppo*) und Französischen (*sirop*) und taucht in einem englischen Kochbuch des 15. Jahrhunderts als Bezeichnung für Saucen auf[31].

Kommen wir nun zu einem anderen Aspekt der Übernahme kulinarischer Kultur aus dem Orient nach Europa oder umgekehrt, auf den jeder hinweist, der sich mit der Küche des Orients befaßt. Aus dem 14. Jahrhundert stammt der altfranzösische Text „La bataille de Caresme et Charnage", in der die Soldaten der verfeindeten Heere durch verschiedene Speisen dargestellt werden. Aus der gleichen Zeit stammt der spanische „Libro de Buen Amor", in dem die Auseinandersetzung zwischen Don Carnal und Dona Cuaresma geschrieben wird. Frau VOLLENWEIDER meint, daß dieser Text Vorbild für einen ägyptischen Text war, den JOSHUA FINKEL 1932 ediert und übersetzt hat[32]. Hier wird die Auseinandersetzung zwischen den Reichen, symbolisiert durch König Schaf, und den Armen, symbolisiert durch König Honig, dargestellt. JACK GOODY hat diesen Text als die Dokumentation einer Art Klassenkampf in der mamlukischen Gesellschaft Ägyptens interpretiert[33]. Mir geht es hier nicht um diese Interpretation, sondern um die Frage, ob die Annahme, der ursprüngliche Text sei abendländisch, zu halten ist. Frau VOLLENWEIDER führt keine weiteren Belege ür ihre These an und gibt die Vermutung von JOSHUA FINKEL wieder. Mir

---

[30] ALICE VOLLENWEIDER, *Der Einfluß der italienischen auf die französische Kochkunst im Spiegel der Sprache*. Winterthur 1961, 14.

[31] Ebd. 16.

[32] JOSHUA FINKEL, King Mutton, a curious Egyptian tale of the Mamluk period. *Zeitschrift für Semitistik* 8 (1932) 122–148 und ebd. 9 (1933/34) 1–18.

[33] GOODY, *Cooking* 133.

erscheint es wichtig, darauf hinzuweisen, daß die Auseinandersetzungen zwischen Symbolfiguren, wie wir sie hier vor uns haben, in der arabischen Literatur häufig ist. Solche Streitereien gibt es auch zwischen Wein und Hashish, Blumen und Bäumen usw.[34] Es handelt sich bei diesem Literaturtypus um die Literarisierung der altarabischen „Mufakharat", in denen die vor- und früh-islamischen Stammesdichter bei intertribalen Auseinandersetzungen die Gegner verächtlich machten und die Ruhmenstaten und Vorzüge des eigenen Stammes beschrieben[35]. Ich halte es zumindest nicht für ausgeschlossen, daß die ägyptische Auseinandersetzung zwischen König Schaf und König Honig aus dieser Tradition entstanden ist oder gar den umgekehrten Weg genommen und die europäischen Texte beeinflußt hat.

Über den Balkan kamen mit der Expansion des Osmanischen Reiches vor allem türkische Gerichte und Zutaten, die ihrerseits aber wiederum von arabischen kulinarischen Traditionen beeinflußt waren. Das bekannteste ist dabei selbstverständlich der Kaffee, der seit der Mitte des 15. Jahrhunderts zunächst auf der arabischen Halbinsel, dann aber im gesamten Orient bekannt und beliebt wurde. RALPH HATTOX bezeichnet ihn als ein soziales Getränk[36]. Er war zunächst aber auch ein Mittel der islamischen Mystiker, die sich mit seiner Hilfe bei ihren nächtlichen Übungen wach hielten[37]. Ein erstes Kaffeehaus soll 1555 in Istanbul eingerichtet worden sein, und bald folgten andere[38]. Sie erhielten den schönen Namen „Schule der Weisheit". Die Venezianer brachten ihn nach Westeuropa und die Türken bis nach Wien. In Marseille wurde 1671 eine erste Kaffeestube eröffnet. Achtzig Jahre später gab es in Paris 56 Cafés[39].

Lassen Sie mich zum Abschluß noch auf einen weiteren Aspekt des Themas zu sprechen kommen, den intensiver zu behandeln ein Desiderat wäre. Es ist die Frage der Methoden und der Wege der Einführung

---

[34] Als Beispiel s. FRANZ ROSENTHAL, *The Herb. Hashish versus Medieval Muslim Society*. Leiden 1971, 163–166.

[35] Zur „Mufakhara" s. RENATE JACOBI, *Studien zur Poetik der altarabischen Qaside*. Wiesbaden 1971, 65–85; EWALD WAGNER, *Grundzüge der klassischen arabischen Dichtung*, Bde. 1 u. 2. Darmstadt 1987–88, Index s. v. „Fahr".

[36] RALPH S. HATTOX, *Coffee and Coffeehouses. The Origins of a Social Beverage in the Medieval Near East*. Seattle–London 1985.

[37] Ebd. 24ff., 74.

[38] BERNHARD LEWIS, *Istanbul and the Civilization of the Ottoman Empire*. Oklahoma 1963, 132f.

[39] HARRY SCHRAEMLI, *Von Lukullus zu Escoffier. Geschichte der Feinschmeckerei*. Bielefeld o. J., 236f.

amerikanischer Pflanzen im Orient. Man findet Tomaten heute als Zutaten der verschiedensten orientalischen Gerichte, und Paprika sind oder waren für uns ein typisch orientalisches Gewächs. Sind gerade die Tomaten über Spanien nach Nordafrika gekommen oder aus Frankreich nach Istanbul? Darüber wissen wir bis heute noch nichts. Klar ist wohl, daß sie ihren Siegeslauf erst spät angetreten haben; denn EDWARD W. LANE erwähnt in seinem Werk *Manners and Customs of the Modern Egyptians*, zu dem er 1835 das Vorwort schrieb, nichts von Tomaten, und er gilt als genauer Beobachter[40]. Wenige Jahrzehnte später hat dieser amerikanische Import aber offensichtlich auf seinem Siegeszug auch Ägypten erreicht. Denn landeskundliche Darstellungen aus dem Jahre 1872 behaupten, daß Tomaten überall im Niltal angebaut würden[41]. Es ist zu vermuten, daß sie aus Südfrankreich über Süditalien und Sizilien nach Ägypten gelangt sind[42]. Die hohe Akzeptanz wird nicht zuletzt mit der Tatsache zusammenhängen, daß Tomaten sich gut für eine in der arabischen Küche gern verwendete Kochtechnik verwenden lassen, das Füllen mit andersartigen Zutaten. Diese Praxis kennen schon die mittelalterlichen arabischen Kochbücher[43]. Kartoffeln schließlich wurden erst 1886 im Zweistromland eingeführt. Den Bauern wurden staatliche Prämien ausgelobt, wenn sie diese Knolle anbauten[44]. Zunächst fanden die Kartoffeln keine große Anhängerschaft, wenn wir von den modernen arabischen Kochbüchern ausgehen. Weizenprodukte und Reis blieben die wichtigsten Nahrungsmittel. Inzwischen hat der Import aus der Neuen Welt jedoch auch im Orient mehr und mehr Anhänger gefunden[45].

Lassen Sie mich schließen mit der Feststellung: Die Übernahme orientalischer Koch- und Eßgewohnheiten, wie wir sie in Europa heute in der Form des „ethnic food“ an fast jeder Straßenecke feststellen können, ist also nicht nur Folge der modernen Wanderbewegungen oder des Tourismus, sondern kann auf eine lange Tradition zurückblicken.

---

[40] EDWARD W. LANE, *The Manners and Customs of the Modern Egyptians*. London 1960.

[41] HEINRICH STEPHAN, *Das heutige Aegypten. Ein Abriss seiner physischen, politischen, wirtschaftlichen und Cultur-Zustände*. Leipzig 1872, 90.

[42] ANDREW M. WATSON machte mich auf die Verwandtschaft von Ägyptisch-Arabisch *banadura* mit Italienisch *pomodori* aufmerksam.

[43] Vgl. HEINE, *Kulinarische Studien*, z. B. 109.

[44] ALI AL-WARDI, *Lamahat idjtima' iyya fi tarikh al-Iraq al-'hadith*, Bd. 2. Baghdad 1971, 134.

[45] Viel erfolgreicher war die Ausbreitung von Mais.

Herbert Hunger

GRIECHISCHE BUCHPRODUKTION IN ITALIEN IM 15. JAHRHUNDERT

*Voraussetzungen und Anfänge**

Die Einführung einer Schrift und die Fähigkeit, sie für literarische Denkmäler zu verwerten, wurden stets als wichtige Schritte in der kulturellen Entwicklung eines Volkes/Landes angesehen. Kontakte benachbarter Völker auf höherer Ebene führten zumeist zu einer über die Kommunikationsfunktion hinausgehenden Einschätzung von Schrift und Sprache. Die Literatur und die Literatursprache wurden zu legitimen Vertretern der vornehmlichen Eigenschaften eines Volkes, seiner Gesellschaft und seiner Kultur.

---

* Als ich das Thema für meinen Beitrag zu diesem Symposion wählte, war mir noch nicht klar gewesen, welch großer Beliebtheit sich die „Griechen im Italien des 15. Jahrhunderts" gerade heute in der neuesten Literatur erfreuen. Ich erwähne nur folgende Veranstaltungen bzw. Publikationen: die inzwischen gedruckten Kongreßakten zu *Dotti Bizantini e libri Greci nell'Italia del secolo XV (Atti del Convegno internazionale Trento 22–23 ottobre 1990)*, a cura di Mariarosa Cortesi e Enrico V. Maltese. Napoli 1992, ein Kongreß, an dem ich nicht teilgenommen hatte; Manussos Manussakas – Konstantinos Staikos, *L'attività edizionale dei Greci durante il Rinascimento Italiano (1469–1523)*. Athen 1986; die einschlägige Buchausstellung in der Herzog-August-Bibliothek Wolfenbüttel mit dem von Dieter Harlfinger herausgegebenen Katalog *Graecogermania. Griechisch-Studien deutscher Humanisten. Die Editionstätigkeit der Griechen in der italienischen Renaissance.* Wolfenbüttel 1989; Nicolas Barker, *Aldus Manutius and the Development of Greek Script and Type in the Fifteenth Century*. 2. Aufl. New York 1992; Nigel G. Wilson, *From Byzantium to Italy. Greek Studies in the Italian Renaissance*. London 1992.
Als Byzantinist und Paläograph habe ich die Schwerpunkte meines Referates derart verteilt, daß die „Voraussetzungen", d.h. die Buchgeschichte sowie die sozialen und materiellen Lebensbedingungen für die Griechen als Emigranten, Kopisten und Drucker soweit im Vordergrund stehen, daß die unvermeidlichen Überschneidungen mit den genannten Werken sich auf ein vertretbares Ausmaß beschränken dürften.

Dies gilt auch für Griechen und Römer, die für die europäische Kulturgeschichte maßgebenden Völker des Mittelmeerraumes. Das Imperium Romanum der Kaiserzeit erstreckte sich über den gesamten Mittelmeerraum und war zugleich ein Reich zweier Sprachen, der lateinischen und der griechischen. Die *Graecia capta* des Horaz war zu politischer Ohnmacht verurteilt, wußte aber in manchen Bereichen ihre Überlegenheit zu wahren. Natürlich spielte die ethnische Zusammensetzung der verschiedenen Provinzen eine große Rolle. Im Osten hatte das Griechentum von vornherein eine günstigere Ausgangsstellung als im Westen. Das zeigt z. B. ein Vergleich der fast nur aus Ägypten stammenden erhaltenen Papyri: Die griechischen Papyri haben gegenüber den lateinischen eine zahlenmäßige Überlegenheit, die – grob geschätzt – vielleicht 100:1 ausmacht. Schon in den Jahrhunderten der Spätantike kann man – etwa in der Verwaltungssprache und im Rechtsleben, wo das Latein obligat war – einen Rückgang dieser Sprache im Osten beobachten. Der zeitlich jüngste Teil des Corpus Justinians, die Novellen, ist nicht mehr lateinisch, sondern fast durchgehend griechisch gefaßt, und – in Byzanz – sollten die 60 Bücher griechischer Basiliken die Masse des römischen Jus ersetzen. Im oströmischen Reich, das seit dem Frühmittelalter, etwa seit dem 7. Jahrhundert, ein griechisches Reich wurde, verlor das Latein immer mehr an Boden, was man schon aus jenen Sachbüchern ersieht, die lateinische termini technici dem Publikum eigens zu erklären versuchten.

Freilich spielte für die Sprachenfrage auch die politische Geschichte eine entscheidende Rolle, die in dem seit Theodosios I. endgültig geteilten Reich einen verschiedenen Lauf nahm. Während Byzanz, wenn auch unter Einbuße so mancher Provinzen und nur unter Aufbietung aller diplomatischen Möglichkeiten, den Ansturm der Germanen aus dem Norden und der Araber aus dem Osten abzuwehren bzw. abzulenken verstand, erlag das Westreich im 5. Jahrhundert den im Rahmen der Völkerwanderung einströmenden Aggressoren. Für Italien blieb der von Kaiser Justinian unter gewaltigem Aufwand durchgeführte Restaurationsversuch der römischen Herrschaft ephemer. Mit dem Vormarsch der Langobarden vom Norden her und später der Araber im Süden konnte sich die antike Kultur in Italien nur mehr punktuell, etwa in einzelnen Klöstern, halten. Obwohl im frühmittelalterlichen Rom und in Süditalien, vor allem im Rahmen der Kirche, Griechen noch immer präsent waren, schwand allmählich die Bindung an die östliche Heimat. Die Kenntnis der griechischen Sprache ging – mit Ausnahme von Teilgebieten Apuliens und Kalabriens – immer mehr zurück.

Zur Entfremdung von West und Ost im Mittelalter trug auch die Kirchengeschichte nicht wenig bei. Die ursprünglich geringfügig erscheinenden dogmatischen Differenzen wurden durch politische Reibungen (Konkurrenz in Unteritalien) und kulturelle Entfremdung in ihrer Wirkung verstärkt und führten schließlich zu dem bekannten Schisma von 1054. Die Kreuzzüge boten wiederholt Gelegenheit zur Vervielfachung der Gegensätze, die von der allgemeinen Mentalität auf die Praxis des Alltags übergriffen[1]. Freilich gab es auch Stimmen, die zu Versöhnung und Vernunft, ja zur Wiederherstellung der Kirchenunion aufriefen[2].

So manche Byzantiner erkannten im 13. und 14. Jahrhundert, daß man das Latein und die lateinische Literatur brauchte, nicht nur zu Zwecken der Kommunikation, so in der Diplomatie, wenn es galt, zweisprachige Auslandsschreiben aufzusetzen, und insbesondere im täglichen Umgang mit den Funktionären und Handelsleuten aus den italienischen Republiken Venedig, Genua und Pisa, sondern auch als Theologe und Philosoph. So entstand damals eine ansehnliche Übersetzungsliteratur, die vor allem mit den Namen Maximos Planudes, Demetrios und Prochoros Kydones verknüpft war. Vieles davon liegt heute noch ungedruckt in den griechischen Handschriften europäischer Bibliotheken. Die Scholastik aber wurde so im Osten für die theologisch-philosophischen Diskussionen präsent. In Italien hielt man im selben 14. Jahrhundert Boccaccio für den ersten Europäer, der aus persönlichem Interesse Griechisch lernte. Tatsächlich gab es schon in der Frühzeit des Humanismus interessierte Vorläufer wie Barlaam aus Kalabrien, der im Hesychastenstreit und als Gegner des Gregorios Palamas in Byzanz hervortrat, in Italien aber Petrarca in die Grundbegriffe des Griechischen einführte. Leontios Pilatus war es zu verdanken, daß die beiden Archegeten des Humanismus in Italien, Petrarca und Boccaccio, mit Hilfe von wörtlichen Übersetzungen ins Lateinische die „Ilias“ und die „Odyssee“ in Griechisch lesen konnten. Der byzantinische Humanist und Diplomat Nikolaos Sigeros konnte aufgrund seiner Lateinkenntnisse die Übersetzung des „Somnium Scipionis“ des Macrobius durch Maximos Planudes verbessern. An Petrarca sandte Sigeros

---

[1] Herbert Hunger, Graeculus perfidus – Ἰταλὸς ἰταμός. Il senso dell'alterità nei rapporti greco-romani ed italo-bizantini (*Unione Internazionale degli Istituti di Archeologia, Storia e Storia dell'Arte in Roma, conferenze* 4) Rom 1987, 41 ff.

[2] Georgios Akropolites, Contra Latinos, cap. 2, ed. August Heisenberg. Leipzig 1903, 64, 3–27.

einen Homer-Codex; das Dankschreiben aus Mailand von 1354 ist erhalten, ebenso wie der genannte Codex in der Biblioteca Ambrosiana[3].

Ziel der folgenden Ausführungen ist es, zu zeigen, welche Bedeutung die griechische Buchproduktion in Italien, ausgehend von den bescheidenen, soeben erwähnten Anfängen des Interesses für die griechische Sprache und Literatur, für die Überwindung der alten Entfremdung und Trennung von Ost und West hatte. Daß die Herstellung und Verbreitung griechischer und lateinischer Texte der Antike einen wesentlichen Baustein von Humanismus und Renaissance in ganz Europa bildeten, ist seit langem bekannt und unbestritten. Die besonderen Bedingungen, unter denen diese Buchproduktion vor sich ging, die Schwierigkeiten, die sich diesem eminent wichtigen kulturellen Prozeß entgegenstellten, scheinen hingegen der Aufklärung zu bedürfen.

Zunächst einige Vorbemerkungen zur Definition des Begriffs Buchproduktion in unserem Zusammenhang. Die mit Absicht gewählte zeitliche Begrenzung – auf das 15. Jahrhundert – führt in die Periode des Übergangs vom traditionell so bezeichneten Mittelalter zur ebenso konventionell verstandenen Neuzeit. Das „Buch" erfuhr gerade in diesem Jahrhundert durch die Erfindung des Buchdrucks mit beweglichen Lettern eine einschneidende Veränderung in seinem Charakter in bezug auf die Herstellung, auf die Quantität, auf die an dem Produktionsprozeß beteiligten Personen und auf die Möglichkeiten seiner Verbreitung. Zwar fällt die Erfindung des Buchdrucks schon in die Jahre um die Mitte des 15. Jahrhunderts; ein bemerkenswerter Abschnitt in der Entwicklung des gedruckten Buches ist jedoch zum erstenmal etwa mit dem Beginn des 16. Jahrhunderts gegeben. Nicht zufällig haben die Experten der Buchgeschichte schon seit langem mit dem Beginn des Jahres 1500 einen Trennstrich zwischen Inkunabeln (Wiegendrucken) und späteren Frühdrucken gezogen. Andererseits ist das handgeschriebene „Buch", der Codex, noch während des ganzen 16. Jahrhunderts ein steter Begleiter der Buchproduktion im modernen Sinn geblieben. Literarische Handschriften des 16. Jahrhunderts können für die Textgeschichte der antiken Autoren unter Umständen unerwartete Relevanz besitzen. Inkunabeln und auch Frühdrucke des 16. Jahrhunderts weisen ihrerseits im äußeren Erscheinungsbild oft mehr oder weniger Ähnlichkeiten mit den traditionellen Handschriften auf.

---

[3] AGOSTINO PERTUSI, L'Omero inviato al Petrarca da Nicola Sigero, ambasciatore e letterato bizantino, in: AGOSTINO PERTUSI, *Leonzio Pilato fra Petrarca e Boccaccio*. Venedig–Rom 1964, 43–72.

Kurz, die Jahrhunderte XV und XVI umfassen eine Übergangsperiode der Buchproduktion im Zusammenhang mit der allgemeinen kulturellen Entwicklung.

Auf eine Einschränkung im Begriff des Buches sei für unsere Überlegungen noch hingewiesen. Es ist hier nur an das Buch literarischen Inhalts, und zwar im Sinne von „belles lettres" und von „Sachbuch", gedacht. Urkunden und sonstige nichtliterarische Texte, wie sie so manche Handschriften enthalten, bleiben außer Betracht. Der byzantinischen Literatur hat man oft, und nicht ganz zu Unrecht, mangelnde Originalität und Kreativität vorgeworfen. Diesem Minus ist ein literarhistorisches Plus entgegenzuhalten: Die Byzantiner haben über ein Jahrtausend hinweg die Literatur der antiken Hellenen bewahrt, sich mit ihr auseinandergesetzt und schließlich wesentliche Teile dieses Erbes der europäischen Nachwelt vermittelt. Ohne diese durch viele Generationen tradierte Pflege der antiken griechischen Literatur in ihren originalen Texten könnten wir heute weder Homer noch die großen Tragiker, die griechischen Geschichtsschreiber und Philosophen im Urtext lesen. Das Mittel dieser Tradierung war durch die Jahrhunderte hindurch immer wieder das „Buch", d. h. die Handschrift in möglichst getreuer, zuverlässiger Textform. Es versteht sich von selbst, daß die Voraussetzung für die Güte dieser Tradierung die kontinuierliche Lehre der Sprache – von Grammatik über Stilistik zur Rhetorik – und die stete Pflege der Philologie bildeten. Dieser grundlegenden Selbstverständlichkeit waren sich die byzantinischen Intellektuellen, die Gebildeten mit höherem Schulniveau, stets bewußt.

Das gesamte literarhistorische Erbe der antiken hellenischen Literatur, einschließlich der zahlreichen Kommentare und Scholien aus Spätantike und Mittelalter, war in den wichtigen Bibliotheken des Byzantinischen Reiches – Kaiserpalast, Patriarchatsbibliothek, namhafte Klöster – aufbewahrt und den Fachleuten zugänglich. Mit dem unaufhaltsamen territorialen Schrumpfungsprozeß des Reiches, spätestens seit den Jahrzehnten des Lateinischen Kaiserreichs (1204–1261), gingen Hunderte und Tausende Codices durch die Eroberung weiter Gebiete durch Seldschuken und osmanische Türken verloren. Noch im 13. Jahrhundert versuchte man, wie es über Kaiser Johannes III. Dukas Batatzes (1225–1254) berichtet wird, diese Verluste durch Gründung neuer Schulen und Bibliotheken auszugleichen. Aber spätestens seit der Reduzierung des Reichsgebietes auf die weitere Umgebung von Konstantinopel, einige Küstenstriche und Teile der Peloponnes (Mistra) seit dem Beginn des 15. Jahrhunderts mußte den vorausschauenden Kulturträgern in Byzanz die Gefahr eines völligen Verlustes des literarischen Erbes klar werden. Für diese Männer bestand die drohende Gefahr nicht nur in der Vernichtung der literarischen und wissenschaftlichen Schätze, die man seit so vielen Jahrhunderten gepflegt hatte, sondern auch in dem damit zusammenhängenden Verlust der nationalen Identität[4].

Gerade mit dem Schwinden eines übernationalen Status des Byzantinischen Reiches entwickelte sich in der Palaiologenzeit ein neues griechisches Nationalgefühl, von dem Tausende von Emigranten erfüllt waren, die zum Teil schon vor der Katastrophe von 1453 das byzantinische Territorium verließen und zunächst in die seit 1204 von Venedig besetzten Gebiete flüchteten. Diese spezielle Situation sollte für die griechische Buchproduktion in Italien ausschlaggebend werden.

Versuchen wir nun, uns ein Bild von der griechischen Buchproduktion in Italien während der mittelalterlichen Jahrhunderte vor 1400 zu machen. Vor der Erfindung des Buchdrucks konnte es sich hier nur um das Kopieren von Codices handeln. In bezug auf die oben skizzierten Verhältnisse – mangelnde Griechischkenntnisse in den meisten Ländern Mittel- und Westeuropas – lautet eine entscheidende Frage: Was haben jene Teile Italiens (vor allem Kalabriens und Apuliens, aber auch Siziliens), in denen das Griechische seit der Antike fortlebte bzw. früh wiederauflebte[5], zur Tradierung griechischer Originaltexte im Mittelalter beigetragen?

---

[4] Kardinal Bessarion, epist. 30 an Michael Apostoles, ed. LUDWIG MOHLER, *Aus Bessarions Gelehrtenkreis.* Paderborn 1942, 478f.; Übersetzung nach HERBERT HUNGER, *Reich der Neuen Mitte.* Graz–Wien–Köln 1965, 387: „Mir fehlen aber noch immer nicht wenige Schriften heidnischer und christlicher Autoren. Solange das einzigartige gemeinsame Zentrum des Griechentums bestand, machte ich mir keine Sorge, in dem Bewußtsein, daß dort alles gut aufbewahrt sei. Da dieses Zentrum nun leider gefallen ist [1453!], habe ich großes Interesse, dies alles zu erwerben, nicht meinetwegen, da ich ja für den eigenen Bedarf genug besitze, sondern um die jetzt noch übriggebliebenen Griechen und auch Angehörige späterer Generationen zu fördern. In langer Zeit könnte vieles eintreten: Sie hätten einen sicheren Platz, wo sie ihre gesamte Literatur, soweit jetzt vorhanden, geschlossen aufbewahrt finden und dann vervielfachen könnten. Sie würden nicht zu den vielen, schönen Werken jener göttlichen Männer, die wir schon längst eingebüßt haben, auch das wenige noch Vorhandene dazu einbüßen und, völlig illiterat, sich von Barbaren und Sklaven überhaupt nicht unterscheiden."

[5] HUBERT PERNOT, Hellénisme et Italie méridionale. *Studi italiani di filologia classica, N. S.* 13 (1936) 161–182; ORONZO PARLANGÈLI, Sui dialetti romanzi e romaici del Salento. *Memorie dell'Istituto Lombardo* 25 (1953) 93–200; GERHARD ROHLFS,

Es gibt Zeugnisse dafür, daß in Süditalien in Analogie zum byzantinischen Osten eine Umschrift (*metacharakterismos*) von alten Majuskelcodices in Minuskelhandschriften unabhängig von der konstantinopolitanischen Tradition durchgeführt wurde[6]. Auffällige Beispiele literarischer Texte sind Quintus Smyrnaeus mit seinen Posthomerica, der in der editio princeps des Aldus Manutius (1504/05) als „Calaber" bezeichnet wurde, oder das spätantike Epyllion „Raub der Helena" des Kolluthos. Die handschriftlichen Zeugen dieser Texte fand der Kardinal Bessarion in der Bibliothek des Nikolaos von Otranto, der unmittelbar nach 1204 als Theologe und Dolmetsch den griechischen Osten (Thessaloniki, Athen und Konstantinopel) bereiste und von 1219 bis 1235 als Nektarios Abt des Nikolaosklosters von Casole war. Der Großteil der aus Süditalien stammenden Codices aus der Zeit vor 1400 besteht jedoch aus Fachbüchern mit Texten der Mathematik, der Philosophie (besonders Aristoteles und seine Kommentatoren) und vor allem der Medizin (die berühmte Schule von Salerno!). Ein Bartholomaios von Reggio di Calabria kopierte 1141 das militärtaktische Handbuch des Nikephoros Uranos;[7] er arbeitete im Soter-Kloster von Messina, wo Nikolaos Anagnostes eineinhalb Jahrhunderte später (a. 1279) einen Aristoteles-Codex vollendete[8]. Das vorzügliche Interesse galt aber jenen Fachbüchern, die für die Adepten der griechischen Literatur zur Verbesserung ihrer Sprachkenntnisse unerläßlich waren: Lexika und grammatische Texte verschiedener Qualität.

Es ist unmöglich, für die Gesamtproduktion griechischer Codices in Süditalien in der Zeit vor 1400 eine einigermaßen sichere Zahl zu nennen. Einmal ist die Provenienz sehr oft ungewiß und nur mit schwankender Wahrscheinlichkeit anzugeben. Zum zweiten haben viele Codices ihren ursprünglichen Standort gewechselt und befinden sich

---

Historische Grammatik der unteritalienischen Gräzität. München 1950; Stamatis K. Karatzas, *L'origine des dialectes néogrecs de l'Italie méridionale.* Paris 1958; Guglielmo Cavallo, La trasmissione scritta della cultura antica in Calabria e in Sicilia tra i secoli X–XV. Consistenza, tipologia, fruizione. *Scrittura e civiltà* 4 (1980) 157–245.

[6] Jean Irigoin, L'Italie méridionale et la tradition des textes antiques. *Jahrbuch für Österreichische Byzantinistik* 18 (1969) 37–55, Ndr. in: Dieter Harlfinger (Hrsg.), *Griechische Kodikologie und Textüberlieferung.* Darmstadt 1980, 234–258.

[7] Ernst Gamillscheg – Dieter Harlfinger, *Repertorium der griechischen Kopisten 800–1600,* 1. Teil: *Handschriften aus den Bibliotheken Großbritanniens.* Wien 1981, Nr. 33.

[8] Ebd., Nr. 327.

heute in Bibliotheken außerhalb Italiens. Daß die Mehrheit süditalienischer Handschriften der genannten Periode in Klöstern entstanden ist, läßt sich kaum bezweifeln. Man darf daher annehmen, daß ein hoher Prozentsatz der Gesamtproduktion dem theologischen Bereich in Theorie und Praxis (Bibel und liturgische Texte) gewidmet war.

Seit etwa zwei Jahrzehnten können wir mit Hilfe paläographischer Merkmale einen Stil von Reggio und einen von Otranto bestimmen. Bei der provisorischen Erstellung von Listen hat sich seinerzeit ergeben: Von 28 datierten Handschriften im Stil von Otranto aus der Zeit zwischen 1095 und 1370 hatten neun profane, 19 theologische Texte zum Inhalt;[9] für die 15 datierten Handschriften im Stil von Reggio aus der Zeit von 1118 bis 1307 war das Verhältnis 1:14[10]. Diese wenn auch nur beschränkte Auswahl bestätigt unsere vorher ausgesprochene Vermutung. J. IRIGOIN, der sich vor längerer Zeit mit diesem Thema befaßt hat, kam zu dem nüchternen Urteil, daß die Rolle der süditalienischen Buchproduktion für die Überlieferung klassischer Texte nicht überschätzt werden darf[11].

Jedenfalls wären die im 14. Jahrhundert in Italien bereits vorhandenen griechischen Handschriften keine genügende Basis für die Wiederbelebung der klassischen griechischen Literatur gewesen. Daß im Laufe von rund eineinhalb Jahrhunderten (von der Mitte des 14. bis zum Ende des 15. Jahrhunderts) diese Basis in ausreichendem Maße geschaffen werden konnte, erklärt sich aus zwei Strömungen, die einmal von Italienern, das andere Mal von Byzantinern vor und nach dem Ende ihres Staates ausgingen. Im Rahmen der frühhumanistischen Bestrebungen unternahmen mehrere Italiener private Reisen nach dem Osten des Mittelmeeres, insbesondere in das noch byzantinische Territorium Griechenlands, um griechische Handschriften käuflich zu erwerben und zu sammeln. Als Manuel Chrysoloras, erster Professor des Griechischen in Italien, 1403 wieder nach dem Osten fuhr, begleitete ihn Guarino von Verona, der nicht nur seine Griechischkenntnisse verbessern, sondern auch Handschriften sammeln wollte. Nach dessen Rückkehr nach Itali-

---

[9] ANDRÉ JACOB, Les écritures de Terre d'Otrante, in: La Paléographie Grecque et Byzantine (*Colloques Internationaux du C.N.R.S.* 559) Paris 1977, 268–281, hier 277–279.

[10] PAUL CANART – JULIEN LEROY, Les manuscrits en style de Reggio. Étude paléographique et codicologique, in: *La Paléographie Grecque et Byzantine* 256–257.

[11] IRIGOIN, L'Italie méridionale, in: HARLFINGER, *Griechische Kodikologie und Textüberlieferung* 250.

en (1408) beliefen sich seine griechischen Codices auf ca. 60 Stück, wie einem zeitgenössischen Verzeichnis zu entnehmen ist. Leider sind diese Codices heute in alle Winde zerstreut und nicht mehr auffindbar. Fünf andere Codices aus dem Besitz des Guarino haben sich erhalten, standen aber außerhalb des genannten Verzeichnisses[12]. Von 1405 bis ca. 1413 und nochmals 1421–23 hielt sich Giovanni Aurispa im Osten auf, um griechische Handschriften zu kaufen. Er hatte eine gute Nase für wertvolle Stücke, machte sich aber die Verkaufschancen zum eigentlichen Ziel seiner Unternehmungen. Seine zweite Reise war von Gian Francesco Gonzaga angeregt; die dabei gesammelten griechischen Codices werden mit 232 Nummern beziffert[13]. Francesco Filelfo brachte von seiner Reise 1420–27 Codices von 40 griechischen Autoren mit und setzte seine Sammeltätigkeit in Italien fort. Cyriacus von Ancona, dem es bei seinen Orientreisen vor allem auf Inschriften und Kleinkunstgegenstände ankam, soll 50 Codices mitgebracht haben; freilich sind nur drei davon heute noch nachzuweisen. Von dem Florentiner Priester Cristoforo Buondelmonti befinden sich heute noch sechs Codices in der Laurenziana zu Florenz, die von seiner Reise 1414–23 stammen. Darüber hinaus wären noch Rinuccio da Castiglione (1423) und andere italienische Humanisten zu nennen, die ähnliche Aktivitäten entfalteten.

Als Initiatoren solcher Reisen spielten wiederholt weltliche und kirchliche Fürsten eine Rolle. Außer dem schon genannten Gonzaga (Aurispa 1421 und Domenico Grimaldi 1444) sandte Lorenzo il Magnifico Angelo Poliziano mit Konstantinos Laskaris nach Ferrara, Padua und Venedig; aber auch Papst Nikolaus V. und Kardinal Bessarion sind zu nennen. Der Herzog Federico von Urbino brachte derart seine Sammlung auf 93 griechische Codices. Unter den Italienern, die bei diesen Reisen vornehmlich finanzielle Motive im Auge hatten, ist neben Aurispa besonders Niccolò Niccolì zu erwähnen; er soll rund 100 Codices erworben und wieder verkauft haben. Bei allen diesen Aktionen handelte es sich – neben einigen berühmten Kirchenvätertexten – fast ausschließlich um antike profane Autoren.

Wenn man die über Generationen andauernde Bewegung des Sammelns und Konzentrierens von griechischen Handschriften in Italien vom wirtschaftlichen Gesichtspunkt aus betrachtet, so ist zunächst festzustellen, daß sich hier eine „Marktlücke“ abzeichnete, die trotz der emsigen Bemühungen der Händler nur allmählich geschlossen werden

---

[12] Remigio Sabbadini, Die Entdeckung der griechischen Kodizes, in: ebd. 354f.

[13] Ebd. 355.

konnte. Interessenten für den Ankauf von Handschriften waren außer den einzelnen Privaten, zumeist wissenschaftsbeflissenen Humanisten, die Politiker und Repräsentanten von Institutionen, für die das Prestige ausschlaggebend war, das sich damals bereits mit dem Besitz einer Handschriftenbibliothek verband. Es ist eher erstaunlich, daß die später berühmten Handschriftensammlungen relativ langsam „auf den Geschmack" kamen. Florenz, das mit der Professur des Manuel Chrysoloras (1397–1400) eine zeitliche Vorrangstellung einnahm, besaß noch bis in die Mitte des 15. Jahrhunderts (Katalog des Piero di Cosimo 1456) keine griechischen Handschriften in der Bibliothek der Herzöge. Erst unter Lorenzo il Magnifico lesen wir von über 200 griechischen Codices, die den Kern der späteren glänzenden Sammlung der Laurenziana bildeten. Der 1434 aus Florenz verbannte Palla Strozzi hatte seine 40 griechischen Codices nach Siena mitgenommen; sie kamen nach seinem Tod in die Bibliotheca Vaticana. Auch die Sammlung griechischer Handschriften für die päpstliche Bibliothek setzte nur zögernd ein. Während es in Rom schon verschiedene private Sammler gab, lassen sich für die Päpste Martin V. (1417–31) und Eugen IV. (1431–47) nur einzelne griechische Codices nachweisen. Es war das Verdienst des humanistisch eingestellten Papstes Nikolaus V., hier einen neuen Kurs eingeschlagen zu haben. Der Katalog der Vaticana von 1455 konnte bereits 414 griechische Handschriften anführen, und 30 Jahre später enthielten die Inventare Sixtus' IV. von 1475 und Innozenz' VIII. von 1484 bereits eine Zahl von griechischen Codices, die sich dem vollen neunten Hundert näherte[14]. In Venedig war die Zahl der Sammler und Händler wohl am größten. Den entscheidenden Grundstock für die Biblioteca Marciana legte aber Kardinal Bessarion, der mit seinem Legat von 1468 nicht weniger als 482 griechische und 264 lateinische Handschriften der Serenissima hinterließ[15].

Diese stolzen Ziffern waren neben den aus Italien nach dem Osten fahrenden Sammlern jenen Byzantinern zu verdanken, die ihre Heimat freiwillig oder unfreiwillig verlassen hatten und vor allem durch ihre Tätigkeit als Kopisten, zum Teil auch als Händler, zur Vermehrung

---

[14] ROBERT DEVREESSE, Le fonds grec de la Bibliothèque Vaticane des origines à Paul V (*Studi e Testi* 244) Città del Vaticano 1965, 7–8, 11–41, 44–151; JEANNE BIGNAMI ODIER, La Bibliothèque Vaticane de Sixte IV à Pie XI (*Studi e Testi* 272) Città del Vaticano 1973, 3–8, 20–26.

[15] LOTTE LABOWSKY, *Bessarion's Library and the Biblioteca Marciana. Six Early Inventories.* Rom 1979, 27–34.

griechischer Codices in Italien wesentlich beitrugen. Das wichtigste Sprungbrett für diese Emigranten bzw. Flüchtlinge war die Megalonisos, die „Große Insel“, d. h. Kreta, das man kulturhistorisch – sit venia verbo – mit einem Flugzeugträger vergleichen könnte. Kreta, seit 1204 in venezianischem Besitz, der wichtigste Stützpunkt der Serenissima im östlichen Mittelmeer, sandte durch Generationen hindurch intellektuelle Sendboten fast über den gesamten Mittelmeerraum. Ohne selbst eine Universität zu besitzen – die hauptsächlichste Bildungsinstitution war das vom Sinai aus gegründete Katharinenkloster in Herakleion, das seinen Schülern etwa ein mittleres byzantinisches Bildungsprogramm anbieten konnte –, vermochte Kreta schon im 15. Jahrhundert junge Leute in größerer Zahl nach dem Westen zu schicken, die in Italien, Spanien und Frankreich ihre Studien ergänzen und vertiefen sollten.

Für unser Thema entscheidend ist das große Interesse der Kreter für die Kalligraphie. Aus Konstantinopel und anderen Städten des (ehemaligen) Byzantinischen Reiches mitgebrachte Codices waren der Ausgangspunkt für Auftragsarbeiten oder auch sua sponte angefertigte Kopien, mit denen diese Emigranten Geld verdienten, sich aber zugleich – vor allem in Italien – einen Namen machten. Diese untereinander durch Lehrer-Schüler-Beziehungen und Freundschaften verbundenen Intellektuellen bildeten allmählich ein soziales Netz, das ihnen die Überlebenschance bot. Nach dem Fall von Konstantinopel und bald danach der letzten byzantinischen Besitzungen auf der Peloponnes verdichtete sich dieses Netz durch Zuwanderungen aus Nauplion, Monembasia und der Mani. Bei der konfessionell gemischten Bevölkerung Kretas, in der die herrschenden Venezianer den katholischen Anteil, die meisten byzantinischen Flüchtlinge den orthodoxen Anteil vertraten, während die lateiner- und unionsfreundlichen Griechen eine Mittelstellung einnahmen, war es von Belang, daß die venezianischen Beamten und Funktionäre von der Gewandtheit der griechischen Kopisten und ihren Übersetzerfähigkeiten profitieren konnten.

Die gegenseitigen Verbindungen dieser griechischen Kopisten und ihre Positionen, sei es in Kreta, sei es in Venedig oder in anderen italienischen Städten, lassen sich – nebst sonstigen Quellen wie Korrespondenzen und Urkunden – aus Subscriptiones und Provenienznotizen der von ihnen geschriebenen Codices einigermaßen rekonstruieren. Da auf diesen Zusammenhängen wesentliche Teile der griechischen Buchproduktion vor der Periode des Buchdrucks und in den Jahrzehnten danach beruhen, sei hier nun ein Versuch gestattet, einen (kleinen) Teil dieses Netzes durch Aufzeigen von Verbindungslinien zu verdeutlichen.

Wir gehen von dem großen Gönner der nach Italien kommenden griechischen Emigranten und der noch in Kreta lebenden Kopisten, dem Kardinal Bessarion, aus. Bessarion förderte über ein Dutzend Kopisten durch Auftragsarbeiten, die in Abschriften aus verschiedenen Codices oder auch in Übersetzungen bestanden. Folgende Griechen arbeiteten für Bessarion: Andronikos Kallistos, Charitonymos Hermonymos, Demetrios Chalkondyles, Demetrios Rhaul Kabakes, Demetrios Sguropulos, Demetrios Triboles, Georgios Alexandru, Georgios Tribizias, Georgios Tzangaropulos, Ioannes Argyropulos, Ioannes Plusiadenos, Ioannes Rhosos, Kosmas Trapezuntios, Manuel Atrapes, Michael Apostoles, Nikolaos Sekundinos, Theodoros Nomikos. Der an der Spitze genannte Andronikos Kallistos hatte wiederum Aufträge für Alphonsos Dursos, Demetrios Xanthopulos, Emmanuel Zacharides, Georgios Tribizias, Gerardos und Michael Lygizos. Man kann in ihm wohl einen Atelierleiter sehen. Dasselbe gilt für Michael Apostoles. Kopisten, die in seinem Auftrag arbeiteten, waren: Emmanuel Atramyttenos, Emmanuel Zacharides, Georgios Gregoropulos, Georgios Tzangaropulos und Thomas Bitzimanos. Gregorios Gregoropulos, der sowohl für Michael Apostoles als auch für dessen Sohn Michael Aristobulos bzw. Arsenios arbeitete, ist wieder in Zusammenarbeit mit Antonios Damilas, Emmanuel Zacharides, Georgios Tribizias, Georgios Tzangaropulos, Thomas Bitzimanos und Zacharias Kallierges belegt. Die mehrfache Wiederholung verschiedener Namen zeigt bereits, daß wir nicht geschlossene Skriptorien annehmen dürfen, welche den Kopisten ständige und sichere Arbeitsplätze boten. Vielmehr weisen diese Listen darauf hin, daß es hier einen freien Arbeitsmarkt gab und daß jeder Kopist nach Belieben und aufgrund seines Könnens sich mehrfach verdingen konnte.

Dabei ist noch zu beachten, daß die Byzantinistik erst seit etwa zwei Jahrzehnten begonnen hat, die großen internationalen Handschriften-Bibliotheken in bezug auf griechische Kopisten systematisch an Hand der Originale zu durchkämmen. Da der größere Teil dieser Masse keine Unterschriften der Kopisten aufweist, sind die Paläographen dazu aufgerufen, die Kopisten aufgrund von Schriftmerkmalen mit mehr oder weniger Sicherheit zu bestimmen[16]. In mittelalterlichen griechischen Skriptorien gibt es manchmal feine technische Hinweise auf die Her-

[16] Dieser Aufgabe dient das große *Repertorium der griechischen Kopisten 800 bis 1600*. Teil 1: Großbritannien. Wien 1981 (vgl. Anm. 7); Teil 2: Frankreich. Wien 1989; Teil 3: Vatikan (in Vorbereitung).

kunft, die sich in formalen Einzelheiten ausdrücken (Linienschemata, Gestaltung der Überschriften und Initialen, Zierelemente der Kustoden). Diese „Firmenmarken“ eines Skriptoriums sind in den „späten“ Jahrhunderten, mit denen wir es zu tun haben, selten geworden. Dafür scheint es in „unserer“ Zeit häufiger eine Mehrzahl von Kopisten gegeben zu haben, die an einem einzelnen Codex arbeiteten. Wenn die Betreffenden ihren Namen nicht nennen, stellt sich das Problem, die Handgrenzen, also die Trennung zwischen verschiedenen Kopistenhänden, festzulegen. Eine einfache Lösung ergibt sich immer dann, wenn die Kopisten den Auftrag hatten, eine bestimmte Zahl von „Lagen“, von Blatteinheiten (= ein bis sechs Doppelblätter), zu beschreiben. Der ihnen zugewiesene Textteil mußte geschätzt und mit einer bestimmten Blattzahl in Übereinstimmung gebracht werden. Man hat zumeist auf Grund der Erfahrung gut geschätzt, so daß der Handwechsel jeweils an einem Lagenende erfolgte und damit die Zahl der eingesetzten Kopisten, wenn schon nicht ihr Name, angegeben werden kann. Hatte sich aber der Kopist während des Schreibens verrechnet, so führte das gegen Ende der Lage entweder zu einem unerwünschten Freiraum – dann hatte er vorher zu eng geschrieben – oder er kam mit dem Platz nicht aus und mußte zumindest den Schriftspiegel überschreiten. Beides sind Zeichen von flüchtiger, jedenfalls nicht einwandfreier Schreibarbeit.

Wenn man bei solchen Codices mehr als ein Dutzend Hände feststellt, die für einen einzigen (längeren) Text herangezogen wurden, so ergibt dies ein weiteres Argument für die oben angeführte These von den Skriptorien mit „Gelegenheitsarbeitern“, die ohne sichere Anstellung nach den Anweisungen eines „Cheflektors“ auch kleine disparate Partien und Ergänzungen von fehlenden Passagen sowie Marginalien zu schreiben hatten. Es versteht sich, daß diese Arbeitsbedingungen anders waren als jene in den mittelalterlichen Klöstern, wo in der Regel der Kopist für „seinen“ Text freie Hand hatte[17].

Die Herstellung von Handschriften antiker klassischer Texte, die nun im 15. Jahrhundert im Rahmen des aufblühenden Humanismus immer mehr geschätzt wurden, stand unter anderen Gesetzen als jene der zahllosen theologischen Texte, die in Klöstern entstanden. Liturgische Bücher für den täglichen Gebrauch in der Klostergemeinschaft konnten eines besonderen Schmuckes und aufwendiger Mittel entbeh-

---

[17] Freilich gab es auch manchmal Vorschriften für die Kopiertätigkeit, so in dem berühmten Studiu-Kloster in Konstantinopel: s. Herbert Hunger, *Schreiben und Lesen in Byzanz*. München 1989, 92 und Anm. 21.

ren. Nur kostbare illuminierte Evangeliare und Lektionare erforderten geübte Kalligraphen, die einen sorgfältigen Duktus und ästhetisch hochwertige Auszeichnungsschriften beherrschten. Für die Klassiker, die im 15. Jahrhundert kopiert wurden, galt ähnliches, wenn es sich um einen hochstehenden und anspruchsvollen Auftraggeber, etwa einen Renaissancefürsten, handelte. Für Widmungsexemplare wurden gerade damals viel Zeit und Arbeitsaufwand eingesetzt, ob man nun einen kunstsinnigen Papst oder einen Duodezfürsten wie den von Carpi (bei Modena) ehren wollte. Professoren und Philologen schätzten an den Exemplaren der antiken Autoren nicht die prunkvolle Aufmachung, sondern den möglichst zuverlässigen Text. Wir haben oben in bezug auf die Wünsche der Besteller und Käufer von Handschriften von einer „Marktlücke" gesprochen. Tatsächlich ist in den von uns beobachteten Jahrhunderten die Herstellung einer größeren Zahl von Kopien desselben Textes und dann unter Umständen von der Hand desselben Kopisten gar nicht so ungewöhnlich. Es ist das ein Zeichen dafür, daß auf diesem Sektor – vielleicht auch bedingt durch die besondere Situation der Zweisprachigkeit und deren allmähliche Überwindung – schon bald eine Kommerzialisierung eingetreten war. Daß es „Bestseller" gab, steht außer Zweifel. Die heute noch vorhandenen Codices mit Schriften des Aristoteles (echte und unechte) werden auf ein rundes Tausend geschätzt, jene mit Schriften des Johannes Chrysostomos (gleichfalls echt und unecht zusammengenommen) auf etwa das Doppelte.

Das war die Situation, in der das mit beweglichen Lettern gedruckte Buch die Szene betrat. Die mehr als 30 Nummern umfassenden griechischen Inkunabeln, die vor 1500 in Italien gedruckt wurden, vermitteln uns ein Bild der Erfolge, aber auch der Schwierigkeiten, welche die Herausgeber begleiteten[18]. Während das erste namhafte in beweglichen

---

[18] ÉMILE LEGRAND, *Bibliographie hellénique* I. Paris 1885, Ndr. Brüssel 1963; ROBERT PROCTOR, *The Printing of Greek in the 15th Century*. Oxford 1900; VICTOR SCHOLDERER, Printers and Readers in Italy in the Fifteenth Century. *Proceedings of the British Academy* 35 (1949) 1–23; JOHN GEANAKOPLOS, *Greek Scholars in Venice*. Cambridge/Mass. 1962; *Gesamtkatalog der Wiegendrucke*. Stuttgart 1925 ff.; Bd. 9 (bis Grassus) ist 1991 erschienen. – Zu den Einsprengseln einzelner griechischer Wörter oder auch größerer Textpartien vor dem Druck vollständiger griechischer Texte vgl. OTTO MAZAL, Der griechische Buchdruck des 15. Jahrhunderts, in: *Paleografia e Codicologia greca. Atti del II Colloquio internazionale (Berlino-Wolfenbüttel, 17–21 ottobre 1983)*, a cura di DIETER HARLFINGER e GIANCARLO PRATO. Alessandria 1991, 181–197, bes. 182–184, 186–187.

Lettern gedruckte Buch in lateinischer Sprache, die 42zeilige Gutenberg-Bibel, nach bescheidenen Vorversuchen 1454 herauskam, dauerte es über zwei Jahrzehnte, bis Demetrios, „der Kreter", ein Bruder des bekannten Kopisten Antonios Damilas, die Grammatik des Konstantinos Laskaris 1476 in Mailand bei Dionysios Paravisinus herausbringen konnte[19] (Abb. 1). Schon bei der ersten gedruckten vollständigen Homer-Ausgabe, Florenz 1488, teilten sich die Funktionen der für das gedruckte Werk Verantwortlichen. Ein Brief des Florentiners Bernardo Nerlì, des Initiators und Mäzens der Ausgabe, bestätigt, was zum Teil auf dem Verso des letzten Blattes in Band zwei zu lesen ist. Die Dreiergruppe von Sponsoren (außer Bernardo sein Bruder Nerio und Giovanni Acciaiuolo) fand in Demetrios Damilas den Mann, der *ponos* und *dexiotes* einsetzte; er übernahm also das Management und auf Grund seiner „Geschicklichkeit" die Auswahl der Typen[20]. Für die wissenschaftliche Aufgabe, einen brauchbaren Text herzustellen, bedurfte es eines erfahrenen Philologen, als der sich Demetrios Chalkondyles, Lehrer des Bernardo Nerlì und Professor in Padua, Florenz und später in Mailand, zur Verfügung stellte. Seine Aufgabe war mithin die *diorthosis*[21]. Da er auch ein griechisches Geleitwort an die Leser schrieb, ist man versucht, ihn als Herausgeber zu bezeichnen. Aber vielleicht wäre es besser, in ihm – modern gesprochen – einen Cheflektor zu sehen.

Überhaupt hatte sich die Zahl der an dem Produktionsprozeß Beteiligten gegenüber den Verhältnissen der Handschriftenherstellung vergrößert. Selbst der Leiter eines Handschriftenateliers brauchte nur ein paar Kopisten, an die er Papier und Vorlagen verteilte, um allenfalls ein Lektorat und einige Korrekturen und Marginalien selbst zu erledigen. Der Drucker hatte mit mehr Personen zu rechnen[22]. Schon die Entscheidung, welchen Text man drucken wollte, war nicht so einfach. Ein Handschriftenkopist und -händler hatte die Möglichkeit, einen am An-

---

[19] Zu Demetrios Damilas s. *Repertorium*, Teil 1, Nr. 93; zu Konstantinos Laskaris ebd., Teil 1, Nr. 223. Zur Identifizierung von Demetrios Damilas und Κρής s. Geanakoplos, *Greek Scholars* 224.

[20] Ohne selbst Drucker zu sein. Bei der Grammatik des Konstantinos Laskaris war Dionysius Paravisinus der Drucker, Demetrios Damilas der „Herausgeber".

[21] Zu Demetrios Chalkondyles s. Geanakoplos, *Greek Scholars* 91 f., 113 f., 133 f.; *Repertorium*, Teil 1, Nr. 105; ebd., Teil 2, Nr. 138; Nigel G. Wilson, *From Byzantium to Italy*. 2. Aufl. London 1992, 95–98.

[22] Aldus Manutius beschäftigte 38 Mitarbeiter und Angestellte (Geanakoplos, *Greek Scholars* 261).

fang und/oder Schluß verstümmelten Text, den er schwerlich verkaufen konnte, mit selbst geschriebenen Partien zu ergänzen und dabei Autor und Titel notfalls zu fingieren, um unerfahrene Kundschaft „hineinzulegen“. So entstanden bisweilen erfundene Namen, die in die Literaturgeschichte eingingen und bis heute fortlebten. Der legendäre Andreas Darmarios (2. Hälfte 16. Jh.), von dem wohl an die 1500 Handschriften erhalten sind, die irgendwie durch seine Hände gingen, war ein berüchtigter Meister solcher Manipulationen[23]. Der Herausgeber eines Drukkes, der mit möglichst großer und schneller Verbreitung seines Werkes rechnete, konnte sich derartige Schliche kaum leisten.

Für die Themenwahl war zunächst die oben skizzierte Situation – potentielle Leser, die noch wenig Griechisch konnten und Lehrbücher brauchten – ausschlaggebend. So ist es kein Zufall, daß die beiden ersten Drucke einfache Grammatiken für den Schulgebrauch waren (Konstantinos Laskaris und Manuel Chrysoloras, Abb. 2). Das Buch des ersten erfuhr Neuauflagen in Mailand und Vicenza und wurde außerdem um einen ca. 1490 erschienenen Text ergänzt[24]. Eine Zusammenfassung von grammatischen Erotemata des Demetrios Chalkondyles, des Manuel Moschopulos und Teilen von „Peri dialekton“ des Gregorios von Korinth folgte in Mailand[25]. Ein anderer Sammelband, der bereits bei Aldus Manutius in Venedig 1494/95 herauskam, bot eine Mischung von Grammatischem und Religiösem; hier war die Grammatik des Konstantinos Laskaris mit dessen eigenen Verbesserungen und jenen damals junger Griechisch-Adepten, Pietro Bembo und Angelus Gabriel, versehen[26]. Manutius bemerkt in seiner (lateinischen) Praefatio, die Grammatik des Laskaris stehe absichtlich als *quasi praeludium* an der Spitze, da den Griechisch-Studenten keine griechischen Schulbücher zur Verfügung stünden und sie deshalb oft danach fragten: *nullae enim extabant impressae venales et petebantur a nobis frequenter*, eine klare Kennzeichnung der damals bestehenden Marktlücke.

---

[23] OTTO KRESTEN, Phantomgestalten in der byzantinischen Literaturgeschichte. *Jahrbuch für Österreichische Byzantinistik* 25 (1976) 207–222.

[24] LEGRAND, *Bibliographie* I, Nr. 6; Konstantinos Laskaris, Grammatik: Venedig 1484 (PROCTOR, *Printing of Greek*, pl. X); Vicenza 1489 (ebd., pl. XI); Vicenza 1490 (ebd., pl. XIII; MANUSSAKAS-STAIKOS, *L'attività edizionale*, Abb. 3).

[25] Demetrios Chalkondyles, Erotemata, gedruckt von Ulrich Szinzenzeller. Mailand ca. 1493; GW 8250 (ebd., Abb. 21).

[26] Psalter, Venedig 1494/95; Hain 13452 (MANUSSAKAS-STAIKOS, *L'attività edizionale*, Abb. 32, s. unsere Abb. 3; *Repertorium*, Teil 2, Nr. 469).

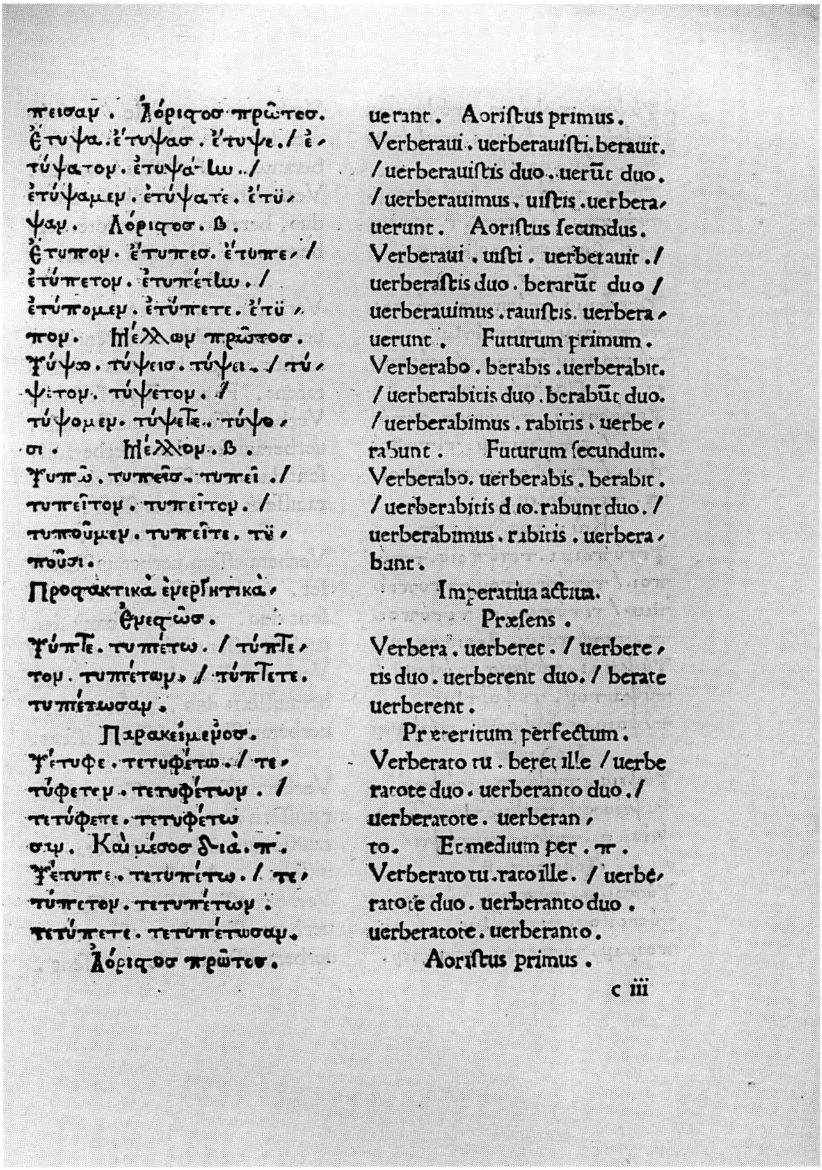

πεισαν. ἀόριστος πρῶτος.
ἔτυψα. ἔτυψας. ἔτυψε. / ἐ-
τύψατον. ἐτυψάτην. /
ἐτύψαμεν. ἐτύψατε. ἔτυ-
ψαν. ἀόριστος. β.
ἔτυπον. ἔτυπες. ἔτυπε. /
ἐτύπετον. ἐτυπέτην. /
ἐτύπομεν. ἐτύπετε. ἔτυ-
πον. μέλλων πρῶτος.
τύψω. τύψεις. τύψει. / τύ-
ψετον. τύψετον. /
τύψομεν. τύψετε. τύψου-
σι. μέλλων. β.
τυπῶ. τυπεῖς. τυπεῖ. /
τυπεῖτον. τυπεῖτον. /
τυποῦμεν. τυπεῖτε. τυ-
ποῦσι.
προστακτικὰ ἐνεργητικά-
ἐνεστῶς.
τύπτε. τυπτέτω. / τύπτε-
τον. τυπτέτων. / τύπτετε.
τυπτέτωσαν.
παρακείμενος.
τέτυφε. τετυφέτω. / τε-
τύφετον. τετυφέτων. /
τετύφετε. τετυφέτω-
σαν. καὶ μέσος διὰ. π.
τέτυπε. τετυπέτω. / τε-
τύπετον. τετυπέτων.
τετύπετε. τετυπέτωσαν.
ἀόριστος πρῶτος.

uerant. Aoriſtus primus.
Verberaui. uerberauiſti. berauit.
/ uerberauiſtis duo. uerũt duo.
/ uerberauimus. uiſtis. uerbera-
uerunt. Aoriſtus ſecundus.
Verberaui. uiſti. uerberauit. /
uerberaſtis duo. berarũt duo /
uerberauimus. rauiſtis. uerbera-
uerunt. Futurum primum.
Verberabo. berabis. uerberabit.
/ uerberabitis duo. berabũt duo.
/ uerberabimus. rabitis. uerbe-
rabunt. Futurum ſecundum.
Verberabo. uerberabis. berabit.
/ uerberabitis duo. rabunt duo. /
uerberabimus. rabitis. uerbera-
bant.
Imperatiua actiua.
Præſens.
Verbera. uerberet. / uerbere-
tis duo. uerberent duo. / berate
uerberent.
Preteritum perfectum.
Verberato tu. beret ille / uerbe
ratote duo. uerberanto duo. /
uerberatote. uerberan-
to. Et medium per. π.
Verberato tu. rato ille. / uerbe-
ratote duo. uerberanto duo.
uerberatote. uerberanto.
Aoriſtus primus.
c iii

Abb. 1: Konstantinos Laskaris, Grammatik. Mailand 1480. Wien, Österreichische Nationalbibliothek, Ink. 5.F.8. Hain 9921, fol. CIII.
Photo: ÖNB Wien.

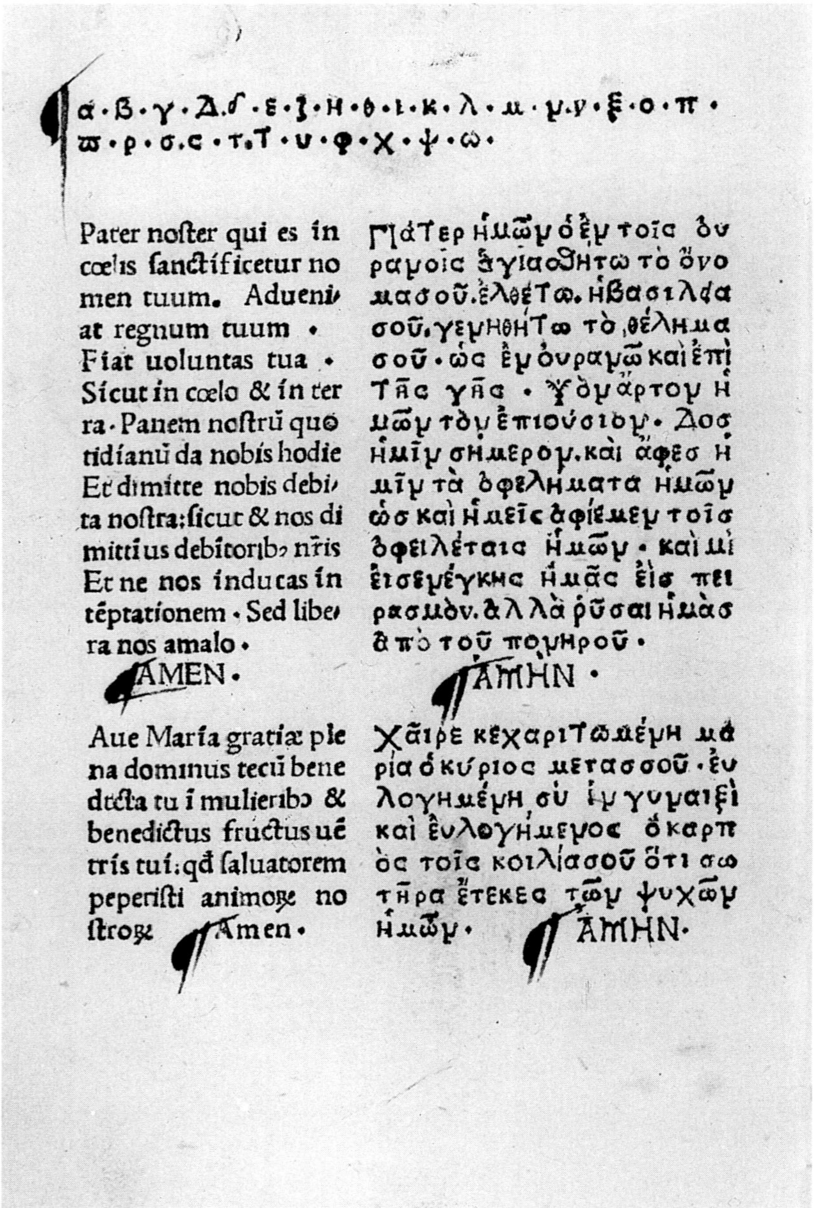

α·β·γ·δ·ϛ·ε·ζ·η·θ·ι·κ·λ·μ·ν·ν·ξ·ο·π·
ϖ·ρ·σ·ς·τ·τ·υ·φ·χ·ψ·ω·

Pater noster qui es in
coelis sanctificetur no
men tuum. Adueni
at regnum tuum.
Fiat uoluntas tua.
Sicut in coelo & in ter
ra. Panem nostrū quo
tidianū da nobis hodie
Et dimitte nobis debi
ta nostra: sicut & nos di
mittimus debitoribꝰ nrīs
Et ne nos inducas in
tēptationem. Sed libe
ra nos a malo.
AMEN.

Πάτερ ἡμῶν ὁ ἐν τοῖς οὐ
ρανοῖς ἁγιασθήτω τὸ ὄνο
μα σου. ἐλθέτω ἡ βασιλεία
σου. γενηθήτω τὸ θέλημα
σου. ὡς ἐν οὐρανῷ καὶ ἐπὶ
τῆς γῆς. τὸν ἄρτον ἡ
μῶν τὸν ἐπιούσιον. δὸς
ἡμῖν σήμερον. καὶ ἄφες ἡ
μῖν τὰ ὀφειλήματα ἡμῶν
ὡς καὶ ἡμεῖς ἀφίεμεν τοῖς
ὀφειλέταις ἡμῶν. καὶ μὴ
εἰσενέγκῃς ἡμᾶς εἰς πει
ρασμόν. ἀλλὰ ῥῦσαι ἡμᾶς
ἀπὸ τοῦ πονηροῦ.
ΑΜΗΝ.

Aue Maria gratiæ ple
na dominus tecū bene
dicta tu i mulieribꝰ &
benedictus fructus uē
tris tui: qđ saluatorem
peperisti animaꝝ no
straꝝ. Amen.

Χαῖρε κεχαριτωμένη μα
ρία ὁ κύριος μετὰ σοῦ. εὐ
λογημένη σὺ ἐν γυναιξὶ
καὶ εὐλογημένος ὁ καρπ
ὸς τοῖς κοιλίας σου ὅτι σω
τῆρα ἔτεκες τῶν ψυχῶν
ἡμῶν. ΑΜΗΝ.

Abb. 2: Manuel Chrysoloras, Erotemata. Venedig 1484. Wien, Österreichische Nationalbibliothek, Ink. 11.G.2. Hain 5020. GW 6698, fol. 173ᵛ und 174ʳ. Photo: ÖNB Wien.

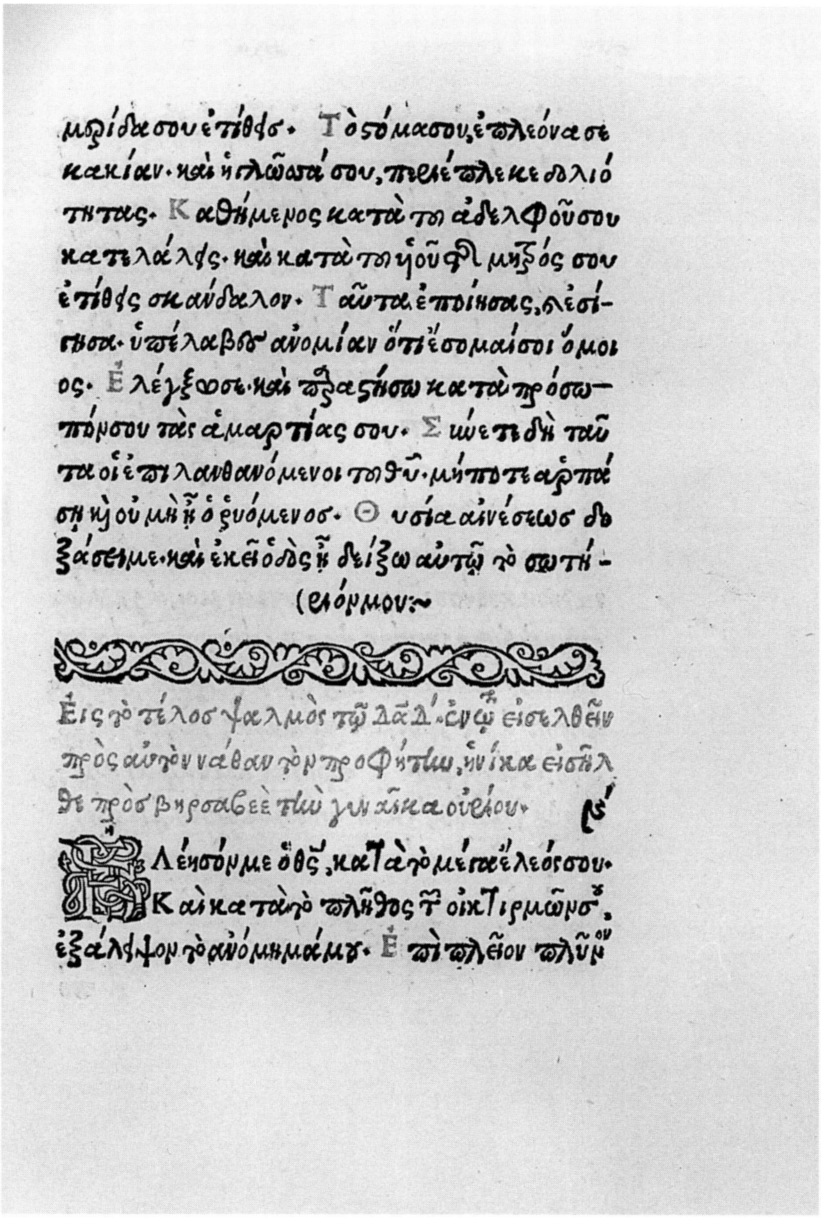

μερίδα σου ἐτίθεις. Τὸ στόμα σου ἐπλεόνασε
κακίαν. καὶ ἡ γλῶσσά σου, περιέπλεκε δολιό
τητας. Καθήμενος κατὰ τοῦ ἀδελφοῦ σου
κατελάλεις. καὶ κατὰ τοῦ υἱοῦ τῆς μητρός σου
ἐτίθεις σκάνδαλον. Ταῦτα ἐποίησας, καὶ ἐσί-
γησα. ὑπέλαβες ἀνομίαν ὅτι ἔσομαί σοι ὅμοι
ος. Ἐλέγξω σε. καὶ παραστήσω κατὰ πρόσω-
πόν σου τὰς ἁμαρτίας σου. Σύνετε δὴ ταῦ
τα οἱ ἐπιλανθανόμενοι τοῦ θεοῦ. μήποτε ἁρπά
σῃ καὶ οὐ μὴ ᾖ ὁ ῥυόμενος. Θυσία αἰνέσεως δο
ξάσει με. καὶ ἐκεῖ ὁδὸς ἣν δείξω αὐτῷ τὸ σωτή-
ριόν μου:~

Εἰς τὸ τέλος ψαλμὸς τῷ Δαυίδ. ἐν τῷ εἰσελθεῖν
πρὸς αὐτὸν Νάθαν τὸν προφήτην, ἡνίκα εἰσῆλ
θε πρὸς Βηρσαβεὲ τὴν γυναῖκα Οὐρίου. ν'

Ἐλέησόν με ὁ θεός, κατὰ τὸ μέγα ἔλεός σου.
Καὶ κατὰ τὸ πλῆθος τῶν οἰκτιρμῶν σου,
ἐξάλειψον τὸ ἀνόμημά μου. Ἐπὶ πλεῖον πλῦνόν

Abb. 3: Psalter, Aldus Manutius. Venedig 1494/95 (Praefatio von Justinos Dekadyos). Wien, Österreichische Nationalbibliothek, Ink. 3.G.25. Hain 13.452, fol. VI. Photo: ÖNB Wien.

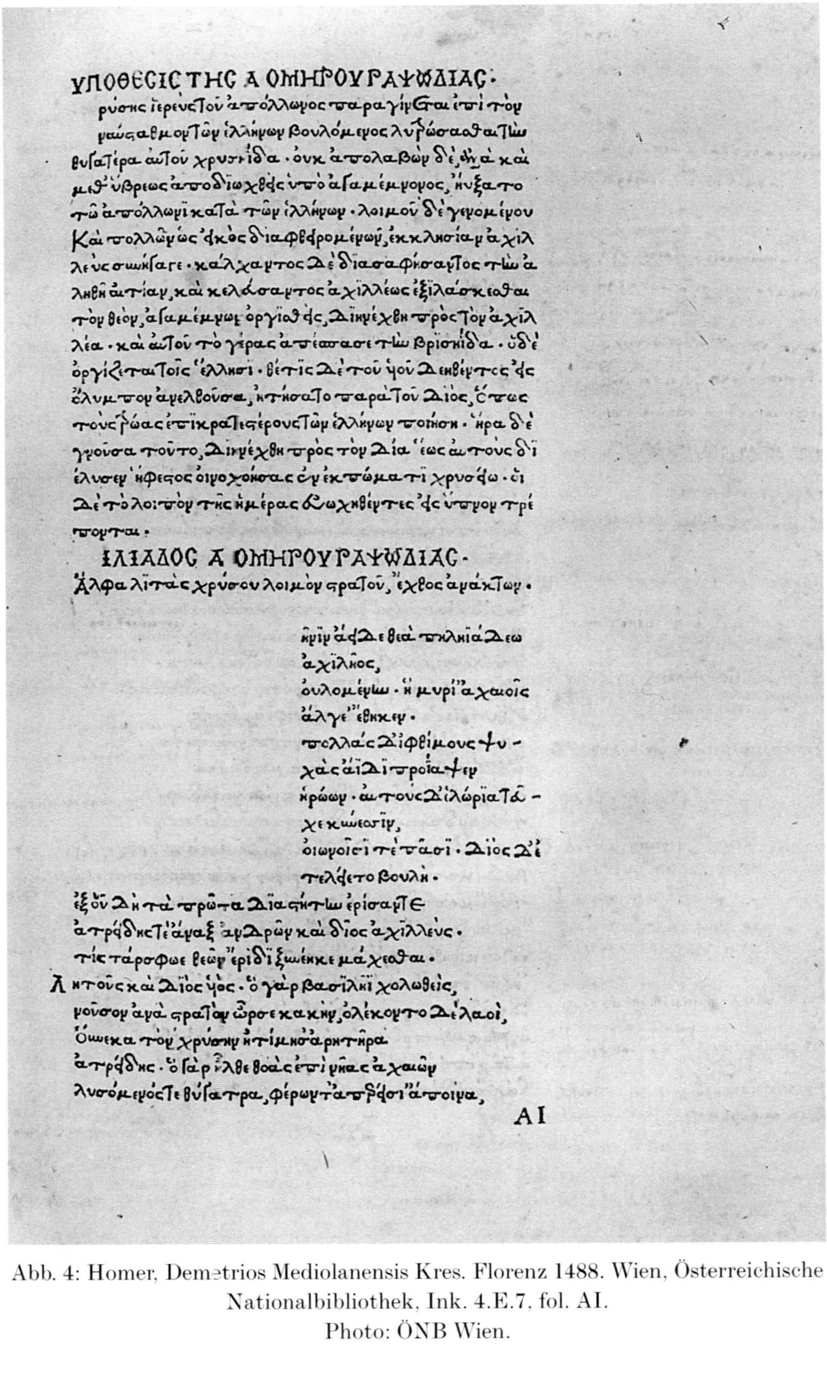

ΥΠΟΘΕCΙC ΤΗC Α ΟΜΗΡΟΥ ΡΑΨΩΔΙΑC·
ρύσης ἱερεὺς τοῦ ἀπόλλωνος παραγίνεται ἐπὶ τὸν
ναύσταθμον τῶν ἑλλήνων βουλόμενος λυτρώσασθαι τὴν
θυγατέρα αὐτοῦ χρυσηΐδα· οὐκ ἀπολαβὼν δὲ, ἀλλὰ καὶ
μεθ' ὕβρεως ἀποδιωχθεὶς ὑπὸ ἀγαμέμνονος, ηὔξατο
τῷ ἀπόλλωνι κατὰ τῶν ἑλλήνων· λοιμοῦ δὲ γενομένου
καὶ πολλῶν ὡς εἰκὸς διαφθειρομένων, ἐκκλησίαν ἀχιλ
λεὺς συνήγαγε· κάλχαντος δὲ διασαφήσαντος τὴν ἀ
ληθῆ αἰτίαν, καὶ κελεύσαντος ἀχιλλέως ἐξιλάσκεσθαι
τὸν θεὸν, ἀγαμέμνων ὀργισθεὶς, διηνέχθη πρὸς τὸν ἀχιλ
λέα· καὶ αὐτοῦ τὸ γέρας ἀφαιρεῖται τὴν βρισηΐδα· ὁ δὲ
ὀργίζεται τοῖς ἕλλησι· θέτις δὲ τοῦ υἱοῦ δεηθέντος εἰς
ὄλυμπον ἀνελθοῦσα, ᾐτήσατο παρὰ τοῦ διὸς, ὅπως
τοὺς τρῶας ἐπικρατεστέρους τῶν ἑλλήνων ποιήσῃ· ἥρα δὲ
γνοῦσα τοῦτο, διηνέχθη πρὸς τὸν δία ἕως αὐτοὺς δι
έλυσεν ἥφαιστος οἰνοχοήσας ἐν ἐκπώματι χρυσῷ· οἱ
δὲ τὸ λοιπὸν τῆς ἡμέρας εὐωχηθέντες εἰς ὕπνον τρέ
πονται·

ΙΛΙΑΔΟC Α ΟΜΗΡΟΥ ΡΑΨΩΔΙΑC·
Ἄλφα λιτὰς χρύσου λοιμὸν στρατοῦ, ἔχθος ἀνάκτων·

μῆνιν ἄειδε θεὰ πηληϊάδεω
ἀχιλῆος,
οὐλομένην· ἣ μυρί' ἀχαιοῖς
ἄλγε' ἔθηκεν·
πολλὰς δ' ἰφθίμους ψυ-
χὰς ἄϊδι προΐαψεν
ἡρώων· αὐτοὺς δ' ἑλώρια τεῦ-
χε κύνεσσιν,
οἰωνοῖσί τε πᾶσι· διὸς δ'
ἐτελείετο βουλή·

ἐξ οὗ δὴ τὰ πρῶτα διαστήτην ἐρίσαντε
ἀτρείδης τε ἄναξ ἀνδρῶν καὶ δῖος ἀχιλλεύς·
τίς τάρ σφωε θεῶν ἔριδι ξυνέηκε μάχεσθαι·
Λ ητοῦς καὶ διὸς υἱός· ὁ γὰρ βασιλῆϊ χολωθεὶς,
νοῦσον ἀνὰ στρατὸν ὦρσε κακήν, ὀλέκοντο δὲ λαοί,
οὕνεκα τὸν χρύσην ἠτίμησ' ἀρητῆρα
ἀτρείδης· ὁ γὰρ ἦλθε θοὰς ἐπὶ νῆας ἀχαιῶν
λυσόμενός τε θύγατρα, φέρων τ' ἀπερείσι' ἄποινα,
ΑΙ

Abb. 4: Homer, Demetrios Mediolanensis Kres. Florenz 1488. Wien, Österreichische Nationalbibliothek, Ink. 4.E.7, fol. AI.
Photo: ÖNB Wien.

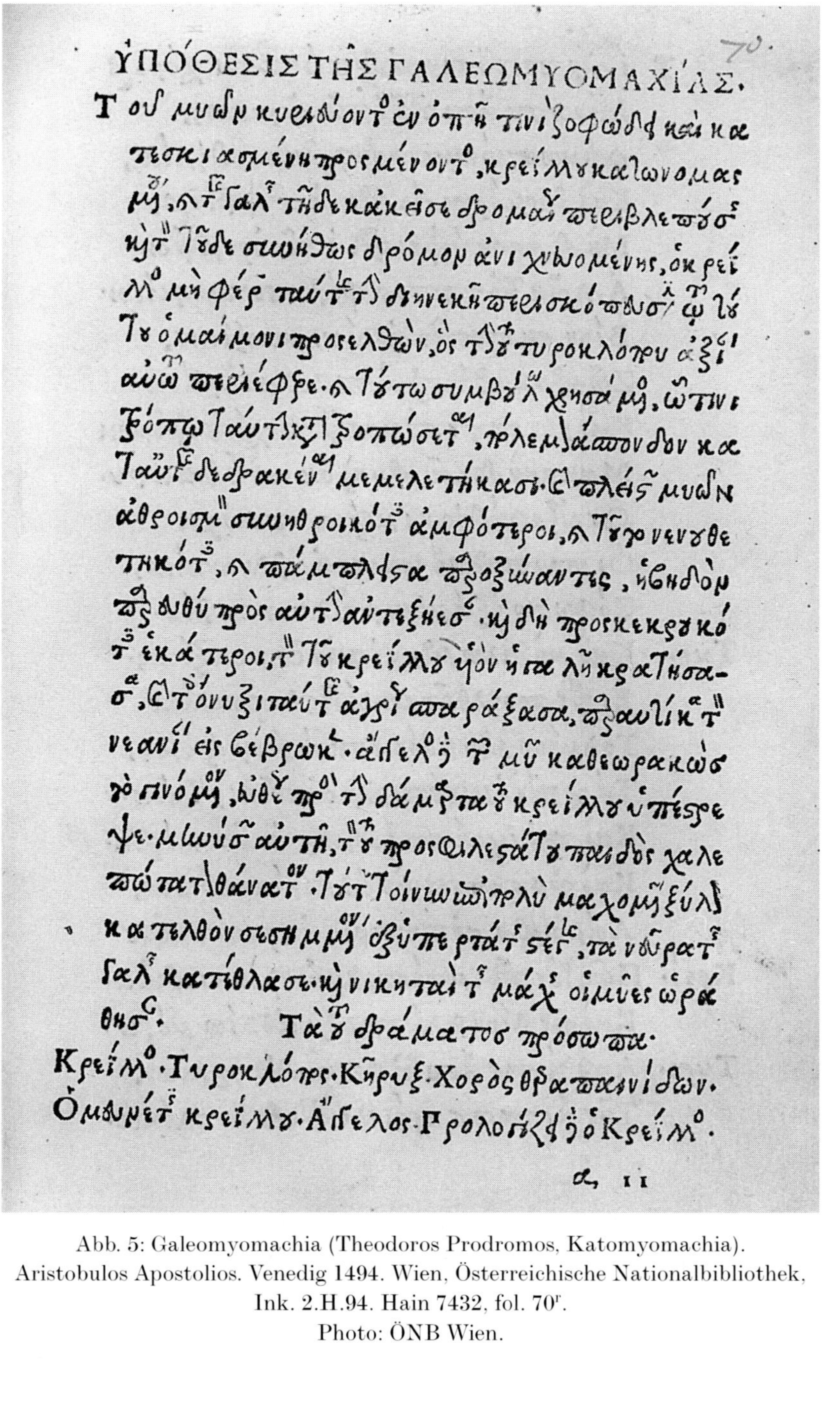
ΥΠΟΘΕΣΙΣ ΤΗΣ ΓΑΛΕΟΜΥΟΜΑΧΙΑΣ.

Τὰ τοῦ δράματος πρόσωπα·

Κρεῖλλος. Τυροκλόπος. Κῆρυξ. Χορὸς θεραπαινίδων.
Ὁμόμυες τοῦ Κρεῖλλου. Ἄγγελος. Προλογίζει δὲ ὁ Κρεῖλλος.

α ii

Abb. 5: Galeomyomachia (Theodoros Prodromos, Katomyomachia). Aristobulos Apostolios. Venedig 1494. Wien, Österreichische Nationalbibliothek, Ink. 2.H.94. Hain 7432, fol. 70r.
Photo: ÖNB Wien.

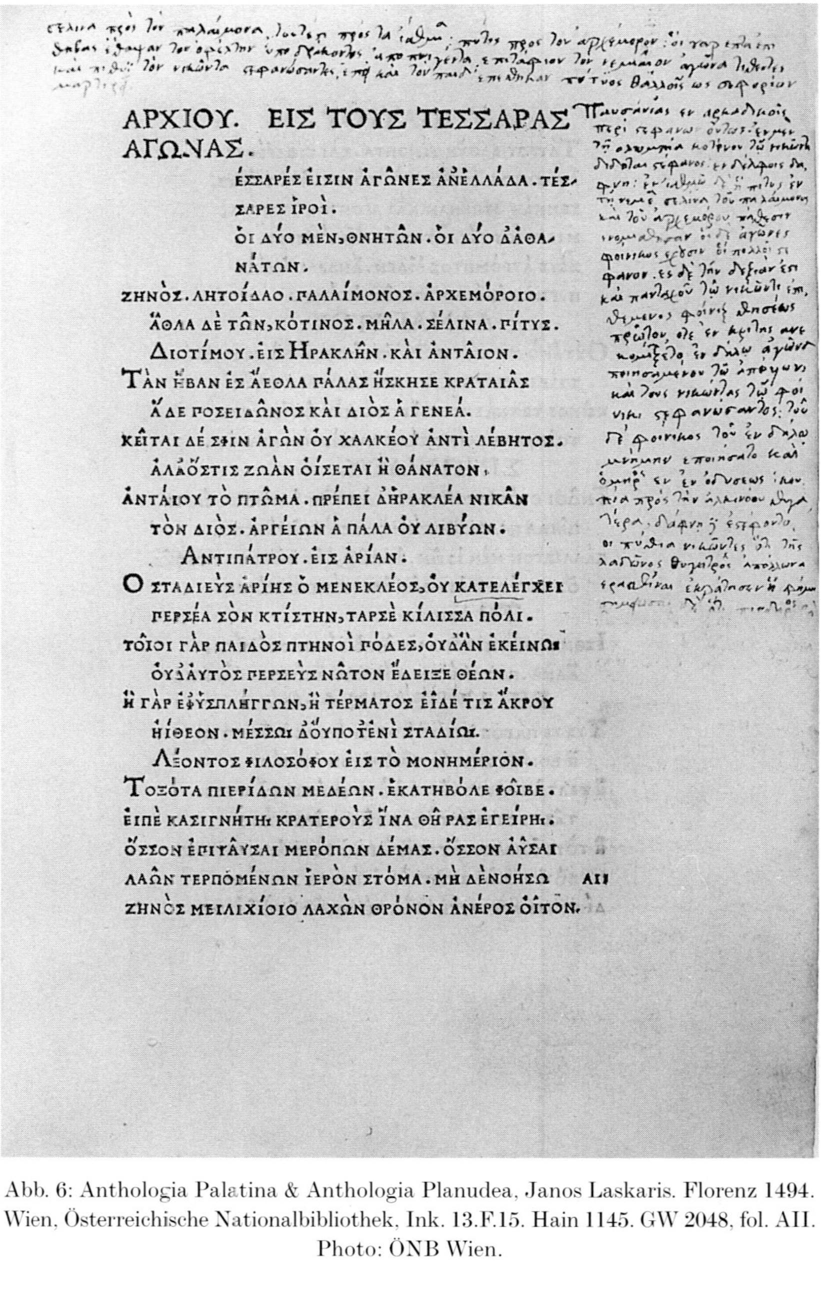
ΑΡΧΙΟΥ. ΕΙΣ ΤΟΥΣ ΤΕΣΣΑΡΑΣ ΑΓΩΝΑΣ.

ΤΕΣΣΑΡΕΣ ΕΙΣΙΝ ΑΓΩΝΕΣ ΑΝ' ΕΛΛΑΔΑ. ΤΕΣΣΑΡΕΣ ΙΡΟΙ.
ΟΙ ΔΥΟ ΜΕΝ ΘΝΗΤΩΝ. ΟΙ ΔΥΟ ΑΘΑΝΑΤΩΝ.
ΖΗΝΟΣ. ΛΗΤΟΙΔΑΟ. ΠΑΛΑΙΜΟΝΟΣ. ΑΡΧΕΜΟΡΟΙΟ.
ΑΘΛΑ ΔΕ ΤΩΝ ΚΟΤΙΝΟΣ. ΜΗΛΑ. ΣΕΛΙΝΑ. ΠΙΤΥΣ.

ΔΙΟΤΙΜΟΥ. ΕΙΣ ΗΡΑΚΛΗΝ. ΚΑΙ ΑΝΤΑΙΟΝ.

ΤΑΝ ΗΒΑΝ ΕΣ ΑΕΘΛΑ ΠΑΛΑΣ ΗΣΚΗΣΕ ΚΡΑΤΑΙΑΣ
Α ΔΕ ΠΟΣΕΙΔΑΩΝΟΣ ΚΑΙ ΔΙΟΣ Α ΓΕΝΕΑ.
ΚΕΙΤΑΙ ΔΕ ΣΦΙΝ ΑΓΩΝ ΟΥ ΧΑΛΚΕΟΥ ΑΝΤΙ ΛΕΒΗΤΟΣ.
ΑΛΛ' ΟΣΤΙΣ ΖΩΑΝ ΟΙΣΕΤΑΙ Η ΘΑΝΑΤΟΝ.
ΑΝΤΑΙΟΥ ΤΟ ΠΤΩΜΑ. ΠΡΕΠΕΙ Δ' ΗΡΑΚΛΕΑ ΝΙΚΑΝ
ΤΟΝ ΔΙΟΣ. ΑΡΓΕΙΩΝ Α ΠΑΛΑ ΟΥ ΛΙΒΥΩΝ.

ΑΝΤΙΠΑΤΡΟΥ. ΕΙΣ ΑΡΙΑΝ.

Ο ΣΤΑΔΙΕΥΣ ΑΡΙΗΣ Ο ΜΕΝΕΚΛΕΟΣ ΟΥ ΚΑΤΕΛΕΓΧΕΙ
ΠΕΡΣΕΑ ΣΟΝ ΚΤΙΣΤΗΝ ΤΑΡΣΕ ΚΙΛΙΣΣΑ ΠΟΛΙ.
ΤΟΙΟΙ ΓΑΡ ΠΑΙΔΟΣ ΠΤΗΝΟΙ ΠΟΔΕΣ ΟΥΔ' ΑΝ ΕΚΕΙΝΩΙ
ΟΥΔ' ΑΥΤΟΣ ΠΕΡΣΕΥΣ ΝΩΤΟΝ ΕΔΕΙΞΕ ΘΕΩΝ.
Η ΓΑΡ ΕΦ' ΥΣΠΛΗΓΓΩΝ Η ΤΕΡΜΑΤΟΣ ΕΙΔΕ ΤΙΣ ΑΚΡΟΥ
ΗΙΘΕΟΝ. ΜΕΣΣΩΙ Δ' ΟΥΠΟΤΕ ΝΙ ΣΤΑΔΙΩΙ.

ΛΕΟΝΤΟΣ ΦΙΛΟΣΟΦΟΥ ΕΙΣ ΤΟ ΜΟΝΗΜΕΡΙΟΝ.

ΤΟΞΟΤΑ ΠΙΕΡΙΔΩΝ ΜΕΔΕΩΝ. ΕΚΑΤΗΒΟΛΕ ΦΟΙΒΕ.
ΕΙΠΕ ΚΑΣΙΓΝΗΤΗΙ ΚΡΑΤΕΡΟΥΣ ΙΝΑ ΘΗΡΑΣ ΕΓΕΙΡΗΙ.
ΟΣΣΟΝ ΕΠΙ ΓΑΥΣΑΙ ΜΕΡΟΠΩΝ ΔΕΜΑΣ. ΟΣΣΟΝ ΑΥΣΑΙ
ΛΑΩΝ ΤΕΡΠΟΜΕΝΩΝ ΙΕΡΟΝ ΣΤΟΜΑ. ΜΗ ΔΕ ΝΟΗΣΩ AII
ΖΗΝΟΣ ΜΕΙΛΙΧΙΟΙΟ ΛΑΧΩΝ ΘΡΟΝΟΝ ΑΝΕΡΟΣ ΟΙΤΟΝ.

Abb. 6: Anthologia Palatina & Anthologia Planudea, Janos Laskaris. Florenz 1494. Wien, Österreichische Nationalbibliothek, Ink. 13.F.15. Hain 1145. GW 2048, fol. AII. Photo: ÖNB Wien.

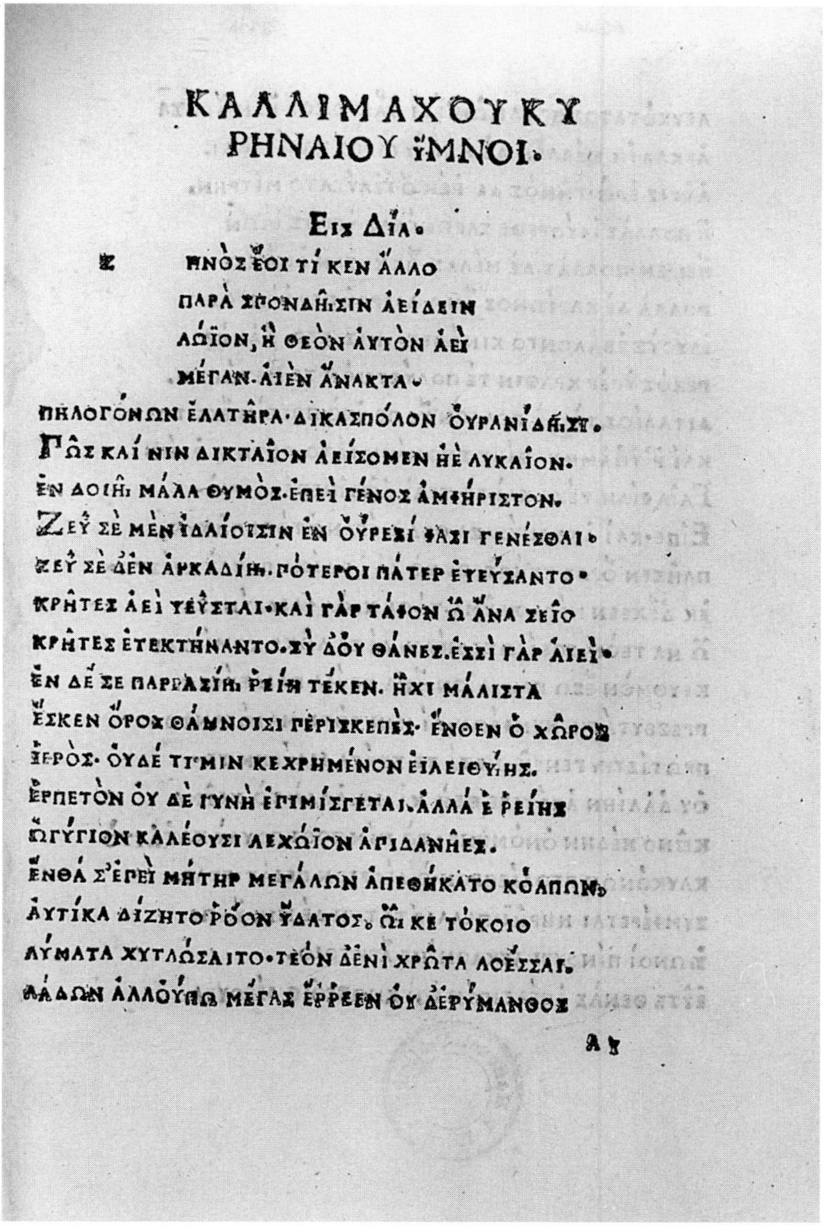

ΚΑΛΛΙΜΑΧΟΥ ΚΥ
ΡΗΝΑΙΟΥ ΥΜΝΟΙ.

ΕΙΣ ΔΙΑ.

Ζ ΗΝΟΣ ΕΟΙ ΤΙ ΚΕΝ ΑΛΛΟ
ΠΑΡΑ ΣΠΟΝΔΗΙΣΙΝ ΑΕΙΔΕΙΝ
ΛΩΙΟΝ, Η ΘΕΟΝ ΑΥΤΟΝ ΑΕΙ
ΜΕΓΑΝ. ΑΙΕΝ ΑΝΑΚΤΑ.
ΠΗΛΟΓΟΝΩΝ ΕΛΑΤΗΡΑ· ΔΙΚΑΣΠΟΛΟΝ ΟΥΡΑΝΙΔΗΙΣΙ.
ΠΩΣ ΚΑΙ ΝΙΝ ΔΙΚΤΑΙΟΝ ΑΕΙΣΟΜΕΝ ΗΕ ΛΥΚΑΙΟΝ.
ΕΝ ΔΟΙΗΙ ΜΑΛΑ ΘΥΜΟΣ. ΕΠΕΙ ΓΕΝΟΣ ΑΜΦΗΡΙΣΤΟΝ.
ΖΕΥ ΣΕ ΜΕΝ ΙΔΑΙΟΙΣΙΝ ΕΝ ΟΥΡΕΣΙ ΦΑΣΙ ΓΕΝΕΣΘΑΙ.
ΖΕΥ ΣΕ ΔΕΝ ΑΡΚΑΔΙΗΙ. ΠΟΤΕΡΟΙ ΠΑΤΕΡ ΕΤΕΥΣΑΝΤΟ.
ΚΡΗΤΕΣ ΑΕΙ ΥΕΥΣΤΑΙ. ΚΑΙ ΓΑΡ ΤΑΦΟΝ Ω ΑΝΑ ΣΕΙΟ
ΚΡΗΤΕΣ ΕΤΕΚΤΗΝΑΝΤΟ. ΣΥ ΔΟΥ ΘΑΝΕΣ. ΕΣΣΙ ΓΑΡ ΑΙΕΙ.
ΕΝ ΔΕ ΣΕ ΠΑΡΡΑΣΙΗΙ ΡΕΙΗ ΤΕΚΕΝ. ΗΧΙ ΜΑΛΙΣΤΑ
ΕΣΚΕΝ ΟΡΟΣ ΘΑΜΝΟΙΣΙ ΠΕΡΙΣΚΕΠΕΣ· ΕΝΘΕΝ Ο ΧΩΡΟΣ
ΙΕΡΟΣ· ΟΥΔΕ ΤΙ ΜΙΝ ΚΕΧΡΗΜΕΝΟΝ ΕΙΛΕΙΘΥΙΗΣ.
ΕΡΠΕΤΟΝ ΟΥ ΔΕ ΓΥΝΗ ΕΠΙΜΙΣΓΕΤΑΙ. ΑΛΛΑ Ε ΡΕΙΗΣ
ΩΓΥΓΙΟΝ ΚΑΛΕΟΥΣΙ ΛΕΧΩΙΟΝ ΑΠΙΔΑΝΗΕΣ.
ΕΝΘΑ Σ'ΕΠΕΙ ΜΗΤΗΡ ΜΕΓΑΛΩΝ ΑΠΕΘΗΚΑΤΟ ΚΟΛΠΩΝ.
ΑΥΤΙΚΑ ΔΙΖΗΤΟ ΡΟΟΝ ΥΔΑΤΟΣ. ΩΙ ΚΕ ΤΟΚΟΙΟ
ΛΥΜΑΤΑ ΧΥΤΛΩΣΑΙΤΟ. ΤΕΟΝ ΔΕΝΙ ΧΡΩΤΑ ΛΟΕΣΣΑΙ.
ΛΑΔΩΝ ΑΛΛΟΥΠΩ ΜΕΓΑΣ ΕΡΡΕΕΝ ΟΥ ΔΕΡΥΜΑΝΘΟΣ

Α

Abb. 7: Kallimachos, Janos Laskaris. Florenz 1494. Wien, Österreichische Nationalbibliothek, Ink. 3.H.24. Hain 4266. GW 5917, fol. 1r.
Photo: ÖNB Wien.

ΕΤΥΜΟΛΟΓΙΚΟΝ ΜΕΓΑ ΚΑΤΑ ΑΛΦΑΒΗΤΟΝ, ΠΑΝΥ ΩΦΕΛΙΜΟΝ.

ΤΟ ΑΛΦΑ ΜΕΘ' ΕΑΥΤΟΥ.

ΤΟ ΑΛΦΑ ΜΕΤΑ ΤΟΥ ΒΗΤΑ.

Abb. 8: Etymologicum Magnum. Zacharias Kallierges. Venedig 1499. Wien, Österreichische Nationalbibliothek, Ink. 23.A.1. Hain 6691. GW 9426, fol 2r.
Photo: ÖNB Wien.

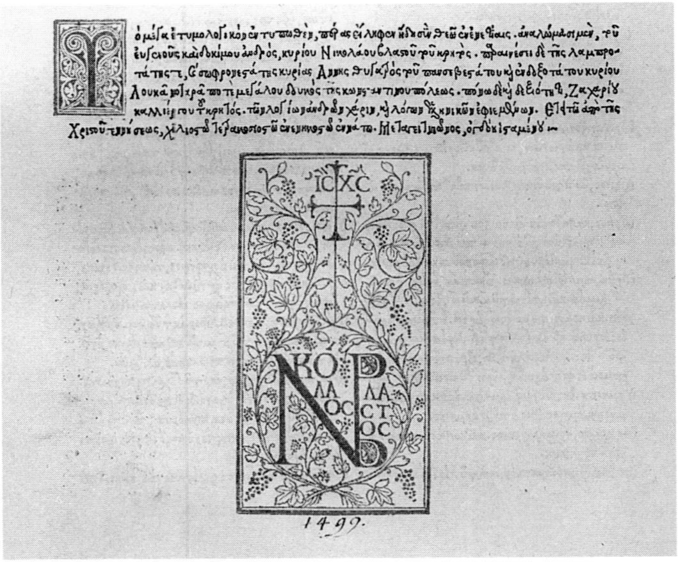

Abb. 9: wie Abb. 8, fol. 223v.
Photo: ÖNB Wien.

Mit dem ebenfalls von Aldus Manutius gedruckten Psalterion (Venedig 1494) wurde in gleicher Weise ein „Bedarf" gedeckt (Abb. 3). Hatte doch Alexandros, Sohn des Georgios Alexandru, schon vorher die Psalmen in recht ungeschlachter Type zum Druck gebracht (Venedig 1486)[27]. In der Praefatio des Justinos Dekadyos zum Psalter des Manutius erklärt der Herausgeber, er habe die Absicht, den Mangel an Büchern der Heiligen Schrift, soweit nur möglich, in eine Fülle zu verwandeln[28].

Ein weiteres Motiv für die Themenwahl war die literarische Bedeutung des Autors. So erklärt sich die frühzeitige Drucklegung des „gesamten" Homer (*ta sozomena*, Demetrios Damilas, Florenz 1488, Abb. 4). Die schon vorangegangene Edition der Batrachomyomachie (Venedig 1486) durch den Kreter Laonikos, Bischof von Chanea, mag durch den geringen Umfang (3 Quaternionen = 24 Blatt) und die damit gegebene Erleichterung angeregt worden sein. Wenn Janos Laskaris die „Anthologia epigrammatum" (= Anthologia Palatina + Anthologia Planudea) 1494 in Florenz herausbrachte, so tat er dies unter dem Eindruck seiner äußerst erfolgreichen Orientreise: Er hatte 1490–92 im Auftrag von Lorenzo il Magnifico rund 200 griechische Handschriften aus Griechenland und den umliegenden Ländern gesammelt und nach Florenz gebracht[29]. Zwar bedient er sich in seiner Widmungsepistel an Lorenzos Nachfolger Piero Medici auch der zum Topos gewordenen Klage über den Mangel an griechischen Büchern (*librorum penuria*). Aber in erster Linie betont er, daß unter den 200 Codices sich zumindest 80 unbekannte Texte und Autoren befanden. Die Anthologie bezeichnet er als *rarissimum et egregium opus*.

Die frühzeitige Publikation der Reden des Isokrates (Demetrios Chalkondyles, Mailand 1493) erklärt sich leicht aus der Bedeutung, welche die Spätantike und Byzanz dem Autor im Hinblick auf den Rhetorikunterricht beimaßen. Natürlich konnte ein Text auch durch einen günstigen Zufall zur Ehre eines frühen Druckes kommen. So erklärt Aristobulos Apostolios in der Praefatio seiner Ausgabe der

---

[27] Vgl. PROCTOR, *Printing of Greek*, pl. V.

[28] LEGRAND, *Bibliographie* I, Nr. 11, S. 24: ... *εἰς πληθυσμὸν ὅση δύναμις τὴν σπάνιν τῶν θείων γραφῶν μεταβαλεῖν διὰ φροντίδος πεποίημαι κτλ.*

[29] BÖRJE KNÖS, *Un ambassadeur de l'hellénisme: Janus Lascaris et la tradition greco-byzantine dans l'humanisme français*. Uppsala–Paris 1945, 34; s. auch NIKE PAPATRIANTAPHYLLOU-THEODORIDE, Ο Ιανός Λάσκαρις και οι τύχες της βιβλιοθήκης του, in: *Μνήμη Λίνου Πολίτη*. Thessaloniki 1988, 117–131.

„Katomyomachia" des Theodoros Prodromos (hier unter dem Titel „Galeomyomachia" und ohne Angabe des Autors; Venedig 1494), das Büchlein (nur 10 Folien!) sei ihm „in die Hand gefallen"[30] (Abb. 5).

Eine bedeutende Erschwerung gegenüber dem früheren Vorgang brachte die „Technik", das Herstellen passender Drucktypen[31]. Die Vorzeichnungen für die Buchstabenformen bildeten an sich ein Problem. In den Handschriften gab es kalligraphische Beispiele nicht nur in Auszeichnungsmajuskel, sondern auch in Minuskel, besonders im Umkreis der Perlschrift. Daneben konnte man in den Codices eine große Vielfalt von Stilformen und individuellen Schriften, aber auch eine ganze Stufenleiter von der hochstilisierten Schrift bis zur ungezwungenen Kursive finden. Die Vorzeichnungen für den Druck mußten auf die technischen Möglichkeiten des Schnittes und des Bleigusses Rücksicht nehmen. Das griechische Alphabet machte Schwierigkeiten mit seinen Ligaturen, die gerade in der kalligraphischen Perlschrift nicht selten waren. Besonders unangenehm erwiesen sich aber die Zusatzzeichen: Akzente, Spiritus, Iota subscriptum und Trema. Involvierungen stand man zunächst hilflos gegenüber. Erst im 16. Jahrhundert löste man diese Schwierigkeit mit der später weitverbreiteten und beliebten Type der „grecs du roi".

Zu den eben angesprochenen Problemen, denen der Herausgeber auf dem drucktechnischen Sektor begegnete, besitzen wir eine kuriose Stellungnahme des Janos Laskaris in der langen Praefatio, die er der Ausgabe seiner Anthologie voranschickte. In der offensichtlichen Verärgerung über die mißliche Situation des Herausgebers entschloß er sich zu einer radikalen Lösung: Er ließ sein Werk in kleinen, mit Akzenten versehenen Majuskeln (= Versalien) drucken (Abb. 6). In seiner captatio benevolentiae versucht er, dem Herzog zu erklären, daß es sich nicht um eine willkürliche Innovation handle (*ne quid in hac re temere videar innovare*). Vielmehr seien die von ihm gewählten Typen, die er bereits an die Drucker weitergegeben habe, schon in ältesten Zeiten in Gebrauch gewesen (*brevibus ostendere tentabo his elementorum figuris, quae modo a nobis traditae sunt impressoribus, antiquissimos esse usos*). Zwar hätten

[30] τούτου δέ μοι ταῖς χερσὶν ἐμπεσόντος. Aristobulos Apostolis, Galeomyomachia, Venedig ca. 1494; Hain 7432 (Manussakas-Staikos, *L'attività edizionale*, Abb. 33, s. unsere Abb. 5).

[31] Dazu auf dem neuesten Stand Jean Irigoin, Les origines paléographiques et épigraphiques de la typographie grecque, in: *Dotti bizantini e libri greci nell'Italia del secolo XV* 13–28 (mit 24 Abb.).

die alten Römer in Inschriften und auf Münzen sich bereits der Majuskeln bedient, aber die Kopisten der griechischen Codices hätten sich nicht an diese einfachen Formen gehalten. Daher seien die griechischen Texte in den Codices *maiori ex parte ... corruptissimi*. Den Kopisten könne man noch verzeihen, weil sie es (bei ihrer Lohnarbeit?!) eilig hatten. Beim Druck aber sei es das Zeichen eines unbesonnenen (*inconsulti*) Menschen, sich verderbter, nicht unterscheidbarer, verworrener, untereinander verwickelter und entstellter Formen zu bedienen, wo doch wahre, einfache Formen leichter zu schneiden seien und wegen ihrer Gleichmäßigkeit besser aneinander paßten, dazu in ihrer großen Schönheit eine gewisse Würde ausdrückten.

Laskaris versucht nun, seine Ansicht durch „Analyse" der Buchstaben (Majuskeln) des griechischen Alphabets zu erhärten. Zum Alpha führt er die Form des Pentagramms (*pentalpha*) an, beim Gamma äußert er sich zum Digamma, das Delta hat die Form des gleichseitigen Dreiecks, zum Eta erläutert er die Frage der Aspiration, die sich in der „halbierten Etaform" der Spiritus in der spätantiken Schrift und in der frühen byzantinischen Minuskel (archaisierend noch in der Palaiologenzeit) ausdrückt, das Majuskel-Lambda besteht aus der Kombination der beiden Akzente Akut und Gravis, Kappa und Sigma werden durch die Gestütbrände Koppatia und Samphoras und einen Verweis auf die Suda „erklärt"[32]. Das Phi erinnert an das Kerykeion usw. Da die Ableitungen immer phantastischer werden, schließt Laskaris mit dem Bekenntnis, er wolle nicht in Geschmacklosigkeiten (*apeirokalias*) verfallen[33].

Außer der Anthologie brachte Laskaris noch eine Editio princeps der Hymnen des Kallimachos (ebenfalls Florenz 1494) und vier weitere Werke mit dem Drucker Lorenzo Francesco de Alopa heraus. Sie alle waren nach dem Grundsatz des Laskaris in kleiner Majuskel gesetzt (Abb. 7).

---

[32] Diese Gestütbrände seien „noch heute" (= Ende 15. Jh.), meint Laskaris, in Anatolien gebräuchlich. – Die einschlägigen Stellen der Suda verweisen auf die Verbindung von K und C zu dem Zahlzeichen ϟ (Koppa) bzw. auf die dorische Bezeichnung San für Sigma. Vgl. dazu W. Fink, Bemerkungen zu Monogrammen auf einer spätantiken Inkrustationsplatte, in: *Lebendige Altertumswissenschaft. Festgabe Hermann Vetters*. Wien 1985, 290–294.

[33] Zum Problem der Majuskeln in griechischen Inkunabeln s. Silvia Rizzo, Gli umanisti, i testi classici e le scritture maiuscole, in: *Atti del Convegno internazionale Il libro e il testo. Urbino, 20–23 settembre 1982*, a cura di Cesare Questa e Renato Raffaelli. Urbino 1984, 225–241, bes. 228–230.

Die Herausforderung, welche das Problem der Typenwahl bildete, blieb jedoch bestehen. In den neunziger Jahren arbeitete ein griechisches Team unter der Leitung des Zacharias Kallierges an der Edition des „Etymologicum Magnum". Markos Musuros, ein Kreter, Schüler des Janos Laskaris in Florenz, dann im Kreis des Aldus Manutius in Venedig, später Professor in Padua, Venedig und Rom, schrieb nicht nur eine Vorrede, sondern auch ein Widmungsgedicht zu dem neuen Etymologicum, in dem er die Verdienste von Kretern um die technische Gemeinschaftsarbeit hervorhob: Ein Kreter wählte die Typen – es war aber nicht die Majuskel, sondern das, was wir in der Paläographie als „Druckminuskel" bezeichnen! –, ein anderer Kreter besorgte den Schnitt der Buchstaben, ein weiterer fügte einzelne Akzente ein, auch Satz und Bleiguß oblagen einem Kreter. Schließlich stammte auch der Geldgeber Nikolaos Blastos wie Musuros selbst von der Megalonisos. Das 1499 in Venedig herausgebrachte „Etymologicum Magnum" gehört zu den berühmtesten Frühdrucken. Die hervorragende mise en page unter großzügiger Verwendung von Freiräumen, die Wahl schwarzer und roter Typen, die Holzschnittechnik für Bilder und Initialen, die eindrucksvolle Titel- und Schlußseite mit dem Signet des Herausgebers machen die sechsjährige Arbeitszeit durchaus verständlich[34] (Abb. 8 und 9).

In diesen Jahren bereitete der Römer Aldus Manutius die für seine eigene Werkstätte und deren Produktion bestimmte Type vor und beantragte beim venezianischen Senat die Genehmigung seiner Neakademia. Diese Institution organisierte den Produktionsprozeß durch die Wahl der für den Druck vorgesehenen Texte, stellte den Cheflektor (zunächst Johannes Gregoropulos) und die übrigen Lektoren und Korrektoren. Namhafte Humanisten waren Mitglieder. Aldus experimentierte wie andere längere Zeit, um eine befriedigende Type für seine Produktion zu finden. Das Ergebnis war zwar nicht die unmittelbare Nachahmung eines griechischen Schreibstils, dafür aber eine gefällige,

---

[34] Markos Musuros, Etymologicum Magnum, Venedig 1499; Hain 6691; GW 9426 (MANUSSAKAS-STAIKOS, *L'attività edizionale*, Abb. 40 a, b, s. unsere Abb. 8 und 9). Ein Jahr vorher brachte Musuros die Editio princeps des Aristophanes in Venedig heraus: GW 2333. Zu Musuros jüngst JEAN IRIGOIN, Marc Mousouros et Pindare, in: *Philophronema. Festschrift für Martin Sicherl zum 75. Geburtstag*, hrsg. von DIETER HARLFINGER. Paderborn–München–Wien–Zürich 1990, 253–262. Hohes Lob auch von NIGEL WILSON, *Scribes and Scholars*. 3. Aufl. Oxford 1991, 158: „There can be no doubt that he was the most talented classical scholar ever produced by his nation." S. auch WILSON, *From Byzantium to Italy* 148–156.

leicht rechtsgeneigte Kursive, die sich bewährte und durch Jahrzehnte das Bild der berühmten Aldinen prägte[35]. Im Gegensatz zu zeitgenössischen und modernen negativen Urteilen steht die Ansicht des Justinos Dekadyos, der in einer griechischen Praefatio zu der Psalteredition von 1494 den Herausgeber Aldus seinen griechischen Landsleuten vorstellt. Er lobt die freundliche Einstellung des Aldus zum Griechentum und betont die Vorzüge des Werkes: die harmonische Zusammenstellung der Buchstaben, die Aldus selbst erfunden habe[36], besonders aber den Duktus (*charakter*), der innerhalb der Kalligraphie unübertroffen sei[37].

In der Praxis des Alltags waren die ökonomischen Fragen freilich wichtiger als die ästhetischen. Für den technischen Aufwand (Druckstöcke, Papier zur Vervielfältigung), für die Honorare von Setzern, Lektoren, Korrektoren, allenfalls Übersetzern, für den Ankauf von Handschriftenvorlagen, für die Herstellung von Holzschnitten u. a. mußte von vornherein Geld zur Verfügung stehen. Da die Herausgeber über größere Mittel in der Regel nicht verfügten, mußten sie sich um Mäzene oder Sponsoren umsehen, die ihnen über die Anfangsschwierigkeiten hinweghelfen konnten. Die wichtigste Einnahmequelle war natürlich der Verkauf der gedruckten Exemplare. Das Publikum mußte sich dessen bewußt werden, daß der Ankauf eines gedruckten Buches billig, preiswert war. So heißt es schon in der Praefatio zur Grammatik des Konstantinos Laskaris von 1476, die der Herausgeber Demetrios Damilas an die „wohlgeborenen, ernsthaft bemühten“ jungen Leute richtet[38], sie könnten jetzt griechische Bücher ohne viel Aufwand und Schwierigkeiten leicht erwerben[39]. In ähnlichen Ankündigungen wird wiederholt darauf hingewiesen, daß die Bücher preiswert seien; das griechische Wort εὐπόριστος bedeutet, daß etwas leicht zu beschaffen, aber auch daß es preiswert ist[40].

Die Herausgeber nützten die Praefationes ihrer Ausgaben zur Werbung und schufen damit eine Art Vorläufer zu den Prospekten moder-

---

35 Zu modernen negativen Urteilen über die Type des Aldus s. GEANAKOPLOS, *Greek Scholars* 120, Anm. 39; 132, Anm. 87; 242, Anm. 76. Vernichtend das Urteil von PROCTOR, *Printing of Greek* 102f., abgedruckt auch bei BARKER, *Aldus Manutius* 103. BARKER selbst hat eine durchaus positive Einstellung zur Leistung des Aldus.

36 Über die Unterstützung durch Musuros s. GEANAKOPLOS, *Greek Scholars* 120.

37 LEGRAND, *Bibliographie* I, Nr. 11, S. 24.

38 Ebd., Nr. 1, S. 4: *τοῖς εὖ γεγονόσι καὶ σπουδαίοις τῶν μειρακίων*.

39 *βιβλίων ἑλληνικῶν ἄνευ πολλῆς δαπάνης καὶ δυσχερείας εὐποροῦντες* (ebd.).

40 So heißt es zur Homerausgabe: *σύμπασα πραγματεία εὐπόριστος γενομένη*.

ner Verlage; so wird auf die kommende Produktion vorbereitet. Im Vorwort zur Editio princeps der „Katomyomachia“ kündigt der Herausgeber Aristobulos Apostolios die Publikation der Sprichwörtersammlung „Ionia“ seines Vaters (Michael Apostoles) an; freilich ist diese Ausgabe nie erschienen. Aristobulos stellt noch im Schlußsatz des Vorwortes die beiden Werke einander gegenüber: Während der „Katzen-Mäuse-Krieg“ der Unterhaltung diene, werde die „Ionia“ den ernst Studierenden von Nutzen sein. – In der Praefatio zur Psalterausgabe des Aldus verspricht Justinos Dekadyos, der Herausgeber werde das ganze Alte Testament und darüber hinaus liturgische Bücher (Triodion, Pentekostarion, Parakletike) publizieren.

In der Praefatio zu seiner Ausgabe des Dichters Musaios („Hero und Leandros“, ca. 1495) verkündet Aldus gleich zu Beginn seinen Lesern, daß dieser Text nur ein Prooimion zu seiner kommenden Ausgabe des Aristoteles und anderer Philosophen sei. Natürlich lag es im Interesse des Aldus, den kurzen Text des Musaios (22 Folien für griechische und lateinische Fassung) schnell auf den Markt zu bringen. Um die Aufmerksamkeit der Leser zu wecken, betont Aldus, daß man nun den griechischen Text mit dem lateinischen des Ovid („Heroides“) vergleichen könne[41]. Dann aber wird er ganz direkt: „Nehmt also dieses Büchlein entgegen, aber nicht gratis; bezahlt mir dafür; gebt mir Geld, damit auch ich euch alle die besten Bücher der Hellenen beschaffen kann. Nur wenn Ihr [mir] wirklich gebt, werde auch ich geben. Denn ohne viel Geld kann ich nicht drucken.“ Es folgt das bekannte Demostheneszitat über die Notwendigkeit des Geldes, und dann: „Ich bin nicht geldgierig, vielmehr habe ich mich mit diesen Worten nur verhaßt gemacht. Und doch, ohne Geld kann man nicht im Wohlstand leben, wonach Ihr übermäßig begehrt, während ich mit viel Anstrengung und Aufwand mühselig lebe“. Wenn Aldus ersucht, man möge ihn nicht für geldgierig halten, so könnten gerade Äußerungen wie die eben angeführte diesen Verdacht geweckt haben. Jedenfalls verteidigt Justinos Dekadyos in seiner schon mehrfach erwähnten Praefatio zum Psalter den Herausgeber Aldus im Zusammenhang mit seinen hochfliegenden Publikationsplänen gegen den Vorwurf der Geldgier[42].

Wir haben uns bei der Betrachtung einer kulturellen Wende regional, chronologisch und inhaltlich auf einen kleinen Ausschnitt konzen-

---

[41] Allerdings hält Aldus Ovid für den Nachahmer!

[42] *οὐ γὰρ χρημάτων ἐπιθυμίᾳ*: LEGRAND, *Bibliographie* I, Nr. 11, S. 25.

triert. Daß mit diesem 15. Jahrhundert in Politik, Kultur und Weltanschauung eine neue Epoche einsetzte, steht außer Zweifel. Vergessen wir aber nicht, daß in unseren Jahrzehnten die uns so lieb gewordene Buchkultur – das gedruckte Buch in allen seinen bisherigen Erscheinungsformen – vielleicht einer Ablöse entgegengeht, die weitgehend im Zeichen der Hektik einer elektronikbeherrschten Medienwelt stehen wird.

Klaus-Peter Matschke

WESTLICHE BERGLEUTE, BERGBAUEXPERTEN UND MONTANUNTERNEHMER AUF DEM BALKAN UND IM ÄGÄISRAUM IM 14. UND 15. JAHRHUNDERT

Der prägende westliche Einfluß auf den südosteuropäischen Bergbau des hohen und späten Mittelalters ist eine unbestreitbare Tatsache. Er zeigt sich in der serbischen und türkischen Bergbaugesetzgebung[1] und in der balkanischen Bergbauterminologie[2], von ihm zeugen archäologische Reste[3] und Toponym-Spuren[4] in verschiedenen Bergbauorten und -regionen Südosteuropas, auf ihn verweisen zumeist beiläufige, im Einzelfall aber auch sehr detaillierte Aussagen in Reisebeschreibungen und diplomatischen Berichten westlicher Besucher und Beobachter die-

---

[1] N. Radojčić, *Zakon o rudnicima despota Stefana Lazarevića* [*Das Bergbaugesetz des Despoten Stefan Lazarević*] Belgrad 1962; B. Marković, Certaines remarques sur la Loi sur les mines du Despote Stefan Lazarevic de l'année 1412. *Balkan Studies* 22 (1981) 269–274; N. Beldiceanu, *Les actes des premiers sultans conservés dans les manuscrits turcs de la Bibliothèque Nationale à Paris* I: *Actes de Mehmed II et de Bayezid II du ms. fonds turc. anc. 39.* Paris–Den Haag 1960; II: *Réglements miniers 1390–1512.* Paris–Den Haag 1964.

[2] J. Schütz, Germano-Serbica. *Die Welt der Slaven* II/1 (1957) 43–48; dies., Germano-Serbica II. *Die Welt der Slaven* IV/1 (1959) 13–20; M. Pavlovič, Altsächsische Bergbauterminologie im Serbokroatischen. *Südost-Forschungen* 18 (1959) 76–83.

[3] Besonders wichtig sind die Ergebnisse der von der Serbischen Akademie der Wissenschaften und Künste Anfang der fünfziger Jahre durchgeführten Ausgrabungen in der fast unbewohnten Ruinenstadt Novo Brdo. Allgemeine Informationen von M. Dinić – I. Zdravković – D. Jovanović – V. Korać – M. Savić, Novo Brdo. *Starinar* 5–6 (1954–55) 247–294. Spezielle Informationen und Materialauswertungen zur Sachsenkirche von E. Čerskov, Saška crkva kod Novog Brda [Die Sachsenkirche bei Novo Brdo]. *Starinar* 7–8 (1956–57) 338–340; R. Ljubinković, Katedrala i Saška crkva, Novo Brdo – crkve [Kathedrale und Sachsenkirche. Novo Brdo – Die Kirchen]. *Arheološki pregled* 4 (1962) 264–269; M. Takács, Sächsische Bergleute im mittelalterlichen Serbien und die „sächsische Kirche" von Novo Brdo. *Südost-Forschungen* 50 (1991) 31–60.

[4] Dazu ausführlich M. S. Filipović, Das Erbe der mittelalterlichen sächsischen Bergleute in den südslawischen Ländern. *Südost-Forschungen* 22 (1963) 192–233, mit älterer Literatur.

ses Raumes besonders aus dem 15. und 16. Jahrhundert[5]. Die Menschen, die diesen Einfluß ausübten, die ihre Sprache, ihre Rechte, ihre Arbeitserfahrungen und Lebensgewohnheiten aus den traditionellen Bergbaugebieten Mitteleuropas[6] mitbrachten, um im europäischen Südosten Erzlagerstätten zu erkunden und Gold, Silber und andere wertvolle Metalle zu gewinnen und zu verarbeiten, sind dagegen historisch kaum zu fassen, es gibt keine Lebensläufe von ihnen, allenfalls Augenblicksaufnahmen ihrer Existenz und ihrer Tätigkeit, weit verstreut, nur zu einem Teil gesammelt, aufbereitet und ausgewertet.

Im Unterschied zu den bäuerlichen und bürgerlichen Kolonisten nördlich von Donau und Save haben die bergmännischen Spezialisten, die im 13. Jahrhundert in die Gebiete südlich dieser Flußgrenzen einwanderten, ihre ethnische und sprachliche Identität nicht dauerhaft bewahren können. Die Anzahl der „sächsischen" Bergleute im mittelalterlichen Serbien, Bosnien und Bulgarien war mit Sicherheit sehr viel geringer als die der „sächsischen" Bauern und Städter in Siebenbürgen und in der Zips[7]. Ihre Mobilität war dagegen umgekehrt sehr viel größer. Sie waren abhängig vom Erfolg ihrer Schürfungen, von der Ergiebigkeit ihrer Fundgruben und von den Absichten, die die Landesherren mit ihnen verfolgten. Ihre Ansiedlung war oft nicht dauerhaft, ihre Umsiedlung häufig[8]. Eine Eingliederung in stabile familiäre Strukturen gelang

---

[5] Besonders zu nennen sind: Bertrandon de la Brocquière, Le voyage d'outremer, ed. CH. SCHEFER. Paris 1892; Die Aufzeichnungen des Genuesen Jacopo de Promontorio de Campis über den Osmanenstaat um 1475 (*Sb. Ak. München, phil.-hist. Klasse* 8/1956) München 1956; Pierre Belon, Les Observations de plusieurs singularitez & choses memorables, trouvées en Grèce, Asie, Judée, Egypte, Arabie & autres pays. Antwerpen 1555; Beschreibung der Reisen des Reinhold Lubenau, 2 Bände, ed. W. SAHM. Königsberg 1912–1930.

[6] Die Frage nach der genauen Herkunft der auf Vertragsbasis nach Serbien einwandernden Bergleute (Siebenbürgen, Niederungarn) wird hier nicht diskutiert, dazu zuletzt TAKÁCS, *Sächsische Bergleute* 34 ff.

[7] Allgemeine Übersicht: *Tausend Jahre Nachbarschaft. Deutsche in Südosteuropa*. Zusammengestellt von G. ROHDE. München 1981. Zu den Siebenbürger Sachsen ganz neu A. SCHENK, *Deutsche in Siebenbürgen. Ihre Geschichte und Kultur*. München 1992. Wichtig für den hier behandelten Gegenstand sind die Bemerkungen über westliche Bergleute in Siebenbürgen: Ihre Ansiedlung erfolgte vielleicht noch früher als die der bäuerlichen Kolonisten aus dem Westen. Da die Bewohner der Bergbauorte kaum Verbindungen zu den anderen deutschen Ansiedlungen hatten, gingen die westlichen Bergleute auch hier im Laufe der Zeit in der ungarischen und rumänischen Bevölkerung ihres Umfeldes auf (ebd. 33 f.).

[8] Vgl. M. J. DINIĆ, *Za istoriju rudarstva u srednjevekovnoj Srbiji i Bosni* I [*Zur Geschichte des Bergbaus im mittelalterlichen Serbien und Bosnien*]. Belgrad 1955, passim.

vermutlich längst nicht allen Zuzüglern[9]. Andererseits wirkten fachliche Qualifikation, rechtliche Sonderstellung und religiöse Abgrenzung gegen eine kurzfristige und fugenlose Assimilierung und hatten ursächlichen Anteil daran, daß Spuren „sächsischer" Herkunft besonders in der Oberschicht der führenden serbischen und bosnischen Bergstädte bis zum Ende serbischer Staatlichkeit und sogar bis in die Frühzeit der Türkenherrschaft über die Bergbaugebiete auf dem Balkan sichtbar blieben[10], daß aus diesem spezifisch geprägten Milieu speziell in der Übergangszeit zur Turkokratie einzelne Unternehmerpersönlichkeiten herauswachsen und in enger Anlehnung an das Handels- und Geldkapital des Wirtschaftszentrums Dubrovnik und in direkter Abstimmung mit seinen im Balkanbergbau engagierten und von ihm besonders profitierenden personellen Trägern überlokale und vielleicht sogar überregionale Bedeutung erlangten.

Einfach ist die Spurensuche nicht. Präzise Informationen sind nur schwer zu bekommen. Für Vermutungen bleibt ein breiter Raum. In der Regel muß man sich mit mehr oder weniger brauchbaren Indizien zufriedengeben: Zugehörigkeit zu den *purgar*, der Macht ausübenden und Recht sprechenden Führungsgruppe der Sondergemeinde[11], Einbindung in die katholischen Kirchengemeinden und Verbindung zu katholischen Amtsträgern[12], Festhalten an „exotischen" Vornamen (ganz besonders Hans), Verwendung von Übernamen, die auf die ethnische bzw. geographische Herkunft verweisen und gelegentlich die

---

[9] Auf die hohe Zahl von Unverheirateten und Unbehausten unter den Bergknappen und Hüttenarbeitern westlicher Bergbaureviere macht aufmerksam M. Mitterauer, Produktionsweise, Siedlungsstruktur und Sozialformen im österreichischen Montanwesen des Mittelalters und der frühen Neuzeit, in: *Grundtypen europäischer Sozialformen*. Stuttgart 1979, 148–193, hier 192f. Sicherlich war die Situation in den serbischen und bosnischen Bergbaugebieten ähnlich, und das würde bedeuten, daß besonders die einfachen Einwanderer kaum dauerhafte Spuren hinterließen.

[10] Vgl. Filipović, *Das Erbe* 196; Takács, *Sächsische Bergleute* 57ff.

[11] Vgl. C. Jireček, *Die Handelsstraßen und Bergwerke von Serbien und Bosnien während des Mittelalters. Historisch-geographische Studien*. Prag 1879, 44ff.; ders., Das Gesetzbuch des Caren Stephan Dušan. *Archiv für slavische Philologie* 22 (1900) 144–214, hier 198; Dinić, *Za istoriju* 14; Takács, *Sächsische Bergleute* 37.

[12] Leider ist das zur Verfügung stehende Material sehr dürftig. So wurden bei der Freilegung der Reste der Sachsenkirche von Novo Brdo innerhalb und außerhalb des Kirchenraumes zwar viele Grabsteine gefunden, aber nur auf einem fand sich das Fragment einer Inschrift: vgl. Takács, *Sächsische Bergleute* 50. Einige Hinweise in den schriftlichen Quellen werden weiter unten ausgewertet.

Tendenz erkennen lassen, zu festen Familiennamen zu werden. Das linguistische Leitfossil ist natürlich der Begriff *sas* mit seinen verschiedenen Ableitungen[13]. Praktisch gänzlich fehlen Hinweise auf die konkrete Sprachsituation. Vielleicht existierte zeitweilig so etwas wie eine Lingua Franca der Bergleute auf dem Balkan, vergleichbar der Gebrauchssprache der Seeleute im östlichen Mittelmeerraum. Ob und wie lange Deutsch in den Familien „sächsischer" Herkunft gesprochen wurde, kann nicht einmal vermutet werden. Zumindest das letzte Problem wird aber etwas relativiert, wenn man daran denkt, daß in Dubrovnik/Ragusa zu gleicher Zeit wenigstens vier Sprachen gesprochen wurden und in den verschiedenen Lebensbereichen der Stadtbewohner Verwendung fanden[14].

Schon geraume Zeit bekannt und häufig beredet[15] ist der Fall des Chanus Petri Saxinouich, der im Jahre 1365 zwei ragusanischen Bürgern die Hälfte der *fossi* in Fojnica und Umgebung verkauft, die ihm

---

[13] In den südslavischen Quellen findet sich der Begriff in der Form *Sasine, Sasi*: vgl. u. a. B. SARIA, Der mittelalterliche sächsische Bergbau auf dem Balkan (Neue Forschungen und Funde). *Ostdeutsche Wissenschaft* 9 (1962) 131–150, hier 149; FILIPOVIĆ, *Das Erbe* 193; G. BAUDISCH, Deutsche Bergbausiedlungen auf dem Balkan (Neue Forschungen und Funde). *Südostdeutsches Archiv* 12 (1969) 32–61, hier 52; in türkischen Quellen erscheint er als *saz*: vgl. u. a. H.-G. MAJER, Herkunft und Volkszugehörigkeit muslimischer Amtsträger als historisches Problem der Osmanistik, in: K. D. GROTHUSEN (Hrsg.), *Ethnogenese und Staatsbildung in Südosteuropa*. Göttingen 1974, 40–51, hier 43. In den spätbyzantinischen Quellen ist m. W. nur bei Dukas, Historica Turcobyzantina (ed. V. GRECU. Bukarest 1958, 87, 273, 277) von *τῶν Σάζων* die Rede, aber ihre Identifizierung mit (Siebenbürger) Sachsen ist nicht gesichert; vgl. H. DITTEN, *Der Rußland-Exkurs des Laonikos Chalkokondyles*. Berlin 1968, 154 ff., Anm. 350. Auch im Namengut der spätbyzantinischen Zeit findet sich nichts, was auf Sachsen hindeutet, meine Suche im Prosopographischen Lexikon der Palaiologenzeit verlief jedenfalls bisher ergebnislos. Zu berücksichtigen ist allerdings auch, daß der Begriff im Laufe der Zeit seinen ethnischen Bedeutungsinhalt verliert und ganz allgemein zur Bezeichnung von Bergleuten verwendet wird (SARIA, *Der mittelalterliche sächsische Bergbau* 149; FILIPOVIĆ, *Das Erbe* 194).

[14] Vgl. M. M. FREJDENBURG, *Дубровник и Османская империя* [*Dubrovnik und das Osmanenreich*]. 2. Aufl. Moskau 1989, 22 ff.

[15] Vgl. C. JIREČEK, *Die Bedeutung von Ragusa in der Handelsgeschichte des Mittelalters*. Wien 1899, 437, Anm. 66; DERS., Rez. Monumenta Ragusina III–IV. *Archiv für slavische Philologie* 19 (1896), 591; BAUDISCH, *Deutsche Bergbausiedlungen* 43; FILIPOVIĆ, *Das Erbe* 198. Zusammenstellung des bisher bekannten Materials und ausführliche Diskussion durch DINIĆ, *Za istoriju* 7 ff., und D. DINIĆ-KNEŽEVIĆ, Nemci u srednjovekovnom Dubrovniku [Deutsche im mittelalterlichen Dubrovnik]. *Anali zavoda za povijesne znanosti Istraživačkog centra Jugoslavenske Akademije Znanosti i Umjetnosti u Dubrovniku* 18 (1980) 91–104, hier 93 ff.

und seinem Bruder Niclus zusammen *cum medietate curorum, animalium* und allen notwendigen Instrumenten *ad fodinam argenti* vom örtlichen Ban für 250 Pfund Silber übertragen worden sind[16]. Der genannte Hans, Sohn des Sachsen Peter, hatte schon ein Jahr zuvor mit den gleichen Personen eine Gesellschaft zur Ausbeutung seiner Bergwerke gebildet, die dann durch die Übernahme von Eigentumsanteilen offenbar befestigt werden sollte. Im September 1368 erhalten Hans und sein Bruder eine Vorladung vor das städtische Gericht von Dubrovnik, weil Nickel den Verkaufsvertrag von 1365, den Hans auch im Namen seines Bruders abgeschlossen hatte, augenscheinlich nicht anerkannte und deshalb die Beauftragten des einen Käufers in ihrer Tätigkeit so behinderte, daß sie bei Gericht vorstellig wurden. Nickel wird in seiner Vorladung ausdrücklich als *civis Ragusinus* angesprochen[17], und auch Hans muß diese Bürgerschaft von Dubrovnik schon besessen haben. Auf jeden Fall hatten sie beide zu diesem Zeitpunkt ihren ständigen Wohnsitz bereits in der Adriastadt. Zugleich kümmerten sie sich aber auch weiterhin persönlich um ihre Bergwerke bzw. Bergwerksanteile in Bosnien und hielten sich zu diesem Zweck zeitweilig in diesem Grubenrevier auf[18].

An der „sächsischen" Herkunft der beiden Brüder kann kaum ein Zweifel bestehen. Dafür sprechen neben dem Übernamen Saxinouich/Sas(s)inouich auch ihre Vornamen Hans und Nickel[19] und, wenn auch nicht so eindeutig, der Vorname ihres Vaters Peter. Aus späteren Familientestamenten ist zu entnehmen, daß Hans mit einer Serbin namens Jeluša verheiratet war, die aus einem vornehmen Geschlecht der Adria-

---

[16] Dokument veröffentlicht von J. TADIĆ, *Pisma i uputstva Dubrovačke Republike* [*Briefe und Direktiven der Republik Dubrovnik*]. Belgrad 1935, 187f., Nr. 184.

[17] Ebd. 188f., Nr. 185.

[18] Vgl. FILIPOVIĆ, *Das Erbe* 198. Die Vorladung von 1368 erreicht Hans in Ostružnica (TADIĆ, *Pisma* 188); wo Nickel angetroffen wird, ist aus den Texten nicht zu erfahren.

[19] Kurzformen des Namens Johannes, basierend auf der 2. und 3. Namenssilbe, sind im deutschen Raum in der Form von Hans und im westslavischen Raum in der Form von Hanus sehr häufig, während sie im südslavischen Raum ganz ungebräuchlich sind. Die Kurzform des Namens Nikolaus erscheint in den genannten Texten in der Genitivform Nicli und in der Dativform Niclo. Dementsprechend gibt DINIĆ, *Za istoriju* 7 die Nominalform Niclus, DINIĆ-KNEŽEVIĆ, *Nemci* 97 nennt ihn Nikl. Es ist also anzunehmen, daß dieser zweite Sohn des Sachsen Peter den im mittelalterlichen deutschsprachigen Raum sehr häufigen Namen Nickel trug, obwohl an anderer Quellenstelle auch von Nichole die Rede ist, vielleicht ein Hinweis auf die schrittweise Slavisierung der Namensform.

stadt Bar stammte[20]. Die Frau seines Bruders Nickel scheint dagegen keine Slavin gewesen zu sein, wie ihr Name Clara und auch der Umstand andeutet, daß sie kurz nach dem Tod ihres Mannes im Jahre 1392 einen Johannes de Brebant (Brabant) heiratete[21]. Nimmt man dazu noch seine gelegentliche Bezeichnung als *Teotonicus*[22], die bei den anderen Familienmitgliedern nicht auftaucht, jedenfalls nicht überliefert ist, so könnte man vielleicht zu dem Schluß gelangen, daß Nickel stärker an seinen deutschen Ursprüngen festhielt als sein Bruder Hans. Und in die gleiche Richtung deutet vielleicht sogar sein Widerstand gegen den Verkauf von Bergwerksanteilen an die ragusanischen Gesellschafter des Familienunternehmens[23].

Nickels Ehe blieb kinderlos. Der einzige Sohn seines Bruders Hans erhielt wohl nach dem Großvater den Vornamen Peter. In den Quellen erscheint er als Petrus Canussi Sassinouich, aber auch als Pircho de Canus[24], zu einem stabilen Familiennamen war Sassinouich also noch nicht geworden. Von seinen vier Schwestern war die eine mit einem ragusanischen *vlasteličić* verehelicht, eine andere heiratete in die Heimatstadt ihrer Mutter[25], die dritte Schwester Petruša trat schon früh in eine monastische Gemeinschaft ein und wurde schließlich Äbtissin des Andreas-Klosters in Dubrovnik[26]. Ihr Vater starb im Jahr 1393, die Mutter überlebte ihn um mehr als 30 Jahre, auch ihr einziger Sohn starb noch vor ihr ohne eigene Nachkommen. In seinem und in ihrem Namen bestimmte sie testamentarisch verschiedene Legate für Kirchen in Bar, Dubrovnik und Rom[27]. Die Familie muß also gut katholisch gewesen sein, ein mitgebrachtes Erbe, das eheliche Verbindungen in dalmatinische Städte sicherlich erleichterte und durch sie zugleich neu belebt werden konnte[28].

---

[20] DINIĆ, *Za istoriju* 8; DINIĆ-KNEŽEVIĆ, *Nemci* 95 f.

[21] DINIĆ, *Za istoriju* 9, Anm. 48.

[22] Ebd. 9, bei seinem ersten quellenmäßig erfaßten Auftreten im Jahre 1357 als Schuldner des Ragusaners Maroe Gučetić.

[23] Anzeichen für ein zähes Festhalten an Traditionen und für ein eigentümliches Sich-Abkapseln der Sachsen sieht TAKÁCS, *Sächsische Bergleute* 57 im Rückgriff auf traditionelle Kirchentypen mit einfacher Grundrißform beim (Neu-)Bau der Sachsenkirche in Novo Brdo um 1330.

[24] Ebd. 8, Anm. 43.

[25] DINIĆ-KNEŽEVIĆ, *Nemci* 96.

[26] Ebd.

[27] DINIĆ, *Za istoriju* 8, Anm. 43; DINIĆ-KNEŽEVIĆ, *Nemci* 96.

[28] Die Bedeutung des gemeinsamen katholischen Glaubens für die Verschmelzung mit den Ragusanern betont besonders FILIPOVIĆ, *Das Erbe* 196.

Den rührigsten Eindruck von dieser vermutlich dritten und vierten Generation „sächsischer" Einwanderer macht Chanus/Hans selbst. Seine wirtschaftlichen Verbindungen reichten noch weit über Dubrovnik hinaus bis in die Adriametropole Venedig. Dort verkaufte er Silber, Kupfer, Eisen und andere Rohstoffe und Erzeugnisse des bosnischen Binnenlandes und nutzte den Erlös zum Einkauf besonders von Stoffen, die er in Dubrovnik und auf bosnischen Märkten absetzte. Seine Geschäftspartner waren Ragusaner und andere Dalmatiner, Venezianer, auch Kaufleute aus Bosnien[29], keine Deutschen. Er verfügte über Grundbesitz nicht nur in Fojnica und Dubrovnik, sondern auch in Rijeka, Ston und in anderen Orten der dalmatinischen Küste[30]. Öffentliche Ämter scheinen weder Hans noch sein Bruder Nickel bekleidet zu haben. Im Zusammenhang mit ihren Geschäften findet neben ragusanischen Gerichten gelegentlich auch die *curia Theotonicorum* von Fojnica Erwähnung[31]. Ob sie oder einer von ihnen wenigstens zeitweilig und vor ihrer Übersiedlung nach Dubrovnik zu den *purgar* ihres wahrscheinlichen Heimatortes gehörte, ist aber nicht in Erfahrung zu bringen.

Zu den deutlichsten personellen Zeugnissen einer „sächsischen" Tradition im serbischen Bergbauzentrum Novo Brdo gehört die auffällige Häufigkeit des Namens Hans bis in das 15. Jahrhundert hinein, obwohl nur ein einziger von ihnen ausdrücklich als *Tudiescho* bezeichnet wird[32]. Ein Chanzo Chatusich findet im Testament der 1411 verstorbenen

---

[29] Vgl. Dinić-Knežević, *Nemci* 94. Wirtschaftliche und gesellschaftliche Kontakte zu Personen und Personengruppen deutscher Herkunft wären theoretisch besonders in Dubrovnik und Venedig möglich gewesen, aber unter den Deutschen in Dubrovnik gab es zwar viele Handwerker und Kriegsleute bzw. Militärtechniker, soweit ich sehe jedoch kaum Kaufleute, und die Kontakte deutscher Kaufleute in Venedig zu nichtvenezianischen Handelspartnern wurden von den städtischen Behörden weitgehend unterbunden.

[30] Dinić-Knežević, *Nemci* 95f.

[31] Im Jahre 1373 erklärt Nickel einem Ragusaner in Fojnica: *Si aliquid vis a me, eamus coram curiam communis Ragusii vel ad racionem curie de Bosnia vel ad curiam Teutonicorum* (Dinić, *Za istoriju* 20). Berücksichtigt man die von Jireček, *Das Gesetzbuch* 182ff. genannten verschiedenen Rechtskreise und die von ihm dargestellten Beziehungen zwischen ihnen, dann kann man seiner eben zitierten Aussage vielleicht entnehmen, daß Nickel auch als Ragusanischer Bürger seine Zugehörigkeit zu den Sachsen von Fojnica nicht verloren hatte und eine Verhandlung vor dem Gericht der *purgari* weiterhin möglich war.

[32] Dinić, *Za istoriju* 5.

Gostisse Bratoslalić Erwähnung[33]. Die Rechnungsbücher des Michael Lukarević aus den dreißiger Jahren des 15. Jahrhunderts enthalten die Namen von Pauao (Paul) Hanzovich und seinem Bruder Martin[34]. Im Jahre 1452 ist die Rede von einem Tonchus (Tomasius) Chanzouich de Nouomonte, seiner Frau Gelene (Helene) und seinen Söhnen Petar, Dimithar und Giurach, und 1459 erscheinen Gelena als Witwe und Erbin des Tonchus und Jurach Thonchouich als Erbe und *successor* seines Vaters[35]. Tonchus war also inzwischen gestorben, und tot waren vielleicht auch schon seine Söhne Peter und Dimiter, denn als sein Nachfolger wird nur der wahrscheinlich jüngste Sohn Jurach genannt[36], der sich aber nicht Chanzouich/Hanzouich, sondern nach seinem Vater Sohn des Tonchus nennt[37]. Eine Verfestigung von „Hansen/Hansson" zum fortlaufenden Familiennamen ist in diesem Falle also offenbar nicht erfolgt.

Deshalb ist auch nicht ganz klar, ob der Dominus Nicolaus Camsouich de Nouomonte, der in den siebziger Jahren gleich mehrfach bezeugt ist, aus einer Familie von Hansen stammte oder ob er sich nach einem Vater Hans so nannte[38]. Er scheint jedenfalls die interessanteste Gestalt in der Reihe der Hänse von Novo Brdo gewesen zu sein. 1471 schickt er Gesandte nach Dubrovnik mit der Bitte um Verzeihung für einen nicht bezeichneten Vorfall und um ein Darlehen in nicht bezifferter Höhe. Gewährt werden ihm zunächst Geschenke in Gestalt von Tuchen und Bargeld mit einem Gesamtwert von 230 (30+200) Hyperpern und schließlich eine Ausfuhrgenehmigung für Tuche bis zu einem Wert

[33] Ebd. 6. Er erscheint nach DINIĆ eventuell unter dem Namen Changius als Zeuge einer Güterübertragung im Jahre 1398; Text bei B. JOVANOVIĆ, Prilog arheološkoj topografiji Novog Brda [Beitrag zu einer archäologischen Topographie von Novo Brdo]. *Starinar* 12 (1961) 170, und wird dort als Enkel eines Trossani de Nouaberda bezeichnet.

[34] DINIĆ, *Za istoriju* 5.

[35] Ebd. und Anm. 29.

[36] Inzwischen, nämlich am 1. 6. 1455 (s. F. BABINGER, *Mehmed der Eroberer und seine Zeit*. München 1953, 132), war die Eroberung von Novo Brdo durch die Türken erfolgt, verbunden mit großen Menschenverlusten, Bevölkerungsdeportationen und Eingriffen in die Eigentumsordnung, und es ist auf diesem Hintergrund nicht uninteressant, daß Jurach als Nachfolger seines Vaters erscheint, also zumindest einen Teil des Familienbesitzes über die Eroberung hinweg bewahren konnte.

[37] DINIĆ, *Za istoriju* 6, Anm. 29. Der Vater des Tonchus trug dementsprechend sehr wahrscheinlich den Vornamen Hans (Chanz, Hanz).

[38] Für das erstere spricht, daß der dem Vatersnamen zugrundeliegende Vorname Hans schon stark verballhornt ist, für das zweite das Fehlen eines zusätzlichen bzw. dann eigentlichen Vatersnamens.

von 2000 Hyperpern, auf die er nur Zollabgaben wie ein Ragusaner entrichten soll[39]. Im Jahre 1474 händigt der gleiche Nicolaus einem gewissen Benchus die Summe von 130 Hyperpern aus mit dem Auftrag, dieses Geld an seinen Bruder, den Presbyter Antonius Petroncich aus Novo Brdo weiterzuleiten, der inzwischen in Venedig lebt und der das Geld seinerseits dem Presbyter Martino Segun de Nouomonte übergeben soll, der sich aber nicht in Venedig, sondern in Padua aufhält[40]. Dieser Presbyter kann kein anderer sein als der serbisch-dalmatinische Humanist und spätere Bischof von Dulcigno[41], Martino Segono, der zu diesem Zeitpunkt in der norditalienischen Stadt dem Studium der Rechte nachging und der in einer späteren Denkschrift zur Türkenfrage auch eine interessante Beschreibung seiner Heimatstadt lieferte, in der die deutschen Ursprünge des Bergbauortes und die Erschließung der Erzlagerstätten in seiner Umgebung durch *saxones* besondere Erwähnung finden[42]. Daß einem wahrscheinlich vor den Türken geflüchteten oder von ihnen vertriebenen katholischen Kleriker aus seiner inzwischen von den Türken unterworfenen Heimatstadt Geld überwiesen wird, ist ein bemerkenswerter Umstand. Ob dieses Geld aus älteren Verbindlichkeiten stammte oder als Unterstützung für einen von seinen natürlichen Hilfsquellen abgeschnittenen Studenten gedacht war, ist nicht genau auszumachen. Sollte letzteres der Fall gewesen sein, dann wäre das wohl auch ein Hinweis auf die katholische Kirchenzugehörigkeit des Spenders. Eindeutig als Geschäftspartner des türkischen Untertanen in Novo Brdo sind jedoch verschiedene Ragusaner Bürger ausgewiesen. Anfang 1482 bestimmt Nicolaus einen Symon de Chalistis de Ragusio zu seinem Prokurator innerhalb und außerhalb der Stadt und speziell zur Eintreibung von 700 venezianischen Dukaten, die ein Johannes de Radeglia de Ragusio zwei Jahre zuvor in der Stadt Trani von ihm erhalten hat. Und wenig später macht er zwei weitere Bürger von Dubrovnik, nämlich Franciscus Ge. de Goze (Gučetić) und Thomas Jo. de Sorgo (Sorkočević) zu Bevollmächtigten für seine Geschäfte[43], beide aus vornehmen Familien der

---

[39] Dinić, *Za istoriju* 6 und Anm. 30.

[40] Ebd.

[41] S. die Bemerkungen von S. Ćirković, Počteni vitez Pribislav Vukotić [Der ehrbare Ritter Pribislav Vukotic]. *Zbornik Filosofskog Fakulteta u Beogradu* 10/1 (1968) 259–276, und ganz besonders die Biographie und Edition von A. Pertusi, *Martino Segono di Novo Brdo vescovo di Dulcigno. Un umanista serbo-dalmatica del tardo Quattrocento. Vita e opere.* Rom 1988, 9 ff.

[42] Ebd. 207 f.

[43] Dinić, *Za istoriju* 6, Anm. 30.

Adriastadt, die über traditionelle Verbindungen zu den serbischen und bosnischen Bergbauzentren verfügten[44].

Nicolaus Camsouich hält sich selbst gelegentlich in Dubrovnik auf, besitzt aber augenscheinlich kein städtisches Bürgerrecht. Allerdings genießt er in dem dalmatinischen Geschäftszentrum hohes Ansehen, wird gelegentlich als *spectabilis vir* und *dominus* bezeichnet und bekommt Vorzugsrechte bei der Entrichtung städtischer Zölle eingeräumt. Seine Aktivitäten in Dubrovnik und in anderen Städten des Adriaraumes deuten auf kaufmännische Tätigkeit größeren Umfangs. Deshalb ist die Vermutung vielleicht nicht ganz abwegig, daß dieser Nicolaus Camsouich mit dem Kaufmann Niqōla identisch sein könnte, der am 25. 1. 1460 von Beamten des Osmanenherrschers 300.000 Asper erhält mit dem Auftrag, zusammen mit einigen weiteren Personen für die ordnungsgemäße Entwässerung der Gruben von Novo Brdo Sorge zu tragen und die Erzförderung stärker anzukurbeln[45]. Die nach der türkischen Besetzung der Stadt eingetretenen Schwierigkeiten bei der

---

[44] Vgl. C. Jireček, *Geschichte der Serben* 2. Gotha 1918, 273f.

[45] Beldiceanu, *Les actes* I, 71f., Nr. 6. Leider ist es bisher auch noch nicht gelungen, die neben Niqōla mit der Stollenentwässerung und Betriebsaufnahme beauftragten Personen zu identifizieren. Jani, der Sohn des Qabāquz Hūsī, könnte vielleicht Janja Kantakuzenos gewesen sein, ein Sohn des Cathacussin *gabelloto* unbekannten Vornamens und nicht ganz eindeutiger Herkunft, der möglicherweise mit Helene Russota, einer Tochter des aus Thessalonike stammenden Geschäftsmannes und einflußreichen Beamten Kalojan Russota, verheiratet war; zu ihnen zuletzt B. Ferjančić, Vizantinci u Srbiji prve polovine XV veka [Byzantiner und Serben in der ersten Hälfte des 15. Jahrhunderts]. *Zbornik radova Vizantološkog Instituta* 26 (1987) 173–215, hier 204. Er wird in ragusanischen Quellen als Jagno Catacusini de Novo Brdo bezeichnet; vgl. D. M. Nicol, *The Byzantine Family of Kantakouzenos (Cantacuzenus) ca. 1100–1460*. Washington 1968, 227f., Nr. 99. Ob er der Jani Kantakuzenos ist, der 1474 zusammen mit Jorgi Kantakuzenos und Nikola Dandschovil (?) die Kopf- und Gefangenensteuer der Bergwerke von Kratovo und Siderokapsa pachtet (Babinger, *Mehmed* 484), ist unklar, zumal er im September/Oktober 1476 gehängt wurde, während Janja wohl erst 1477 gewaltsam zu Tode kam, als Mehmed fast seine ganze Sippe umbringen ließ. M. Cazacu, Les parentés byzantines et ottomanes de l'historien Laonikos Chalkokondyle (ca. 1423 bis ca. 1470). *Turcica* 16 (1984) 99–144, hier 107, sieht in Janja einen der ersten christlichen Bankiers der Türkenzeit. Sollte sein Partner Nicola Dandschovil der hier behandelte Nicolaus Camsouich gewesen sein, was sehr unwahrscheinlich, aber doch nicht völlig ausgeschlossen ist, dann wäre er anders als die beiden Kantakuzenen dem Massaker von 1476 entkommen. Ereignisse und Erfahrungen dieser Art waren dann aber vielleicht der Hintergrund und das Motiv für seinen Weggang Anfang der achtziger Jahre.

Erzgewinnung und -verarbeitung und die in diesem Zusammenhang sicherlich auch erfolgten Veränderungen in den Besitzverhältnissen und bei den Betreiberrechten von Erzstollen und Schmelzhütten könnten auch der Hintergrund für die Unstimmigkeiten und Spannungen zwischen der Stadt Dubrovnik und einem von diesen Veränderungen vielleicht profitierenden Kaufmann und Unternehmer gewesen sein, die sich in den 1471 dokumentierten Kontakten andeuten. Und seine Bestätigung könnte dieser Einsatz zur Sicherung und Ankurbelung der Silbergewinnung in Novo Brdo in einem Dokument aus dem Jahre 1481 finden, demzufolge Alfonso, Herzog von Kalabrien und Sohn des Königs Ferrante von Aragon, einen Nicola Chamsovic zusammen mit einem weiteren Bergbaufachmann anfordert, die beide aus Novo Brdo stammen und in Süditalien zum Einsatz kommen sollen[46].

Ob Nicolaus dieses Angebot annahm und sich auf den Weg nach dem Westen machte, kann nicht gesagt werden. Seine geschäftlichen Aktivitäten zu Beginn des Jahres 1482 könnten eher auf das Gegenteil hindeuten. Vielleicht diente die Benennung von verschiedenen Prokuratoren mit weitreichenden geschäftlichen Vollmachten aber tatsächlich der Vorbereitung auf eben diesen Einsatz, der eine längere Abwesenheit nötig machte, nicht aber den Ausstieg aus allen laufenden Geschäften und den Abbruch aller bisherigen Geschäftsverbindungen, die durchaus eine Zeitlang durch Beauftragte weitergeführt und aufrechterhalten werden konnten.

Zumindest in Ansätzen könnten hier also die Konturen eines Unternehmertums sichtbar werden, das noch ganz entfernt aus sächsischen Wurzeln gespeist wird und bis in die Türkenzeit hineinreicht, u. U. sogar erst jetzt seinen Höhepunkt erreicht, das Kapitalkraft und weitreichende Geschäftsverbindungen mit technischen Kenntnissen zusammenbringt und zu einer Einheit zusammenfaßt. Und während das oberdeutsche Unternehmertum bei seinem Ausgreifen in die Bergbaugebiete des europäischen Südostens im 14. und 15. Jahrhundert an den Grenzen von Donau und Save haltgemacht zu haben scheint, überschritt ein auf dem Balkan gewachsenes montanes Unternehmertum wenigstens im

---

[46] J. Tadić, Nove vesti o padu Hrtcegovine pod tursku vlast [Neue Informationen über den Fall der Herzegovina unter die türkische Herrschaft]. *Zbornik Filosofskog fakulteta u Beogradu* VI/2 (1962) 131–151; Anhang 1, 144; vgl. M. Spremić, Il regno di Napoli Aragonese e l'argento balcanico. *Archivio Storico per le provincie Napoletane (3. ser.)* 13 (1975) 203–212, hier 211; ders., Dubrovnik e gli Aragonesi (1442–1495). Palermo 1986, 313; B. Jovanović, Novo Brdo – grad zaista srebrni i zlatni [Novo Brdo – eine wirkliche Stadt des Silbers und des Goldes]. *Obeležja* 2 (1971) 75–111, hier 84.

Einzelfall die natürlichen und gewordenen Grenzen dieses Wirtschaftsraumes. Schon gegen Ende des 14. und in der Mitte des 15. Jahrhunderts wurden Fachkräfte aus Novo Brdo und anderen Bergbauzentren des Balkans für Bergbauprojekte in Sizilien, Italien und Spanien angeworben[47]. Allerdings scheint es dabei noch eher um Fachleute handwerklichen Typs, um einige *magistri* und ihre Mannschaften gegangen zu sein, und Spuren „sächsischer“ Herkunft sind bei ihnen nicht zu entdekken[48]. Das könnte eine Bestätigung für die Beobachtung sein, daß sich solche Spuren in der Oberschicht der serbischen und bosnischen Bergstädte länger halten konnten als unter den einfachen Bergleuten[49]. Und in diesem Sinne könnte man auch die angedeutete Tendenz zur Umformung von Homonymen und Ethnonymen, die auf die Herkunft ihrer Träger deuten, in Patronyme als ein Moment der Formierung und Abgrenzung dieser Oberschicht betrachten, die vom Erhalt rechtlicher Privilegien und von der Bewahrung religiöser Identitäten zweifellos einen größeren Nutzen hatte als die anderen *sassi* in den Bergbaurevieren Serbiens und Bosniens und deshalb auch entschiedener an charakteristischen Namen und besonderen Herkunftsbezeichnungen festhielt.

In den Handelsstädten und Bergbaugebieten des späten Byzanz lassen sich Spuren „sächsischer“ Bergleute und Montanunternehmer bisher nicht nachweisen. Besonders von der makedonischen Metropole Thessalonike aus liefen im 14. und 15. Jahrhundert viele Verbindungen in den serbischen Raum, und dazu gehörten auch Handelskontakte zur Bergstadt Novo Brdo[50]. Ihre Träger sind jedoch in erster Linie ragusanische und in selteneren Fällen wohl auch griechische und serbische Kaufleute. Von „Sachsen“ ist nirgends die Rede[51]. Und die Handelskonvois, die die zweite Stadt des byzantinischen Restreiches mit ihrer engeren und

---

[47] DINIĆ, *Za istoriju* 26 f.; S. ĆIRKOVIĆ, The Production of Gold, Silver and Copper in the Central Parts of the Balkans from the 13th to the 16th Century, in: *Beiträge zur Wirtschaftsgeschichte* 2. Stuttgart 1981, 41–69, hier 44.

[48] Vgl. etwa die Namen in dem Vertrag von 1397 (JIREČEK, Die *Bedeutung von Ragusa* 440, Anm. 72).

[49] Vgl. TAKÁCS, *Sächsische Bergleute* 59.

[50] Vgl. K.-P. MATSCHKE, Zum Anteil der Byzantiner an der Bergbauentwicklung und an den Bergbauerträgen Südosteuropas im 14. und 15. Jahrhundert. *Byzantinische Zeitschrift* 84/85 (1991/1992) 49–71.

[51] Vgl. Anm. 13. Die Ragusaner nennen die deutschen Bergleute nicht *sasi*, sondern *Theotonici* oder *Tedeschi*: vgl. FILIPOVIĆ, *Das Erbe* 193. Der Begriff findet sich in der Form *Τουδέσκοι* auch in byzantinischen Quellen (vgl. DITTEN, *Der Rußland-Exkurs* 154 ff., Anm. 350), ohne daß ein Zusammenhang mit dem (sächsischen) Bergbau auf dem Balkan zu erkennen wäre.

weiteren Umwelt und nachweislich auch mit dem serbischen Bergbaugebiet am Kapaonik verbanden, sind v. a. *caravane bladorum*. Sie transportieren gelegentlich auch Textilien und andere Gebrauchsgüter, Edelmetalle sind unter diesen Handelswaren aber noch nicht nachgewiesen worden, und an ganze Silberkarawanen wie nach Dubrovnik ist mit Sicherheit nicht zu denken[52]. Die Silbergewinnung in der benachbarten Bergbauregion von Siderokauseia stand in byzantinischer Zeit noch ganz am Anfang. Die ersten sicheren Hinweise auf einen technischen Aufschwung bei der Erzförderung und -verarbeitung in der östlichen Chalkidike stammen erst aus frühtürkischer Zeit, reichen aber vermutlich bis in die Periode serbischer Dominanz auf dem Athos und in seinem Vorfeld zurück. Beteiligt sind an diesem Aufschwung dementsprechend neben Griechen und Türken ganz besonders Serben und Bulgaren, und slavischer Herkunft sind wahrscheinlich auch verschiedene Funktionsbezeichnungen, die in diesem Zusammenhang Verwendung finden[53]. Spätere Aussagen über den „sächsischen" Ursprung des Silberbergbaus von Siderokapsa und Hinweise in der Berbauterminologie und im Toponymgut der Region müssen noch genauer untersucht werden[54]. Die These von

[52] Vgl. N. Jorga, *Notes et extraits pour servir à l'histoire des croisades au XVe siècle* 1. Paris 1899, 418; M. Dinić, Dubrovačka srednjovekovna karavanska trgovina [Der mittelalterliche Karavanenhandel von Dubrovnik], in: M. Dinić *Srpske zemlje u srednjem veku*. Belgrad 1970, 305–330.

[53] J. Bompaire, *Actes de Xeropotamou*. Paris 1964, 214–218, Nr. 30: Ἠβάνκοβος Κνέζης, der zu den Zeugen des Rechtsaktes aus dem Jahre 1445 gehört, ist vielleicht ein *knez* H.; vgl. E. Trapp, *Prosopographisches Lexikon der Palaiologenzeit* 5. Wien 1981, 200, Nr. 11875. Der *ρέδνηκος*, der unter denen genannt wird, die nicht gegen die Abmachung verstoßen sollen, ist nach dem Herausgeber des Aktenstückes eventuell Chef eines (slavischen) Distriktes. Sollte es sich um eine Gräzisierung des slavischen Wortes *rudnik(os)* handeln und damit eine Art Bergwerksaufseher gemeint sein?

[54] Pierre Belon, der die Bergwerke von Siderokapsa im Jahre 1546 besucht, hält in seinem Bericht viele historisch und topographisch wertvolle, von der Forschung noch nicht hinreichend ausgewertete Details und Informationen fest. Er vergleicht Siderokapsa mit Joachimsthal (Les Observations 79), betont den sächsischen Ursprung des örtlichen Bergbaus, belegt ihn mit Beispielen aus der Bergmannssprache, nennt auch die Namen einiger Orte, so Isvotz (= sicherlich Isvoro) und Piauitz (= sicherlich Piavitza, 2 km westlich von Stagira) und die Namen einiger Flüsse, nämlich Amerpach, Kyprich und Rotas. Diese Informationen finden sich in verkürzter Form in der Beschreibung der Reisen des Reinhold Lubenau I, 112, die Flußnamen sind nur leicht modifiziert (*auch zwei Flisser dabei, Amerpach, Kipprich, bei welchen die Oven stehen und Muhlen mit getrieben werden*). Während die Ortsnamen wohl auf slavische Herkunft hindeuten, können die Flußnamen Amerpach und Kipprich durchaus „sächsischen" Ursprungs sein.

L. MAKSIMOVIĆ, daß das späte Byzanz von dem Bergbauaufschwung auf dem Balkan nicht mehr erreicht worden ist[55], läßt sich mit diesem Material jedenfalls nicht wirklich entkräften.

Einzelne Bergleute aus Mitteleuropa scheinen noch im 15. Jahrhundert in die Bergbauzentren des Balkans eingewandert zu sein[56], eine organisierte und gelenkte Umsiedlung von Fachkräften nach Serbien und Bosnien in der Art des 13. Jahrhunderts war in späterer Zeit aber sicherlich überflüssig geworden. Das bedeutet allerdings nicht, daß die Anwerbung von Fachkräften aus den Bergbauzentren Mitteleuropas durch politische Gewalten des südeuropäischen Raumes damit völlig zum Stillstand gekommen wäre. Schon vor einiger Zeit hat der Bergbauhistoriker K. SCHWARZ auf einen Eintrag in die „Summa dictaminis magistri Gerhardi", ein Formel- bzw. Formularbuch aus der Zeit des Königs Johann von Böhmen (1310–1346), hingewiesen[57], demzufolge ein fremder Fürst, der sich in der *intitulatio* des Formulars selbst Nicol(aus) *dei gracia etc.* nennt, einige Bergbauspezialisten aus Kuttenberg für seine Inseln Mely und Chy anwirbt, um unterirdische Schätze zu heben, die seinen Vorgängern in der Herrschaft über das Inselreich verborgen geblieben waren[58]. Mit einem Beitrag auf dem Symposium „Bulgaria Pontica Medii Aevi" (IV 1988 in Nessebar) habe ich mich um den Nachweis bemüht, daß es sich bei diesem *princeps remotus* um den Herzog Nicolò I. aus der venezianischen Familie Sanudo handelt, der von 1323 bis 1341 über ein ausgedehntes Inselreich in der Ägäis herrschte[59]. Die Hauptschwierigkeit der Beweisführung bestand darin, daß neben dem Herrschaftszentrum Naxos zwar auch die Insel Milos zu seinem Reich gehörte, nicht aber Chios oder eine andere Insel mit ähnlich klingendem Namen. Allerdings finden sich in den zeitnahen Quellen verschiedene Andeutungen dahingehend, daß Nicolò Sanudo im Jahre

---

[55] L. MAKSIMOVIĆ, Charakter der sozial-wirtschaftlichen Struktur der spätbyzantinischen Stadt (13.–15. Jh.). *Jahrbuch der Österreichischen Byzantinistik* 31/1 (1981) 149–188; Anm. 53.

[56] So ist nach DINIĆ, *Za istoriju* 96, im serbisch-bosnischen Srebrnica 1437 *uno Boemo che a nome Jacobaç*, sehr wahrscheinlich im Bergbau tätig.

[57] K. SCHWARZ, *Untersuchungen zur Geschichte der deutschen Bergleute im späteren Mittelalter (1200–1470)*. Berlin 1958, 80, Anm. 8.

[58] Summa Gerhardi. Ein Formelbuch aus der Zeit des Königs Johann von Böhmen (ca. 1336–45), hrsg. von F. TADRA. *Archiv für österreichische Geschichte* 63 (1882) 305–594, hier Nr. 63, 380–381.

[59] K.-P. MATSCHKE, Berggeschrei und Kriegsgeschrei in Südosteuropa 1300 bis 1500. Zur Rolle und Verbreitung der sächsischen Bergleute (im Druck).

1329 eine gewisse Rolle bei der Eliminierung der genuesischen Familie Zaccaria aus ihrer Herrschaft über die Mastixinsel gespielt und bei dieser Gelegenheit versucht hat, selbst auf Chios Fuß zu fassen. Diese Andeutungen könnten durch das Bergbauprojekt eine weitere Präzisierung erfahren, und zugleich wäre ein konkreter Ansatz für die Datierung der Urkunde gewonnen, die vom Magister Gerhard für sein Formularbuch zurechtgemacht wurde[60].

Dieser Redaktion sind auch die konkreten Namen der beiden „erfahrenen und angesehenen Männer, der Herren S. und N." zum Opfer gefallen, denen zusammen mit weiteren Bergleuten, Teilhabern und Mitarbeitern das Recht eingeräumt wird, alle im Boden der beiden Inseln befindlichen Erze auf ihre Kosten und zu ihrem Nutzen zu fördern und zu verwerten und auch über die dafür benötigten Holz- und Wasservorräte der Inseln zu verfügen. Als Gegenleistung müssen sie den fünften Teil des gewonnenen Edelmetalls an den Inselherrscher und im Falle eines versuchten Betruges zusätzlich *marcarum XXX puri argenti* als Strafe an sein Schatzamt abliefern. Die Bergleute sollen sich auf den Territorien des Inselstaates frei bewegen dürfen, sie sind nur gehalten, sich gegenüber dem Inselherrscher und seinem Haus loyal und den Gesetzen entsprechend zu verhalten.

Bergbaufreiheit wird den angeworbenen Bergleuten also zugestanden. Auffällig ist allerdings der Anspruch des Inselherrschers auf den fünften Teil der Ausbeute bzw. des Gewinns von jeder Art geförderten Metalls. Zwar schwankt die von spätmittelalterlichen Regalherren des Westens beanspruchte Abgabe zwischen dem zwölften und dem achten Teil des geförderten Erzes, und auch der nach sächsischem Bergrecht geforderte Zehnt machte nur selten den exakt zehnten Teil des festgestellten Metallwertes aus, aber das Doppelte wurde doch nur selten genommen[61]. Andererseits wird den angeworbenen Bergleuten aber die

---

[60] In der Diskussion zur Vortragsfassung dieses Beitrages machte mich J. Koder, Wien, darauf aufmerksam, daß unter dem Chy des Formeltextes sehr wahrscheinlich die Insel Keos (Kea, Cia) gemeint sei, die wegen ihrer Schreibweise häufig mit Chios verwechselt werde. Diese Möglichkeit hatte ich in meinem Referat in Nessebar auch ins Auge gefaßt, bin aber davon abgekommen, weil Keos m. W. zu diesem Zeitpunkt nicht den Herzögen von Naxos, sondern der mit ihnen konkurrierenden Dynastie der Ghisi bzw. der Stadt Venedig direkt unterstand; vgl. R.-J. Loenertz, *Les Ghisi, dynastes vénitiens dans l'Archipel 1207–1390*. Florenz 1975. Die ganze Problematik bedarf also weiterer Untersuchungen.

[61] Vgl. A. Zycha, *Das böhmische Bergrecht des Mittelalters auf der Grundlage des Bergrechts von Iglau*. Berlin 1900, 165f.; I. Mittenzwei, *Der Joachimsthaler*

freie Verfügungsgewalt über die von ihnen gewonnenen Metalle zugestanden, und wenn das den Verzicht auf alle weiteren Belastungen und Beschränkungen wie Vorkaufsrecht und Exportverbot bedeutete, dann könnten die angebotenen Bedingungen vielleicht doch einigermaßen attraktiv gewesen sein.

Die große Frage ist, ob die Bergleute von Kuttenberg um das Jahr 1330 nicht nur angeworben werden, sondern einige Zeit später auch am Bestimmungsort angekommen sind. Der mittelalterliche Bergbau auf Chios kann hier ausgeklammert werden, weil Nicolò Sanudo mit seiner Absicht, auf der Insel Fuß zu fassen, keinen Erfolg hatte. Auf Milos wurde Silbererz noch im frühen 20. Jahrhundert abgebaut. Es kommt auf der Insel einmal in seiner gewöhnlichen Verbindung mit Bleiglanz vor, dann aber auch zusammen mit Schwerspat, der in Lavagestein enthalten ist, vor allem jedoch in Gängen auftritt[62]. Vielleicht waren diese Schwerspatgänge von Milos Ausgangspunkt für den Vertrag mit den deutschen bzw. böhmischen Bergleuten[63]. Während aber ein mittelalterlicher Bergbau auf verschiedenen anderen Inseln sicher bezeugt ist, stützt sich die Annahme bergbaulicher Tätigkeit und speziell eines Abbaus von Silbererz auf bzw. bei Milos praktisch nur auf den italienischen Namen Argentiera für die Nebeninsel Kimolos[64]. Reinhold Lubenau, der die Inselwelt Ende des 15. Jahrhunderts bereiste, teilt mit, daß auf Milos Gold, Schwefel, Eisen und Kupfer gefunden (und damit wohl auch abgebaut?) wird, und erwähnt dann weiter die Nebeninsel Argent(i)era, *da es Silberbergwergk in haben soll*[65]. Er kennzeichnet den Silberabbau also selbst vorsichtig als Ondit. Immerhin kann man aus seiner Mitteilung vielleicht soviel entnehmen, daß ein mittelalterlicher Silberbergbau, sollte er stattgefunden haben, schon vor dem Zeitpunkt dieser Reise begonnen haben muß. Eine Zusammenstellung des Toponymgutes beider Inseln, die man zur Weitersuche nach Sachzeugnissen fremder Bergbautätigkeit nutzen könnte, scheint es bislang nicht zu geben. Nennenswertes prosopographisches Material ist ebenfalls nicht

---

Aufstand 1525, seine Ursachen und Folgen. Berlin 1968, 36f.; A. LAUBE, *Studien über den erzgebirgischen Silberbergbau von 1470 bis 1546.* Berlin 1976, 77f.

[62] Vgl. A. PHILIPPSON, Die griechischen Landschaften 4, hrsg. von E. KIRSTEN, *Das Aegaeische Meer und seine Inseln.* Frankfurt/M. 1959, 190.

[63] Vgl. Summa Gerhardi 380, wo von *venas et meatus subterraneos tam argenti quam auri, et cupri* die Rede ist.

[64] Vgl. PHILIPPSON, *Die griechischen Landschaften* 195.

[65] Beschreibung der Reisen des Reinhold Lubenau II, 157, 191.

vorhanden[66], und damit erübrigt sich auch die Suche nach personellen Spuren eines Inselbergbaus. Die von Nicolò Sanudo in Aussicht gestellten Privilegien sollten nicht nur für seine Vertragspartner Gültigkeit haben, sondern auch für alle ihre Nachfolger bzw. Nachkommen[67]. Da über die Mitnahme von Frauen und Kindern aus Kuttenberg aber nichts verlautet, muß angenommen werden, daß die deutschen/böhmischen Bergleute nach ihrer Übersiedlung wohl ähnlich wie die *sassi* in Serbien, Bosnien und Bulgarien relativ schnell in der griechisch-lateinischen Inselbevölkerung aufgegangen sind.

Sollte die geplante Reise tatsächlich zustande gekommen sein, so erfolgte sie mit großer Wahrscheinlichkeit über Venedig, organisiert vielleicht sogar von einem Verwandten des Herzogs, dem bekannten venezianischen Schriftsteller und Kreuzzugspropagandisten Marino Sanudo Torsello, der persönlichen Aussagen zufolge am Schicksal des Inselreiches regen Anteil nahm, in einem Brief aus den späten zwanziger Jahren zugleich erwähnt, daß er über enge Kontakte zu einer einflußreichen Person aus der *familia Regis Boemiae* verfügt, die als Pilger auf dem Weg nach Jerusalem über Venedig reiste[68], und sich an anderer Stelle auch informiert über das Kreuzzugsinteresse des böhmischen Königs zeigt[69]. An möglichen Kontaktpersonen in Böhmen scheint es ihm also nicht gefehlt zu haben. Denkbar ist aber auch, daß die Verbindung erst während des Italienaufenthaltes von König Johann in den Jahren 1330/1331 geknüpft wurde[70].

Mit Sicherheit über Venedig reiste eine Gruppe von Kuttenberger Bergleuten nach Kreta, die im Januar 1364 von einem Vertreter des venezianischen Dogen Lorenzo Celsi angeworben wurde, allerdings nicht zur Förderung von Bodenschätzen, sondern zur Eroberung von Städten und Burgen auf der Insel, die sich in den Händen von Feinden des Dogen befanden, wie es im Vertragstext heißt[71]. Sie wurden also nicht als Bergleute, sondern als Militärexperten zur Niederschlagung des im Jahre 1362 ausgebrochenen kretischen Aufstandes gegen die

---

66 Auch die wertvolle Arbeit von B. J. Slot, *Archipelagus turbatus*. Leiden 1982, hilft in diesen Fragen nicht weiter.

67 Summa Gerhardi 380.

68 J. Bongars, *Gesta Dei per Francos* II. Hannover 1911, 304, Nr. 16.

69 Ebd. 300, Nr. 8.

70 Vgl. J. Spěváček, *Karl IV. Sein Leben und seine staatsmännische Leistung*. Prag 1979, 31 ff.

71 H. Simonsfeld, *Der Fondaco dei Tedeschi in Venedig und die deutsch-venezianischen Handelsbeziehungen* 2. Stuttgart 1887, 301–303, Nr. 29.

Mutterstadt am Rialto gebraucht[72]. Im Unterschied zu dem Vertragstext aus dem Formularbuch werden hier Personennamen genannt und Teilnehmerzahlen festgelegt. Als Vertragspartner fungieren vier *magistri*, die *prouidi viri* Johannes *dictus* Schaffer, Conradus Valli, Hannus Siralb und Henricus Siralb, die zusammen mit einem Schmiedemeister und 20 anderen *laboratoribus instructis in arte et laborerio subfossionum et cauarum* aufbrechen sollen[73]. Ihrem Auftrag entsprechend erhalten sie auch nicht einen Gewinnanteil an der Ausbeutung von Erzvorkommen, sondern einen militärischen Sold von insgesamt 400 fl. monatlich, dazu einen Teil der Kriegsbeute und das Verfügungsrecht über die von ihnen gemachten Gefangenen. Die notwendigen Ausgaben für Werkzeug und Kriegsmaterial wurden vom Dogen der Stadt Venedig getragen. Wahrscheinlich wurde es ihnen erst bei der Einschiffung oder sogar erst vor Ort zur Verfügung gestellt[74].

An den militärischen Aktionen gegen die kretischen Rebellen nahmen auch noch andere Untertanen des römisch-deutschen Kaisers teil, so allem Anschein nach der Ritter Peter von Thorberg aus der Umgebung der Stadt Bern, der unter dem von den Venezianern zum Generalkapitän der Strafexpedition bestellten italienischen Condottiere Luchino del Verme als Befehlshaber der Kavallerie Dienst tun und dafür einen Sold von maximal 150 fl. erhalten sollte[75], und vielleicht auch verschiedene Söldner, die von einem gewissen Andrea de Oltedo in deutschen und böhmischen Gebieten angeworben werden sollten[76]. In den Berichten der Jahre 1364/65 über die militärischen Aktionen zur Niederschlagung des Aufstandes ist von Kuttenberger Bergleuten und

[72] Zu den Ereignissen s. J. JEGERLEHNER, Der Aufstand der kandiotischen Ritterschaft gegen das Mutterland Venedig 1363–1365. *Byzantinische Zeitschrift* 12 (1903) 78–125.

[73] SIMONSFELD, *Der Fondaco* 303.

[74] Ebd. 301 ff.

[75] F. THIRIET, *Déliberations des assemblées vénitiennes concernant la Romanie* 2. Paris–Den Haag 1971, Anhang Nr. 740, 272 f. Daß der dort genannte Petro de Tholberch *de Alemania alta* mit dem gleichnamigen Ritter von Thorberg aus der Nähe von Bern, Dienstmann des Herzogs Albrecht von Österreich, identisch ist, scheint außer Zweifel zu stehen; zu ihm s. TH. LIEBENAU, *Sammlung bernischer Biographien* 2. Bern 1896; P. FELLER, *Geschichte Berns* 1. Bern 1949, 201 f., 232 u. a.; M. SCHWEINGRUBER, *Krauchthal Thorberg. Ein Heimatbuch*. Bern 1971, 326–344. Verzeichnet sind in dieser Literatur auch Aufenthalte des Thorbergers in Italien, die kretische Episode scheint jedoch nicht bekannt zu sein, wie eine freundliche briefliche Auskunft von MAX SCHWEINGRUBER vom 29. 8. 1974 andeutet.

[76] JEGERLEHNER, *Der Aufstand* 90.

ihrem Einsatz als Sappeure m.W. nirgends die Rede, obwohl sie bei der Besetzung von Candia und bei der Eroberung von anderen befestigten Orten der Insel sicherlich Arbeit gehabt hätten[77].

Eine ganz entfernte Möglichkeit zur Verifizierung ihres Aufenthaltes auf Kreta ergibt sich in diesem Fall jedoch durch einen gerichtlichen Prozeß, der im August 1368 von den venezianischen Inselbehörden gegen *quosdam fures* angestrengt wird, *qui abstulerunt pecuniam Communis furtive*[78]. Der Hauptangeklagte ist ein gewisser Cescus de Bohemia, sein Hauptkomplize stammt ebenfalls aus Böhmen. Beiden wird vorgeworfen, daß sie nachts gegen fünf Uhr in die *Camera Communis*, also die venezianische Staatskasse für die Kolonie Kreta, eingebrochen sind und *quator sacos plenos pecunia* erbeutet und anschließend vergraben haben. In direkter oder indirekter Weise an dem Unternehmen beteiligt sind weiter ein Paulus de Boemia, der die beiden Geldschrankknacker im Gefängnis besucht, ein Laurentius de Boemia, der auch an der Beute beteiligt werden soll, und ein Petrus Theotonicus bzw. Todisco, der das Haus besitzt, bei dem das Geld vergraben und versteckt ist, dazu die Frau eines gewissen Leon Chandri namens Potha als Schwiegermutter des Hauptangeklagten und ein gewisser Laurencius Rancarer, der auch bei den Gefangenen zu Besuch gewesen ist. Da zur Durchführung der Verhandlung ein Dolmetscher benötigt wird, muß angenommen werden, daß zumindest die beiden Einbrecher der Landes- bzw. Verhandlungssprache unkundig waren[79].

Andererseits existieren aber bereits verschiedene feste Verbindungen dieser Gruppe von Ausländern zur Inselgesellschaft: Der eine von ihnen besitzt ein Haus, ein anderer ist mit der Tochter eines offenbar einheimischen Ehepaares verheiratet.

Irgendwie entsteht der Eindruck, als sei bei dem Prozeß nicht alles, was mit dem Delikt zu tun hatte, wirklich zur Sprache gekommen. Der Einbruch in die venezianische Hauptkasse auf Kreta war sicherlich ein außerordentlich dreister Coup und wurde als solcher betrachtet. Es fragt sich aber, ob das Ganze nicht mehr war als ein Ganovenstück und ob sich hier vielleicht eine Gruppe von Leuten etwas holen wollte, was ihnen zustand oder von dem sie das zumindest glaubten, also einen

---

[77] Ebd. passim.

[78] E. Santschi, Procès criminels en Crète vénitienne (1354–1389). *Θησαυρίσματα* 7 (1970) 82–96, hier 84f.

[79] In welchen Sprachen die Strafsache verhandelt wird, läßt sich aus dem Text aber nicht entnehmen.

ausstehenden Sold oder einen zustehenden Anteil. Ein Beruf oder eine Tätigkeit der Angeklagten wird in dem Prozeßbericht leider nicht mitgeteilt, und eine indirekte Möglichkeit, auf das eine oder das andere zu schließen, gibt es wohl auch nicht. In den Memorialbüchern des Dux von Kreta findet sich nur wenige Monate vor dem geschilderten Prozeß eine Eintragung über einen Vagabunden namens Petrus de Boemia, der einem anderen Landstreicher aus Dubrovnik/Ragusa mehrere Verwundungen beigebracht hatte[80], aber dieser Böhme könnte vom Vornamen her allenfalls mit Petrus Theotonicus identisch sein, und ausgerechnet jener Mitangeklagte vom August 1368 besaß das im Prozeß erwähnte Haus und konnte deshalb wohl kaum als Vagabund bezeichnet werden. Zu stellen wäre vielleicht auch die Frage, in welcher Weise die venezianische Hauptkasse auf Kreta gegen einen möglichen Einbruch gesichert war, ob man zu einem solchen Einbruch spezielle Orts- und Sachkenntnisse benötigte. Sei dem, wie ihm sei: Auffällig sind die Konzentration von Leuten aus Böhmen Ende der sechziger Jahre in der venezianischen Inselkolonie und ihre gemeinsame Aktion auf jeden Fall, auch wenn diese Handlungen mit einer Herkunft aus dem böhmischen Bergrevier und mit bergbautechnischen Fertigkeiten nicht das geringste zu tun gehabt haben sollten. Daß die venezianischen Herren von Kreta an Bergleuten aus Kuttenberg nicht nur für militärische, sondern auch für wirtschaftliche Aufgaben Interesse haben konnten, wäre durchaus denkbar, und daß sich deutsches Bergrecht über Kuttenberg und Tirol bis nach Kreta fortpflanzte, ist durch andere historische Quellen sogar bewiesen[81]. Aus Archivunterlagen bekannt und historiographisch untersucht sind auch verschiedene unternehmerische Bemühungen um die Einrichtung von Bergbaubetrieben und die Gewinnung von Alaun, Kupfer, Gold und Silber auf Kreta im 14. und 15. Jahrhundert. Allerdings waren ihre Resultate wohl kaum sehr ermutigend, und sie blieben deshalb auch allem Anschein nach immer wieder in den ersten Ansätzen stecken[82]. Falls also böhmische und deutsche Bergleute auf der Insel tatsächlich auch als Bergleute tätig waren, dann besaßen sie kaum eine

[80] E. SANTSCHI, *Régestes des Arrêts Civils et des Mémoriaux (1363–1399) des archives du Duc de Crète*. Venedig 1976, 130.

[81] Vgl. B. GILLE, Les problèmes de la technique minière au Moyen Age. *Revue d'histoire des mines et de la métallurgie* I/2 (1969) 282; J. GIMPEL, *Die industrielle Revolution des Mittelalters*. Zürich–München 1980, 99.

[82] Vgl. H. NOIRET, *Documents inédits pour servir à l'histoire de la domination vénitienne en Crète de 1380 à 1485*. Paris 1892, 327f., 410f., 439f., 495f., 547.

gesicherte Existenzgrundlage und konnten leicht und schnell aus den Bahnen des normalen Lebens geworfen werden. Im *pactum* von 1364 war zwar auch eine Rückkehr der angeworbenen Bergleute in ihre Heimat vorgesehen, aber der Zeitpunkt dafür lag ganz in den Händen des venezianischen Dogen[83], und von den Schwierigkeiten heimkehrwilliger Söldner und anderer Hilfskräfte in den Kolonien der Levante und der Romania wird manches auch in den spätmittelalterlichen Reisebeschreibungen angedeutet[84].

Fachleute für die Organisierung bzw. die Abwehr von Belagerungen gehörten im späten Mittelalter zum Mannschaftsbestand vieler Söldnertruppen und Condottieriverbände. Erinnert sei nur an den deutschen Techniker Johannes Grande/Grando/Grant, der 1453 mit dem westlichen Hilfskontingent unter Leitung von Giovanni Giustiniani Longo an der Verteidigung von Konstantinopel teilnahm und den Byzantinern wertvolle Dienste bei der Abwehr von unterirdischen Durchbrüchen und Mauersprengungen leistete[85] und deshalb ganz gut auch ein Bergmann gewesen sein könnte[86]. Ihm gegenüber im Dienst der Türken standen nachweislich verschiedene *magistri fossores ex Novobrodo*, Angehörige eines serbischen Truppenverbandes, den der Despot Stefan Branković dem Sultan Mehmed als Vasall für seinen Vernichtungskrieg gegen die Byzantiner zur Verfügung stellen mußte[87]. Bergleute aus unterschiedlichen Montanrevieren spielten in den Türkenkriegen eine nicht unwichtige Rolle, bis es zur Aufstellung spezieller Sappeureinheiten in den Armeen der frühen Neuzeit kam, die den Rückgriff auf die Kenntnisse des Bergbaus überflüssig machten.

Das erlaubt abschließend die Frage, ob „sächsische" oder andere westliche Bergleute, wenn schon nicht als Bergbauexperten, so doch vielleicht als Fachleute für Belagerungs- und Verteidigungstechnik im 14. und frühen 15. Jahrhundert doch noch bis nach Byzanz gekommen sind. Westliche Söldnertruppen auf dem Balkan sind besonders im 14. Jahrhundert eine verbreitete Erscheinung. Deutsche Kriegsleute

---

83 Simonsfeld, *Der Fondaco* 302.

84 Vgl. K. Schib, *Hans Stockars Jerusalemfahrt 1519*. Basel 1949, 22 ff.

85 Quellen verzeichnet bei S. Runciman, *Die Eroberung von Konstantinopel 1453*. München 1966, 223, Anm. 31.

86 Vgl. A. Pertusi, *La caduta di Costantinopoli* 1. O. O. 1976, LXXXII, der von *un maestro minatore tedesco* spricht.

87 Vgl. Pertusi, *Martino Segono* 205; V. Branca (Hrsg.), *Lauro Quirini umanista*. Florenz 1977, 178.

kämpften in den byzantinischen Bürgerkriegen auf den verschiedenen Seiten, und sie kamen auch bei der Abwehr der ersten Türkenangriffe zum Einsatz. Als der jüngere Andronikos im Mai 1328 den Machtkampf gegen seinen Großvater mit der Einnahme der Hauptstadt Konstantinopel erfolgreich abschloß, da sollten auf den beiden Enterleitern zunächst auch verschiedene deutsche Mitkämpfer stehen, dem Vernehmen nach als Auszeichnung für ihren tapferen Einsatz während des Bürgerkrieges[88], vielleicht aber auch zur erfolgreichen Durchführung der Überraschungsaktion. Als Kaiser Andronikos III. zusammen mit seinem Armeechef Johannes Kantakuzenos im Jahre 1337 türkische Vorkommandos aus der Umgebung Konstantinopels vertreiben kann, da nehmen an der kombinierten Aktion auch 40 *stipendiarii de Alemania oriundi*, fünf von ihnen aus Schwaben, teil, die faktisch selbständig operieren und auch verschiedene *civitates vel oppida* wieder in byzantinischen Besitz bringen[89], was sicherlich nicht nur Mut und Kampfeswillen, sondern dazu eine besondere Kampftechnik erforderte. Als der junge Palaiologenprinz Andronikos zu Beginn der Auseinandersetzung mit seinem Großvater die Stadt Philippopolis/Plovdiv in seinen Besitz bringen wollte, ließ er sich von einem deutschen Fachmann für Belagerungstechnik einen beweglichen Turm zum Sturm auf die Stadtmauern bauen, der nur deshalb nicht den erhofften Erfolg brachte, weil er bei der Annäherung an die Festung in einen Graben stürzte[90]. An solche *edificia* haben wahrscheinlich auch die Venezianer gedacht, als sie 1364 die 25 Kuttenberger Bergleute für ihre Kampagne zur Niederschlagung des kretischen Aufstandes anwarben.

Ein Beweis für die Herkunft und Profession des Deutschen vor Philippopolis ist das nicht. Es bleibt also nur die magere Feststellung, daß fremde Stimmen und Laute nicht nur im Berggeschrei, sondern auch im Kriegsgeschrei Südosteuropas kräftig zu hören waren und daß Kriegsleute wahrscheinlich noch stärker gefragt waren als Bergleute.

---

[88] Ioannis Cantacuzeni Historiarum Libri IV, 3 Bde., ed. I. SCHOPEN. Bonn 1828 bis 1832; hier 1, 300f.

[89] Die Chronik des Johann von Winterthur (*MGH SSRG NS* III) Berlin 1924, 120f.

[90] Ioannis Cantacuzeni Historiarum Libri 1, 173.

ANSCHRIFTEN DER AUTOREN

PETER DILG, Philipps-Universität Marburg, Institut für Geschichte der Pharmazie, Roter Graben 10, D-35037 Marburg/L.

ULRICH HAARMANN, Christian-Albrechts-Universität Kiel, Seminar für Orientalistik, Olshausenstraße 40, D-24118 Kiel

FRIEDRUN R. HAU, Universität Bonn, Medizinhistorisches Institut, Sigmund-Freud-Straße 25, D-53127 Bonn

PETER HEINE, Forschungsschwerpunkt Moderner Orient, Prenzlauer Promenade 149–152, D-13189 Berlin

HERBERT HUNGER, Universität Wien, Institut für Byzantinistik und Neogräzistik, Postgasse 7–9, A-1010 Wien

DAVID A. KING, Johann Wolfgang Goethe-Universität Frankfurt, Institut für Geschichte der Naturwissenschaften, Fachbereich Physik, Bettinastraße 64, D-60325 Frankfurt/M.

TAXIARCHIS G. KOLIAS, Universität Ioannina, Philosophische Fakultät, Abteilung für Geschichte und Archäologie, GR-451 10 Ioannina

RALPH-JOHANNES LILIE, Berlin-Brandenburgische Akademie der Wissenschaften, Prosopographie der mittelbyzantinischen Zeit, Leipziger Straße 3–4, D-10117 Berlin

TELEMACHOS C. LOUNGHIS, National Hellenic Research Foundation, Centre of Byzantine Research, 48, Vassileos Constantinou Avenue, GR-116 35 Athen

KLAUS-PETER MATSCHKE, Universität Leipzig, Fachbereich Geschichte, Augustusplatz 9–11, D-04109 Leipzig

SOPHIA MENACHE, University of Haifa, Department of General History, Mount Carmel, IL-31999 Haifa

ULRICH REBSTOCK, Albert-Ludwigs-Universität Freiburg, Orientalisches Seminar, Werthmannplatz 3, D-79085 Freiburg/Br.

PETER SCHREINER, Universität Köln, Philosophische Fakultät, Institut für Altertumskunde, Abt. Byzantinistik, Albertus-Magnus-Platz, D-50923 Köln

YEDIDA K. STILLMAN, State University of New York at Binghamton, Judaic Studies Department, P.O. Box 6000, Binghamton, New York 13902

WOLFGANG VON STROMER, Universität Erlangen–Nürnberg, Lehrstuhl für Wirtschafts- und Technikgeschichte, Findelgasse 7, D-90402 Nürnberg

ANDREW M. WATSON, University of Toronto, Department of Economics, 150 St. George Street, Toronto, Ontario M5S 1A1